IFRS
재무회계

김한수 지음

IFRS FINANCIAL ACCOUNTING

생능

저자 소개

김한수

성균관대학교에서 경영학사 · 공학사, 경영학석사, 경영학박사를 취득했고, 재무회계와 회계감사를 전공했다. 공인회계사시험과 세무사시험을 같은 해에 합격한 후 회계법인에서 실무 경험을 쌓았고, 경기대학교 경영학과에서 학생을 가르치고 있다. 경기대학교에서 강의상을 네 번 받았고, 공인회계사시험과 5급 공채시험을 비롯한 여러 시험의 출제위원으로 위촉되었다. 공공기관 및 공기업 경영평가위원, 조세범칙조사심의위원, 국세심사위원 등 다양한 봉사활동을 수행하고 있다. New ISA 회계감사(신영사)와 고등학교 회계원리(웅보출판사) 등 여러 권의 책을 집필했고, "아파트 회계감사의 문제점과 개선방안(회계저널)" 등 다수의 논문을 게재했다.

– IFRS 재무회계는 경기대학교 2018년 연구년 과제의 지원에 의하여 수행되었습니다. –

IFRS 재무회계

초판인쇄 2020년 7월 17일
초판발행 2020년 7월 27일

지은이 김한수
펴낸이 김승기, 김민정
펴낸곳 (주)생능 / **주소** 경기도 파주시 광인사길 143
출판사 등록일 2014년 1월 8일 / **신고번호** 제406-2014-000003호
대표전화 (031)955-0761 / **팩스** (031)955-0768
홈페이지 www.booksr.co.kr

책임편집 권소정 / **편집** 신성민, 김민보, 유제훈 / **디자인** 유준범
마케팅 최복락, 김민수, 심수경, 차종필, 백수정, 최태웅, 명하나, 김범용
인쇄 · 제본 영신사

ISBN 979-11-86689-31-8 93320
정가 32,000원

- 이 도서의 국립중앙도서관 출판예정도서목록(CIP)은 서지정보유통지원시스템 홈페이지(http://seoji.nl.go.kr)와 국가자료공동목록시스템(http://www.nl.go.kr/kolisnet)에서 이용하실 수 있습니다. (CIP제어번호: CIP2020025724)

머리말

집을 짓기 위해서는 사는 이의 삶을 고려하여 설계해야 하고, 벽을 쌓은 후 그 위에 지붕을 얹어야 합니다. 본서는 집을 지듯이 내용을 구성했습니다. 전체적인 흐름을 설명하고, 기준서 내용을 '예'로 확인하고, '예제'로 회계처리를 살펴보고, '연습문제'를 통해 거래나 사건이 공시되는 과정을 이해할 수 있도록 구성했습니다. 본서의 특징은 다음과 같습니다.

첫째, 본문을 시작하기 전에 한눈에 살펴보는 이 장의 내용, 학습목표, 주요 용어는 조감도에 해당합니다. 전반적인 흐름을 이해할 수 있도록 '한눈에 살펴보는 이 장의 내용'을 배치했고, '학습목표'를 통해 각 장에서 반드시 알아야 할 내용을 정리했습니다. 본문 내용을 수월하게 이해할 수 있도록 '주요 용어'를 제시했습니다.

둘째, 본문은 한국채택국제회계기준의 내용을 최대한 풀어서 기술했습니다. 한국채택국제회계기준서의 핵심적인 내용을 포함하되 회계원리를 이수한 학생 입장에서 충분히 이해할 수 있도록 가독성에 중점을 두었고, 실무에서 필요한 사항을 습득할 수 있도록 집필했습니다.

셋째, 본문을 읽고 '예'를 통해 관련 기준서의 내용을 이해하고, 보다 수준이 높은 '예제'에서 관련 거래나 사건에 대한 회계처리를 학습하도록 구성했습니다. 연습문제의 '진위형 문항'은 본문의 주요 내용을 묻고 있어 충분한 이해를 했는지 학생 스스로 판단할 수 있습니다. '예'와 '예제'에서 학습한 회계처리가 재무제표에 반영되어 공시되는 과정을 익힐 수 있도록 실제 공시 사례를 변형하여 연습문제로 구성했습니다. 플립러닝(flipped learning)과 문제중심학습(Project Based Learning)으로 강의한다면, 연습문제를 토론식 강의로 진행하거나 소그룹 과제로 활용할 수 있습니다.

그간 New ISA 회계감사 등 여러 권의 책을 집필했지만, 이번 작업은 시간도 가장 오래 걸렸고 고통스러웠습니다. 독자의 평가를 떠나, 스스로 용납할 수 있는 문장으로 지면을 채우고 싶었습니다. 한쪽을 쓰기 위해 종일 고민도 했고, 어떤 문장은 십 수차례 고쳐 쓰기도 했습니다.

본서 집필은 제 손으로 마무리했지만, 수많은 사람의 사랑과 격려가 없었다면 불가능한 작업이었습니다. 업계 선배로서 격려해 주셨으나 올 2월 곁을 떠나신 아버님, 말로 표현할 수 없을 만큼 큰 사랑을 베풀어 주시는 어머님, 변치 않는 믿음과 애정을 보내주는 사랑하는 아내, 어느새 훌쩍 커서 학생 입장에서 좋은 선생의 길을 알려 주는 딸. 가족은 제 삶의 든든한 안식처입니다. 분에 넘치는 사랑을 베풀어 주시고 지혜를 깨닫게 해주신 성균관대 이효익 교수님, 송인만 교수님, 최 관 교수님, 백태영 교수님께 깊은 감사를 드립니다. 격려를 아끼지 않는 황문호 교수, 박성종 교수와 오명전 교수, 귀한 자료를 제공하고 조언해주는 이동근 회계사, 정낙열 회계사와 장현민 회계사에게도 감사드립니다. 강의실에서 만난 명석한 학생들은 우강현문(遇講賢問)으로 저자가 '지식의 저주'에 빠지지 않도록 도와주었습니다. 오랜 시간을 기다려주신 생능출판사 김승기 대표님과 심수경 이사님, 편집에 많은 정성을 들여주신 편집부 직원에게도 감사를 드립니다. 우리가 살고 있는 세상을 좀 더 좋은 곳으로 만드는데 본서가 보탬이 되기를 기원합니다.

2020년 7월

김한수

차례

CHAPTER 9 복합금융상품

CHAPTER 10 자본

CHAPTER 13 주당이익

CHAPTER 14 고객과의 계약에서 생기는 수익

CHAPTER 15 건설계약

CHAPTER 16 법인세회계

CHAPTER 1

재무보고와 국제회계기준

한눈에 살펴보는 이 장의 내용

이 장에서는 재무보고와 회계기준을 살펴본다. 회계 목적은 정보이용자 의사결정에 유용한 정보를 제공하는데 있고, 정보이용자 관점에서 재무회계와 관리회계로 구분할 수 있다. 외부정보이용자에게 회계정보를 제공할 때 재무제표라는 수단을 이용한다. 재무제표는 일반적으로 인정된 회계기준(GAAP)에 따라 작성하고 신뢰성 제고를 위해 외부감사를 받아야 한다. 우리나라의 상장기업과 금융기관은 한국채택국제회계기준(K-IFRS)에 따라 재무제표를 작성하고, 외부감사법 적용대상인 비상장기업의 재무제표는 일반기업회계기준에 따라 작성된다. 회계기준의 일관성 있는 제정을 위해 재무보고개념체계가 등장했다. 재무보고개념체계는 재무보고의 목적, 유용한 정보가 되기 위해 갖춰야 할 요건과 재무제표 요소에 대한 인식 및 측정기준을 담고 있다.

재무보고를 위한 개념체계는 2011년 7월에 제정되었고, 관련되는 국제회계기준은 "The Conceptual Framework for Financial Reporting"이다.

contents

CHAPTER

재무보고와 국제회계기준

| 학습목표 |

1. 회계기준이 필요한 이유를 설명할 수 있다. 기업 간 재무제표 비교가능성을 높이기 위해 재무제표를 작성할 때 준수해야 할 회계원칙이 필요하다.
2. 외부감사가 필요한 이유를 설명할 수 있다. 외부감사는 경영진과 회계정보이용자 간 정보비대칭 현상을 완화시켜 경영진의 도덕적 해이를 예방하여 대리비용을 줄이는 역할을 한다.
3. 국제회계기준이 탄생한 배경을 설명할 수 있다. 세계화 확대로 회계정보이용자가 각 나라 기업을 비교할 수 있도록 2005년부터 EU에서 국제회계기준을 도입하였다. 우리나라에서는 2011년부터 적용하고 있다.
4. 우리나라에서 적용하고 있는 회계원칙을 설명할 수 있다. 주권상장법인과 금융회사는 한국채택국제회계기준을 적용하고, 비상장 외부감사대상주식회사는 일반기업회계기준을 적용한다. 외부감사대상이 아닌 비상장주식회사는 중소기업회계기준을 적용한다.
5. 국제회계기준의 주요 특징을 설명할 수 있다. 국제회계기준은 원칙중심 회계기준으로 경제적 실질과 공정가치 평가를 강조하고, 연결재무제표 중심의 공시체제를 채택하고 있다.
6. 재무보고를 위한 개념체계가 필요한 이유를 설명할 수 있다. 재무제표작성자가 거래나 사건을 회계처리하기 위한 해당 기준서가 없을 수 있다. 경제적 실질을 가장 잘 반영할 수 있는 회계처리방법을 스스로 도출하기 위해 개념체계가 필요하다.
7. 재무보고를 위한 개념체계의 구성을 설명할 수 있다. 개념체계는 일반목적재무보고 목적을 제시하고, 유용한 재무정보의 질적 특성을 규정한 후, 재무제표 요소를 제시하는 구조적인 흐름으로 구성되어 있다.
8. 재무제표 요소를 설명할 수 있다. 재무제표 요소로 자산, 부채, 자본, 수익 및 비용이 있으며, 이 다섯 개 요소에 영향을 미치는 거래와 항목만이 재무제표에 표시된다.
9. 재무제표 요소를 측정하기 위한 다양한 기준을 설명할 수 있다. 측정이란 재무제표 요소의 화폐금액을 결정하는 과정이다. 측정기준으로 역사적 원가, 현행원가, 실현가능(이행)가치, 현재가치 등이 있다.

| 주요 용어 |

- 일반적으로 인정된 회계원칙 : 다수의 실질적이고 권위 있는 지지를 받는 것으로, 회계원칙 제정기관이 제정한 기준과 실무에서 폭 넓은 지지를 받아 사용하고 있는 회계관습
- 감사의견의 종류 : 적정의견, 한정의견, 부적정의견, 의견거절
- 원칙중심 회계기준 : 경제적 실질에 기초하여 합리적으로 회계처리할 수 있도록 회계처리의 기본원칙과 방법을 제시하는 회계원칙 제정방법
- 유용한 재무정보의 질적 특성 : 유용한 정보가 되기 위해 갖추어야 할 속성
- 목적적합성 : 예측가치와 확인가치를 갖고 있고 해당 정보가 중요하여 정보이용자 의사결정에 영향을 미치는 경우
- 충실한 표현 : 경제현상의 경제적 실질을 반영하도록 중립적이고 완전하며 오류가 없도록 표현하는 것
- 역사적 원가 : 취득 당시 지급한 현금 또는 현금성자산이나 그 밖의 대가의 공정가치로 기록한 금액
- 현행원가 : 동일하거나 동등한 자산을 현재시점에서 취득한다고 가정할 때 대가로 지불해야 할 현금이나 현금성자산 금액으로 자산을 평가한 금액
- 실현가능가치 : 보유 중인 자산을 정상적으로 처분하다고 가정할 때 수취할 것으로 예상하는 현금이나 현금성자산 금액으로 평가한 금액
- 이행가치 : 정상적인 영업과정에서 부채를 상환하기 위해 지급할 것으로 예상하는 현금이나 현금성자산의 할인하지 않은 금액으로 평가한 금액
- 현재가치 : 정상적인 영업과정에서 그 자산이 창출할 것으로 기대하는 미래 현금순현금유입액의 현재가치로 평가한 금액

제1절 재무보고와 재무제표

1. 회계의 구분

회계(accounting)는 정보이용자의 의사결정을 돕는 유용한 정보를 제공한다. 보고대상인 정보이용자 관점에 따라 재무회계(financial accounting)와 관리회계(managerial accounting)로 구분한다. 기업 내부의 경영진은 내부정보이용자에 해당하고, 기업 외부에 있는 현재 및 잠재적 투자자, 대여자, 기타 채권자는 외부정보이용자이다.

내부정보이용자인 경영진은 신제품 가격결정 등 일상적인 의사결정뿐만 아니라 사업부 신설 또는 폐쇄 등의 중요한 의사결정에 회계정보를 활용한다. 외부정보이용자인 투자자는 기업에 투자할 것인지, 대여자는 자금을 대여할 것인지와 관련된 의사결정에 회계정보를 이용한다.

(1) 재무회계

① 외부정보이용자 의사결정에 유용한 정보를 제공하기 위해 재무제표를 작성한다.

외부정보이용자에게 기업의 재무상태 · 경영성과와 관련된 정보를 제공하기 위해 재무제표(financial statements)를 사용한다. 재무제표는 기업활동에 따른 경제적 결과를 요약해서 보여주는데, 재무상태표, 포괄손익계산서, 자본변동표, 현금흐름표, 주석을 포함한다.

외부정보이용자는 재무제표를 활용하여 투자결정과 자금대여 의사결정에 활용한다. 회계정보 수요는 정보이용자에 따라 다양하다. 현재 및 잠재적 투자자는 기업의 배당능력을 평가하기 위해 정보가 필요하고, 채권자는 대여한 원금과 이자를 지급기일에 회수할 수 있을지 평가하고자 한다. 거래처는 자신이 제공한 대가를 기업으로부터 받을 수 있을지에 관심이 있고, 정부는 기업 소득에 따라 징수할 세금에 관심이 있다. 회계정보는 이러한 이해관계자 목적에 적합한 정보를 제공하여 경제적 의사결정에 도움을 준다.

② 정보이용자 목적에 적합한 재무제표를 별도로 제공한다면?

재무제표 제공으로 다양한 이용자의 정보수요를 충족시키기 위해서는 다양한 형식의 재무제표가 필요하다. 이렇게 다양한 형식의 재무제표를 작성하면 기업의 부담은 가중되므로 재무제표의 주된 이용자를 정할 필요가 있다.

기업 입장에서는 자금을 제공하는 주주와 채권자가 가장 중요한 이해관계자이므로 이들을 '주된 이용자'로 본다. 주주와 채권자를 주된 이용자로 보아 제공하는 재무제표를 일반목적 재무제표(general purpose financial statements)라고 한다.

③ 기업마다 다른 기준으로 재무제표를 작성한다면 어떤 일이 발생할까?

재무제표를 작성할 때 일정한 원칙이 필요하다. 재무제표를 작성할 때 일정한 원칙이 없다면 경영자는 자의적 판단에 따라 재무제표를 작성할 수 있다. 기업마다 다른 기준으로 재무제표를 작성하면 정보이용자는 재무제표를 신뢰할 수 없고, 기업 간 재무제표의 비교가능성도 떨어진다. 이러한 이유로 재무제표를 작성할 때 준수해야 할 회계원칙이 필요한데, 이를 일반적으로 인정된 회계원칙(generally accepted accounting principles, GAAP)이라고 한다.

④ 재무보고와 재무제표

재무보고(financial reporting)란 회계정보시스템에서 산출한 회계정보를 외부정보이용자에게 제공하는 것으로, 재무보고의 가장 대표적인 수단이 재무제표이다.

■ 전자공시시스템(DART)

금융감독원 전자공시시스템(DART : Data Analysis, Retrieval and Transfer System)은 공시의 신속성과 기업경영의 투명성을 제고하기 위한 종합적인 공시시스템이다. 우리나라 기업이 금융감독위원회 등 관계기관에 제출하는 신고 또는 보고서 등은 인터넷을 통해 전자문서로 제출하고 그 내용을 실시간으로 일반인에게 공시한다.

기업은 신고서 등 공시서류를 금융감독원에 전자문서로 제출하는데, 금융감독원 전자공시시스템(http://dart.fss.or.kr)에 접속하여 기업정보를 열람할 수 있다. 재무제표뿐만 아니라 사업보고서 등 기업의 주요 공시사항을 확인할 수 있다.

(2) 관리회계

① 관리회계정보는 어떤 상황에서 활용할까?

관리회계는 내부정보이용자(경영자나 관리자)의 관리적 의사결정에 유용한 정보를 제공하는 것을 목적으로 한다. 예를 들어, 관리회계에서는 제품 생산에 소요된 원가계산, 활동 및 비즈니스 프로세스를 수행하는데 필요한 원가정보를 경영진에게 제공한다. 현장작업자는 운영을 통제하고 개선하기 위한 상세한 정보를 제공받을 수 있고, 중간관리자는 계획과 실적 간에 차이가 발생하는 운영성과에 대한 피드백으로 관련 정보를 활용할 수 있다. 최고경영자는 장기적으로 기업에 영향을 미치는 의사결정에 관리회계에서 제공하는 정보를 활용한다.

② 관리회계 정보를 만들 때 기준이 필요할까?

관리회계 정보는 내부정보이용자가 활용하고 다양한 형식의 보고서를 사용하므로 작성할 때 일정한 원칙이 없다. 즉 재무회계에서 작성하는 재무제표는 일반적으로 인정된 회계원칙에 따라 작성하므로 정형화되어 있으나, 관리회계에서 생성하는 회계정보를 작성할 때는 일정한 기준이 없다. 또한 재무회계와는 달리 과거뿐만 아니라 미래 예측을 위한 정보나 비화폐적인 정보를 포함할 수 있다.

2. 재무제표와 외부감사

(1) 외부감사에 대한 수요가 등장한 배경은?

경영진은 주주와 채권자로부터 자금을 제공받아 효율적으로 활용하여 수익을 창출할 책임이 있는데, 이를 수탁책임(stewardship function)이라고 한다. 경영진은 수탁책임 보고를 이행하기 위해 일반적으로 인정된 회계원칙에 따라 재무제표를 작성하여 주주와 채권자에게 제공한다.

경영진은 재무제표 작성책임을 지는데, 외부정보이용자는 기업과 격리되어 있어 회계정보에 대한 접근이 제한되어 재무제표 작성과정을 관찰할 수 없다. 경영진은 외부정보이용자보다 기업에 대해 더 많은 정보를 갖고 있어 이들 간에 정보비대칭 현상이 발생한다. 정보비대칭이 존재하면 도덕적 해이(moral hazard), 거짓보고(untruthful reporting), 역선택(adverse selection)의 대리문제가 발생한다. 대리문제로 대리비용(agency cost)이 발생하는데, 대리비용을 감소시키기 위해 외부감사(external auditing)가 등장했다. 외부감사로 감시비용이 발생하나, 정보생산자(대리인)와 이용자(위임자) 간의 정보비대칭 현상을 완화시켜 경영진의 도덕적 해이 등을 예방함으로써 전체적인 대리비용은 감소한다.

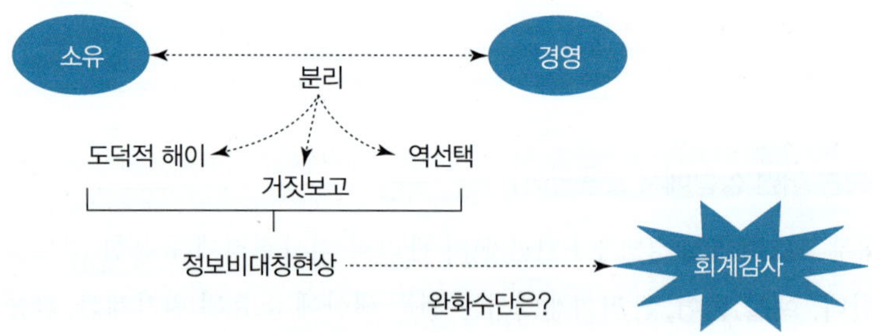

[그림 1] 외부감사에 대한 수요가 등장한 배경

(2) 어떤 기업이 외부감사를 받아야 할까?

우리나라에서는 '주식회사 등의 외부감사에 따른 법률(이하 '외부감사법'이라 함)'에 따라 원칙상 모든 주식회사와 유한회사는 반드시 외부감사를 받아야 한다. 기업의 경제적 부담을 완화하고자 자산 · 부채 · 매출액 · 종업원수 · 사원수 등을 고려하여 소규모 회사는 외부감사대상에서 제외하고 있다.

외부감사를 법으로 정하여 강제하는 이유는 무엇일까? 상장기업은 외부주주 비율이 높은데, 외부주주는 기업과 격리되어 내부정보에 대한 접근이 제한된다. 이 때문에 외부주주와 경영진 간 이해상충으로 대리비용이 발생하는데, 대리비용을 감소시키고 외부주주를 보호하기 위해 회계감사를 강제하고 있다. 자산총액이 크면 자본과 부채 규모가 크다는 것을 의미하므로 보호해야 할 채권자와 주주가 많다고 할 수 있다. 이러한 이유로 비상장주식회사라도 직전사업연도말 자산총액이 120억 원 이상인 기업은 외부감사법에 따른 외부감사를 받도록 규정하고 있다.

(3) 감사의견의 의미는?

경영진은 자신이 작성한 재무제표가 일반적으로 인정된 회계원칙에 따라 작성되었다는 사실을 외부감사인으로부터 입증 받는다. 독립성과 적격성을 갖춘 외부감사인(공인회계사)이 외부감사를 수행하는데, 감사인은 재무제표가 회계원칙에 따라 공정하게 작성되었는지를 판단한다. 기업의 경영성과가 저조하거나 재무상태가 양호하지 않아도 회계원칙에 부합하여 재무제표가 작성되면 감사인은 적정의견을 표명한다.

감사인은 충분하고 적합한 감사증거를 수집하여 경영진이 제시한 재무제표가 회계원칙에 따라 공정하게 작성되었다고 판단하면 적정의견을 표명한다. 회계원칙 위반사항이 중요하거나 감사인이 감사증거를 입수하는데 중요한 제한이 있다면 한정의견을 표명한다. 부적정의견은 회계원칙 위반사항이 중요하고 전반적인 상황에서 표명된다. 감사증거를 수집하지 못한 정도가 중요하면서 전반적이라면 감사인은 재무제표에 대해 의견을 거절하는데, 이를 '의견거절'이라고 한다.

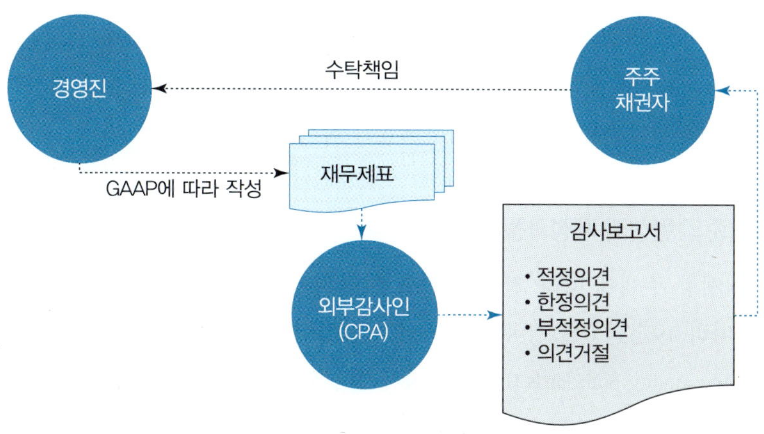

[그림 2] 감사의견의 종류

제2절 회계기준

1. 일반적으로 인정된 회계원칙

(1) 일반적으로 인정된 회계원칙이란?

재무제표를 작성하는 일반원칙을 "일반적으로 인정된 회계원칙(generally accepted accounting principles : GAAPs)"이라고 한다.

일반적으로 인정된 회계원칙이 되기 위해서는 다수의 실질적이고 권위 있는 지지를 받아야 한다. 권위 있는 회계원칙 제정기관이 제정한 회계원칙뿐만 아니라 오랜 기간에 걸쳐 실무에서 폭 넓은 지지를 받아 사용 중인 회계관습도 일반적으로 인정된 회계원칙에 포함된다.

(2) 세계화와 국제회계기준의 탄생

세계화로 투자범위가 전 세계로 확장되면서, 투자자는 각 나라의 기업을 비교하여 투자대상을 선택한다. 나라마다 상거래 관습이나 법규가 달라 회계원칙이 상이하여 각 국의 기업을 비교하기 어려웠다. 언어가 다른 사람들이 의사소통을 위해 공용어를 사용하듯이 단일화된 회계원칙이 필요하게 되었다. 국제회계기준(international financial reporting standards : IFRS)은 이러한 배경에서 탄생했다.

EU에서는 2005년부터 상장기업 재무제표를 국제회계기준으로 작성하고 있다. 한국회계기준원과 국제회계기준 준비도입단은 2007년 3월 국제회계기준도입 로드맵 발표회에서 국제회계기준을 우리나라 기업회계기준으로 도입할 것을 선언하였다. 2011년부터 모든 상장기업의 재무제표는 국제회계기준에 따라 작성되고 있으며, 이해관계자가 많은 금융회사는 상장 여부와 관계없이 국제회계기준을 적용하여 재무제표를 작성해야 한다.

(3) 국제회계기준의 탄생과 제정과정

자본시장의 세계화 추세에 따라 전 세계적으로 단일기준으로 작성된 재무정보 제공이 요구되었다. 이에 따라 1973년 6월 영국 런던에서 비상임이사로 구성된 국제회계기준위원회(IASC : International Accounting Standards Committee)가 설립되었다. 2001년 4월부터 상임회계기준위원 12명과 비상임위원 2명으로 구성된 국제회계기준위원회(International Accounting Financial Boards)로 체제를 강화하였다. 2005년에는 EU, 호주, 뉴질랜드, 남아프리카공화국, 싱가포르, 홍콩 등이 국제회계기준을 전면 도입하였거나 이와 유사한 회계기준을 유지하고 있다.

국제회계기준위원회(IASB)는 국제회계기준위원회재단(IASCF : international accounting standard committee foundation)의 관재인(trustee), 기준자문위원회(SAC : standards advisory council), 각국의 회계기준 제정기관, 국제적인 회계법인 등으로부터 제정 또는 개정 제안을 받은 후, 이를 정식의제로 택할지를 여러 자문기관과 협의 · 연구하여 결정한다. 국제회계기준위원회가 정식의제로 채택하면 검토보고서(DP : discussion paper)를 작성 · 발표하고 다양한 의견을 수렴하여 반영한 공개초안(ED : exposure draft)을 작성 · 공표한다. 공개초안은 각계의 다양한 의견을 수렴하여 반영된 후 국제회계기준위원회 투표를 거쳐 국제회계기준서 및 해석서(IFRS & IFRS interpretation)가 공표된다.

2. 우리나라의 회계원칙

(1) 한국회계기준원

① 한국회계기준원을 설립한 배경은?

1998년 이전에는 회계기준 제정권한 또는 승인권한이 정부 등(재무부, 증권감독원, 금융감독위원회)에 있어 정부의 정책목적에 영향을 받아 일관성이 없고 국제적 정합성이 결여되었다. 1998년 9월 우리나라 정부와 세계은행은 회계정보 신뢰성과 기업경영의 투명성을 제고하기 위해 독립된 민간 회계제정기구를 설립하기로 합의하였다. 이에 따라 1999년 9월 1일 한국회계연구원을 개원하였다.

■ 한국의 외환위기

1990년대 들어 우리 정부는 세계화를 목표로 경제 개발이 한창이었고, 일부 기업은 금융기관에서 무리하게 차입하여 사업을 확장하였다. 빚을 갚지 못한 기업들이 무너지면서 혼란에 빠지기 시작했고, 무역적자와 외환부족이 이어졌다. 당시 우리나라에서 외국에 1,500억 달러 정도를 상환해야 했는데, 외환보유고는 40억 달러에 불과해 국가가 파산하기 직전 상황이었다. 이른바 '외환위기'가 발생하였다. 1997년 11월 21일, 우리나라 정부는 나라의 파산을 막기 위해 국제통화기금(IMF)에 구제 금융을 신청한다. 국제통화기금은 우리 정부에 580억 달러의 구제금융을 지원해 주었고, 이에 대한 조건으로 국제통화기금은 정부 예산의 축소, 은행 이자율의 상승을 요구했다. 또한 은행과 기업의 개혁과 강도 높은 구조조정을 요구했다. 이 과정에서 수많은 실업자가 발생하고 비정규직 노동자가 증가했다.
우리나라 회계기준이 국제적 정합성이 결여되어 있다는 국제통화기금 권고에 따라 국제회계기준을 대폭 수용하여 2001년부터 개정된 회계기준을 적용한다. 이때부터 우리나라에서도 법조문식이 아닌 기준서(statement)식 회계기준이 등장하고, 제정기관은 금융감독위원회에서 한국회계기준원의 회계기준위원회로 변경된다. 한국회계기준원이 제정한 회계기준은 내용 면에서 IFRS와 거의 유사했으나, 국제적으로는 인정받지 못했다. 이로 인해 우리나라는 국제적으로 실시된 국가신인도 및 회계투명성 평가에서 매우 낮은 평가를 받았고, 기업들은 상대적으로 높은 자본조달비용을 부담했다. 회계기준의 국제적 정합성을 확보하여 회계투명성과 국가신인도를 높이기 위해 IFRS를 전면도입한다는 로드맵을 2007년에 발표했다.

② 한국회계기준원의 권한은?

2000년 1월 금융감독위원회는 회계처리기준에 관한 업무를 전문성을 갖춘 민간단체에 위탁할 수 있는 근거규정을 외감법 시행령에 신설하고 회계제정기구로 한국회계연구원을 지정했다. 이에 따라 한국회계연구원은 2000년 7월 27일부터 한국기업회계기준의 제정, 개정, 해석과 질의회신 등 관련 업무를 수행하기 시작했다. 2006년 3월 한국회계연구원에서 한국회계기준원으로 명칭을 변경했다.

국제회계기준위원회(IASB)가 국제회계기준(IFRS)을 제・개정하면 한국회계기준원에서는 IFRS의 제정・개정 발표 일정을 고려하여 관련 IFRS가 국내에 적시에 도입・채택될 수 있도록 한국채택국제회계기준(K-IFRS)를 제・개정작업을 수행한다. 또한 영문으로 작성된 IFRS 용어와 문장을 알기 쉽고 어문규범에 맞는 우리말로 개선하는 작업을 수행한다.

(2) 한국채택국제회계기준(K-IFRS)과 일반기업회계기준

① 우리나라 회계기준의 적용대상

우리나라 회계기준은 [표 1]과 같이 3단계(tier)로 구성된다.

[표 1] 우리나라의 회계기준

회계기준	적용대상	외부감사	관련법령
한국채택국제회계기준	주권상장법인 및 금융회사	의무	주식회사 등의 외부감사에 관한 법률
일반기업회계기준	외부감사대상 주식회사		
중소기업회계기준	외부감사대상 이외의 주식회사	면제	상법

② 한국채택국제회계기준의 구성

한국채택국제회계기준은 재무보고를 위한 개념체계, 기업회계기준기준서, 기업회계기준해석서로 구성된다. 국제회계기준위원회는 2001년 이전에 제정된 국제회계기준을 IAS(International Accounting Standards)라 부르고, 2001년 이후에 제정된 국제회계기준을 IFRS(International Financial Reporting Standards)라고 한다. 국제회계기준(IAS)에 대응하는 기업회계기준서 일련번호는 1001

호부터 1099호까지를 사용한다. 국제재무보고기준(IFRS)에 대응하는 기업회계기준서의 일련번호는 1101호부터 1999호까지 사용한다.

2001년 이전에 제정된 해석서는 SIC(Standing Interpretations Committee) Interpretation이라 하고, 그 이후 제정된 것은 IFRIC(International Financial Reporting Interpretations Committee) Interpretation이라고 부른다. 한국회계기준원은 국제회계기준위원회가 발표한 기준서의 결론도출근거, 적용사례, 실무적용지침 등을 근거로 실무지침과 국제재무보고기준해석위원회(IFRIC)가 발표한 해석서 부록을 근거로 한 실무지침을 발표하고 있다. 한국회계기준원은 우리나라 실정을 반영하기 위한 실무지침을 추가적으로 발표할 수 있다.

IAS와 IFRS는 동등한 구속력을 갖는다. 번호를 부여할 때 천단위에 기준서와 기업회계기준해석서는 각각 '1'과 '2'를 부여한다. K-IFRS는 영문으로 작성된 IFRS를 우리말로 번역한 것으로 번호체계는 [표 2]와 같다. 예를 들어, IAS를 우리말로 번역한 기준서는 백단위에 '0'을 기재하여 K-IFRS 10xx로 번호를 부여한다. IFRS를 우리말로 번역하면 백단위에 '1'을 부여하여 K-IFRS 11xx로 번호를 매긴다. 기업회계기준해석서는 마찬가지로 각각 K-IFRS 20xx와 K-IFRS 21xx로 번호를 부여한다.

[표 2] **기업회계기준서와 기업회계기준해석서의 체계**

기업회계기준서		기업회계기준해석서	
IAS 1	IFRS 9	SIC Interpretation 2	IFRIC Interpretation 5
K-IFRS 1001	K-IFRS 1109	K-IFRS 2002	K-IFRS 2105

③ 일반기업회계기준의 구성

회계기준위원회는 이해관계 정도와 회계처리 복잡성을 고려하여 비상장기업 중 외부감사대상 주식회사는 일반기업회계기준을 적용한다. 일반기업회계기준은 기준서와 해석서로 구성된다.

외부감사법을 적용받는 비상장주식회사는 원칙적으로 일반기업회계기준을 적용하여 재무제표를 작성한다. 실무에서는 비상장주식회사라도 K-IFRS를 적용하여 재무제표를 작성하는 사례가 빈번하다. 예를 들어, IFRS에서는 연결재무제표[1]가 주재무제표이다. 지배회사가 K-IFRS에 따라 재무제표를 작성하면 종속회사도 동일한 회계기준으로 재무제표를 작성해야 한다. 종속회사가 비상장기업이면 재무제표를 일반기업회계기준으로 작성하지만, 연결을 위해 K-IFRS로 재무제표를 재작성해야 한다. 이렇게 두 가지 회계원칙으로 재무제표를 작성하면 번거롭고 비용이 많이 발생하므로 비상장기업도 K-IFRS에 따라 재무제표를 작성하기도 한다.

1) 연결재무제표는 지배회사와 종속회사의 사업실적을 하나로 묶어서 만드는 것으로 후술하는 '3. 국제회계기준의 주요 특징'에서 자세하게 설명한다.

④ 중소기업회계기준의 구성

중소기업회계기준은 상법 제446조2 및 동법 시행령 제15조 제3호에 따라 법무부장관이 금융위원회 및 중소기업청장과 협의하여 고시한 회계기준이다. 중소기업회계기준은 K-IFRS와 일반기업회계기준과는 달리 법조문 형식이며, 10개의 장과 56개의 조문으로 구성된다.

3. 국제회계기준의 주요 특징

(1) 원칙중심 회계기준

① 원칙중심 회계기준이란?

국제회계기준은 전 세계 국가가 적용하는 회계원칙이다. 거래나 사건에 대한 회계처리방법이나 절차를 구체적으로 규정하면 상거래나 관련 법규가 상이한 국가에서는 적용하지 못할 수 있다. 이에 따라 국제회계기준은 상세하고 구체적인 회계처리방법을 규정하지 않는다. 회계담당자가 경제적 실질에 기초하여 합리적으로 회계처리를 할 수 있도록 회계처리의 기본원칙과 방법을 제시하는 원칙중심(principle-based)의 회계원칙 제정방법을 채택하고 있다.[2)]

원칙중심 국제회계기준에서는 구체적인 회계처리방법 및 절차가 언급되지 않아 실무에서 적용할 때 회계전문가의 지식과 주관적인 판단이 필요하다.

② 원칙중심 회계기준 vs. 규정중심 회계기준

국제회계기준을 도입하기 전 우리나라 회계기준은 규정중심(rule-based) 회계원칙을 채택했다. 규정중심과 원칙중심 회계원칙은 어떤 차이가 있을까? 예를 들어, 회계기준에서 유형자산의 감가상각방법으로 정률법과 정액법을 모두 인정하고 있다고 하자. 정률법은 자산 사용을 통해 발생하는 수익이 내용연수 초기에는 많이 발생하고 기간이 경과할수록 감소한다고 가정한다. 정액법은 자산 사용을 통해 발생하는 수익이 매기 동일하다고 본다. 규정중심 회계원칙에서는 인정된 방법이라면 수익의 발생형태와 관계없이 정액법이나 정률법 모두 적용이 가능하다. 원칙중심 회계원칙에서는 자산 사용을 통해 발생하는 수익이 매년 일정하다면 정액법을 사용해야 한다. 이런 이유로 원칙중심 회계원칙은 규정중심 회계원칙에 비해 거래나 사건의 경제적 실질을 보다 잘 반영할 수 있다.

---

2) 규칙중심(rule-based)의 회계원칙은 개별사안에 대해 구체적인 회계처리방법과 절차를 세밀하게 규정한다. 이러한 회계원칙에서는 동일한 회계사건을 국가별로 상이하게 회계처리를 하는 사례가 많아 국가 간 회계정보의 비교가능성이 크게 떨어진다.

(2) 경제적 실질의 강조

국제회계기준에서는 표현의 충실성을 확보하기 위해 거래와 회계사건을 법적 형태보다는 경제적 실질(economic substance)에 부합하는 회계처리를 강조하는데, 경제적 실질을 상업적 실질이라고도 한다. 예를 들어, 자산의 법적 소유권을 양도했으나 자산 소유에 따른 위험과 미래 경제적 효익을 양도자가 보유하고 있다면 매각거래로 보지 않는다.

법적 형태보다는 경제적 실질에 부합하여 법적 소유권이 없어도 자산으로 인식하는 예로 리스거래를 들 수 있다. 기업이 필요로 하는 기계 설비를 장기간(5~7년) 빌려주는 것을 리스(lease)라고 한다. 기업이 물건(기계설비)의 종류, 규격, 가격 등을 결정하면 리스회사는 기계설비제조회사에 대금을 지급하고, 설비를 조달한 기업(리스이용자)은 1~6개월마다 설비 사용료에 해당하는 리스료를 리스회사에게 납부한다. 법적 소유권은 리스회사에게 있으나 자산 소유에 따른 위험과 미래 경제적 효익은 리스이용자에게 있다. 리스이용자는 리스회사에게 지불할 리스료를 현재가치로 계산하여 각각 자산과 부채로 인식한다.

(3) 공정가치 평가의 강조

국제회계기준은 정보이용자에게 유용한 정보를 제공하기 위해 자산과 부채를 공정가치로 측정(평가)하도록 권장하고 있다. 공정가치(fair value)란 시장참가자가 시장에서 자산을 처분해서 받는 금액이나 부채를 청산하기 위해 지불하는 금액이다.

예를 들어, 상장주식을 기중에 ₩10,000에 구입했는데, 기말 공정가치는 ₩13,000이라고 하자. 주식을 공정가치로 평가하면 재무상태표에 주식 가액을 ₩13,000으로 기록하고 평가이익 ₩3,000을 포괄손익계산서에 인식한다. 자산과 부채를 공정가치로 평가하면 정보이용자에게 목적적합한 정보를 제공할 수 있다.

(4) 연결재무제표 중심의 공시체제

연결재무제표란 지배 · 종속 관계에 있는 두 개 이상 회사를 단일 기업집단으로 보아 각각의 개별재무제표를 종합 · 작성하는 재무제표이다. 국제회계기준에서는 모든 공시가 연결재무제표를 기준으로 이루어지므로, 연결재무제표를 주 재무제표로 본다.

예를 들어, A사가 B사의 지분 50%를 초과하여 보유하고 있다고 하자. A사를 지배회사, B사를 종속회사라고 부르며, A사와 B사를 하나의 회사로 보아 작성하는 재무제표를 연결재무제표라고 한다. 지배회사(A사)만을 기준으로 재무제표를 작성하면 종속회사(B)와 관계없이 별도로 작성한다고 해서 별도재무제표라고 한다.

■ 연결재무제표

어떤 회사가 다른 회사 주식의 50% 이상을 소유하면 다른 회사의 지배권을 획득한다. 이때 투자회사를 모회사(지배회사)라고 하고 피투자회사를 자회사(종속회사)라고 한다. 법률적으로는 독립된 기업이라도 경제적으로 상호 밀접하게 연결된 기업집단이면 하나의 조직체로 간주할 수 있다. 연결재무제표는 하나의 경제적 통일체로 보고 재무제표를 작성하여 지배회사(모회사)와 종속회사(자회사)의 사업실적을 하나로 묶는다.

예를 들어, P회사(연결모회사)가 S회사(연결자회사) 주식을 보유하고 있어 유의적인 영향력을 행사할 수 있다고 하자. P회사는 S회사에게 판매하여 매출을 높게 보고할 수 있다. 이를 내부거래라고 부르며, 연결재무제표에서 이러한 거래는 제거된다. P회사와 S회사 매출이 내부거래를 포함하여 각각 1,000억 원과 500억 원이라 하자. P회사가 S회사에게 100억 원을 판매하고, S회사가 판매하지 않았다면 경제적 실질관점에서는 판매 거래로 보지 않는다. 연결재무제표를 작성하면 매출은 1,400억 원[1,000억 원(P회사 매출) + 500억 원(S회사 매출) − 100억 원(내부거래)]으로 보고된다. 연결재무제표를 작성하면 내부거래가 제거되어 경제적 실질을 정확하게 파악할 수 있다.

제3절 재무보고를 위한 개념체계

1. 재무보고를 위한 개념체계란 무엇인가?

(1) 개념체계의 필요성

① 개념체계가 필요한 이유는?

국제회계기준은 원칙중심 회계기준이므로 특정 거래나 사건의 회계처리에 대한 구체적인 지침을 제시하지 않는다. 재무제표작성자는 국제회계기준에서 제시하는 원칙에 기초하여 경제적 실질을 가장 잘 반영할 수 있는 회계처리방법을 스스로 도출해야 한다. 이러한 상황을 해결하기 위해 '재무보고를 위한 개념체계'(이하 '개념체계'라 함)가 제정되었다.

② 재무회계 개념보고서의 탄생

1934년 미국에서 증권법이 제정되고 미국공인회계사회에서 회계기준을 제정하다 1959년 회계기준 제정기구인 회계기준위원회(Accounting Principle Board; APB)가 발족한다. 1973년부터 현재까지는 재무회계기준위원회(Financial Accounting Standards Board; FASB)에서 회계기준을 제정하고 있다.

FASB가 출범하면서 기존에 제정된 회계기준에 대해 고민하게 되었다. 새로운 유형의 거래나 사건이 발생할 때마다 회계기준이 제정되어 회계기준이 일종의 레시피(recipe)라는 비판이 있었고 회계전문가도 방대한 회계기준을 이해하기 어려웠다. 또한 회계기준 간 일관성이 떨어지고, 회계기준에서 규정하지 못한 새로운 거래나 사건이 발생하면 회계처리하기가 곤란했다. FASB는 이러한 문제점을 해결하기 위해 1978년부터 재무회계 개념보고서(Statements of Financial Accounting Concepts) 제1호를 제정했다.

국제회계기준위원회(IASC)는 1989년 '재무제표의 작성과 표시를 위한 개념체계'를 제정했고, 2010년에 이를 개정하여 '재무보고를 위한 개념체계(Conceptual Framework for Financial Reporting)'를 제정했다.

(2) 개념체계의 목적과 위상

개념체계(conceptual framework)는 정보이용자를 위한 재무보고 기초가 되는 개념을 제공한다. 즉, 개념체계는 재무보고의 목적, 유용한 재무정보의 질적 특성, 재무제표 요소의 정의, 재무제표 요소의 인식기준 및 측정에 대한 기본 개념을 제시한다.

개념체계는 특정한 측정과 공시 문제에 관한 기준을 정하고 있지 않으므로, 개념체계는 특정 한국채택국제회계기준을 우선하지 않는다. 특정 거래나 사건에 대해 구체적으로 적용할 수 있는 한국채택국제회계기준이 있다면 해당 기준서를 적용하고, 그렇지 않다면 개념체계를 적용하여 회계처리를 한다.

개념체계 목적은 다음과 같다. "회계제정기구의 회계기준 제정(①, ②) → 재무제표작성자의 회계처리(③) → 감사인의 재무제표 감사(④) → 정보이용자의 회계정보 활용(⑤, ⑥)"의 흐름으로 이해하자.

[재무보고 개념체계의 목적]

① 회계기준 제정기구가 향후 새로운 회계기준을 제정하고 회계기준 개정을 검토할 때 일관성을 확보할 수 있다.

② 회계기준에서 허용하고 있는 대체적인 회계처리방법의 수를 축소하기 위한 근거를 제공한다. 회계기준 제정기구가 재무제표의 표시와 관련되는 법규, 회계기준 및 절차를 조화롭게 촉진시킬 수 있도록 도움을 준다.

③ 재무제표작성자가 회계기준을 적용하고 회계기준이 미비한 주제를 회계처리를 하는 데 도움을 준다. 즉, 개념체계는 특정거래나 사건에 대한 회계기준이 없을 때 회계처리방법을 결정하는 이론적 근거를 제시할 수 있다.

④ 재무제표가 회계기준을 따르고 있는지 감사인이 의견을 형성하는 데 도움을 준다. 감사인은 재무제표가 일반적으로 인정된 회계원칙에 따라 공정하게 작성되었는지 감사절차를 수행한 후 감사의견을 표명한다. 재무제표의 공정한 작성 여부에 관한 감사인 판단기준은 일반적으로 인정된 회계원칙이다. 회계기준이 미비할 때 감사인은 개념체계에 따라 재무제표 공정성을 판단한다.

⑤ 회계기준에 따라 작성된 재무제표에 포함된 정보를 재무제표이용자가 해석하는 데 도움을 준다.

⑥ 회계기준 제정기구의 업무활동에 관심 있는 이해관계자에게 회계기준을 제정하는 데 사용한 접근방법에 대한 정보를 제공한다.

(3) 개념체계의 구성

회계 목적은 정보이용자 의사결정에 유용한 정보의 제공에 있는데(일반목적재무보고의 목적), 유용한 정보가 갖춰야 할 요건이 규정되어야 한다(유용한 재무정보의 질적 특성). 유용한 정보는 재무제표라는 수단으로 제공되므로 재무제표 요소에 대한 정의가 필요하고, 이들을 인식 · 측정하는 기준이 필요하다(재무제표의 요소). 개념체계는 이러한 구조적인 흐름으로 구성된다.

[일반목적재무보고의 목적] 정보이용자 의사결정에 유용한 정보를 제공

↓

[유용한 재무정보의 질적 특성] 유용한 재무정보가 되기 위해 갖추어야 할 특성 : 근본적 질적 특성과 보강적 질적 특성

↓

[재무제표의 요소] 재무제표 요소(자산, 부채, 정의, 수익, 비용)의 정의, 인식 및 측정기준

2. 일반목적재무보고

(1) 일반목적재무보고의 목적

① 일반목적재무보고의 목적은?

일반목적재무보고는 주요 이용자인 현재 및 잠재적 투자자, 대여자, 채권자가 기업에 자원을 제공하는 의사결정을 할 때 유용한 재무정보를 제공하는 것을 목적으로 한다. 이러한 의사결정에는 지분상품 및 채무상품의 매수, 매도 또는 보유, 자금 대여 및 기타 형태의 신용 제공 또는 결제를 포함한다.

기업은 현재 및 잠재적 투자자, 대여자, 채권자에게 각자가 요구하는 특정 재무정보를 제공할 수 없다. 주된 이용자를 제외한 정보이용자는 제공받은 일반목적재무보고서를 각자 목적에 따라 적절하게 가공하여 의사결정에 이용한다.

② 어떤 정보가 유용할까?

일반목적재무보고서(general purpose financial statement)는 보고기업의 경제적 자원 및 청구권에 관한 정보와 이들 변동에 관한 정보를 제공한다. 예를 들어, 지분상품 투자자는 지분상품과 관련한 의사결정(매수, 매도 또는 보유)을 할 때 미래시점의 기대수익인 배당, 시장가격 상승을 고려한다. 투자자는 이러한 기대수익을 평가할 때 기업에 유입될 미래 순현금유입의 금액, 시기 및 불확실성(전망)을 예측하며, 기업에 유입될 미래 순현금유입의 전망을 평가할 때 많은 부분을 일반목적재무보고서에 의존한다.

정보이용자의 의사결정 목적은 정보이용자에 따라 다르다. 의사결정의 결과로 미래에 현금을 수취하므로, 유용한 정보란 미래 현금흐름을 예측할 수 있는 정보라고 이해하자.

③ 일반목적재무보고서의 한계는?

일반목적재무보고서는 정보이용자가 필요로 하는 모든 정보를 제공하지 않으며 제공할 수도 없다. 예를 들어, 정보이용자는 일반 경제상황 및 기대, 산업 및 기업 전망에 관한 정보는 일반목적재무보고서 외의 다른 원천에서 입수해야한다. 일반목적재무보고서는 보고기업의 가치를 추정하는데 도움이 되는 정보를 제공하지만 보고기업의 가치를 직접 보여주지는 않는다.

(2) 일반목적재무보고서가 제공하는 정보

일반목적재무보고서는 ① 경제적 자원과 청구권, ② 이들을 변동시키는 거래와 사건에 관한 정보를 제공한다. 이러한 정보는 기업에 대한 자원 제공과 관련한 의사결정에 유용하게 사용된다.

① 경제적 자원과 청구권은 어떤 정보를 제공하는가?

정보이용자는 보고기업의 경제적 자원 및 청구권의 성격과 금액에 대한 정보를 이용하여 보고기업의 재무적 강 · 약점을 식별한다. 예를 들어, 정보이용자는 경제적 자원과 청구권 정보를 이용하여 보고기업의 유동성과 지급능력, 추가적인 자금 조달의 필요성을 평가할 수 있다. 청구권의 우선순위와 지급 요구사항에 대한 정보는 정보이용자가 보고기업에 청구권이 있는 사람들 간에 미래 현금흐름이 어떻게 분배될 것인지 예상하는 데 도움을 준다.

② 경제적 자원 및 청구권 변동

보고기업의 경제적 자원과 청구권 변동은 [표 3]과 같이 기업의 재무성과로 인한 부분과 재무성과에 기인하지 않는 부분으로 이루어진다. 보고기업의 미래 현금흐름에 대한 전망을 올바르게 평가하기 위해서는 두 변동을 구별할 수 있어야 한다. 왜냐하면 재무성과 정보는 기업의 경제적 자원에서 발생하는 미래 수익을 예측하고, 미래 현금흐름의 불확실성을 평가하는데 도움을 주기 때문이다.

[표 3] 경제적 자원 및 청구권 변동

<table>
<tr><td rowspan="3">경제적 자원
및
청구권의 변동</td><td rowspan="2">재무성과로 인한 부분</td><td>발생기준 회계가 반영된 재무성과</td></tr>
<tr><td>과거 현금흐름이 반영된 재무성과</td></tr>
<tr><td colspan="2">재무성과에 기인하지 않는 부분(추가적인 소유지분 발행, 예를 들어 유상증자)</td></tr>
</table>

재무성과가 반영된 변동은 발생기준회계가 반영된 재무성과와 과거 현금흐름이 반영된 성과로 구성된다. 발생기준 회계는 거래와 사건 및 상황의 결과로 발생하는 현금 수취 · 지급이

다른 기간에 이루어지더라도, 보고기업의 경제적 자원과 청구권에 영향이 발생한 기간을 보여준다. 보고기업이 과거에 보고한 현금흐름 정보(예 : 채무의 차입과 상환, 현금 배당)도 정보이용자가 기업의 미래 순현금유입 창출 능력을 평가하는 데 도움을 준다. 이러한 과거 현금흐름 정보는 정보이용자가 보고기업의 영업을 이해하고, 재무 · 투자활동을 평가하며, 유동성이나 지급능력을 평가 · 해석하는 데 도움을 준다.

보고기업의 경제적 자원과 청구권은 추가적인 소유지분 발행(유상증자)으로 변동할 수 있다. 이러한 유형의 변동에 관한 정보는 보고기업의 경제적 자원과 청구권이 변동된 이유, 변동이 미래 재무성과에 주는 의미를 정보이용자가 완전히 이해하기 위해 필요하다.

③ 발생주의 회계와 현금주의 회계

발생주의 회계는 현금주의 회계의 정보보다 기업의 과거 및 미래 성과를 평가하는 데 더 나은 근거를 제공한다. 왜냐하면 발생주의 회계에 따라 거래 등의 결과를 경제적 자원과 청구권이 변동된 기간에 반영하면 기업의 과거 및 미래 순현금유입 창출 능력을 평가하는 데 유용하기 때문이다.

3. 유용한 재무정보의 질적 특성

기업이 제공하는 정보 유형은 다양하므로 어떤 정보 유형이 정보이용자의 의사결정에 유용한 정보인지를 식별할 필요가 있다. 이를 위해 개념체계는 유용한 정보가 되기 위해 갖추어야 할

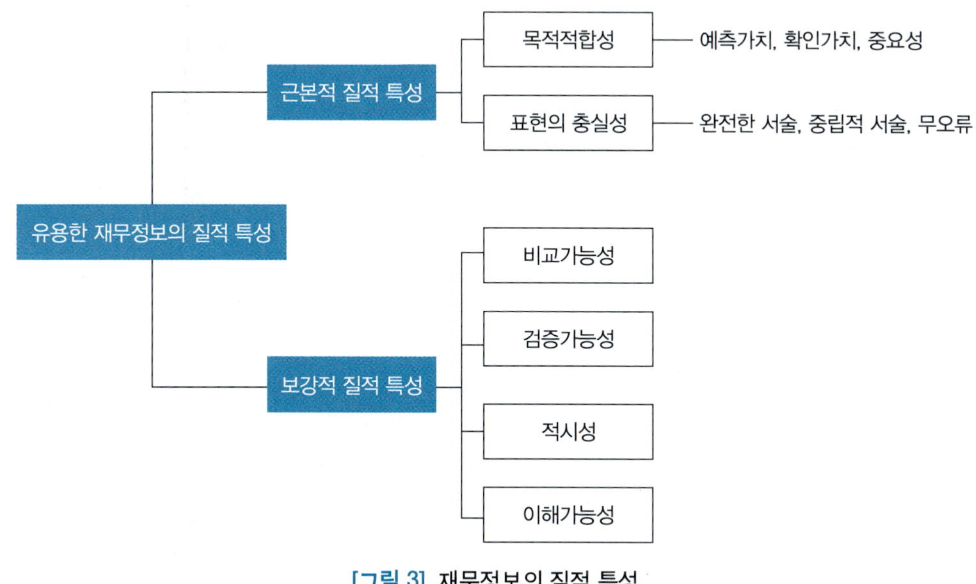

[그림 3] 재무정보의 질적 특성

질적 특성을 제시하고 있다. 즉 질적 특성이란 유용한 재무정보가 되기 위한 요건이다.

개념체계에서는 유용한 정보의 질적 특성을 [그림 3]과 같이 근본적 질적 특성과 보강적 질적 특성으로 구분한다. 근본적 질적 특성은 유용한 정보가 되기 위해 필수적으로 갖춰야 할 요건을 의미한다. 보강적 질적 특성은 그 자체로는 정보를 유용하게는 못하지만 이미 유용한 정보를 보강하는 역할을 한다.

(1) 근본적 질적 특성

근본적 질적 특성은 유용한 정보가 되기 위해 반드시 갖추어야 할 질적 특성이다. 정보가 유용하기 위해서는 의사결정 목적에 적합해야 하고 충실하게 표현되어야 한다.

1) 목적적합성(relevance)

목적적합한 재무정보는 해당 정보가 제공되었을 때와 그렇지 않은 경우를 비교하여 정보이용자의 의사결정이 달라질 수 있는 정보를 말한다. 목적적합한 정보가 되기 위해서는 예측가치가 있거나 과거 평가에 대한 피드백을 제공하는 확인가치가 있어야 한다. 목적적합성은 해당 정보가 중요하다는 것을 전제로 한다. 중요하지 않은 정보는 정보이용자 의사결정에 영향을 줄 수 없으므로, 목적적합한 정보가 되기 위해서는 중요한 정보여야 한다.

① 예측가치와 확인가치

정보이용자가 미래 결과를 예측하기 위해 재무정보를 사용할 수 있다면 예측가치가 있다. 재무정보가 과거 평가를 확인하거나 변경시키는 피드백을 제공한다면 확인가치를 갖는다.

재무정보의 예측가치와 확인가치는 상호 연관되어 있어, 예측가치를 갖는 정보는 확인가치를 갖기도 한다. 예를 들어, 차기 영업이익을 예측하기 위해 당기 영업이익 정보를 사용(예측가치)할 수 있는데, 전기에 행한 당기 영업이익 예측치와 실제치를 비교(확인가치)할 수 있다. 이러한 비교는 정보이용자가 과거 예측에 사용한 절차를 수정 · 개선하는 데 도움을 줄 수 있다.

② 중요성

정보가 누락되거나 잘못 기재되어 재무정보에 근거한 정보이용자의 의사결정에 영향을 줄 수 있다면 그 정보는 중요한 것이다. 중요성은 개별 기업 재무보고서 관점에서 해당 정보와 관련된 항목의 성격(질적 중요성)이나 규모(양적 중요성) 또는 이 둘 모두에 근거하여 해당 기업에 특유한 측면의 목적적합성을 의미한다.

개념체계에서는 중요성의 획일적인 계량 임계치를 정하거나 특정 상황에서 무엇이 중요한지는 규정하지 않는다. 왜냐하면 기업 규모나 성격에 따라 중요성이 다를 수 있기 때문이다. 예를 들어, 삼성전자와 강원전자 매출액이 각각 16조 원과 160억 원이고, 벌과금 16억 원이 발생했다고 하자. 삼성전자와 강원전자의 벌과금이 매출액에서 차지하는 비중은 각각 0.1%와 10%이다. 삼성전자 입장에서는 벌과금이 중요하지 않으나 강원전자 입장에서는 중요한 금액이라 할 수 있다. 이와 같이 기업 규모에 따라 중요성 금액이 다를 수 있다.

2) 표현충실성(faithful representation)

충실한 표현이란 경제현상의 경제적 실질을 반영하도록 기업의 재무상태, 재무성과, 현금흐름을 중립적이고 완전하며 오류가 없도록 표현하는 것을 의미한다.

완전한 서술은 필요한 기술과 설명을 포함하여 정보이용자가 이해하는 데 필요한 모든 정보를 포함하는 것이다. 중립적 서술은 재무정보의 선택이나 표시에 편의가 없는 것을 의미한다. 오류가 없다는 것은 기술에 오류나 누락이 없고, 정보를 생산하는 데 사용된 절차의 선택과 적용한 절차에 오류가 없음을 의미한다.

표현충실성 그 자체가 반드시 유용한 정보를 만들지는 않는다. 예를 들어, 토지를 역사적 원가로 보고하면 취득원가를 충실하게 표현하지만, 취득시점 이후 공정가치 변동을 인식하지 않으므로 역사적 원가 정보는 유용하지 않을 것이다. 왜냐하면 정보이용자는 토지의 취득원가가 아니라 지금 매각한다면 얼마를 받을 수 있을지에 관심이 많기 때문이다.

(2) 보강적 질적 특성

보강적 질적 특성은 그 자체가 정보를 유용하게 할 수는 없으나 이미 유용한 정보를 보강하는 역할을 한다. 목적적합성과 표현의 충실성을 모두 만족하는 회계정보는 드물기 때문에 둘 중 하나를 강조해야 할 필요가 있다. 이때 보강적 질적 특성은 두 가지 근본적 질적 특성 중 어떤 방법에 따라 현상을 서술해야 할지 결정하는데 도움을 줄 수 있다.

① 비교가능성

비교가능성은 정보이용자가 항목 간 유사점과 차이점을 식별하고 이해할 수 있게 하는 질적 특성이다.

일관성은 비교가능성과 관련이 있지만 동일한 개념은 아니다. 어떤 기업의 기간 간 또는 같은 기간의 기업 간, 동일 항목에 대해 같은 방법을 적용하면 일관성이 높다고 말한다. 비교가능성은 통일성을 의미하지 않는다. 정보가 비교가능하기 위해서는 비슷한 것은 비슷하게 보여야 하고 다른 것은 다르게 보여야 한다.

② 검증가능성

검증가능성은 정보가 나타내고자 하는 경제적 현상을 충실히 표현하는지를 정보이용자가 확인하는 데 도움을 준다. 독립적인 서로 다른 관찰자가 서술한 내용의 일치정도가 높으면 검증가능성이 있다고 표현한다. 예를 들어, 투수가 던진 공의 스피드를 측정하기 위해 제조사가 다른 두 개의 스피드 건으로 측정한다고 하자. 양쪽 모두 볼 스피드가 145km가 나온다면 검증가능성이 높다고 할 수 있다.

③ 적시성

적시성은 의사결정자가 정보를 제때에 이용 가능한 것을 의미한다. 일반적으로 정보는 오래될수록 유용성이 낮아진다.

시간이 경과하면 모든 정보는 적시성을 상실하는가? 일부 정보는 보고기간 말 후에도 오랫동안 적시성이 있을 수 있다. 왜냐하면 일부 정보이용자는 추세를 식별 · 평가하기 위해 당기 이전에 공시한 정보를 활용하기 때문이다. 예를 들어, 전기 매출액 정보 자체는 적시성이 없을 수 있으나, 당기 매출액이 전기에 비해 증가한 정도를 비교하고자할 때는 적시성 있는 정보로 활용할 수 있다.

④ 이해가능성

정보를 명확하고 간결하게 분류하고, 특징짓고, 표시하면 이해가 가능하다. 재무보고서는 사업활동과 경제활동에 대해 합리적인 지식이 있고, 부지런히 정보를 검토하고 분석하는 정보이용자를 위해 작성된다. 때로는 박식하고 부지런한 정보이용자도 복잡한 경제적 현상에 대한 정보를 이해하기 위해 자문가 도움이 필요할 수 있다.

■ **재무분석가(analyst)는 어떤 역할을 할까?**

재무분석가는 기업이 공시한 회계정보를 토대로 미래의 경영성과와 재무상태를 예측하여 보고서를 작성하여 정보수요자에게 제공한다. 개념체계에서 언급하는 '자문가' 중의 한 집단이 재무분석가이다. 재무분석 업무를 수행하는데 공식적인 자격은 없으나, 최근 국내에서도 미국 공인재무분석사(Charted Financial Analyst, CFA)에 대한 관심이 높아지고 있다. CFA는 증권업계나 증권 유관기관에 주로 종사하고 있으며 애널리스트, 펀드매니저, 리스크매니저, 신용분석가, 증권사 딜러 및 브로커, M&A전문가로 활동한다.

(3) 유용한 재무보고에 대한 원가 제약

정보를 제공하기 위해서는 원가가 발생하며 해당 정보로부터의 효익이 그 원가를 정당화할 수 있을 때만 정보가 제공되어야 한다. 원가는 재무보고로 제공될 수 있는 정보에 대한 포괄적 제약요인이다. 유용한 재무보고에 대한 원가제약은 재무정보제공자, 정보이용자, 회계기준제정기관 모두에게 적용된다.

재무정보제공자의 원가제약이란 재무정보 제공으로 인한 효익이 재무정보 작성비용보다 커야 함을 의미한다. 기업이 재무정보를 작성하기 위해서는 회계정보시스템을 구비해야 하고 이를 운용할 직원이 필요하므로 관련 비용이 발생한다. 재무보고를 하면 불확실성이 감소하여 좀 더 낮은 이자율로 자금을 차입할 수 있고, 좀 더 높은 가격에 유상증자를 할 수 있다. 이러한 효익이 비용보다 크기 때문에 기업이 재무보고를 한다고 이해하자.

4. 재무제표의 요소 및 인식

개념체계에서는 정보를 재무제표에 포함하기 위한 요건을 [그림 4]와 같이 제시하고 있다. 재무제표에 정보를 인식하기 위해서는 재무제표 요소의 정의에 부합하고, 인식기준을 충족하고 신뢰성 있는 금액으로 측정할 수 있어야 한다.

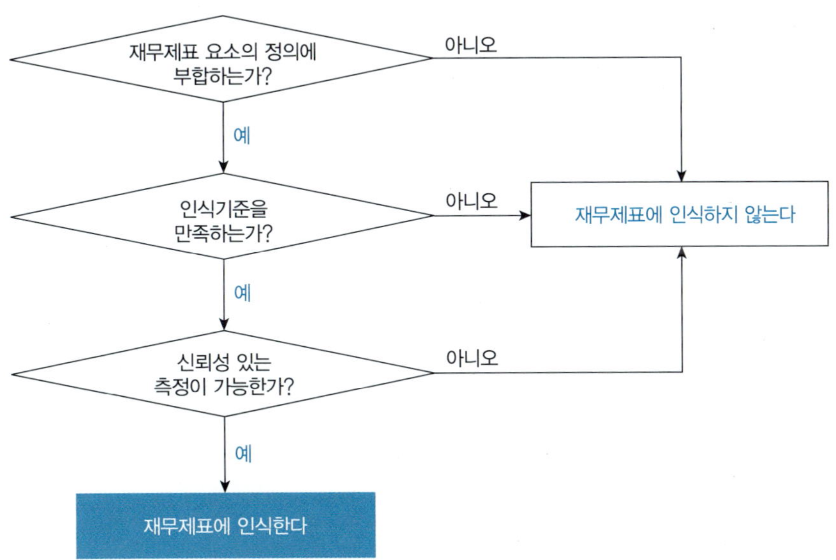

[그림 4] 정보를 재무제표에 포함하기 위한 요건

(1) 재무제표의 요소

개념체계에서는 재무제표 요소(elements of financial statements)로 자산, 부채, 자본, 수익과 비용을 제시하고 있다. 이 다섯 개의 요소에 영향을 미치는 거래와 항목만 재무제표에 표시된다. 개념체계에서는 재무상태와 관련된 자산, 부채와 자본, 성과와 관련한 수익과 비용을 구분하여 제시하고 있다.

1) 재무상태

특정 항목이 자산, 부채 또는 자본의 정의를 충족하는지 판단할 때 법률적 형식이 아닌 거래 실질과 경제적 현실을 고려해야 한다.

① 자산

자산(assets)은 과거 사건의 결과로 기업이 통제하고 있고 미래경제적효익이 유입될 것으로 기대되는 자원이다. 자산이 갖는 미래경제적효익이란 직간접으로 특정 기업의 미래 현금 및 현금성자산의 유입에 기여하게 될 잠재력을 말한다. 미래경제적효익은 다양한 형태(판매, 교환 등)로 기업에 유입될 수 있다.

② 부채

부채(liabilities)는 과거 사건으로 발생했으며 경제적효익을 갖는 자원이 기업으로부터 유출됨으로써 이행될 것으로 기대되는 현재의무이다. 현재의무와 미래 약속은 구별되어야 한다. 미래에 특정 자산을 취득하겠다는 경영자의 의사결정 그 자체만으로는 현재의무가 발생하지 않는다. 기업이 거래상대방 요구에 따라 현재의무를 이행하기 위해서는 일반적으로 미래경제적효익을 갖는 자원이 희생된다. 현재의무는 다양한 방법(현금 지급, 다른 자산의 이전, 용역제공 등)으로 이행될 수 있다.

③ 자본

자본(equities)은 자산에서 부채를 차감한 후의 잔여지분으로, 재무상태표에는 소분류하여 표시할 수 있다. 예를 들어, 주식회사의 자본은 소유주가 출연한 자본, 이익잉여금, 이익잉여금 처분에 의한 적립금, 자본유지조정을 나타내는 적립금 등으로 구분 · 표시할 수 있다. 이러한 분류는 배당이나 그 밖의 활용에 대한 기업능력의 법률적 또는 기타 제한을 표시함으로써 재무제표 이용자의 의사결정 목적에 적합할 수 있다.

2) 성과

이익은 성과 측정치로 사용되거나 투자수익률이나 주당이익과 같은 측정치의 기초로 사용된다. 이익측정과 직접 관련된 요소는 수익과 비용이다. 수익과 비용의 인식 · 측정, 그에 따른 이익은 부분적으로는 기업의 재무제표 작성에 적용된 자본과 자본유지개념에 의존한다.

① 수익

수익(income)은 자산 유입이나 증가 또는 부채 감소에 따라 자본 증가를 초래하는 특정 회계기간에 발생한 경제적효익의 증가로서, 지분참여자 출연은 제외한다. 수익은 기업의 정상영업활동에서 발생하며 매출액, 수수료수익, 이자수익, 배당수익, 로열티수익, 임대료수익 등 다양한 명칭으로 구분된다. 차익(gains)은 광의의 수익(income) 정의를 충족하는 그 밖의 항목으로 기업의 정상영업활동이나 그 이외 활동에서 발생할 수 있다. 차익(gains)도 경제적효익의 증가를 나타내므로 본질적으로 수익(revenue)과 차이는 없다. 개념체계에서는 차익을 수익의 별개 요소로 보지 않는다.

② 비용

비용(expenses)은 자산 유출이나 소멸 또는 부채 증가에 따라 자본 감소를 초래하는 특정 회계기간에 발생한 경제적효익의 감소로서, 지분참여자에 대한 분배(예를 들어, 배당)는 제외한다. 광의의 비용(expenses) 정의에는 기업의 정상영업활동에서 발생하는 비용(expenses)뿐만 아니라 차손(losses)도 포함된다. 비용은 일반적으로 현금 및 현금성자산, 재고자산 또는 유형자산과 같은 자산 유출이나 소모 형태로 나타난다. 차손은 비용의 정의를 충족하는 그 밖의 항목으로 기업의 정상영업활동이나 그 이외 활동에서 발생할 수 있다. 차손도 경제적효익의 감소를 나타내므로 본질적으로 다른 비용과 차이가 없다. 개념체계에서는 차손을 비용의 별개 요소로 보지 않는다.

(2) 재무제표 요소의 인식

인식(recognition)은 재무제표 요소의 정의에 부합하고 인식기준을 충족한 항목을 재무상태표나 포괄손익계산서에 반영하는 과정이다. 이 과정은 해당 항목의 계정명칭과 화폐금액으로 기술하고 그 금액을 재무상태표 또는 포괄손익계산서 총계에 산입하는 것을 포함한다.

재무제표 요소의 정의에 부합하는 항목이 아래 기준을 모두 충족하면 재무제표에 인식한다. 재무제표 요소의 정의를 충족하지만 인식기준을 충족하지 못하면 유용한 정보라도 재무제표에 인식하지 않는다.

[재무제표에 인식하기 위한 조건]

- 미래경제적효익이 기업에 유입되거나 기업으로부터 유출될 가능성이 높다.
- 원가 또는 가치를 신뢰성 있게 측정할 수 있다.

① 자산의 인식

자산은 미래경제적효익이 기업에 유입될 가능성이 높고 해당 항목의 원가 또는 가치를 신뢰성 있게 측정할 수 있을 때 재무상태표에 인식한다. 지출이 발생했으나 해당 회계기간 후에는 관련된 경제적효익이 기업에 유입될 가능성이 높지 않다고 판단하면 자산으로 인식하지 않고, 비용으로 인식한다.

② 부채의 인식

부채는 현재 의무를 이행하여 경제적효익을 갖는 자원의 유출 가능성이 높고 결제될 금액을 신뢰성 있게 측정할 수 있을 때 재무상태표에 인식한다.

③ 수익의 인식

수익은 자산 증가나 부채 감소와 관련하여 미래경제적효익이 증가하고 신뢰성 있게 측정할 수 있을 때 포괄손익계산서에 인식한다. 수익 인식은 자산 증가(부채 감소) 인식과 동시에 이루어진다. 예를 들어, 재화나 용역 매출에 따라 자산(현금 또는 매출채권)의 증가를 인식하고 동 금액을 수익으로 인식한다.

④ 비용의 인식

비용은 자산 감소나 부채 증가와 관련하여 미래경제적효익이 감소하고 이를 신뢰성 있게 측정할 수 있을 때 포괄손익계산서에 인식한다. 비용 인식은 부채 증가(또는 자산 감소) 인식과 동시에 이루어진다. 예를 들어, 종업원급여 발생에 따라 부채 증가를 인식하고, 설비의 감가상각에 따라 자산 감소를 인식한다.

비용은 발생된 원가와 특정 수익항목의 가득 간에 존재하는 직접적인 관련성을 기준으로 포괄손익계산서에 인식하는데, 이를 수익 · 비용의 대응이라고 한다. 경제적효익이 여러 회계기간에 걸쳐 발생할 것으로 기대되고 수익과의 관련성이 단지 포괄적 또는 간접적으로만 결정된다면 비용은 체계적이고 합리적인 배분절차를 기준으로 포괄손익계산서에 인식한다. 미래경제적효익이 기대되지 않는 지출이거나, 미래경제적효익이 기대되더라도 재무상태표에 자산으로 인식되기 위한 조건을 충족하지 못하거나 더 이상 충족하지 못하는 부분은 즉시 포괄손익계산서에 비용으로 인식한다.

(3) 재무제표 요소의 측정

측정(measurement)은 재무상태표와 포괄손익계산서에 인식 · 평가되어야 할 재무제표 요소의 화폐금액을 결정하는 과정이다. 개념체계에서는 재무제표에서 다수의 측정기준(basis of measurement)이 다양한 방법으로 결합되어 사용된다고 언급하고 있다.

측정방법 선택은 재무보고 목적과 이에 따른 유용한 정보에 따라 달라질 수 있다. 기업이 사용할 목적으로 자산을 보유하고 있다면 역사적 원가나 미래현금흐름유입액의 현재가치가 유용한 정보일 수 있다. 기업이 자산을 매각할 목적이라면 정보이용자에게는 현행원가나 실현가능가치가 더 유용할 것이다.

① 역사적 원가

역사적 원가(historical cost)는 취득대가로 취득 당시 지급한 현금 또는 현금성자산이나 그 밖의 대가의 공정가치로 자산을 기록하는 방법이다. 부채는 부담하는 의무의 대가로 수취한 금액으로 기록한다. 역사적 원가는 재무제표를 작성할 때 기업이 가장 보편적으로 채택하는 측정기준이다. 역사적 원가로 자산이나 부채를 평가하면 자산가치 변동에 따른 평가손익은 인식하지 않는다.

② 현행원가

현행원가(current cost)는 동일하거나 동등한 자산을 현재시점에서 취득한다고 가정할 때 대가로 지불해야 할 현금이나 현금성자산의 금액으로 자산을 평가하는 방법이다. 부채는 현재시점에서 의무를 이행하는 데 필요한 현금이나 현금성자산의 금액으로 평가한다.

역사적 원가는 실제 발생한 거래에서 금액으로 기록하므로 표현의 충실성이 높다. 역사적 원가로 측정하면 취득 당시 지급한 대가로 기록하여 보유기간 중에 발생한 평가손익을 인식하지 않으므로 목적적합성은 떨어진다. 목적적합성이 높은 정보를 제공하기 위해 등장한 측정방법이 현행원가와 실현가능가치이다. 현행원가 또는 실현가능가치로 자산을 측정하면 목적적합성은 향상되나, 가치 측정을 위해 추정이 필요하므로 표현의 충실성은 떨어진다.

예를 들어, 기말 현재 보유 중인 자산의 취득원가는 100만원이나 동일 자산을 기말 현재시점에서 취득한다면 120만원을 지불해야 한다고 하자. 현행원가란 자산의 평가시점에서 취득한다고 가정할 때 지불해야 할 금액을 의미하므로, 120만원이 현행원가에 해당한다. 역사적 원가로 자산을 기록하면 기말시점에 취득했던 가격(역사적 원가)인 100만원으로 기록하므로 보유손익(평가손익)은 인식하지 않는다. 현행원가로 평가한다는 것은 기말 현재시점의 현행원가를 재무제표에 기록한다는 의미이다. 현행원가로 자산을 평가하면 120만원으로 기록하고, 20만원은 평가이익으로 보고한다. 역사적 원가로 평가하면 보유손익을 인식하지 않지만, 현행원가로 자산을 평가하면 보유손익을 인식한다.

③ 실현가능(이행)가치

실현가능가치(realizable value)란 보유 중인 자산을 정상적으로 처분한다고 가정할 때 수취할 것으로 예상되는 현금이나 현금성자산으로 평가하는 방법이다. 순실현가능가치(net realizable cost)는 실현가능가치에서 처분을 위해 소요될 비용을 차감하여 계산한다. 예를 들어, 재고자산을 처분하면 95만원을 수취하고 처분비용 5만원이 발생한다고 하자. 이때 실현가능가치와 순실현가능가치는 각각 95만원과 90만원이다.

자산을 실현가능가치로 평가하면 보유손익을 인식한다. 예를 들어, 기말 현재 보유 중인 자산의 원가는 100만원이나 동일 자산을 현재시점에서 처분하면 130만원을 수취할 수 있다고 하자. 실현가능가치는 130만원이고, 평가이익은 30만원이다. 실현가능가치로 자산을 평가하면 현행원가와 마찬가지로 보유손익을 인식한다. 현행원가는 평가시점의 매입예상가격으로 평가하고, 실현가능가치는 평가시점의 매도예상가격으로 평가한다는 차이가 있다.

이행가치(settlement value)란 정상적인 영업과정에서 부채를 상환하기 위해 지급할 것으로 예상하는 현금이나 현금성자산의 할인하지 않은 금액으로 평가한 금액이다.

④ 현재가치

자산은 정상적인 영업과정에서 자산이 창출할 것으로 기대하는 미래 순현금유입액의 현재가치로 평가한다. 부채는 정상적인 영업과정에서 그 부채를 상환할 때 필요할 것으로 예상하는 미래 순현금유출액의 현재가치로 평가한다.

연습문제

[문 1] 진위형 문항

다음 문항을 읽고 맞는 기술이면 'ㅇ'로 표시하고, 틀린 기술이면 '×'로 표시하되 그 이유를 기재하시오.

1. 일반목적 재무제표에서는 기업의 주주와 채권자를 주된 이용자로 본다.
2. 관리회계에서 생성되는 회계정보도 비교가능성을 위해 일정한 기준에 따라 작성된다.
3. 우리나라에서는 외부감사법에 따라 소규모 주식회사를 제외한 모든 주식회사는 외부감사를 받아야 한다.
4. 기업의 경영성과나 재무상태가 양호하지 않아도 회계원칙에 따라 공정하게 재무제표가 작성되면 감사인은 적정의견을 표명한다.
5. 일반적으로 인정된 회계원칙은 권위 있는 회계원칙 제정기관에서 제정한 회계원칙만을 의미한다.
6. 우리나라에서 모든 상장기업은 예외 없이 국제회계기준을 적용하여 재무제표를 작성해야 한다.
7. 한국회계기준원은 국제회계기준위원회가 발표한 기준서 등 외에도 우리나라 실정을 반영하기 위한 실무지침을 추가적으로 발표할 수 있다.
8. 이해관계 정도와 회계처리 복잡성을 고려하여 비상장기업 중 외부감사대상 주식회사는 일반기업회계기준을 적용하나, 국제회계기준을 채택할 수도 있다.
9. 국제회계기준에서는 국가간, 기업간 비교가능성을 제고하기 위해 상세하고 구체적인 회계처리방법을 제시하고 있다.
10. 보유 중인 유형자산에서 발생하는 미래경제적효익이 내용연수 초기에는 많이 발생하고 기간이 경과할수록 감소한다고 하자. 원칙중심 회계기준에서는 정률법으로 감가상각해야 한다.
11. 국제회계기준에서는 법적 소유권이 없다면 자산으로 인식할 수 없다.
12. 국제회계기준에서는 표현의 충실성을 강조하므로 자산과 부채를 공정가치로 측정(평가)하도록 권장하고 있다.
13. 국제회계기준은 모든 공시가 연결재무제표 기준으로 이루어지므로, 연결재무제표를 주 재무제표로 본다.
14. 새로운 거래나 사건에 대해 적용할 기준서가 없다면 재무보고를 위한 개념체계에 따라 회계처리방법을 결정해야 한다.
15. 개념체계는 특정 한국채택국제회계기준에 우선하여 적용한다.

16. 일반목적재무보고는 주된 이용자를 보고대상으로 하므로 주된 이용자를 제외한 정보이용자는 일반목적재무보고서를 각자 목적에 따라 적절하게 가공하여 의사결정에 이용한다.
17. 일반목적 재무보고서는 정보이용자가 필요로 하는 모든 정보를 제공한다.
18. 재무성과로 인한 경제적 자원 및 청구권 변동은 발생기준 회계와 과거 현금흐름을 반영한다.
19. 발생주의 회계는 현금주의 회계의 정보보다 기업의 과거 및 미래 성과를 평가하는 데 더 나은 근거를 제공한다.
20. 정보가 유용하기 위해서는 근본적 질적 특성을 필수적으로 갖추고 있어야 하나, 보강적 질적 특성은 그 자체로는 정보를 유용하게 하지는 못한다.
21. 정보가 유용하기 위해서는 의사결정 목적에 적합해야 하고 충실하게 표현되어야 한다.
22. 재무정보의 예측가치와 확인가치는 상호 연관되어 있어, 예측가치를 갖는 정보는 확인가치를 갖기도 한다.
23. 개념체계에서는 기업간 비교가능성을 제고하기 위해 중요성의 획일적인 계량 임계치를 정하거나 특정 상황에서 무엇이 중요한지 규정하고 있다.
24. 충실한 표현이란 경제현상의 경제적 실질을 반영하도록 중립적이고 완전하며 오류가 없도록 표현하는 것을 의미하므로, 표현충실성 그 자체가 반드시 유용한 정보를 만든다.
25. 보강적 질적 특성은 근본적 질적 특성 중 어떤 방법에 따라 현상을 서술해야 할지 결정하는데 도움을 줄 수 있다.
26. 정보가 비교가능하기 위해서는 비슷한 것은 비슷하게 보여야 하고 다른 것은 다르게 보여야 한다.
27. 검증가능성은 정보가 나타내고자 하는 경제적 현상을 목적적합하게 표현하는지를 정보이용자가 확인하는 데 도움을 준다.
28. 적시성은 의사결정자가 정보를 제때에 이용 가능한 것을 의미하므로 시간이 경과하면 모든 정보는 적시성을 상실한다.
29. 유용한 정보에 해당해도 정보 제공으로 인한 효익이 그 원가를 정당화할 수 있을 때에만 정보가 제공되어야 한다.
30. 특정 항목이 자산, 부채 또는 자본의 정의를 충족하는지 판단할 때 법률적 형식은 고려하지 않고 거래 실질과 경제적 현실을 고려한다.
31. 자본을 소유주가 출연한 자본, 이익잉여금 등으로 구분하여 표시하면, 배당 등과 관련한 기업능력의 법률적 또는 기타 제한을 표시하여 재무제표이용자의 의사결정 목적에 적합할 수 있다.
32. 개념체계에서는 다수의 측정기준을 제시하고 있는데, 측정방법의 선택은 재무보고 목적과 이에 따른 유용한 정보에 따라 달라질 수 있다.
33. 실현가능가치란 동일하거나 동등한 자산을 현재시점에서 취득한다고 가정할 때 대가로 지불해야 할 현금이나 현금성자산의 금액으로 자산을 평가하는 방법이다.

해답

1. ○
2. ×. 관리회계 정보는 내부정보이용자가 활용하고 다양한 형식의 보고서를 사용하므로 일정한 원칙이 필요하지 않다.
3. ×. 주식회사뿐만 아니라 유한회사도 외부감사 대상에 해당한다.
4. ○
5. ×. 권위 있는 회계원칙 제정기관이 제정한 회계원칙뿐만 아니라 오랜 기간에 걸쳐 실무에서 폭 넓은 지지를 받아 사용 중인 회계관습도 일반적으로 인정된 회계원칙에 포함한다.
6. ○
7. ○
8. ○
9. ×. 회계처리방법을 구체적으로 규정하면 상거래나 관련 법규가 상이한 국가에서는 적용하지 못할 수 있다. 이에 따라 국제회계기준은 원칙중심접근법을 따르고 있어 상세하고 구체적인 회계처리방법을 제시하지 않는다.
10. ○
11. ×. 국제회계기준에서는 경제적 실질에 부합하는 회계처리를 강조하므로 법적 소유권이 없어도 자산으로 인식할 수 있다.
12. ×. 국제회계기준은 정보이용자에게 유용한 정보를 제공하기 위해 자산과 부채를 공정가치로 측정(평가)하도록 권장하고 있다.
13. ○
14. ○
15. ×. 개념체계는 특정한 측정과 공시 문제에 관한 기준을 정하고 있지 않으므로, 개념체계는 특정 한국채택국제회계기준을 우선하지 않는다.
16. ○
17. ×. 일반목적재무보고서는 정보이용자가 필요로 하는 모든 정보를 제공하지 않으며 제공할 수도 없다.
18. ○
19. ○
20. ○
21. ○
22. ○
23. ×. 기업 규모나 성격에 따라 중요성이 다를 수 있으므로 개념체계에서는 획일적인 계량 임계치를 정하거나 특정 상황에서 무엇이 중요한지는 규정하지 않는다.
24. ×. 표현충실성 그 자체가 반드시 유용한 정보를 만들지는 않는다. 역사적 원가로 자산을 평가하면 취득원가를 충실하게 표현하나, 취득시점 이후 공정가치 변동을 인식하지 않으면 그 정보는 유용하지 않기 때문이다.
25. ○
26. ○
27. ×. 검증가능성은 목적적합한 표현보다는 경제적 현상을 충실히 표현하는지를 정보이용자가 확인하는 데 도움을 준다.
28. ×. 정보이용자는 추세를 식별·평가하기 위해 당기 이전에 공시한 정보를 활용하기도 하므로 일부 정보는 보고기간 말 후에도 오랫동안 적시성이 있을 수 있다.
29. ○
30. ○
31. ○
32. ○
33. ×. 현행원가에 대한 설명이다. 실현가능가치란 보유 중인 자산을 정상적으로 처분한다고 가정할 때 수취할 것으로 예상하는 현금이나 현금성자산의 금액으로 평가하는 방법이다.

[문 2] 외부감사

다음은 S전자 주식회사의 감사보고서에서 발췌한 내용이다.

> **독립된 감사인의 감사보고서**
>
> S전자 주식회사
> 주주 및 이사회 귀중
>
> [감사의견]
> 우리는 S전자 주식회사의 재무제표를 감사하였습니다. 해당 재무제표는 20×8년 12월 31일과 20×7년 12월 31일 현재의 재무상태표, 동일로 종료되는 양 보고기간의 손익계산서, 포괄손익계산서, 자본변동표, 현금흐름표 그리고 유의적인 회계정책의 요약을 포함한 재무제표의 주석으로 구성되어 있습니다.
>
> 우리의 의견으로는 별첨된 회사의 재무제표는 회사의 20×8년 12월 31일과 20×7년 12월 31일 현재의 재무상태와 동일로 종료되는 양 보고기간의 재무성과 및 현금흐름을 한국채택국제회계기준에 따라, 중요성의 관점에서 공정하게 표시하고 있습니다.

물음

1. S전자 주식회사가 채택한 일반적으로 인정된 회계원칙은 무엇인가?
2. 우리나라에서는 외부감사법에 따라 재무제표에 대한 외부감사를 강제하고 있다. 주권상장법인과 일정 규모회사에 대해 외부감사를 법으로 정하여 강제하는 이유는 무엇인가?
3. 감사보고서에서 감사인이 표명한 감사의견을 표시한 문장을 제시하고, S전자가 받은 감사의견을 제시하시오.

해답

1. S전자 주식회사는 '한국채택국제회계기준'을 일반적으로 인정된 회계원칙으로 채택하고 있다. 두 번째 문단의 "~ 양 보고기간의 재무성과 및 현금흐름을 한국채택국제회계기준에 따라~"에서 확인할 수 있다. 주권상장기업과 금융기관은 한국채택국제회계기준에 따라 재무제표를 작성해야 한다.
2. 외부감사법에 따라 주권상장법인과 직전사업연도말 자산총액이 120억 원인 비상장법인은 외부감사법에 따라 외부감사를 받아야 한다. 주권상장법인은 외부주주 비율이 높은데, 외부주주는 기업과 격리되어 내부정보에 대한 접근이 제한된다. 이러한 정보비대칭 현상으로 도덕적 해이, 거짓보고, 역선택의 대리문제가 발생한다. 외부감사로 감시비용이 발생하나 정보생산자(경영진)와 정보이용자(주주, 채권자 등) 간의 정보비대칭 현상을 완화시키므로 전체적인 대리비용은 감소한다.
3. S전자 주식회사는 적정의견을 받았고, "중요성의 관점에서 공정하게 표시하고 있습니다."라는 문장이 S전자가 받은 감사의견이다.

[문 3] 국제회계기준

한국회계기준원과 국제회계기준도입준비단은 2007년 3월 15일에 '국제회계기준 도입 로드맵'을 발표했다. 한국회계기준원은 이러한 로드맵의 주요 일정에 따라 「주식회사의 외부감사에 관한 법률」에 따른 회계처리기준의 제정 절차를 거쳐 한국채택국제회계기준을 제정 · 공표했다.

물음

1. 우리나라에서 국제회계기준을 도입한 이유는 무엇인가? 이러한 국제회계기준 도입으로 인한 기대효과는 무엇인가?
2. 국제회계기준은 상세하고 구체적인 회계처리방법을 규정하지 않고 있다. 이에 따라 회계담당자는 경제적 실질에 기초하여 합리적으로 회계처리를 할 수 있다. 국제회계기준에서 원칙중심의 회계원칙 제정방법을 선택한 이유는 무엇인가?
3. A전자는 보유 중인 기계장치에 대해 정액법으로 감가상각하고 있다. A전자의 경영진은 기계장치의 내용연수 초기에 미래경제적효익의 유입이 가장 많고, 내용연수 후기로 갈수록 미래경제적효익의 유입이 적어질 것으로 예상하고 있다. 원칙중심 회계원칙 입장에서 A전자가 선택한 감가상각방법에 대해 논평하시오.

해답

1. 우리나라 기업이 한국채택회계기준을 적용하면, 전 세계적인 회계처리기준 단일화 추세에 적극 동참하게 되고, 우리나라 기업 재무제표와 외국 기업 재무제표 간의 비교가능성이 높아져 국제사회에서 우리나라 회계투명성에 대한 신뢰도가 향상될 것이다. 국제자본시장에서 자본흐름 장벽을 제거하고 국제자본시장 참여자가 기업에 대한 투자나 신용 의사결정을 할 때 도움이 되는 양질의 정보를 제공할 수 있다. 또한 우리나라 기업의 해외 사업장이나 우리나라에서 영업하는 외국 기업 사업장의 재무보고 비용을 감소시킬 것이다.
2. 국제회계기준은 전 세계 국가가 적용하는 회계원칙이다. 거래나 사건에 대한 회계처리방법이나 절차를 구체적으로 규정하면 상거래나 관련 법규가 상이한 국가에서는 적용하지 못할 수 있다. 이러한 이유로 국제회계기준에서는 상세하고 구체적인 회계처리방법을 제시하지 않는다.
3. 원칙중심 회계원칙에서는 거래나 사건의 경제적 실질을 보다 잘 반영할 수 있는 방법을 선택해야 한다. 정액법은 미래경제적효익이 일정하게 발생하는 상황에서 선택하는 것이 바람직하다. A전자가 보유한 기계장치는 내용연수 초기에 미래경제적효익이 가장 많이 발생하고 내용연수 후기로 갈수록 적어지므로 정액법보다는 정률법 등의 가속상각법이 경제적 실질을 보다 잘 반영할 수 있다.

[문 4] 일반목적재무보고서

일반목적재무보고서는 보고기업의 재무상태에 관한 정보, 즉 기업의 경제적 자원과 보고기업에 대한 청구권에 관한 정보를 제공한다. 재무보고서는 보고기업의 경제적 자원과 청구권을 변동시키는 거래와 그 밖의 사건의 영향에 대한 정보도 제공한다. 이 두 유형의 정보는 기업에 대한 자원 제공 관련 의사결정에 유용한 투입요소를 제공한다.

물음

1. 보고기업의 경제적 자원과 청구권의 성격 및 금액에 대한 정보를 정보이용자에게 제공하면 어떤 도움을 줄 수 있을까?
2. 보고기업의 경제적 자원과 청구권 변동은 그 기업의 재무성과, 그리고 채무상품 또는 지분상품 발행과 같은 그 밖의 사건 또는 거래에서 발생한다. 이러한 두 변동을 구별해야 하는 이유는 무엇인가?
3. 김한국 씨는 A기업의 지분상품에 투자하려고 한다. 이를 위해 A기업이 발행한 재무보고서를 활용하고자 한다. A기업 재무보고서를 이용할 때 김 씨가 고려해야 할 재무보고서 한계는 무엇인가?
4. 정보가 누락되거나 잘못 기대된 경우 특정 보고기업의 재무정보에 근거한 정보이용자의 의사결정에 영향을 줄 수 있다면 그 정보는 중요하다고 한다. 개념체계에서 중요성의 획일적인 계량 임계치를 정하거나 특정 상황에 무엇이 중요한 지 제시하지 않는 이유는 무엇인가?
5. 충실한 표현이란 경제현상의 경제적 실질을 반영하도록 기업의 재무상태, 재무성과, 현금흐름을 중립적이고 완전하며 오류가 없도록 표현하는 것을 말한다. 충실하게 표현하면 반드시 유용한 정보가 될 수 있는가?
6. 비교가능성, 검증가능성, 적시성 및 이해가능성은 목적적합하고 충실하게 표현된 정보의 유용성을 보강시키는 질적 특성이다. 보강적 질적 특성은 어떤 상황에서 도움을 제공할 수 있는가?
7. 수취채권과 부동산을 포함한 많은 종류의 자산은 소유권 등 법률적 권리와 관련이 있다. 자산의 존재를 판단할 때 소유권은 필수적인가?

해답

1. 보고기업의 경제적 자원과 청구권 성격 및 금액에 대한 정보는 정보이용자가 보고기업의 재무적 강점과 약점을 식별하는 데 도움을 줄 수 있다. 그 정보는 정보이용자가 보고기업의 유동성과 지급능력, 추가적인 자금 조달의 필요성, 자금 조달이 얼마나 성공적일지를 평가하는 데 도움을 줄 수 있다. 현재 청구권의 우선순위와 지급 요구사항에 대한 정보는 정보이용자가 보고기업에 청구권이 있는 사람들 간에 미래현금흐름이 어떻게 분배될 것인지를 예상하는 데 도움을 준다.
2. 보고기업의 미래 현금흐름에 대한 전망을 올바르게 평가하기 위해 정보이용자는 두 변동을 구별할 수 있는 능력

이 필요하다. 보고기업의 재무성과에 대한 정보는 그 기업의 경제적 자원에서 해당 기업이 창출한 수익을 정보이용자가 이해하는 데 도움을 준다. 기업이 창출한 수익에 대한 정보는 경영진이 보고기업의 자원을 효율적이고 효과적으로 사용해야 하는 책임을 얼마나 잘 이행했는지를 보여준다. 특히 미래현금흐름의 불확실성을 평가할 때 수익의 변동성 및 구성요소에 대한 정보도 중요하다. 보고기업의 과거 재무성과와 경영진이 책임을 어떻게 이행했는지에 대한 정보는 기업의 경제적 자원에서 발생하는 미래 수익을 예측하는 데 도움을 준다.

3. 일반목적재무보고서는 정보이용자가 필요로 하는 모든 정보를 제공하지 않는다. 또한 보고기업의 가치를 추정하는데 도움이 되는 정보를 제공하지만 보고기업 가치를 직접 보여주지는 않는다.
4. 중요성은 기업 규모나 성격에 따라 다를 수 있다. 즉, 중요성은 개별기업 재무보고서 관점에서 해당 정보와 관련된 성격이나 규모 또는 이 둘 모두에 근거하여 해당 기업에 특유한 측면의 목적적합성을 의미한다. 이러한 이유로 중요성에 대한 획일적인 계량 임계치를 정하거나 특정한 상황에서 무엇이 중요한 것인지를 미리 결정할 수 없다.
5. 표현충실성 그 자체가 반드시 유용한 정보를 만들지는 않는다. 예를 들어, 보유중인 건물을 역사적 원가로 보고하면 취득원가를 충실하게 표현할 수 있다. 정보이용자는 건물의 원가보다는 현재 시점의 공정가치를 반영한 정보를 원할 것이다. 건물을 역사적 원가로 평가하면 공정가치 변동을 인식하지 않으므로 이러한 정보는 취득시점 이후에는 유용하지 않을 것이다.
6. 보강적 질적 특성은 만일 어떤 두 가지 방법이 현상을 동일하게 목적적합하고 충실하게 표현하는 것이라면 이 두 가지 방법 가운데 어느 방법을 현상의 서술에 사용해야 할지를 결정할 때 도움을 줄 수 있다.
7. 소유권이 자산의 존재를 판단할 때 필수적이지 않다. 기업이 리스계약에 따라 점유하고 있는 부동산에서 기대되는 경제적효익을 통제할 수 있다면 그 부동산은 기업의 자산이다. 일반적으로 경제적효익에 대한 통제력은 법률적 권리의 결과이지만 법률적 통제가 없어도 자산의 정의를 충족시킬 수 있다. 예를 들어, 기업이 개발활동에서 습득한 핵심지식은 이를 독점적으로 보유하여 유입될 것으로 기대되는 효익을 통제한다면 자산의 정의를 충족할 수 있다.

재무제표 작성과 표시

CHAPTER

한눈에 살펴보는 이 장의 내용

이 장에서는 재무제표 작성과 표시를 살펴본다. 재무제표는 재무상태표, 포괄손익계산서, 자본변동표, 현금흐름표, 주석으로 구성된다. 재무상태표는 일정시점의 자산, 부채 및 자본의 구성상태를 보여주고, 포괄손익계산서는 일정기간 소유주와의 거래 이외의 모든 원천에서의 자본 증감과 내역에 관한 정보를 제공한다. 자본변동표는 한 회계기간에 발생한 소유주지분 변동내역을 제공하고, 현금흐름표는 기업의 영업, 투자 및 재무활동과 관련한 현금 유입 및 유출에 관한 정보를 제공한다. 주석은 네 개의 보고서를 더 잘 이해할 수 있도록 추가 정보를 제공한다.

공정가치란 공정가치 측정일에 시장참여자의 정상거래에서 자산을 매도하면서 수취하거나 부채를 상환하면서 지급할 금액을 말한다. 공정가치를 시장에서 직접 입수할 수 없다면 시장접근법, 원가접근법 및 이익접근법 등의 가치평가기법(valuation techniques)을 사용할 수 있다. 이러한 가치평가기법을 사용할 때 투입변수 우선순위를 부여해야 하는데, 이를 공정가치 서열체계라고 한다. 현재가치는 미래 특정시점에 받을 금액을 현재시점의 가치로 환산한 금액을 의미한다.

K-IFRS 제1001호 '재무제표 표시'는 2007년 제정되어 수차례 개정을 거쳐 2015년 5월에 최종 개정되었다. 관련되는 국제회계기준은 "Disclosure Initiative : Amendments to IAS 1"이다. K-IFRS 제1113호 '공정가치 측정'은 2011년 11월에 제정되어 2015년 개정되었다. 관련되는 국제회계기준은 "IFRS 13 Fair Value Measurement"이다.

contents

2 CHAPTER

재무제표 작성과 표시

| 학습목표 |

1. 재무제표 목적을 설명할 수 있다. 재무제표는 정보이용자의 경제적 의사결정에 유용한 정보인 기업의 재무상태, 재무성과와 재무상태변동을 제공한다.

2. 재무제표를 작성 · 표시할 때 준수해야 할 일반원칙을 설명할 수 있다. 일반원칙으로 ① 공정한 표시와 한국채택국제회계기준의 준수, ② 계속기업, ③ 발생기준 회계, ④ 중요성과 통합표시, ⑤ 상계, ⑥ 보고빈도, ⑦ 비교정보, ⑧ 표시의 계속성이 있다.

3. 재무상태표 표시방식을 설명할 수 있다. 재무상태표에는 유동자산과 비유동자산, 유동부채와 비유동부채로 구분하여 표시한다.

4. 유동자산(부채)과 비유동자산(부채)을 구분하는 기준을 설명할 수 있다. 보고기간말부터 1년 이내 혹은 정상적인 영업주기 이내에 현금화(결제)될 것으로 예상하는 자산은 유동자산(부채)으로 분류하고, 그 밖의 모든 자산은 비유동자산(부채)으로 분류한다.

5. 포괄손익계산서에 표시되는 정보를 설명할 수 있다. 기업의 주된 영업활동으로부터 발생하는 수익과 비용, 부수적 활동에서 발생하는 차익과 차손으로 당기순이익이 창출된다. 포괄이익은 당기순이익에 기타포괄손익을 가감한 금액이다.

6. 포괄손익계산서 보고방법을 설명할 수 있다. 기타포괄손익을 포괄손익계산서에 보고하는 단일보고방법과 별도 보고서에 보고하는 별도보고방법이 있다.

7. 비용의 분류방법을 설명할 수 있다. K-IFRS에서는 비용을 성격 또는 기능에 따라 분류할 수 있다.

8. 공정가치 개념을 설명할 수 있다. 측정일에 시장참여자 사이의 정상거래에서 자산을 매도할 때 받거나 부채를 이전할 때 지급해야 할 가격을 말한다.

9. 가치평가기법에 의한 공정가치 측정을 설명할 수 있다. 공정가치를 시장에서 직접 입수할 수 없다면 가치평가기법을 사용한다. 가치평가기법으로 시장접근법, 원가접근법, 이익접근법이 있다.

10. 공정가치 서열체계를 설명할 수 있다. 공정가치 서열체계는 가치평가기법 사용에서 투입변수 우선순위를 부여하기 위한 개념이다. 공정가치 서열체계는 동일한 자산이나 부채에 대한 활성시장의 공시가격(수준 1 투입변수)에 가장 높은 순위를 부여하고, 관측할 수 없는 투입변수(수준 3 투입변수)에 가장 낮은 순위를 부여한다.

11. 현재가치 회계처리를 수행할 수 있다. 명목금액은 현재가치로 평가하고 자산이나 부채는 현재가치로 인식한다. 명목금액과 현재가치의 차이는 현재가치할인차금으로 분류한 후 유효이자율법에 따라 상

각하여 이자수익(또는 이자비용)으로 인식한다.

| 주요 용어 |

- 재무제표 : 재무상태표, 포괄손익계산서, 자본변동표, 현금흐름표, 주석으로 구성된 재무와 관련된 여러 가지의 표
- 계속기업 : 명백한 반증이 없는 한 기업은 계속하여 영업활동을 수행한다는 전제
- 비교재무제표 : 당기와 전기를 비교하여 함께 공시하는 재무제표
- 유동자산 : 보고기간말부터 1년 이내 혹은 정상적인 영업주기 이내에 현금화될 것으로 예상하는 자산
- 유동부채 : 보고기간말부터 1년 이내 혹은 정상적인 영업주기 이내에 결제될 것으로 예상하는 부채
- 수익 : 일정기간에 기업의 주된 영업활동인 재화 판매나 용역 제공 등의 대가로 발생한 경제적 효익의 증가분
- 비용 : 수익을 획득하기 위해 희생된 경제적 대가
- 기타포괄손익 : 순자산(주주지분)을 변동시키지만, 거래와 회계사건이 완료되지 않아 당기순이익에 포함되지 않은 손익
- 손익계산서 단일보고방법 : 당기순이익과 기타포괄손익을 구성하는 모든 수익과 비용을 하나의 재무제표(포괄손익계산서)에 모두 표시하는 방법
- 손익계산서 별도보고방법 : 당기순이익을 구성하는 수익과 비용만으로 손익계산서를 작성하고, 기타포괄손익을 손익계산서와는 별도 독립된 보고서에 보고하여 두 개의 표를 작성하는 방법
- 성격별 분류 : 비용 성격에 따라 비용을 분류하는 방법
- 기능별 분류 : 비용이 어떤 기능을 수행하는 과정에서 발생했는지에 따라 비용을 분류하는 방법
- 공정가치 : 측정일에 시장참여자 사이의 정상거래에서 자산을 매도할 때 받거나 부채를 이전할 때 지급해야 할 가격(유출가격)
- 시장참여자 : 주된 시장에서 매도자와 매입자로서 서로 독립적이고, 합리적 판단력이 있으며, 거래를 체결할 능력과 의사를 가진 사람
- 정상거래 : 측정일 전의 일정 기간에 해당 자산이나 부채와 관련된 거래를 위해 통상적이고 관습적인 마케팅활동을 할 수 있도록 시장에 노출된다고 가정한 거래
- 주된 시장 : 해당 자산이나 부채에 대한 거래규모와 빈도가 가장 큰 시장
- 가장 유리한 시장 : 자산 매도로 수취금액을 최대화하거나 부채 이전으로 지급액을 최소화하는 시장
- 시장접근법 : 동일하거나 비교할 수 있는 자산 또는 부채에 대한 시장 거래에서 생성된 가격이나 그 밖의 관련 정보를 사용하여 공정가치를 결정하는 방법
- 원가접근법 : 자산 사용 능력을 대체할 때 현재 필요한 금액(현행대체원가)을 기초로 공정가치를 결정하는 방법

- 이익접근법 : 미래 금액을 현재의 할인된 금액으로 환산하여 공정가치를 측정하는 기법
- 공정가치 서열체계 : 가치평가기법 사용에서 투입변수 우선순위를 부여하기 위한 개념
- 수준 1 투입변수 : 측정일에 동일한 자산이나 부채에 대한 접근할 수 있는 활성시장의 조정하지 않은 공시가격
- 수준 2 투입변수 : 평가대상항목의 공시가격을 이용할 수 없을 때 사용할 수 있는 시장변수
- 수준 3 투입변수 : 자산이나 부채에 대한 관측할 수 없는 투입변수
- 최고 최선의 사용 : 시장참여자가 경제적 효익을 창출하기 위해서 그 자산을 가장 효율적으로 사용한다는 가정에 근거하여 측정하는 것
- 현재가치 : 미래 특정시점에 받을 금액을 현재시점의 가치로 환산한 금액

제1절 재무제표 목적 및 일반원칙

1. 재무제표 목적과 구성요소

(1) 재무제표 목적

회계는 경영활동에서 발생한 거래나 사건을 금액으로 측정하여 기록하는데, 기록된 내용은 재무제표를 통해 정보이용자에게 제공된다. 재무제표(financial statements)란 재무와 관련된 여러 가지의 표라는 의미로, 기업의 재무상태, 경영성과, 자본변동 및 현금흐름에 관한 정보를 제공한다. 재무제표는 정보이용자의 경제적 의사결정에 유용한 정보를 제공하고, 경영진의 수탁책임 결과를 보여준다.

[재무제표의 목적]

- 재무제표는 정보이용자의 경제적 의사결정에 유용한 기업의 재무상태, 재무성과와 재무상태변동에 관한 정보를 제공한다.
- 재무제표는 위탁받은 자원에 대한 경영진의 수탁책임 결과를 보여준다. 이러한 목적을 충족하기 위해 재무제표는 자산, 부채, 자본, 수익과 비용, 소유주에 의한 출자와 소유주에 대한 배분, 현금흐름 등의 기업 정보를 제공한다. 이러한 정보는 재무제표이용자가 기업의 미래현금흐름의 시기와 확실성을 예측하는 데 도움을 준다.

(2) 재무제표의 구성요소

전체 재무제표는 다음을 모두 포함해야 한다. 재무제표이용자가 기업 재무성과를 포괄적으로 이해하는 데 도움을 주기 위해 각각의 재무제표는 전체 재무제표에서 동등한 비중으로 표시한다.

[재무제표의 명칭]

- 기말 재무상태표
- 기간 포괄손익계산서, 기간 자본변동표, 기간 현금흐름표
- 주석(유의적인 회계정책 및 그 밖의 설명으로 구성)
- 전기에 관한 비교정보
- 회계정책을 소급하여 적용하거나, 재무제표 항목을 소급하여 재작성 또는 재분류하는 경우 전기 기초 재무상태표

주석(footnote)은 재무제표 해당과목에 번호를 붙이고 별지에 동일한 번호를 표시하여 세부사항을 설명한다. 주석은 재무제표 본문을 강조하거나 더욱 상세히 설명하기 위한 보충수단으로 이용된다.

재무제표 주석은 다음과 같은 정보를 제공한다. 첫째, 재무제표를 작성할 때 기업이 선택한 회계기준과 회계정책 정보를 담고 있다. 둘째, 재무제표의 각 항목을 보충하는 정보를 제공한다. 셋째, 금액으로 측정할 수 없어 재무제표에 표시되지 않지만 재무현황을 이해하는 데 필요한 중요한 정보(소송현황, 약정사항, 담보와 지급보증 내역, 특수관계자와의 거래 등)를 담고 있다.

2. 일반원칙

국제회계기준에서는 재무제표를 작성하고 표시할 때 준수해야 할 일반원칙으로 다음 사항을 규정하고 있다.

(1) 공정한 표시와 한국채택국제회계기준의 준수

재무제표는 기업의 재무상태, 재무성과 및 현금흐름을 공정하게 표시해야 한다. 공정한 표시를 위해서는 개념체계에서 정한 자산, 부채, 수익 및 비용의 정의와 인식요건에 따라 거래, 사건과 상황의 효과를 충실하게 표현해야 한다. 한국채택국제회계기준에 따라 작성된 재무제표는 공정하게 표시된 재무제표로 본다.

(2) 계속기업

경영진은 재무제표를 작성할 때 계속기업(going concern)으로서의 존속가능성을 평가해야 한다. 계속기업으로서의 존속능력에 유의적인 의문이 제기될 수 있는 사건이나 상황과 관련된 중요한 불확실성을 알게 되면, 경영진은 그러한 불확실성을 공시해야 한다.

(3) 발생기준 회계

기업은 현금흐름 정보를 제외하고는 발생기준(accrual basis) 회계를 사용하여 재무제표를 작성한다. 발생기준 회계에 따라 각 항목이 개념체계의 정의와 인식요건을 충족하면 자산, 부채, 자본, 광의의 수익 및 비용으로 인식한다.

(4) 중요성과 통합표시

유사 항목은 중요성(materiality) 분류에 따라 재무제표에 구분 · 표시하며, 상이한 성격이나 기능을 가진 항목은 구분 · 표시한다. 중요하지 않은 항목은 성격이나 기능이 유사한 항목과 통합하여 표시할 수 있다.

(5) 상계

한국채택국제회계기준에서 요구하거나 허용하지 않는 한 자산과 부채 그리고 수익과 비용은 상계(offset)하지 않고 구분하여 표시한다. 왜냐하면 상계표시는 발생한 거래, 사건과 상황을 이해하고 기업의 미래현금흐름을 분석할 수 있는 재무제표이용자 능력을 저해하기 때문이다. 재고자산에 대한 재고자산평가충당금, 매출채권에 대한 대손충당금과 같이 평가충당금을 차감하여 관련 자산을 순액으로 측정하는 것은 상계표시에 해당하지 않는다.

(6) 보고빈도

전체 재무제표(비교정보 포함)는 적어도 1년마다 작성해야 하는데, 이를 '연차재무제표'라고도 한다. 상장기업은 연차 재무제표 외에 1/4분기 재무제표와 3/4분기 재무제표, 반기보고서를 작성 · 공시해야 한다.

■ 중간재무보고

중간재무보고(interim reporting)란 1년보다 짧은 기간인 반기(6개월) 또는 분기(3개월)의 회계기간을 대상으로 수행되는 재무보고이다. 중간재무보고는 적시성 있는 정보를 제공하므로 정보 유용성을 제고시킨다.

우리나라에서는 자본시장법에 따라 상장회사는 반기보고서와 분기보고서를 공시해야 한다. 반기보고서는 사업연도 개시일부터 6월간의 영업실적 등을 공시하는데, 반기 경과 후 45일내 제출해야 한다. 분기보고서는 사업연도 개시일부터 3월간 및 9월간의 영업실적 등을 공시하는데, 분기 경과 후 45일내 제출해야한다.

(7) 비교정보

당기 재무제표에 보고되는 모든 금액은 전기 비교정보를 표시하며, 당기 재무제표를 이해하는 데 목적적합하다면 서술형 정보도 비교정보에 포함한다. 최소한 두 개의 재무상태표와 두 개의 포괄손익계산서, 두 개의 별개 손익계산서(표시하는 경우), 두 개의 현금흐름표 및 자본변동표 그리고 관련 주석을 표시해야 한다.

(8) 표시의 계속성

재무제표 항목의 표시와 분류는 다음의 상황을 제외하고는 매기 동일해야 한다.

[표시와 분류의 변경이 가능한 상황]

- 사업내용의 유의적인 변화나 재무제표를 검토한 결과 다른 표시나 분류방법이 더 적절한 것이 명백한 경우
- 한국채택국제회계기준에서 표시방법의 변경을 요구하는 경우

제2절 재무상태표의 작성원칙

1. 재무상태표의 표시

재무상태표(statement of financial position 또는 balance sheet)는 특정시점 현재의 재무상태에 대한 정보를 제공한다.

(1) 재무상태표의 작성양식

국제회계기준에서는 표시되어야 할 항목의 순서나 형식을 구체적으로 제시하지 않고 있다. 재무상태표에 구분 표시하기 위해 성격이나 기능면에서 명확하게 다른 항목 이름만 제시하고 있다. 재무상태표에는 유형자산 등의 금액을 나타내는 항목을 표시하며, 기업의 재무상태를 이해하는 데 목적적합하다면 재무상태표에 항목, 제목 및 중간합계를 추가하여 표시한다.

(2) 유동과 비유동의 구분표시

유동성 순서에 따른 표시방법이 신뢰성 있고 더욱 목적적합한 정보를 제공하는 경우를 제외하고는 유동자산과 비유동자산, 유동부채와 비유동부채로 재무상태표에 구분하여 표시한다. 유동성 순서에 따른 표시방법을 적용하면 모든 자산과 부채는 유동성 순서에 따라 표시한다.

다양한 사업을 영위하는 기업에서는 신뢰성 있고 더욱 목적적합한 정보를 제공한다면 자산과 부채의 일부는 유동 · 비유동 구분법으로, 나머지는 유동성 순서에 따른 표시하는 혼합표시방법을 적용할 수 있다.

(3) 재무상태표 예시

회계정보는 기간별 비교가 가능할 때 정보이용자에게 더 유용한데, 이를 비교가능성(comparability)이라고 한다. 회계정보의 비교가능성을 높이기 위해 재무상태표를 작성할 때 당기뿐만 아니라 비교식으로 전기 재무상황을 함께 공시하는데, 이를 '비교재무제표'라고 한다.

자산계정, 부채계정, 자본계정을 상하로 차례로 배열한 것으로 '보고식'이라고 한다. 기업이 공시할 때 채택하는 보고식 재무상태표에서는 자산 부분을 먼저 기재하고 순차적으로 부채와 자본을 기재한다. 국제회계기준에서는 이러한 순서에 제한이 없기 때문에 자산 부분을 먼저 기재하고 순차적으로 자본과 부채를 기재하기도 한다.

다음은 삼성전자의 2017회계연도와 2016회계연도의 비교식 재무상태표이다. 삼성전자는 자산 부분을 먼저 기재하고 순차적으로 부채와 자본을 기재하고 있고, 유동 · 비유동 구분법으로 재무상태표를 작성하고 있다. 당기 잔액을 먼저 제시하고 전기 잔액을 표시하는 형식으로 비교정보를 공시하고 있다. 재무제표의 금액은 원, 천원, 백만원 중 선택하여 표시하는데, 기업 규모가 큰 삼성전자는 백만원으로 공시하고 있다.

재무상태표

제49기 2017년 12월 31일 현재

제48기 2016년 12월 31일 현재

삼성전자주식회사 (단위 : 백만원)

과 목 자 산	주석	제49(당)기		제48전)기	
I. 유동자산			70,155,189		69,981,128
1. 현금및현금성자산	4, 6, 7, 31	2,763,768		3,778,371	
2. 단기금융상품	5, 6, 7, 31	25,510,064		30,170,656	
3. 매출채권	6, 7, 10, 31	27,881,777		23,514,012	
4. 미수금	6, 10	2,201,402		2,319,782	
5. 선급금		1,097,598		814,300	
6. 선급비용		2,281,179		2,375,520	
7. 재고자산	11	7,837,144		5,981,634	
8. 기타유동자산	6	582,257		743,163	
9. 매각예정분류자산				283,690	
II. 비유동자산			128,086,171		104,821,831
1. 장기매도가능금융자산	6, 9, 31	973,353		913,989	
2. 종속기업, 관계기업 및 공동기업투자	12	55,671,759		48,743,079	
3. 유형자산	13	62,816,961		47,228,830	
4. 무형자산	14	2,827,035		2,891,844	
5. 장기선급비용		3,031,327		3,507,399	
6. 순확정급여자산	17	811,210		557,091	
7. 이연법인세자산	28	586,161		110,239	
8. 기타비유동자산	6	1,368,365		869,360	
자산총계			198,241,360		174,802,959

부 채					
Ⅰ. 유동부채			44,495,084		34,076,122
1. 매입채무	6, 31	6,398,629		6,162,650	
2. 단기차입금	6, 8, 15, 31	12,229,701		9,061,167	
3. 미지급금	6, 31	9,598,654		7,635,740	
4. 선수금		214,007		200,445	
5. 예수금	6	500,740		389,528	
6. 미지급비용	6	6,657,674		6,284,646	
7. 미지급법인세		6,565,781		2,055,829	
8. 유동성장기부채	6, 16, 31	5,201		5,854	
9. 충당부채	18	2,273,688		2,055,829	
10. 기타비유동부채		51,009		58,546	
Ⅱ. 비유동부채			2,176,501		3,180,075
1. 사채	6, 16, 31	46,808		58,542	
2. 장기미지급금	6, 31	1,750,379		2,808,460	
3. 장기충당부채	18	379,201		312,467	
4. 기타비유동부채		113		606	
부채총계			46,671,585		37,256,197
자 본					
Ⅰ. 자본금	20		897,514		897,514
1. 우선주자본금		119,467		119,467	
2. 보통주자본금		778,047		778,047	
Ⅱ. 주식발행초과금			4,403,893		4,403,893
Ⅲ. 이익잉여금	21		150,928,724		140,747,574
Ⅳ. 기타자본항목	23		(4,660,356)		(8,502,219)
자본총계			151,569,775		137,546,762
부채와자본총계			198,241,360		174,802,959

2. 재무상태표 분류

(1) 자산 분류

보고기간말부터 1년 이내 혹은 정상적인 영업주기(operating cycle) 이내에 현금화될 것으로 예상되는 자산은 유동자산으로 분류한다. 그 밖의 모든 자산은 비유동자산으로 분류한다. 영업주기는 영업활동을 위한 자산의 취득시점부터 그 자산이 현금이나 현금성자산으로 실현되는 시점까지 소요되는 기간이다. 정상영업주기를 명확히 식별할 수 없다면 12개월로 가정한다.

다음 조건 중 하나에 해당하면 유동자산으로 분류하며, 그 밖의 모든 자산은 비유동자산으로 분류한다.

[유동자산으로 분류하기 위한 조건]

① 기업의 정상영업주기 내에 실현될 것으로 예상하거나, 정상영업주기 내에 판매하거나 소비할 의도가 있다.
② 주로 단기매매 목적으로 보유하고 있다.
③ 보고기간 후 12개월 이내에 실현될 것으로 예상한다.
④ 현금이나 현금성자산으로서, 교환이나 부채 상환 목적으로의 사용에 대한 제한 기간이 보고기간 후 12개월 이상이 아니다.

(2) 부채 분류

다음 조건 중 하나에 해당하면 유동부채로 분류하며, 그 밖의 모든 부채는 비유동부채로 분류한다.

[유동부채로 분류하기 위한 조건]

① 정상영업주기 내에 결제될 것으로 예상하고 있다.
② 주로 단기매매 목적으로 보유하고 있다.
③ 보고기간 후 12개월 이내에 결제하기로 되어 있다.
④ 보고기간 후 12개월 이상 부채의 결제를 연기할 수 있는 무조건의 권리를 가지고 있지 않다.

(3) 자본 분류

K-IFRS에서는 자본(주주지분)을 자본금과 적립금으로 나누는 대 원칙을 제시하고, 자본을 자본금, 이익잉여금, 기타자본요소로 나누어 재무상태표에 보고하는 것을 권장하고 있다. 기타자본요소는 자본잉여금과 기타포괄손익누계액 등을 포함한 개념이다.

제3절 포괄손익계산서 작성원칙

1. 포괄손익계산서 표시

포괄손익계산서(comprehensive income statement)는 일정 기간에 발생한 포괄이익과 그 구성요소(수익, 비용, 기타포괄손익)에 대한 정보를 제공한다. 정보이용자는 포괄손익계산서를 분석하여 기업의 경영성과를 파악하고 미래현금흐름과 수익창출능력을 예측할 수 있다.

(1) 포괄손익계산서에 표시되는 정보

포괄손익계산서에는 기업의 주된 영업활동으로부터 발생하는 수익과 비용, 부수적 활동에서 발생하는 차익과 차손 등으로 당기순이익(net income)이 창출된다. 포괄이익(comprehensive income)은 당기순이익에 기타포괄손익을 가감한 금액이다.

① 수익

수익(revenues)이란 일정기간에 기업의 주된 영업활동인 재화 판매나 용역 제공 등의 대가로 발생한 경제적 효익의 증가분을 말한다. 수익이 발생하면 자산이 증가(또는 부채 감소)하여 자본이 증가한다.

좁은 의미의 수익은 정상적인 영업활동에서 발생한 경제적 효익의 증가분을 의미한다. 넓은 의미의 수익은 정상적인 영업활동뿐만 아니라 그 이외 활동(예 : 유형자산처분이익)에서 발생하는 이득(gain, 차익)도 포함한다.

② 비용

비용(expenses)이란 수익을 획득하기 위해 희생된 경제적 대가를 말한다. 넓은 의미의 비용개념에는 기업의 정상적인 활동 이외 활동(예 : 유형자산처분손실)에서 발생하는 손실(loss, 차손)도 포함된다.

③ 기타포괄손익

기타포괄손익(other comprehensive income)은 순자산(주주지분)을 변동시키지만, 거래와 사건이 완료되지 않아 당기순이익에 포함되지 않는 손익이다. 당기순이익을 계산할 때는 완료된(complete) 거래와 사건만 고려하고, 기타포괄손익은 당기순이익과 구별하여 보고한다. 당기순이익과 기타포괄손익은 마감분개를 통해 각각 재무상태표의 이익잉여금과 기타포괄손익누계액으로 대체된다.

기타포괄손익 중 향후 거래가 종결될 때 당기손익으로 재분류되는데, 이를 재분류조정(reclassification adjustment)이라고 한다. 기타포괄손익-공정가치측정(FVOCI) 금융자산(채무증권)의 평가손익은 재분류가 허용되나, 유·무형자산을 재평가할 때 인식하는 재평가잉여금, 기타포괄손익-공정가치측정(FVOCI) 금융자산(지분증권)의 평가손익, 확정급여제도의 재측정요소는 재분류를 금지한다. 포괄손익계산서를 작성할 때 당기손익으로 재분류되지 않는 항목과 당기손익으로 재분류될 수 있는 항목을 구분하여 표시한다. 이와 같이 기타포괄손익을 분류하여 표시하면 당기순이익을 예측하는데 유용한 정보를 제공할 수 있다.

(2) 포괄손익계산서의 보고방법

기타포괄손익은 포괄손익계산서에 보고(단일보고방법)하거나, 별도 보고서에 보고(별도보고방법)할 수 있다.

① 단일보고방법

단일보고방법은 당기순이익과 기타포괄손익을 구성하는 모든 수익과 비용을 하나의 재무제표(포괄손익계산서)에 모두 표시하는 방법이다. 포괄손익계산서의 윗부분에 당기순이익을 표시하고 아래 부분에 기타포괄손익 항목을 표시한다.

다음은 단일보고방법을 채택하고 있는 롯데하이마트의 포괄손익계산서이다.

포괄손익계산서

제31기 : 2017년 1월 1일부터 2017년 12월 31일까지

제30기 : 2016년 1월 1일부터 2016년 12월 31일까지

롯데하이마트주식회사 (단위 : 원)

과목	주석	제31(당)기	제30(전)기
I. 매출액	27,36	4,099,341,305,980	3,939,442,418,372
II. 매출원가	27,29,36	3,038,178,083,694	2,926,068,535,684
III. 매출총이익		1,061,163,222,286	1,013,373,882,688
판매비와관리비	28,29,36	853,699,994,613	838,834,001,598
IV. 영업이익		207,463,227,673	174,539,881,090
기타수익	30,36	7,231,358,716	7,246,042,303
기타비용	30	5,573,691,147	6,877,403,393
순금융원가	31	(10,149,978,172)	(12,372,369,763)
금융수익	31	6,039,169,293	5,791,424,391

금융비용	31	16,189,147,465	18,163,794,154
V. 법인세비용차감전순이익		198,970,917,070	162,536,150,237
VI. 법인세비용	32	50,535,735,655	41,108,132,812
VII. 당기순이익		148,435,181,415	121,428,017,425
VIII. 기타포괄손익		(6,514,231,345)	1,556,947,648
후속적으로 당기손익으로 재분류되지 않는 포괄손익			
확정급여제도의 재측정요소	26,32	3,635,726,850	2,547,368,336
후속적으로 당기손익으로 재분류되는 포괄손익			
FVOCI금융자산평가손익	6,32	(10,149,958,195)	(1,058,004,543)
현금흐름위험회피-재분류조정	6,32	–	67,583,855
III. 총포괄이익		141,920,950,070	122,984,965,073
주당이익			
기본주당이익	33	6,288	5,144

② 별도보고방법

별도보고방법에서는 당기순이익을 구성하는 수익과 비용만으로 손익계산서를 작성하고, 기타포괄손익을 손익계산서와는 별도 독립된 보고서에 보고하여 두 개의 표를 작성한다. 다음은 별도보고방법을 채택하고 있는 삼성전자의 손익계산서와 포괄손익계산서이다.

손익계산서

제49기 : 2017년 1월 1일부터 2017년 12월 31일까지
제48기 : 2016년 1월 1일부터 2016년 12월 31일까지

삼성전자주식회사 (단위 : 백만원)

과목	주석	제49(당)기		제48(전)기	
I. 매출액			161,915,007		133,947,204
II. 매출원가	24		101,399,657		97,290,644
III. 매출총이익			60,515,350		36,656,560
판매비와관리비	24, 25	25,658,259		23,009,124	
IV. 영업이익			34,857,091		13,647,436
기타수익	26	2,767,967		2,185,600	
기타비용	26	1,065,014		1,289,594	
금융수익	27	4,075,602		5,803,751	
금융비용	27	4,102,094		5,622,119	

V. 법인세비용차감전순이익			36,533,552		14,725,074
법인세비용	28	7,732,715		3,145,325	
VI. 당기순이익			28,800,837		11,579,749
VII. 주당이익	29				
기본주당이익(단위:원)			208,881		81,602
희석주당이익(단위:원)			208,881		81,602

포괄손익계산서

제49기 : 2017년 1월 1일부터 2017년 12월 31일까지

제48기 : 2016년 1월 1일부터 2016년 12월 31일까지

삼성전자주식회사 (단위 : 백만원)

과목	주석	제49(당)기		제48(전)기	
I. 당기순이익			28,800,837		11,579,749
II. 기타포괄손익			319,724		308,057
후속적으로 당기손익으로 재분류되지 않는 포괄손익			349,950		729,634
1. 순확정급여자산 재측정요소	17, 23	349,950		729,634	
후속적으로 당기손익으로 재분류되는 포괄손익			(30,226)		(421,577)
1. 매도가능금융자산평가손익	9, 23	(30,226)		(421,577)	
III. 총포괄이익			29,120,561		11,887,806

2. 비용의 분류

K-IFRS에서는 비용을 성격 또는 기능에 따라 분류하도록 규정하고 있는데, 이 중 한 가지 방법을 선택하여 계속해서 적용해야 한다. 기능별로 비용을 분류하면 성격별로 분류한 비용을 주석으로 공시해야 한다. 우리나라 기업의 대부분은 기능별 분류방법을 적용하여 포괄손익계산서를 공시하고 있다.

(1) 성격별 분류

성격별 분류(nature of expense method)는 비용 성격(예 : 감가상각비)에 따라 비용을 분류하는 방법이다. 성격별 분류에서는 감가상각비나 인건비가 제조활동 또는 판매활동에서 발생했는지 구분하지 않는다. 여러 제품을 생산하는 제조기업이 성격별 분류법을 사용하면 동일한 성격을 가진 비용(예 : 감가상각비)을 재고자산(매출원가)과 기간비용(판매비와 일반관리비)으로 구분할 필

요가 없다.

삼성전자는 기능별로 손익계산서를 작성하므로 관련 주석에서 다음과 같이 비용의 성격별 분류내역을 공시하고 있다. '계'는 손익계산서의 매출원가, 판매비와관리비를 합한 금액과 일치한다.

(단위 : 백만원)

구분	당기	전기
제품 및 재공품 등의 변동	(1,482,078)	754,751
원재료 등의 사용액 및 상품 매입액 등	75,238,170	72,357,330
급여	10,747,188	10,161,393
퇴직급여	641,891	813,704
감가상각비	10,499,403	9,948,547
무형자산상각비	1,086,298	1,143,430
복리후생비	1,567,565	1,445,746
지급수수료	3,635,146	3,279,835
광고선전비	1,429,380	766,171
판매촉진비	1,424,143	1,191,542
기타비용	22,270,810	18,437,319
계	127,057,916	120,299,768

(2) 기능별 분류

기능별 분류(function of expense method)는 비용이 어떤 기능(예 : 제조 또는 판매나 관리)을 수행하는 과정에서 발생했는지에 따라 분류한다. 예를 들어, 제조과정에서 발생한 감가상각비는 재고자산(매출원가)에 포함하고, 판매활동에서 발생한 감가상각비는 판매비로 보고한다.

기능별 분류는 비슷한 성격을 가진 비용을 자산과 기간비용으로 구분하는 과정에서 주관이 개입될 수 있으나, 기능별 비용이 이익에 미치는 영향을 보여줄 수 있다.

제4절 공정가치

1. 공정가치의 개념

공정가치(fair value)란 측정일에 시장참여자 간 발생한 정상거래에서 자산을 매도할 때 받거나 부채를 이전할 때 지급할 가격(유출가격, exit price)을 말한다. 공정가치로 측정하면 시장참여자가 측정일에 자산(또는 부채) 가격을 결정할 때 고려하는 자산(또는 부채)의 특성(예를 들어, 자산의 상태나 위치)을 고려한다.

(1) 시장참여자와 정상거래

시장참여자란 주된 시장(또는 가장 유리한 시장)에서의 매도자와 매입자로서 서로 독립적이고, 합리적 판단력이 있으며, 거래를 체결할 능력과 의사를 가진 사람을 말한다. 기업은 시장참여자가 자산이나 부채의 가격을 결정할 때 사용할 가정에 근거하여 자산이나 부채의 공정가치를 측정해야 한다.

정상거래는 측정일 전 일정 기간에 해당 자산이나 부채와 관련된 거래를 위해 통상적이고 관습적인 마케팅활동을 할 수 있도록 시장에 노출되는 것을 가정한 거래를 말한다.

(2) 주된 시장과 가장 유리한 시장

주된 시장(principal market)은 해당 자산이나 부채에 대한 거래규모와 빈도가 가장 큰 시장을 의미한다. 가장 유리한 시장(most advantageous market)은 자산 매도로 수취금액을 최대화하거나 부채 이전으로 지급액을 최소화하는 시장을 말한다. 주된 시장이 있으면 주된 시장에서 입수 가능한 가격을 공정가치를 사용하고, 주된 시장이 없다면 가장 유리한 시장을 이용하여 공정가치를 측정할 수 있다.

예를 들어, 자산이 시장 A와 시장 B에서 서로 다른 가격으로 매도된다고 하자. 시장 A가 주된 시장이라면 시장 A에서 입수 가능한 가격을 공정가치로 사용한다. 주된 시장이 없고 시장 A와 시장 B에서 받을 순금액이 각각 ₩25와 ₩23이라고 하자. 시장 A에서 자산 매도로 수취할 금액을 최대화하므로 시장 A에서 입수 가능한 가격을 공정가치로 이용한다.

(3) 주된 시장과 가장 유리한 시장에서의 공정가치 측정

주된 또는 가장 유리한 시장의 가격을 결정할 때 거래원가는 조정하지 않는다. 왜냐하면 거래원가는 자산이나 부채 특성이 아니라 거래에 특정된 것으로 자산이나 부채의 거래방법에 따라 달라지기 때문이다. 거래원가는 운송원가를 포함하지 않으므로 주된 또는 가장 유리한 시장에서의 가격을 결정할 때 운송원가를 조정한다. 예를 들어, 시장에서 받을 가격이 ₩30이고, 거래원가와 운송원가가 각각 ₩2과 ₩3이라면 공정가치는 ₩27[₩30(받을 가격) − ₩3(운송원가)]이다.

가장 유리한 시장을 판단할 때는 받을 금액에서 운송원가와 거래원가를 모두 차감한 순금액으로 고려한다. 주된 시장을 결정한 이후 공정가치를 측정할 때는 받을 금액에서 운송원가만을 차감한다.

[예제 1] 주된 또는 가장 유리한 시장에서의 공정가치(K-IFRS 제1113호 사례 6 수정)

기업의 자산은 두 개의 서로 다른 활성시장에서 서로 다른 가격으로 매도된다. 기업은 두 시장 모두에서 거래하며 측정일에 그 자산에 대한 두 시장의 가격을 이용할 수 있다. 시장 A에서 받을 가격은 ₩26이며 거래원가와 운송원가는 각각 ₩3과 ₩2이다. 시장 B에서 받을 가격은 ₩25이며 거래원가와 운송원가는 각각 ₩1과 ₩2이다.

물음

1. 시장 A가 자산에 대한 주된 시장이라면 자산의 공정가치는 얼마로 측정해야 하는가?
2. 어떤 시장도 자산에 대한 주된 시장이 아니라면 자산의 공정가치는 얼마로 측정해야 하는가?

해답

1. 시장 A가 자산에 대한 주된 시장이라면 자산의 공정가치는 운송원가를 고려한 후에 시장에서 받을 가격인 ₩24(₩26 − ₩2)을 사용하여 측정한다.

2. 어떤 시장도 자산에 대한 주된 시장이 아니라면 자산의 공정가치는 가장 유리한 시장가격을 사용하여 측정한다. 다음과 같이 자산의 공정가치를 측정한다.

(1) 1단계 : 가장 유리한 시장의 결정
가장 유리한 시장을 결정할 때는 받을 금액에서 거래원가와 운송원가를 모두 차감한 순금액을 이용한다. 시장 B의 순금액이 시장 A보다 크므로 시장 B가 주된 시장이다.

	받을 금액	거래원가	운송원가	순금액
A	26	3	2	21
B	25	1	2	22

(2) 2단계 : 공정가치의 결정
시장 B에서 자산에 대해 받을 순금액이 가장 크다. 자산의 공정가치는 시장가격인(₩25)에서 운송원가(₩2)을 차감한 ₩23으로 측정한다.

2. 가치평가기법에 의한 공정가치 측정

공정가치를 시장에서 직접 입수할 수 없다면 가치평가기법(valuation techniques)을 사용할 수 있다. 가치평가기법을 사용하는 목적은 측정일에 시장참여자 사이의 정상거래에서 발생할 가격(공정가치)을 추정하기 위해서이다.

가치평가기법을 이용할 때 관측가능한 투입변수를 최대한 사용하고 관측불가능한 투입변수 사용은 최소화하여 측정오류를 줄여야 한다. 공정가치를 측정하는 가치평가기법으로는 시장접근법, 원가접근법, 이익접근법이 있다.

(1) 시장접근법

시장접근법(market approach)은 동일하거나 비교할 수 있는 자산 또는 부채에 대한 시장 거래에서 생성된 가격이나 그 밖의 관련 정보를 사용하여 공정가치를 결정하는 방법이다. 시장접근법의 기본원리는 "합리적인 매수자는 특정 재화를 구입할 때, 동일한 효용을 제공하는 대체적인 재화와 비교하여 구입금액을 결정한다."는 개념을 기초로 한다. 예를 들면, 시가배수(market multiple)를 이용하여 공정가치를 추정하는 주가이익비율(price–to–earnings ratio), 주가장부금액비율(price–to–book value ratio)이 시장접근법에 해당한다.

■ PER로 기업가치 평가하기

㈜대한의 기업가치를 평가하기로 하고 PER를 시가배수로 선정한다고 하자. PER는 주가(price)를 주당순이익으로 나누어 계산하는데 비교기준 회사인 ㈜민국의 PER는 10이다.

㈜대한의 당기순이익은 10억 원이고 주식 수가 100만주이면 주당순이익은 ₩1,000(10억 원÷100만주)이다. 비교기준 회사인 (주)민국의 PER는 10이므로 ㈜대한의 주가는 ₩10,000(10×₩1,000)이다. ㈜대한의 기업가치는 100억 원(₩10,000×1백만주)으로 평가된다.

(2) 원가접근법

원가접근법(cost approach)은 자산의 사용 능력을 대체할 때 현재 필요한 금액(현행대체원가)을 기초로 공정가치를 결정하는 방법이다. 예를 들어, 현재 보유하고 있는 기계장치를 시장에서 취득하기 위해 100만원(진부화를 반영하여 조정한 후의 금액)이 필요하다면, 동 금액이 현행대체원가에 해당한다.

〈예 1〉 시장접근법과 원가접근법(K-IFRS 제1113호 사례 4 수정)

> 기업이 영업에 사용중인 기계는 외부판매자에게서 구입한 것이다. 기업은 이 기계를 다른 자산과 함께 사용하거나 다른 자산과 부채와 함께 사용하면 시장참여자에게 최대 가치를 제공할 것으로 판단한다. 현재의 기계 사용이 최고 최선의 사용이 아니라는 증거는 없다. 기업은 기계와 관련한 원가접근법뿐만 아니라 시장접근법을 적용하는데 충분한 자료를 구할 수 있다고 판단한다. 이 기계는 별도로 식별할 수 있는 일련의 수익을 가지고 있지 않아 미래현금흐름을 신뢰성 있게 추정할 수 없어 이익접근법은 사용할 수 없다.

기업은 보유한 기계에 대해 시장접근법과 원가접근법을 다음과 같이 적용할 수 있다. 시장접근법과 원가접근법 중 공정가치를 가장 잘 나타낸다고 판단한 가격을 공정가치로 산정한다.

① 기업이 보유한 기계와 비슷한 기계간의 차이를 조정한 비슷한 기계의 공시가격을 사용하여 시장접근법을 적용할 수 있다. 측정치는 현재의 상태와 위치(사용을 위해 설치 · 조립)에 있는 기계에 대해 받게 될 가격을 반영한다.

② 비슷한 성능의 대용 기계를 제작하는데 현재 필요한 금액을 추정하여 원가접근법을 적용할 수 있다. 추정할 때 기계 상태 및 물리적 마모(물리적 악화), 기술 향상(기능적 진부화), 비슷한 기계에 대한 시장 수요의 감소(경제적 진부화)와 같은 기계 상태에 대해 외부적인 조건과 기계가 운영되는 환경과 설치원가를 고려한다.

(3) 이익접근법

이익접근법(income approach)은 미래 금액(예: 현금흐름이나 수익과 비용)을 현재의(할인된) 금액으로 환산하여 공정가치를 측정하는 기법이다. 이익접근법의 기본적인 원리는 "재화 가치는 그 재화로부터 기대되는 미래경제적효익을 현재가치로 전환시킨 것이다"는 개념에 근거한다. 예를 들면, 현재가치기법과 옵션가격결정모형이 이에 해당한다.

〈예 2〉 이익접근법(K-IFRS 제1113호 사례 5 수정)

> 기업이 취득한 자산 집합은 소프트웨어와 소프트웨어가 사용하는 관련 데이터베이스를 포함하고 있다. 소프트웨어는 고객에게 라이선싱을 하여 수익 창출이 가능하고, 기업 내부에서 개발했다. 취득한 개별 자산에 자산 집합의 원가를 배분하기 위해 소프트웨어의 공정가치를 측정한다.
> 기업은 소프트웨어를 다른 자산과 함께 사용하여 시장참여자에게 최대 가치를 제공할 것이라고 판단한다. 현재의 소프트웨어 사용방식이 최고 최선의 사용이 아니라는 증거는 없다. 기업은 이익접근법뿐만 아니라 원가접근법을 적용하기 위한 충분한 자료를 구할 수 있지만 시장접근법은 그렇지 않다고 판단한다. 비슷한 소프트웨어에 대한 시장 거래에 관한 정보는 구할 수 없다.

소프트웨어에 대해 이익접근법과 원가접근법을 어떻게 적용할 수 있을까?

① 현재가치기법을 사용하여 이익접근법을 적용할 수 있다. 그러한 기법에 사용하는 현금흐름은 경제적 내용연수에 걸쳐 소프트웨어에서 창출되는 일련의 예상 수익(고객으로부터의 라이선스료)을 반영한다.

② 기능적 진부화와 경제적 진부화를 고려한 비슷한 성능의 대용 소프트웨어를 제작하는데 현재 필요한 금액을 추정하여 원가접근법을 적용할 수 있다.

기업이 시장참여자가 비슷한 성능의 대용 소프트웨어를 제작할 수 없다고 판단하면 원가접근법을 적용할 수 없다. 이러한 상황에서는 이익접근법에 따라 소프트웨어의 공정가치를 결정해야 한다.

3. 공정가치 서열체계

공정가치 서열체계(fair value hierarchy)는 가치평가기법 사용에서 투입변수 우선순위를 부여하기 위한 개념이다. 공정가치 서열체계는 투입변수를 세 가지 수준(수준 1, 수준 2, 수준 3)으로 구분한다. 공정가치 서열체계에서 활성시장의 공시가격(수준 1 투입변수)에 가장 높은 순위를 부여하고, 관측할 수 없는 투입변수(수준 3 투입변수)에 가장 낮은 순위를 부여한다.

(1) 수준 1 투입변수

수준 1 투입변수는 측정일에 동일한 자산이나 부채에 대한 접근할 수 있는 활성시장의(조정하지 않은) 공시가격이다. 활성시장 공시가격은 공정가치의 가장 신뢰성 있는 증거를 제공하며, 예외적인 상황을 제외하고는 투입변수(활성시장의 공시가격)를 조정하지 않고 공정가치로 사용한다.

수준 1에서는 ① 자산이나 부채의 주된 시장(주된 시장이 없다면 가장 유리한 시장)과 ② 측정일에 자산이나 부채를 시장가격으로 거래할 수 있는지를 판단하는데 주안점을 둔다.

(2) 수준 2 투입변수

수준 2 투입변수는 수준 1의 공시가격 이외에 자산이나 부채에 대해 직접적 또는 간접적으로 관측할 수 있는 투입변수이다. 수준 2의 투입변수로는 ① 비슷한 자산이나 부채에 대한 활성시장의 공시가격, ② 동일하거나 비슷한 자산이나 부채에 대한 비활성시장의 공시가격 등이 포함된다.

수준 2의 투입변수는 비슷한 자산이나 부채의 활성시장의 공시가격이나 비활성시장의 공시가격을 활용하므로 조정이 필요하다. 이러한 조정은 자산이나 부채에 특정된 요소(예를 들어, 자산의 상태나 위치 등)에 따라 달라진다. 예를 들어, 보유 중인 건물(면적 100m^2)을 공정가치로 평가한다고 하자. 비슷한 위치의 비교할 수 있는 건물의 m^2당 ₩1,000이고, 비교건물과 비교하여 평가건물의 가치평가 배수는 1.2로 평가되었다. 수준 2 투입변수를 고려하여 평가한다면 건물의 가치는 ₩120,000(=100m^2×₩1,000×1.2)이다.

(3) 수준 3 투입변수

수준 3 투입변수는 자산이나 부채에 대한 관측할 수 없는 투입변수를 말한다. 예를 들어, 특정 금융상품에 대한 시장정보를 이용할 수 없어 가치평가를 위해 기업의 자체 자료를 이용하여 개발한 재무예측을 사용하는 것은 수준 3 투입변수에 해당한다.

수준 3에서는 최선의 정보를 사용하여 관측할 수 없는 투입변수를 개발해야 한다. 이러한 투입변수는 기업이 보유한 내부 자료에 기초할 수 있지만, 합리적으로 구할 수 있는 다른 시장참여자의 자료 등 정보를 활용해 기업 자신의 자료를 조정한다. 수준 3 투입변수의 예로는 비상장주식의 평가를 들 수 있다. 비상장주식의 공정가치는 현금할인흐름법을 적용하여 평가한다.

■ 공정가치 서열체계 공시사례 : 삼성전자

다음은 삼성전자의 공정가치 서열체계와 관련한 공시사례이다. Level 1에 해당하는 자산은 활성시장에서 공시가격을 직접 구할 수 있는 상장주식의 공정가치를 의미한다. Level 2는 삼성전자가 발행한 사채의 공정가치로, 앞으로 지급해야 할 액면이자와 만기에 지급할 원금을 보고기간말의 현행 시장이자율로 할인하여 구한 금액이다. Level 3는 활성시장에서 관측할 수 있는 투입변수가 없는 비상장주식의 공정가치로 현금흐름할인법에 따라 측정한 금액이다. 예를 들어, 말타니의 공정가치를 측정할 때 영구성장률은 0%로 추정했으나 오차범위가 ±1%이고, 가중평균자본비용은 7.4%이나 오차범위는 ±1%로 추정하고 있다.

마. 공정가치 측정

(1) 보고기간종료일 현재 공정가치로 측정되는 회사 금융상품의 공정가치 서열체계에 따른 수준별 공시는 다음과 같습니다.

(단위 : 백만원)

구분	당반기말			
	Level 1	Level 2	Level 3	계
(1) 자산				
기타포괄손익-공정가치금융자산	1,136,544		87,238	1,223,782
당기손익-공정가치금융자산			8,432	8,432
(2) 부채				
사채		65,814		65,814

공정가치 측정의 투입변수 특징에 따른 공정가치 서열체계는 다음과 같습니다.

- Level 1 : 동일한 자산이나 부채에 대한 시장의 공시가격
- Level 2 : 시장에서 관측가능한 투입변수를 활용한 공정가치(단, Level 1에 포함된 공시가격은 제외)
- Level 3 : 관측가능하지 않은 투입변수를 활용한 공정가치

(2) 가치평가기법 및 투입변수

1) 회사는 공정가치 서열체계에서 Level 2로 분류되는 회사채, 국공채, 금융채 등에 대하여 미래현금흐름을 적정이자율로 할인하는 현재가치법을 사용하고 있습니다.

2) Level 3로 분류된 주요 금융상품에 대하여 사용된 가치평가기법과 투입변수는 다음과 같습니다.

(단위 : 백만원)

구분	공정가치	가치평가기법	Level 3 투입변수	투입변수 범위(가중평균)
말타니	14,688	현금흐름할인법	영구성장률	−1.00%~1.00%(0%)
			가중평균자본비용	6.40%−8.40%(7.40%)
삼성벤처투자	7,660	현금흐름할인법	영구성장률	−1.00%~1.00%(0%)
			가중평균자본비용	20.43%~22.43%(21.43%)

4. 공정가치의 측정

(1) 금융상품의 공정가치 측정

금융상품(지분증권, 채무증권)에 대한 공정가치는 공정가치 측정일에 금융상품이 매각된다고 가정하여 공시가격을 측정한다. 예를 들어 주식이나 사채는 형성된 시장가격이 공시가격이다. 비상장주식처럼 활성시장의 공시가격을 이용할 수 없다면 이익접근법이나 시장접근법을 사용한다.

(2) 비금융자산의 공정가치 측정

비금융자산의 공정가치를 측정할 때 시장참여자가 경제적 효익을 창출하기 위해 자산을 가장 효율적으로 사용할 것이라는 가정에 근거하여 측정한다. 이를 '최고 최선의 사용(highest and best use)'이라고 부른다.

비금융자산에 대해 최고 최선의 사용을 고려할 때는 물리적 사용가능성(예 : 자산의 위치나 크기), 법적 허용가능성(예 : 부동산에 적용될 수 있는 구획정비규정), 재무적 실행가능성(예 : 현금흐름)을 고려해야 한다.

〈예 3〉 최고 최선의 사용(K-IFRS 제1113호 사례 2 수정)

> 기업이 취득한 토지는 산업적 목적의 공장 부지로 개발되어 사용 중이다. 최근에 근처 부지는 주거용으로 고층 아파트 건설부지로 개발되었다. 기업은 그러한 개발 및 최근 구획 정비와 개발을 촉진시키는 다른 변화에 근거하여, 공장용 부지로 사용 중인 토지는 주거용(고층 아파트 건설) 부지로 개발될 수 있다고 판단한다. 왜냐하면 시장참여자는 토지 가격을 결정할 때 주거용 부지로 개발될 잠재성을 고려할 것이기 때문이다.

토지의 최고 최선의 사용은 어떤 사항을 비교하여 판단해야 하는가? 여러 토지의 가치 중 더 높은 가치에 따라 최고 최선의 사용을 판단해야 하므로, 다음의 두 가지 사항을 비교하여 판단한다.

① 현재 산업용으로 개발된 토지의 가치

② 주거용 나대지(시장참여자가 토지를 단독으로 사용하는 경우)로서의 토지 가치. 토지 가치를 산정할 때 공장을 철거하는 원가와 토지를 공지로 바꾸는 데 필요한 원가를 고려해야 한다.

(3) 부채의 측정

부채의 공정가치측정은 금융부채이든 비금융부채이든 부채가 측정일에 시장참여자에게 이전된다고 가정한다. 측정을 위해 이전된다고 가정하므로 부채는 여전히 남아있으며 시장참여자인 인수자는 의무를 이행해야 한다. 측정일에 부채는 거래상대방에게 결제되지 않으며 소멸되지도 않는다.

부채의 공정가치는 불이행위험의 영향을 반영한다. 부채와 관련된 불이행위험은 기업 자신의 신용위험을 포함하며 기업의 신용수준에 대한 영향도 고려해야한다. 따라서 부채를 공정가치로 측정하는 모든 기간의 부채 공정가치에 신용위험(신용수준)의 효과를 고려한다. 예를 들어, 기업 A는 5년 후 기업 X에게 현금 ₩500을 지급해야 할 계약상 의무가 있다고 하자. 기업 A의 신용등급은 AA이며 이자율 6%에 차입할 수 있다. 기업 A는 이러한 계약으로 ₩374(5년 후의 ₩500을 6%로 할인한 현재가치)을 받을 것이다. 이와 같이 기업 부채의 공정가치는 기업의 신용수준을 반영한다.

제5절 현재가치

1. 현재가치 개념

현재가치(present value)란 미래 특정시점에 받을 금액을 현재시점의 가치로 환산한 금액을 말한다. 예를 들어, 현재시점에서 받을 거래대금을 1년 후 ₩1,100을 받는다고 하자. 매출시점에서 현금을 받는다면 은행에 예금하여 1년 후 이자를 받을 수 있으므로, 1년 후 거래대금을 수령한다면 이자를 고려하여 1년 후 받을 금액을 결정한다. 즉, 1년 후 받기로 한 ₩1,100에는 이자가 포함되어 있으므로, 이자를 제외한 금액이 현재가치에 해당한다. 현재시점의 이자율이 10%라면 현재가치는 ₩1,000($=\frac{1,100}{1.1}$)으로, 미래현금흐름을 현재시점의 이자율로 나눠 계산한다.

2. 현재가치 계산

(1) 단리와 복리

이자 발생은 단리와 복리 형태로 구분할 수 있다. 일반적으로 1년 이상 장기간 현금흐름이 발생할 때 적용하는 이자계산방식은 주로 복리이다. 본서에서 다루는 이자계산은 특별한 언급이 없는 한 복리로 가정한다.

(2) 현재가치

현재가치란 미래 일정시점에 발생하는 현금흐름을 현재시점을 기준으로 평가한 가치이다. 단일금액(또는 단순현금흐름)에서는 현재 또는 미래에 단 한 번의 현금흐름이 발생한다. 연간 이자율이 r일 때, n년 후 현금흐름(Fn)의 현재가치(P_0)는 다음과 같이 계산한다.

$$P_o = F_n \times \frac{1}{(1+r)^n}$$

연금(annuity)이란 동일한 현금흐름이 두번 이상 계속되는 것을 의미한다. 연금의 현재가치는 단일 현금흐름의 현재가치를 합한 금액이다. 연간이자율은 r이고, 동일한 현금흐름이 매년 말 발생한다면 n년 동안 발생하는 연금(A)의 현재가치(PA_0)는 다음과 같이 계산한다.

$$PA_o = A \times \frac{1}{(1+r)^1} + A \times \frac{1}{(1+r)^2} + \cdots + A \times \frac{1}{(1+r)^n}$$

3. 현재가치 회계처리

미래현금흐름의 현재가치는 자산 및 부채의 평가에 모두 적용할 수 있다. 현재가치 평가를 위해서는 미래현금흐름의 금액 및 시기, 할인율을 알 수 있어야 한다. 〈예 4〉를 통해 현재가치 계산과정과 회계처리를 살펴 보자.

〈예 4〉 현재가치 평가

20×1년 1월 1일 A사는 영업활동을 위해 보유하던 장부금액 ₩10,000인 토지를 B사에 매각했다. 20×3년 12월 31일에 매각대금 ₩20,000을 일시에 수령하기로 했다. 토지 매각시점의 시장이자율(유효이자율)은 10%이다.

$$\text{현재가치} = 20,000 \times \frac{1}{(1+0.1)^3} = ₩15,026$$

A사가 인식해야 할 유형자산처분손익은 대금결제방식에 따라 달라져서는 안 된다. 매각시점에서 현금을 즉시 수령했다면 받을 금액(현재가치)과 토지의 장부금액을 비교하여 유형자산처분손익을 계산한다. A사는 유형자산처분이익으로 ₩5,026[₩15,026(현재가치) − ₩10,000(장부금액)]을 인식하고, 3년간 이자수익으로 ₩4,974를 인식한다.

A사 회계처리를 살펴보자. 현재가치할인차금은 장기미수금(명목금액)에서 차감하는 평가성 계정이다. 현재가치할인차금은 매년 이자수익으로 인식하면서 감소하는데, 이를 '상각'이라고 한다. 20×1년 초 현재가치할인차금 잔액은 ₩4,974이다. 20×1년 이자수익으로 ₩1,503(₩15,026 ×10%)을 인식하여 동 금액을 상각하면 20×1년 말 잔액은 ₩3,471[(₩4,974(20×1년 초 잔액) − ₩1,503(20×1년 상각액)]이다.

[A사의 회계처리]

① **20×1년 1월 1일**

(차)	장기미수금	20,000	(대)	토지	10,000
				현재가치할인차금	4,974 (주1)
				유형자산처분이익	5,026 (주2)

(주1) ₩20,000(명목금액) − 15,026(현재가치)
(주2) ₩15,026(현재가치) − 10,000(장부금액)

부분재무상태표

〈자산〉		
장기미수금	20,000	
현재가치할인차금	(4,974)	
	15,026	

② 20×1년 12월 31일

(차)	현재가치할인차금	1,503	(대)	이자수익	1,503

부분재무상태표

〈자산〉		
장기미수금	20,000	
현재가치할인차금	(3,471)	
	16,529	

③ 20×2년 12월 31일

(차)	현재가치할인차금	1,653	(대)	이자수익	1,653

부분재무상태표

〈자산〉		
장기미수금	20,000	
현재가치할인차금	(1,818)	
	18,182	

④ 20×3년 12월 13일

(차)	현재가치할인차금	1,818	(대)	이 자 수 익	1,818
	현 금	20,000		장기미수금	20,000

B사가 인식해야 할 토지 원가는 대금결제방식에 따라 달라져서는 안 된다. 취득시점에서 현금을 즉시 수령했다면 지급할 금액(현재가치)으로 토지 원가를 인식해야 한다. B사의 시점별 회계처리는 다음과 같다.

[B사의 회계처리]

① 20×1년 1월 1일

(차)	토 지	15,026	(대)	장기미지급금	20,000
	현재가치할인차금	4,974 (주)			

(주) ₩20,000(명목금액) − 15,026(현재가치)

부분재무상태표

자산		부채	
토지	15,026	장기미지급금	20,000
		현재가치할인차금	(4,974)
			15,026

② 20×1년 12월 31일

(차)	이자비용	1,503	(대)	현재가치할인차금	1,503

부분재무상태표

자산		부채	
토지	15,026	장기미지급금	20,000
		현재가치할인차금	(3,471)
			16,529

③ 20×2년 12월 31일

(차)	이자비용	1,653	(대)	현재가치할인차금	1,653

부분재무상태표

자산		부채	
토지	15,026	장기미지급금	20,000
		현재가치할인차금	(1,818)
			18,182

④ 20×3년 12월 31일

(차)	이자비용	1,818	(대)	현재가치할인차금	1,818
	장기미지급금	20,000		현금	20,000

A사와 B사가 각각 인식할 미수금과 미지급금의 장부금액은 각각 다음과 같이 계산할 수 있다. 각 평가시점에서 남은 기간과 현금흐름을 고려하여 현재가치로 평가한다.

① 20×1년 초 장부금액 : $20,000 \times \frac{1}{(1+0.1)^3} = ₩15,026$

② 20×1년 말 장부금액 : $20,000 \times \frac{1}{(1+0.1)^2} = ₩16,529$

③ 20×2년 말 장부금액 : $20,000 \times \frac{1}{(1+0.1)^1} = ₩18,182$

상기와 같이 매년 인식해야 할 이자수익(또는 이자비용)과 장부금액을 계산하면 매우 복잡하다. 계산과정을 단순화하기 위해 상각표를 작성한다. 유효이자는 기초 장부금액에 유효이자율을 곱해 계산하고, 상각액은 유효이자에서 현금이자를 차감하여 계산한다. 상각액만큼 명목금액에서 차감하는 현재가치할인차금이 감소하므로 장부금액(명목금액−현재가치할인차금)은 증가한다. 예를 들어, 20×1년의 유효이자는 ₩1,503(=₩15,026×10%)이고, 상각액은 ₩1,503[(=₩1,503(유효이자)−₩0(현금이자)]이다. 동 상각액을 기초 장부금액 ₩15,026에 가산하므로 20×1년 말 장부금액은 ₩16,529이다. 기초 장부금액에 상각액을 가산하므로 기간이 경과할수록 장부금액과 유효이자는 커지며, 만기시점에 현재가치할인차금 잔액은 ₩0이 된다.

채권자(토지 매각자)와 채무자(토지 매수자)가 사용하는 상각표는 동일하다. 상각표의 유효이자는 채권자와 채무자가 손익계산서에 각각 이자수익과 이자비용으로 인식해야 할 금액이다.

[상각표]

연도	장부금액	유효이자(10%)	현금이자	상각액
20×1년 초	₩15,026			
20×1년 말	16,529	1,503	0	1,503
20×2년 말	18,182	1,653	0	1,653
20×3년 말	20,000	1,818	0	1,818
계		₩4,974	₩0	₩4,974

[예제 2] **일시불 : 현금이자가 없는 경우**

엘가상사는 20×1년 초 상품(원가 ₩700,000)을 판매하고 대금 ₩1,000,000을 20×3년 말 수령하기로 했다. 판매시점의 시장이자율은 10%이며, 현가계수(3년, 10%)는 0.75131이다.

물음

1. 상각표를 작성하시오.
2. 연도별 회계처리를 제시하고, 부분재무상태표를 작성하시오.

해답

1. 상각표

현재가치 = ₩1,000,000×0.75131 = ₩751,310

연도	장부금액	유효이자	현금이자	상각액
20×1년 초	₩751,310			
20×1년 말	826,441	75,131	0	75,131
20×2년 말	909,085	82,644	0	82,644
20×3년 말	1,000,000	90,915	0	90,915
계		₩248,690	₩0	₩248,690

2.

(1) 연도별 회계처리

① 20×1년 초

(차)	매출채권	1,000,000	(대)	매출	751,310
				현재가치할인차금	248,690
(차)	매출원가	700,000	(대)	재고자산	700,000

② 20×1년 말

(차)	현재가치할인차금	75,131	(대)	이자수익	75,131

③ 20×2년 말

(차)	현재가치할인차금	82,644	(대)	이자수익	82,644

④ 20×3년 말

(차)	현재가치할인차금	90,915	(대)	이자수익	90,915
	현금	1,000,000		매출채권	1,000,000

(2) 부분재무상태표

	20×1년 초	20×1년 말	20×2년 말	20×3년 말
매출채권	1,000,000	1,000,000	1,000,000	1,000,000
현재가치할인차금	(248,690)	(173,559)	(90,915)	(0)
장부금액	751,310	826,441	909,085	1,000,000

[예제 3] **일시불 : 현금이자가 있는 경우**

엘가상사는 20×1년 초 상품(원가 ₩700,000)을 판매하고 대금 ₩1,000,000을 20×3년 말 수령하기로 하고, 매년 말에 이자 ₩80,000을 받기로 했다. 판매시점의 시장이자율은 10%이다. 현가계수(3년, 10%)는 0.75131이며, 연금현가계수(3년, 10%)는 2.48685이다.

물음

1. 현재가치를 계산하고, 상각표를 작성하시오.
2. 연도별 회계처리를 제시하고, 부분재무상태표를 작성하시오.

해답

1. 상각표

현재가치 = ₩1,000,000×0.75131 + ₩80,000×2.48685 = ₩950,258

연도	장부금액	유효이자	현금이자	상각액
20×1년 초	₩950,258			
20×1년 말	965,284	95,026	80,000	15,026
20×2년 말	981,812	96,528	80,000	16,528
20×3년 말	1,000,000	98,188	80,000	18,188
계		₩289,742	₩240,000	₩49,742

2.

(1) 연도별 회계처리

① 20×1년 초

(차)	매출채권	1,000,000	(대)	매출	950,258
				현재가치할인차금	49,742
(차)	매출원가	700,000		재고자산	700,000

② 20×1년 말

(차)	현금	80,000	(대)	이자수익	95,026
	현재가치할인차금	15,026			

③ 20×2년 말

(차)	현금	80,000	(대)	이자수익	96,528
	현재가치할인차금	16,528			

④ 20×3년 말

(차)	현금	80,000	(대)	이자수익	98,188
	현재가치할인차금	18,188			
(차)	현금	1,000,000	(대)	매출채권	1,000,000

(2) 부분재무상태표

	20×1년 초	20×1년 말	20×2년 말	20×3년 말
매출채권	1,000,000	1,000,000	1,000,000	1,000,000
현재가치할인차금	(49,742)	(34,716)	(18,188)	(0)
장부금액	950,258	965,284	981,812	1,000,000

[예제 4] 이자 없이 원금을 매년 말 수령

엘가상사는 20×1년 초 상품(원가 ₩700,000)을 판매하고 20×1년 말부터 20×3년 말까지 매년 ₩400,000을 받기로 했다. 판매시점의 시장이자율은 10%이다. 현가계수(3년, 10%)는 0.75131이며, 연금현가계수(3년, 10%)는 2.48685이다.

물음

1. 현재가치를 계산하고, 상각표를 작성하시오.
2. 연도별 회계처리를 제시하고, 부분재무상태표를 작성하시오.

해답

1. 상각표

현재가치 = ₩400,000×2.48685 = ₩994,740

연도	장부금액	현금수령액(A)	유효이자(B)	원금상환액(A−B)
20×1년 초	₩994,740			
20×1년 말	694,214	400,000	99,474	300,526
20×2년 말	363,635	400,000	69,421	330,579
20×3년 말	0	400,000	36,365	363,635
계		₩1,200,000	₩205,260	₩994,740

〈해설〉

기초 장부금액에 매년 말 상환하는 금액(₩400,000)을 차감하고, 현재가치할인차금 상각액(유효이자)을 가산하여 매년 말 장부금액을 계산한다.

2.

(1) 연도별 회계처리

① 20×1년 초

(차)	매출채권	1,200,000	(대)	매출	994,740
				현재가치할인차금	205,260
(차)	매출원가	700,000	(대)	재고자산	700,000

② 20×1년 말

(차)	현금	400,000	(대)	매출채권	400,000
	현재가치할인차금	99,474		이자수익	99,474

③ 20×2년 말

(차)	현금	400,000	(대)	매출채권	400,000
	현재가치할인차금	69,421		이자수익	69,421

④ 20×3년 말

(차)	현금	400,000	(대)	매출채권	400,000
	현재가치할인차금	36,365		이자수익	36,365

(2) 부분재무상태표

	20×1년 초	20×1년 말	20×2년 말	20×3년 말
매출채권	1,200,000	800,000	400,000	0
현재가치할인차금	(205,260)	(105,786)	(36,265)	(0)
장부금액	994,740	694,214	363,635	0

연습문제

[문 1] 진위형 문항

다음 문항을 읽고 맞는 기술이면 'ㅇ'로 표시하고, 틀린 기술이면 '×'로 표시하되 그 이유를 기재하시오.

1. 금액으로 측정할 수 없어 재무제표에 표시되지 않지만 필요한 중요한 정보는 주석으로 제공된다.
2. 계속기업으로서의 존속능력에 유의적인 의문이 제기될 수 있는 사건과 관련된 중요한 불확실성을 알게 된다면, 경영진은 그러한 불확실성을 공시해야 한다.
3. 중요하지 않은 항목은 성격이나 기능이 유사한 항목과 통합하여 재무제표에 표시할 수 있다.
4. 재고자산에 대한 재고자산평가충당금을 차감하여 순액으로 측정하는 상계표시는 한국채택국제회계기준에서 인정되지 않는다.
5. 사업내용의 유의적인 변화가 있어 다른 표시가 더 적절한 것이 명백하다면 재무제표 항목을 전기와 다르게 표시할 수 있다.
6. 국제회계기준에서는 비교가능성을 제고하기 위해 재무상태표에 표시되어야 할 항목의 순서나 형식을 구체적으로 제시하고 있다.
7. 신뢰성 있고 더욱 목적적합한 정보를 제공한다면 자산과 부채 일부는 유동 · 비유동 구분법으로, 나머지는 유동성 순서에 따른 표시방법으로 표시할 수 있다.
8. 국제회계기준에서는 보고식 재무상태표를 작성할 때 자산 부분을 먼저 기재하고 순차적으로 자본과 부채를 기재할 수 있다.
9. 국제회계기준에서는 자본을 자본금과 적립금으로 나누는 대 원칙을 제시하고, 자본을 자본금, 이익잉여금, 기타자본요소로 나누어 재무상태표에 보고하는 것을 권장하고 있다.
10. 기타포괄손익을 당기순이익과 구별하여 보고하는 이유는 순자산을 변동시키지만 거래와 회계사건이 완료되지 않았기 때문이다.
11. 기타포괄손익은 향후 거래가 종결될 때 당기손익으로 재분류되므로 당기순이익을 예측하는데 유용한 정보를 제공할 수 있다.
12. 비용을 성격 또는 기능에 따라 분류해야 하는데, 기능별로 비용을 분류하면 주석으로 성격별로 분류한 비용을 주석으로 공시해야 한다.
13. 비용을 성격별로 분류하면 동일한 성격을 가진 비용을 재고자산과 기간비용으로 구분할 필요가 없다.
14. 공정가치를 측정할 때 주된 시장이 없고 시장 A와 시장 B에서 받을 순금액이 각각 120만원과

100만원이라고 하자. 보수적인 측정을 위해 100만원을 공정가치로 이용한다.

15. 공정가치 측정을 위해 주된 또는 가장 유리한 시장의 가격을 결정할 때 거래원가를 조정한다.

16. 가장 유리한 시장을 판단할 때 받을 금액에서 운송원가와 거래원가를 모두 차감한 순금액으로 고려하나, 주된 시장을 결정한 이후 공정가치를 측정할 때는 받을 금액에서 운송원가만을 차감한다.

17. 공정가치를 시장에서 직접 입수할 수 없다면 가치평가기법을 사용할 수 있다.

18. 가치평가기법 중 원가접근법은 자산의 사용 능력을 대체할 때 현재 필요한 금액을 기초로 공정가치를 결정하는 방법이다.

19. 공정가치 서열체계에 따르면 활성시장의 공시가격에 가장 높은 순위를 부여하고, 관측할 수 없는 투입변수에 가장 낮은 순위를 부여한다.

20. 공정가치 서열체계에서 수준 1 투입변수는 예외적인 상황을 제외하고는 투입변수를 조정하지 않고 공정가치로 사용한다.

21. 공정가치 서열체계에서 수준 2 투입변수는 비슷한 자산이나 부채의 활성시장의 공시가격이나 비활성시장의 공시가격을 조정하지 않고 공정가치로 사용한다.

22. 특정 금융상품에 대한 시장정보를 이용할 수 없어 가치평가를 위해 기업의 자체 자료를 이용하여 개발한 재무예측을 사용하는 것은 수준 3 투입변수에 해당한다.

23. 금융상품에 대한 공정가치는 공정가치 측정일에 금융상품이 매각된다고 가정하여 공시가격을 측정한다.

24. 비금융자산인 토지에 대해 최고 최선의 사용을 고려할 때는 물리적 사용 가능성(자산 위치나 크기)과 재무적 실행가능성(현금흐름)을 고려한다.

25. 부채의 공정가치를 측정할 때 부채가 만기시점에 시장참여자에게 이전된다고 가정한다.

해답

1. ○
2. ○
3. ○
4. ×. 재무상태표에서의 상계표시는 기업의 미래현금흐름을 분석할 수 있는 재무제표 이용자 능력을 저해하므로 금지한다. 재고자산에 대한 재고자산평가충당금을 차감하여 순액으로 측정하는 것은 상계표시에 해당하지 않는다.
5. ○
6. ×. 국제회계기준에서는 단순히 재무상태표에 구분 표시하기 위해 성격이나 기능면에서 명확하게 다른 항목 이름만 제시하고 있다.
7. ○
8. ○
9. ○

10. ○
11. ×. 기타포괄손익 중 향후 거래가 종결될 때 당기손익으로 재분류되는 항목과 재분류되지 않는 항목으로 구분한다.
12. ○
13. ○
14. ×. 주된 시장이 없다면 가장 유리한 시장을 이용하여 공정가치를 측정하므로 120만원을 자산의 가격으로 측정한다.
15. ×. 거래원가는 자산이나 부채 특성이 아닌 거래에 특정된 것으로 자산이나 부채의 거래방법에 따라 달라지므로 주된 또는 가장 유리한 시장의 가격을 결정할 때 거래원가는 조정하지 않는다.
16. ○
17. ○
18. ○
19. ○
20. ○
21. ×. 수준 2의 투입변수는 활성시장의 공시가격이 아니므로 자산이나 부채에 특정된 요소를 고려하기 위한 조정이 필요하다.
22. ○
23. ○
24. ×. 비금융자산에 대해 최고 최선의 사용을 고려할 때는 물리적 사용가능성과 재무적 실행가능성뿐만 아니라 법적 허용가능성(구획정비규정)도 고려해야 한다.
25. ×. 부채의 공정가치측정은 금융부채이든 비금융부채이든 부채가 측정일에 시장참여자에게 이전된다고 가정한다.

[문 2] 일반원칙

국제회계기준에서는 재무제표를 작성 · 표시할 때 준수해야 할 일반원칙을 규정하고 있다. 다음은 공정함 학생과 정의남 교수가 나눈 대화이다.

학생 : 교수님, K산업의 20×8년도 감사보고서를 살펴보았는데요. 적정의견을 받았는데, 감사의견 근거 문단 밑에 다음과 같은 사항이 기재되어 있어요. 어떠한 상황에서 아래와 같은 문단이 작성되나요?

> **계속기업 관련 중요한 불확실성**
>
> 재무제표에 대한 주석 34에 주의를 기울여야 할 필요가 있습니다. 재무제표에 대한 주석 34는 20×8년 12월 31일로 종료되는 보고기간에 순손실 46,000백만원이 발생하였고, 당기말 현재 유동부채는 유동자산을 133,068백만원 초과하고 있음을 나타내고 있습니다. 이러한 상황은 계속기업으로서의 존속능력에 유의적 의문을 제기할만한 중요한 불확실성이 존재함을 나타냅니다. 그러나 이로 인한 회사의 계속기업으로서의 존속능력에 미칠 궁극적인 영향은 현재로서는 측정할 수 없으며, 따라서 불확실성의 최종 결과로 발생할 수도 있는 조정사항은 재무제표에 반영되지 않았습니다. 우리의 의견은 이 사항으로부터 영향을 받지 아니합니다.

교수 : 경영진은 재무제표를 작성할 때 계속기업으로서의 존속가능성을 평가해요. 경영진이 기업을 청산하거나 경영활동을 중단할 의도를 갖고 있지 않거나, 청산 또는 경영활동의 중단 외에 다른 현실적 대안이 없는 경우가 아니면 계속기업을 전제로 재무제표를 작성해야 하죠. 그런데 ((1))을 알게 되면, 경영진은 그러한 불확실성을 공시해야 해요.

학생 : 계속기업의 가정이 적절한지를 평가할 때 경영진은 적어도 언제부터 언제까지의 정보를 고려해야 하나요? 반드시 자세한 분석을 수행해야 하나요?

교수 : 경영진은 적어도 ((2))로부터 향후 ((3)) 기간에 대하여 이용가능한 모든 정보를 고려해야 합니다. ((4)) 경우에는 자세한 분석이 없어도 계속기업을 전제로 한 회계처리가 적절하다는 결론을 내릴 수 있어요.

학생 : 한국채택국제회계기준에서 요구하거나 허용하지 않는 한 자산과 부채 그리고 수익과 비용은 상계하지 않는다고 합니다. 왜 상계하면 안 되나요?

교수 : (5)

물음

1. (1)의 내용을 설명하시오.
2. (2)와 (3)에 들어가야 할 내용은 무엇인가?

3. (4)에 해당하는 상황을 설명하시오.

4. (5)의 내용을 설명하시오.

해답

1. 계속기업으로서의 존속능력에 유의적인 의문이 제기될 수 있는 사건이나 상황과 관련된 중요한 불확실성
2. (1) 보고기간말, (2) 12개월
3. 기업이 상당 기간 계속 사업이익을 보고하였고, 보고기간말 현재 경영에 필요한 재무자원을 확보하고 있는
4. 상계하여 표시하면 발생한 거래, 그 밖의 사건과 상황을 이해하고 기업의 미래현금흐름을 분석할 수 있는 재무제표이용자의 능력을 저해한다. 재고자산에 대한 평가충당금과 매출채권에 대한 대손충당금과 같은 평가충당금을 차감하여 관련 자산을 순액으로 측정하는 것은 상계표시에 해당하지 않는다.

[문 3] 사업보고서

이 문제를 풀기 위해 금융감독원 모바일 전자공시(mDART)를 다운로드 받아 스마트폰에 설치하세요.

메뉴에서 '정기공시'를 선택한 후 '검색'을 선택하여 '회사명'에 현대자동차를 입력한다. 기간은 1년을 선택하고, 공시유형은 정기공시를 선택하고, '보고서' 유형에서 사업보고서를 선택한 후 검색을 누른다.

우측 상단에 책갈피 모양을 클릭하여 '첨부문서선택'에서 '감사보고서'를 선택한다. 좌측 상단을 클릭하여 문서목차에서 필요한 내용(재무제표, 주석)을 선택하여 아래 물음에 답하시오.

물음

1. '독립된 감사인의 감사보고서'에서 감사의견을 확인하시오.
2. 주석의 '1. 회사의 개요'에서 현대자동차가 운영하는 사업을 확인하시오. 이를 바탕으로 재무상태표에 어떤 항목이 있을지 추측할 수 있는가?
3. 현대자동차의 상장여부를 확인하고 당기말 현재 회사의 주요주주를 확인하시오.
4. 주석의 '2. 재무제표 작성기준 및 유의적 회계정책'에서 현대자동차가 선택한 회계기준을 확인하시오.
5. 재무상태표의 매출채권에 기재된 주석을 확인하여 당기말과 전기말 매출채권 잔액과 현재가치할인차금을 확인하시오.
6. 주석의 '2. 재무제표 작성기준 및 유의적 회계정책'에서 공정가치에 대한 내용을 확인하시오.

해답

금융감독원 전자공시에서 확인한 재무제표와 주석을 참조하시오.

[문 4] 공정가치

공정가치란 측정일에 시장참여자 간 발생한 정상거래에서 자산을 매도할 때 받거나 부채를 이전할 때 지급하게 될 가격을 말한다.

물음

1. 공정기업이 보유한 자산 A에 대한 거래규모와 빈도가 가장 큰 시장은 존재하지 않는다. 자산 A는 甲시장과 乙시장에서 받을 순금액은 각각 ₩120,000과 ₩130,000이다. 이러한 상황에서 공정기업이 공정가치 측정을 위해 이용해야 어떤 시장을 이용해야 하는가?

구분	甲시장	乙시장
받을 가격(a)	₩150,000	₩145,000
운송원가(b)	20,000	10,000
거래원가(c)	10,000	5,000
순금액(a−b−c)	₩120,000	₩130,000

2. (물음 1)의 자료를 토대로 자산 A의 공정가치를 계산하시오.
3. 다음은 국민은행의 재무제표 주석에서 발췌한 내용이다. 수준 1, 수준 2, 수준 3 투입변수에 대해 각각 설명하시오.

가. 당기말 현재 재무상태표에 공정가치로 측정하는 금융자산의 공정가치서열체계는 다음과 같습니다.

(단위 : 백만원)

구분	당기말			
	수준분류			합계
	수준 1	수준 2	수준 3	
당기손익–공정가치 측정 금융자산	1,583,297	5,405,005	1,624,562	8,612,864
채무증권	1,504,344	5,405,005	1,389,944	8,299,293
지분증권	145		22,022	22,167
대출채권			212,596	212,596
기타	78,808			78,808
매매목적 파생금융상품		1,535,261	78	1,535,339
위험회피목적 파생금융상품		75,956		75,956
기타포괄손익–공정가치 측정 금융자산	9,969,613	18,908,194	927,548	29,805,355

채무증권	8,998,246	18,558,647		27,556,893
지분증권	971,367		927,548	1,898,915
대출채권		349,547		349,547
소계	11,552,910	25,924,416	2,552,188	40,029,514

해답

1. 주된 시장은 해당 자산이나 부채에 대한 거래규모와 빈도가 가장 큰 시장을 의미한다. 주된 시장이 없으므로 가장 유리한 시장을 이용하여 공정가치를 측정해야 한다. 가장 유리한 시장은 자산 매도로 수취금액을 최대화하거나 부채 이전으로 지급액을 최소화하는 시장을 말한다. 乙시장에서 자산 매도로 수취금액을 최대화하므로 乙시장에서 입수 가능한 가격을 공정가치로 이용한다.
2. 주된 또는 가장 유리한 시장의 가격을 결정할 때 거래원가를 조정하지 않는다. 乙시장이 가장 유리한 시장이므로 시장에서 받을 가격에서 운송원가를 차감하여 공정가치를 계산한다. 자산 A의 공정가치는 ₩135,000이다.
3. (1) 수준 1 투입변수 : 측정일에 동일한 자산이나 부채에 대한 접근할 수 있는 활성시장의(조정하지 않은) 공시가격이다. 활성시장의 공시가격은 공정가치의 가장 신뢰성 있는 증거를 제공하며, 예외적인 상황을 제외하고는 투입변수(활성시장의 공시가격)를 조정하지 않고 공정가치로 사용한다.
   (2) 수준 2 투입변수 : 수준 1의 공시가격 이외에 자산이나 부채에 대해 직접적으로나 간접적으로 관측할 수 있는 투입변수이다. 수준 2의 투입변수로는 ① 비슷한 자산이나 부채에 대한 활성시장의 공시가격, ② 동일하거나 비슷한 자산이나 부채에 대한 비활성시장의 공시가격 등이 포함된다. 수준 2의 투입변수는 비슷한 자산이나 부채의 활성시장의 공시가격이나 비활성시장의 공시가격을 활용하므로 조정이 필요하다. 이러한 조정은 자산이나 부채에 특정된 요소(예를 들어, 자산의 상태나 위치 등)에 따라 달라진다.
   (3) 수준 3 투입변수 : 자산이나 부채에 대한 관측할 수 없는 투입변수를 말한다. 예를 들어, 특정 금융상품에 대한 시장정보를 이용할 수 없어 가치평가를 위해 기업의 자체 자료를 이용하여 개발한 재무예측을 사용하는 것이 수준 3 투입변수에 해당한다.

[문 5] 현재가치 : 현금이자가 없는 경우

20×1년 초 설립한 루빈스타인(주)는 피아노를 수입하여 판매한다. 20×1년 초 계약금 ₩400,000을 수령하고 20×1년 말부터 20×3년 말까지 매년 ₩400,000을 수령하기로 했다. 상품 원가는 ₩1,000,000이고, 판매시점의 시장이자율은 10%이다. 현가계수(3년, 10%)는 0.7513이고, 연금현가계수(3년, 10%)는 2.4869이다.

물음

1. 20×1년 초의 회계처리를 제시하시오.
2. 20×1년 말의 회계처리를 제시하시오.
3. 20×1년의 당기손익에 미친 영향을 구하시오.
4. 20×2년 말의 회계처리를 제시하시오.
5. 다음은 루빈스타인(주)의 20×2년 재무제표의 일부 내역이다. 아래 번호에 기재할 금액을 구하시오.

재무상태표

제2기 : 20×2년 12월 31일 현재

제1기 : 20×1년 12월 31일 현재

루빈스타인 주식회사 (단위 : 원)

과 목	주석	제 2 (당) 기말	제 1 (전) 기말
자산			
I. 유동자산			
1. 매출채권	6	(3)	(1)
II. 비유동자산			
1. 장기매출채권	6	(4)	(2)

해답

1.

(1) 현재가치 : ₩400,000(계약금) + ₩400,000×2.4869 = ₩1,394,760

(2) 회계처리

(차)	현 금	400,000	(대)	매출	1,394,760
	매출채권	1,200,000		현재가치할인차금	205,240 ㈜

㈜ ₩1,600,000 − ₩1,394,760

(차)	매출원가	1,000,000	(대)	재고자산	1,000,000

2. 20×1년 말 회계처리

(차)	현금	400,000	(대)	매출채권	400,000
	현재가치할인차금	99,476		이자수익	99,476 ㈜

㈜ [₩1,394,760 - 400,000(계약금)]×10% = ₩99,476

3. 20×1년 당기손익에 미친 영향

[₩1,394,760(매출) - 1,000,000(매출원가)](매출총이익) + 99,476(이자수익) = ₩494,176

4. 20×2년 말 회계처리

(차)	현금	400,000	(대)	매출채권	400,000
	현재가치할인차금	69,424		이자수익	69,424 ㈜

㈜ [₩1,394,760 - 400,000(계약금) −(400,000 - 99,476)]×10% = ₩69,424

5.

(1) ₩400,000÷1.1 = ₩363,636

(2) ₩400,000÷1.1^2 = ₩330,579

〈해설〉

20×1년 말 매출채권 중 ₩400,000은 20×2년 말에 회수되므로 유동자산으로 분류하고, 20×3년 말에 회수되는 ₩400,000은 비유동자산으로 분류한다.

(3) ₩400,000÷1.1 = ₩363,636

〈해설〉

20×1년 말 비유동자산으로 분류한 매출채권은 20×2년 말 현재 1년 이내에 회수되므로 유동자산으로 재분류한다. 이를 유동성대체라고 한다.

(4) ₩0

3 재고자산

CHAPTER

한눈에 살펴보는 이 장의 내용

이 장에서는 재고자산을 살펴본다. 기업은 정상적인 영업활동 과정에서 판매할 목적으로 재고자산을 보유한다. 재무상태표에 유동자산으로 분류하는 재고자산은 가격에 보유수량을 곱한 금액으로 표시된다. 재고자산 장부금액은 가격요소와 수량요소로 구성되는데, 가격요소 결정방법으로 개별법, 선입선출법, 가중평균법이 있다. 수량요소 결정방법으로 계속기록법과 실지재고조사법이 있는데, 실무에서는 계속기록법을 적용하여 재고자산을 기록한다.

재고자산 판매가격이 취득원가보다 하락하면 재고자산 가치를 적절하게 반영하지 못할 수 있다. 이를 위해 재고자산을 저가법으로 평가하여 재고자산평가손실을 인식한다. 백화점을 비롯한 도소매업에서는 실지재고조사를 통해 기말에 보유한 재고자산을 파악하기 어려우므로, 실지재고조사 없이 기말재고를 결정하는 소매재고법을 사용한다.

기업회계기준서 제1002호(재고자산)는 2007년에 제정되었고, 관련되는 국제회계기준은 'IAS 2 Inventories'이다.

contents

3 CHAPTER 재고자산

| 학습목표 |

1. 재고자산의 개념과 인식기준을 설명할 수 있다. 재고자산은 영업활동과정에서 생산·판매 목적으로 보유하는 자산으로, 법적 소유권과 소유에 따른 효익과 위험을 부담하는 쪽에서 인식한다. 창고에 보관 중인 상품뿐만 아니라 운송중인 상품, 적송품 및 시용품도 재고자산에 포함된다.
2. 재고자산을 기록하는 방법을 설명할 수 있다. 실지재고조사법은 매입시점에서 재고자산 증가를 기록하나, 매출시점에서 매출원가를 기록하지 않는다. 계속기록법은 매입·매출시점에서 매번 재고자산의 증감을 기록한다. 일반적으로 기중에는 계속기록법을 적용하여 매출원가를 인식하며, 기말시점에서 실지재고조사법을 사용하여 기말재고자산을 결정한다.
3. 재고자산 취득원가의 구성요소를 설명할 수 있다. 재고자산 취득원가에는 매입가액뿐만 아니라 부대원가, 매입운임 및 하역료를 포함하며, 매입할인과 리베이트는 차감한다.
4. 재고자산의 단위원가 결정방법을 설명할 수 있다. 실물흐름에 따라 개별상품 단위당 원가를 파악하는 개별법이 있으며, 원가흐름가정에 따른 단위원가 결정방법으로 선입선출법과 평균법이 있다. 선입선출법에서는 먼저 매입한 상품이 먼저 매출된다고 가정하므로, 기말재고자산은 현행원가에 가까운 금액으로 표시된다. 평균법에서는 기초재고자산과 회계기간 중에 매입 또는 생산된 재고자산 원가를 평균하여 단위원가를 결정한다. 가장 최근에 매입한 상품이 먼저 매출된다고 가정하는 후입선출법이 있으나, 국제회계기준에서는 인정하지 않는다.
5. 재고자산감모손실과 평가손실의 회계처리를 수행할 수 있다. 재고자산감모손실은 "장부수량과 실제수량의 차이"에 단위당 취득원가를 곱해 계산한다. 취득원가보다 순실현가능가치가 낮으면 재고자산평가손실을 인식한다. 재고자산감모손실과 재고자산평가손실은 기간의 비용으로 처리하므로, 매출원가 또는 기타비용으로 처리한다.
6. 소매재고법의 내용을 설명할 수 있다. 소매재고법은 재고자산의 종류가 다양하고 단가가 낮아 개별 원가추적이 불가능하거나 재고 실사가 비경제적이라고 판단할 때 사용한다.

| 주요 용어 |

- 미착상품 : 운송 중이라 아직 도착하지 않은 상품
- 적송품 : 위탁자가 수탁자에게 판매를 위탁한 상품
- 시용품 : 고객이 사용 후 구입을 결정하는 상품
- 실지재고조사법 : 보고기간말에 실사수량을 조사하여 기말재고자산을 먼저 결정한 후 산식에 따라 매출원가를 계산하는 방법
- 계속기록법 : 매입과 매출이 발생할 때마다 재고자산의 수량증감을 기록하는 방법. 매출원가를 먼저 결정한 후 산식에 따라 기말재고자산을 계산
- 매입에누리와 환출 : 상품 하자로 반품하는 매입환출, 지급대금을 깎아주는 메입에누리
- 매입할인 : 할인기간 내 대금을 지급해 일정금액을 할인받은 것
- 전환원가 : 원재료를 완제품으로 전환하기 위해 투입되는 직접노무원가와 제조간접원가를 합한 것. 가공원가라고도 함
- 개별법 : 개별상품 각각의 단위당 원가를 파악하여 매출원가와 기말재고자산을 파악하는 방법
- 원가흐름의 가정 : 먼저 매입된 것이 먼저 판매된다고 가정하는 선입선출법, 기초재고자산과 당기매입분이 평균적으로 판매된다는 평균법이 있음
- 재고자산감모손실 : "장부수량 - 실사수량"에 취득원가를 곱해 계산
- 저가법 : 재고자산 장부금액을 취득원가와 순실현가능가치 중 낮은 금액을 기록하는 방식
- 순실현가능가치 : 예상 판매가격에서 추가 완성원가 및 예상 판매비용을 차감하여 계산
- 보수주의 : 불확실한 상황에서 재무제표요소를 측정할 때, 순자산과 당기순이익을 낮게 평가하여 미래 불확실성에 대처하고자 하는 것
- 재고자산평가손실 : 취득원가와 순실현가능가치의 차액에 실사수량을 곱해 계산
- 소매재고법 : 이익률이 유사하고 품종변화가 심한 다품종 상품을 취급하는 유통업에서 다른 원가측정 방법을 사용할 수 없을 때, 원가를 매가로 전환해 기말재고자산 원가를 구하는 방법

제1절 재고자산의 의의 및 분류

1. 재고자산이란?

재고자산(inventories)은 정상적인 영업활동과정에서 생산 또는 판매 목적으로 보유하는 자산과 원재료를 말한다. 완성되지 않은 반제품을 판매하기도 하는데, 자가제조한 중간제품과 부분품이 이에 해당한다. 제조기업에서 나타나는 저장품(manufacturing or factory supplies)은 윤활유, 못, 청소재료, 기타 소모성항목 등과 같이 생산공정에서 부수적으로 사용되는 물품을 포함한다.

기업이 보유하는 재고자산은 크게 다음과 같이 세 가지로 구분할 수 있다.

> ① 정상적인 영업과정에서 판매를 위해 보유중인 제품 또는 상품
> ② 완제품 생산에 사용하기 위해 취득한 원재료나 소모품
> ③ 완제품 생산과정에 있는 미완성품인 재공품

2. 재고자산은 기업이 수행하는 사업에 따라 달라진다.

재고자산은 기업이 어떤 종류의 사업을 수행하느냐에 따라 다르다. 예를 들어, 건설회사가 아파트 분양을 위해 보유 중인 토지(용지)는 재고자산으로 분류한다. 건설회사의 재고자산에는 미완성주택계정과 완성주택계정이 있다. 분양(판매)되지 않은 아파트가 완성되기 전까지는 미완성주택계정을 사용하는데, 이는 제조기업의 재공품과 유사하다. 완성된 이후에도 분양되지 않으면 완성주택계정(재고자산)으로 분류한다.

3. 판매나 제조 외의 목적으로 보유하는 자산의 분류는?

판매나 제조목적 이외 목적으로 보유하고 있는 자산은 재고자산으로 분류하지 않는다. 매매목적으로 소유하고 있는 토지와 건물은 재고자산에 속하나, 영업활동(생산 · 판매 · 관리활동)에 사용하기 위한 토지와 건물을 유형자산으로 분류한다. 임대수익이나 시세차익을 얻기 위해 보유하고 있는 부동산은 투자부동산으로 분류한다.

제2절 재고자산의 수량결정

1. 재고자산에 포함될 항목

재고자산은 법적 소유권과 소유에 따른 효익과 위험을 부담하는 쪽에서 인식한다. [그림 1]에서 보듯이 보고기간말 현재 창고에 보관 중인 상품뿐만 아니라 창고에 없는 미착상품(운송중인 상품), 적송품(수탁자 보관중인 상품)과 시용품(소비자가 시용 중인 상품)도 재고자산에 포함한다. 창고에 보관 중인 재고자산 수량은 실지재고조사를 수행하여 파악한다. 창고에 없더라도 운송중인 상품과 같이 보고기간말 현재 법적 소유권이 있거나 소유에 따른 효익과 위험을 부담한다면 재고자산으로 인식한다.

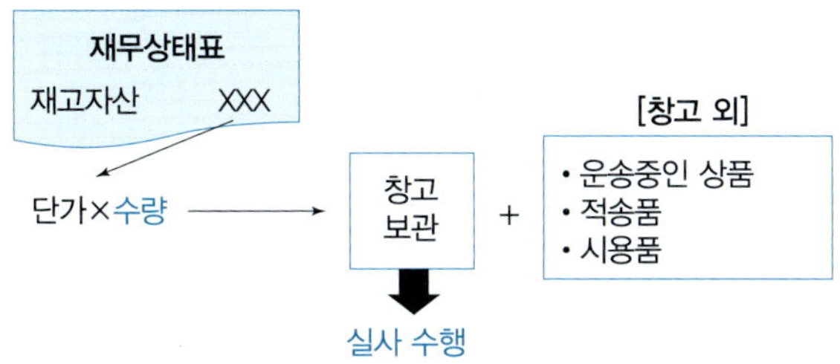

[그림 1] 재고자산으로 보고할 항목

(1) 운송중인 상품(미착상품)

미착상품(goods in transit)은 운송 중에 있어 도착하지 않은 상품을 말하며, 선적조건에 따라 재고자산으로 인식할지 결정한다. 선적지인도조건(Free On Board; FOB)으로 매입했으나 기말시점까지 도착하지 않거나, 도착지인도조건(Cost Insurance and Freight; CIF)으로 판매했으나 보고기간말 현재 도착하지 않았다면 판매자 재고자산으로 인식한다.

선적지인도조건에서는 선적시점에서 소유권이 판매자에게서 매입자로 이전되므로 매입자의 재고자산으로 인식하고, 선적 후에 발생하는 보험료와 운임은 매입자가 부담한다. 도착지인도조건에서는 도착시점에 소유권이 판매자로부터 매입자에게 이전되므로 미착상품은 판매자의 재고자산으로 인식하고, 상품이 도착할 때까지 발생하는 보험료와 운임은 판매자가 부담한다.

■ FOB(Free On Board)와 CIF(Cost Insurance and Freight)

나라마다 법, 관습, 문화가 다르고 제품이 나라에서 나라로 운송되기까지는 통관비, 운송비 등 비용이 발생한다. 또한 제품에 문제가 발생할 때 누가 책임을 질 것인지가 문제였다. 이러한 분쟁을 줄이기 위해 비용과 위험부담을 어디서부터 어디까지 누가 부담할 것인지 국제적으로 약속하게 되었다. 이 중 자주 쓰이는 것이 FOB(Free On Board)와 CIF(Cost Insurance and Freight)이다. FOB조건은 수출거래뿐 아니라 국내에서도 사용되는 운임조건이고, CIF조건은 무역거래를 전제로 생겨난 운임조건이다.

FOB조건도 판매자가 물품을 구입자가 지정한 선박에 적재하고 본선상에서 물품 인도를 마칠 때까지의 비용과 위험을 부담하는 무역거래조건이다. 판매자는 물품을 배에 실을 때까지 발생하는 모든 비용을 부담하고 물품 품질에 대한 책임을 진다. CIF조건은 판매자가 판매할 물품의 선적에서 목적지까지 발생하는 운임과 보험료를 부담하는 무역거래조건이다.

FOB조건에서는 선적선 수배와 해상운임, 보험료 등을 구입자가 부담하나, CIF조건에서는 선적선 수배와 해상운임, 보험료 등을 판매자가 부담한다. 일반적으로 수출입거래에서는 CIF조건을 많이 사용한다.

(2) 적송품

적송품(consigned goods)은 위탁자가 수탁자에게 위탁판매를 위해 보낸 상품으로, 위탁상품이라고도 한다. 기업이 창고에 보관 중인 상품과 구별하기 위해 '적송품 계정'을 이용한다.

위탁자는 상품 판매를 수탁자에게 위탁하고 매출액의 일정비율을 수수료(수탁자에게 지급하는 수수료는 판매비로 분류)로 지급한다. 적송품의 법적 소유권은 위탁자에게 있으므로 수탁자가 보관 중인 위탁상품은 위탁자의 재고자산으로 인식한다. 위탁자가 수탁자에게 상품을 적송할 때 발생하는 적송운임은 수익 인식 전이므로 재고자산 취득원가에 포함한다.

(3) 시용품

고객에게 상품을 일정기간 시용(test)하게 하여 판매하는 형태를 시용매출(approval sales)이라고 한다. 시용판매를 위해 고객에게 발송한 상품을 시용품(또는 시송품)이라고 한다.

시용판매는 상품을 고객에게 발송하여 고객이 시험적으로 사용한 후 구입을 결정하는 방식이다. 일반매출과 달리 상품 발송이 먼저 이루어지고, 일정기간 내에 소비자가 매입의사를 표시하면 매매계약이 성립한다. 매입자가 매입의사표시를 한 날에 수익이 실현되는 것으로 보므로, 수익을 인식하기 전까지 판매자 재고자산으로 인식한다.

[예제 1] 재고자산의 인식시점

공정(주)의 회계담당자는 20×1회계연도 재무상태표에 기록해야 할 기말재고자산을 파악하고 있다. 재고자산 실사로 파악한 상품은 ₩1,250,000이며, 다음 항목은 포함되지 않았다.

(1) 20×2년 1월 3일, 상품(선적지인도조건) ₩100,000의 거래명세서를 수령하여 재고자산으로 기록하였다. 상품은 20×1년 12월 29일에 거래처에서 선적하였다.
(2) 도착지인도조건으로 매입한 상품 ₩200,000의 거래명세서를 20×1년 12월 28일에 수령하여 매입으로 기록하였다. 상품은 20×2년 1월 2일에 도착하였다.
(3) 20×1년 12월 26일, 고객에게 선적한 상품(도착지인도조건) ₩250,000(원가)이 20×1년 12월 31일 현재 운송 중이었다. 20×2년 1월 2일에 고객으로부터 상품을 인수했다는 통보를 받고 동일자로 매출을 기록하였다.
(4) 20×1년 12월 31일, 매출로 기록한 상품(선적지인도조건)이 공정(주) 하역장에 별도로 보관되어 기말재고실사과정에서 누락되었다. 20×2년 1월 3일에 선적이 완료되었으며, 상품원가는 ₩320,000이다.

물음

20×1회계연도 재무상태표에 계상해야 할 기말재고자산은 얼마인가?

해답

기말재고자산 = ₩1,250,000(실사금액) + 100,000((1)) + 250,000((3)) + 320,000((4))
= ₩1,920,000

〈해설〉

(1) 선적지인도조건이므로 입고 전이라도 재고자산에 포함한다. 실사금액에 포함되어 있지 않으므로 동 상품 원가를 기말재고자산에 포함한다.
(2) 도착지인도조건이므로 거래명세서가 도착한 일자가 아닌 입고일자에 재고자산으로 기록한다.
(3) 도착지인도조건으로 판매한 상품은 도착일자에 재고자산에서 제외하고 수익을 인식하므로 기말재고자산에 포함한다.
(4) 선적 전이므로 기말재고자산에 포함해야 하나, 실사과정에서 누락되었으므로 기말재고자산에 포함한다.

2. 재고자산의 수량결정방법

재고자산 수량을 파악하는 방법으로 계속기록법과 실지재고조사법이 있다. 전산화 발전으로 대부분 회사는 계속기록법을 사용하며, 실지재고조사법은 아주 작은 규모의 회사나 개인기업에서만 사용한다.

(1) 실지재고조사법

매입시점에서 재고자산 증가를 기록하나, 매출시점에서는 재고자산 감소(매출원가 인식)를 기록하지 않는다.[1] 실지재고조사법은 회계기말에 실사를 수행하여 실제로 창고에 존재하는 재고자산 수량('실사수량'이라고 함)을 조사하여 결정한다. 실지재고조사법에서는 실사로 파악한 기말재고자산이 먼저 결정되므로 아래 산식에 따라 매출원가를 파악한다.[2]

매출원가 = 기초재고자산 + 당기매입액 − 기말재고자산

실지재고조사법에서는 실제 존재하는 기말재고자산 수량을 정확하게 파악할 수 있다. 창고에 존재하지 않으면 모두 판매되었다고 가정하므로 감모분은 매출원가로 인식한다. 이러한 문제를 해결하기 위해 개발된 방법이 계속기록법이다.

(2) 계속기록법

계속기록법에서는 매입 및 매출시점에서 매번 재고자산 수량증감을 장부(예를 들어, 상품재고장)에 기록한다. 매출할 때도 재고자산 수량을 기록하므로, 매출원가 수량을 먼저 파악하고 아래 산식에 따라 기말재고자산 수량을 파악한다. 장부에 기재된 수량을 중심으로 파악하므로 산식에 따라 계산한 수량을 '장부수량'이라고 한다.

기말재고자산 = 기초재고자산 + 당기매입액 − 매출원가

■ 계속기록법의 회계처리

① 상품매입시점 : 상품 매입금액을 재고자산 증가로 기록한다.

(차) 재고자산	xxx	(대) 현 금	xxx

② 상품판매시점 : 상품 판매금액을 매출로 기록하고, 상품 감소금액을 매출원가로 기록한다.

(차) 현 금	xxx	(대) 매 출	xxx
(차) 매출원가	xxx	(대) 재고자산	xxx

③ 기말시점 : − 회계처리 없음 −

기말상품은 산식(기말상품 = 기초상품 + 당기매입 − 매출원가)으로 구한다.

1) 매출시점에서 재고자산 감소(매출원가 인식)는 기록하지 않지만 매출은 인식한다.

2) 실무에서는 계속기록법(본서에서는 '병행법'이라고 함)을 사용하므로 실지재고조사법의 회계처리에 대한 설명은 생략한다.

계속기록법에서는 재고자산을 매입하고 판매할 때마다 재고자산 증감을 기록하므로 재고자산과 매출원가 정보를 적시에 얻을 수 있다. 실사를 수행하지 않아 감모수량을 파악할 수 없어 실제 재고수량이 아닌 장부수량을 기말재고자산으로 인식한다. 실무에서는 이를 보완하기 위해 기중에는 계속기록법을 적용하고 기말에는 실지재고조사법을 실시하는 병행법을 사용한다.

(3) 병행법

대부분의 기업은 재고수불시스템을 갖춰 기중에는 계속기록법을 사용하고 정기적으로 실지재고조사법을 실시하여 장부수량과 실사수량을 비교하여 차이를 조정한다. 본서에서는 이를 '병행법'이라고 부르며, 특별한 언급이 없는 한 병행법 중심으로 설명한다.

[그림 2]에서 보듯이 병행법에서는 기중에 계속기록법을 적용하여 매출원가를 계산하고, 기말시점에서는 실지재고조사법을 사용하여 기말재고자산을 산출한다. 계속기록법에서 계산된 기말재고자산은 장부금액이므로 실지재고조사법으로 파악한 기말재고(실사금액)와는 차이가 있을 수 있다. 이러한 차이를 재고자산감모손실(장부금액 − 실사금액)이라고 한다. 국제회계기준에서는 재고자산감모손실을 기간의 비용으로 처리하므로 기업의 회계정책에 따라 매출원가 또는 기타비용으로 분류한다. 기간별 비교가능성을 제고하기 위해 일관성 있게 회계처리를 해야 한다.

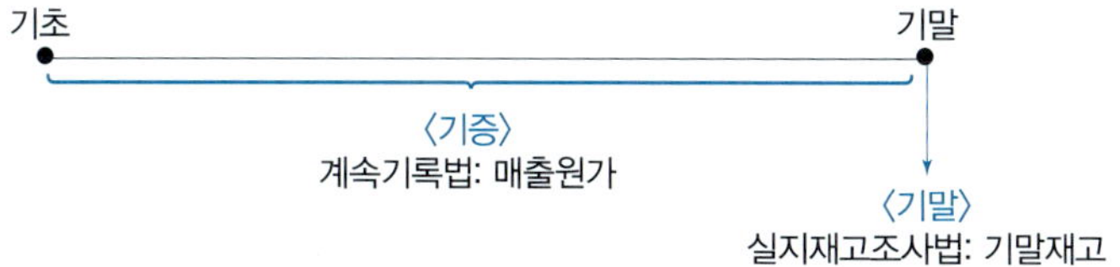

• 재고자산감모손실 = 계속기록법에서의 기말재고(장부금액) − 실지재고조사법에서의 기말재고(실사금액)

[그림 2] 병행법

[예제 2] 병행법의 회계처리

다음은 정의(주)의 당기 매입 및 매출자료이며, 모든 거래는 현금거래이다. 회사는 기중에는 계속기록법에 따라 회계처리하며, 기말에 실지재고조사로 재고수량을 파악한다.

구분	수량	단가
기초재고자산	100개	₩1,000
당기매입	500개	1,000
당기매출	400개	2,000

물음

매입시점, 판매시점 및 기말시점에서 해야 할 회계처리를 제시하시오. 기말에 실시한 재고조사에서 재고수량은 150개로 파악되었다. 정의(주)는 감모분을 기타비용으로 인식한다.

해답

매입시점 :	(차) 재고자산	500,000	(대) 현　　금	500,000
판매시점 :	(차) 현　　금	800,000	(대) 매　　출	800,000
	매출원가	400,000	재고자산	400,000
기말시점 :	(차) 기타비용	50,000	(대) 재고자산	50,000 (주)

(주)

① 장부수량 : 100개(기초재고자산) + 500개(당기매입) − 400개(매출) = 200개

② 감모수량 : 200개(장부수량) − 150개(실사수량) = 50개

③ 재고자산감모손실 : 50개(감모수량) × ₩1,000 = ₩50,000

제3절 재고자산의 가격결정

1. 재고자산의 취득원가

(1) 매입원가

자산의 취득원가(acquisition costs)는 자산을 의도된 용도(판매 또는 제조)에 맞게 준비하는 데에 지출한 모든 금액을 포함한다. 재고자산 취득원가는 재고자산을 판매 가능한 상태로 이르게 하는 데 발생한 모든 지출을 포함한다.

> 취득원가 = 매입가격 + 부대원가[수입관세와 제세금(추후 환급가능한 금액 제외), 매입운임, 하역료]
> − 매입할인(리베이트 포함)

① 매입환출, 매입에누리 및 리베이트

구입한 상품에 결함이 있어 상품을 되돌려 보내는 것(반품)을 매입환출(purchase returns)이라 한다. 상품 결함이 경미하면 매입자는 반품하지 않고 값을 깎는 조건으로 상품을 인수하기도 하는데, 이를 매입에누리(purchase allowance)라고 한다. 리베이트(rebate)는 정가로 입금했는데 나중에 판매자가 일정 금액을 매입자에게 되돌려주는 것을 말한다.

매입환출, 매입에누리 및 리베이트는 실질적으로 매입가액을 감소시키므로 당기매입액에서 차감한다.

② 매입할인 – 매매대금의 결제조건

상품판매에서 많은 거래는 외상으로 이루어진다. 상품판매에 따른 현금 회수를 촉진시키기 위해 신용기간보다 짧은 할인기간을 거래조건에 명시하고 할인기간 내에 대금을 지급하면 일정 금액을 할인해 주기도 한다. 예를 들어, "4/10, n=30"이라고 하자. 이는 30일 이내에 거래대금을 지급해야 하는데, 매입일로부터 10일 이내에 대금을 지급하면 매입대금의 4%를 할인하는 조건을 의미한다.

매입할인은 매입환출 및 에누리와 마찬가지로 매입가액을 감소시키므로 매입가액에서 차감한다.

[예제 3] 계속기록법의 회계처리

다음 자료는 스마트폰을 매입하여 판매하는 LTE스마트폰(주)(회계기간 : 9월 1일 ~ 30일)의 거래내역이다. 회사는 재고자산을 계속기록법으로 회계처리한다.

〈자료〉

- 9월 10일, 회사는 광교상사로부터 스마트폰 10대를 1대당 ₩70,000에 외상으로 매입했다. 대금 지급조건은 4/10, n=30이다.
- 9월 15일, 회사는 매입한 스마트폰 중 2대를 화면불량을 이유로 반품했다.
- 9월 19일, 회사는 광교상사에게 매입대금을 지급했다.

물음

LTE스마트폰(주)가 각 일자에 행할 회계처리를 제시하시오.

해답

(1) 9월 10일

(차) 재고자산	700,000	(대) 매입채무	700,000

(2) 9월 15일

(차) 매입채무	140,000	(대) 재고자산	140,000

(3) 9월 19일

(차) 매입채무	560,000	(대) 현 금	537,600
		재고자산	22,400 (주)

(주) 매입할인 : ₩560,000 × 4% = ₩22,400

〈해설〉

① 재고자산의 취득원가는 ₩537,600(₩700,000 - 140,000 - 22,400)으로 실제 지급한 금액이다.

② 실무에서는 매입환출및에누리계정과 매입할인계정을 구분하여 사용한다. 본서에서는 이들 계정을 사용하지 않고 재고자산에 직접 차감하는 방식으로 회계처리한다.

(2) 전환원가

제조기업은 원재료를 가공하여 제품을 생산하는데, 원가회계에서는 원재료를 직접재료원가라고 한다. 원재료를 제품으로 생산(전환)하기 위해 직접노무원가와 제조간접원가를 투입하며,

이를 전환원가(costs of conversion)라고 한다.[3] 제조간접원가는 생산량에 따라 비례적으로 발생하는 변동제조간접원가와 생산량과 관계없이 일정한 수준으로 발생하는 고정제조간접원가로 구분할 수 있다.

제품원가 = 직접재료원가 + 직접노무원가 + 제조간접원가

(3) 기타원가

해외로부터 상품을 매입하면 운송과정에서 발생할 수 있는 상품 파손에 대비하여 보험료를 지불하며, 하역료와 운임이 발생한다. 이러한 지출을 기타원가라고 한다. 기타원가는 재고자산을 현재 장소에 현재 상태로 이르게 하는 데 발생한 범위 내에서만 취득원가에 포함한다.

■ 차입원가의 자본화

특정 업종(선박 및 항공기 제조, 토목공사, 부동산건설)에서는 자산 제조나 건설과정에 상당한 시간이 소요된다. 제조나 건설에 필요한 자금을 차입하면 이자비용이 발생한다. 장기간에 생산되는 재고자산에 대한 이자비용은 취득원가에 가산(자본화)한다.

단기간에 반복적으로 대량생산되거나 통상적으로 제조되는 재고자산에 대한 이자비용을 자본화해서 생기는 효익이 비용보다 작다. 이러한 이자비용은 자본화하지 않고 발생시점에서 비용으로 인식한다.

재고자산의 취득원가로 인식한 금액은 수익 · 비용 대응원칙에 따라 판매시점에서 매출원가로 분류한다. 다음 항목은 재고자산의 취득원가에 포함하지 않으며, 발생한 기간의 비용으로 인식한다. ①부터 ③까지의 항목은 수익창출에 공헌하지 못한 지출이므로 매출시점이 아닌 발생한 시점에서 비용으로 처리한다. 판매원가(④)는 판매과정에서 발생하므로 판매비로 분류한다.

[취득원가에 포함하지 않고 기간 비용으로 인식하는 항목]

① 재료원가, 노무원가 및 기타 제조원가 중 비정상적으로 낭비된 부분
② 후속 생산단계에 투입하기 전에 보관이 필요한 경우 이외의 보관원가
③ 재고자산을 현재 장소에 현재 상태로 이르게 하는데 기여하지 않은 관리간접원가
④ 판매원가

3) 원재료를 가공하여 완제품을 완성하므로 '가공원가'라고도 한다.

(4) 일괄구입

여러 종류의 재고자산을 일괄구입하면 구입원가를 각 재고자산의 상대적 개별 판매가격(relative stand-alone price)을 기준으로 각 재고자산에 배분하여 취득원가를 결정한다. 예를 들어, 모니터와 컴퓨터 본체의 판매가격이 각각 50만원과 100만원인데, 120만원에 일괄 구입했다고 하자. 이때 모니터와 컴퓨터의 취득원가는 각각 40만원(120만원×50만원÷150만원)과 80만원(120만원×100만원÷150만원)으로 결정된다.

2. 재고자산의 단위원가 결정방법

단가결정방법으로는 실물흐름에 따른 방법(개별법)과 원가흐름 가정에 따른 방법(선입선출법, 가중평균법, 후입선출법)이 있다. 재고자산의 단위원가 결정방식 중 무엇을 적용하는지에 따라 재고자산 금액이 달라져, 매출원가와 순이익에도 영향을 미친다.

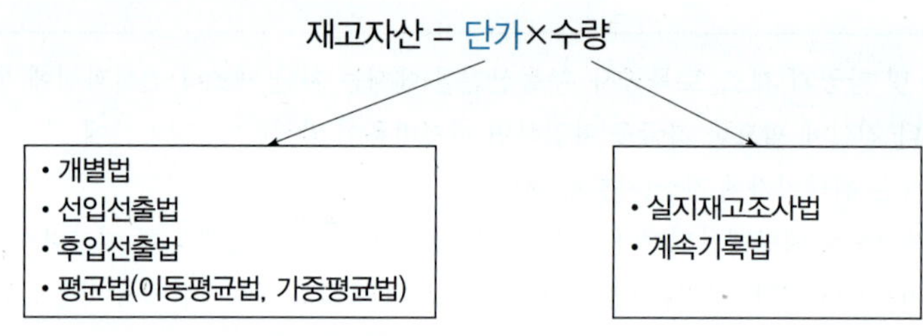

[그림 3] 재고자산의 단가와 수량 결정방법

(1) 실물흐름에 따른 단위원가 결정방법 : 개별법

개별법(specific identification of cost)은 매출된 상품과 기말재고자산의 단위당 원가를 하나하나 파악하는 방법이다. 상호 교환될 수 없는 상품과 특정 프로젝트별로 생산 · 분리되는 재화 또는 용역에 대해서는 개별법을 사용하여 원가를 결정한다. 개별법을 적용하기 위해서는 단위당 원가, 취득, 보유 및 매출상황을 정확하게 알 수 있어야 한다. 실무에서 개별법은 귀금속, 모피코트 등과 같이 수량은 상대적으로 적으면서 단위당 원가가 고가인 물품을 취급하는 기업에서 사용한다.

(2) 원가흐름가정에 따른 단위원가 결정방법

상품의 수량과 종류가 많고 거래가 빈번한 상황에서 개별법으로 원가를 파악하는 것은 실무적으로 가능하지 않다. 기업은 매입한 순서대로 상품을 판매(이를 '실질적인 재고자산의 물량 흐름'이라고 함)하지만, 원가 계산의 편의를 위해 재고자산의 원가흐름에 일정한 가정을 하는데 이를

'원가흐름의 가정(cost flow assumption)'이라고 한다. '가정'이라는 용어를 사용하는 이유는 원가흐름 가정이 실질적인 재고자산의 물량 흐름과 정확하게 일치하지 않기 때문이다.[4)]

〈기본자료〉
다음 자료로 각 원가흐름 가정에서 원가가 어떻게 결정되는지 살펴보자.

- 1월 2일 : 상품 1개를 ₩1,000에 구입하다.
- 2월 5일 : 상품 1개를 ₩1,200에 구입하다.
- 3월 8일 : 상품 1개를 ₩2,000에 판매하다.

① 선입선출법(FIFO)

선입선출법(first-in, first-out method)에서는 실물흐름과 관계없이 먼저 매입한 상품이 먼저 매출된다고 가정한다. 기말재고자산은 가장 최근에 매입한 가격으로 표시되며, 매출원가는 과거에 매입한 가격으로 기록된다. 선입선출법에서는 실물흐름과 원가흐름 가정이 일치하며, 부패하기 쉽거나 진부화 가능성이 높은 재고자산에 적용하는 것이 적절하다.

선입선출법에서는 먼저 구입한 상품부터 판매된다고 가정하므로 〈기본자료〉에서 1월 2일 구입한 상품이 판매된 것으로 본다. 먼저 구입한 상품부터 판매되므로, 기말재고는 최근에 구입(2월 5일)한 항목으로 구성된다.

- 매출원가 : ₩1,000(1월 2일 매입분)
- 매출총이익 : ₩2,000(매출액) – 1,000(매출원가) = ₩1,000
- 기말재고 : ₩1,200(2월 5일 구입분)

② 후입선출법(LIFO)

후입선출법(last-in first-out method)에서는 실물흐름과 관계없이 가장 최근에 매입한 상품이 먼저 매출된다고 가정한다. 기말재고자산은 과거에 매입한 가격으로 표시되며, 매출원가는 최근 매입한 가격으로 기록된다.

후입선출법을 적용하면 재고자산의 최근 원가 수준과 거의 관련이 없는 금액을 기말재고로 인식한다. 예를 들어, 회사 설립 초기에 구입한 ₩100이 기말재고를 구성한다고 하자. 시간이 흘러 동일 자산을 ₩1,000에 구입할 수 있는데, 기말재고는 여전히 ₩100으로 기록되어 현행원가와 장부금액 간에 상당한 차이가 발생한다. 이러한 이유로 국제회계기준에서는 후입선출법

4) 선입선출법에서는 먼저 구입한 상품을 먼저 판매된다고 가정하므로 원가흐름 가정과 실물흐름이 일치한다.

을 인정하지 않는다. 후입선출법의 가정처럼 나중에 취득한 재고자산을 먼저 판매하는 상황은 거의 발생하지 않아 국제회계기준에서 강조하는 경제적 실질에 부합하는 회계처리도 아니다.

후입선출법에서 매출원가와 기말재고자산을 계산하는 과정을 〈기본자료〉로 살펴보자. 후입선출법에서는 나중에 구입한 상품이 먼저 판매된다고 가정하므로, 2월 5일에 구입한 상품이 판매된다고 본다. 나중에 구입한 항목이 먼저 판매된 것으로 보므로, 기말재고는 오래 전에 구입한 상품 원가로 구성된다.

- 매출원가 : ₩1,200(2월 5일 매입분)
- 매출총이익 : ₩2,000(매출액) − 1,200(매출원가) = ₩800
- 기말재고 : ₩1,000(1월 2일 구입분)

③ 가중평균법

가중평균법에서는 기초재고자산과 회계기간 중에 매입(생산)한 재고자산 원가를 평균하여 재고항목의 단위원가를 결정한다. 평균법을 적용할 때 계속기록법에서는 상품을 취득할 때마다 새로운 평균을 계산하는 이동평균법을, 실지재고조사법에서는 총평균법을 적용한다.

이동평균법(moving average method)에서는 상품을 취득할 때마다 수량과 금액을 직전까지 기록된 재고수량 및 금액에 가산하여 새로운 평균원가를 구한다. 본서에서는 계속기록법을 중심으로 설명하므로 이동평균법을 적용하여 매출원가와 기말재고자산을 계산하는 방법을 〈기본자료〉로 살펴보자.

이동평균법에서는 구입한 상품 원가가 매출원가와 기말재고에 평균적으로 구성된다고 가정한다. 단위당 원가는 판매하기 전까지 구입했던 상품 원가의 평균값($\frac{₩1,000 + 1,200}{1개 + 1개}$ = ₩1,100)으로 계산된다.

- 매출원가 : ₩1,100
- 매출총이익 : ₩2,000(매출액) − 1,100(매출원가) = ₩900
- 기말재고 : ₩1,100(1월 2일 및 2월 5일 구입항목의 평균값)

[예제 4] **원가흐름의 가정**

세계(주)는 계속기록법을 적용하여 재고수량을 파악하는데, 감모손실은 발생하지 않았다.

	수량	×	단가	=	금액
기초재고(5/1)	6		₩100		₩600
당기매입(5/10)	14		110		1,540
당기매출(5/15)	15		?		
당기매입(5/20)	10		120		1,200
당기매출(5/25)	10		?		

물음

다음 각 방법에 따른 매출원가와 기말재고자산을 구하시오.

(1) 선입선출법

(2) 후입선출법

(3) 이동평균법

해답

(1) 선입선출법

1) 매출원가 : ₩1,590 + ₩1,150 = ₩2,740

① 5월 15일 : 6개×₩100 + 9개×₩110 = ₩1,590

② 5월 25일 : 5개×₩110 + 5개×₩120 = ₩1,150

2) 기말재고자산

₩600(기초재고) + [14개×₩110 + 10개×₩120](당기매입) − ₩2,740 = ₩600

또는 5개×₩120 = ₩600

〈해설〉

선입선출법에서는 최근 구입분이 기말재고를 구성하므로 5월 20일 매입분으로 이루어진다.

(2) 후입선출법

1) 매출원가 : ₩1,640 + ₩1,200 = ₩2,840

① 5월 15일 : 14개×₩110 + 1개×₩100 = ₩1,640

② 5월 25일 : 10개×₩120 = ₩1,200

2) 기말재고자산

₩600(기초재고) + [14개×₩110 + 10개×₩120](당기매입) − ₩2,840 = ₩500

(3) 이동평균법

1) 매출원가 : ₩1,605 + 1,157 = ₩2,762

① 5월 15일

- 단위당 원가 : $\dfrac{₩600 + 1{,}540}{6개 + 14개} = ₩107$
- 매출원가 : ₩107×15개 = ₩1,605

② 5월 25일

- 단위당 원가 : $\dfrac{₩107 \times 5개 + 1{,}200}{5개 + 10개} = ₩115.7$
- 매출원가 : ₩115.7×10개 = ₩1,157

2) 기말재고자산 : 5개×₩115.7 =₩579

제4절 재고자산감모손실과 평가손실

실무에서 기중에는 계속기록법을 적용하여 기말재고 장부수량을 계산하고, 기말에는 실지재고조사법을 이용하여 기말재고 실제수량을 결정한다. 장부수량(계속기록법)과 실제수량(실지재고조사법)의 차이를 '감모수량'이라고 하며, 감모수량에 취득원가를 곱해 재고자산감모손실을 계산한다. 감모손실을 산정한 후 재고자산의 저가평가를 수행하여 재고자산평가손실을 계산한다. [그림 4]는 재고자산 감모손실 및 평가손실을 인식하는 단계를 나타낸 것이다.

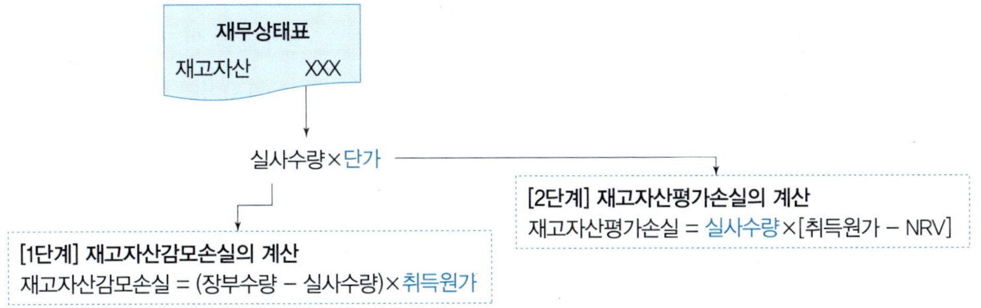

[그림 4] 재고자산 감모손실 및 평가손실의 인식

1. 재고자산감모손실

재고자산감모손실은 감모수량에 단위당 취득원가를 곱해 계산하며, 회사의 회계정책에 따라 매출원가 또는 기타비용으로 분류한다.

재고자산감모손실 = (장부수량 − 실제수량) × 단위당 취득원가

〈예 1〉 재고자산감모손실

> A기업은 기중에는 계속기록법으로 재고자산을 기록하고, 기말에는 실지재고조사를 실시하여 재고자산 수량을 파악한다. 재고자산의 단위당 취득원가는 ₩100이다. 기초 재고수량은 100개, 당기매입수량은 1,000개, 계속기록법에 따라 파악한 판매수량은 800개이다. 기말에 실시한 실지재고조사에서 파악한 기말재고자산 수량은 250개이다. A기업은 재고자산감모손실을 매출원가로 인식한다.

계속기록법에 따라 파악한 기말재고자산 수량(장부수량)은 300개[100개(기초) + 1,000(당기매입) − 800개(매출원가)]이다. 장부수량(300개)과 실사수량(250개)의 차이가 감모수량(50개)에 해당하고, 재고자산감모손실은 ₩5,000[50개(감모수량)×₩100]이다. A기업은 재고자산감모손실을 매출원가로 인식하므로 다음과 같이 회계처리한다.

(차)	매출원가	5,000	(대)	재고자산	5,000

2. 재고자산평가손실

물리적으로 손상되거나 진부화된 항목은 구입한 원가보다 낮은 가격으로 판매하므로 재고자산평가손실이 발생한다. 이때 재고자산은 취득원가와 순실현가능가치 중 낮은 금액으로 측정하는데, 이를 저가법(lower of cost or net realizable value, NRV)이라고 한다. 재무상태표에 표시되는 기말재고자산 장부금액은 취득원가와 순실현가능가치 중 적은 금액으로 인식한다. 예를 들어, 기말재고자산의 취득원가와 순실현가능가치가 각각 ₩10,000과 ₩9,000이라고 하자. 기말재고자산 장부금액으로 ₩9,000을 기록하고, ₩1,000은 재고자산평가손실로 기록한다.

기말재고자산 장부금액 = Min[취득원가, 순실현가능가치]

■ 저가법의 이론적 근거

저가법은 보수주의를 근거로 한다. 보수주의(conservatism)는 불확실한 상황에서 재무제표요소를 측정할 때, 자산과 수익은 과대평가되지 않고 부채와 비용(손실)은 과소평가되지 않도록 하는 원칙이다. 보수주의에서는 미래 불확실성에 대처하기 위해 순자산이나 순이익을 과소평가한다. 불확실한 상황에서만 보수주의를 적용해야 하며, 확실한 상황에서는 해당 상황에 적절한 회계처리를 선택해야 한다.
보수주의를 적용하면 수익은 확실한 시점에서 인식하며, 비용이나 손실은 확정시점이 아닌 추정시점에서 인식한다. 보수주의를 적용하면 보유이익(평가이익)은 인식하지 않으나, 보유손실(평가손실)은 인식한다.

저가주의 기본원칙은 재고자산의 미래효용이 취득원가나 이전 평가액보다 하락하면 취득원가를 포기해야 한다는 것이다. 자산의 미래효용이 감소하면 이를 발생한 기간에 비용으로 처리해야 수익과 비용을 적절하게 대응시킬 수 있다. 이러한 이유로 재고자산평가손실은 발생한 기간의 비용으로 인식한다.

(1) 순실현가능가치

순실현가능가치(net realizable value, NRV)란 정상적인 영업과정에서 재고자산 판매를 통해 실현될 것으로 기대하는 순매각금액을 말한다. 순실현가능가치는 예상 판매가격에서 예상되는 추가 완성원가와 판매비용을 차감하여 계산하는데, 보고기간말 재고자산을 판매한다고 가정할 때 기업으로 유입될 순현금흐름을 의미한다. 재공품을 완성하기 위해서는 추가 가공이 필요하므로 추가 완성원가(직접노무원가와 제조간접원가)를 고려한다. 원재료는 현행대체원가[5)]를 순실현가능가치로 본다. 왜냐하면 원재료는 판매목적이 아닌 사용목적으로 보유하는 자산이기 때문이다.

순실현가능가치(NRV) = 예상 판매가격 − 추가 완성원가(재공품) − 예상 판매비용

■ **원재료에서 발생한 평가손실을 인식하지 않은 상황**

> 원재료 가격이 하락하여 제품 원가가 순실현가능가치를 초과할 것으로 예상하면 원재료를 순실현가능가치로 감액한다. 원재료의 현행대체원가는 순실현가능가치에 대한 최선의 이용가능한 측정치가 될 수 있다.
>
> 완성될 제품이 원가 이상으로 판매될 것으로 예상되면 생산에 투입하기 위해 보유하는 원재료는 감액하지 않는다. 예를 들어, 원재료 원가와 순실현가능가치가 각각 ₩1,000과 ₩900이고, 제품의 원가와 순실현가능가치는 각각 ₩10,000과 ₩12,000이라 하자. 원재료에서는 평가손실이 발생하나, 원재료를 투입하여 완성될 제품에서는 평가손실이 발생하지 않는다. 기업 전체적인 입장에서는 손실이 발생하지 않으므로, 이러한 상황에서는 원재료에서 발생한 평가손실을 인식하지 않는다.

(2) 재고자산평가손실의 인식

① 항목별 저가법과 조별 저가법

저가법은 평가대상이 되는 재고자산을 얼마나 자세하게 구분하느냐에 따라 '항목별 저가법'과 '조별 저가법'으로 나눌 수 있다. 국제회계기준에서는 항목별 저가법을 원칙으로 한다. 재고자산 항목이 유사한 목적 또는 용도를 갖는 동일한 제품군과 관련되어 동일한 제품군에 속하는 다른 항목과 구분하여 평가할 수 없다면 조별 저가법을 적용할 수 있다. 예를 들어, 학생용 의자와 사무용 의자를 각각 항목으로 분류하는 항목별 저가법을 적용할 수 있고, 학생용 의자와 사무용 의자를 합하여 조별 저가법을 적용할 수 있다.

조별로 저가법을 적용하면 평가이익과 평가손실이 상계되어 항목별 저가법에 비해 평가손실이 작게 인식된다.

5) 현행대체원가란 보유 중인 자산을 측정시점에서 구입한다고 가정할 때 지불해야 할 금액을 말한다.

[예제 5] 재고자산의 저가평가

공정(주)는 다음과 같이 재고자산을 보유하고 있으며, 기초 재고자산평가충당금은 없다.

〈자료〉

재고자산		취득원가	순실현가능가치
의자	일반형	₩2,000	₩1,800
	고급형	4,000	4,100
	소계	6,000	5,900
책상	일반형	7,000	6,500
	고급형	9,000	9,200
	소계	16,000	15,700
총계		₩22,000	₩21,600

물음

상기 자료를 이용하여 저가법을 (1) 항목별로 적용할 때와 (2) 조별로 적용할 때 인식해야 할 재고자산평가손실을 각각 계산하시오.

해답

(1) 항목별 저가법

항목별 저가법에서는 개별 항목의 취득원가와 순실현가능가치를 비교하여 저가를 파악한다. 일반형 의자와 책상에서의 재고자산평가손실은 각각 ₩200과 ₩500이다. 고급형 의자와 책상에서는 평가이익이 발생하므로 인식하지 않는다.

재고자산		취득원가	순실현가능가치	장부금액	재고자산평가손실
의자	일반형	₩2,000	₩1,800	₩1,800	₩200
	고급형	4,000	4,100	4,000	
책상	일반형	7,000	6,500	6,500	500
	고급형	9,000	9,200	9,000	
합계					₩700

(2) 조별 저가법

조별로 저가법을 적용하면 조별 취득원가와 순실현가능가치를 비교하여 저가를 결정하므로 평가손실은 ₩400이다. 항목별 저가법을 적용했을 때와 비교하면, 일반형 의자에서 발생한 평가손실 ₩200과 고급형 의자에서 발생한 평가이익 ₩100이 상계되어 평가손실 ₩100을 보고한다. 조별로 저가법을 적용하면 평가이익과 평가손실이 상계되어 항목별 저가법에 비해 평가손실이 작다.

재고자산		취득원가	순실현가능가치	장부금액	재고자산평가손실
의자	소계	₩6,000	₩5,900	₩5,900	₩100
책상	소계	16,000	15,700	15,700	300
합계					₩400

② 재고자산평가손실의 회계처리

재고자산평가손실은 재고자산에서 직접 감액하지 않고 재고자산평가충당금을 설정하여 재고자산 취득원가에서 차감한다. 재고자산평가손실은 재고자산감모손실과 마찬가지로 기간의 비용으로 인식하므로, 재고자산평가손실은 매출원가나 기타비용으로 분류한다. 다만, 회계정책에 따라 선택한 분류방법은 계속하여 적용해야 한다.

(차)	재고자산평가손실	×××	(대)	재고자산평가충당금	×××

재고자산은 매 후속기간에 순실현가능가치로 재평가한다. 전기에 재고자산평가손실을 인식했는데, 당기에 추가로 재고자산평가손실이 발생할 수 있다. 〈예 2〉에서 이와 관련된 회계처리를 살펴보자.

〈예 2〉 재고자산평가충당금의 인식 및 표시

전기말 재고자산평가충당금은 ₩10,000이고, 당기말 재고자산평가충당금은 ₩15,000으로 평가하였다. 전기말 재고자산(취득원가)와 당기말 재고자산(취득원가)는 각각 ₩100,000과 ₩120,000이다. A기업은 재고자산평가손실을 매출원가로 인식한다.

당기말에 재고자산평가충당금 잔액 ₩5,000을 증가시켜야 하므로 동 금액을 재고자산평가손실로 인식한다.

(차)	재고자산평가손실	5,000	(대)	재고자산평가충당금	5,000

재무상태표에는 기말재고자산(취득원가)에서 재고자산평가충당금을 차감한 순액으로 표시하는데, 이를 장부금액이라고 한다. 〈예 2〉의 재무제표 공시사례는 다음과 같다.

[재무상태표]

(단위 : 원)

과목	주석	당기 말	전기 말
재고자산	11	105,000	90,000

[주석]

11. 재고자산

당기말과 전기말 현재 재고자산의 구성내역은 다음과 같습니다(단위 : 원).

구분	당기 말	전기 말
재고자산	120,000	100,000
재고자산평가충당금	(15,000)	(10,000)
합계	105,000	90,000

비용으로 인식되어 '매출원가'에 포함된 재고자산의 원가는 5,000원입니다. 회사는 당기말 현재 순실현가능가치 평가에 따른 재고자산평가손실을 평가충당금으로 반영하였으며, 평가손실은 포괄손익계산서의 '매출원가'에 포함되어 있습니다.

(3) 재고자산평가손실의 환입

재고자산 감액을 초래했던 상황이 해소되거나 경제상황 변동으로 순실현가능가치가 상승할 수 있다. 이러한 명백한 증거가 있다면 최초 장부금액인 취득원가를 초과하지 않는 범위 내에서 평가손실을 환입한다. 순실현가능가치 상승으로 인식한 재고자산평가손실 환입(재고자산평가충당금환입)은 매출원가에서 차감(재고자산평가손실을 매출원가에 가산한 경우)하거나 기타수익(재고자산평가손실을 기타비용으로 인식한 경우)으로 보고한다.

(차)	재고자산평가충당금	×××	(대)	재고자산평가충당금환입	×××

〈예 3〉 재고자산평가손실의 환입

1기간 말과 2기간 말의 기말재고자산의 취득원가는 모두 ₩1,000이고, 1기간 말과 2기간 말 순실현가능가치는 각각 ₩800과 ₩1,300이다.

저가법에 따라 순실현가능가치와 취득원가 중 작은 금액을 재고자산 장부금액으로 기록한다. 1기간 말 장부금액은 ₩800[Min(₩1,000, ₩800)]이고, 2기간 말 장부금액은

₩1,000[Min(₩1,000, ₩1,300)]이다. 1기간에는 재고자산평가손실 ₩200을 인식하므로 다음과 같이 회계처리한다.

(차)	재고자산평가손실	200	(대)	재고자산평가충당금	200

2기간에는 취득원가 ₩1,000을 한도로 재고자산평가손실환입 ₩200을 인식한다. 2기간 말에 취득원가 ₩1,000을 초과한 재고자산평가이익 ₩300은 인식하지 않는다. 왜냐하면 저가법의 이론적 근거인 보수주의에서는 평가손실은 인식하나 취득원가를 초과하는 평가이익은 인식하지 않기 때문이다.

(차)	재고자산평가충당금	200	(대)	재고자산평가충당금환입	200

[그림 5]는 재고자산평가손실의 인식과 환입을 나타낸 것으로, 1기간 말에 취득원가(₩1,000)보다 순실현가능가치(₩800)가 낮으므로 재고자산평가손실(₩200)을 인식한다. 2기간 말에 순실현가능가치(₩1,300)가 취득원가를 초과하여 상승하면 취득원가를 상한으로 하여 재고자산평가손실(₩200)을 환입한다. 즉, 취득원가를 초과한 평가이익(₩300)은 인식하지 않는다.

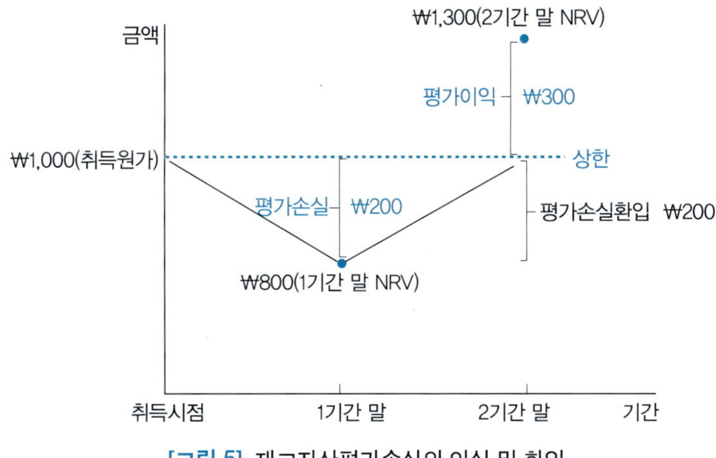

[그림 5] 재고자산평가손실의 인식 및 환입

(4) 매출원가의 인식

회계처리를 수행하여 매출원가를 계산할 수 있으나, T계정으로 파악해야 계산오류를 최소화할 수 있다. T계정에서 재고자산은 취득원가에서 재고자산평가충당금을 차감한 순액으로 계산한다. 재고자산평가손실을 매출원가로 인식하면 매출원가에 자동적으로 포함되므로 별도로 고려하지 않는다. 재고자산평가손실을 기타비용으로 인식하면 '판매 이외의 재고감소'에 해당하므로 자산 감소를 초래하는 T계정의 대변에서 이를 고려한다. 〈예 4〉를 통해 재고자산평가손실을 매출원가 또는 기타비용으로 인식할 때 어떠한 차이가 있는지 살펴보자.

〈예 4〉 매출원가의 인식

> 전기말 재고자산평가충당금은 ₩10,000이고, 당기말 재고자산평가충당금은 ₩15,000이다. 전기말 재고자산(취득원가)과 당기말 재고자산(취득원가)은 각각 ₩100,000과 ₩120,000이다. 재고자산감모손실은 발생하지 않았으며, 당기매입액은 ₩550,000이다.

① 재고자산평가손실을 매출원가로 인식하는 경우

재고자산평가손실은 매출원가에 포함되므로 별도로 고려할 필요가 없다. 기초(순액), 당기매입액 및 기말(순액)을 기입하여 매출원가를 구하면 ₩535,000이다.

재고자산

기초(순액)	90,000 (주1)	기말(순액)	105,000 (주2)
당기매입액	550,000	매출원가	?
계	640,000	계	640,000

(주1) 기초(순액) : ₩100,000(기초 재고자산 취득원가) − ₩10,000(기초 재고자산평가충당금) = ₩90,000
(주2) 기말(순액) : ₩120,000(기말 재고자산 취득원가) − ₩15,000(기말 재고자산평가충당금) = ₩105,000

② 재고자산평가손실을 기타비용으로 인식하는 경우

재고자산평가손실을 기타비용으로 분류하면 당기에 인식해야 할 재고자산평가손실은 ₩5,000(계산과정은 〈예 2〉 참조)이다. T계정의 대변은 재고자산 감소를 의미하는데, 매출 이외의 재고자산 감소를 실무에서는 '타계정대체'라고 부른다. 기업이 영업활동 수행과정에서 자사 제품을 판매목적 이외의 다른 목적으로 사용할 수 있다. 예를 들어, 광고선전목적이나 연구시험용으로 사용하거나 재고자산모손실을 기타비용으로 처리하는 경우가 타계정대체에 해당한다.

재고자산평가손실을 기타비용으로 인식하면 매출원가는 다음과 같이 ₩530,000으로 계산된다.

재고자산

기초(순액)	90,000	기말(순액)	105,000
당기매입액	550,000	재고자산평가손실	5,000
		매출원가	?
계	640,000	계	640,000

[예제 6] 재고자산감모손실 및 평가손실

다음은 상상(주)의 재고자산과 관련된 자료이다.

〈자료〉

(1) 상품(기초) : ₩500,000, 재고자산평가충당금(기초) : ₩0

(2) 당기매입액 : ₩4,000,000

(3) 상상(주)는 재고자산감모손실은 기타비용으로, 재고자산평가손실은 매출원가로 분류하는 회계정책을 채택하고 있다.

상품	장부재고	실지재고	단위원가	판매단가	추정판매비
A	1,000개	900개	₩100	₩150	₩40
B	400개	350개	200	240	60
C	500개	500개	250	300	80

물음

1. 상기 자료를 토대로 20×1년 말 재무상태표에 기록해야 할 재고자산 장부금액을 구하시오.
2. 상기 자료를 토대로 20×1년 손익계산서에 인식해야 할 매출원가를 구하시오.

해답

1.

재고자산	₩285,000 (주1)
재고자산평가충당금	(22,000) (주2)
장부금액	₩263,000

(주1) 900개×₩100 + 350개×₩200 + 500개×₩250 = ₩285,000
(주2) 350개×(₩200 − 180) + 500개×(₩250 − 220) = ₩22,000

2.

재고자산

기초(순액)	500,000	기말(순액)	263,000
당기매입	4,000,000	재고자산감모손실	20,000 (주)
		매출원가	4,217,000
계	4,500,000	계	4,500,000

(주) (1,000개 − 900개)×₩100 + (400개 − 350개)×₩200 = ₩20,000

제5절 소매재고법

1. 의의

소매재고법(retail inventory method)은 이익률이 유사하고 품종변화가 심한 다품종 상품을 취급하는 유통업에서 실무적으로 다른 원가측정방법을 사용할 수 없을 때 사용한다. 즉, 소매재고법은 백화점 등 재고자산 종류가 다양하고 단가가 낮아 개별 원가추적이 불가능하거나 재고자산 실사가 비경제적이라고 판단할 때 사용한다.

계속기록법을 사용하지 않으면 매출원가를 알 수 없고, 기말에 실지재고조사를 수행하여 기말재고자산을 먼저 결정해야 한다. 다품종을 보유하는 대형할인점에서는 실지재고조사가 거의 불가능하므로 기말재고자산의 수량 결정'도 가능하지 않다. 소매재고법에서는 실사를 수행하지 않고 기말재고자산을 먼저 구한 후, 매출원가를 산식에 따라 산출한다.

재고자산

기 초	×××	기 말	? ①
당기매입	×××	매출원가	? ②
	×××		×××

2. 소매재고법의 이해

(1) 기본적인 착상

소매재고법의 기본적인 착상(idea)은 재고자산 실사 없이 판매가격(매가)과 원가 정보를 이용하여 기말재고자산을 구하는 것이다. [그림 6]은 대형할인점의 매입 및 매출 업무흐름이다. 상품이 창고에 입고될 때 회계시스템에 당기매입에 대한 원가정보와 매가정보를 입력한다. 판매시점에서 매출액 정보가 회계시스템에 입력된다. 소매재고법에서는 이렇게 입력된 세 가지 정보(당기매입원가 및 매가, 매출액)를 이용하여 기말재고자산 원가를 구한다.

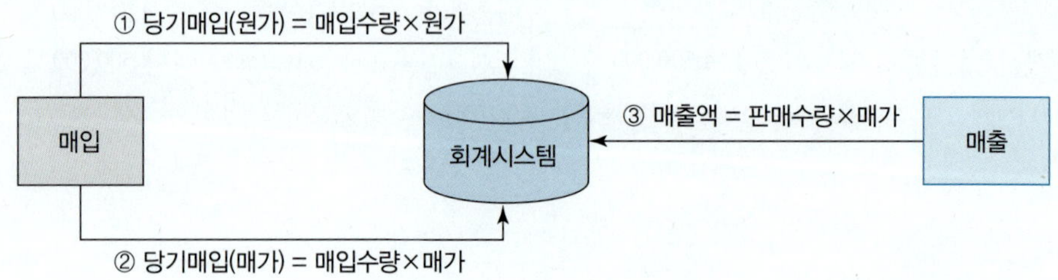

[그림 6] 대형할인점의 업무흐름

"기초재고(원가) + 당기매입(원가) = 매출원가 + 기말재고(원가)" 등식에서 '원가'를 모두 '매가'로 변경해 보자. 매출원가의 매가는 매출액이므로, 산식을 "기초재고(매가) + 당기매입(매가) = 매출액 + 기말재고(매가)"로 변형할 수 있고, 이를 통해 기말재고(매가)를 구할 수 있다.

〈예 5〉 원가율과 기말재고(매가)를 이용한 기말재고(원가)의 계산

기초재고자산은 없고 당기매입(원가)는 ₩7,000, 당기매입(매가)는 ₩10,000, 매출액은 ₩9,000이라고 하자.

당기매입(원가)를 당기매입(매가)로 나누어 계산한 원가율은 70%이다. 상기 자료를 산식에 대입하면 "₩0(기초재고 매가) + 10,000(당기매입 매가) = 9,000(매출액) + X(기말재고 매가)"로 표시할 수 있다. 기말재고(매가)는 ₩1,000이며, 기말재고(매가)에 원가율(70%)을 곱하면 기말재고(원가)인 ₩700(₩1,000×70%)로 환원된다.

(2) 순인상액과 순인하액의 고려

매입시점에서 기록한 당기매입(매가)은 추정판매가격이므로 판매시점에서의 실제 판매가격과 다를 수 있다. 매입시점에서 결정한 당기매입(매가)는 변동될 수 있는데, 판매가 저조하면 당기매입(매가)를 인하할 수 있고 판매가 증가하면 당기매입(매가)를 인상할 수 있다. 가격인상액에서 가격인상 취소를 차감하여 순인상액을 구하고, 가격인하액에서 가격인하취소를 차감하여 순인하액을 계산한다.

〈예 6〉 순인상액과 순인하액의 고려

기초재고(매가)는 없고 당기매입(매가)는 ₩10,000이었는데 ₩9,000에 판매하여 기말재고(매가)는 없다.

"₩0(기초재고 매가) + ₩10,000(당기매입 매가) ≠ 9,000(매출액) + ₩0(기말재고 매가)"로 좌변과 우변이 일치하지 않는다. 가격인하액 ₩1,000을 좌변의 당기매입(매가)에서 차감해야 양변이 일치한다. 이와 같은 이유로 당기매입(매가)에서 순인상액(가격인상 - 가격인상 취소)은 가산하고, 순인하액(가격인하 - 가격인하 취소)은 차감한다.

기초재고(매가) + 당기매입(매가) + 순인상액 − 순인하액 = 매출 + 기말재고(매가)

3. 원가흐름에 따른 원가율 산정

소매재고법에서 이용하는 원가율은 기말재고자산을 구성하는 원가와 매가의 비율을 의미하므로, 원가흐름 가정에 따라 기말재고자산을 구성하는 항목은 달라진다. 기말재고자산은 평균법에서는 기초재고와 당기매입으로, 선입선출법에서는 당기매입으로만 구성된다. 이러한 원가흐름 가정에 따라 원가율(기말재고자산의 원가 대 매가 비율)이 달라진다.

(1) 가중평균소매재고법

기초재고와 당기매입이 평균적으로 판매된다고 가정하므로 기말재고는 기초재고와 당기매입의 평균으로 구성된다. 순인상액과 순인하액은 판매가격 변동과 관련되어 매가에만 영향을 미치므로 분모에서만 고려한다.

$$\text{원가율} = \frac{\text{기초재고(원가)} + \text{당기매입(원가)}}{\text{기초재고(매가)} + \text{당기매입(매가)} + \text{순인상액} - \text{순인하액}}$$

(2) 선입선출소매재고법

먼저 구입한 자산이 먼저 판매된다고 가정하므로 기초재고는 당기 중에 모두 판매되어 기말재고는 모두 당기매입으로만 구성된다.[6] 이러한 이유로 원가율 계산에서 기초재고는 고려하지 않는다.

$$\text{원가율} = \frac{\text{당기매입(원가)}}{\text{당기매입(매가)} + \text{순인상액} - \text{순인하액}}$$

(3) 저가기준소매재고법

원가율을 계산할 때 분모에서 순인하액을 차감하지 않는다. 분모에서 순인하액을 차감하지 않으면 분모가 커지므로 원가율이 낮아진다. 낮아진 원가율을 이용하여 기말재고(원가)를 계산하면 기말재고는 작아지고, 매출원가는 높아져 당기순이익은 낮아진다. 이와 같이 순인하액을 분모에서 차감하지 않으면 저가법을 적용하는 효과가 나타나므로, 저가기준소매재고법이라고 부른다. 저가기준소매재고법은 원가흐름 가정에 따라 가중평균법과 선입선출법으로 구분할 수 있다.

---

6) "기초재고 수량 > 당기 판매수량"인 경우 기말재고는 기초재고와 당기매입으로 구성된다. 기초재고가 판매되지 않은 상황에서 당기에 상품을 매입하는 상황은 현실적이지 않다. 따라서 기말재고는 당기매입으로만 구성된다고 가정한다.

① 가중평균법

$$원가율 = \frac{기초재고(원가) + 당기매입(원가)}{기초재고(매가) + 당기매입(매가) + 순인상액}$$

② 선입선출법

$$원가율 = \frac{당기매입(원가)}{당기매입(매가) + 순인상액}$$

[예제 7] 소매재고법

(주)온에어는 재고자산 평가방법으로 소매재고법을 사용하고 있다. 20×1년 재고자산과 관련된 자료는 다음과 같다.

	원가	매가
기초재고	₩35,000	₩50,000
당기매입액	79,020	131,700
순인상액		2,000
순인하액		6,000
매출액		74,000

물음

1. 기말재고(매가)를 구하시오.

2. 다음 각각의 방법에 따른 기말재고(원가)를 구하시오. 단, 원가율을 계산할 때 소수점 셋째 자리에서 반올림한다.

(1) 평균원가소매재고법
(2) 선입선출소매재고법
(3) 저가기준소매재고법(평균법)
(4) 저가기준소매재고법(선입선출법)

해답

1. 기말재고(매가)

₩50,000(기초재고) + 131,700(당기매입액) + 2,000(순인상액) − 6,000(순인하액) − 74,000(매출액) = ₩103,700

2. 기말재고(원가)와 매출원가

(1) 평균원가소매재고법

① 원가율 = $\frac{35,000 + 79,020}{50,000 + 131,700 + 2,000 - 6,000} = 64\%$

②기말재고 = ₩103,700×64% = ₩66,368

(2) 선입선출소매재고법

① 원가율 = $\frac{79,020}{131,700 + 2,000 - 6,000} = 62\%$

②기말재고 = ₩103,700×62% = ₩64,294

(3) 저가기준소매재고법(평균법)

① 원가율 = $\frac{35,000 + 79,020}{50,000 + 131,700 + 2,000} = 62\%$

②기말재고 = ₩103,700×62% = ₩64,294

(4) 저가기준소매재고법(선입선출법)

① 원가율 = $\frac{79,020}{131,700 + 2,000} = 59\%$

②기말재고 = ₩103,700×59% = ₩61,183

연습문제

[문 1] 진위형 문항

다음 문항을 읽고 맞는 기술이면 'ㅇ'로 표시하고, 틀린 기술이면 '×'로 표시하되 그 이유를 기재하시오.

1. 재고자산은 정상적인 영업활동과정에서 생산 또는 판매를 목적으로 보유하는 자산과 원재료를 말한다.
2. 재고자산은 기업이 어떤 종류의 사업을 수행하느냐에 따라 다르다.
3. 운송중인 상품은 도착시점에서 매입자의 재고자산으로 인식한다.
4. 수탁자가 보관 중인 위탁상품(적송품)은 수탁자의 재고자산으로 분류한다.
5. 시용판매를 위해 고객에게 발송한 시용품은 고객이 매입의사를 표시하기 전까지는 판매자의 재고자산으로 분류한다.
6. 실지재고조사법으로 재고자산 수량을 파악하면 기말재고자산이 먼저 결정되고, 매출원가는 산식에 따라 파악한다.
7. 실지재고조사법과는 달리 계속기록법에서는 매입 및 매출시점에서 매번 재고자산 수량증감을 장부에 기록한다.
8. 국제회계기준에서는 재고자산감모손실을 매출원가로 분류하도록 규정하고 있다.
9. 매입할인은 매입환출및에누리와 마찬가지로 매입가액을 감소시키므로 매입가액에서 차감한다.
10. 기타원가(보험료, 하역료, 운임)는 재고자산을 현재 장소에 현재 상태로 이르게 하는 데 발생한 범위 내에서만 취득원가에 포함한다.
11. 재고자산에서 발생하는 이자비용은 취득원가에 가산한다.
12. 재료원가 중 비정상적으로 낭비된 부분도 제품 생산을 위해 투입된 원가이므로 재고자산의 취득원가로 인식한다.
13. 원가흐름의 가정에 따라 재고자산 금액이 달라져, 원가흐름의 가정은 매출원가와 순이익에도 영향을 미친다.
14. 상호 교환될 수 없는 재고자산이나 특정 프로젝트별로 생산하는 재화에 대해서는 개별법을 사용하여 원가를 결정한다.
15. 재고자산에 대한 원가흐름의 가정을 결정할 때 실물흐름을 고려하여 서로를 일치하는 방법으로 결정해야 한다.
16. 국제회계기준에서는 후입선출법을 인정하지 않는다.

17. 재고자산감모손실은 장부수량과 실사수량의 차이수량에 순실현가능가치를 곱해 계산한다.
18. 재고자산평가손실의 인식은 보수주의에 근거로 한다.
19. 순실현가능가치를 계산할 때 모든 재고자산은 예상 판매가격에서 예상 판매비용을 차감하여 계산한다.
20. 원재료의 취득원가가 현행대체원가보다 큰 상황이라면 재고자산평가손실을 인식한다.
21. 국제회계기준에서는 조별 저가법을 원칙으로 하되, 항목별 저가법을 적용할 수도 있다.
22. 재고자산평가손실은 회사의 회계정책에 따라 매출원가나 기타비용으로 인식한다.
23. 재고자산 감액을 초래했던 상황이 해소되어 순실현가능가치가 상승하면 상승한 금액을 모두 재고자산평가손실 환입으로 인식한다.
24. 소매재고법은 이익률이 유사한 제조기업에서도 사용이 가능하다.
25. 선입선출법으로 소매재고법을 적용하면 원가율을 계산할 때 기초재고자산을 고려하지 않는다.

해답

1. ○
2. ○
3. ×. 운송중인 상품 중 선적지인도조건은 선적시점에서 매입자의 재고자산으로, 도착지인도조건은 도착시점에서 매입자의 재고자산으로 분류한다.
4. ×. 적송품의 법적 소유권은 위탁자에게 있으므로 위탁자의 재고자산으로 인식한다.
5. ○
6. ○
7. ○. 실지재고조사법에서는 매입시점에서 재고자산 수량을 기록하고 기말시점에서 실사를 수행하여 기말재고 수량을 결정한 후 매출수량을 산식에 따라 계산한다.
8. ×. 국제회계기준에서는 재고자산감모손실을 기간의 비용으로 처리하므로 기업의 회계정책에 따라 매출원가 또는 기타비용으로 분류한다.
9. ○
10. ○
11. ×. 단기에 반복적으로 대량생산되거나 통상적으로 제조되는 재고자산에서 발생하는 이자비용은 취득원가에 가산하지 않는다.
12. ×. 수익창출에 공헌하지 못한 지출이므로 발생한 시점에 비용으로 인식한다.
13. ○
14. ○
15. ×. 원가흐름의 가정은 원가 계산의 편의를 위해 재고자산의 원가흐름에 일정한 가정을 한 것이므로 실물흐름과 일치할 필요는 없다.
16. ○
17. ×. 감모수량에 순실현가능가치가 아닌 단위당 취득원가를 곱해 계산한다.
18. ○
19. ×. 재공품의 경우에는 예상판매가격에서 추가 완성원가와 예상 판매비용을 차감하여 순실현가능가치를 계산한다. 원재료는 현행대체원가를 순실현가능가치로 본다.
20. ×. 원재료 가격이 하락하여 제품 원가가 순실현가능가치를 초과할 것으로 예상하는 경우에만 재고자산평가손

실을 인식한다.

21. ×. 국제회계기준에서는 항목별 저가법을 원칙으로 한다.
22. ○
23. ×. 상승한 금액이 아닌 최초 장부금액인 취득원가를 초과하지 않는 범위 내에서 평가손실을 환입한다.
24. ×. 소매재고법은 재고자산 종류가 다양하고 단가가 낮아 개별 원가추적이 불가능하거나 재고자산 실사가 비경제적이라고 판단될 때만 사용해야 한다. 제조기업은 대량생산하므로 반드시 재고자산 실사를 수행해야 한다.
25. ○

[문 2] 원가흐름의 가정과 재고자산감모손실

다음은 정의(주)의 당기 매입 및 매출자료이며, 모든 거래는 현금거래이다. 회사는 기중에는 계속기록법에 따라 회계처리하며, 기말에 실지재고조사로 재고수량을 파악한다. 회사가 기말시점에 재고자산 실사를 통해 파악한 기말재고자산 수량은 180개이고, 재고자산감모손실은 기타비용으로 인식한다.

구분	수량	단가
기초재고자산	100개	₩1,000
당기매입	500개	1,240
당기매출	400개	2,000

물음

1. 재고자산에 대한 원가흐름 가정으로 선입선출법을 적용한다고 할 때 매입시점, 판매시점, 기말시점의 회계처리를 제시하시오.
2. 재고자산에 대한 원가흐름 가정으로 평균법(이동평균법)을 적용한다고 할 때 판매시점, 기말시점의 회계처리를 제시하시오.
3. 다음 양식에 따라 매출총이익을 계산하고, 원가흐름 가정에 따라 각 계정과목에서 금액 차이가 발생하는 이유를 밝히시오.

구분	선입선출법(a)	평균법(b)	차이(a−b)
[손익계산서]			
매출			
매출원가			
매출총이익			
[재무상태표]			
기말재고자산			

해답

1. 선입선출법

(1) 매입시점

(차)	재고자산	620,000	(대)	현　금	620,000

(2) 판매시점

(차)	현 금	800,000	(대)	매 출	800,000
	매출원가	472,000 (주)		재고자산	472,000

(주) 100개×₩1,000 + 300개×₩1,240 = ₩472,000

(3) 기말시점

(차)	재고자산감모손실	24,800	(대)	재고자산	24,800 (주)

(주) 20개×₩1,240 = ₩24,800

2. 평균법(이동평균법)

(1) 판매시점

(차)	현 금	800,000	(대)	매 출	800,000
	매출원가	480,000 (주)		재고자산	480,000

(주)
단위당 원가 : (100개×₩1,000 + 500개×₩1,240)÷600개 = ₩1,200
매출원가 : 400개×₩1,200 = ₩480,000

(2) 기말시점

(차)	재고자산감모손실	24,000	(대)	재고자산	24,000 (주)

(주) 20개×₩1,200

3. 선입선출법과 평균법의 비교

(1) 차이

구분	선입선출법(a)	평균법(b)	차이(a−b)
[손익계산서]			
매출	800,000	800,000	0
매출원가	472,000	480,000	(8,000)
매출총이익	328,000	320,000	8,000
[재무상태표]			
기말재고자산	₩223,200	₩216,000	7,200

〈해설〉

① 선입선출법 기말재고자산 : 180개(실사수량)×₩1,240 = ₩223,200
② 평균법 기말재고자산 : 180개(실사수량)×₩1,200 = ₩216,000

(2) 차이가 나는 이유

① 매출액은 판매가격에 판매가격을 곱해 계산하므로 원가흐름 가정과 관계가 없다.
② 물가가 상승하는 상황에서 선입선출법에 비해 평균법에 따른 매출원가가 더 많이 계산되므로 매출총이익의 크기는 '선입선출법 〉 평균법'이다.
③ 물가가 상승하는 상황에서 선입선출법은 최근 구입분으로 기말재고가 구성되므로 기말재고자산의 크기는 '선입선출법 〉 평균법'이다.

[문 3] 재고자산평가손실

다음은 20×1년 초에 설립한 공정기업의 각 연도 말 재고자산 원가와 순실현가능가치이다. 회사는 재고자산평가손실을 매출원가에 가산하고 재고자산평가충당금환입은 매출원가에서 차감한다.

구분	20×1년	20×2년	20×3년	20×4년
원가	₩10,000	₩12,000	₩13,000	₩13,500
순실현가능가치	9,000	14,000	11,500	11,800

물음

1. 공정기업이 각 연도 말에 재고자산 평가와 관련한 해야 할 회계처리를 제시하시오.
2. 다음은 공정기업의 각 연도 말 재무상태표와 주석에 기재할 사항이다. 아래 빈 칸에 들어가야 할 금액을 기재하시오.

[재무상태표]

구분	20×1년	20×2년	20×3년	20×4년
자 산				
Ⅰ. 유동자산				
재고자산				

[주석]

구분	20×1년	20×2년	20×3년	20×4년
재고자산				
재고자산평가충당금				
합계				

해답

1. 연도별 회계처리

(1) 20×1년

(차)	매출원가	1,000 (주)	(대)	재고자산평가충당금	1,000

(주) ₩10,000(원가) − 9,000(NRV) = ₩1,000

(2) 20×2년

(차)	재고자산평가충당금	1,000	(대)	매출원가	1,000

(주) Mim[①₩1,000(재고자산평가충당금 잔액), ② ₩14,000(NRV) − 12,000(원가) = ₩2,000] = ₩1,000

(3) 20×3년

(차) 매출원가 1,500 (대) 재고자산평가충당금 1,500

㈜ ₩13,000(원가) − 11,500(NRV) = ₩1,500

(4) 20×4년

(차) 매출원가 200 (대) 재고자산평가충당금 200

㈜ [₩13,500(원가) − 11,800(NRV)](기말 재고자산평가충당금) − ₩1,500(기초 재고자산평가충당금) = ₩200

〈해설〉

20×4년 말 재무상태표에 인식해야 할 재고자산평가충당금은 ₩1,700이나, 20×3년 말 재무상태표에 인식한 재고자산평가충당금은 ₩1,500이므로 ₩200을 당기 비용으로 인식한다.

2. 재무상태표와 주석에 기재해야 할 사항

[재무상태표]

구분	20×1년	20×2년	20×3년	20×4년
자 산				
I. 유동자산				
재고자산	₩9,000	₩12,000	₩11,500	₩11,800

[주석]

구분	20×1년	20×2년	20×3년	20×4년
상품	₩10,000	₩12,000	₩13,000	₩13,500
상품평가충당금	(1,000)	0	(1,500)	(1,700)
합계	₩9,000	₩12,000	₩11,500	₩11,800

〈해설〉

재무상태표에 기록하는 재고자산 장부금액은 취득원가에서 재고자산평가충당금을 차감한 금액으로 기록한다. 재고자산 장부금액은 원가와 순실현가능가치 중 작은 금액으로 기록하고, 재무상태표의 재고자산은 주석의 '합계'와 일치한다.

[문 4] 매출원가 계산

다음은 공정기업의 재고자산과 관련된 자료이다.

〈자료〉

재고자산(기초) : ₩100,000, 재고자산평가충당금(기초) : ₩0, 당기매입액 : ₩2,000,000

당기 중 재고자산감모손실 ₩30,000이 발생했다. 기말 재고자산 원가(재고자산감모손실을 차감한 금액)와 순실현가능가치는 각각 ₩200,000과 ₩180,000이다. 이에 따라 당기에 발생한 재고자산평가손실은 ₩20,000이다.

물음

다음 각 물음은 서로 독립적이다.

1. 공정기업은 재고자산감모손실과 재고자산평가손실을 기타비용으로 분류한다. 당기 손익계산서에 인식할 매출원가를 구하시오.
2. 공정기업은 재고자산감모손실은 기타비용으로, 재고자산평가손실은 매출원가로 분류한다. 당기 손익계산서에 인식할 매출원가를 구하시오.
3. 공정기업은 재고자산감모손실과 재고자산평가손실을 매출원가로 분류한다. 당기 손익계산서에 인식할 매출원가를 구하시오.

해답

1. 재고자산감모손실 및 평가손실을 기타비용으로 분류

재고자산

차변		대변	
기초(순액)	100,000	기말(순액)	180,000
당기매입액	2,000,000	재고자산감모손실	30,000
		재고자산평가손실	20,000
		매출원가	1,870,000
계	2,100,000	계	2,100,000

〈해설〉

- 기말 재고자산은 원가에서 재고자산평가충당금을 차감한 순액으로 기재한다.
- 재고자산감모손실 및 평가손실을 기타비용으로 분류하므로 T계정의 대변에 기록한다. 재고자산 계정에서 판매 외의 재고자산 감소는 타계정대체라고 부르는데, 기타비용으로 분류하는 경우가 이에 해당한다.

2. 재고자산감모손실은 기타비용, 재고자산평가손실은 매출원가로 분류

재고자산

기초(순액)	100,000	기말(순액)	180,000
당기매입액	2,000,000	재고자산감모손실	30,000
		매출원가	1,890,000
계	2,100,000	계	2,100,000

〈해설〉

재고자산감모손실은 기타비용으로 분류하므로 타계정대체에 해당한다. 재고자산평가손실은 매출원가로 분류하면 별도로 고려할 필요가 없다.

3. 재고자산감모손실 및 평가손실을 매출원가로 분류

재고자산

기초(순액)	100,000	기말(순액)	180,000
당기매입액	2,000,000	매출원가	1,920,000
계	2,100,000	계	2,100,000

〈해설〉

재고자산감모손실 및 평가손실을 매출원가로 분류하면 T계정에서 별도로 고려할 필요가 없다.

[문 5] 소매재고법

만물백화점은 재고자산 평가방법으로 소매재고법을 사용하고 있다. 20×1년 재고자산과 관련된 자료는 다음과 같다.

	원가	매가
기초재고	₩35,000	₩50,000
당기매입액	96,000	120,000
순인하액		10,000
매출액		140,000

물음

만물백화점은 소매재고법(평균원가, 선입선출, 저가기준평균법, 저가기준선입선출) 중 당기순이익을 극대화하는 방법을 선택하려고 한다. 당신이 만물백화점의 경영진이라면 어떤 방법을 선택하겠는가? 원가율을 계산할 때 소수점 셋째 자리에서 반올림하시오.

해답

저가기준은 원가율을 계산할 때 순인하액을 차감하지 않으므로 선입선출법이나 평균법에 비해 높게 산출된다. 이러한 이유로 저가기준은 고려할 필요가 없고, 선입선출법과 평균법 중 원가율이 높은 방법이 기말재고자산을 크게 하여 매출원가를 낮게 계산되도록 하는 방법이 당기순이익을 극대화할 수 있다.

기말재고(매가)는 원가흐름 가정과 관계없이 일정하므로 다음과 같이 계산한다.

기말재고(매가) : ₩50,000(기초재고) + 120,000(당기매입액) − 10,000(순인하액) − 140,000(매출액) = ₩20,000

(1) 선입선출법

① 원가율 = $\dfrac{96,000(\text{당기매입})}{120,000(\text{당기매입}) - 10,000(\text{순인하액})} = 87\%$

② 기말재고(원가) : ₩20,000(기말재고 매가)×87% = ₩17,400

③ 매출원가 : ₩35,000(기초) + 96,000(당기매입) - 17,400(기말) = ₩113,600

④ 매출총이익 : ₩140,000(매출) - 113,600(매출원가) = ₩26,400

(2) 평균법

① 원가율 = $\dfrac{35,000(\text{기초}) + 96,000(\text{당기매입})}{50,000(\text{기초}) + 120,000(\text{당기매입}) - 10,000(\text{순인하액})} = 82\%$

② 기말재고(원가) : ₩20,000(기말재고 매가)×82% = ₩16,400

③ 매출원가 : ₩35,000(기초) + 96,000(당기매입) - 16,400(기말) = ₩114,600

④ 매출총이익 : ₩140,000(매출) - 114,600(매출원가) = ₩25,400

(3) 결론

소매재고법 중 선입선출법을 선택하면 당기순이익을 극대화할 수 있다.

4 유형자산

CHAPTER

한눈에 살펴보는 이 장의 내용

이 장에서는 유형자산을 살펴본다. 유형자산은 재화 생산이나 용역 제공을 위해 보유 중인 물리적 형태가 있는 자산이다. 유형자산은 취득과정이 오래 걸리고 법률적 제한으로 여러 가지 복잡한 상황이 발생한다. 예를 들어, 환경보전을 위해 복구원가를 지출하기도 하고, 자산취득을 위해 의무적으로 국채나 공채를 취득하기도 하고, 장기연불로 자산을 취득하기도 한다. 자산의 취득과정에서 타인자본을 조달하면 차입원가가 발생하는데, 회피불가능원가에 해당하므로 자산의 취득원가에 포함해야 한다. 유형자산은 장기간 수익창출활동에 사용하므로 감가상각을 통해 감가상각대상금액을 내용연수 동안 체계적이고 합리적으로 배분해야 한다. 정부보조금은 자산관련보조금과 수익관련보조금으로 구분하는데, 자산관련보조금은 내용연수에 걸쳐 감가상각비와 상계하거나 수익으로 인식할 수 있다. 수익관련보조금은 수취할 권리가 발생하는 기간에 당기손익으로 인식한다.

기업회계기준서 제1016호(유형자산)은 2007년 11월에 제정되었고, 관련되는 국제회계기준은 'IAS 16 Property, Plant and Equipment'이다. 기업회계기준서 제1023호(차입원가)는 2007년 11월에 제정되었고, 관련되는 국제회계기준은 'IAS 23 Borrowing Costs'이다. 기업회계기준서 제1020호(정부보조금의 회계처리와 정부지원의 공시)는 2007년 11월에 제정되었고, 관련되는 국제회계기준은 'IAS 20 Accounting for Government Grants and Disclosure of Government Assistance'이다.

contents

유형자산

CHAPTER

| 학습목표 |

1. 유형자산의 개념과 인식기준을 설명할 수 있다. 유형자산은 영업활동에 사용할 목적으로 보유하는 물리적 형태가 있는 자산이다. 유형자산으로 인식하기 위해서는 자산으로부터 발생하는 미래경제적효익이 기업에 유입할 가능성이 높고, 자산 원가를 신뢰성 있게 측정할 수 있어야 한다.
2. 유형자산의 취득원가를 설명할 수 있다. 유형자산은 원가로 측정하며, 취득원가는 구입가격에 경영진이 의도하는 방식으로 자산을 가동하는 데 필요한 장소와 상태에 이르게 하는 데 직접 관련된 원가를 포함한다.
3. 다음의 상황별 유형자산의 취득을 설명할 수 있다.
   (1) 일괄구입 : 취득시점의 개별 유형자산의 상대적 공정가치 비율로 각 자산에 원가를 배분한다.
   (2) 장기연불구입 : 미래에 지급해야 할 현금흐름을 취득시점의 유효이자율로 할인한 현재가치로 기록한다.
   (3) 국 · 공채 등 의무매입 : 국 · 공채는 미래현금흐름의 현재가치로 기록하고, 국 · 공채의 지급대가와 국 · 공채의 현재가치의 차액을 관련 자산의 취득원가에 가산한다.
4. 교환거래로 취득한 자산의 회계처리를 수행할 수 있다. 상업적 실질이 있으면 제공한 자산의 공정가치를 취득원가로 기록하고 교환손익을 인식한다. 상업적 실질이 없다면 제공한 자산의 장부금액을 취득원가로 인식하므로 교환손익을 인식하지 않는다.
5. 복구의무가 있는 자산의 회계처리를 수행할 수 있다. 복구의무로 지출하는 금액은 현재가치로 측정하여 부채로 인식하고, 동 금액을 관련 자산의 취득원가에 포함한다.
6. 차입원가 자본화의 회계처리를 수행할 수 있다. 특정목적차입금에서 발생한 차입원가는 한도 없이 자본화하나, 일반목적차입금에서 발생한 차입원가는 실제 발생한 차입원가를 한도로 자본화한다.
7. 감가상각방법의 회계처리를 수행할 수 있다. 감가상각방법은 자산의 미래경제적효익이 소비될 것으로 예상되는 형태를 말한다. 유형자산의 취득원가에서 잔존가치를 차감한 금액을 내용연수에 걸쳐 비용으로 인식한다.
8. 후속지출의 회계처리를 수행할 수 있다. 자산인식요건을 충족하면 취득원가에 가산하고, 그렇지 못하면 당기손익에 반영한다.
9. 자산관련보조금과 관련된 회계처리를 수행할 수 있다. 자산차감법을 적용하면 정부보조금을 내용연수에 걸쳐 감가상각비와 상계하고, 이연수익법을 선택하면 정부보조금을 내용연수에 걸쳐 당기손익으로 인식한다.

10 유형자산 제거의 회계처리를 수행할 수 있다. 제거시점까지 감가상각비를 인식하고 취득원가와 감가상각누계액을 제거하며, 장부금액과 처분대가의 차이를 유형자산처분손익으로 인식한다.

| 주요 용어 |

- 구입가격 : 매입가격에 관세와 취득세를 가산하고 매입할인과 리베이트를 차감한 금액
- 직접관련원가 : 경영진이 의도하는 방식으로 자산을 가동하는 데 필요한 장소 · 상태에 이르게 하는 데 직접 관련된 원가
- 상업적 실질 : 교환거래로 미래현금흐름이 변동되는 경우
- 복구원가 : 복구시점에 원상 복구의무를 이행하기 위한 지출
- 차입원가 : 자산 취득을 위한 타인자본(차입금)에서 발생한 차입원가(이자비용)
- 특정목적차입금 : 자산의 건설활동에만 사용하기 위해 차입한 타인자본
- 일반목적차입금 : 특정목적차입금이 아닌 나머지 차입금
- 적격자산 : 의도된 용도로 사용 · 판매가능한 상태에 이르게 하는데 상당한 기간을 필요로 하는 자산
- 자본화이자율 : 회계기간에 차입한 자금(특정목적차입금 제외)에서 발생한 차입원가를 가중평균하여 산정한 이자율
- 감가상각 : 감가상각대상금액(취득원가 − 잔존가치)을 내용연수 동안 체계적으로 배분하는 것
- 정액법 : 내용연수 동안 매 기간 일정액의 감가상각비를 계산하는 방법
- 체감잔액법 : 내용연수 동안 감가상각비가 매 기간 감소하는 방법
- 후속지출 : 유형자산 취득 후 해당 유형자산에 대한 지출
- 정부보조금 : 기업의 영업활동과 관련하여 일정 기준을 충족한 기업에게 자원을 이전하는 정부지원
- 자산관련보조금 : 정부지원 요건을 충족한 기업이 장기성자산을 매입, 건설하거나 다른 방법으로 취득해야 하는 일차적 조건이 있는 정부보조금
- 수익관련보조금 : 과거 또는 현재의 비용이나 손실에 대한 보전

제1절 유형자산의 의의

1. 유형자산이란?

유형자산(plant assets or fixed assets)이란 재화 생산이나 용역 제공, 타인에 대한 임대 또는 관리활동에 사용할 목적으로 보유하는 물리적 형태가 있는 자산으로 한 회계기간을 초과하여 사용할 것으로 예상하는 자산을 말한다. 소모품과 같이 자산의 사용기간이 한 회계기간을 넘지 않으면 해당 지출이 발생하는 시점에서 비용으로 인식한다.

유형자산은 정상적인 영업과정에서 사용할 목적이라는 점에서 판매를 목적으로 하는 재고자산과 차이가 있다. 부동산매매회사처럼 자산 보유목적이 재판매이면 재고자산으로 분류하고, 투기목적이면 투자자산으로 분류한다.

2. 유형자산의 분류

(1) K-IFRS에서의 분류

유형자산은 영업상 유사한 성격과 용도로 분류한다. 다음은 개별 분류의 예이며, 국제회계기준에서는 유형자산 항목을 구성하는 범위를 정하고 있지는 않다.

① 토지	② 건물	③ 기계장치	④ 선박
⑤ 항공기	⑥ 차량운반구	⑦ 집기	⑧ 사무용비품

(2) 건설중인자산

유형자산을 건설, 제작 또는 구입하는데 오랜 시간이 걸린다. 건설 등의 과정에서 지출한 원가를 자산으로 인식할 수 있도록 취득시점 이전까지 '건설중인자산'이라는 계정을 사용한다. 건설 중인 자산은 해당 자산을 영업활동에 사용할 수 있게 된 취득시점에 토지 등의 해당 계정으로 대체한다.

〈예 1〉 건설중인자산

A기업은 20×1년 9월 초 토지를 구입하기 위해 계약을 체결했는데, 해당 토지는 공장부지로 사용할 예정이다. 계약체결시점에서 계약금 ₩1,000,000을 지급했다. A기업은 20×2년 초 잔금 ₩9,000,000을 지급했으며, 잔금 지급과 동시에 소유권을 이전받아 해당 토지를 이용할 수 있다.

① 20×1년 9월 초

계약금은 건설중인자산으로 분류한다. 선급금과 혼동하기도 하는데, 선급금은 재고자산의 취득시점 이전에 현금을 지급할 때 사용한다.

(차)	건설중인자산	1,000,000	(대)	현　　금	1,000,000

② 20×2년 초

잔금 지급과 동시에 소유권이 이전되고 해당 토지를 사용목적에 사용할 수 있으므로 건설중인자산을 본 계정인 토지로 대체한다.

〈잔금 지급〉

(차)	건설중인자산	9,000,000	(대)	현　　금	9,000,000

〈토지 취득〉

(차)	토지	10,000,000	(대)	건설중인자산	10,000,000

제2절 유형자산의 인식과 측정

1. 유형자산의 인식기준

(1) 유형자산 인식기준

유형자산으로 인식하기 위해서는 다음의 인식기준을 모두 충족해야 한다.

[유형자산 인식기준]

① 자산에서 발생하는 미래경제적효익이 기업에 유입될 가능성이 높다.
② 자산의 원가를 신뢰성 있게 측정할 수 있다.

예비부품과 수선용구는 대부분 재고자산으로 분류하며, 사용한 기간의 비용으로 인식한다. 한 회계기간 이상 사용할 것으로 예상하는 중요한 예비부품과 대기성 장비는 유형자산으로 분류한다.

(2) 유형자산의 측정

유형자산은 원가로 측정하며, 이때 원가는 인식시점의 현금가격상당액을 말한다. 취득시점에서 대금을 장기간에 걸쳐 지급하면 미래현금을 취득시점의 유효이자율로 할인하여 계산한 현재가치를 현금가격상당액으로 본다.

2. 원가의 구성요소

(1) 유형자산의 원가

① 유형자산의 원가를 구성하는 지출

유형자산 원가(취득원가)는 유형자산 구입가격과 해당 유형자산을 의도한 용도에 적합한 상태와 위치로 가져오기 위한 모든 지출을 포함한다. 유형자산 원가는 다음과 같이 구성된다.

[유형자산 원가로 보는 항목]

- 관세와 환급 불가능한 취득 관련 세금(취득세)을 가산하고 매입할인과 리베이트 등을 차감한 구입가격
- 경영진이 의도하는 방식으로 자산을 가동하는 데 필요한 장소와 상태에 이르게 하는 데 직접 관련된 원가. 예를 들어, 운송원가, 설치장소 준비원가, 설치 및 조립원가, 정상작동 여부의 시험과정에서 발생한 원가(시험과정에서 생산된 재화의 순매각금액은 취득원가에서 차감), 전문가에게 지급하는 수수료
- 자산을 해체, 제거하거나 부지를 복구하는 데 소요될 것으로 최초에 추정되는 원가(복구원가)

② 유형자산 원가를 구성하지 않는 지출

미래경제적효익을 제공한다는 객관적 증거가 충분하지 않은 지출은 취득원가로 보지 않고 발생한 기간에 비용으로 인식한다. 예를 들어, 새로운 시설을 개설하는 데 소요된 지출과 직원 교육훈련비는 취득원가로 보지 않는다.

경영진이 의도하는 방식으로 가동될 수 있는 장소와 상태에 이른 후에 발생한 지출은 유형자산 원가로 인식하지 않는다. 취득시점 이후 유형자산을 사용하거나 이전하는 과정에서 발생하는 지출은 당기손익에 반영한다.

[예제 1] 기계장치의 최초 원가

광명회사는 LED를 양산하기 위해 기계장치를 다음과 같이 취득하였다.

내 역	금 액
구입가격	₩500,000
설치장소 준비원가	1,000
설치원가 및 조립원가	3,000
작동여부를 위한 시험원가	2,000
시험과정에서 생산된 재화의 순매각금액	1,000
유형자산 취득과 관련하여 지급한 전문가 수수료	4,000

물음

광명회사가 인식해야 할 기계장치 취득원가를 계산하시오.

해답

기계장치의 취득원가 : ₩500,000 + 1,000 + 3,000 + 2,000 − 1,000 + 4,000 = ₩509,000

〈해설〉

시험과정에서 생산된 재화의 순매각금액은 자산 취득을 위한 현금유출을 감소시키므로 원가에서 차감한다.

(2) 복구의무가 있는 자산의 취득

토양, 수질, 방사능 오염 등을 유발할 가능성이 있는 시설물(예를 들어 원자력발전소, 해상구조물, 저유설비)은 사용 종료 후 환경보전을 위해 원상 복구의무를 부담한다. 원래 상태로 회복시키는 데 소요되는 지출을 복구원가(restoration costs)라고 한다.

경영진이 의도한 방식으로 자산을 가동하기 위해서는 복구의무를 이행해야 하므로, 복구비용은 자산 취득과 관련된 원가이다. 복구의무로 지출할 금액은 부채의 인식요건을 충족하므로 복구충당부채로 인식한다. [그림 1]과 같이 복구시점에 지출할 복구비용을 추정한 후 현재가치로 평가하여 복구충당부채를 인식하고 동 금액을 유형자산으로 인식한다. 예를 들어, 복구시점에서 원상 복구를 위해 추정된 원가가 ₩10,000이라 하자. 동 금액을 취득시점에서 현재가치로 평가한 금액이 ₩8,000이면, 복구충당부채와 유형자산으로 각각 ₩8,000을 인식한다.

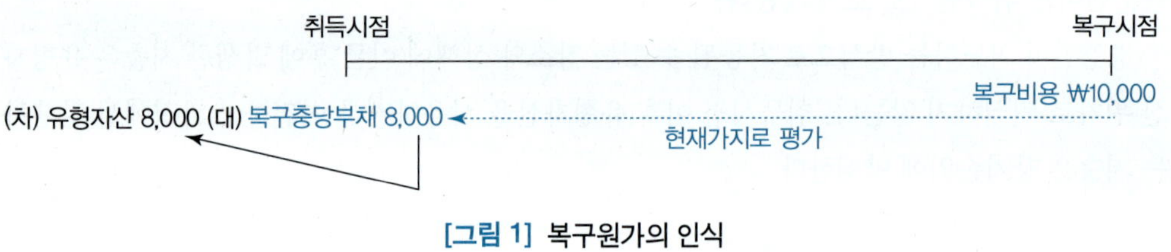

[그림 1] 복구원가의 인식

복구원가는 유형자산 취득원가에 포함하여 내용연수 동안 감가상각한다. 복구충당부채는 현재가치로 평가했으므로 유효이자율법에 따라 상각한 금액을 복구충당부채에 가산하고 이자비용으로 인식한다. 복구충당부채는 복구시점에서 제거하며, 제거하는 복구충당부채 장부금액과 실제 복구비용과의 차이는 당기손익에 반영한다.

[복구원가의 회계처리]

취득시점	(차)	유형자산	×××	(대)	복구충당부채	×××
결산시점	(차)	이자비용	×××	(대)	복구충당부채	×××
복구시점	(차)	복구충당부채	×××	(대)	현 금	×××
		복구공사손실 (주1)	×××		복구공사이익 (주2)	×××
	(주1) 복구충당부채 〈 현금지출액 (주2) 복구충당부채 〉 현금지출액					

[예제 2] 복구원가의 처리

(주)오일채굴은 20×0년 초 10년간 해상에서 석유를 채굴할 수 있는 권리를 취득하는 계약을 체결했다. 계약만료시점에 설치한 석유채굴선을 제거하고 해저지반을 원상 복구해야 한다.

석유채굴선은 20×0년 초 ₩1,000,000(잔존가치 ₩100,000)에 취득했으며, 20×9년 말 복구비용으로 지출할 금액은 ₩440,631으로 예상되며 동 금액의 현재가치는 ₩194,885이다. 복구비용은 충당부채 인식요건을 충족하며 복구비용의 현재가치 계산에 적용한 할인율은 8.5%이고, 20×0년 초 이후 할인율은 변동하지 않는다고 가정한다. 석유채굴선은 정액법으로 감가상각한다.

물음

1. 20×0년 초와 20×0년 말 회계처리를 각각 제시하시오.
2. 20×9년 말 복구비용으로 ₩500,000이 발생했다. 복구비용 지출과 관련된 회계처리를 제시하시오.

해답

1. 상각표

연 도	기초잔액	유효이자	기말잔액
20×0년 말	₩194,885	₩194,885×8.5% = ₩16,565	₩211,450
20×1년 말	211,450	₩211,450×8.5% = 17,973	229,423
⋮	⋮	⋮	⋮
20×9년 말	₩406,112	₩406,112×8.5% = 34,519	₩440,631

2. 회계처리

(1) 20×0년 초

(차)	구축물	1,194,885	(대)	현　　금	1,000,000
				복구충당부채	194,885

(2) 20×0년 말

(차)	감가상각비	109,489	(대)	감가상각누계액	109,489
	이 자 비 용	16,565		복 구 충 당 부 채	16,565

〈해설〉

① 감가상각비 : (₩1,194,885 − 100,000)÷10년 = ₩109,489

② 이자비용 : ₩194,885×8.5% = ₩16,565

(3) 20×9년 말

(차)	복구충당부채	440,631	(대)	현 금	500,000
	복구공사손실	59,369			

〈해설〉

① 복구충당부채는 현재가치로 평가했으므로 상각액을 이자비용으로 인식하고 동 금액을 복구충당부채 기초잔액에 가산한다.

② 복구충당부채를 설정할 때 추정한 금액과 복구공사시점에 실제 발생하는 금액은 차이가 발생할 수밖에 없다. 이러한 추정차이로 복구공사손익이 발생한다.

(3) 상황별 유형자산의 취득

① 외부구입과 자가건설

토지의 취득원가는 구입가격에 취득세, 중개수수료 및 법률비용 등의 부대원가와 구획정리비용, 개발부담금 및 하수종말처리장 분담금 등[1] 직접관련원가를 포함한다.

건물은 구입하거나 자가건설(신축)할 수 있는데 [표 1]과 같이 원가 구성에 차이가 있다.

[표 1] 외부구입과 자가건설

	외부구입	자가건설
취득원가	구입가격, 중개수수료, 인지세, 취득세, 자본화차입원가	공사비(신축원가), 인허가비용, 설계 · 감리비용, 건설기간 중 발생한 건물 관련 보험료[2]와 담당임직원 급여, 자본화차입원가

② 일괄구입

두 가지 이상의 유형자산을 일괄하여 취득하면 개별로 취득할 때보다 저렴하게 취득할 수 있다. 각 자산의 내용연수는 다르므로 일괄 지급한 금액을 유형자산별로 배분해야하는데, 개별 유형자산의 상대적 공정가치 비율로 배분한다.

1) 도시계획을 시행할 때 공공시설 정비개선이나 택지이용률을 늘리기 위한 토지 구획 등의 토지구획정리사업에서 발생하는 비용을 '구획정리비용'이라고 한다. '개발부담금'은 토지 형질 변경이나 용도 변경 등의 토지 개발에 따른 이익의 일정 부분을 부담금 형태로 납부하는 공과금을 말한다. '하수종말처리장 분담금'이란 발생하는 오 · 폐수를 하수처리장으로 보내기 위한 시설의 설치를 위해 부담한 금액이다.

2) 건설기간 중 발생한 보험료를 취득원가에 포함하는 이유는 취득시점 이전에는 수익이 발생하지 않아 관련 비용을 대응시킬 수 없기 때문이다. 취득시점 이후에 발생하는 보험료는 자산을 영업활동에 사용하여 수익이 발생하므로 비용으로 인식한다.

〈예 2〉 일괄구입

> 토지와 건물의 공정가치는 각각 ₩2,000과 ₩1,000인데 ₩2,700을 일괄 지급하여 취득했다.

토지와 건물의 취득원가는 각각 ₩1,800(₩2,700 × $\frac{2,000}{2,000 + 1,000}$)과 ₩900(₩2,700 × $\frac{1,000}{2,000 + 1,000}$)이므로, 다음과 같이 회계처리한다.

(차)	토지	1,800	(대)	현금	2,700
	건물	900			

토지와 건물을 취득한 후 즉시 건물을 철거하고 건물을 신축할 목적이라면 일괄구입금액은 모두 토지원가에 포함하며, 건물 철거비용도 토지의 취득원가에 가산한다. 왜냐하면 이러한 지출은 토지를 의도된 용도인 건물 신축을 위한 불가피한 지출이기 때문이다. 건물 철거로 발생한 폐자재 매각수익은 취득을 위한 현금 지출을 감소시키므로 토지의 취득원가에서 차감한다.

③ 현물출자로 취득

유형자산을 취득하고 대가로 주식을 발행·교부하는 것을 현물출자라고 한다. 현물출자로 받은 자산을 공정가치를 측정하여 이에 상응하는 주식을 발행·교부하므로 해당 자산의 공정가치를 취득원가로 인식한다.

〈예 3〉 현물출자

> 현물출자로 받은 토지의 공정가치는 ₩80,000이고, 주식의 주당 공정가치는 ₩10,000(주당 액면가액 ₩5,000)이다.

회사는 8주(₩80,000÷₩10,000)를 발행하므로 다음과 같이 회계처리한다.

(차)	토지	80,000	(대)	자 본 금	40,000
				주식발행초과금	40,000

3. 후속원가의 인식

(1) 후속원가 의의 및 회계처리

후속원가란 유형자산 취득 후에 발생한 지출을 말한다. 자산인식요건을 충족(자본적 지출, capital expenditure)한 후속지출은 취득원가에 가산하고, 그렇지 못하면(수익적 지출, revenue expenditure) 당기손익에 반영한다.

미래경제적효익의 유입 여부를 판단하기 어렵기 때문에 실무에서는 생산량이 증가하거나, 원가가 절감되거나, 내용연수가 증가하면 미래경제적효익이 있는 후속지출로 판단한다. 일반적으로 자산의 유지비용이나 수리비용은 수익적 지출에 해당한다.

① 자본적 지출	(차)	유형자산	×××	(대)	현　금	×××
② 수익적 지출	(차)	수 선 비	×××	(대)	현　금	×××

〈예 4〉 자본적지출과 감가상각비 계산

20×1년 초 기계장치를 ₩12,000(내용연수 10년, 정액법 상각, 잔존가치 없음)에 취득했다. 20×6년 초 자산인식요건을 충족하는 후속지출 ₩3,000이 발생했다.

자본적 지출로 처리하면 감가상각을 수행하여 남은 내용연수 동안 비용(감가상각비)으로 인식한다. 20×5년 말까지는 감가상각비로 매년 ₩1,200(₩12,000÷10년)을 인식하고, 20×6년부터는 감가상각비 ₩600(₩3,000÷5년)을 추가로 인식한다.

〈예 5〉 후속원가 분류오류가 순이익에 미치는 영향

기계장치(정액법 상각, 잔존내용연수 5년, 잔존가치 없음)에 대해 20×1년 초에 ₩10,000을 지출했다. 미래경제적효익이 없어 수익적 지출로 처리해야 하는데, 회사는 자본적 지출로 인식하여 기계장치 취득원가 ₩10,000과 감가상각비 ₩2,000을 인식했다.

자산으로 처리해야 할 지출을 비용으로 인식하면 당기 이익은 낮아지나 미래 이익은 증가한다. 20×1년 당기순이익은 ₩8,000[= 10,000(수선비로 처리할 경우 비용인식) − 2,000(감가상각비)] 과대계상되고, 자산도 ₩8,000[= 10,000원(취득원가) − 2,000(감가상각누계액)] 과대계상된다. 수익적 지출로 올바르게 회계처리를 했다면 20×1년 이후에는 비용으로 인식할 금액은 없다. 회사는 20×2년부터 20×5년까지 매년 ₩2,000(감가상각비)을 인식하므로 비용이 ₩2,000 과대계상되어 당기순이익은 ₩2,000 과소계상된다.

[수익적 지출로 처리할 항목을 자본적 지출로 처리할 때 당기손익에 미치는 영향]

구분	수익적 지출로 처리 (올바른 회계처리)	자본적 지출로 처리 (잘못된 회계처리)				
	20×1	20×1	20×2	20×3	20×4	20×5
수선비	10,000					
감가상각비		2,000	2,000	2,000	2,000	2,000
비용		8,000(과소)	2,000(과대)	2,000(과대)	2,000(과대)	2,000(과대)
당기순이익		8,000(과대)	2,000(과소)	2,000(과소)	2,000(과소)	2,000(과소)

(2) 후속원가의 개별사례

① 정기적인 교체를 위한 지출

주요 부품이나 구성요소를 정기적으로 교체하는 유형자산도 있다. 예를 들면, 용광로는 일정 시간을 사용하면 내화벽돌을 교체하고, 항공기는 좌석 등 내부설비를 항공기 동체의 내용연수 동안 여러 번 교체한다.

유형자산의 일부 대체로 발생하는 원가가 인식기준을 충족하면 해당 유형자산의 장부금액에 포함하고, 대체하는 부분의 장부금액은 제거한다.

② 정기적인 종합검사를 위한 지출

항공기와 같은 유형자산은 관련 법규에 따라 기체 결함을 확인하기 위해 정기적으로 종합검사를 수행한다. 인식기준을 충족하는 정기 종합검사과정에서 발생하는 원가는 유형자산 일부를 대체한 것으로 보아 해당 유형자산의 장부금액에 포함한다.

〈예 6〉 검사비용과 대체

비상항공은 항공안전법에 따라 각 항공기에 대해 3년마다 종합검사를 실시한다. 20×4년 초 비상항공은 종합검사를 위해 ₩1,200을 지출했는데, 동 지출은 인식기준을 충족한다. 20×4년 초 현재 유형자산으로 인식(20×1년 초)한 검사비용 ₩1,000 중 ₩950이 감가상각되어 있다.

20×1년 초 지출한 검사비용은 유형자산 원가로 인식했으므로 20×4년 초에 이들 원가와 감가상각누계액을 제거한다. 20×4년 초 지출한 검사비용은 유형자산 원가로 인식한다.

[기존 종합검사와 관련하여 자산으로 인식한 원가의 제거]

(차)	감가상각누계액	950	(대)	유형자산	1,000
	유형자산처분손실	50			

[당기 지출한 검사비용의 자산화]

(차)	유형자산	1,200	(대)	현금	1,200

4. 차입원가의 자본화

(1) 차입원가의 회계처리

자산 취득과정에서 타인자본을 조달하면 차입원가(이자비용)가 발생하는데, 자산을 의도된 용도로 사용하기 위한 부대원가에 해당한다. 자본화요건을 충족하는 차입원가는 취득원가에 포함해야한다. 차입원가를 자산 취득원가에 포함하여 수익이 발생하는 기간에 비용(감가상각비)으로 인식해야 수익 · 비용대응의 원칙에도 부합한다.

자산취득과정 중 발생한 차입원가는 이자비용으로 처리하지 않고 자산의 취득원가로 인식한다. 기말시점까지 해당 자산의 취득과정이 완료되지 않았다면 건설중인자산으로 처리한다.

(차)	건설중인자산	×××	(대)	현금(또는 미지급이자)	×××

유형자산의 취득시점에서 건설중인자산을 관련 계정(토지, 건물, 기계장치 등)으로 대체한다.

(차)	토지	×××	(대)	건설중인자산	×××

(2) 자본화할 차입원가의 결정

① 차입원가를 자본화하기 위한 조건

차입원가를 자본화하기 위해서는 적격자산에 대한 지출이 발생하고 있고, 이자비용이 발생하고 있으며, 적격자산을 의도된 용도로 사용하거나 판매 가능한 상태에 이르게 하는 데 필요한 활동을 수행하고 있어야 한다.

② 적격자산의 결정

적격자산(qualifying asset)이란 의도된 용도로 사용하거나 판매 가능한 상태에 이르게 하는 데 상당한 기간을 필요로 하는 자산을 말한다. 금융자산과 단기간 내에 제조하거나 다른 방법으로 생산하는 재고자산은 적격자산에 해당하지 않는다.[3] 취득시점에 의도된 용도로 사용할 수 있거나 판매 가능한 상태에 있는 자산도 적격자산에 해당하지 않는다.

③ 자본화기간의 결정

차입원가는 자본화 개시일부터 취득원가에 포함하고, 적격자산을 의도된 용도로 사용하거나 판매 가능한 상태에 이르게 하는 데 필요한 활동을 완료한 시점에서 자본화를 종료한다. 적격자산에 대한 적극적인 개발활동을 중단한 기간에는 자본화를 중단한다.

[그림 2]와 같이 자본화중단기간에 해당하는 부분은 자본화하지 않고 기간비용으로 인식한다.

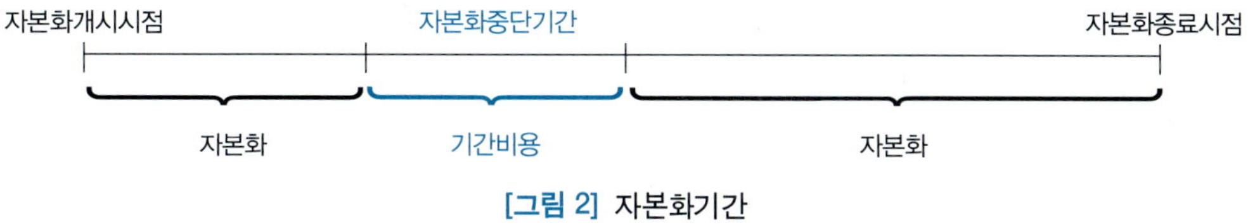

[그림 2] 자본화기간

④ 특정목적차입금과 일반목적차입금

적격자산을 취득하기 위한 목적으로 특정하여 필요한 자금을 차입(이를 '특정목적차입금'이라고 함)하는데, 자금이 부족하면 일반운용자금 목적으로 차입한 자금(이를 '일반목적차입금'이라고 함)을 적격자산의 취득활동에 사용한다.

특정목적차입금은 자산 취득을 위해 차입한 자금이므로 해당 적격자산과 직접 관련된 차입원가를 쉽게 식별할 수 있다. 특정목적차입금에서 발생한 차입원가는 자산 취득을 위해 필수적으로 발생하므로 한도 없이 자본화한다.

일반목적차입금은 특정목적차입금 외의 나머지 부채를 말한다. 일반목적차입금은 원래 운영활동에 사용하기 위해 차입했으나 자산 취득활동에도 투입될 수 있다. 일반목적차입금으로 조달한 금액은 적격자산에 지출했다는 관련성을 확인하기 어렵다. 이러한 이유로 일반목적차입금에서 발생한 차입원가는 실제 발생한 이자비용을 한도로 자본화한다.

---

3) 반복해서 대량으로 제조되거나 다른 방법으로 생산되는 재고자산은 차입원가를 재고자산에 배분하여 판매될 때까지 차입원가를 관리하기 어려우므로 자본화하지 않는다.

⑤ 조달자금의 사용전제

자본화가능차입원가는 차입원가 중 해당 적격자산과 관련된 지출이 발생하지 않았다면 부담하지 않았을 차입원가를 말한다.

자본화가능 차입원가를 계산하기 위해서는 자금사용에 대한 가정이 필요하다. [그림 3]에서 보듯이 특정목적차입금에서 조달한 자금을 적격자산 지출활동에 먼저 사용하고, 일반목적차입금과 자기자본 순으로 사용한다고 가정한다. 자기자본에서 발생한 내재이자는 차입원가에 해당하지 않으므로 자본화하지 않는다.

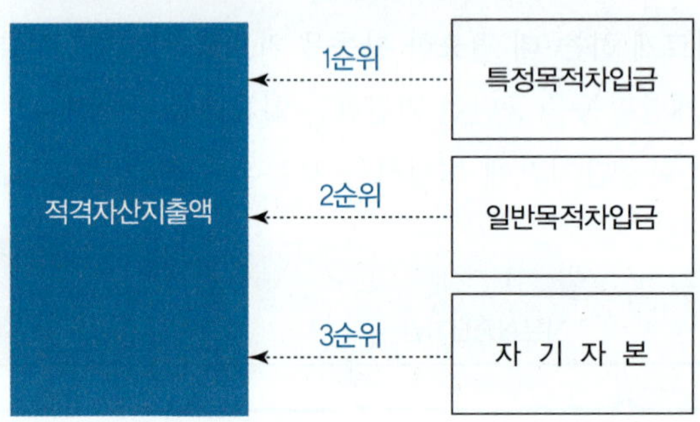

[그림 3] 조달자금의 사용전제

(2) 특정목적차입금에 대한 차입원가 자본화

특정목적차입금을 차입한 후 즉시 취득활동에 지출하지 않고 은행에 예치하면 이자수익이 발생한다. 차입목적(건설활동에 사용)에 사용된 금액에 해당하는 차입원가만 자본화하고, 이자수익 등의 일시운용 투자수익은 차입원가에서 차감한다.

자본화차입원가 = 특정목적차입금×이자율×자본화기간 − 일시운용 투자수익

특정목적차입금은 적격자산에 대한 지출을 목적으로 차입한 것이므로, 자본화대상기간에 실제 발생한 차입원가를 자본화한다. 예를 들어, 4월 1일에 특정목적차입금을 차입하여 7월초 자본화가 개시되어 9월 말에 자본화가 종료되었다면 [그림 4]와 같이 자본화한다.

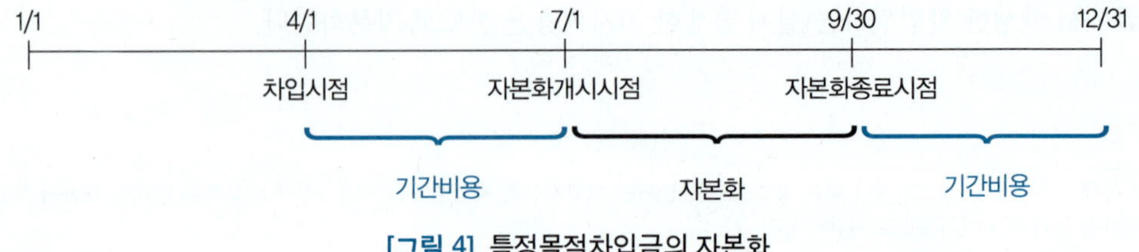

[그림 4] 특정목적차입금의 자본화

(3) 일반목적차입금에 대한 차입원가 자본화

일반목적차입금은 적격자산 취득을 위해 사용한 때에만 해당 자산 관련 지출액에 자본화이자율을 적용하는 방식으로 자본화차입원가를 결정한다.

① 자본화이자율의 계산

일반목적차입금에 대한 차입원가 자본화는 자본화개시시점 이전에 발생한 부분과 자본화종료시점 이후에 발생한 부분을 모두 포함한다. 왜냐하면 일반목적차입금은 특정목적차입금과는 달리 차입된 자금이 직접적으로 적격자산 지출에 사용되지 않기 때문이다. [그림 5]에서 보듯이 4월 1일에 차입하여 9월 30일에 자본화를 종료하였다. 자본화이자율을 계산할 때 자본화종료시점 이후인 10월 1일부터 12월 31일도 포함한다.

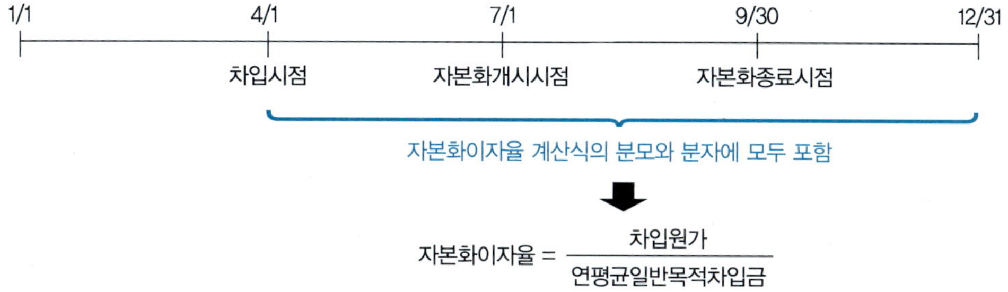

[그림 5] 일반목적차입금의 자본화

자본화이자율은 여러 개의 일반목적차입금에서 발생한 이자율을 가중평균하여 구한다. 예를 들어, 차입금 A(₩1,000, 이자율 12%)와 차입금 B(₩2,000, 이자율 6%)의 가중평균이자율을 구하면 8%($\frac{1,000 \times 12\% + 2,000 \times 6\%}{1,000 + 2,000}$)이다. 자본화이자율은 이와 같이 가중평균이자율을 구하는 방식으로 계산한다.

② 적격자산 지출액

적격자산 지출액은 현금 지급, 다른 자산의 제공 또는 이자부 부채의 발생 등에 따른 지출액을 의미하는데, 자본화대상기간에 발생한 지출을 연평균지출액으로 환산해서 구한다. 예를 들어, 자본화대상기간이 4월 1일부터 9월 30일까지이고 4월 1일 ₩12,000을 지출했다면 연평균지출액은 ₩6,000(₩12,000×6/12)이다.

특정목적차입금을 먼저 사용한 후 일반목적차입금을 사용한다고 전제하므로, 일반목적차입금에서 사용한 부분을 구하기 위해 적격자산지출액에서 특정목적차입금을 차감한다. 예를 들어, 적격자산지출액과 특정목적차입금이 각각 ₩10,000과 ₩4,000이라면, 나머지 ₩6,000은 일반목적차입금에서 사용했다고 추론할 수 있다.

적격자산과 관련하여 수취하는 정부보조금과 건설 진행에 따라 수취하는 금액(예를 들어, 중도금)은 적격자산지출액에서 차감한다. 왜냐하면 정부보조금과 중도금은 차입원가를 부담하지 않는 지출에 해당하기 때문이다. 예를 들어, 적격자산지출액 ₩10,000이 발생했다고 하자. 정부보조금과 중도금을 각각 ₩2,000과 ₩1,000을 수취했다면 나머지 ₩7,000은 차입금에서 사용했다고 본다.

당기 이전 지출액과 자본화차입원가는 당기 초에 지출한 것으로 간주한다. 왜냐하면 당기 이전 지출을 위해 조달한 차입금에서 차입원가는 당기에도 발생하기 때문이다.

③ 자본화차입원가의 계산

적격자산을 위한 지출은 특정목적차입금에서 먼저 사용하고, 나머지는 일반목적차입금에서 사용한다고 가정한다. 이러한 가정에 따라 일반목적차입금에서 사용한 자금을 구하기 위해 아래 산식의 Ⓑ에서 적격자산지출액에서 특정목적차입금에서 사용한 평균지출액을 차감한다. 자본화한 차입원가(Ⓑ)는 해당 기간에 실제 발생한 차입원가(Ⓐ)를 초과할 수 없다. 산식에서 Ⓑ가 Ⓐ를 초과한다면 적격자산 취득을 위한 지출 중 일부는 타인자본이 아닌 자기자본에서 이루어졌기 때문이다.

[일반목적차입금 자본화차입원가의 한도]

자본화차입원가 = Min[Ⓐ실제 발생한 차입원가,
Ⓑ(적격자산지출액 - 특정목적차입금에서 사용한 평균지출액)×자본화이자율]

〈예 7〉 자본화차입원가 한도 계산

평균지출액은 ₩5,000이고, 특정목적차입금은 ₩2,000(이자율 10%)이며, 일반목적차입금은 ₩2,500(이자율 12%)이다.

적격자산을 위한 지출(₩5,000)은 특정목적차입금(₩2,000)에서 먼저 이루어진다고 가정하므로 나머지(₩3,000)는 일반차입금(₩2,500)과 자기자본(₩500)에서 지출된 것으로 본다. 일반목적차입금에서 발생한 자본화한 차입원가를 계산하면 ₩360[(₩5,000 − 2,000)×12%]이다. 일반목적차입금에서 실제 발생한 이자는 ₩300(₩2,500×12%)이므로, ₩360 중 ₩60은 자기자본에서 발생한 내재원가에 해당한다. 자기자본의 내재원가는 자본화하지 않으므로 실제 발생한 차입원가인 ₩300을 한도로 자본화한다.

일반목적차입금의 자본화차입원가를 계산할 때 일반목적차입금에서 일시투자수익이 발생해도 차입원가에서 차감하지 않는다. 왜냐하면 일반목적차입금의 차입원가는 적격자산과 직접적인 관계없이 발생하기 때문이다.

[예제 3] 차입원가의 자본화

래틀건설(주)는 본사 사옥건설을 위해 다음과 같이 지출했으며, 본사사옥은 20×2년 9월 30일에 준공되었다.

20×1년 : 4월 1일 ₩400,000, 10월 1일 ₩1,000,000
20×2년 : 1월 1일 1,300,000

20×1년 10월 1일의 지출액 ₩1,000,000에는 본사사옥 건설과 관련하여 수령한 정부보조금 ₩200,000이 포함되어 있다.

[차입금 현황]

차입금	차입일	차입금액	상환일	이자율	이자지급조건
a	20×1.1.1	₩500,000	20×2.12.31	6%	단리/매년 말 지급
b	20×1.7.1	2,000,000	20×2.12.31	8%	단리/매년 말 지급
c	20×1.1.1	1,000,000	20×2. 8.31	12%	단리/매년 말 지급

차입금 a는 본사사옥을 건설하기 위해 개별적으로 차입했으며, 이 중 ₩100,000을 20×1년 4월 1일부터 6월 30일까지 연 4%(단리) 조건으로 정기예금에 예치했다. 차입금 b 및 c는 일반목적으로 차입했으며, 차입금 b중 ₩200,000은 20×1년 7월 1일부터 9월 30일까지 연 6%(단리) 조건으로 정기예금에 예치했다.

물음

다음 빈 칸에 해당하는 금액을 계산근거와 함께 제시하시오. 한국채택국제회계기준 제1023호 문단18에 따라 전기에 자본화한 차입원가도 평균지출액을 계산할 때 고려한다.

구분	20×1년	20×2년
자본화대상자산에 대한 평균지출액	(1)	(5)
자본화이자율	(2)	(6)
특정차입금에서 자본화할 차입원가	(3)	(7)
일반차입금에서 자본화할 차입원가	(4)	(8)

해답

(1) ₩400,000×9/12 + 1,000,000×3/12 − 200,000(정부보조금)×3/12= ₩500,000

(2) $\dfrac{2,000,000 \times 8\% \times 6/12 + 1,000,000 \times 12\%}{2,000,000 \times 6/12 + 1,000,000} = 10\%$

(3) ₩500,000(차입금 a)×9/12×6% − ₩100,000(정기예금)×3/12×4% = ₩21,500

(4) min{①₩200,000, [₩500,000 − (500,000×9/12 − 100,000×3/12)]×10% = ₩15,000} = ₩15,000

(5) (₩1,400,000 − 200,000(정부보조금) + 36,500(전기 자본화 차입원가))×9/12 + 1,300,000×9/12 = ₩1,902,375

(6) $\dfrac{2,000,000 \times 8\% + 1,000,000 \times 12\% \times 8/12}{2,000,000 + 1,000,000 \times 8/12} = 9\%$

(7) ₩500,000×9/12×6% = ₩22,500

(8) min{₩240,000, (₩1,902,375 − 500,000× 9/12)×9% = ₩137,464} = ₩137,464

5. 원가 측정

(1) 장기연불조건으로 취득하는 자산

자산에서 기대되는 미래경제적효익은 대금 결제방법에 따라 달라지지 않으므로, 취득원가는 인식시점의 현금가격상당액(현재가치)으로 인식한다.

장기미지급금은 명목금액으로 기록하고 현재가치할인차금을 차감하면 장기미지급금의 장부금액은 현재가치로 표시된다. 현재가치할인차금은 자산에서 차감하는 평가성계정이며, 만기시점까지 유효이자율법에 따라 상각하여 이자비용으로 인식한다.

(차)	토　　　지	×××	(대)	장기미지급금	×××
	현재가치할인차금	×××			

[예제 4] **장기연불구입**

공정산업은 20×3년 초 ₩8,000,000에 토지를 취득하면서 계약금 ₩3,000,000을 현금으로 지급했다. 나머지 ₩5,000,000은 20×3년 말부터 매기 말 ₩1,000,000씩 5년간 분할하여 지급한다. 토지 취득일 현재 현금가격상당액은 취득시점의 유효이자율 10%로 할인한 현재가치와 동일하다. 5년, 10%의 현가계수는 0.6209이며, 연금의 현가계수는 3.7908이다.

물음

1. 취득시점에서 공정산업이 수행할 회계처리를 제시하라.
2. 20×3년 말과 20×4년 말 수행할 회계처리를 각각 제시하시오.

해답

1.

(차)	토　　　지	6,790,800 (주)	(대)	장기미지급금	5,000,000
	현재가치할인차금	1,209,200		현　　　금	3,000,000

(주) ₩3,000,000 +1,000,000×3.7908 = ₩6,790,800

2.

(1) 20×3. 12. 31

(차)	장기미지급금	1,000,000	(대)	현　　　금	1,000,000
	이 자 비 용	379,080		현재가치할인차금	379,080

(2) 20×4. 12. 31

(차)	장기미지급금	1,000,000	(대)	현　　　금	1,000,000
	이 자 비 용	316,988		현재가치할인차금	316,988

〈참고〉 상각표

연 도	현금지급액	유효이자	원금상환액	장부금액
20×3년 초				₩3,790,800
20×3년 말	₩1,000,000	₩379,080	₩620,920	3,169,880
20×4년 말	1,000,000	316,988	683,012	2,486,868
20×5년 말	1,000,000	248,687	751,313	1,735,555
20×6년 말	1,000,000	173,556	826,444	909,111
20×7년 말	1,000,000	90,889	909,111	0

(2) 국 · 공채 등의 의무매입

자산을 취득할 때 국채나 공채를 의무적으로 매입하기도 한다. 예를 들어, 자동차나 부동산을 취득할 때 도시에서는 도시철도공채를, 지방에서는 지역개발공채를 의무적으로 매입해야 한다. 액면이자율이 시장이자율보다 낮으면 채권은 할인발행되나, 대부분의 국 · 공채는 액면금액으로 발행된다. 유형자산을 구입할 때 국 · 공채를 의무매입하면 국 · 공채는 현재가치로 기록하고, 국 · 공채의 취득을 위해 지급한 대가와 현재가치 간 차액은 관련 자산의 취득원가에 가산한다.

〈예 8〉 도시철도공채의 의무매입

자동차를 ₩1,000,000에 취득하면서 의무적으로 도시철도공채를 액면금액인 ₩100,000에 취득했다. 취득당시 유효이자율로 할인한 공채의 현재가치는 ₩80,000이다.

채권은 공정가치인 ₩80,000으로 기록하고, 액면금액과 현재가치 차액인 ₩20,000은 자동차 취득을 위해 회피 불가능한 지출이므로 자동차 취득을 위한 부대원가로 본다. 구입한 채권을 상각후원가측정금융자산로 분류한다면 회계처리는 다음과 같다.

(차)	차량운반구	1,000,000	(대)	현　금	1,000,000
(차)	상각후원가측정금융자산	80,000		현　금	100,000
	차량운반구	20,000			

(3) 교환거래에 의한 취득

비화폐성자산(토지, 건물 등) 또는 화폐성자산(예를 들어, 현금)과 비화폐성자산이 결합된 대가와 교환하여 유형자산을 취득할 수 있다. 상업적 실질이 있는지에 따라 교환손익 인식 여부를 결정한다. 상업적 실질 여부는 교환거래로 미래현금흐름이 얼마나 변동될 지를 고려하여 결정하는데, 교환으로 교환가치 변동이 발생하면 상업적 실질이 존재한다고 판단한다.

교환거래 회계처리를 정리하면 [그림 6]과 같다. 교환자산의 공정가치 측정이 가능하고, 상업적 실질이 있는 교환거래에 해당하면 제공한 자산의 공정가치를 취득원가로 인식하고 교환거래에서 발생한 유형자산처분손익을 인식한다. 상업적 실질이 없는 교환거래에 해당하면 제공한 자산의 장부금액을 취득원가로 기록하고 교환손익은 인식하지 않는다.

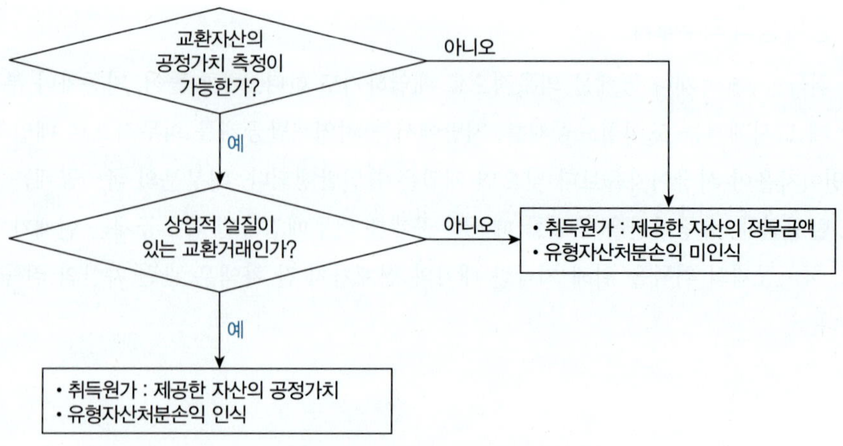

[그림 6] 교환거래의 회계처리

① 공정가치로 인식하는 교환거래

유형자산을 다른 비화폐성자산과 교환하여 취득하면 취득원가는 제공한 자산의 공정가치로 측정하여 교환손익을 인식한다. 취득한 자산의 공정가치가 제공한 자산의 공정가치보다 명백하다면 취득한 자산의 공정가치를 취득원가로 인식한다.

거래는 등가교환을 전제로 하므로 자산 간의 공정가치 차액을 현금으로 주고받는다. 예를 들어, 기업 A가 보유한 토지의 공정가치는 ₩10,000이고, 기업 B가 보유한 건물의 공정가치는 ₩9,000이라고 하자. 기업 A는 교환거래로 손해가 발생하므로 기업 B에게 현금 ₩1,000을 요구할 것이다. 취득한 자산(제공받은 자산의 FV)의 원가는 취득을 위해 희생된 자산의 가치(제공한 자산의 FV - 현금수령액 + 현금지급액)로 기록한다.

제공한 자산의 FV − 현금수령액 + 현금지급액 = **제공받은 자산의 FV**

② 장부금액으로 인식하는 교환거래

교환거래에 상업적 실질이 결여되거나 취득한 자산과 제공한 자산 모두의 공정가치를 신뢰성 있게 측정할 수 없다면 제공한 자산의 장부금액을 취득원가로 인식한다. 제공한 자산의 장부금액을 교환으로 취득하는 자산의 취득원가로 기록하므로 교환손익은 발생하지 않는다.

[예제 5] 교환에 의한 취득

〈자료 1〉
공정기업은 장부금액 ₩63,000(취득원가 ₩96,000, 감가상각누계액 ₩33,000), 공정가치 ₩74,000인 건물과 현금 ₩26,000을 제공하여 토지를 취득했다.

〈자료 2〉
공정기업은 구형 자동차를 신형으로 교체했다. 교체조건은 구형 자동차를 자동차제조회사가 인수하고, 신형 자동차를 제공하는 방식이다. 구형 자동차의 장부금액은 ₩20,000(취득원가 ₩30,000, 감가상각누계액 ₩10,000)이며, 공정가치는 ₩15,000이다. 신형 자동차의 공정가치는 ₩32,000이므로, 공정기업은 자동차판매회사에게 ₩17,000을 현금으로 지급했다.

물음

1. 〈자료 1〉 거래의 회계처리를 제시하시오. 동 교환거래는 상업적 실질이 있다고 가정한다.
2. 〈자료 2〉 거래의 회계처리를 제시하시오. 동 교환거래는 상업적 실질이 없다고 가정한다.

해답

1.

(차)	토　　　지	100,000	(대)	건　　　물	96,000
	감가상각누계액	33,000		현　　　금	26,000
				유형자산처분이익	11,000

〈해설〉

제공받은 토지의 공정가치가 자료에 제시되어 있지 않다. 상업적 실질이 있는 거래는 등가교환을 전제로 하여 "토지의 공정가치(제공받은 자산) = 건물의 공정가치(제공한 자산) + 현금지급액"이므로 토지의 공정가치는 ₩100,000이다.

2.

(차)	차량운반구(신)	37,000	(대)	차량운반구(구)	30,000
	감가상각누계액	10,000		현　　　금	17,000

〈해설〉

상업적 실질이 없으므로 교환손익을 인식하지 않는다. 제공한 자산의 취득원가와 감가상각누계액을 제거하고 현금지급액을 기록한 후 대차차액을 취득원가로 기록한다.

제3절 감가상각

1. 감가상각의 의의

(1) 감가상각의 개념 및 단위

① 감가상각 개념

감가상각(deprecation)은 자산의 감가상각대상금액(취득원가 - 잔존가치)을 내용연수 동안 체계적이고 합리적으로 배분하여 비용으로 인식하는 과정이다. 토지는 내용연수가 무한하므로 감가상각을 하지 않으나 토지를 제외한 유형자산은 내용연수가 유한하므로 감가상각한다. 판매 및 관리활동에 사용하고 있는 자산에 대한 감가상각비는 '판매비와 관리비'로 분류한다. 생산활동에 사용 중인 자산에 대한 감가상각비는 제조원가(제품의 취득원가)로 분류한다. 감가상각비는 다음과 같이 회계처리한다.

(차)	감가상각비	×××	(대)	감가상각누계액	×××

감가상각누계액은 해당 유형자산에서 차감하는 평가성계정이다. 재무상태표에 표시할 때 유형자산 원가에서 감가상각누계액을 차감하는 형식(방법 1)으로 기재하거나 유형자산에서 감가상각누계액을 차감한 장부금액만으로 표시(방법 2)할 수 있다. 실무에서는 '방법 2'와 같이 재무상태표에 표시하고 주석으로 '방법 1'처럼 기재한다. 예를 들어, 건물의 원가와 감가상각누계액이 각각 ₩10,000과 ₩2,500이라면 다음과 같이 공시한다.

방법 1	
유형자산	10,000
감가상각누계액	(2,500)
장부금액	7,500

방법 2	
유형자산	7,500

② 감가상각 단위

유형자산을 구성하는 일부 원가가 전체원가에서 차지하는 비중이 유의적이라면 별도로 구분하여 감가상각하는데, 이를 구성요소접근법(component approach)이라고 한다. 예를 들어, 항공기 동체와 엔진은 별도로 구분하여 감가상각할 수 있다.[4] 예를 들어, 항공기 동체와 엔진의 내용연

4) 대한항공은 비행기를 항공기와 엔진으로 구분한다. '항공기'는 동체 등(내용연수 6~15년)과 정기적 대수선(3.6~12년)으로 세분하며, '엔진'은 엔진(내용연수 15년)과 정기적 대수선(내용연수 3.3~8.8년)으로 세분한다.

수가 각각 30년과 15년이라고 하자. 자산을 분할하여 구성요소별로 내용연수를 다르게 적용하면 엔진을 교체하는 시점에서 엔진관련 미상각잔액은 존재하지 않는다.

(2) 감가상각요소

감가상각요소란 감가상각비를 계산하기 위해 필요한 자료로 감가상각대상금액, 내용연수, 감가상각방법이 있다.

① 감가상각대상금액

감가대상금액은 유형자산 원가에서 재무보고일 현재 추정한 잔존가치를 차감한 금액을 말한다. 잔존가치는 내용연수 종료시점에서 자산 처분으로부터 획득할 금액에서 추정 처분부대원가를 차감한 금액을 의미한다.

② 내용연수

내용연수는 자산으로부터 기대되는 효용에 따라 결정한다. 물리적 내용연수는 경제적 내용연수보다 짧을 수 있으므로 유사한 자산에 대한 기업의 경험에 비추어 내용연수를 추정한다.

(3) 감가상각의 시작과 중단

① 감가상각의 시작

자산이 사용가능한 취득시점부터 감가상각을 시작한다. 회계연도 중 자산을 취득하면 그 시점부터 감가상각을 시작한다. 실무에서는 감가상각비를 계산할 때 일수로 계산하나, 본서에서는 계산 편의를 위해 월수로 계산한다. 예를 들어, 회계기간은 1월 1일부터 12월 31일까지이고, 내용연수 5년인 자산을 정액법으로 상각한다고 하자. 4월 1일에 취득했다면 취득한 회계연도의 감가상각비는 "(취득원가 − 잔존가치)×1/5×9/12"로 계산한다. 이렇게 계산하는 방식을 '월할계산'이라 하고, '9/12'대신에 '275/365'로 계산하는 방식을 '일할계산'이라고 한다.

② 감가상각의 중단

유형자산이 운휴 중이거나 적극적인 사용상태가 아니라도 감가상각이 완전히 이루어지기 전까지 감가상각을 중단하지 않는다. 왜냐하면 자산의 보유기간에 발생하는 자산의 용역잠재력 소비분을 재무제표에 반영해야 하기 때문이다.

2. 감가상각방법

감가상각방법은 자산에 내재된 미래경제적효익의 예상 소비형태를 가장 잘 반영하는 방법을 선택하며, 예상소비형태가 달라지지 않는 한 매 회계기간에 일관성 있게 적용한다. 예를 들어, 자산에서 발생하는 미래경제적효익이 매년 일정할 것으로 추정하면 매년 일정한 감가상각비를 인식한다. 해당 자산에서 발생하는 미래경제적효익이 내용연수 초기에는 많이 발생하고, 기간이 경과할수록 적게 발생한다고 추정하면 체감잔액법을 적용한다. 유형자산으로부터 기대할 수 있는 총예상작업시간이나 총예정생산량의 추정이 가능하면 생산량비례법을 사용한다.

(1) 정액법

정액법(straight-line method)은 내용연수 동안 매 기간 일정액을 감가상각비로 인식하는 방법이다.

$$\text{매기 감가상각비} = (\text{취득원가} - \text{잔존가치}) \times \frac{1}{\text{내용연수}}$$

(2) 체감잔액법

체감잔액법에서는 내용연수 동안 감가상각비를 매 기간 감소하는 형태로 인식하며, 정률법과 연수합계법이 대표적이다. 유형자산은 일반적으로 초기에 수익 획득력이 높고, 시간이 지날수록 진부화, 고장, 수선유지 등으로 수익획득력이 낮아진다. 이를 고려한 상각방법이 체감잔액법이다. 체감잔액법을 적용하면 내용연수 초기에 감가상각비를 많이 인식하고, 기간이 경과할수록 인식하는 감가상각비는 낮아진다.

① 정률법

정률법(fixed-rate method)에서는 기초 장부금액(취득원가 - 기초 감가상각누계액)에 매기 일정률을 곱해 감가상각비를 계산한다. 내용연수가 경과할수록 기초장부금액은 감소하므로 매년 인식하는 감가상각비는 작아진다.

$$\text{매기 감가상각비} = \text{기초장부금액} \times \text{상각률}$$

$$\text{상각률} = 1 - \sqrt[n]{\frac{\text{잔존가치}}{\text{취득원가}}}\text{, n : 내용연수}$$

② 연수합계법

연수합계법(sum-of-the years-digits method)에서는 감가상각대상금액에 상각률을 곱해 매기 상각액을 계산한다. 상각률 분모는 내용연수 합계를, 분자는 연수의 역순으로 표시해 감가상각비가 일정하게 체감하는 방식으로 계산한다.

$$\text{매기 감가상각비} = (\text{취득원가} - \text{잔존가치}) \times \frac{\text{연수의 역순}}{\text{내용연수의 합계}}$$

(3) 생산량비례법

생산량비례법은 자산의 예상조업도(또는 예상생산량)에 비례하여 감가상각비를 계산하는 방법이다.

$$\text{매기 감가상각비} = (\text{취득원가} - \text{잔존가치}) \times \frac{\text{당기생산량(당기조업도)}}{\text{총예상생산량(예상조업도)}}$$

생산량비례법은 유형자산으로부터 기대할 수 있는 총예상작업시간이나 총예정생산량의 추정이 가능하고, 내용연수가 자산의 사용정도에 비례하여 감소할 때 효과적인 방법이다. 자산가치가 시간 경과에 따라 감소하고 기술적 · 상업적 진부화 및 마모가 발생하는 상황에서는 적절하지 않다.

[예제 6] 감가상각

가로기업은 20×1년 초 기계장치를 ₩5,000,000에 취득했다. 내용연수는 3년, 잔존가치는 ₩500,000으로 추정하고 있다. 정률법을 적용할 때 상각률은 0.536이고, 총예정생산량은 450,000개이다.
가로기업은 기계장치를 사용하여 20×1년 150,000개의 제품을 생산했으며, 20×2년과 20×3년에 각각 200,000개와 100,000개의 제품을 생산했다.

물음

다음 각각의 감가상각방법에 따라 연도별 감가상각비를 계산하시오.
(1) 정액법
(2) 정률법
(3) 연수합계법
(4) 생산량비례법

해답

(1) 정액법

연도	감가상각비	감가상각누계액	장부금액
20×1년	₩4,500,000 × $\frac{1}{3}$ = ₩1,500,000	₩1,500,000	₩3,500,000
20×2년	₩4,500,000 × $\frac{1}{3}$ = ₩1,500,000	3,000,000	2,000,000
20×3년	₩4,500,000 × $\frac{1}{3}$ = ₩1,500,000	4,500,000	500,000

(2) 정률법

연도	감가상각비	감가상각누계액	장부금액
20×1년	₩5,000,000 × 0.536 = ₩2,680,000	₩2,680,000	₩2,320,000
20×2년	₩2,320,000 × 0.536 = ₩1,243,520	3,923,520	1,076,480
20×3년	₩1,076,480 - 500,000(잔존가치) = ₩576,480(주)	4,500,000	500,000

(주) 단수차이 조정 : ₩1,076,480(20×2년 말 장부금액) − 500,000(20×3년 말) =₩576,480

(3) 연수합계법

연도	감가상각비	감가상각누계액	장부금액
20×1년	₩4,500,000 × $\frac{3}{6}$ = ₩2,250,000	₩2,250,000	₩2,250,000
20×2년	₩4,500,000 × $\frac{2}{6}$ = ₩1,500,000	3,750,000	1,250,000
20×3년	₩4,500,000 × $\frac{1}{6}$ = ₩750,000	4,500,000	500,000

(4) 생산량비례법

연도	감가상각비	감가상각누계액	장부금액
20×1년	₩4,500,000 × $\frac{150,000개}{450,000개}$ = ₩1,500,000	₩1,500,000	₩3,500,000
20×2년	₩4,500,000 × $\frac{200,000개}{450,000개}$ = ₩2,000,000	3,500,000	1,500,000
20×3년	₩4,500,000 × $\frac{100,000개}{450,000개}$ = ₩1,000,000	4,500,000	500,000

■ 감가상각과 현금흐름

대부분의 기업은 정액법이나 정률법을 채택하여 감가상각비를 인식한다. 정액법은 매기 동일한 감가상각비를 인식하나, 정률법에서는 내용연수 초기에 감가상각비를 많이 인식하므로 일정기간 이후에는 정액법에 비해 감가상각비가 적게 계산된다. 정액법이나 정률법에서 내용연수 동안 인식하는 감가상각비 총액은 동일하다.

현금흐름의 현재가치를 고려하면 다른 결과를 얻게 된다. 정률법은 내용연수 초기에 정액법보다 감가상각비를 많이 인식하므로 세전이익을 감소시켜 법인세를 적게 부담한다. 내용연수 후기로 갈수록 정률법이 정액법보다 감가삼각비를 더 많이 인식하므로 더 많은 법인세를 부담한다. 현금흐름의 현재가치를 고려하면 초기에 법인세를 적게 납부하여 현금지출이 적은 정률법이 정액법보다 현금흐름측면에서 유리할 수 있다.

(4) 기중 취득한 자산의 감가상각

유형자산을 회계기간 중에 취득하면 취득시점부터 감가상각비를 인식한다.[5] 정액법과 정률법은 기간별로 적용되는 상각률이 동일하므로 취득연도 이후에는 별도 고려 없이 1년분 감가상각비를 구한다. 연수합계법에서는 기간별로 적용되는 상각률이 변동하므로 기간별 상각률이 적용되는 기간을 고려하여 계산한다. 예를 들어, 20×1 회계연도(1.1 ~ 12.31) 4월 1일에 기계장치를 취득하고, 연수합계법(내용연수 3년)을 적용한다고 가정하자. 연도별로 적용해야할 상각률은 [그림 7]과 같다. 20×2년 감가상각비는 '감가상각대상금액×3/6×3/12'와 '감가상각대상금액×2/6×9/12'로 계산된다.

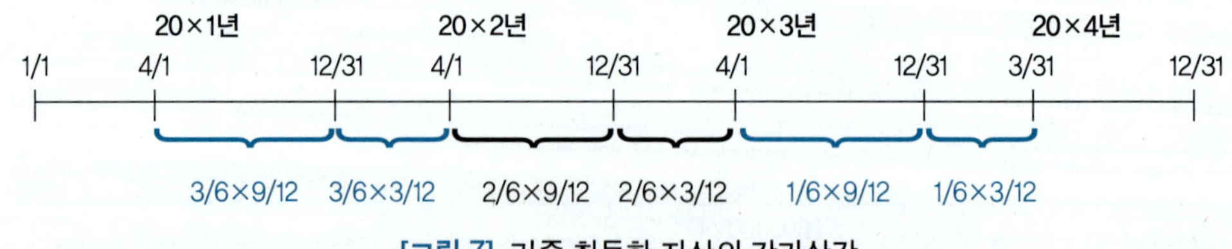

[그림 7] 기중 취득한 자산의 감가상각

5) 실무에서는 정확한 계산을 위해 일단위로 계산하나, 본서에서는 계산 편의를 위해 월단위로 계산한다.

[예제 7] 기중 취득한 자산의 감가상각

가로상사는 20×1년 10월 1일 기계장치를 ₩5,000,000에 취득했다. 기계장치의 내용연수는 3년, 잔존가치는 ₩500,000으로 추정했다. 정률법을 적용할 때 상각률은 0.536이다.

물음

다음 각각의 감가상각방법에 따라 연도별 감가상각비를 계산하시오.

(1) 정액법　　(2) 연수합계법

해답

(1) 정액법

연도	감가상각비
20×1년	₩4,500,000 × $\frac{1}{3}$ × $\frac{3}{12}$ = ₩375,000
20×2년	₩4,500,000 × $\frac{1}{3}$ × $\frac{12}{12}$ = ₩1,500,000
20×3년	₩4,500,000 × $\frac{1}{3}$ × $\frac{12}{12}$ = ₩1,500,000
20×4년	₩4,500,000 × $\frac{1}{3}$ × $\frac{9}{12}$ = ₩1,125,000

(2) 연수합계법

연도	감가상각비	감가상각누계액	장부금액
20×1년	₩4,500,000 × $\frac{3}{6}$ × $\frac{3}{12}$ = ₩562,500	₩562,500	₩4,437,500
20×2년	₩4,500,000 × $\frac{3}{6}$ × $\frac{9}{12}$ +₩4,500,000 × $\frac{2}{6}$ × $\frac{3}{12}$ =₩2,062,500	2,625,000	2,375,000
20×3년	₩4,500,000 × $\frac{2}{6}$ × $\frac{9}{12}$ +₩4,500,000 × $\frac{1}{6}$ × $\frac{3}{12}$ =₩1,312,500	3,937,500	1,062,500
20×4년	₩4,500,000 × $\frac{1}{6}$ × $\frac{9}{12}$ = ₩562,500	4,500,000	500,000

제4절 유형자산의 제거

유형자산은 처분시점 또는 사용이나 처분해도 미래경제적효익이 기대되지 않을 때 제거한다. 유형자산 제거로 발생하는 손익은 순매각금액과 장부금액의 차이로 결정하여 당기손익(기타손익)으로 인식한다. 회계기간 중 유형자산을 처분하면 처분일까지의 감가상각비를 인식·반영하여 처분손익을 계산한다.

[제거시점의 회계처리]

① 처분시점까지 발생한 감가상각비 인식

(차)	감가상각비	×××	(대)	감가상각누계액	×××

② 유형자산 제거

(차)	감가상각누계액	×××	(대)	유형자산	×××
	현금	×××		유형자산처분이익(주)	×××
	유형자산처분손실(주)	×××			

(주) 유형자산처분이익(손실) = 현금수취액 – [유형자산 취득원가 - 감가상각누계액]

[예제 8] 유형자산 제거

열음회사(회계기간 : 1.1 ~ 12.31)는 20×1년 초 취득원가 ₩1,000,000, 잔존가치 ₩100,000, 내용연수 10년인 기계장치를 취득했다. 회사의 감가상각방법은 정액법이다.

물음

회사는 기계장치를 20×5년 7월 초 ₩600,000에 처분했다. 20×5년에 해야 할 회계처리를 제시하시오.

해답

1. 처분시점까지 발생한 감가상각비 인식

(차)	감가상각비	45,000	(대)	감가상각누계액	45,000

(주) $(₩1,000,000 - 100,000) \times \frac{1}{10} \times \frac{6}{12}$

2. 유형자산 제거

(차)	감가상각누계액 (주)	405,000	(대)	기 계 장 치	1,000,000
	현 금	600,000		유형자산처분이익	5,000

(주)

① 20×4년 말 감가상각누계액 = ₩90,000×4년 = ₩360,000

② 20×5년 7월 초 감가상각누계액 = ₩360,000(20×4년 말) + 45,000(20×5년 감가상각비) = ₩405,000

〈별해〉

유형자산처분손익은 다음과 같이 처분시점의 부분재무상태표를 작성한 후 동 금액을 장부에서 모두 제거하면 간단하게 구할 수 있다. 기중 처분이므로 '년'을 '월'로 변경하면 내용월수는 120개월(10년×12)이고 경과한 기간월수는 54개월이다.

부분재무상태표

기계장치	₩1,000,000	
감가상각누계액	(405,000)	← (₩1,000,000 − 100,000)× $\frac{12+12+12+12+6}{120}$
장부금액	₩595,000	

제5절 정부보조금을 이용한 자산 취득

1. 정부보조금의 의의

정부는 특정산업을 육성하거나 기술개발 촉진 등의 목적을 달성하기 위해 일정 기준을 충족한 기업에게 자원을 이전하는데, 이를 정부지원이라 한다. 대중교통과 통신망 개선, 지역사회 전체 효익을 위해 부정기적으로 진행하는 사회기반시설 제공은 정부지원에 해당하지 않는다.

정부보조금(government grants)은 기업의 영업활동과 관련하여 일정 기준을 충족한 기업에게 자원을 이전하는 정부지원을 말한다. 정부보조금은 보상금, 조성금 또는 장려금으로도 불린다. 합리적으로 가치를 산정할 수 없는 정부지원(예 : 기술이나 마케팅에 관한 무료자문과 보증제공)과 기업의 정상적인 거래와 구별할 수 없는 정부와의 거래(예 : 기업 매출의 일정 부분을 책임지는 정부구매정책)는 정부보조금으로 보지 않는다.

2. 정부보조금의 종류 및 인식

(1) 정부보조금 종류

정부보조금의 종류를 살펴보면 다음의 [표 2]와 같다.

[표 2] 정부보조금의 종류

종류	내용
자산관련보조금	정부지원 요건을 충족한 기업이 장기성자산을 매입, 건설하거나 다른 방법으로 취득해야 하는 일차적 조건이 있는 정부보조금. 부수조건으로 해당 자산의 유형이나 위치 또는 자산의 취득기간이나 보유기간을 제한할 수 있음
수익관련보조금	과거 또는 현재의 비용이나 손실에 대한 보전
상환면제가능대출	대여자가 규정된 일정 조건에 따라 상환 받는 것을 포기하는 대출
저리 대출	시장이자율보다 낮은 이자율로 대출

(2) 정부보조금 인식

정부보조금(공정가치로 측정되는 비화폐성 보조금 포함)은 '조건 준수'라는 가득기준과 '보조금 수취'라는 실현기준을 모두 충족할 때 수익으로 인식한다.

[정부보조금을 인식하기 위한 조건]

① 정부보조금에 부수되는 조건 준수
② 보조금 수취

기업은 대출상환 면제조건을 충족할 것이라는 합리적인 확신이 있을 때 정부의 상환면제대출을 정부보조금으로 처리한다. 시장이자율보다 낮은 이자율의 효익은 정부대여금의 현재가치로 측정한 최초 장부금액과 수취한 대가의 차이로 측정한다.

3. 자산관련 보조금 회계처리

국제회계기준에서는 자산차감법과 이연수익법 중 선택하여 수익관련보조금을 표시할 수 있다. 자산차감법은 보조금수익을 관련된 자산의 감가상각비를 상계하므로 '순액법'이라 할 수 있다. 이연수익법은 보조금수익과 관련된 자산의 감가상각비를 각각 보고하므로 '총액법'으로 볼 수 있다. 자산차감법과 이연수익법의 회계처리는 다르나, 당기손익과 순자산에 미치는 영향은 동일하다.

(1) 자산차감법

자산접근법에서는 자산의 장부금액을 계산할 때 취득원가에서 보조금을 차감하여 표시한다. 정부보조금은 감가상각자산의 내용연수에 걸쳐 감가상각비와 상계하는 방식으로 수익을 간접적으로 인식한다. 취득원가에서 정부보조금을 차감한 금액을 기준으로 감가상각한다.

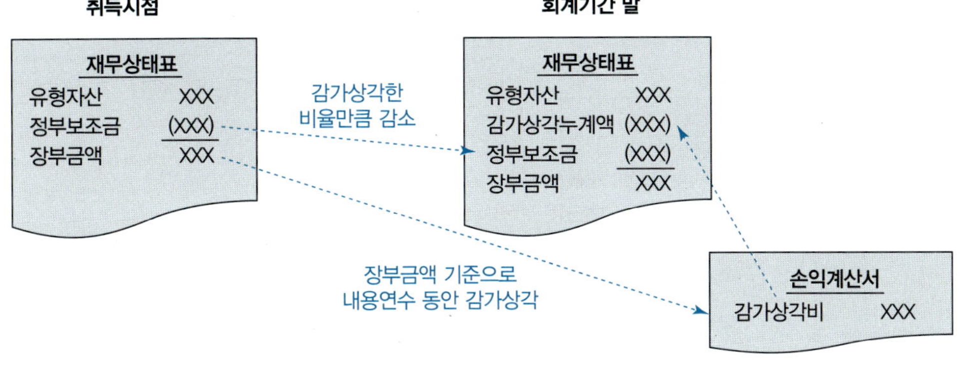

[그림 8] 자산차감법 회계처리의 개요

[자산차감법 회계처리]

보조금수령	(차)	현　　금	×××	(대)	정부보조금(자산차감계정)	×××
자 산 취 득	(차)	기계장치	×××	(대)	현　　금	×××
감 가 상 각	(차)	감가상각비 정부보조금(자산차감계정)	××× ×××	(대)	감가상각누계액 감 가 상 각 비[㈜]	××× ×××
	㈜ 감가상각비 상계액 : 감가상각비 × $\frac{\text{정부보조금수령액}}{\text{감가상각대상액}}$					

(2) 이연수익법

재무상태표에 정부보조금을 이연수익(부채)으로 표시하여 자산의 내용연수에 걸쳐 체계적이고 합리적인 기준으로 수익을 인식하는 방법이다. 예를 들어, 보조금수익은 ₩100이고, 관련 자산의 감가상각비가 ₩500이라면 손익계산서에 수익과 비용으로 각각 ₩100과 ₩500을 보고한다.

[이연수익법 회계처리]

보조금수령	(차)	현　　금	×××	(대)	이연보조금수익(부채)	×××
자 산 취 득	(차)	기계장치	×××	(대)	현　　금	×××
감 가 상 각	(차)	감 가 상 각 비 이연보조금수익(부채)	××× ×××	(대)	감가상각누계액 보 조 금 수 익[㈜]	××× ×××
	㈜ 보조금수익 : 감가상각비 × $\frac{\text{정부보조금수령액}}{\text{감가상각대상액}}$					

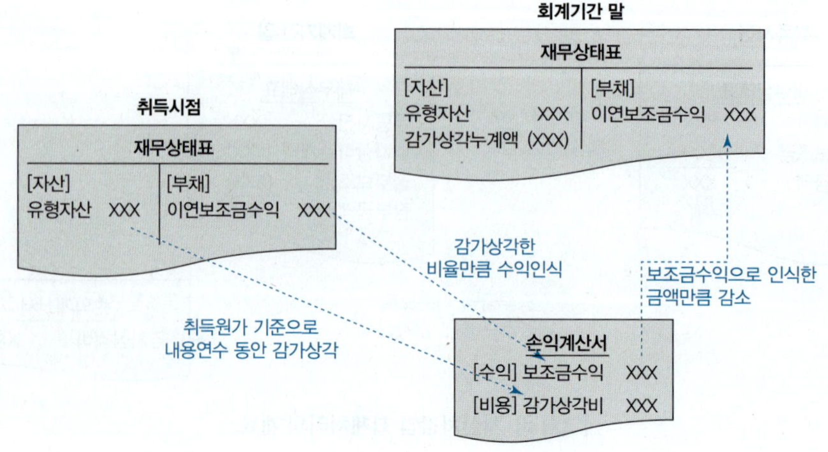

[그림 9] 이연수익법 회계처리의 개요

[예제 9] 정부보조금을 이용한 유형자산 취득

볼트전력(주)는 20×1년 초 취득한 토지에 ₩2,000,000을 지출하여 원자력발전소를 완공했다. 자산 취득에 사용할 목적으로 20×1년 초 정부로부터 정부보조금(상환의무 없음) ₩500,000을 수령했다. 원자력발전소의 내용연수는 5년이고, 잔존가치는 없으며 정액법으로 감가상각한다.

물음

1. 정부보조금을 관련자산에서 차감하는 형식으로 기재하는 방법을 선택할 때, 취득시점과 20×1년 말 회계처리를 각각 제시하시오.
2. 정부보조금을 유형자산의 내용연수에 걸쳐 보조금수익으로 인식하는 방법을 선택할 때, 취득시점과 20×1년 말 회계처리를 각각 제시하시오.

해답

1. 자산차감법

(1) 취득시점

(차)	현　　금	500,000	(대)	정부보조금(자산차감)	500,000
(차)	기계장치	2,000,000	(대)	현　　금	2,000,000

부분재무상태표

[자산]		[부채]
기계장치	₩2,000,000	
정부보조금	(500,000)	
장부금액	₩1,500,000	

(2) 20×1년 말

(차)	감가상각비	400,000 ㈜	(대)	감가상각누계액	400,000

㈜ ₩2,000,00÷5년 = ₩400,000

(차)	정부보조금(자산차감)	100,000 ㈜	(대)	감가상각비	100,000

㈜ ₩400,000×$\frac{500,000}{2,000,000}$ = ₩100,000

부분재무상태표

[자산]		[부채]
기계장치	₩2,000,000	
감가상각누계액	(400,000)	
정부보조금	(400,000)	
장부금액	₩1,200,000	

2. 이연수익법

(1) 취득시점

(차)	현 금	500,000	(대)	이연보조금수익(부채)	500,000
(차)	기계장치	2,000,000	(대)	현 금	2,000,000

부분재무상태표

[자산]		[부채]	
기계장치	₩2,000,000	이연보조금수익	₩500,000

(2) 20×1년 말

(차)	감가상각비 ㈜	400,000 ㈜	(대)	감가상각누계액	400,000

㈜ ₩2,000,00÷5년 = ₩400,000

(차)	이연보조금수익(부채)	100,000 ㈜	(대)	보 조 금 수 익	100,000

㈜ ₩400,000×$\frac{500,000}{2,000,000}$ = ₩100,000

부분재무상태표

[자산]		[부채]	
기계장치	₩2,000,000	이연보조금수익	₩400,000
감가상각누계액	(400,000)		
장부금액	₩1,600,000		

〈해설〉

자산차감법을 적용하면 감가상각비 ₩300,000이 당기손익에 영향을 미치며, 기계장치 장부금액 ₩1,200,000이 순자산으로 계상된다. 이연수익법을 적용하면 보조금수익 ₩100,000과 감가상각비 ₩400,000이므로, 당기손익에 미치는 영향은 ₩300,000이다. 기계장치 장부금액은 ₩1,600,000이고, 이연보조금수익은 ₩400,000이므로 순자산은 ₩1,200,000이다. 자산차감법을 적용하든 수익차감법을 적용하든 당기손익과 순자산에 미치는 영향은 동일하다.

4. 수익관련 보조금 회계처리

정부보조금 중 자산관련 보조금 이외의 보조금은 수익관련 보조금으로 분류하는데 과거 또는 현재의 비용이나 손실에 대한 보전과 관련이 있다. 수익관련 보조금은 수취할 권리가 발생하는 기간에 당기손익으로 인식한다. 손익계산서에 별도계정이나 '기타수익'과 같은 일반계정으로 표시하여 수령한 보조금 전액을 수익으로 인식할 수도 있고, 관련 비용을 보조금과 상계 · 표시할 수도 있다.

[수익관련보조금 회계처리]

수익 인식	(차)	현 금	×××	(대)	정부보조금수익	×××
비용 상계	(차)	정부보조금수익	×××	(대)	관 련 비 용	×××

연습문제

[문 1] 진위형 문항

다음 문항을 읽고 맞는 기술이면 'o'로 표시하고, 틀린 기술이면 '×'로 표시하되 그 이유를 기재하시오.

1. 건설 등의 과정이 오랜 시간이 걸리면 취득시점 전까지는 건설중인자산으로 분류한다.
2. 설치장소 준비원가, 설치 및 조립원가, 정상작동 여부의 시험과정에서 발생한 원가는 유형자산의 원가를 구성한다.
3. 자산을 해체하는 데 소요될 것으로 추정되는 원가는 해체시점에서 비용으로 인식한다.
4. 새로운 시설을 개설하는 데 소요되는 지출은 유형자산을 의도한 용도로 사용하기 위한 것이므로 유형자산의 취득원가로 인식한다.
5. 복구의무로 지출한 금액은 현재가치로 평가하여 동일한 금액을 각각 유형자산과 부채로 인식한다.
6. 토지와 건물을 취득한 후 즉시 건물을 철거하는데 발생한 지출은 미래경제적효익이 없으므로 기간의 비용으로 인식한다.
7. 현물출자로 취득하는 유형자산은 발행한 주식의 액면금액을 취득원가로 인식한다.
8. 비용으로 인식해야 할 후속원가를 자산으로 처리하면 당기 이익은 낮아지나 미래 이익은 증가한다.
9. 주요 부품을 정기적으로 교체하면서 발생하는 지출은 발생시점의 기간의 비용으로 인식한다.
10. 정기적으로 종합검사를 수행하면서 발생하는 지출은 발생시점의 기간의 비용으로 인식한다.
11. 자본화 요건을 충족한 차입원가를 유형자산의 원가로 인식하면 수익과 비용이 적절하게 대응된다.
12. 취득시점에 의도된 용도로 사용할 수 있거나 판매 가능한 상태에 있는 자산도 적격자산에 해당한다.
13. 자본화중단기간에 해당하는 부분은 자본화하지 않고 기간비용으로 처리한다.
14. 특정목적차입금에서 발생한 차입원가는 한도 없이 자본화한다.
15. 일반목적차입금에서 발생한 차입원가는 일정 금액을 한도로 하여 자본화한다.
16. 자본화가능 차입원가를 계산할 때 특정목적차입금과 일반목적차입금을 동시에 사용하고, 자기자본은 나중에 사용한다고 가정한다.
17. 은행에 예치하여 발생하는 이자수익이 발생하면, 특정목적차입금에서만 차입원가에서 차감한다.
18. 일반목적차입금에 대한 차입원가 자본화는 자본화개시시점 이전에 발생한 부분과 자본화종료시점 이후에 발생한 부분을 모두 포함한다.
19. 일반목적차입금에서 지출된 부분을 구하기 위해 적격자산지출액에서 특정목적차입금을 차감한다.
20. 적격자산과 관련하여 수취하는 정부보조금과 건설 진행에 따라 수취하는 금액은 적격자산지

출액에서 차감한다.

21. 장기연불조건으로 취득하는 자산은 인식시점의 현금가격상당액(현재가치)을 취득원가로 인식한다.
22. 유형자산을 구입할 때 국 · 공채를 의무매입하면 국 · 공채의 지급대가를 국 · 공채의 취득원가로 인식한다.
23. 교환자산의 공정가치 측정이 가능하고, 상업적 실질이 있는 교환거래에 해당하면 제공한 자산의 공정가치를 취득원가로 인식한다.
24. 상업적 실질 없는 교환거래에 해당하면 제공한 자산의 장부금액을 취득원가로 기록하고 교환손익을 인식하지 않는다.
25. 유형자산을 구성하는 일부 원가가 전체원가와 비교하여 유의적이라면 해당 유형자산을 감가상각할 때 별도로 구분하여 감가상각한다.
26. 유형자산이 운휴 중이라면 관련 자산에서 미래경제적효익이 발생하지 않으므로 감가상각을 중단한다.
27. 체감잔액법을 적용하면 내용연수 초기에는 감가상각비를 많이 인식하고, 기간이 경과할수록 인식하는 감가상각비는 작아진다.
28. 현금흐름의 현재가치를 고려하면 초기에 법인세를 적게 납부하여 현금지출이 적은 정률법이 정액법보다 현금흐름 측면에서 유리할 수 있다.
29. 기업 매출의 일정부분을 책임지는 정부구매정책은 정부보조금으로 보지 않는다.
30. 자산관련 보조금에 대한 회계처리방법으로 자산차감법과 이연수익법이 있는데, 당기손익과 순자산에 미치는 영향은 동일하다.
31. 자산차감법에 따를 경우, 자산 취득원가에서 정부보조금과 잔존가치를 차감한 금액이 내용연수에 걸쳐 비용으로 인식된다.
32. 이연수익법에 따를 경우, 정부보조금을 수령한 시점에서 부채를 인식한다.
33. 국제회계기준에 따르면, 수익관련 보조금은 전액을 수익으로 인식해야 한다.

해답

1. ○
2. ○
3. ×. 자산을 해체하는 데 소요될 것으로 추정될 것으로 최초에 추정되는 원가는 유형자산의 원가에 포함한다.
4. ×. 미래경제적효익을 제공한다는 객관적 증거가 충분하지 않은 지출이므로 취득원가로 보지 않고 발생한 기간에 비용으로 인식한다.
5. ○
6. ×. 건물 철거비용은 토지를 의도된 용도로 사용하기 위한 지출이므로 기간의 비용이 아닌 토지의 취득원가로

인식한다.

7. ×. 해당 자산의 공정가치를 취득원가로 인식한다.
8. ×. 비용으로 인식해야 할 후속원가를 자산으로 처리하면 당기 이익은 높아지나 미래 이익은 감소한다.
9. ×. 일부 대체로 발생하는 원가가 인식기준을 충족하면 유형자산의 장부금액에 포함하고, 대체하는 부분의 장부금액은 제거한다.
10. ×. 인식기준을 충족하면 유형자산 일부를 대체한 것으로 보아 유형자산의 장부금액에 포함한다.
11. ○
12. ×. 적격자산이란 의도된 용도로 사용하거나 판매 가능한 상태에 이르게 하는데 상당한 기간을 필요로 하는 자산을 말한다. 취득시점에 의도된 용도로 사용할 수 있거나 판매 가능한 상태에 있는 자산은 적격자산에 해당하지 않는다.
13. ○
14. ○
15. ○
16. ×. 특정목적차입금에서 조달한 자금을 적격자산의 지출활동에 먼저 사용하고, 일반목적차입금과 자기자본 순으로 사용한다고 가정한다.
17. ○
18. ○
19. ○
20. ○
21. ○
22. ×. 유형자산을 구입할 때 국 · 공채를 의무매입하면 국 · 공채는 현재가치로 기록하고, 국 · 공채의 취득을 위해 지급한 대가와 현재가치 간 차액은 관련 자산의 취득원가에 가산한다.
23. ○
24. ○
25. ○
26. ×. 유형자산이 운휴 중이거나 적극적인 사용상태가 아니라도 감가상각이 완전히 이루어지기 전까지 감가상각을 중단하지 않는다. 자산의 보유기간에 발생하는 자산의 용역잠재력 소비분을 재무제표에 반영해야 하므로 운휴 여부와 관계없이 감가상각한다.
27. ○
28. ○
29. ○
30. ○
31. ○
32. ○
33. ×. 전액을 수익으로 인식할 수도 있고 관련 비용과 상계 · 표시할 수도 있다.

[문 2] 유형자산 취득 및 처분 관련 주석 작성

공정기업(회계기간 : 1.1~12.31)의 김정직 과장은 재무제표를 작성 중이다. 다음은 20×7년 말과 20×8년 말의 재무상태표와 주석이다.

재무상태표

제50기 : 20×8년 12월 31일 현재

제49기 : 20×7년 12월 31일 현재

공정기업 (단위 : 원)

과 목	주석	제50 (당) 기	제49 (전) 기
자 산			
II. 비유동자산			
3. 유형자산	13	?	623,400

주석

13. 유형자산 :

(1) 당기

구분	토지	건물	기계장치	건설중인자산	계
기초장부가액	100,000	362,000	156,400	5,000	623,400
취득원가	100,000	546,000	215,000	5,000	866,000
감가상각누계액	(0)	(184,000)	(58,600)	0	(242,600)
일반취득	(1)	(2)	(3)	(4)	?
처분/폐기	0	(5)	0		?
기타	0			(6)	
감가상각	0	(16,000)	(12,800)	0	28,800
기말장부가액	?	?	?	?	?
감가상각누계액	0	(200,000)	(71,400)	0	271,400

[추가자료]

다음은 20×8년 중 발생한 거래내역이다.

① 20×7년 말 건설중인자산으로 계상된 ₩5,000은 기계장치 구입과 관련이 있다. 2월 초 기계장치가 공장에 설치되었으며 동 과정에서 설치원가 ₩500이 발생하여 현금 지급했다.

② 3월 초, 토지와 건물을 현금 ₩2,400을 지급하여 취득했다. 토지와 건물의 공정가치는 각각 ₩1,000과 ₩2,000이다. 건물은 취득 이후 사원 교육을 위한 장소로 활용하고 있다.

③ 4월 초, 대주주로부터 현물출자로 토지를 취득했다. 토지의 공정가치는 ₩10,000이고, 주식의 주당 공정가치는 알 수 없다. 주당 액면가액은 ₩500이고, 현물출자를 위해 10주를 발행했다.

④ 5월 초, 본사 사옥의 증축을 위한 목적으로 정의은행으로부터 ₩10,000(연 이자율 12%, 단리조건, 상환일 20×9년 4월 30일, 만기시점에 원리금 일시상환)을 차입했다. 20×8년 6월 1일부터 증축 공사가 진행되어 20×9년 중에 완료될 예정이다.

⑤ 5월 초, ₩20,000에 토지를 취득하면서 대금은 매년 4월 말에 ₩10,000씩 2년간 지급하기로 했다. 토지 취득일 현재 현금가격상당액은 취득시점의 유효이자율 12%로 할인한 현재가치와 동일하다. 2년, 12%의 현가계수는 0.7972이며, 연금의 현가계수는 1.6901이다.

⑥ 공정기업은 장부금액 ₩65,000(취득원가 ₩85,000, 감가상각누계액 ₩20,000), 공정가치 ₩70,000인 건물과 현금 ₩3,000을 제공하여 토지를 취득했다. 동 교환거래는 상업적 실질이 있다.

⑦ 12월 초, 토지를 구입하기 위한 계약을 체결했는데, 해당 토지는 창고부지로 사용할 예정이다. 계약체결시점에서 계약금으로 ₩10,000을 지급했고, 차기에 잔금을 지급하면서 소유권을 이전받을 예정이다.

⑧ 12월 말, 본사 사옥에 대한 ④와 관련된 차입원가를 자본화했고, ⑤의 거래와 관련된 이자비용을 인식했다.

물음

1. [추가자료]에 제시된 ①부터 ⑧까지의 거래에 대한 20×8년 회계처리를 제시하시오.

2. 재무상태표와 주석의 번호에 들어갈 금액을 제시하시오. 주석에서 (6)의 '기타'는 당기 중 건설중인자산계정에서 다른 계정으로 대체로 감소된 금액을 의미한다.

해답

1.

① 건설중인자산 감소

(차)	기계장치	5,500	(대)	건설중인자산	5,000
				현 금	500

② 유형자산의 일괄 취득

(차)	토지	800 (주1)	(대)	현금	2,400
	건물	1,600 (주2)			

(주1) ₩2,400×1,000/3,000 = ₩800
(주2) ₩2,400×2,000/3,000 = ₩1,600

③ 현물출자

(차)	토지	10,000	(대)	자 본 금	5,000
				주식발행초과금	5,000

④ 특정목적차입금의 차입

(차)	현금	10,000	(대)	차입금	10,000

⑤ 장기연불조건 취득거래

(차)	토 지	16,901 (주1)	(대)	미지급금	20,000
	현재가치할인차금	3,099 (주2)			

(주1) ₩10,000×1.6901 = ₩16,901
(주2) ₩20,000 - 16,901 = ₩3,099

⑥ 교환거래

(차)	토 지	73,000 (주1)	(대)	건물	85,000
	감가상각누계액	20,000		현금	3,000
				유형자산처분이익	5,000 (주2)

(주1) ₩70,000(건물 FV) + 3,000(현금지급액) = ₩73,000
(주2) 대차차액

⑦ 건설중인자산 증가

(차)	건설중인자산	10,000	(대)	현 금	10,000

⑧ 기말시점 회계처리

[자본화 차입원가]

(차)	건설중인자산	700	(대)	미 지 급 이 자	700

㈜ ₩10,000×12%×7/12 = ₩700

〈해설〉

5월 초에 차입했으나, 6월 초부터 증축공사가 시작되므로 자본화 개시시점도 6월 초이다.

[현재가치할인차금 상각]

(차)	이자비용	1,352	(대)	현재가치할인차금	1,352

㈜ ₩16,901×12%×8/12 = ₩1,352

2.

(1) ₩800(②) + 10,000(③) + 16,901(⑤) + 73,000(⑥) = ₩100,701

(2)₩1,600(②)

(3) ₩5,500(①)

(4) ₩10,000(⑦) + 700(⑧) = ₩10,700

(5) ₩(85,000)(⑥)

(6) ₩(5,000)(①)

[문 3] 차입원가의 자본화(특정목적차입금, 예제3의 응용)

래틀건설(주)(회계기간 : 1.1~12.31)는 본사 사옥건설을 위해 다음과 같이 지출했다.

20×1년 : 4월 1일 ₩400,000, 10월 1일 ₩1,000,000

20×2년 : 1월 1일 1,300,000

[차입금 현황]

차입금	차입일	차입금액	상환일	이자율	이자지급조건
a	20×1.1.1	₩500,000	20×2.12.31	6%	단리/매년 말 지급

차입금 a는 본사사옥을 건설하기 위해 개별적으로 차입했고, 이 중 ₩100,000을 20×1년 4월 1일부터 6월 30일까지 연 4%(단리) 조건으로 정기예금에 예치했다. 본사사옥은 20×2년 9월 30일에 완공되었다. 본사사옥의 내용연수는 40년이고, 잔존가치는 없으며, 정액법으로 감가상각한다.

물음

다음 일자에 해야할 회계처리를 제시하시오.

(1) 20×1년 4월 1일

(2) 20×1년 6월 30일

(3) 20×1년 10월 1일

(4) 20×1년 12월 31일

(5) 20×2년 1월 1일

(6) 20×2년 9월 30일

해답

(1) 20×1년 4월 1일

(차)	건 설 중 인 자 산	400,000	(대)	현 금	400,000
(차)	현금및현금성자산	100,000 (주)	(대)	현 금	100,000

(주) 정기예금 취득시점부터 만기시점까지 3개월 미만이므로 정기예금은 현금및현금성자산으로 분류한다.

(2) 20×1년 6월 30일

(차)	현금	1,000	(대)	이자수익	1,000 (주)

(주) ₩100,000×4%×3/12 = ₩1,000

(3) 20×1년 10월 1일

(차)	건설중인자산	1,000,000	(대)	현금	1,000,000

(4) 20×1년 12월 31일

(차)	이자비용	30,000 (주)	(대)	현금	30,000

(주) ₩500,000×6% = ₩30,000

(차)	이자수익	1,000	(대)	이자비용	22,500 (주1)
	건설중인자산	21,500 (주2)			

(주1) ₩30,000×9/12 = ₩22,500
(주2) 대차차액

〈해설〉

20×1년에 발생한 이자비용 중 자본화대상기간에 해당하는 9개월분(4.1~12.31)만 자본화한다. 자본화 개시 전에 발생한 이자비용은 기간비용으로 인식한다.

(5) 20×2년 1월 1일

(차)	건설중인자산	1,300,000	(대)	현금	1,300,000

(6) 20×2년 9월 30일

① 이자비용 인식

(차)	이자비용	22,500 (주)	(대)	미지급이자	22,500

(주) ₩500,000×6%×9/12 = ₩22,500

② 차입원가 자본화

(차)	건설중인자산	22,500	(대)	이자비용	22,500

③ 건물의 취득

(차)	건물	2,744,000	(대)	건설중인자산	2,744,000 (주)

(주) ₩400,000 + 1,000,000 + 21,500 + 1,300,000 + 22,500 = ₩2,744,000

[문 4] 기중 취득 시 감가상각

다음은 제조업을 영위하는 공정기업(회계기간 : 1.1~12.31)의 유형자산과 관련된 내역이다.

〈자료〉

(1) 기계장치 A는 20×8년 3월 1일에 ₩100,000에 취득했는데, 내용연수는 5년이고, 잔존가치는 ₩5,000이다. 기계장치에 대해 정률법으로 감가상각하며, 상각률은 42%이다.

(2) 20×8년 3월 1일, 본사 건물에 엘리베이터를 설치하면서 ₩90,000을 지출했다. 본사 건물은 20×3년 3월 1일에 ₩1,200,000에 취득했고, 잔존가치는 없다. 본사 건물의 내용연수는 30년이다. 건물은 정액법으로 감가상각한다.

(3) 20×8년 7월 1일, 업무용으로 사용할 목적으로 승용차를 ₩90,000에 취득했다. 승용차의 내용연수는 10년이고, 잔존가치는 ₩10,800이다. 승용차는 연수합계법에 따라 감가상각한다.

물음

다음 양식에 기재해야 할 감가상각비를 계산하시오.

	연도	기계장치 A	건물	승용차
감가상각비	20×8	①	③	⑤
	20×9	②	④	⑥

해답

① ₩100,000×42%×10/12 = ₩35,000
② (₩100,000 − 35,000)×42% = ₩27,300
③ ₩1,200,000×1/30 + ₩90,000×1/25×10/12 = ₩43,000
④ ₩1,200,000×1/30 + ₩90,000×1/25 = ₩43,600
⑤ (₩90,000 − 10,800)×10/55×6/12 = ₩7,200
⑥ (₩90,000 − 10,800)×10/55×6/12 + (₩90,000 − 10,800)×9/55×6/12 = ₩13,680

〈해설〉

- 건물의 내용연수 30년 중 5년이 경과했으므로 잔존내용연수는 25년이다. 엘리베이터는 잔존내용연수에 걸쳐 상각한다.
- 연수합계법은 정률법과 정액법과 달리 매년 상각률이 달라진다. 기중에 자산을 취득하면 해답과 같이 상각률을 적용해야 한다.

[문 5] 정부보조금

코리아테크놀로지(회계기간 : 1.1~12.31)는 정부의 불화수소 국산화 정책에 따라 기계장치 구입자금 일부를 정부로부터 보조받았다. 20×1년 초 회사는 정부보조금 ₩2,000,000을 이용하여 취득원가 ₩10,000,000인 기계장치를 구입했다. 정부보조금에 부수되는 조건은 이미 충족되었고 상환의무가 없으며 정부보조금은 기계장치 구입일에 수취했다. 기계장치의 잔존가치는 없으며, 내용연수는 10년이고 정액법에 따라 감가상각한다. 회사는 기계장치를 20×5년 12월 31일 ₩4,500,000에 처분했다.

물음

1. 회사가 수령한 정부보조금에 대해 자산차감법에 따라 회계처리할 경우 다음의 표에 들어갈 금액을 구하시오.

구분	20×1년 초	20×1년 말	20×5년 말 처분 전
기계장치	₩10,000,000	₩10,000,000	₩10,000,000
감가상각누계액	₩0	①	②
정부보조금	(2,000,000)	③	④
감가상각비	₩0	⑤	⑥

2. 회사가 수령한 정부보조금에 대해 이연수익법에 따라 회계처리할 경우 다음의 표에 들어갈 금액을 구하시오.

구분	20×1년 초	20×1년 말	20×5년 말 처분 전
기계장치	₩10,000,000	₩10,000,000	₩10,000,000
감가상각누계액	₩0	①	②
정부보조금(부채)	2,000,000	③	④
정부보조금수익	₩0	⑤	⑥
감가상각비	₩0	⑦	⑧

3. 20×5년 말 자산처분과 관련된 회계처리를 자산차감법과 이연수익법에 따라 각각 제시하시오.

해답

1.

구분	20×1년 초	20×1년 말	20×5년 말 처분 전
기계장치	₩10,000,000	₩10,000,000	₩10,000,000
감가상각누계액	₩0	① (1,000,000)	② (5,000,000)
정부보조금	(2,000,000)	③ (1,800,000)	④ (1,000,000)
감가상각비	₩0	⑤ 800,000	⑥ 800,000

(1) 20×1년 초

① 정부보조금 수령

(차)	현금	2,000,000	(대)	정부보조금(자산차감)	2,000,000

② 기계장치 취득

(차)	기계장치	10,000,000	(대)	현금	10,000,000

(2) 20×1년 말부터 20×5년 말까지(처분 전)

(차)	감가상각비	1,000,000 (주1)	(대)	감가상각누계액	1,000,000
	정부보조금	200,000 (주2)		감 가 상 각 비	200,000

(주1) ₩10,000,000÷10년 = ₩1,000,000

(주2) ₩2,000,000÷10년 = ₩200,000

2.

구분	20×1년 초	20×1년 말	20×5년 말 처분 전
기계장치	₩10,000,000	₩10,000,000	₩10,000,000
감가상각누계액	₩0	① (1,000,000)	② (5,000,000)
정부보조금(부채)	2,000,000	③ 1,800,000	④ 1,000,000
정부보조금수익	₩0	⑤ 200,000	⑥ 200,000
감가상각비	₩0	⑦ 1,000,000	⑧ 1,000,000

(1) 20×1년 초

① 정부보조금 수령

(차)	현금	2,000,000	(대)	이연보조금수익(부채)	2,000,000

② 기계장치 취득

(차)	기계장치	10,000,000	(대)	현금	10,000,000

(2) 20×1년 말부터 20×5년 말까지(처분 전)

(차)	감가상각비	1,000,000 [주1]	(대)	감가상각누계액	1,000,000
	이연보조금수익(부채)	200,000 [주2]		정보부조금수익	200,000

(주1) ₩10,000,000÷10년 = ₩1,000,000
(주2) ₩2,000,000÷10년 = ₩200,000

3.
(1) 자산차감법

(차)	감가상각누계액	5,000,000	(대)	기계장치	10,000,000
	정부보조금(자산차감)	1,000,000		유형자산처분이익	500,000
	현금	4,500,000			

(2) 이연수익법

(차)	감가상각누계액	5,000,000	(대)	기계장치	10,000,000
	이연보조금수익(부채)	1,000,000		유형자산처분이익	500,000
	현금	4,500,000			

5 CHAPTER

손상차손과 자산재평가

한눈에 살펴보는 이 장의 내용

이 장에서는 손상차손과 재평가모형을 살펴본다. 진부화나 자산의 물리적 손상으로 유형자산에서 기대했던 경제적효익이 감소하면 손상차손을 인식해야 한다. 국제회계기준에서는 유형자산의 공정가치 변동을 장부금액에 반영하기 위해 재평가모형을 인정하고 있다.

기업회계기준서 제1036호(자산손상)은 2007년 11월에 제정되었고, 관련되는 국제회계기준은 'IAS 36 Impairment of Assets'이다.

contents

CHAPTER

손상차손과 자산재평가

| 학습목표 |

1. 원가모형을 적용하는 개별자산의 손상차손 및 손상차손환입의 인식과 관련된 회계처리를 수행할 수 있다. 회수가능액이 장부금액보다 작으면 장부금액과 회수가능액을 차액을 손상차손으로 당기손익에 반영한다. 손상차손 인식 후 손상차손환입이 발생하면 '손상차손 인식하기 전 장부금액의 감가상각 후 남은 금액'을 한도로 당기손익에 반영한다.
2. 재평가모형을 선택한 자산의 회계처리를 수행할 수 있다. 재평가손실이 발생하면 재평가잉여금에 해당하는 금액까지 기타포괄손익으로 인식하고, 차액은 기타비용으로 인식한다. 재평가이익은 기타포괄손익으로 인식하되, 과거에 당기손익으로 인식한 부분까지는 기타수익으로 인식한다.
3. 회수가능액을 현금창출단위로 식별해야 하는 상황을 설명할 수 있다. 손상차손 인식은 개별 자산을 원칙으로 하되, 자산이 다른 자산의 현금흐름과 거의 독립적인 현금흐름을 창출하지 못한다면 현금창출단위로 회수가능액을 측정한다.

| 주요 용어 |

- 손상차손 : 자산의 장부금액이 회수가능액을 초과하는 금액으로 자산 진부화 또는 시장가치 하락으로 발생하는 손실
- 회수가능액 : 순공정가치(공정가치 − 처분부대원가)와 사용가치(미래현금흐름의 현재가치) 중 큰 금액
- 현금창출단위 : 다른 자산이나 자산집단에서 발생하는 현금유입과 거의 독립적인 현금유입을 창출하는 식별할 수 있는 최소자산집단
- 재평가모형 : 최초 인식 후 재평가시점의 공정가치를 장부금액으로 인식하는 모형
- 비례조정법 : 재평가한 후 자산의 장부금액이 재평가금액과 일치하도록 감가상각누계액과 총장부금액을 비례적으로 수정하는 방법
- 누계액제거법 : 감가상각누계액을 제거하여 순장부금액을 재평가금액이 되도록 수정하는 방법

제1절 손상차손

1. 손상차손의 의의

(1) 손상차손이란?

자산의 경제적효익은 일반적으로 사용함으로써 소비하나, 진부화나 자산의 물리적 손상으로 기대했던 경제적효익이 감소할 수 있다. 이와 같이 진부화나 물리적 손상으로 자산의 경제적 효익이 감소하여 자산가치가 하락하면 손상(impairment)을 인식해야한다. 손상차손(impairment loss)은 회수가능액이 장부금액에 미달할 때 인식한다.

(2) 손상징후의 판단

보고기간말에 자산손상 징후가 있는지를 외부나 내부로부터 정보를 입수하여 검토하고, 그러한 징후가 있다면 해당 자산의 회수가능액을 추정한다. 기업의 순자산 장부금액이 기업의 시가총액보다 많다는 정보를 기업 외부로부터 입수할 수 있고, 기업 내부에서 자산이 진부화되었거나 물리적으로 손상된 증거를 얻을 수 있다. 이러한 내외부 정보를 입수하여 손상징후를 판단한다.

2. 회수가능액의 추정

회수가능액(recoverable amount)은 순공정가치와 사용가치 중 큰 금액으로 계산하는데, 경영자의 의사결정을 반영하기 위해서이다. 예를 들어, 자산을 매각하면 ₩1,000(순공정가치)이고, 자산 사용으로 기대하는 미래현금흐름의 현재가치는 ₩1,200(사용가치)이라 하자. 경영자는 자산을 매각하기보다는 영업활동에 사용하기 위해 계속 보유할 것이다. 이러한 이유로 회수가능액은 순공정가치와 사용가치 중 큰 금액으로 계산한다.

순공정가치(net fair vale)는 공정가치에서 처분부대원가를 차감하여 계산한다. 처분부대원가는 자산을 처분할 때 발생하는 증분원가를 말하며, 금융원가와 법인세비용은 제외한다. 사용가치(value in use)는 자산이나 현금창출단위에서 예상되는 미래 순현금유입액(현금유입−현금유출)의 현재가치를 의미한다.

[회수가능액의 추정]

회수가능액 = Max(① 순공정가치, ② 사용가치)

① 순공정가치 : 공정가치 - 처분부대원가

② 사용가치 : 미래현금흐름의 현재가치

■ 순실현가능가치와 순공정가치

순공정가치는 재고자산 저가평가를 위해 사용하는 순실현가능가치와 유사한 개념이다. 재고자산은 판매과정을 통해서만 현금화할 수 있으므로 회수가능액을 순실현가능가치로 본다. 유형자산은 자산을 매각(순공정가치)하거나 사용(사용가치)하여 현금화할 수 있으므로 순공정가치와 사용가치 중 큰 금액을 회수가능액으로 본다.

3. 개별자산의 손상차손 및 손상차손환입의 인식

취득원가에서 감가상각누계액과 손상차손누계액을 차감한 금액을 자산의 장부금액으로 평가하는 방법을 원가모형(cost model)이라고 하고, 공정가치로 재평가하여 자산의 장부금액을 결정하는 방법을 재평가모형(revaluation model)이라 한다. 재평가모형에서도 손상차손 및 손상차손환입을 인식하나, 우리나라 상장기업의 대부분은 원가모형을 채택하고 있다. 재평가모형에 대한 손상차손 회계처리는 제3절에서 설명한다.

(1) 손상차손의 인식

자산의 회수가능액이 장부금액보다 작으면 자산의 장부금액을 회수가능액으로 감액한다.

손상차손 = 장부금액 − 회수가능액

손상차손은 당기손익으로 인식하며, 자산에서 직접 감액하지 않고 손상차손누계액을 이용한다. 손상차손누계액은 감가상각누계액과 마찬가지로 자산에서 차감하는 평가성계정으로 취득시점부터 보고기간말까지 발생한 손상차손을 의미한다.

(차)	손상차손	×××	(대)	손상차손누계액	×××

〈예 1〉 손상차손과 손상차손누계액의 표시

A기업은 20×1년 초 토지를 ₩10,000에 매입했는데 20×3년 말 회수가능액은 ₩8,000이다.

장부금액보다 회수가능액이 낮으므로 차액 ₩2,000을 손상차손으로 인식한다. 손상차손은 포괄손익계산서에 기타비용으로 보고한다.

구분	20×1년 말	20×2년 말	20×3년 말
[손익계산서]			
손상차손			2,000
[재무상태표]			
토지	10,000	10,000	10,000
손상차손누계액			(2,000)
장부금액	10,000		8,000

(2) 손상차손환입

자산의 손상차손환입으로 증액된 금액은 '과거에 손상차손을 인식하기 전 장부금액의 감가상각 후 남은 금액(산식 ②)'을 초과할 수 없다. 왜냐하면 보수주의에 따라 원가모형에서는 역사적 원가를 초과하여 평가이익을 인식할 수 없기 때문이다. 손상차손환입은 당기손익(기타수익)으로 인식하며 아래와 같이 계산한다.

손상차손환입 = Min[① 회수가능액,
② 손상차손 인식하기 전 장부금액의 감가상각 후 남은 금액]
− 환입전 장부금액

(차)	손상차손누계액	×××	(대)	손상차손환입	×××

손상차손을 인식할 때 저가법을 적용하므로 장부금액(취득원가를 기준으로 감가상각 후 BV)과 회수가능액 중 작은 금액을 손상차손인식시점의 장부금액으로 측정한다. 동 금액을 기준으로 잔존기간의 내용연수와 잔존가치를 고려하여 전진적으로 감가상각을 수행한다. 예를 들어, 20×1년 말 손상차손 인식후 장부금액은 ₩6,000이고, 내용연수 5년 중 2년이 경과했고 정액법(잔존가치 없음)으로 상각한다고 하자. 20×2년 감가상각비는 ₩2,000(₩6,000÷3년)으로 계산한다.

[그림 1]을 살펴보면, 손상차손환입인식시점에서 회수가능액(B)과 '손상차손 인식하기 전 장부금액의 감가상각 후 남은 금액(A)' 중 작은 금액을 장부금액으로 인식한다. 취득원가(감가상각 반영 후)를 초과하여 환입을 인식하면 평가이익을 인정하는 것이므로, 원가모형에서는 A를 환입할 수 있는 한도로 본다. 손상차손환입은 A와 C의 차이로 측정한다.

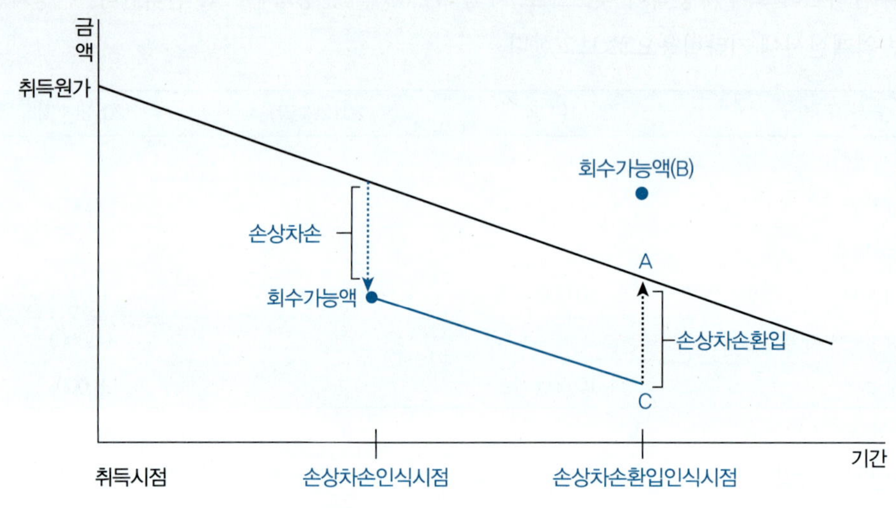

[그림 1] 원가모형에서 손상차손 및 손상차손환입의 인식

[예제 1] 원가모형의 손상차손 및 환입

에머슨회사는 20×1년 초 기계장치를 ₩300,000(잔존가치 ₩30,000, 내용연수 5년, 연수합계법 적용)에 구입했으며, 원가모형을 사용하는데 기업환경 변화와 정부규제로 효용 변동이 심한 상황이다.

- 20×2년 말 사용가치와 순공정가치는 각각 ₩80,000과 ₩100,000이고, 잔존가치는 ₩0으로 추정했다.
- 20×3년 말 사용가치와 순공정가치는 각각₩120,000와 ₩110,000이고, 잔존가치는 ₩0으로 추정했다.

물음

매년 말 수행해야 할 회계처리를 제시하시오.

해답

1. 20×1년 말

(차)	감가상각비	90,000	(대)	감가상각누계액	90,000 (주)

(주) 감가상각비 : (₩300,000−30,000)×5/15 = ₩90,000

2. 20×2년 말

(차)	감 가 상 각 비	72,000	(대)	감가상각누계액	72,000 (주1)
(차)	유형자산손상차손	38,000	(대)	손상차손누계액	38,000 (주2)

(주1) (₩300,000−30,000)×4/15 = ₩72,000

(주2) ₩100,000(회수가능가액) − 138,000(장부금액) = ₩(38,000)

(1) 회수가능가액 = Max[₩80,000, ₩100,000] = ₩100,000

(2) 장부금액 : ₩300,000 − (300,000 − 30,000)×(5 + 4)/15 = ₩138,000

3. 20×3년 말

(차)	감 가 상 각 비	50,000	(대)	감가상각누계액	50,000 (주1)
(차)	손상차손누계액	34,000	(대)	손 상 차 손 환 입	34,000 (주2)

(주1) ₩100,000×3/6

(주2) Min[① ₩84,000(한도)*, ② ₩120,000(회수가능액)] − [₩100,000 − 100,000×3/6] = ₩34,000

* 손상되지 않았을 경우의 장부금액 : ₩300,000 − (300,000 − 30,000)×12/15 = ₩84,000

〈해설〉

20×2년 말 손상차손을 인식한 후 장부금액과 잔존가치는 각각 ₩100,000과 ₩0이다. 잔존내용연수는 3년이므로 20×3년 말의 상각률은 3/6이다.

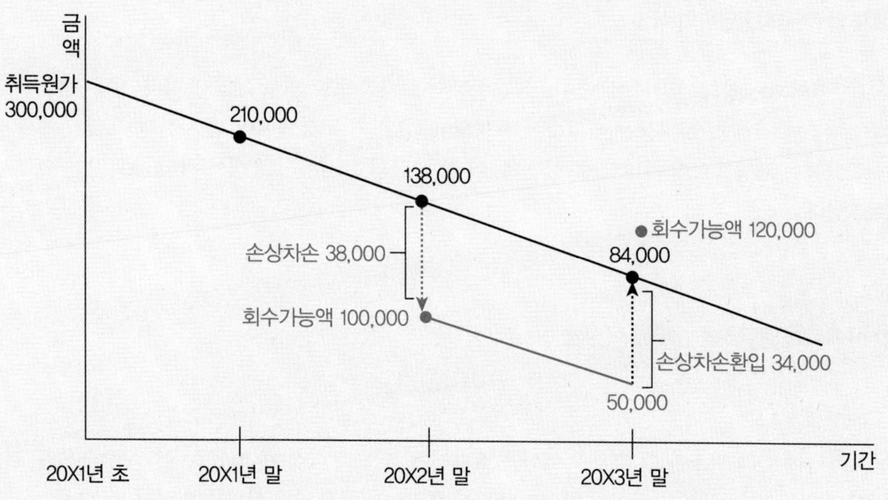

부분재무상태표

〈자산〉	20×1년 말	20×2년 말	20×3년 말
기계장치	300,000	300,000	300,000
감가상각누계액	(90,000)	(162,000)	(212,000)
손상차손누계액	−	(38,000)	(4,000)
장 부 금 액	210,000	100,000	84,000

4. 현금창출단위

현금창출단위(CGU, Cash Generating Unit)는 다른 자산이나 자산집단에서 발생하는 현금유입과 거의 독립적인 현금유입을 창출하는 식별할 수 있는 최소자산집단을 말한다. 손상차손을 인식할 때 개별 자산별로 회수가능액을 추정해야 하는데, 개별 자산의 회수가능액을 추정할 수 없다면 자산이 속한 현금창출단위로 회수가능액을 산정한다. 예를 들어, 토지와 건물의 손상차손을 인식하기 위해 각각의 회수가능액을 추정해야 한다. 개별 자산의 회수가능액을 추정할 수 없다면 토지와 건물의 장부금액 합계와 회수가능액 합계를 비교하여 손상차손을 인식한다. 여기서 토지와 건물은 하나의 현금창출단위가 된다.

(1) 현금창출단위로 식별하는 상황

개별자산의 순공정가치를 추정할 수 없거나 해당 자산이 다른 자산의 현금흐름과 거의 독립적인 현금흐름을 창출하지 않을 수 있다. 개별자산의 회수가능액을 산정할 수 없으면 현금창출단위로 회수가능액을 산정한다.

[예제 2] 현금창출단위의 식별

버스운수기업은 시청과 계약하여 시내버스 운송용역을 제공하고 있다. 계약에 따라 기업은 다섯 개 노선에서 최소한 일정 횟수 이상을 배차하여 운영해야 한다. 각 노선에 투입된 자산과 각 노선에서 생기는 현금흐름을 개별적으로 식별할 수 있는데, 이 중 하나의 노선에서 승객이 적어 유의적인 손실이 발생하고 있다.

물음

상기 사례에서 현금창출단위를 어떻게 인식해야 하는가?

해답

기업은 계약에 따라 최소한 일정 횟수 이상을 배차해야 하므로, 다섯 개 노선 중 어느 하나를 폐지할 수 있는 선택권은 없다. 다른 자산이나 자산집단에서 생기는 현금유입과 거의 독립적이며 식별할 수 있는 현금유입의 최저 수준은 다섯 개 노선이 함께 창출하는 현금유입이다. 현금창출단위는 개별 노선이 아닌 버스운수기업 전체가 된다.

(2) 현금창출단위의 회수가능액과 장부금액

개별자산과 마찬가지로 현금창출단위 회수가능액은 현금창출단위의 처분부대원가를 뺀 공정가치와 사용가치 중 더 많은 금액이다. 현금창출단위 장부금액은 현금창출단위 회수가능액을 산정하는 방법과 일관된 기준으로 계산한다.

제2절 재평가모형

1. 재평가모형의 의의

(1) 재평가모형이란?

원가모형을 적용하면 공정가치가 변동해도 평가손익(보유손익)을 인식하지 않으므로 정보이용자에게 목적적합한 정보를 제공하지 못한다. 재평가모형(revaluation model)을 적용하면 유형자산의 공정가치 변동을 장부금액에 반영할 수 있어 정보이용자에게 목적적합한 정보를 제공할 수 있다.

(2) 재평가모형의 적용

유형자산을 최초로 인식한 후 원가모형이나 재평가모형 중 하나를 선택하여 유형자산 분류별로 동일하게 적용해야 한다. 예를 들어, 토지 전체는 재평가모형을 선택하고 건물 전체는 원가모형을 선택할 수 있으나, 토지 A는 재평가모형을 적용하고 토지 B는 원가모형을 적용할 수는 없다. 개별자산별로 원가법이나 재평가모형을 선택적으로 적용하여 자산을 부풀리고 부채비율을 낮추려는 시도를 방지하기 위해서이다.

보고기간말에 자산의 장부금액이 공정가치와 중요한 차이가 나지 않도록 주기적으로 재평가를 수행한다. 유의적이고 급격한 공정가치 변동이 있는 유형자산은 매년 재평가를 해야 하나, 공정가치 변동이 미미한 유형자산은 3년이나 5년마다 재평가해도 충분할 것이다.

■ 기업이 자산재평가를 꺼리는 이유는?

국제회계기준 도입으로 많은 기업이 재평가모형을 선택할 것으로 기대했으나 많은 기업이 재평가모형 채택을 꺼리고 있다. 재평가모형의 채택을 하지 않는 이유는 자산가격 변동에 따라 재무제표 숫자들이 함께 널뛸 수 있고, 주기적으로 재평가를 하기 위해 외부기관(감정평가법인)에게 지불하는 평가수수료가 부담스럽기 때문이다.

재무구조 개선을 위해 재평가모형을 선택하는 기업이 증가하고 있다. 감가상각자산을 재평가하여 장부금액을 높이면 미래에 감가상각비가 증가하는 부담이 있어 토지에 대해서만 재평가모형을 선택하기도 한다. 재평가로 자본이 증가하여 레버리지(부채비율)는 낮아지나, 자산이 증가하므로 자산이익률(ROA)은 낮아진다. 이러한 이유로 레버리지를 중요하게 생각하는 경영자는 재평가모형을 선호하고, 자산이익률과 자기자본이익률을 더 중요하게 생각하는 경영자는 재평가모형을 채택하지 않을 가능성이 높다.

2. 재평가모형의 회계처리 : 토지

(1) 재평가증가액

재평가로 증가한 금액은 재평가이익(기타포괄손익)으로 인식한다. 이전에 기타비용([그림 2]의 ①)으로 인식한 재평가감소액이 있다면 먼저 그 금액을 한도로 기타수익([그림 2]의 ②)을 인식하고 차액을 기타포괄손익([그림 2]의 ③)으로 인식한다. 취득원가인 점선 윗부분은 기타포괄손익 영역에 해당하고, 점선 아랫부분은 기타손익 영역에 해당한다.

예를 들어, 1차연도 자산재평가에서 재평가손실이 ₩5,000이 발생했다고 하자. 동 금액만큼 자산을 감소시키고 재평가손실(기타비용)을 인식한다. 2차연도 자산재평가에서 ₩8,000의 재평가증가액이 발생했다고 하자. 1차연도에 기타비용으로 인식한 ₩5,000은 기타수익으로 인식하고, 나머지 ₩3,000은 기타포괄손익으로 인식한다. 포괄손익계산서에 인식한 기타포괄손익은 마감분개([그림 2]의 ④)를 수행하여 재무상태표의 재평가잉여금으로 분류한다.

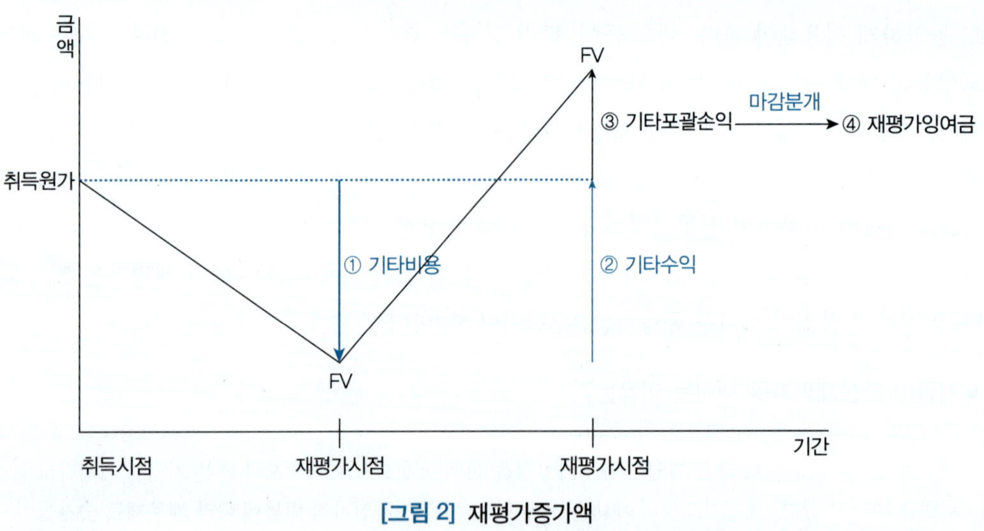

[그림 2] 재평가증가액

(2) 재평가감소액

재평가로 감소한 금액은 재평가손실(기타비용)로 인식한다. 재평가잉여금 잔액([그림 3]의 ①)을 한도로 기타포괄손익([그림 3]의 ②)을 인식하고 차액은 기타비용([그림 3]의 ③)으로 반영한다. 재평가감소액 중 기타포괄손익으로 인식한 부분은 마감분개를 수행하여 재무상태표에 재평가잉여금([그림 3]의 ④)으로 분류한다.

예를 들어, 1차연도 자산재평가에서 재평가이익 ₩5,000이 발생했다고 하자. 동 금액만큼 자산을 증가시키고 포괄손익계산서에 재평가이익(기타포괄손익)으로 보고한 후 마감분개를 수행하여 재무상태표에 재평가잉여금(자본)으로 보고한다. 2차연도에 재평가감소액 ₩8,000이 발생했다고 하자. 1차연도말 재무상태표에 재평가잉여금 ₩5,000이 존재하므로, 동 금액을 기타포괄손익으로 인식하고 마감분개를 수행하여 재평가잉여금 ₩5,000을 감소시킨다. 나머지 ₩3,000은 기타비용으로 인식한다.

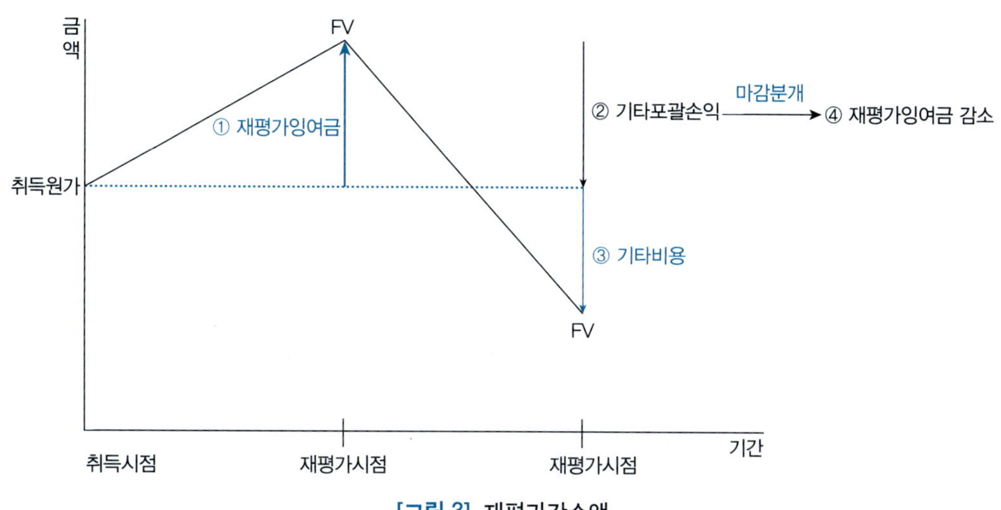

[그림 3] 재평가감소액

[예제 3] 토지 재평가

㈜세종(회계기간 : 1.1 ~12.31)은 유가증권상장법인으로 한국채택국제회계기준을 적용한다. 회사는 본사 건물과 관련된 토지를 20×1년 초 ₩1,000,000에 취득하여, 매년 재평가모형을 적용하고 있다. 토지와 관련된 연도 말 공정가치는 다음과 같다.

연 도	20×1년 말	20×2년 말	20×3년 말
공정가치	₩1,150,000	₩950,000	₩1,200,000

물음

회사가 매년 말 수행해야 할 회계처리를 제시하시오.

해답

(1) 20×1년 말

(차)	토 지	150,000	(대)	재평가이익(기타포괄손익)	150,000 (주)

(주) 재평가이익 : ₩1,150,000(공정가치) − ₩1,000,000(원가) = ₩150,000

〈해설〉
포괄손익계산서에 기타포괄손익으로 인식한 재평가이익은 마감분개를 통해 재무상태표의 기타포괄손익누계액으로 전기된다. 20×1년 말 기타포괄손익누계액에 인식된 재평가잉여금 잔액은 ₩150,000이다.

(마감분개)

(차)	재평가이익(기타포괄손익)	150,000	(대)	재평가잉여금	150,000

(2) 20×2년 말

(차)	재평가손실(기타포괄손익)	150,000	(대)	토 지	200,000 (주)
	재평가손실(기타비용)	50,000			

(주) 재평가감소액 : ₩950,000(20×1년 말 공정가치) − ₩1,150,000(20×2년 말 공정가치) = ₩(200,000)

〈해설〉
포괄손익계산서에 기타포괄손익으로 인식한 재평가손실은 마감분개를 통해 재무상태표의 기타포괄손익누계액으로 전기된다. 20×2년 말 기타포괄손익누계액에 인식된 재평가잉여금 잔액은 ₩0이다.

(마감분개)

(차)	재평가잉여금	150,000	(대)	재평가손실(기타포괄손익)	150,000

(3) 20×3년 말

(차)	토 지	250,000 (주)	(대)	재평가이익(기타수익)	50,000
				재평가이익(기타포괄손익)	200,000

(주) 재평가증가액 : ₩1,200,000(20×3년 말 공정가치) − ₩950,000(20×2년 말 공정가치) = ₩250,000

(마감분개)

(차)	재평가이익(기타포괄손익)	200,000	(대)	재평가잉여금	200,000

〈해설〉
다음 그림에서 보듯이 점선(취득원가)의 윗부분은 기타포괄손익 영역에 해당하고, 점선의 아랫부분은 기타손익영역에 해당한다.

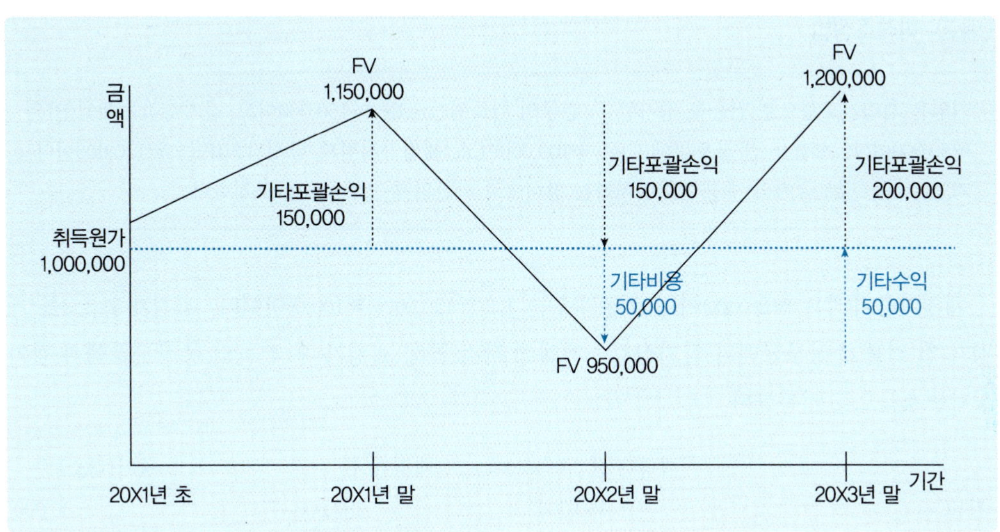

3. 재평가모형에서의 회계처리 : 감가성자산

감가성자산은 재평가일에 비례조정법과 누계액제거법 중 선택하여 회계처리한다. 어떤 방법을 적용하든 포괄손익계산서와 재무상태표에 미치는 영향은 동일하다.

(1) 비례조정법

비례조정법에서는 자산재평가 후 장부금액이 재평가금액과 일치하도록 조정계수(재평가액÷평가전 장부금액)를 이용하여 총장부금액과 감가상각누계액을 비례적으로 수정한다. [그림 4]에서 보듯이 재평가 전 건물의 총장부금액(A)과 감가상각누계액(B)에 조정계수를 곱해 재평가 후 건물 총장부금액(D)과 감가상각누계액(E)을 조정한다. 재평가잉여금(G)은 공정가치(F)와 재평가 전 장부금액(C)의 차이로 기록한다.

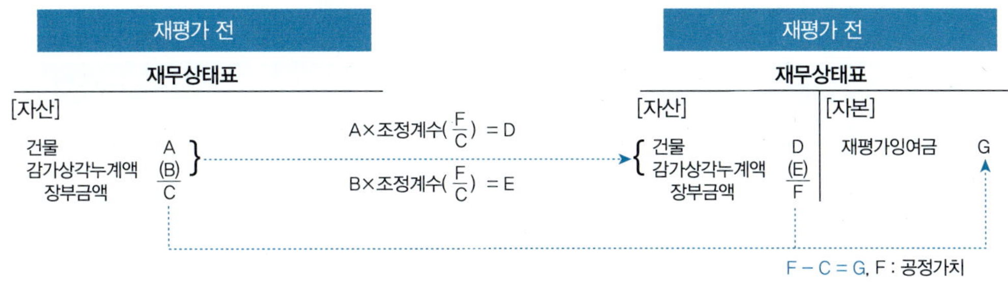

[그림 4] 비례조정법

〈예 2〉 비례조정법

기업은 재평가모형으로 건물을 평가한다. 건물의 취득원가(A)는 ₩150,000이고, 감가상각누계액(B)은 ₩50,000이다. 재평가 전 장부금액(C)은 ₩100,000이고, 재평가시점의 공정가치(F)는 ₩120,000이다. 기업은 자산 장부금액의 재평가와 일치하는 방식으로 자산의 총장부금액을 조정한다.

재평가증가액은 ₩20,000이며 조정계수는 1.2(₩120,000÷₩100,000)이다. 조정계수 1.2를 재평가 전 건물 총장부금액과 감가상각누계액에 각각 곱해 재평가 후 건물의 총장부금액과 감가상각누계액으로 기록한다.

	재평가 전	재평가 후	증가(감소)
건물	150,000	180,000	30,000
감가상각누계액	(50,000)	(60,000)	10,000
장부금액	100,000	120,000	

상기 분석에서 보듯이 건물과 감가상각누계액을 각각 ₩30,000과 ₩10,000 증가시키고, 재평가 후 장부금액과 재평가 전 장부금액의 차이를 재평가이익(기타포괄손익)으로 인식한다.

(차)	건물	30,000	(대)	감가상각누계액	10,000
				재평가이익(기타포괄손익)	20,000

(2) 누계액제거법

누계액제거법은 자산의 총장부금액에서 재평가 전에 존재하던 감가상각누계액을 제거하여 자산의 순장부금액이 재평가금액이 되도록 수정하는 방법이다. [그림 5]에서 보듯이 재평가 전에 존재하던 감가상각누계액(B)을 제거하여 ₩0으로 기록하고, 재평가 후 장부금액(F)은 공정가치로 기록한다. 재평가 후 건물 금액(D)은 장부금액(F)과 일치시킨다.

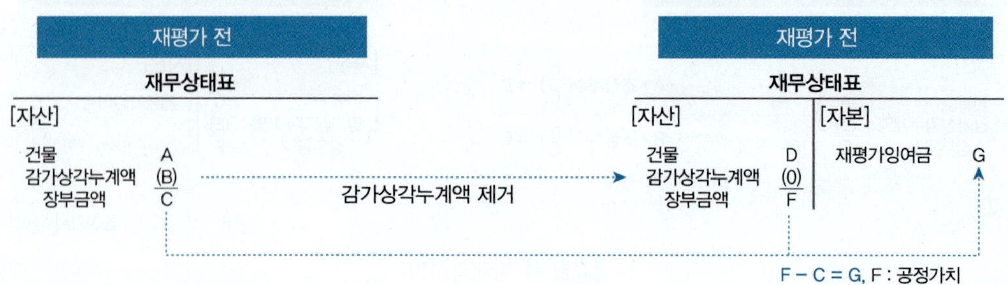

[그림 5] 누계액제거법

〈예 3〉 누계액제거법

기업은 재평가모형으로 건물을 평가한다. 건물의 취득원가(A)는 ₩150,000이고, 감가상각누계액(B)은 ₩50,000이다. 재평가 전 장부금액(C)은 ₩100,000이고, 재평가시점의 공정가치(F)는 ₩120,000이다. 기업은 자산의 총장부금액에서 감가상각누계액을 제거하는 방법으로 회계처리한다.

재평가증가액은 ₩20,000이며, 감가상각누계액 ₩50,000을 먼저 제거한다. 재평가 후 장부금액은 ₩120,000이므로 건물의 총장부금액은 ₩120,000으로 기재한다.

	재평가 전	재평가 후	증가(감소)
건물	150,000	120,000	(30,000)
감가상각누계액	(50,000)	0	(50,000)
장부금액	100,000	120,000	

상기 분석에서 보듯이 건물과 감가상각누계액을 각각 ₩30,000과 ₩50,000 감소시키고, 재평가 후 장부금액과 재평가 전 장부금액의 차이인 ₩20,000을 재평가이익(기타포괄손익)으로 인식한다.

(차)	감가상각누계액	50,000	(대)	건 물	30,000
				재평가이익(기타포괄손익)	20,000

(3) 비례조정법과 누계액제거법의 비교

두 방법의 회계처리는 다소 상이하나 재평가로 재무제표에 인식하는 건물의 장부금액과 재평가이익은 모두 각각 ₩120,000과 ₩20,000으로 동일하다. 두 방법은 다음과 같은 암묵적인 가정을 기초로 한다.

누계액제거법은 재평가일 현재 자산을 취득했다고 가정하여 재평가금액을 취득원가로 보아 회계처리하므로 재평가일 현재 감가상각누계액은 ₩0으로 본다. 비례조정법은 자산을 최초 인식시점에서 재평가금액으로 취득했다고 가정한다. 〈예 3〉에서 재평가일 이후 취득원가와 감가상각누계액은 각각 ₩180,000(재평가금액)과 ₩60,000이다. 내용연수는 5년이고, 정액법으로 상각하며, 2차연도 말이라고 가정하자. 2차연도 말 재평가금액인 ₩180,000으로 1차연도 초에 자산을 취득했다면 2차연도 말의 감가상각누계액은 ₩60,000(₩180,000×2/5)이다.

[예제 4] 감가성자산의 재평가

피치니(주)(회계기간 : 1.1.~12.31.)는 20×7년 말 현재 장부금액 ₩18,000(취득원가 ₩30,000, 감가상각누계액 ₩12,000)인 건물에 대해 재평가모형을 최초로 적용했다. 재평가시점(20×7년 말)의 공정가치는 ₩27,000이다.

물음

아래 각 방법에 따라 재평가시점에 수행해야 할 회계처리를 제시하시오. 상기 자료의 감가상각누계액에는 20×7년에 발생한 감가상각비가 반영되어 있다.

1. 자산 장부금액의 재평가와 일치하는 방식으로 자산의 총장부금액을 조정하는 방법
2. 자산의 총장부금액에서 감가상각누계액을 제거하는 방법

해답

1. 비례조정법

재평가증가액 = ₩27,000(FV) − 18,000(BV) = ₩9,000

	재평가 전	재평가 후	증가
건물	30,000	45,000 (주1)	15,000
감가상각누계액	(12,000)	(18,000) (주2)	6,000
장부금액	18,000	27,000	

(주1)

조정계수 = $\frac{27,000(FV)}{18,000(BV)}$ = 1.5, ₩30,000×1.5 = ₩45,000

(주2) ₩12,000×1.5 = ₩18,000

(차)	건물	15,000	(대)	감가상각누계액	6,000
				재평가이익(기타포괄손익)	9,000

부분포괄손익계산서

당기순이익		×××
기타포괄손익		
자산재평가이익	9,000	

부분재무상태표

[자산]		[자본]	
건물	₩45,000	재평가잉여금	₩9,000
감가상각누계액	(18,000)		
장부금액	₩27,000		

2. 누계액제거법

재평가증가액 = ₩27,000(FV) − 18,000(BV) = ₩9,000

	재평가 전	재평가 후	증가(감소)
건물	30,000	27,000	(3,000)
감가상각누계액	(12,000)	0	(12,000)
장부금액	18,000	27,000	

(차)	감가상각누계액	12,000	(대)	건　　물	3,000
				재평가이익(기타포괄손익)	9,000

부분포괄손익계산서

당기순이익		×××
기타포괄손익		
자산재평가이익	9,000	

부분재무상태표

[자산]		[자본]	
건물	₩27,000	재평가잉여금	₩9,000
감가상각누계액	(0)		
장부금액	₩27,000		

(3) 재평가 후 감가상각

재평가금액을 기준으로 재평가시점에서 추정한 잔존가치, 잔존내용연수와 감가상각방법을 이용하여 감가상각비를 계산한다. 비례조정법을 사용하든 상각누계액제거법을 사용하든 장부금액은 동일하므로 감가상각비도 같다. [예제 4]에서 장부금액은 ₩27,000, 잔존내용연수 9년, 잔존가치 ₩0이고 정액법으로 상각한다고 하자. 20×8년에 인식해야 할 감가상각비는 ₩3,000(₩27,000÷9년)이다.

(4) 재평가잉여금의 대체

재평가잉여금은 자산을 제거하는 시점에서 전액 제거하거나 자산을 계속 사용하면서 재평가잉여금 일부를 이익잉여금으로 대체할 수 있다.

① 재평가자산의 제거

유형자산을 제거할 때 재평가잉여금은 이익잉여금으로 대체할 수 있으나, 재평가잉여금은 유형자산처분손익을 계산할 때 고려하지 않는다. 예를 들어 [예제 4]에서 상각누계액제거법을 사용한 경우, 20×8년 초 건물을 ₩25,000에 매각하고 재평가잉여금 ₩9,000을 이익잉여금으로 대체한다면 회계처리는 다음과 같다.

[유형자산의 제거]

(차)	현 금	25,000	(대)	건 물	27,000
	유형자산처분손실	2,000			

[재평가잉여금의 대체]

(차)	재평가잉여금	9,000	(대)	이익잉여금	9,000

유형자산을 제거하면서 처분손익을 인식할 때 재평가잉여금을 고려하지 않는다. 왜냐하면 처분이익이 발생하는 자산을 매각하여 당기손익을 증가시키고자 하는 행위를 방지하기 위해서이다.[1)]

② 재평가자산을 계속 사용하며 재평가잉여금 일부를 이익잉여금으로 대체

기업이 재평가자산을 계속 사용하면서 재평가잉여금 일부를 다음과 같이 이익잉여금으로 대체할 수 있다.

> 대체금액 = 재평가금액에 근거한 감가상각액 − 최초원가에 근거한 감가상각액

재평가로 장부금액이 증가하면 감가상각비도 증가하므로 원가모형을 채택했을 때보다 당기순이익이 작아져 배당재원인 이익잉여금이 감소한다. 이러한 이유로 재평가잉여금 일부를 이익잉여금으로 대체할 수 있도록 규정하고 있다.

예를 들어, [예제 4]에서 재평가 전 장부금액은 ₩18,000, 재평가 후 장부금액은 ₩27,000, 잔존내용연수는 9년, 잔존가치는 ₩0이고 정액법으로 상각한다고 하자. 원가모형을 적용했다면 20×8년에 인식해야 할 감가상각비는 ₩2,000(₩18,000÷9년)이고, 재평가모형을 적용하여 계산한 감가상각비는 ₩3,000(₩27,000÷9년)이다. 재평가모형에 따른 감가상각비가 원가모형보다

1) 재평가잉여금을 유형자산처분손익을 계산할 때 반영하면 아래 분개에서 보듯이 유형자산처분이익 ₩7,000이 발생한다. 국제회계기준에서는 처분이익이 발생하는 자산을 선별적으로 매각하여 당기손익에 영향을 미치게 하려는 경영진 행위를 방지하기 위해 재평가잉여금을 처분손익을 계산할 때 고려하지 않는다.

(차)	현 금	25,000	(대)	건 물	27,000
	재평가잉여금	9,000		유형자산처분이익	7,000

₩1,000이 더 많으므로 원가모형에 비해 당기순이익은 ₩1,000만큼 작다. 동 금액만큼의 재평가잉여금을 이익잉여금으로 대체할 수 있다.

(차)	재평가잉여금	1,000	(대)	이익잉여금	1,000

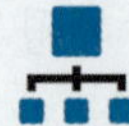

제3절 재평가모형에서의 손상차손 회계처리

1. 손상차손

재평가모형을 적용하는 자산에서 손상차손이 발생하면 이전에 발생했던 재평가잉여금에 해당하는 금액까지 기타포괄손익으로 인식하고, 재평가잉여금을 초과한 손상차손은 당기손실로 인식한다.

[그림 6]을 살펴보자. 20×1년 초 토지를 ₩10,000에 취득했는데, 20×1년 말 공정가치가 ₩12,000이라면 재평가잉여금은 ₩2,000이다. 20×2년 말 회수가능액(공정가치)이 ₩9,000인데 자산에서 손상차손이 발생하면, 손상차손은 ₩3,000이다. 손상차손 ₩3,000 중 ₩2,000은 기타포괄손익으로 인식하고 나머지 ₩1,000은 당기손익에 반영한다.

(차)	재평가손실(기타포괄손익)	2,000	(대)	토지	3,000
	손상차손(기타비용)	1,000			

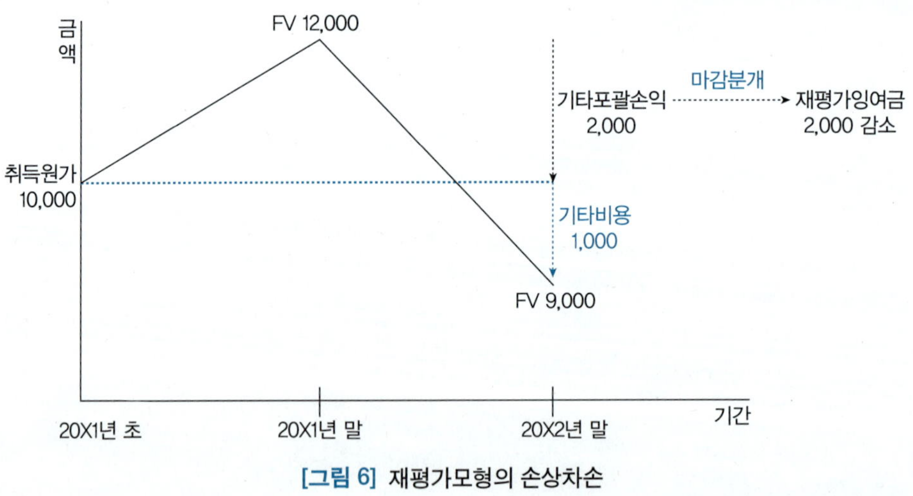

[그림 6] 재평가모형의 손상차손

2. 손상차손환입

손상차손 인식 후 재평가증가액이 발생하면, 과거에 손상차손이 발생하여 당기손익으로 인식한 부분까지는 손상차손환입(기타수익)으로 인식한다. 동 금액을 초과한 부분은 기타포괄손익으로 인식한다.

[그림 7]을 살펴보자. 20×3년 말 토지의 공정가치는 ₩11,000이다. 20×2년 말 장부금액은

₩9,000이므로 장부금액 증가액은 ₩2,000이다. 증가액 중 20×2년에 당기손익으로 인식했던 손상차손 ₩1,000은 손상차손환입(기타수익)으로 인식하고, 나머지 ₩1,000은 기타포괄손익으로 처리한다.

(차)	토지	2,000	(대)	손상차손환입(기타수익)	1,000
				재평가이익(기타포괄손익)	1,000

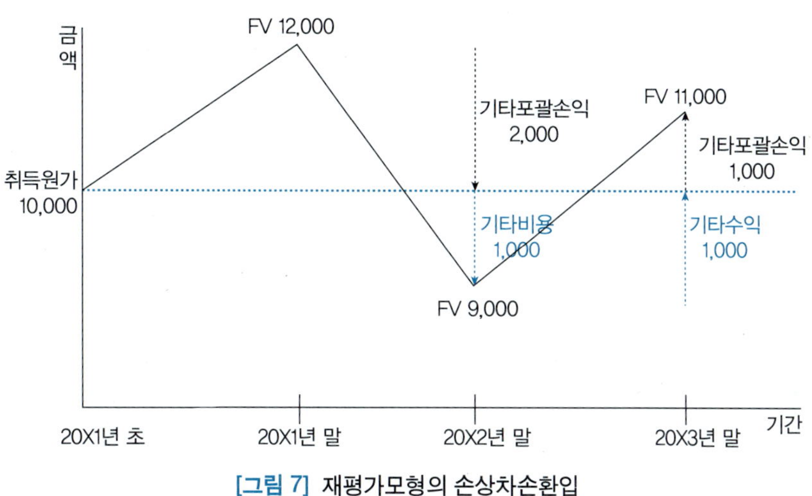

[그림 7] 재평가모형의 손상차손환입

연습문제

[문 1] 진위형 문항

다음 문항을 읽고 맞는 기술이면 'ㅇ'로 표시하고, 틀린 기술이면 '×'로 표시하되 그 이유를 기재하시오.

1. 회수가능액은 순공정가치와 사용가치 중 작은 금액으로 계산한다.
2. 손상차손은 당기손익으로 인식하며, 자산에서 직접 감액한다.
3. 자산의 손상차손환입으로 증액된 금액은 '과거 손상차손을 인식하기 전 장부금액의 감가상각 후 남은 금액'을 초과할 수 없다.
4. 손상차손을 인식할 때 개별 자산별로 회수가능액을 추정하되, 개별 자산의 회수가능액을 추정할 수 없다면 자산이 속한 현금창출단위로 회수가능액을 산정한다.
5. 해당 자산이 다른 자산과 현금흐름과 거의 독립적인 현금흐름을 창출하지 못하면 현금창출단위로 회수가능액을 산정한다.
6. 유형자산을 최초로 인식한 후에는 원가모형이나 재평가모형 중 하나를 선택하여 개별자산별로 동일하게 적용해야 한다.
7. 보고기간말에 자산의 장부금액이 공정가치와 중요한 차이가 나지 않도록 주기적으로 재평가를 수행해야 한다.
8. 재평가로 금액이 증가한 경우 이전에 기타비용으로 인식한 재평가감소액이 있다면 그 금액을 한도로 기타수익으로 인식하고 차액을 기타포괄손익으로 인식한다.
9. 재평가로 금액이 감소한 경우 재평가잉여금 잔액을 한도로 기타포괄손익을 인식하고 차액은 기타비용으로 보고한다.
10. 감가상자산은 재평가일에 비례조정법과 누계액제거법 중 선택하여 회계처리하는데, 어떤 방법을 적용하든 재무제표에 미치는 영향은 동일하다.
11. 재평가금액을 기준으로 재평가시점에서 추정한 잔존가치, 내용연수와 감가상각방법을 이용하여 재평가일 이후에 발생하는 감가상각비를 계산한다.
12. 재평가잉여금은 재평가자산을 제거하는 시점에서 전액 제거해야 한다.
13. 유형자산을 제거할 때 재평가잉여금을 유형자산처분손익에 반영하지 않는다.
14. 재평가모형을 적용하는 자산에서 손상차손이 발생하면 장부금액과 재평가금액의 차이를 손상차손으로 인식하여 당기손실에 반영한다.
15. 재평가모형을 적용하는 자산에 대해 손상차손을 인식한 후 재평가증가액이 발생하면 손상차손환입은 당기손익으로 보고한다.

해답

1. ×. 회수가능액은 순공정가치와 사용가치 중 큰 금액으로 계산한다.
2. ×. 손상차손은 자산에서 직접 감액하지 않고 손상차손누계액으로 처리한다.
3. ○
4. ○
5. ○
6. ×. 개별자산별이 아닌 유형자산 분류별로 동일하게 적용해야 한다.
7. ○
8. ○
9. ○
10. ○
11. ○
12. ×. 재평가잉여금은 재평가자산을 제거하는 시점에서 전액 제거하거나 자산을 계속 사용하면서 재평가잉여금 일부를 이익잉여금으로 대체할 수 있다.
13. ○
14. ×. 재평가모형을 적용하는 자산에서 손상차손이 발생하면 이전에 발생했던 재평가잉여금에 해당하는 금액까지 기타포괄손익으로 인식하고, 재평가잉여금을 초과한 손상차손은 당기손실로 인식한다.
15. ×. 과거에 손상차손이 발생하여 당기손익으로 인식한 부분까지는 손상차손환입(기타수익)으로 인식한다. 동 금액을 초과한 부분은 기타포괄손익으로 인식한다.

[문 2] 손상차손

공정기업은 20×1년 초 기계장치를 ₩400,000(잔존가치 ₩20,000, 내용연수 5년, 정액법 상각)에 구입했으며, 원가모형을 사용하는데 기업환경 변화와 정부규제로 효용 변동이 심한 상황이다.

- 20×2년 말 사용가치와 순공정가치는 각각 ₩150,000과 ₩144,000이고, 잔존가치는 없는 것으로 추정했다.
- 20×4년 말 사용가치와 순공정가치는 각각₩100,000와 ₩98,000이고, 잔존가치는 여전히 없는 것으로 나타났다.

물음

1. 20×1년 말부터 20×4년 말까지 공정기업이 해야 할 회계처리를 제시하시오.
2. 20×1년부터 20×4년까지 당기손익에 미친 영향을 제시하시오.
3. 다음의 요약재무상태표 빈칸에 들어갈 금액을 기재하시오.

요약재무상태표

〈자산〉	20×1년 말	20×2년 말	20×3년 말	20×4년 말
기계장치				
감가상각누계액				
손상차손누계액				
장부금액				

해답

1. 연도별 회계처리

(1) 20×1년 말

(차)	감가상각비	76,000 ㈜	(대)	감가상각누계액	76,000

㈜ (400,000 − 20,000)÷5년 = ₩76,000

(2) 20×2년 말

① 감가상각비 인식

(차)	감가상각비	76,000	(대)	감가상각누계액	76,000

② 손상차손 인식

(차)	유형자산손상차손	98,000 ㈜	(대)	손상차손누계액	98,000

㈜ Max[① ₩150,000(사용가치), ② ₩144,000(순공정가치)] − 248,000(장부금액) = ₩98,000
장부금액 : ₩400,000(취득원가) − 152,000(감가상각누계액) = ₩248,000

(3) 20×3년 말

(차)	감가상각비	50,000 ㈜	(대)	감가상각누계액	50,000

㈜ ₩150,000÷3년 = ₩50,000

〈해설〉

20×2년 말 손상차손 인식 후 장부금액은 ₩150,000이고, 잔존내용연수가 3년이므로 3년에 걸쳐 감가상각비를 인식한다.

(4) 20×4년 말

① 감가상각비 인식

(차)	감가상각비	50,000	(대)	감가상각누계액	50,000

② 손상차손환입 인식

(차)	손상차손누계액	46,000 ㈜	(대)	손상차손환입	46,000

㈜ Min[① ₩100,000(회수가능액), ② ₩96,000(손상이 없었을 경우 장부금액)] − 50,000(장부금액) = ₩46,000
- 손상이 없었을 경우 장부금액 : ₩400,000 - 76,000(감가상각비)×4년 = ₩96,000
- 손상차손 인식 후 장부금액 : ₩150,000(20×2년 말 회수가능액) − 50,000(감가상각비)×2년 = ₩50,000

2. 당기손익에 미친 영향

당기 손익에 미친 영향

	20×1년	20×2년	20×3년	20×4년
감가상각비	(76,000)	(76,000)	(50,000)	(50,000)
손상차손		(98,000)		
손상차손환입				46,000
계	(76,000)	(174,000)	(50,000)	(4,000)

3. 재무상태표

요약재무상태표

〈자산〉	20×1년 말	20×2년 말	20×3년 말	20×4년 말
기계장치	400,000	400,000	400,000	400,000
감가상각누계액	(76,000)	(152,000)	(202,000)	(252,000)
손상차손누계액		(98,000)	(98,000)	(52,000)
장부금액	324,000	150,000	100,000	96,000

[문 3] 자산재평가

공정기업(회계기간 : 1.1~12.31)은 20×7년 초 건물을 ₩100,000에 취득했다. 건물에 대해서는 재평가모형을 적용하며, 정액법(내용연수 10년, 잔존가치 없음)으로 감가상각한다. 각 연도 말 공정가치는 다음과 같다.

	20×7년 말	20×8년 말
공정가치	₩81,000	₩86,400

20×9년 초 건물을 ₩90,000에 매각하고, 재평가잉여금을 이익잉여금으로 대체하였다. 공정기업은 자산 보유 중에는 재평가잉여금을 이익잉여금으로 대체하지 않고, 자산 장부금액의 재평가와 일치하는 방식으로 총장부금액을 조정한다.

물음

1. 20×7년 말부터 20×9년 초까지 공정기업이 해야 할 회계처리를 제시하시오.
2. 20×7년과 20×8년의 포괄손익계산서에 보고해야 할 계정과목과 금액을 제시하시오.

	20×7년	20×8년
[당기손익]		
×××		
[기타포괄손익]		
×××		

3. 다음의 요약재무상태표의 빈칸에 들어갈 금액을 기재하시오.

요약재무상태표		
〈자산〉	20×7년 말	20×8년 말
건물		
감가상각누계액		
장부금액		
〈자본〉		
기타포괄손익누계액		

해답

1.
(1) 20×7년 말

① 감가상각비 인식

(차)	감가상각비	10,000 ㈜	(대)	감가상각누계액	10,000

㈜ ₩100,000÷10년 = ₩10,000

② 자산재평가
재평가증가(감소)액 = ₩81,000(FV) - 90,000(BV) = ₩(9,000)

(차)	재평가손실(기타비용)	9,000	(대)	건물	10,000
	감 가 상 각 누 계 액	1,000			

	재평가 전	재평가 후		증가(감소)
건물	100,000	90,000	(주1)	(10,000)
감가상각누계액	(10,000)	(9,000)	(주2)	(1,000)
장부금액	90,000	81,000		

(주1)
• 조정계수 = $\frac{81,000(FV)}{90,000(BV)}$ = 0.9, ₩100,000 × 0.9 = ₩90,000

(주2) ₩10,000 × 0.9 = ₩9,000

(2) 20×8년 말
① 감가상각비 인식

(차)	감가상각비	9,000 ㈜	(대)	감가상각누계액	9,000

㈜ ₩81,000÷9년 = ₩9,000

② 자산재평가
재평가증가액 = ₩86,400(FV) - (81,000 - 9,000)(BV) = ₩14,400

(차)	건물	18,000	(대)	감가상각누계액	3,600
				재평가이익(기타수익)	9,000
				재평가이익(기타포괄손익)	5,400

	재평가 전	재평가 후		증가
건물	90,000	108,000	(주1)	18,000
감가상각누계액	(18,000)	(21,600)	(주2)	3,600
장부금액	82,000	86,400		

(주1)

• 조정계수 = $\frac{86,400(FV)}{72,000(BV)}$ = 1.2, ₩90,000×1.2 = ₩108,000

(주2) ₩18,000×1.2 = ₩21,6000

(2) 20×9년 초

① 유형자산처분손익 인식

(차)	감가상각누계액	21,600	(대)	건 물	108,000
	현 금	90,000		유형자산처분이익	3,600

② 재평가잉여금 대체

(차)	재평가잉여금	5,400	(대)	이익잉여금	5,400

2. 포괄손익계산서

	20×7년	20×8년
[당기손익]		
감가상각비	(10,000)	(9,000)
재평가이익(손실)	(9,000)	9,000
[기타포괄손익]		
재평가이익	0	5,400

3. 요약재무상태표

요약재무상태표		
〈자산〉	20×7년 말	20×8년 말
건 물	90,000	108,000
감가상각누계액	(9,000)	(21,600)
장 부 금 액	81,000	86,400
〈자본〉		
기타포괄손익누계액	0	5,400

CHAPTER

무형자산, 투자자산과 매각비유동자산

한눈에 살펴보는 이 장의 내용

무형자산은 유형자산과 함께 영업활동에 사용하여 수익창출에 공헌하는 자산으로 물리적 형체가 없다는 특징이 있다. 이러한 특징으로 인식기준과 상각방법에서 유형자산과 차이가 있다. 예를 들어, 무형자산에서는 내용연수가 비한정인 자산이 있고, 잔존가치는 확실한 경우가 아니면 인정하지 않는다. 기업회계기준서 제1038호(무형자산)는 2007년 11월에 제정되었고, 관련되는 국제회계기준은 'IAS 38 Intangible Assets'이다.

투자부동산은 임대수익이나 시세차익을 얻기 위해 소유하는 부동산을 말한다. 투자부동산을 최초로 인식한 이후 모든 투자부동산을 하나의 집단으로 묶어 원가모형과 공정가치모형 중 선택하여 측정한다. 유형자산 재평가모형과 투자부동산 공정가치모형은 공정가치로 평가한다는 공통점이 있으나, 평가손익 분류와 감가상각 실시여부에서 차이가 있다. 기업회계기준서 제1040호는 2007년 11월에 제정되었고, 관련되는 국제회계기준은 'IAS 40 Investment Property'이다.

매각예정비유동자산은 즉시 매각이 가능하고 매각될 가능성이 매우 높은 자산을 말하는데, 재무상태표에 별도로 분류하고 순공정가치로 측정한다. 기업회계기준서 제1105호(매각예정비유동자산과 중단영업)는 2007년 11월에 제정되었고, 관련되는 국제회계기준은 'IFRS 5 Non-current Assets Held for Sale and Discontinued Operation'이다.

생물자산은 자산 요건을 충족하는 농림어업활동의 대상이 되는 살아있는 동물과 식물을 말한다. 생물자산은 재무상태표에서 유형자산과 분리하여 별도항목으로 표시하고, 최초 인식시점에서 순공정가치로 측정하고, 후속측정에서 발생하는 손익은 당기손익으로 인식한다. 기업회계기준서 제1041호(농림어업)은 2007년에 제정되었고, 관련되는 국제회계기준은 'IAS 41 Agriculture'이다.

contents

CHAPTER

무형자산, 투자자산과 매각비유동자산

| 학습목표 |

1. 무형자산으로 인식하기 위한 요건을 설명할 수 있다. 무형자산으로 인식하기 위해서는 무형자산의 정의와 인식기준을 모두 충족해야 한다.
2. 무형자산으로 정의하기 위한 조건을 설명할 수 있다. 무형자산 정의를 충족하기 위해서는 식별가능성이 있고, 자원 통제권이 있으며, 미래경제적효익이 존재해야 한다.
3. 무형자산 내용연수에 따른 회계처리를 수행할 수 있다. 내용연수가 유한하면 내용연수 동안 체계적인 방법으로 상각한다. 내용연수가 비한정이면 상각하지 않고 손상징후가 있으면 손상검사 수행하여 손상차손을 인식하며, 비한정 평가를 정당화할 수 없다면 내용연수가 유한한 무형자산으로 변경한다.
4. 연구단계와 개발단계에서 발생한 지출의 회계처리를 수행할 수 있다. 연구단계에서 발생한 지출은 발생시점에서 비용으로 인식한다. 개발단계에서 발생한 지출이 무형자산 인식기준을 충족하면 자산으로 인식하고, 인식기준을 충족하지 못하면 비용으로 인식한다.
5. 사업결합으로 취득한 영업권 회계처리를 수행할 수 있다. 자가창출한 영업권은 무형자산으로 인식하지 않으며, 합병이나 영업양수와 같은 사업결합으로 유상 취득한 영업권은 무형자산으로 인식한다. 영업권은 상각하지 않고 매 보고기간말에 손상여부를 검토하여 손상차손을 인식한다.
6. 무형자산의 상각과 손상 회계처리를 수행할 수 있다. 내용연수가 유한한 무형자산은 내용연수 동안 체계적인 방법으로 상각대상금액을 배분하나, 내용연수가 비한정인 무형자산은 상각하지 않는다. 손상차손 및 손상차손환입 회계처리는 유형자산과 거의 유사하나, 영업권은 손상차손환입을 인식할 수 없다.
7. 투자부동산으로 분류되기 위한 요건을 설명할 수 있다. 임대수익이나 시세차익을 얻기 위해 보유하는 부동산은 투자부동산으로 분류한다. 재화 생산이나 임대수익을 제공하기 위해 보유하고 있다면 부분별로 분리하여 매각이 가능하다면 유형자산과 투자부동산으로 각각 분류한다.
8. 투자부동산을 후속측정하기 위한 모형을 설명할 수 있다. 후속측정에서는 모든 투자부동산을 하나의 집단으로 묶어 원가모형과 공정가치모형 중 선택하여 측정한다. 공정가치모형을 선택하면 감가상각하지 않고, 공정가치로 평가하여 발생한 평가손익은 당기손익으로 인식한다.
9. 매각예정비유동자산의 측정방법을 설명할 수 있다. 매각예정비유동자산은 분류시점부터 매각시점까지 감가상각을 수행하지 않고, 분류시점에서 순공정가치와 장부금액 중 적은 금액으로 측정한다.
10. 생물자산 및 수확물의 측정방법을 설명할 수 있다. 생물자산은 최초 인식시점에서 순공정가치로 측정하

고, 매 회계기간 말에 순공정가치로 측정하여 발생한 손익을 당기손익으로 인식한다. 수확물은 수확 시점에서 순공정가치로 측정하고, 보고기간말에는 수확물의 장부금액과 순실현가능가치 중 낮은 금액으로 측정한다.

| 주요 용어 |

- 식별가능성 : 자신이 분리가능하거나 계약상 권리 또는 기타 법적 권리에서 자산이 발생
- 통제 : 자원에서 유입되는 미래경제적효익을 확보할 수 있고, 효익에 대한 제3자의 접근이 제한 가능한 것
- 연구단계 : 새로운 과학적 · 기술적 지식 · 이해를 얻기 위해 수행하는 독창적이고 계획적인 탐구활동
- 개발단계 : 선정된 대체안의 상업화를 결정하고 관련 시제품과 모형을 설계하는 활동을 수행하는 단계
- 영업권 : 동종 산업의 다른 기업에 비해 정상수익률 이상의 이윤을 획득할 수 있는 초과이윤 창출능력
- 투자부동산 : 임대수익이나 시세차익 또는 둘 다를 얻기 위해 소유자나 리스이용자가 보유하는 부동산
- 매각예정비유동자산 : 현재 상태에서 통상적으로 관습적인 거래조건만으로 즉시 매각이 가능하고, 해당 자산이 매각될 가능성이 매우 높은 자산
- 생물자산 : 자산 요건을 충족시키는 농림어업활동의 대상이 되는 살아있는 동물과 식물
- 수확물 : 생물자산에서 수확한 생산물

제1절 무형자산

1. 무형자산의 의의

(1) 무형자산의 의의

기업은 과학적 · 기술적 지식, 새로운 공정이나 시스템 설계와 실행, 라이선스, 지적재산권, 시장에 대한 지식과 상표 등의 무형자원을 취득, 개발, 유지하거나 개선한다. 이렇게 물리적 형체는 없지만 식별할 수 있는 비화폐성자산을 무형자산(intangible asset)이라고 한다.

무형자산으로 인식하기 위해서는 [그림 1]과 같이 무형자산의 정의와 인식기준을 모두 충족해야 한다.

[무형자산의 정의]		[무형자산의 인식기준]
• 식별가능성 • 통제 • 미래경제적효익	+	• 자산에서 발생하는 미래경제적효익이 기업에 유입될 가능성이 높다. • 자산의 원가를 신뢰성 있게 측정할 수 있다.

[그림 1] 무형자산으로 인식하기 위한 요건

(2) 무형자산으로 정의되기 위한 조건

무형자산 정의를 충족하기 위해서는 식별가능성이 있고, 자원 통제권이 있으며, 미래경제적효익이 존재해야 한다. 무형자산 정의를 충족하지 못하거나 내부적으로 창출하기 위해 발생한 지출은 비용으로 인식한다.

① 식별가능성

'식별가능하다'는 것은 자산이 분리가능(예를 들어, 기업과 분리하여 별개 자산으로 매각, 이전, 라이선스, 임대 또는 교환 가능)하거나, 자산이 계약상 권리 또는 법적 권리로부터 발생하는 경우를 말한다. 자산이 기업과 분리가능하지 않고, 양도가능하지 않더라도 계약상 권리 또는 법적 권리에서 발생한다면 식별가능한 것으로 본다. 예를 들어, 기업이 지방자치단체가 소유한 특정 시설물을 이용하기로 계약을 체결하고 대가를 지급하는 '시설물이용권'이 이에 해당한다.

② 통제

통제란 자원에서 유입되는 미래경제적효익을 확보할 수 있고, 효익에 대한 제3자의 접근 제한이 가능한 것을 말한다. 일반적으로 통제능력은 법적 권리에서 나오지만, 법적 권리가 없어도 미래경제적효익을 통제할 수 있다. 권리의 법적 집행가능성은 통제의 필요조건은 아니다.

저작권, 계약상 제약, 법에 의한 종업원 기밀유지의무가 법적권리로 보호된다면 미래경제적효익을 통제하는 것으로 보아 자산으로 인식한다. 숙련된 종업원과 교육훈련에서 발생하는 미래경제적효익에 대해서는 통제권이 없으므로 자산으로 인식하지 않는다.

고객관계는 자산으로 인식하지 않지만, 비계약적 고객관계를 교환하는 거래는 자산으로 인식할 수 있다. 예를 들어, A기업은 Y기업(도소매업 영위)으로부터 고객목록을 대가를 지급하여 취득했으며, Y기업은 계약에 따라 고객목록을 양도한 이후에는 접근이 제한된다고 하자. 이러한 고객관계의 교환거래가 있었다는 사실은 분리가능하고, A기업이 그 관계에서 유입이 기대되는 미래경제적효익을 통제할 수 있다는 증거를 제공한다. A기업은 대가 지급으로 취득한 고객목록을 자산으로 인식할 수 있다.

③ 미래경제적효익

무형자산의 미래경제적효익은 제품매출, 용역수익, 원가절감 또는 자산 사용에 따른 기타 효익 형태로 발생할 수 있다. 예를 들면, 제조과정에서 지적재산을 사용하면 미래 수익을 증가시키지는 못하나 미래 제조원가는 감소시킬 수 있다.

2. 무형자산의 인식과 측정

(1) 무형자산의 인식기준

① 무형자산을 인식하기 위한 기준

무형자산 정의를 충족해도 무형자산으로 인식하기 위해서는 다음의 무형자산 인식기준을 충족해야 한다.

[무형자산의 인식기준]

- 자산에서 발생하는 미래경제적효익이 기업에 유입될 가능성이 크다.
- 자산의 원가를 신뢰성 있게 측정할 수 있다.

무형자산을 취득하거나 내부적으로 창출하기 위해 최초로 발생한 원가, 취득이나 완성 후에 증가 · 대체 · 수선을 위해 발생한 원가도 인식기준을 충족하면 자산으로 인식한다.

② 비용으로 인식하는 지출

사업개시원가(법인설립비용, 개업원가, 신규영업준비원가)는 관련된 미래경제적효익이 나타나는 시기를 결정하기 어렵기 때문에 비용으로 인식한다. 광고 및 판매촉진 관련 비용은 고객과의 관계를 강화하여 미래에 수익을 창출하나, 내부창출 무형자산에 해당하므로 비용으로 처리한다. 마찬가지 이유로 기업 전부나 일부 이전 또는 조직 개편에 관련된 지출도 비용으로 인식한다.

무형자산에 대한 지출은 최초시점에 비용으로 인식하면 이후에는 무형자산 원가로 인식할 수 없다.

〈예 1〉 무형자산 인식기준을 충족하기 이전에 발생한 지출

A기업(회계기간: 1.1.~12.31.)은 새로운 생산공정을 개발 중이다. 20×5년에 발생한 지출은 ₩1,000이다. 이 중 ₩900은 20×5년 12월 1일 전에 발생하였고, ₩100은 20×5년 12월 1일과 20×5년 12월 31일 사이에 발생했다.
A기업은 20×5년 12월 1일에 새로운 생산공정이 무형자산 인식기준을 충족했다는 사실을 제시할 수 있었다. 그 공정이 갖는 노하우의 회수가능액(그 공정이 사용가능하기 전에 해당 공정을 완료하기 위한 미래 현금유출액 포함)은 ₩500으로 추정된다.

20×5년 말 ₩100의 원가(인식기준을 충족한 날 즉, 20×5년 12월 1일 이후에 발생된 지출)만 무형자산으로 인식한다. 20×5년 12월 1일 전에 발생한 ₩900은 무형자산 인식기준을 충족하지 못하므로 비용으로 인식한다. 공정이 갖는 노하우의 회수가능액이 ₩500으로 추정되므로 자산으로 인식한 ₩100에 대한 손상차손을 인식할 필요는 없다.

(2) 개별 취득하는 무형자산의 인식

개별 취득하는 무형자산 취득원가는 구입가격(매입할인과 리베이트는 차감, 수입관세와 환급받을 수 없는 세금 포함)에 자산을 의도한 목적에 사용할 수 있도록 준비하는 데 직접 관련된 원가로 구성된다. 무형자산 원가에는 자산을 경영자가 의도하는 방식으로 운용될 수 있는 상태에 이르는 지출을 포함한다. 무형자산을 사용하거나 재배치하는 데 발생하는 지출은 기간의 비용으로 인식한다.

[표 1] 취득원가에 포함 또는 제외되는 지출

취득원가 포함	취득원가 제외 (기간비용 인식)
• 자산을 사용 가능한 상태로 만드는 데 직접적으로 발생하는 종업원급여 • 자산을 사용 가능한 상태로 만드는 데 발생하는 전문가 수수료 • 자산이 적절하게 기능을 발휘하는지 검사하는데 발생하는 원가	• 새로운 제품이나 용역의 홍보원가 • 새로운 지역에서 또는 새로운 고객을 대상으로 사업을 수행하는 데서 발생하는 원가(교육훈련비 포함) • 관련원가와 기타 일반경비원가

무형자산의 대금지급기간이 일반적인 신용기간보다 길면 현금가격상당액(현재가치)을 무형자산의 원가로 본다. 현금가격상당액과 총지급액과의 차액은 신용기간에 걸쳐 이자비용으로 인식한다.

[예제 1] 개별 취득

20×1년 초 소프트웨어 취득과 관련하여 다음과 같은 지출이 발생했다.

① 구입가격	₩2,000,000
② 리베이트(2%)	40,000
③ 관리비와 일반경비	200,000
④ 소프트웨어 설치관련 전문가수수료	100,000
⑤ 소프트웨어 정상작동 검사비	40,000
⑥ 소프트웨어 초기 오작동에 따른 영업손실	140,000

물음

소프트웨어 원가를 계산하시오.

해답

소프트웨어 원가 = ₩2,000,000(①) - 40,000(②) +100,000(④) + 40,000(⑤) = ₩2,100,000

〈해설〉

• 리베이트는 대금 지불 후 거래처로부터 돌려받는 금액이므로 구입가격에서 차감한다.

• 취득시점 이후에 발생하는 소프트웨어 초기 오작동에 따른 영업손실은 자산을 사용가능한 상태로 만드는데 직접적으로 필요한 지출이 아니므로 기간의 비용으로 인식한다.

(3) 사업결합으로 취득하는 무형자산

사업결합으로 취득하는 무형자산의 취득원가는 취득일의 공정가치로 인식한다. 사업결합 전에 피취득자가 자산으로 인식했는지 관계없이, 취득자는 취득일에 피취득자의 무형자산을 영업권과 분리하여 인식한다. 예를 들어, 피취득자가 진행 중인 연구·프로젝트를 비용으로 인식했으나, 사업결합일에 무형자산 정의를 충족한다면 취득자는 이를 자산으로 인식한다.

(4) 내부적으로 창출하는 무형자산

내부적으로 창출한 무형자산은 인식기준을 충족하는지 평가하기 어렵다. 왜냐하면 미래경제적효익을 창출한 식별 가능한 자산이 있는지와 미래경제적효익을 창출하는 시점을 파악하기 힘들고, 자산 원가를 신뢰성 있게 결정하기 어렵기 때문이다.

내부적으로 창출한 무형자산이 인식기준을 충족하는지 평가하기 위해 내부 프로젝트를 연구단계와 개발단계로 구분한다. 내부 프로젝트의 연구단계와 개발단계로 구분할 수 없다면 발생한 지출은 모두 연구단계에서 발생한 것으로 본다.

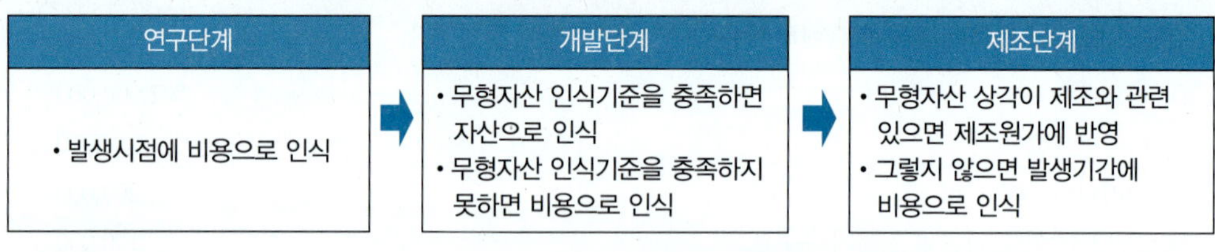

[그림 2] 연구프로젝트의 회계처리

① 연구단계

연구란 새로운 과학적, 기술적 지식이나 이해를 얻기 위해 수행하는 독창적이고 계획적인 탐구활동을 말한다. 연구단계에서 발생하는 지출은 미래경제적효익의 발생가능성이 불확실하므로 발생시점에서 비용으로 인식한다.

[연구활동의 예]

i. 새로운 지식을 얻고자 하는 활동
ii. 연구결과나 기타 지식을 탐색, 평가, 최종 선택, 응용하는 활동
iii. 재료, 장치, 제품, 공정, 시스템이나 용역에 대한 여러 가지 대체안을 탐색하는 활동
iv. 새롭거나 개선된 재료, 장치, 제품, 공정, 시스템이나 용역에 대한 여러 가지 대체안을 제안, 설계, 평가, 최종 선택하는 활동

② 개발단계

개발이란 상업적 생산이나 사용 전에 연구결과나 관련 지식을 현저히 개량된 재료, 장치, 제품, 공정, 시스템이나 용역의 생산을 위한 계획이나 설계에 적용하는 활동을 말한다. 개발단계는 연구단계보다 훨씬 더 진전된 상태이므로, 무형자산을 식별할 수 있으며, 미래경제적효익을 창출할 것임을 제시할 수 있다.

[개발활동의 예]

i. 생산이나 사용 전의 시제품과 모형을 설계, 제작, 시험하는 활동
ii. 새로운 기술과 관련된 공구, 지그, 주형, 금형 등을 설계하는 활동
iii. 상업적 생산 목적으로 실현가능한 경제적 규모가 아닌 시험공장을 설계, 건설, 가동하는 활동
iv. 신규 또는 개선된 재료, 장치, 제품, 공정, 시스템이나 용역에 대해 최종적으로 선정된 안을 설계, 제작, 시험하는 활동

개발활동(또는 내부 프로젝트의 개발단계)에서 발생한 지출은 다음 사항을 모두 충족하면 무형자산으로 인식한다.

[무형자산으로 인식하기 위한 요건]

i. 무형자산을 사용하거나 판매하기 위해 자산을 완성할 수 있는 기술적 실현가능성
ii. 무형자산을 완성하여 사용하거나 판매하려는 기업의 의도
iii. 무형자산을 사용하거나 판매할 수 있는 기업의 능력
iv. 무형자산이 미래경제적효익을 창출하는 방법. 무형자산 산출물이나 무형자산 자체를 거래하는 시장이 존재함을 제시할 수 있거나 무형자산을 내부적으로 사용할 것이라면 그 유용성을 제시할 수 있음
v. 무형자산 개발을 완료하고 그것을 판매하거나 사용하는 데 필요한 기술적, 재정적 자원 등의 입수가능성
vi. 개발과정에서 발생한 무형자산 관련 지출을 신뢰성 있게 측정할 수 있는 기업의 능력

연구 · 개발활동 목적은 지식 개발에 있다. 이러한 활동으로 물리적 형체(예 : 시제품)가 있는 자산이 산출되면 자산이 갖는 지식에 부수적인 것으로 보아 무형자산 요소로 본다.

[예제 2] 연구비와 개발비

다음은 서울회사의 20×1년도 항암 치료용 신약을 위한 연구, 개발 및 생산과 관련된 자료이다. 개발비(무형자산)로 분류되는 지출은 20×1년 초에 자산인식요건을 충족했다.

① 항암 원인을 발견하기 위한 지출	₩30,000
② 암 발생 규명에 필요한 동물실험을 위한 지출	1,000
③ 상업용 신약 생산에 필요한 설비 취득을 위한 지출	40,000
④ 신약을 개발하는 시험공장 건설을 위한 지출 (상업적 생산목적으로 실현가능한 경제적 규모가 아님)	50,000
⑤ 신약 상업화 전 최종 임상실험을 위한 지출	6,000
⑥ 신약 생산 전 시제품을 시험하기 위한 지출	2,000
⑦ 동물실험결과 평가를 위한 지출	3,000

물음

서울회사가 20×1년에 기간비용으로 인식할 지출과 자산으로 인식할 금액을 각각 구하시오.

해답

1. 기간비용으로 인식할 지출(연구비)

₩30,000(①) + 1,000(②) + 3,000(⑦) = ₩34,000

2. 자산으로 인식할 금액(개발비)

₩50,000(④) + 6,000(⑤) + 2,000(⑥) = ₩58,000

〈해설〉

신약 생산에 필요한 설비 취득(③)을 위한 지출은 유형자산 취득원가로 인식한다.

③ 무형자산의 원가

내부적으로 창출한 무형자산 원가는 무형자산이 인식기준을 최초로 충족시킨 이후에 발생한 지출금액의 합으로 한다. 무형자산 원가는 자산의 창출, 제조 및 경영자가 의도하는 방식으로 운영될 수 있게 준비하는 데 필요한 직접 관련된 모든 원가(재료원가, 용역원가, 종업원급여, 등록수수료, 특허권 및 라이선스 상각비)를 포함한다.

[예제 3] **내부창출 무형자산**

12월 결산법인인 (주)소피무터는 첨단기술을 이용한 차세대 자동차를 개발 중이다.

(1) 20×1년 말 차세대 자동차 연구활동은 종료되어, 20×2년 초 본격적인 개발단계에 들어갔다. 연구·개발활동과 관련하여 직접 지출된 인건비와 재료비는 다음과 같다.

구분	20×1년	20×2년
재료비	₩80,000	₩115,000
인건비	90,000	95,000

(2) 20×2년 말 개발활동이 종료되고 20×3년 7월 초 신제품의 생산 및 판매를 시작했는데, 동 기술을 이용해 4년간 생산·판매할 것으로 추정한다.
(3) 생산기술의 특허권을 신청하여 20×3년 6월 말에 취득했다. 특허권 취득을 위해 ₩12,000을 지출했고, 특허권과 개발비는 4년간 정액법으로 상각하며 잔존가치는 없다.

물음

각 연도에 수행해야 할 회계처리를 제시하시오. 상각액은 관련 무형자산에서 직접 차감하는 회계정책을 채택하고 있다.

해답

1. 20×1년

(차)	연구비	170,000	(대)	현　금	170,000

㈜ ₩80,000(재료비) + 90,000(인건비) = ₩170,000

2. 20×2년

(차)	개발비	210,000	(대)	현　금	210,000

㈜ ₩115,000(재료비) + 95,000(인건비) = ₩210,000

3. 20×3년

(1) 6월말(특허권 취득)

(차)	특허권	12,000	(대)	현　금	12,000

(2) 12월 31일(무형자산 상각)

(차)	무형자산상각비	27,750	(대)	개발비 (주1)	26,250
				특허권 (주2)	1,500

(주1) ₩210,000×1/4×6/12 = ₩26,250
(주2) ₩12,000×1/4×6/12 = ₩1,500

〈해설〉
개발비 취득시점은 20×2년 말이나 20×3년 7월 초부터 생산 · 판매가 시작되었다. 이 시점부터 수익이 발생하므로 무형자산 상각도 동 시점부터 시작한다.

(5) 영업권

① 의의

영업권(goodwill)은 동종 산업의 다른 기업에 비해 정상수익률 이상의 이윤을 획득할 수 있는 초과이윤 창출능력을 말한다. 초과이윤 창출능력은 우수한 인력 및 기술, 경영 노하우, 우수한 판매망 등으로 발생한다. 영업권은 이러한 요인으로 미래 발생할 초과이윤을 현재가치로 평가한 금액을 말한다.

기업이 자체적으로 미래에 발생할 초과이윤을 현재가치로 평가해 화폐가치로 표시한 것을 자가창출 영업권이라고 한다. 자가창출 영업권은 원가를 신뢰성 있게 측정할 수 없고 식별가능한 자원이 아니므로 자산으로 인정하지 않는다. 합병이나 영업양수와 같은 사업결합으로 유상으로 취득하는 영업권은 무형자산으로 인식한다.

■ 실사와 영업권 산정

합병할 때 피합병회사의 자산과 부채를 실사하고, 가치평가를 통해 영업권을 산정하여 합병대가를 결정한다. 예를 들어, A회사(합병회사)가 B회사(피합병회사)를 합병한다고 하자. A회사는 B회사와의 합병을 위해 자산 · 부채를 실사하는데, 자산 및 부채상태에 대한 정확한 실사로 위험요인을 파악하고 합병을 위해 지불해야 할 금액을 결정할 수 있다. A회사는 실사를 수행했는데 B회사의 자산 및 부채의 공정가치는 각각 10억원, 6억원이라 하자. 실사로 결정된 순자산 공정가치는 4억원으로 A회사는 합병을 위해 B회사 주주에게 4억원을 지급하고, 부채 6억원은 만기시점에 채권자에게 지급한다. B회사가 우수한 인력 및 기술을 보유하고 있어 동종산업의 다른 기업에 비해 초과이윤을 획득하고 있다면 이에 대한 대가를 A회사에게 요구할 것이다. 이를 '영업권'이라고 하며, 가치평가(valuation)를 수행하여 산정한다.

가치평가는 상당히 복잡한 과정을 거치나, 간단하게 설명하면 다음과 같다. B회사는 매년 2억원의 이익을 보고하는데, 동일한 금액을 투자한 동종산업의 다른 기업들은 평균적으로 1억원의 이익을 보고한다고 하자. B회사의 이익 2억원에서 동종산업의 평균이익 1억원을 차감한 1억원이 초과이익이다. 초과이익 1억원이 발생할 것으로 예상하는 기간을 고려하여 적절한 할인율로 할인한 현재가치가 영업권이다. 이러한 과정을 거쳐 계산된 영업권이 3억원이라면, B기업은 합병대가로 순자산 공정가치 4억원에 영업권 3억원을 가산한 7억원을 합병대가로 요구할 것이다.

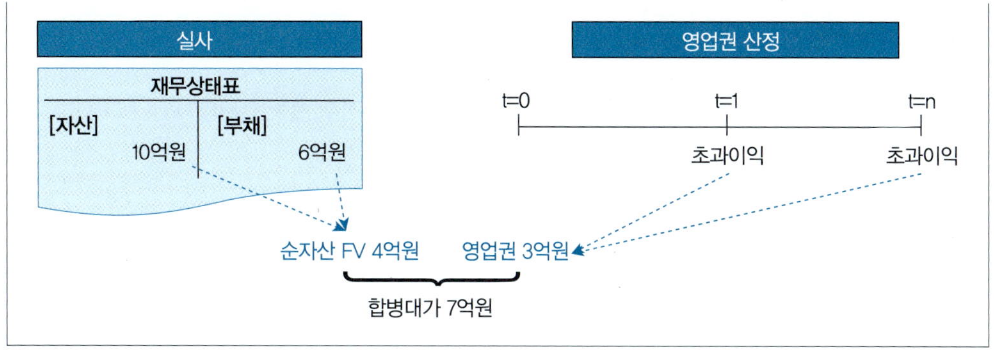

② 회계처리

영업권이란 합병회사(취득자)가 피합병회사(피취득자)의 식별 가능한 순자산 공정가치를 초과하여 지급한 대가를 말한다. 순자산 공정가치보다 적게 대가를 지급(염가매수)하여 발생하는 염가매수차익은 당기손익으로 인식한다.

[영업권과 합병대가의 계산]

영업권 = 이전대가의 공정가치(합병대가) − 피취득자의 식별 가능한 순자산 공정가치

합병대가 = 피취득자의 식별가능한 순자산 공정가치 + 영업권

영업권과 관련한 미래경제적효익은 다양한 원천에서 발생하므로 적절한 형태를 예측하기 매우 어렵고, 내용연수를 결정하기 어려운 비한정내용연수를 가진 무형자산이다. 이러한 이유로 영업권은 상각하지 않고 매 보고기간말에 손상여부를 검토하여 손상차손을 인식한다.

③ 영업권과 분리하여 다른 무형자산을 측정 가능한 상황

자산의 공정가치를 신뢰성 있게 측정할 수 있다면 사업결합 전에 자산을 피취득자가 인식했는지 관계없이, 취득자는 취득일에 피취득자의 무형자산을 영업권과 분리하여 인식한다. 예를 들어, 피취득자가 신제품 개발을 위한 연구·개발 프로젝트를 비용으로 처리했으나, 합병시점에서 무형자산 인식요건을 충족하고 공정가치를 측정할 수 있다면 개발비(무형자산)로 인식할 수 있다. 피취득자가 재무상태표에 무형자산으로 인식했으나, 합병시점에서 무형자산 인식요건을 충족하지 못하면 자산으로 인식하지 않는다.

[예제 4] **영업권**

대한회사는 20×2년 초 민국회사를 합병했는데, 합병시점이 만국회사의 재무상태표는 다음과 같다.

재무상태표

민국회사			20×1년 초
여러 자산	₩2,000,000	여러 부채	₩1,400,000
특 허 권	1,000,000	자 본	1,600,000
	₩3,000,000		₩3,000,000

(1) 여러 자산(특허권 제외)과 여러 부채의 공정가치는 각각 ₩2,400,000과 ₩1,400,000이다.
(2) 대한회사는 합병대가로 민국회사 주주에게 대한회사 주식 200주(액면금액 ₩5,000, 공정가치 ₩10,000)를 발행 · 교부했다.

물음

다음 각 상황에서 대한회사가 합병으로 인식할 무형자산과 영업권의 취득원가를 구하시오.
(상황 1) 민국회사의 특허권이 무형자산 인식요건을 충족하지 못한다.
(상황 2) 민국회사의 특허권이 무형자산 인식요건을 충족하고 공정가치가 ₩600,000으로 측정된다.
(상황 3) '(상황 2)'에서 민국회사는 신제품 개발을 위한 연구 · 프로젝트를 합병 전 수년간 수행해 왔고 동 지출액을 발생시점에서 비용으로 처리했다. 대한회사가 합병할 때 연구 · 개발 프로젝트는 무형자산 인식요건을 충족하며 공정가치는 ₩300,000으로 측정된다.

해답

(상황 1)
(1) 특허권 : ₩0
(2) 영업권 : ₩10,000×200주(합병대가) − (₩2,400,000 - 1,400,000)(순자산 FV) = ₩1,000,000

(상황 2)
(1) 특허권 : ₩600,000
(2) 영업권 : ₩10,000×200주(합병대가) − [₩1,000,000(순자산 FV) + 600,000(특허권)] = ₩400,000

(상황 3)
(1) 특허권 : ₩600,000
(2) 개발비 : ₩300,000
(3) 영업권 : ₩10,000×200주(합병대가) − [₩1,000,000(순자산 FV) + 600,000(특허권) + 300,000(개발비)] = ₩100,000

3. 무형자산의 상각 및 손상

(1) 내용연수 결정

무형자산 회계처리는 내용연수에 따라 다르다. 내용연수가 유한한 무형자산은 상각하며, 내용연수가 비한정인 무형자산은 상각하지 않는다. 비한정은 무한을 의미하지 않으며, 미래경제적효익이 발생하는 기간을 추정할 수 없다는 의미이다. 내용연수를 비한정으로 추정했으나 상황변화로 내용연수가 유한하다고 판단할 수도 있으므로 미래경제적효익이 무한히 계속되는 것과는 차이가 있다.

무형자산 내용연수는 계약상 권리(또는 법적 권리의 기간)와 자산의 예상사용기간 중 짧은 기간으로 결정한다.

(2) 내용연수가 유한한 무형자산

① 상각방법

내용연수가 유한한 무형자산의 상각대상금액은 내용연수 동안 체계적인 방법으로 배분한다. 자산이 경영자가 의도하는 방식으로 운영할 수 있는 장소와 상태에 이르렀을 때 상각을 시작한다. 자산이 매각예정으로 분류되는 날과 자산이 재무상태표에서 제거되는 날 중 이른 날에 상각을 중지한다.

정액법, 체감잔액법과 생산량비례법 중 자산이 갖는 예상 미래경제적효익의 예상되는 소비형태에 기초하여 상각방법을 선택한다. 소비형태를 신뢰성 있게 결정할 수 없다면 정액법을 사용한다.

② 잔존가치

무형자산은 시장에서 매각될 가능성이 낮고 거래가 빈번하게 이루어지지 않는다. 이러한 이유로 내용연수가 유한한 무형자산의 잔존가치는 원칙적으로 영(₩0)으로 본다. 다음 중 하나에 해당하면 잔존가치를 인식할 수 있다.

[잔존가치를 인식하기 위한 요건]

(1) 내용연수 종료 시점에 제3자가 자산을 구입하기로 한 약정이 있다.
(2) 무형자산의 활성시장이 있고 다음을 모두 충족한다.
　(가) 잔존가치를 그 활성시장에 기초하여 결정할 수 있다.
　(나) 그러한 활성시장이 내용연수 종료시점에 존재할 가능성이 크다.

[예제 5] 내용연수 평가

〈사례 1〉
특허기술로 보호받는 제품이 20년 동안 순현금유입의 원천이 될 것으로 예상한다. 회사는 특허권 취득일 현재 공정가치의 30%로 10년 후에 특허권을 구매하려는 제3자와 약정했다. 회사는 10년 후에 특허권을 매각할 의도를 가지고 있다.

〈사례 2〉
회사는 취득한 저작권으로 50년간 법적 권리를 보장받는다. 고객 성향과 시장 동향을 분석했는데 저작권에서 앞으로 25년 동안만 순현금유입이 창출될 것으로 추정한다.

〈사례 3〉
회사는 방송라이선스를 취득했다. 취득일 현재 라이선스 발급기관은 방송라이선스를 갱신해 주지 않고 5년마다 경매에 붙이기로 결정했다. 회사는 계약만료시점까지 라이선스가 순현금유입에 기여할 것으로 예상한다.

물음

상기 각 사례에서 내용연수를 평가하시오.

해답

1. 사례 1
특허권을 취득일 현재 공정가치의 30%를 잔존가치로 하여 10년의 내용연수에 걸쳐 상각한다.

2. 사례 2
저작권은 법적 권리가 보장된 기간과 경제적 내용연수 중 짧은 기간인 25년 동안 상각한다.

3. 사례 3
방송라이선스를 경매에 붙이므로, 취득한 라이선스는 5년 동안 상각한다.

③ 상각액 회계처리

무형자산 회계처리는 다음 두 가지 방법이 모두 가능하나, 실무에서는 주로 직접차감법을 사용한다. 어떤 방법을 사용하든 재무상태표에 표시되는 장부금액과 포괄손익계산서에 인식하는 무형자산상각비는 동일하다.

직접차감법	(차)	무형자산상각비	×××	(대)	무 형 자 산	×××
간 접 법	(차)	무형자산상각비	×××	(대)	상각누계액	×××

(3) 내용연수가 비한정인 무형자산

내용연수가 비한정인 무형자산은 상각하지 않으며, 매년 그리고 손상 징후가 있을 때 손상검사를 수행하여 손상차손(또는 손상차손환입)을 인식한다. 사건과 상황을 고려하여 자산의 내용연수가 비한정이라는 평가가 계속하여 정당화되는지 매 회계기간에 검토한다.

비한정 평가가 정당화되지 않는다면 내용연수가 유한한 것으로 변경하며, 이러한 변경은 회계추정 변경으로 회계처리한다.

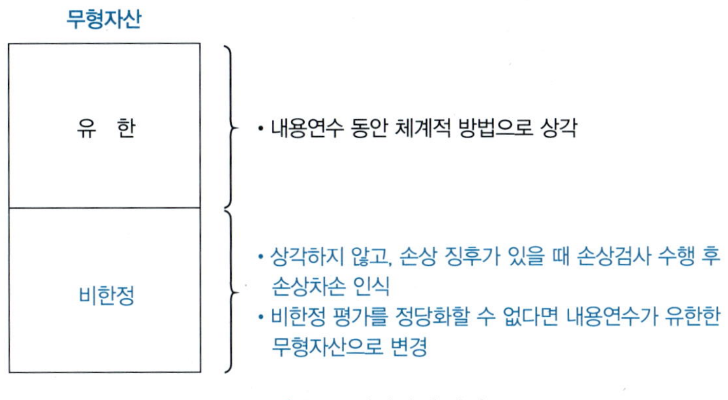

[그림 3] 무형자산의 상각

[예제 6] 내용연수가 비한정인 무형자산

20×1년 4월 1일, (주)게바티는 컴퓨터 프로그램회사인 (주)첼로SW에게서 회사 운영관리를 위해 전사적자원관리(ERP)프로그램을 ₩4,000,000에 구입했다. 컴퓨터 소프트웨어의 경제적 내용연수는 2년이나, (주)첼로SW는 비한정기간에 무상으로 프로그램을 업그레이드 해주고 있다. (주)게바티도 컴퓨터 소프트웨어를 비한정으로 갱신하려는 의도를 가지고 있으며 갱신할 수 있는 능력을 가지고 있다. (주)게바티의 무형자산은 정액법으로 상각하며, 잔존가치는 없다고 추정한다.

물음

컴퓨터 소프트웨어와 관련하여 (주)게바티의 20×1년 말 재무상태표에 계상될 금액과 20×1년도 포괄손익계산서에 인식될 금액을 구하시오.

해답

(1) 재무상태표상 무형자산 금액 = ₩4,000,000

(2) 포괄손익계산서상 무형자산상각비 = ₩0

〈해설〉

컴퓨터 소프트웨어의 경제적 내용연수는 2년이나, 비한정기간에 무상으로 프로그램을 업그레이드 해주고 있다. 내용연수가 비한정이므로 컴퓨터 소프트웨어는 상각하지 않는다.

(4) 무형자산의 손상차손 및 환입

유형자산과 마찬가지로 무형자산도 원가모형과 재평가모형 중 하나를 회계정책으로 선택해야 하고, 자산 분류별로 동일하게 적용한다. 실무에서 무형자산에 대해 재평가모형을 적용하는 기업은 거의 없기 때문에 본서에서는 원가모형을 채택하는 상황에서 발생하는 손상차손만 설명한다.

① 손상차손

내용연수가 한정된 무형자산은 손상징후가 존재하는 경우에만 손상검사를 실시한다. 내용연수가 비한정인 무형자산, 아직 사용할 수 없는 무형자산과 사업결합과정에서 인식한 영업권은 상각하지 않기 때문에 엄격한 손상검사가 필요하다. 이들 무형자산은 손상징후에 관계없이 매년 정기적으로 손상검사를 실시한다.

무형자산에서 손상차손이 발생하면 손상차손누계액을 별도로 설정하여 손상차손을 인식하거나 손상차손을 자산에서 직접 차감하여 인식한다.

② 손상차손환입

손상차손환입은 유형자산의 회계처리와 동일하나, 무형자산 중 영업권은 손상차손을 인식한 후 손상차손환입을 인식할 수 없다. 왜냐하면 손상차손을 인식한 후 해당 자산의 회수가능액이 증가하면 '자가창출 영업권'으로 보기 때문이다. 자가창출 영업권은 측정의 객관성이 떨어지므로 무형자산으로 인식하지 않는데, 동일한 이유로 손상차손환입에 따른 자산 증가도 인정하지 않는다.

[예제 7] 무형자산의 손상차손

첼로(주)는 20×1년 초 자산인식요건을 충족하는 개발비 ₩100,000을 지출했다. 개발비의 내용연수는 5년이고, 정액법으로 상각한다.

20×1년 말, 개발비의 경제적 성과가 예상 수준에 미치지 못할 것으로 예상하는 증거를 내부보고에서 얻었다. 이에 따라 회수가능액을 ₩48,000으로 추정했다. 20×3년 말, 개발비의 경제적 성과가 예상보다 더 좋다는 증거를 내부보고에서 얻었다. 이에 따라 회수가능액을 ₩46,000으로 추정했다.

물음

20×1년 초부터 20×4년 말까지의 회계처리를 제시하시오.

해답

(1) 20×1년 1월 1일

(차)	개발비	100,000	(대)	현금	100,000

(2) 20×1년 12월 31일

① 상각비 인식

(차)	무형자산상각비	20,000	(대)	개발비	20,000

(주) ₩100,000÷5년 = ₩20,000

② 손상차손 인식

(차)	무형자산손상차손	32,000	(대)	개발비	32,000

(주) ₩80,000(장부금액) − 48,000(회수가능가액) = ₩32,000

(3) 20×2년 12월 31일

(차)	무형자산상각비	12,000	(대)	개발비	12,000

(주) ₩48,000÷4년(손상차손인식시점 이후 잔존 내용연수) = ₩12,000

(4) 20×3년 12월 31일

① 상각비 인식

(차)	무형자산상각비	12,000	(대)	개발비	12,000

(주) ₩48,000÷4년 = ₩12,000

② 손상차손 인식

(차)	개발비	16,000	(대)	무형자산손상차손환입	16,000

* Min[① ₩46,000(회수가능액), ② ₩40,000[주1]] − ₩24,000[주2]] = ₩16,000

(주1) 손상이 없다고 가정할 때 장부금액 : ₩100,000 − 20,000(상각액)×3년 = ₩40,000
(주2) 손상차손 인식 후 장부금액 : ₩48,000(손상차손인식 후 장부금액) − 12,000(상각액)×2년 = ₩24,000

〈해설〉

손상차손환입은 손상이 없다고 가정할 때의 장부금액을 한도로 환입한다. 왜냐하면 보수주의에 따라 역사적 원가(손상이 없었다고 가정할 때 장부금액)를 초과하여 이익을 인식할 수 없기 때문이다.

4. 무형자산의 폐기 또는 처분

무형자산은 처분하는 때와 사용이나 처분으로 미래경제적효익이 기대되지 않을 때 재무상태표에서 제거한다. 무형자산의 순처분대가(처분가격 − 처분비용)와 장부금액의 차이를 무형자산 처분손익으로 인식한다.

제2절 투자부동산

1. 투자부동산의 의의

(1) 투자부동산이란?

투자부동산(investment property)은 임대수익이나 시세차익 또는 둘 다를 얻기 위해 소유자(또는 리스이용자)가 보유하는 부동산이다. 장기시세차익을 얻기 위해 보유하거나 장래 사용목적을 결정하지 못한 채 보유 중인 토지도 투자부동산으로 분류한다.

(2) 부동산의 분류

부동산의 일부분은 재화 생산이나 용역 제공 또는 관리목적에 사용하기 위해 보유하고, 다른 일부는 임대수익이나 시세차익 목적으로 보유할 수 있다. 부동산을 부분별로 분리해 매각할 수 있다면 각 부분을 분리해 유형자산과 투자부동산으로 분류한다. 분리매각이 가능하지 않고, 전체 부동산 중에서 영업활동 목적(재화 생산이나 용역 제공이나 관리목적)에 사용하기 위해 보유하는 부분이 경미하다면 투자부동산으로 분류한다.

[표 2] **부동산의 분류**

구분	부분별 분리 매각 가능성		
	가능		불가능
부동산 분류	유 형 자 산	영업활동 사용	투자부동산 (영업활동 목적에 사용하는 부분이 경미)
	투자부동산	임대수익, 시세차익목적	

부동산 소유자가 부동산 사용자에게 용역을 직접 제공할 수 있다. 임대사업 비중이 크면 해당 부동산을 투자부동산으로 분류하고, 용역제공사업 비중이 크다면 자가사용부동산(유형자산)으로 분류한다.

2. 투자부동산의 인식

(1) 투자부동산의 인식기준

기업이 취득한 투자부동산은 다음 두 가지 인식기준을 모두 충족할 때 해당 항목을 자산으로 인식한다.

[투자부동산의 인식기준]

① 투자부동산에서 발생하는 미래경제적효익의 유입가능성이 높다.
② 투자부동산의 원가를 신뢰성 있게 측정할 수 있다.

(2) 투자부동산의 취득원가

투자부동산은 최초인식시점에 취득원가로 측정하며, 거래원가는 취득원가에 포함한다. 투자부동산의 취득원가는 구입금액과 구입에 직접 관련이 있는 지출(예 : 법률용역의 대가로 전문가에게 지급하는 수수료, 부동산 구입과 관련된 취득세 및 거래원가)로 구성된다. 투자부동산 원가에는 후속적으로 발생한 추가원가, 대체원가 또는 유지원가를 포함한다.

3. 후속측정

투자부동산을 최초로 인식한 이후에는 기업의 모든 투자부동산을 하나의 집단으로 묶어 원가모형과 공정가치모형 중에서 선택하여 측정한다. 예를 들어, 투자부동산이 토지와 건물로 구성되어 있다고 하자. 토지와 건물을 하나의 집단으로 묶어 원가모형이나 공정가치모형으로 측정해야 한다.

(1) 원가모형

원가모형(cost model)을 선택하면 투자부동산의 잔존가치를 ₩0으로 가정하여 감가상각한다. 손상검사를 수행하여 취득원가에서 감가상각누계액과 손상차손누계액을 차감하여 투자부동산의 장부금액을 측정한다.

(2) 공정가치모형

임대수익과 공정가치 변동은 투자부동산에 대한 재무성과의 주요 구성요소로서 밀접하게 연계되어 있다. 재무성과를 의미 있게 보고하기 위해서는 공정가치로 측정하는 것이 바람직하며, 공정가치는 투자부동산의 경영성과를 가장 목적적합하고 투명하게 보여줄 수 있다.

공정가치모형(fair value model)을 선택하면 매 보고기간말에 공정가치로 장부금액을 측정한하며, 평가손익은 당기손익으로 회계처리한다. 공정가치는 자산의 감가상각을 고려한 금액으로 측정되는데, 평가손익과 감가상각비 모두 당기손익에 반영되므로 감가상각의 실익이 없기 때문에 공정가치모형에서는 감가상각을 하지 않는다.

[표 3] 유형자산의 재평가모형 vs. 투자부동산의 공정가치모형

구분	유형자산의 재평가모형	투자부동산의 공정가치모형
적용범위	유형자산 분류별(토지, 건물, 기계장치 등)로 재평가모형을 적용	보유한 모든 투자부동산을 공정가치로 측정
평가주기	1년마다 또는 3년이나 5년	매 보고기간말
평가손익의 분류	재평가손익은 기타포괄손익으로 인식. 재평가잉여금을 초과하는 평가손실은 당기손익(기타비용)으로 인식	당기손익으로 인식
감가상각	재평가한 장부금액을 기초로 감가상각	감가상각하지 않음

4. 투자부동산의 처분

투자부동산을 처분하거나, 더 이상 경제적효익을 기대할 수 없다면 투자부동산을 재무상태표에서 제거한다. 투자부동산 장부금액과 처분금액의 차이는 폐기나 처분이 발생한 기간에 당기손익으로 인식한다.

[예제 8] 원가모형 또는 공정가치모형의 적용

쇼팽 주식회사는 20×1년 1월 1일에 임대목적으로 건물을 ₩500,000을 지급하여 취득했다. 건물(내용연수 5년, 잔존가치 없음)은 정액법으로 감가상각한다. 20×1년 말과 20×2년 말 건물의 공정가치는 각각 ₩650,000과 ₩490,000이다.

물음

건물에 대해 원가모형과 공정가치모형을 적용하는 경우로 구분하여 취득시점부터 20×2년 말까지의 회계처리를 제시하시오.

해답

1. 원가모형

(1) 20×1년 1월 1일

(차)	투자부동산(건물)	500,000	(대)	현금	500,000

(2) 20×1년 12월 31일

(차)	감가상각비	100,000	(대)	감가상각누계액	100,000 (주)

(주) ₩500,000 ÷ 5년 = ₩100,000

(3) 20×2년 12월 31일

(차)	감가상각비	100,000	(대)	감가상각누계액	100,000

2. 공정가치모형

(1) 20×1년 1월 1일

(차)	투자부동산(건물)	500,000	(대)	현금	500,000

(2) 20×1년 12월 31일

(차)	투자부동산(건물)	150,000	(대)	투자부동산평가이익	150,000

(3) 20×2년 12월 31일

(차)	투자부동산평가손실	160,000	(대)	투자부동산(건물)	160,000

〈해설〉

- 투자부동산에 대해 공정가치모형을 적용하면 매년 말 감가상각을 수행하지 않는다.
- 투자부동산에서 발생한 평가이익과 평가손실은 각각 포괄손익계산서의 기타수익과 기타비용으로 인식한다.

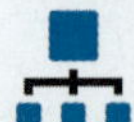

제3절 매각예정비유동자산

1. 매각예정비유동자산의 개념과 분류

(1) 매각예정비유동자산의 개념

비유동자산 장부금액이 계속사용이 아닌 매각거래를 통해 회수된다면 매각비유동자산으로 분류한다. 유형자산은 영업활동에 사용되어 수익을 창출하여 경제적효익을 제공하나, 매각예정자산(assets held for sale)은 사용이 아닌 매각을 통해 장부금액을 회수할 것으로 예정된 비유동자산이다.

매각예정비유동자산은 재무상태표에 유형자산과 별도 범주의 자산으로 분류하고, 순공정가치와 장부금액 중 작은 금액으로 측정한다. 이와 같은 회계처리를 통해 정보이용자의 의사결정에 유용한 정보를 제공할 수 있다.

(2) 매각예정비유동자산의 분류

① 분류조건

비유동자산을 매각하기로 결정했다고 해서 모든 비유동자산을 매각예정비유동자산으로 분류하지 않는다. 다음 조건을 모두 만족한다는 객관적인 증거가 있어야 매각예정비유동자산으로 분류한다.

[매각예정비유동자산으로 분류하기 위한 조건]

① 현재 상태에서 통상적으로 관습적인 거래조건만으로 즉시 매각이 가능하다.
② 해당 자산이 매각될 가능성이 매우 높다.

② 매각예정비유동자산으로 분류할 수 없는 상황

비유동자산이 내용연수가 종료될 때까지 사용된 후 폐쇄될 수 있다. 이러한 자산은 매각이 아닌 사용을 통해 장부금액이 회수되므로 매각예정비유동자산으로 분류하지 않는다. 중단영업 분류조건을 충족하면 포괄손익계산서에 중단영업으로 표시할 수 있다.

2. 매각예정비유동자산의 측정

매각예정비유동자산은 순공정가치와 장부금액 중 작은 금액으로 측정하고, 순공정가치가 장부금액보다 작으면 손상차손을 인식한다. 감가상각은 자산을 사용하여 획득한 수익에 자산 원가를 대응시키는 과정이다. 매각예정비유동자산은 더 이상 영업활동에 사용하지 않아 수익이 발생하지 않으므로 분류시점부터 매각시점까지 감가상각을 하지 않는다.

자산은 개별(단일자산)로 매각하거나 하나로 묶어 집단으로 매각할 수 있다. 자산을 집단으로 매각할 경우 손상차손을 개별자산에 배분해야 한다.

(1) 단일자산의 매각예정

매각예정비유동자산은 순공정가치(공정가치에서 매각부대원가를 차감한 금액)와 장부금액 중 작은 금액으로 측정한다. 매각예정자산의 순공정가치가 장부금액보다 작으면 그 차액을 '매각예정자산 손상차손'으로 인식한다. 손상차손 인식 후에 자산의 순공정가치가 증가하면 손상차손 환입을 인식할 수 있으나, 과거에 인식했던 손상차손누계액을 초과할 수는 없다.

(2) 자산집단의 매각예정

처분자산집단은 단일거래를 통해 매각될 예정인 여러 개의 비유동자산과 그와 관련된 부채를 하나로 묶어 한 번에 매각 예정인 경우를 말한다. 처분자산집단의 최초측정액은 처분자산집단 전체의 순공정가치와 장부금액 중 작은 금액으로 한다. 순공정가치는 전체 자산집단의 공정가치에서 전체 자산집단을 매각하기 위한 매각부대원가를 차감한 금액이다.

처분자산집단을 매각예정자산으로 분류하는 시점에서 '처분자산집단의 순공정가치'가 '처분자산집단의 장부금액'보다 작으면 그 차액을 손상차손으로 인식한다. 처분자산집단에 여러 자산이 섞여 있으므로 손상차손으로 인식한 금액을 개별자산에 배분해야 한다. 처분자산집단에서 발생한 손상차손은 영업권에 먼저 배분하고, 배분 후 남은 금액은 각 자산의 장부금액의 비율로 안분한다.

[표 4] 손상차손 인식 및 배분

(1단계) 손상차손 인식	(2단계) 손상차손 배분	
손상차손 = 처분자산집단 전체의 장부금액 − 순공정가치	1순위	영업권
	2순위	손상차손에서 영업권 배분액을 차감한 금액을 각 자산의 장부금액 비율로 배분

〈예 2〉 처분자산집단에서 발생한 손상차손의 인식 및 배분

처분자산집단의 순공정가치는 ₩370,000이고, 처분자산집단이 속한 장부금액은 ₩500,000(영업권 ₩100,000, 토지와 건물 ₩400,000)이다. 토지와 건물의 장부금액은 각각 ₩300,000과 ₩100,000이다.

손상차손은 ₩130,000[=₩500,000(장부금액) − ₩370,000(순공정가치)]이고, 다음과 같이 배분한다. 손상차손은 영업권에 먼저 배분하고, 배분 후 잔액 ₩30,000은 토지와 건물의 장부금액의 비율에 따라 배분한다.

구분			손상차손의 배분	손상차손 인식 후 장부금액
1순위	영업권		₩100,000	₩100,000 − 100,000 = ₩0
2순위	개별자산	토지	₩30,000×300,000÷400,000 = ₩22,500	₩300,000 − 22,500 = 277,500
		건물	₩30,000×100,000÷400,000 = ₩7,500	₩100,000 − 7,500 = ₩92,500

3. 재무제표 표시와 공시

매각예정으로 분류된 비유동자산과 이와 직접적으로 관련된 부채는 다른 자산이나 부채와 구별될 수 있도록 재무상태표에 별도항목으로 표시한다. 이때 매각예정으로 분류한 자산과 부채는 상계할 수 없다. 매각예정으로 분류된 비유동자산과 관련하여 기타포괄손익(예 : 유형자산의 재평가로 인식한 재평가잉여금)으로 인식한 기타포괄손익누계액도 재무상태표에 별도 항목으로 표시한다.

[매각비유동자산의 표시]

자산		**부채**	
[유동자산]	×××	[유동부채]	×××
[비유동자산]	×××	[비유동부채]	×××
매각예정비유동자산	×××	매각예정자산관련 부채	×××
		자본	
		[기타포괄손익누계액]	×××
		기타포괄손익누계액(매각예정자산)	×××

제4절 생물자산

1. 생물자산의 의의

(1) 생물자산이란?

생물자산(biological asset)은 자산 요건을 충족시키는 농림어업활동 대상이 되는 살아있는 동물과 식물을 말한다. 생물자산에서 수확한 생산물을 수확물(agricultural produce)이라고 한다. 기업은 판매할 목적으로 열대어를 키우기도 하고, 종이원료인 펄프 생산을 위해 조림지를 조성하고 나무를 키워 벌목하기도 한다. 이와 같이 농림어업활동과 관련된 동식물이 생물자산에 해당한다.

(2) 농림어업활동

농림어업활동이란 판매목적 또는 수확물이나 추가적인 생물자산으로 전환하기 위한 목적으로 생물자산의 생물적 변환과 수확을 관리하는 활동을 말한다. 원양어업이나 천연림 벌채와 같이 관리되지 않은 자원 수확은 농림어업활동에 해당하지 않으므로 생물자산으로 보지 않는다.

(3) 수확물

양모, 포도, 벌목된 나무와 같이 생물자산으로부터 수확한 생산물을 수확물이라고 하는데, 수확물은 생산물과 구분하여 별개 자산으로 본다. 예를 들어, '젖소'는 생물자산에 해당하고, 젖소로부터 생산되는 '우유'는 수확물에 해당한다.

2. 생물자산 및 수확물의 측정

(1) 생물자산의 측정

생물자산은 생물적 변환(예 : 새끼 젖소의 성숙, 포도나무의 성장)에 따라 미래경제적효익이 변화한다. 이러한 변화를 순공정가치로 측정하여 평가손익을 인식하면 정보이용자에게 가장 적절한 정보(미래 순현금유입의 금액, 시기 및 불확실)를 제공할 수 있다. 이러한 이유로 생물자산을 매 회계기간말에 순공정가치로 측정하여 순공정가치 변동액을 당기손익으로 인식한다.

① 최초 및 후속 측정

생물자산은 재무상태표에 유형자산과 분리하여 별도항목으로 표시하고, 최초 인식시점에서 순공정가치로 측정한다. 순공정가치는 매각부대비용을 차감하므로 취득원가보다 낮을 수 있으므로, 취득시점에서 생물자산평가손실을 인식할 수 있다.

매 회계기간말에 순공정가치로 측정하고 순공정가치 변동액은 평가손익(당기손익)으로 인식한다.

② 생물자산에서 추가적인 생물자산이 생산되는 경우의 측정

생물자산에서 추가적인 생물자산이 생산될 수 있다. 예를 들어, 소가 송아지를 낳는다면 송아지는 추가적인 생물자산의 생산에 해당한다. 생물자산은 최초 시점의 순공정가치로 인식하므로 대가지급 없이 취득한 송아지는 순공정가치로 측정하여 전액을 당기손익(생물자산평가이익)으로 인식한다.

〈예 3〉 생물자산의 회계처리

20×1년 2월 1일에 암소를 ₩200,000을 지급하고 취득했는데, 암소의 순공정가치는 ₩195,000이다. 20×1년 11월 30일에 암소가 새끼 한 마리를 낳았는데, 송아지의 순공정가치는 ₩10,000이다. 20×1년 12월 31일 현재 암소와 송아지의 순공정가치 합계는 ₩220,000이다.

각 시점의 회계처리는 다음과 같다.

[20×1년 2월 1일 : 암소 취득]

(차)	생 물 자 산	195,000	(대)	현금	200,000
	생물자산평가손실	5,000			

[20×1년 11월 30일 : 송아지 출생]

(차)	생물자산	10,000	(대)	생물자산평가이익	10,000

[20×1년 12월 31일]

생물자산의 장부금액 ₩205,000과 순공정가치 ₩220,000의 차이는 당기손익으로 인식한다.

(차)	생물자산	15,000	(대)	생물자산평가이익	15,000

③ 측정원칙의 예외

취득시점에서 생물자산의 공정가치를 신뢰성 있게 측정할 수 없다는 사실을 입증하면 취득원가로 측정할 수 있다. 취득 이후에는 감가상각비를 차감한 금액으로 측정한다. 취득 이후에 공정가치의 신뢰성 있는 측정이 가능해지면 측정방법을 역사적원가에서 순공정가치로 변경할 수 있다.

(2) 수확물의 측정

우유나 사과는 수확시점에 젖소나 사과나무로부터 별개 자산으로 분리된다. 수확되지 않은 농산물은 생물자산 일부로 간주하므로 농산물 수확 이전에는 농산물과 생물자산을 별개로 회계처리하지 않는다.

수확물은 수확시점에서 생물자산으로부터 분리되므로 수확시점에서 수확물에 대한 최초 측정이 이루어진다. 수확물은 수확시점에서 순공정가치로 측정하고 재고자산으로 인식한다. 보고기간말에는 저가법을 적용하여 수확물의 장부금액과 순실현가능가치 중 낮은 금액으로 재고자산을 측정한다. 저가법을 적용하는 이유는 수확물도 재고자산에 해당하기 때문이다.

〈예 4〉 수확물의 회계처리

사과나무로부터 사과를 수확했고, 사과의 순공정가치는 ₩10,000이다.

(차)	수확물(재고자산)	10,000	(대)	수확물평가이익(당기손익)	10,000

[표 5] 생물자산의 측정

구분		내용
생물자산	최초 측정	순공정가치로 측정. '취득원가 ≠ 순공정가치'이면 생물자산평가손익(당기손익)을 인식
	후속 측정	순공정가치로 측정 → 생물자산평가손익(당기손익) 인식
수확물	최초 측정	순공정가치로 측정
	후속 측정	장부금액과 순실현가능가치 중 낮은 금액으로 측정. '장부금액 〉 순실현가능가치'이면 재고자산평가손실을 인식

[예제 9] 생물자산

애플(주)는 20×1년 초에 사과농장을 ₩1,500,000에 취득했는데, 취득시점의 순공정가치는 ₩1,450,000이다.

(1) 20×1년 9월 말에 개당 순공정가치가 ₩500인 사과 200개를 수확했다.

(2) 20×1년 10월 말에 사과 160개를 개당 ₩700에 현금 판매했다.

(3) 20×1년 말, 사과농장의 순공정가치는 ₩1,600,000이고 사과의 순실현가능가치는 개당 ₩450이다.

물음

1. 애플(주)가 각 시점에 해야 할 회계처리를 제시하시오.
2. 생물자산과 농산품이 손익에 미치는 영향을 제시하시오.

해답

1. 시점별 회계처리

(1) 20×1년 초

(차)	생물자산(사과농장)	1,450,000	(대)	현금	1,500,000
	생물자산평가손실	50,000			

(2) 20×1년 9월 말

(차)	재고자산(사과)	100,000	(대)	생물자산평가이익	100,000

(3) 20×1년 10월 말

(차)	현 금	112,000	(대)	매 출	112,000
	매출원가	80,000 (주)		재고자산	80,000

(주) 매출원가 : ₩500 ×160개 = ₩80,000

(4) 20×1년 말

(차)	재고자산평가손실(사과)	2,000	(대)	재 고 자 산	2,000
	생물자산(사과농장)	150,000		생물자산평가이익	150,000

(주)

① 재고자산평가손실(사과) : [₩500(취득원가) − ₩450(순공정가치)]×40개 = ₩2,000

② 생물자산평가이익(사과농장) : ₩1,600,000 − 1,450,000 = ₩150,000

2. 당기손익에 미친 영향

₩(50,000)(생물자산평가손실) + 100,000(생물자산평가이익) + [112,000(매출) − 80,000(매출원가)] − 2,000(재고자산평가손실) + 150,000(생물자산평가이익) = ₩230,000

〈해설〉

- 생물자산은 순공정가치로 측정한다. 취득시점에 생물자산의 순공정가치가 취득원가보다 낮으면 평가손실을 인식한다.
- 수확물은 수확시점에 순공정가치로 측정하고 재고자산으로 분류한다. 보고기간말에 저가법을 적용하여 장부금액과 순실현가능가치 중 낮은 금액으로 재고자산을 인식한다.

연습문제

[문 1] 진위형 문항

다음 문항을 읽고 맞는 기술이면 'ㅇ'로 표시하고, 틀린 기술이면 '×'로 표시하되 그 이유를 기재하시오.

1. 자산이 기업과 분리 가능하고 양도가 가능해야 무형자산 정의상 식별가능성 기준을 충족한 것으로 본다.
2. 일반적으로 무형자산에 대한 통제능력은 법적 권리에서 나오지만, 법적 권리가 없어도 미래경제적효익을 통제할 수 있다.
3. 숙련된 종업원은 미래경제적효익을 창출하므로 자산으로 인식한다.
4. 고객관계는 자산으로 인식하지 않지만, 비계약적 고객관계를 교환하는 거래는 자산으로 인식할 수 있다.
5. 제조과정에서 지적재산을 사용하여 미래 제조원가를 감소시킬 수 있다면 미래경제적효익이 있는 것으로 본다.
6. 기업 전부나 일부 이전 또는 조직 개편에 관련된 지출은 비용으로 인식하나, 사업개시원가는 자산으로 인식할 수 있다.
7. 무형자산에 대한 지출을 최초시점에 비용으로 인식하면 이후에는 무형자산 원가로 인식할 수 없다.
8. 무형자산을 재배치하는 데 발생한 지출은 자산의 취득원가에 포함한다.
9. 피취득자가 진행 중인 프로젝트에 대한 지출을 비용으로 인식했으나, 사업결합일에 무형자산 정의를 충족하면 취득자는 이를 자산으로 인식한다.
10. 내부 프로젝트의 연구단계와 개발단계를 구분할 수 없다면 발생한 지출은 모두 개발단계에서 발생한 것으로 본다.
11. 재료, 장치, 제품, 공정, 시스템에 대해 여러 가지 대체안을 탐색하는 활동은 개발활동으로 본다.
12. 개선된 재료나 제품에 대해 최종적으로 선정된 안을 시험하는 활동은 개발활동으로 본다.
13. 개발활동으로 물리적 형체가 있는 시제품이 발생하면 재고자산으로 인식한다.
14. 외부구입한 영업권뿐만 아니라 자가창출한 영업권도 자산으로 인식한다.
15. 합병회사가 피합병회사의 순자산 공정가치보다 대가를 적게 지급하면 영업권을 인식한다.
16. 영업권은 미래경제적효익이 발생할 것으로 예측하는 기간에 걸쳐 상각한다.

17. 사업결합 전에 자산을 피취득자가 인식하지 않았어도, 취득일에 자산의 공정가치를 신뢰성 있게 측정할 수 있다면 취득자는 무형자산을 인식할 수 있다.
18. 내용연수가 비한정이라는 것은 미래경제적효익이 무한히 계속된다는 것을 의미한다.
19. 무형자산 내용연수는 계약상 기간, 법적 권리의 기간과 자산의 예상사용기간 중 짧은 기간으로 결정한다.
20. 무형자산의 소비형태를 신뢰성 있게 결정할 수 없다면 정액법을 사용한다.
21. 무형자산의 잔존가치는 원칙적으로 ₩0으로 보며, 일정한 요건을 충족하면 인식할 수 있다.
22. 무형자산은 유형자산과 마찬가지로 상각액을 인식하고 누계액을 설정하는 방식으로 회계처리한다.
23. 모든 무형자산은 손상차손을 인식한 후 해당 자산의 회수가능액이 증가하면 손상차손환입을 인식할 수 있다.
24. 임대수익이나 시세차익 또는 둘 다를 얻기 위해 소유자(또는 리스이용자)가 보유하는 부동산은 투자부동산으로 분류한다.
25. 부동산을 부분별로 분리해 매각할 수 있다면 영업활동에 사용되는 부분은 유형자산으로, 임대수익이나 시세차익목적으로 사용되는 부분은 투자부동산으로 분류한다.
26. 투자부동산을 최초로 인식한 이후에는 기업의 모든 투자부동산을 하나의 집단으로 묶어 원가모형과 공정가치모형 중에서 선택하여 측정한다.
27. 투자부동산을 공정가치모형을 선택하면 기초 장부금액을 기준으로 감가상각한 후 매 보고기간말에 공정가치와 감가상각 후 장부금액의 차이를 평가손익으로 인식한다.
28. 매각예정비유동자산은 재무상태표에 유형자산과 별도 범주의 자산으로 분류하고, 장부금액과 순공정가치 중 낮은 금액으로 측정한다.
29. 현재 상태에서 통상적으로 관습적인 거래조건만으로 즉시 매각이 가능하거나 해당 자산이 매각될 가능성이 매우 높다면 매각예정비유동자산으로 분류한다.
30. 매각예정비유동자산으로 분류하면 분류시점부터 매각시점까지 감가상각을 하지 않는다.
31. 처분자산집단에서 발생한 손상차손은 먼저 영업권에 배분하고, 배분 후 남은 금액은 각 자산의 장부금액의 비율로 안분한다.
32. 매각예정으로 분류된 비유동자산과 이와 직접적으로 관련된 부채는 서로 상계하여 자산 또는 부채로 인식한다.
33. 원양어업이나 천연림 벌채는 농림어업활동에 해당하므로 생물자산으로 분류한다.
34. 생물자산으로부터 생산물을 수확하면 생물자산의 장부금액에 가산한다.
35. 생물자산은 매 회계기간 말에 생물자산을 순공정가치로 측정하여 순공정가치 변동액을 당기손익으로 인식한다.

36. 생물자산은 최초 인식시점에서 취득원가로 측정한다.
37. 생물자산에서 추가적인 생물자산이 생산되면 순공정가치로 측정하여 생물자산평가손익을 인식한다.
38. 생물자산에서 추가적인 생물자산이 생산되면 대가 지급이 없으므로 취득원가는 ₩0으로 측정한다.
39. 수확물은 수확시점에서 순공정가치로 측정하고 재고자산으로 인식한다.
40. 보고기간말에 수확물은 장부금액과 순실현가치 중 낮은 금액으로 측정한다.

해답

1. ×. 자산이 기업과 분리가능하지 않고 양도가능하지 않더라도 계약상 권리 또는 법적 권리에서 발생한다면 무형자산 정의상 식별가능성 기준을 충족한 것으로 본다. 예를 들면, 시설물이용권이 이에 해당한다.
2. ○. 권리의 법적 집행가능성은 무형자산에 대한 통제의 필요조건은 아니다.
3. ×. 숙련된 종업원에서 발생하는 미래경제적효익에 대해서는 통제권이 없으므로 자산으로 인식하지 않는다.
4. ○
5. ○
6. ×. 사업개시원가도 관련된 미래경제적효익이 나타나는 시기를 결정하기 어렵기 때문에 비용으로 인식한다.
7. ○
8. ×. 미래경제적효익을 객관적으로 추정하기 어려우므로 기간의 비용으로 인식한다.
9. ○
10. ×. 개발단계가 아닌 연구단계로 본다.
11. ×. 개발활동이 아닌 연구활동으로 본다.
12. ○
13. ×. 개발활동의 목적은 지식개발에 있으므로 물리적 형체가 있는 자산은 자산이 갖는 지식에 부수적인 것으로 보아 무형자산의 요소로 본다.
14. ×. 자가창출한 영업권은 원가를 신뢰성 있게 측정할 수 없고 식별가능한 자원이 아니므로 자산으로 인정하지 않는다.
15. ×. 영업권은 합병회사가 피합병회사의 식별 가능한 순자산 공정가치를 초과하여 지급하면 인식한다. 순자산 공정가치보다 적게 지급하여 발생하는 염가매수차익은 당기손익으로 인식한다.
16. ×. 영업권과 관련한 미래경제적효익은 다양한 원천에서 발생하므로 적절한 형태를 예측하기 매우 어렵고, 내용연수를 결정하기 어려운 비한정내용연수를 가진 무형자산이므로 상각하지 않는다.
17. ○
18. ×. 비한정은 무한을 의미하지 않으며, 미래경제적효익이 발생하는 기간을 추정할 수 없다는 의미이다.
19. ○
20. ○
21. ○
22. ×. 무형자산은 유형자산과 달리 직접차감법도 인정한다.
23. ×. 영업권을 제외한 무형자산은 손상차손환입을 인식한다.
24. ○
25. ○
26. ○
27. ×. 투자부동산을 공정가치모형으로 평가하면 감가상각하지 않는다.

28. ○
29. ×. 현재 상태에서 통상적으로 관습적인 거래조건만으로 즉시 매각이 가능하고, 해당 자산이 매각될 가능성이 매우 높아야 매각예정비유동자산으로 분류할 수 있다.
30. ○
31. ○
32. ×. 매각예정으로 분류한 자산과 부채는 상계할 수 없다.
33. ×. 관리되지 않은 자원의 수확은 농림어업활동에 해당하지 않으므로 생물자산으로 보지 않는다.
34. ×. 양모, 포도, 벌목된 나무와 같이 생물자산으로부터 수확한 생산물인 수확물은 생물자산과 별개 자산으로 본다.
35. ○
36. ×. 생물자산은 최초 인식시점에서 순공정가치로 측정하고, 취득원가보다 순공정가치가 낮으면 생물자산평가손실을 인식한다.
37. ×. 매 회계기간말에 순공정가치로 측정한 후 순공정가치가 변해서 발생하는 손익은 평가손익으로 인식한다.
38. ○
39. ○
40. ○

[문 2] 무형자산의 인식 및 상각

다음 각각은 독립적인 상황으로 회계기간은 1월 1일부터 12월 31일까지이다.

(1) 주식회사 한국라이프는 기숙사 민자유치사업의 사업시행자로서, 20×7년 5월 1일에 학교법인 대한학원과 대한대학교와 체결한 "대한대학교 기숙사 민간투자 시설사업"에 관한 실시협약에 따라 해당 사업시설의 건설 및 운영을 목적으로 설립되었다. 실시협약에 따라 동 사업시설의 소유권은 완공 후 대한대학교에 귀속되며, 한국라이프는 운영개시일인 20×8년 7월 1일부터 20년 동안 무상 관리운영권을 보유한다. 운영기간 종료 후에는 시설의 관리운영권을 대한대학교에 이양해야 한다. 한국라이프는 ₩4,500,000을 지출하여 기숙사를 20×8년 6월 30일에 완공하였고, 동 일자로 소유권을 대한대학교에 이전했다.

(2) 한국제약은 돼지열병에 대한 신약 개발활동을 20×8년 초부터 수행했고, 20×8년 6월 30일에 무형자산 인식요건을 충족했다. 돼지열병 신약생산은 20×9년 4월 1일부터 시작했으며, 20×9년 6월 1일에 관련 특허권 ₩900,000을 지출하여 취득했다. 한국제약은 모든 무형자산에 대해 5년간 정액법으로 상각하며, 잔존가치는 없다. 개발비 지출은 다음과 같다.

20×8년 1월 1일	20×8년 7월 1일
₩3,000,000	₩5,000,000

(3) 한국자동차는 새로운 기술을 적용하여 개발한 엔진의 주형을 설계하면서 ₩120,000을 20×9년 3월 1일에 지출하였다. 20×9년 5월 1일에 ₩1,800,000을 지출하여 엔진을 생산하기 위한 주형을 제작했다. 이들 기술을 적용하여 생산은 20×9년 7월 1일부터 시작했다. 한국자동차는 모든 무형자산에 대해 5년간 정액법으로 상각하며, 잔존가치는 없다. 공구기구금형으로 분류하는 유형자산에 대해서는 6년간 정액법으로 상각하며, 잔존가치는 없다.

(4) 20×5년 7월 1일, 대한쇼핑은 회사 운영관리를 위해 전사적자원관리(ERP)를 AI소프트(주)로부터 ₩1,200,000에 구입했다. 컴퓨터 소프트웨어의 경제적 내용연수는 2년이나, AI소프트(주)는 비한정기간에 무상으로 프로그램을 업그레이드 해주고 있다. 대한쇼핑도 컴퓨터 소프트웨어를 비한정으로 갱신하려는 의도를 가지고 있으며 갱신할 수 있는 능력을 갖고 있다. 대한쇼핑은 모든 무형자산을 정액법으로 상각하며, 잔존가치는 없다. 20×9년 3월 31일, AI소프트(주)가 경영악화로 파산하여 대한쇼핑은 사용 중인 소프트웨어는 향후 2년만 사용할 수 있을 것으로 판단하고 있다.

물음

1. 상황 (1)에서 20×8년 6월 30일, 12월 31일에 한국라이프가 해야 할 회계처리를 제시하시오. 한국라이프는 보유한 유・무형자산에 대해 정액법으로 상각하며, 잔존가치는 없다고 본다.
2. 상황 (2)에서 20×8년과 20×9년의 재무상태표에 계상해야 할 산업재산권을 구하고, 20×8년 및 20×9년의 손익계산서에 비용으로 인식한 금액을 구하시오.
3. 상황 (3)에서 20×9년 3월 1일, 5월 1일, 12월 31일에 한국자동차가 해야 할 회계처리를 제시하시오.
4. 상황 (4)에서 20×9년 말 재무상태표에 보고해야 할 무형자산 금액과 손익계산서에 보고해야 할 무형자산 상각비는 각각 얼마인가?

해답

1.
(1) 20×8년 6월 30일

(차)	사용수익기부자산	4,500,000	(대)	현금	4,500,000

(2) 20×8년 12월 31일

(차)	무형자산상각비	112,500 ㈜	(대)	사용수익기부자산	112,500

㈜ ₩4,500,000×1/20×6/12 = ₩112,500

〈해설〉
사업시설의 소유권을 이전하고 관리운영권을 획득하면 사용수익기부자산(무형자산)으로 인식하고, 상각은 운영개시일(20×8. 7. 1)부터 시작한다.

2.
(1) 산업재산권
① 20×8년 : ₩5,000,000(개발비)
② 20×9년 : [₩5,000,000 – 750,000(상각비)](개발비) + [₩900,000 – 105,000(상각비)](특허권) = ₩5,045,000

(2) 손익계산서에 비용으로 인식할 금액
① 20×8년 : ₩3,000,000(경상개발비)
② 20×9년 : ₩5,000,000×1/5×9/12(개발비) + ₩900,000×1/5×7/12(특허권) = ₩855,000

〈해설〉

무형자산 인식요건을 충족하기 이전에 지출한 금액(20×8년 1월 1일 ₩3,000,000)은 경상개발비로 비용처리한다. 개발비는 관련 제품의 생산이 시작되는 시점부터 상각을 시작하고, 특허권은 취득시점부터 상각을 실시한다.

3.

(1) 20×9년 3월 1일

(차)	개발비	120,000	(대)	현금	120,000

(2) 20×9년 5월 1일

(차)	공구기구금형	1,800,000	(대)	현금	1,800,000

(3) 20×9년 12월 31일

① 무형자산 상각

(차)	무형자산상각비	12,000 (주)	(대)	개발비	12,000

(주) ₩120,000×1/5×6/12 = ₩12,000

② 유형자산 감가상각

(차)	감가상각비	150,000 (주)	(대)	감가상각누계액	150,000

(주) ₩1,800,000×1/6×6/12 = ₩150,000

〈해설〉

주형 설계와 관련하여 지출한 금액은 무형자산(개발비)으로 인식하고, 금형 제작과 관련된 지출은 유형자산(공구기구금형)으로 인식한다. 개발비 상각과 공구기구금형 감가상각은 생산을 시작하는 시점부터 실시한다.

4.

(1) 무형자산상각비 : ₩1,200,000×1/2×9/12 = ₩450,000

(2) 산업재산권

① 20×8년 : ₩1,200,000

② 20×9년 : ₩1,200,000 – 450,000(무형자산상각비) = ₩750,000

〈해설〉

비한정 내용연수가 유한한 내용연수로 변경되면 해당 시점부터 상각을 실시한다.

[문 3] 영업권

20×1년 초 공정자동차(주)는 수직계열화를 위해 음향기기 전문회사인 천사음향(주)를 합병했다. 합병 직전일 현재 천사음향(주)의 자산과 부채의 장부금액과 공정가치는 다음과 같다. 천사음향(주)는 합병 전에 자산으로 인식하지 않은 개발 프로젝트와 관련한 지출 ₩100,000이 있다. 이러한 개발 프로젝트는 합병일 현재 무형자산의 정의를 충족한다.

과목	장부금액	공정가치
자산	₩1,000,000	₩1,400,000
부채	700,000	800,000

공정자동차(주)는 천사음향(주)를 합병하면서 천사음향(주) 주주에게 공정자동차의 주식(액면총액 ₩500,000, 공정가치 ₩800,000)을 발행·교부했다. 공정자동차(주)는 자산으로 인식한 개발비에 대해서는 잔존가치 없이 5년간 정액법으로 감가상각하고 있다.

물음

1. 공정자동차(주)가 20×1년 초 합병과 관련하여 해야 할 회계처리를 제시하시오.
2. 20×1년 말 해야 할 회계처리를 제시하시오.

해답

1.

(차)	자 산	1,400,000	(대)	부 채	800,000
	개발비	100,000		자 본 금	500,000
	영업권	100,000 ㈜		주식발행초과금	300,000

㈜ 대차차액

〈해설〉

피취득자에게는 내부창출 무형자산에 대한 엄격한 인식기준 때문에 자산으로 인식하지 못한 연구·개발 프로젝트가 있을 수 있다. 사업결합 전에 피취득자가 그 자산을 인식했는지에 관계없이 피취득자가 진행하고 있는 연구·개발프로젝트가 무형자산 정의를 충족하면 취득자는 영업권과 분리하여 별도 자산으로 인식한다.

2.

(차)	무형자산상각비	20,000 ㈜	(대)	개발비	20,000

㈜ ₩100,000×1/5 = ₩20,000

[문 4] 투자부동산

정의개발(회계기간 : 1.1 ~ 12.31)은 현금 ₩10,000,000을 지급하여 건물을 취득했다. 건물의 내용연수는 10년, 잔존가치는 없는 것으로 판단되며 자산의 소비형태는 매년 균등할 것으로 예측하고 있다. 20×1년 말과 20×2년 말의 공정가치는 각각 ₩11,700,000과 ₩7,000,000이다.

물음

다음은 각각 독립적인 상황에서 정의개발이 20×1년 말과 20×2년 말에 해야 할 회계처리를 제시하시오. 재평가모형을 적용하는 경우 장부금액 수정을 위해 감가상각누계액을 전액 제거한다.

1. 정의개발은 취득한 건물을 영업활동(판매 및 관리활동) 목적으로 사용하고 있다.

(1) 원가모형

(2) 재평가모형

2. 정의개발은 취득한 건물을 임대 목적으로 사용하고 있다.

(1) 원가모형

(2) 공정가치모형

해답

1. 유형자산에 해당하는 경우

(1) 원가모형

① 20×1년 말

(차)	감가상각비	1,000,000	(대)	감가상각누계액	1,000,000

㈜ ₩10,000,000÷10년 = ₩1,000,000

② 20×2년 말

(차)	감가상각비	1,000,000	(대)	감가상각누계액	1,000,000

(2) 재평가모형

① 20×1년 말

〈감가상각비 인식〉

(차)	감가상각비	1,000,000	(대)	감가상각누계액	1,000,000

〈자산재평가〉

(차)	감가상각누계액	1,000,000	(대)	재평가이익(기타포괄손익)	2,700,000
	건　　　물	1,700,000			

	재평가 전	재평가 후	증가(감소)
건물	10,000,000	11,700,000	1,700,000
감가상각누계액	(1,000,000)	(0)	(1,000,000)
장부금액	9,000,000	11,700,000	

② 20×2년 말
〈감가상각비 인식〉

(차)	감가상각비	1,300,000	(대)	감가상각누계액	1,300,000

㈜ ₩11,700,000÷9년 = ₩1,300,000

〈자산재평가〉

(차)	감 가 상 각 누 계 액	1,300,000	(대)	건물	4,700,000
	재평가손실(기타포괄손익)	2,700,000			
	재 평 가 손 실 (기 타 비 용)	700,000			

	재평가 전	재평가 후	증가(감소)
건물	11,700,000	7,000,000	(4,700,000)
감가상각누계액	(1,300,000)	(0)	(1,300,000)
장부금액	10,400,000	7,000,000	

2. 투자부동산에 해당하는 경우
(1) 원가모형 : 유형자산의 원가모형과 동일
(2) 재평가모형
① 20×1년 말

(차)	건물	1,700,000	(대)	투자부동산평가이익(기타수익)	1,700,000

② 20×2년 말

(차)	투자부동산평가손실(기타비용)	4,700,000	(대)	건물	4,700,000

[문 5] 생물자산

다음은 공정농장(회계기간 : 6월 1일부터 6월 30일)에서 20×8년에 발생한 거래이다.

(1) 6월 1일, 새끼 젖소 1마리를 ₩111,000에 취득했다. 새끼 젖소의 추정 매각부대원가는 ₩6,000이다.

(2) 6월 2일, 어미 젖소에서 우유를 생산했고, 우유의 공정가치는 ₩200,000이다. 우유의 추정 매각부대원가는 10%이다.

(3) 6월 3일, 생산한 우유 중 50%를 판매하고 현금 ₩91,000을 수령했다.

(4) 6월 4일, 생산한 우유 중 50%로 치즈를 만들었으며 이 과정에서 인건비 ₩70,000을 지출했다.

(5) 6월 28일, 새끼 젖소 한 마리가 태어났고 공정가치는 ₩100,000이고, 추정 매각부대원가는 ₩5,000이다.

(6) 6월 말 현재 공정농장이 보유한 어미 젖소는 10마리이다. 5월 말과 6월 말 현재 어미 젖소 마리당 순공정가치는 각각 ₩100,000과 ₩110,000이다. 새끼 젖소는 당월에 취득하고 태어난 것 외에는 없고, 마리당 공정가치와 추정 매각부대비용은 각각 ₩110,000과 ₩2,500이다. 치즈의 공정가치와 추정 매각부대비용은 각각 ₩200,000과 ₩6,000이다.

물음

6월에 발생한 거래를 일자별로 회계처리하시오.

해답

1. 6월 1일

(차)	생 물 자 산	105,000	(대)	현금	111,000
	생물자산평가손실	6,000			

2. 6월 2일

(차)	수확물	180,000	(대)	수확물평가이익	180,000

3. 6월 3일

(차)	현 금	91,000	(대)	매 출	91,000
	매출원가	90,000		재고자산(수확물)	90,000

4. 6월 4일

(차)	재고자산(우유)	160,000	(대)	현 금	70,000
				재고자산(수확물)	90,000

5. 6월 28일

(차)	생물자산	95,000	(대)	생물자산평가이익	95,000

6. 6월 30일

(차)	생물자산	115,000 ㈜	(대)	생물자산평가이익	115,000

㈜

구분	결산전 장부금액	순공정가치	평가이익(손실)
어미 젖소	10마리×₩100,000=₩1,000,000	10마리×₩110,000=₩1,100,000	₩100,000
새끼 젖소	₩105,000 + 95,000 = ₩200,000	2마리×(₩110,000−2,500) =₩215,000	15,000
계			₩115,000

〈해설〉

수확 후 가공품은 재고자산에 해당하므로 저가법 적용대상이다. 치즈의 순실현가능가치가 취득원가보다 높으므로 재고자산평가손실은 발생하지 않는다.

7 CHAPTER

금융자산

한눈에 살펴보는 이 장의 내용

금융자산은 채무상품과 지분상품으로 분류할 수 있다. 금융자산 관리를 위한 사업모형과 금융자산의 계약상 현금흐름 특성에 근거하여 상각후원가측정 금융자산, 기타포괄손익-공정가치측정 금융자산, 당기손익-공정가치측정 금융자산으로 분류한다.

채무상품은 상각후원가측정 금융자산, 당기손익-공정가치측정 금융자산, 기타포괄손익-공정가치 금융자산으로 분류한다. 지분상품은 당기손익-공정가치측정 금융자산 또는 기타포괄손익-공정가치측정 금융자산으로 분류한다. 상각후원가측정 금융자산은 상각후원가법에 따라 상각하므로 공정가치 변동을 인식하지 않는다. 당기손익-공정가치측정 금융자산과 기타포괄손익-공정가치측정 금융자산은 공정가치로 평가한다. 당기손익-공정가치측정 금융자산에서 발생한 공정가치 변동은 당기손익으로 인식하고, 기타포괄손익-공정가치측정 금융자산에서 발생한 공정가치 변동은 기타포괄손익으로 인식한다.

K-IFRS 제1109호(금융상품)은 2015년 9월 제정되었고, 2018년 초부터 시행되고 있다. 관련되는 국제회계기준은 'IFRS 9 Financial Instrument'이다.

contents

7 CHAPTER 금융자산

| 학습목표 |

1. 금융자산의 종류를 설명할 수 있다. 현금및현금성자산, 다른 기업의 지분상품, 금융자산을 수취하거나 교환하기로 한 계약상 권리, 자기지분상품으로 결제되는 계약 등이 있다.

2. 금융자산을 분류하는 근거를 설명할 수 있다. 금융자산 관리를 위한 사업모형과 금융자산의 계약상 현금흐름 특성에 근거하여 금융자산을 분류한다.

3. 금융자산 관리를 위한 세 가지 사업모형을 설명할 수 있다. 계약상 현금흐름 수취 목적인 사업모형, 계약상 현금흐름 수취 및 금융자산 매도 목적인 사업모형, 금융자산 매도 목적인 사업모형으로 구분한다.

4. 상각후원가측정금융자산으로 분류하기 위한 조건을 설명할 수 있다. 계약상 현금흐름을 수취가 목적인 사업모형으로 특정일에 원리금 지급만으로 구성된 현금흐름이 발생해야 한다.

5. 기타포괄손익-공정가치 측정 금융자산으로 분류하기 위한 조건을 설명할 수 있다. 계약상 현금흐름 수취 및 금융자산 매도 목적인 사업모형으로 특정일에 원리금지급만으로 구성된 현금흐름이 발생해야 한다.

6. 금융자산의 최초 측정에 대해 설명할 수 있다. 최초 인식시점에 금융자산은 공정가치로 측정한다. 거래원가는 공정가치에 가산하나, 당기손익-공정가치측정 금융자산의 취득 관련 거래원가는 기간비용으로 인식한다.

7. 상각후원가측정금융자산의 후속 측정에 대해 설명할 수 있다. 유효이자율법을 적용하여 이자수익을 인식, 상각액을 가감한 상각후원가로 측정하여 공정가치 변동을 인식하지 않는다.

8. 기타포괄손익-공정가치 측정 금융자산의 후속 측정에 대해 설명할 수 있다. 최초 인식 후 공정가치 변동을 기타포괄손익으로 인식한다.

9. 당기손익-공정가치 측정 금융자산의 후속 측정에 대해 설명할 수 있다. 재무상태표에 공정가치로 보고하고 공정가치 평가손익은 당기손익으로 인식한다.

10. 손상차손 인식을 위한 3단계 접근법을 설명할 수 있다. 1단계와 2단계에서는 신용이 손상되지 않은 금융자산이므로 이자수익을 총액기준으로 인식하고, 신용 손상이 발생한 3단계에서는 순액기준으로 이자수익을 인식한다.

11. 상각후원가측정금융자산의 손상차손 및 손상차손환입 인식에 대해 설명할 수 있다. 신용손상에 해당하는 현금부족액의 현재가치를 손실충당금으로 인식하고, 손실충당금이 감소하면 당기이익(손상차손환입)으로 인식한다.

12. 기타포괄손익-공정가치 측정 금융자산의 손상차손 인식에 대해 설명할 수 있다. 지분상품은 공정가치로 측

정하므로 손상회계를 적용하지 않는다. 채무상품은 상각후원가측정금융자산에 대한 손상차손과 동일한 금액을 인식한다.

13. 금융자산의 재분류에 대해 설명할 수 있다. 금융자산을 관리하는 사업모형을 변경하면 분류기준에 따라 금융자산을 재분류해야 한다.

| 주요 용어 |

- 금융상품 : 거래대상자 어느 한쪽에는 금융자산을 발생시키면서 다른 거래상대방에게 금융부채나 지분상품을 발생시키는 계약
- 사업모형 : 기업이 금융자산으로부터 현금흐름을 창출하는 방식
- 공정가치선택권 : 상각후원가측정금융자산이나 기타포괄손익-공정가치 측정 금융자산으로 분류해야할 항목 중 특정 조건을 충족하면 당기손익-공정가치측정 금융자산으로 지정하여 공정가치로 측정할 수 있는 선택권
- 재분류조정(재순환) : 처분시점까지 자본(기타포괄손익누계액)에 누적시켜왔던 기타포괄손익을 처분손익으로 당기에 인식하는 것
- 3단계 접근법 : 금융상품을 최초로 인식한 후 3단계로 구분한 신용위험 변동에 따라 기대신용손실을 측정하고 이자수익을 인식하는 방법
- 간편법 : 매출채권 등에 대해 과거 관측된 채무불이행률에 기초하여 미래전망적인 추정을 하는 방식
- 기대신용손실 : 개별 채무불이행 발생위험으로 가중평균한 신용손실

제1절 금융자산의 의의

금융상품(financial instrument)은 거래당사자 어느 한쪽에는 금융자산(financial asset)을 발생시키면서 다른 거래상대방에게 금융부채(financial asset)나 지분상품(equity instrument)을 발생시키는 계약을 의미한다. 이와 같이 금융자산은 금융상품보유자 입장에서 정의하며, 금융부채와 지분상품은 금융상품발행자 입장에서 정의한다. 금융상품을 광범위하게 정의하는 이유는 업종에 관계없이 유사한 성격을 가진 금융상품은 동일하게 회계처리하기 위해서이다.

[그림 1]은 금융상품과 비금융상품을 구분하는 방법을 개괄적으로 표시한 것이다. 계약상 권리(의무)가 있고 거래종결시점에서 현금유입(유출)이 있다면 금융상품으로 분류한다. 계약상 권리(의무)가 없거나 거래종결시점에서 현금유입(유출)이 없다면 금융상품으로 보지 않는다.

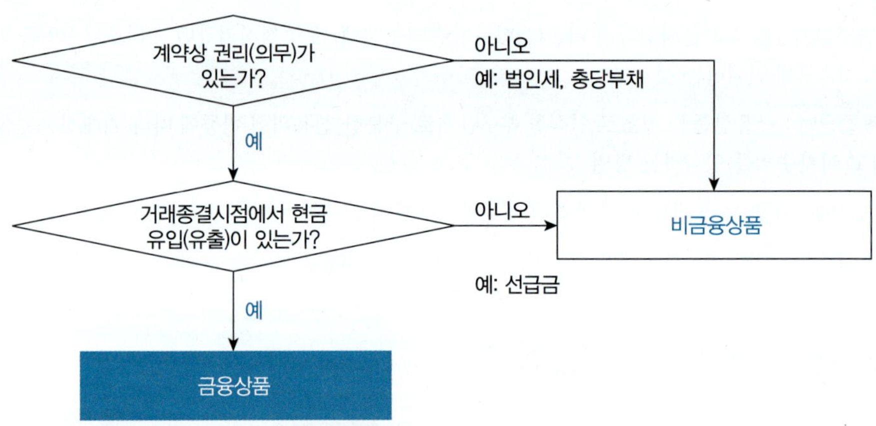

[그림 1] 금융상품과 비금융상품의 구분

금융상품은 본원상품(primary instruments)과 파생상품(derivative instruments)으로 구분한다. 본원상품은 주식, 채권, 수취채권, 지급채무와 같이 해당 상품의 가치가 시장에서 직접 결정되는 금융상품을 말한다. 파생상품은 기초자산(예를 들어, 이자율, 주가, 상품가격, 환율 등)의 가치에 근거하여 결정되는 금융상품으로, 옵션(options), 선물(futures) 및 선도(forwards), 스왑(swaps) 등을 들 수 있다.

[금융자산의 종류]

(1) 현금
(2) 다른 기업의 지분상품(주식)
(3) 다음 중 하나에 해당하는 계약상 권리
　가) 현금 등 금융자산을 수취할 계약상 권리(수취채권)
　나) 잠재적으로 유리한 조건으로 거래상대방과 금융자산이나 금융부채를 교환하기로 한 계약상 권리
(4) 기업 자신의 지분상품(자기지분상품)으로 결제하거나 결제할 수 있는 다음 중 하나의 계약
　가) 수취할 자기지분상품의 수량이 변동 가능한 비파생상품
　나) 확정 수량의 자기지분상품을 확정 금액의 현금 등 금융자산과 교환하여 결제하는 방법 외의 방법으로 결제하거나 결제할 수 있는 파생상품

1. 현금및현금성자산

일반적으로 현금은 통화(지폐, 동전)만을 말하나, 회계에서의 현금 의미가 좀 더 넓다. 현금성자산이란 현금을 아주 짧은 기간에 운용할 목적으로 취득한 유동성이 가장 높은 단기금융자산을 의미한다. 재무상태표에는 현금과 현금성자산을 합하여 공시한다.

(1) 현금

화폐(현금)는 교환 수단이므로 금융자산이다. 현금(cash)은 지폐나 동전뿐만 아니라 즉시 현금화가 가능한 통화대용증권(타인발행수표, 자기앞수표, 우편환증서, 만기 도래한 국 · 공 · 사채 이자표, 배당금통지서)과 요구불예금(당좌예금, 보통예금)을 포함한다.

직원가불금이나 차용증은 대여금으로 분류하고, 선일자수표는 매출채권 또는 미수금으로 분류한다.

(2) 현금성자산

현금성자산(cash equivalent)은 큰 거래비용 없이 현금으로 전환이 용이하고 가치변동 위험이 크지 않은 금융상품으로서 취득 당시 만기일이 3개월 이내에 도래하는 자산을 말한다. 예를 들어, 금융자산을 현금으로 전환할 때 거래비용(수수료)이 크거나, 이자율 변동에 따라 금액이 변동하면 현금성자산으로 분류할 수 없다.

보고기간말이 아닌 취득시점부터 기산하여 3개월 이내에 만기가 도래해야 현금성자산으로 분류한다.

[현금성자산의 예]

- 취득 당시 만기가 3개월 이내에 도래하는 채권 · 상환우선주
- 취득 당시 만기가 3개월 이내에 도래하는 예금 및 기타 정형화된 금융상품
- 취득 당시 만기가 3개월 이내의 환매조건인 환매채

2. 다른 기업의 지분상품

지분상품이란 기업 자산에서 모든 부채를 차감한 후의 잔여지분을 나타내는 모든 계약을 말한다. 예를 들어, 다른 기업이 발행한 주식이나 신주인수권 등의 지분상품을 보유하면 금융자산으로 분류한다.

유의적인 영향력이나 지배력을 행사할 수 있는 계열회사 주식을 보유하면 관계기업투자나 종속기업투자로 구분하므로 금융자산으로 분류하지 않는다.

3. 금융자산을 수취하거나 교환하기로 한 계약상 권리

매출채권, 대여금, 투자사채 등은 미래에 현금을 수취할 계약상 권리에 해당하므로 금융자산으로 분류한다. 이 때 거래상대방에게는 매입채무, 지급어음, 차입금, 사채 등 금융부채가 발생한다. 한 거래대상자에게 현금을 수취(지급)할 계약상 권리(의무)는 다른 거래상대방의 지급(수취)할 계약상 의무(권리)와 대응한다.

[금융상품으로 보지 않는 항목]

① 선급금 : 계약을 기초로 하나 소멸할 때 현금 유입이 없으며 재화를 수령하거나 용역을 제공받으므로 금융자산이 아님

② 정부가 부과하는 법적 요구에 따라 발생하는 법인세 : 계약상 의무가 아님

③ 충당부채 : 계약이 아닌 의제의무에 따라 발생하므로 금융부채에 해당하지 않음

④ 실물자산(예: 재고자산, 유형자산), 리스자산, 무형자산(예: 특허권, 상표권) : 금융자산이 아님. 실물자산이나 무형자산을 통제하면 현금 등 금융자산이 유입될 기회를 제공되지만, 현금 등 금융자산을 수취할 현재의 권리가 발생하지는 않음

4. 자기지분상품으로 결제되는 계약

자기지분상품(기업 자신의 지분상품)으로 결제되는 계약에 따라 어느 한쪽은 자기지분상품을 수취하고, 다른 한쪽은 자기지분상품을 인도해야 한다. 자기지분상품을 수취할 때 수량 변동 가능한 비파생상품은 금융자산으로 분류한다.

〈예 1〉 자기지분상품으로 결제되는 계약

> A회사는 B회사에게 현금 ₩1,000,000을 1년간 대여하고 만기시점에 공정가치 ₩1,100,000에 상당하는 B회사가 보유 중인 A회사 주식을 수령하기로 계약했다.

만기시점의 주당 공정가치가 ₩1,000이면 A회사는 1,100주(=₩1,100,000÷₩1,000)를 수령하지만, 주당 공정가치가 ₩1,100이면 1,000주(=₩1,100,000÷₩1,100)를 수령한다. 계약상 권리는 주식가격 변동에 따라 수취할 주식 수량이 변화할 수 있지만, 확정된 권리의 금액과 일치하는 수량의 주식을 받기 때문에 금융자산으로 본다.

만기(1년)가 정해져 있고 상환금액이 확정되어 있고, B회사는 확정된 금액의 지분상품을 인도할 의무가 있으므로 금융부채로 분류한다.

제2절 금융자산의 분류

1. 사업모형과 계약상 현금흐름 특성

금융자산 관리를 위한 사업모형(business model)과 금융자산의 계약상 현금흐름 특성(contractual cash flow)에 근거하여 상각후원가측정(amortized cost, 이하 'AC') 금융자산, 기타포괄손익-공정가치측정(fair value through other comprehensive income, 이하 'FVOCI') 금융자산, 당기손익-공정가치측정(fair value through profit or loss, 이하 'FVPL') 금융자산으로 분류한다.

(1) 금융자산 관리를 위한 사업모형

사업모형은 현금흐름을 창출하기 위해 금융자산을 관리하는 방식을 말한다. 기업이 금융자산의 계약상 정해진 현금흐름(이자와 원금)을 받는 방식으로 현금흐름을 창출하는지와 금융자산 매매로 현금흐름을 창출하는지를 기준으로 금융자산을 분류한다.

사업모형은 개별 상품에 대한 경영진 의도와는 무관하며, 개별금융상품 수준이 아닌 포트폴리오 수준을 말한다. 한 기업에서 금융상품을 관리하는 둘 이상의 사업모형을 가질 수 있다. 예를 들어, 기업이 대출포트폴리오를 보유하고 있다고 하자. 금융상품의 일부는 계약상 현금흐름의 수취 목적으로 관리하고 나머지는 매도 목적으로 관리할 수 있다.

[금융자산 관리를 위한 사업모형]

① 계약상 현금흐름 수취 목적인 사업모형 : 해당 금융상품의 존속기간에 걸쳐 계약상 현금흐름의 달성을 목적으로 한다. 개별금융상품이 아닌 포트폴리오 수준에서 관리하므로 모든 금융상품을 만기까지 보유할 필요는 없다.

② 계약상 현금흐름 수취 및 매도 목적인 사업모형 : 사업모형 목적이 매일 유동성 수요를 관리하거나, 특정 이자수익률 수준을 유지하거나, 금융자산에 연계된 부채의 기간 및 현금흐름을 맞추는 것을 말한다. 매도가 목적의 일부이므로 빈번하게 많은 금액이 매도될 것이다.

③ 금융자산 매도 목적인 사업모형 : 해당 자산의 공정가치에 기초하여 의사결정하고, 투자이익을 실현하기 위해 금융자산을 관리하며, 빈번하게 금융자산 매매거래를 한다.

②와 ③에서의 금융자산 매도는 의미가 다르다. ②에서의 금융자산 매도는 포트폴리오 목적이 계약상 현금흐름을 수취를 목적으로 하되 일부 금융자산은 투자이익 실현을 위한 매도를 의미한다. ③에서의 금융자산 매도는 포토폴리오 목적이 투자이익 실현만을 목적으로 매도를 말한다. ②보다는 ③이 상당히 적극적인 매도를 목적으로 한다.

[예제 1] 사업모형

① 기업이 계약상 현금흐름을 수취하기 위해 채무상품을 보유하고 있다. 자금 수요는 예측가능하며 해당 금융자산의 만기와 추정 자금 수요가 일치한다.
② 기업은 몇 년 내에 자본적 지출을 예상한다. 기업은 자금수요가 생겼을 때 해당 지출액에 투자할 수 있도록 잉여현금을 단기금융자산과 장기금융자산에 투자한다. 많은 금융자산의 계약상 존속기간이 기업의 예상투자기간을 초과한다. 계약상 현금흐름을 수취하기 위해 금융자산을 보유하며 기회가 있으면 높은 수익률의 금융자산에 투자하기 위해 해당 금융자산을 매도한다.
③ 기업은 해당 자산의 공정가치에 기초하여 의사결정하고 해당 자산의 공정가치를 실현하기 위해 관리한다. 이를 위해 적극적으로 자산을 매입·매도하나, 금융자산을 보유하는 동안 계약상 현금흐름(예를 들어, 이자 또는 배당)을 수취하기도 한다.

물음

상기의 금융상품이 어떤 사업모형(계약상 현금흐름 수취목적, 계약상 현금흐름 수취 및 매도 목적, 금융자산 매도목적)에 해당하는지를 판단하시오.

해답

① 계약상 현금흐름을 수취하기 위해 자산을 보유하는 것이 목적인 사업모형에 해당한다. 채무상품에서 발생하는 계약상 현금흐름은 이자와 원금이다. 기업은 시세차익 목적이 아닌 자금이 필요한 시점에 맞춰 자금을 사용할 목적으로 채무상품(금융상품)에 투자하고 있다. 보유기간 중 채권가격이 올라도 매각하지 않고, 보유기간 중에는 이자를 수취하고 만기시점에 원금을 수취하여 자금 수요를 충족시킬 수 있다.
② 계약상 현금흐름 수취와 금융자산의 매도 둘 다를 통해 목적을 이루는 사업모형에 해당한다. 잉여현금을 포트폴리오 형태로 구성했으므로 여러 가지의 금융자산으로 구성되어 있다. 어떤 금융자산은 만기까지 보유계약상 현금흐름을 수취할 수 있는데, 이는 '계약상 현금흐름 수취가 목적인 사업모형'에 해당한다. 많은 금융자산의 계약상 존속기간이 기업의 예상투자기간을 초과하므로, 어떤 금융자산은 매각하여 높은 수익률을 얻기 위해 다시 금융자산에 투자할 수 있다. 이는 '금융자산 매도 목적인 사업모형'에 해당한다.
③ 금융자산 매도를 통해 현금흐름 실현이 목적인 사업모형에 해당한다. 계약상 현금흐름인 이자 또는 배당 수취는 부수적이고, 자산의 공정가치가 상승하여 시세차익이 발생하면 적극적으로 매도할 것이다.

(2) 계약상 현금흐름의 특성

금융자산 계약조건에 따라 원리금 지급만으로 구성되어 있는 현금흐름이 특정일(이자지급일 또는 만기일)에 생긴다면 '계약상 현금흐름의 특성'을 충족했다고 말한다. 계약조건에 따라 원금과 이자 지급에 관한 현금흐름이 특정일에 발생하는 예로는 대여금, 수취채권, 채무상품을 들 수 있다.

지분상품이나 파생상품, 지분상품으로 전환 가능한 전환사채는 계약조건에 따라 원리금을 수령하지 않고 매각 등을 통해 현금흐름이 발생하므로 계약상 현금흐름 특성을 충족하지 못한다.

[계약상 현금흐름 특성에 따른 금융상품 예시]

계약상 현금흐름 : 원리금	계약상 원리금이 아닌 현금흐름
① 원리금 지급이 인플레이션지수와 연계 ② 변동금리 조건의 금융상품	① 이자지급이 채무자 성과나 주가지수 등의 변수와 연계 ② 전환사채

2. 사업모형과 계약상 현금흐름 특성에 따른 금융상품의 분류

금융자산 관리를 위한 사업모형과 금융자산의 계약상 현금흐름 특성에 근거하여, 상각후원가측정(AC, amortized cost) 금융자산, 기타포괄손익-공정가치측정(FVOCI, fair value through other comprehensive income) 금융자산, 당기손익-공정가치측정(FVPL, fair value through profit or loss) 금융자산으로 분류한다.

계약상 현금흐름 특성을 충족한 채무상품은 사업모형에 따라 AC금융자산 또는 FVOCI금융자산으로 분류한다. 금융자산 매도를 통한 현금흐름 실현을 목적으로 보유하는 채무상품은 FVPL금융자산으로 분류한다. 지분상품은 원칙적으로 FVPL금융자산으로 분류하나, 단기매매 목적이 아닌 지분상품에 대해 FVOCI금융자산 선택권을 행사하면 FVOCI금융자산으로 분류할 수 있다.

[표 1] 채무형 금융자산의 분류

분류	사업모형	계약상 현금흐름
AC금융자산	계약상 현금흐름 수취	충족
FVOCI금융자산	계약상 현금흐름 수취와 금융자산 매도	충족
FVLP금융자산	금융자산의 매도목적	미충족

(1) AC금융자산

AC금융자산의 예로는 제조업이나 유통업이 보유한 수취채권, 금융기관이 보유한 대출채권을 들 수 있다. 이들 금융자산은 계약상 현금흐름의 수취를 목적으로 하므로 공정가치 변동 정보보다는 상각후원가 정보가 더 유용하다. 다음 두 가지 조건을 모두 충족하면 금융자산을 상각후원가로 측정한다.

i. 계약상 현금흐름을 수취하기 위해 금융자산을 보유하는 사업모형 ii. 금융자산 현금흐름이 원리금으로만 구성

(2) FVOCI금융자산

계약상 현금흐름 수취목적에는 상각후원가 정보가 유용하고, 매도목적에는 공정가치 정보가 유용하므로 두 가지 정보를 재무제표에 표시한다. 다음 두 가지 조건을 모두 충족하면 금융자산을 기타포괄손익-공정가치로 측정한다.

i. 계약상 현금흐름 수취와 금융자산 매도 둘 다를 통해 목적으로 금융자산을 보유하는 사업모형 ii. 금융자산 현금흐름이 원리금으로만 구성

(3) FVPL금융자산

상각후원가로 측정하지 않거나 기타포괄손익-공정가치로 측정하지 않는다면, 당기손익-공정가치로 측정한다. AC금융자산이나 FVOCI금융자산으로 분류해야 하는 금융상품이라도 회계불일치 제거를 위해 FVPL금융자산으로 지정할 수 있다.

FVPL금융자산에 해당해도 단기매매목적이 아닌 지분상품은 기타포괄손익(FVOCI) 선택권을 행사하여 FVOCI금융자산으로 분류할 수 있다. 이러한 선택은 최초 인식시점에서만 가능하며 이후에 취소할 수 없다. 예를 들어, 전략적 목적으로 타회사 지분을 장기간 보유할 수 있다. 이때 공정가치로 평가하고 장기 미실현손익을 당기손익으로 반영하면 기업 성과를 왜곡할 수 있다. 이러한 이유로 지분상품을 FVOCI금융자산으로 분류하여 평가손익을 기타포괄손익으로 인식할 수 있도록 선택권을 부여하고 있다.

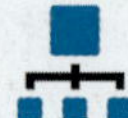

제3절 금융자산의 최초 및 후속 측정

1. 최초 측정

(1) 공정가치 평가

매출채권을 제외하고는, 최초 인식시점에 금융자산은 공정가치로 측정한다. 금융자산을 공정가치와 다른 금액으로 취득했다면 공정가치와 지급 대가 차이를 손익으로 처리한다.

금융자산은 계약당사자가 되는 시점에서 인식한다. 정형화된 거래(증권거래소를 통한 거래)는 매매일 또는 결제일 회계처리 중 하나를 선택하여 인식하거나 제거한다. 우리나라에서는 공개시장에서 주식을 매매하면 매매일로부터 2영업일 후에 주식이 입고되고 대금결제가 이루어지는데 이를 결제일이라고 한다.

(2) 거래원가

AC금융자산과 FVOCI금융자산의 취득과 직접 관련된 거래원가는 공정가치에 가산하고, FVPL금융자산의 취득과 관련된 거래원가는 기간비용으로 인식한다.

■ FVPL금융자산의 취득과 관련된 거래원가를 비용으로 인식하는 이유는?

지분상품을 ₩1,000에 취득하면서 거래원가 ₩50을 지급했고, 당기 말 공정가치는 ₩1,200이다. 거래원가를 지분상품 취득원가에 포함하면 지분상품의 취득원가는 ₩1,050으로 기록하고, 거래원가를 발생시점의 비용으로 인식하면 취득원가는 ₩1,000이다. 거래원가를 취득원가에 가산할 때와 기간비용으로 처리했을 때 당기손익에 미치는 영향을 살펴보자.

	거래원가를 취득원가로 인식	거래원가를 기간비용으로 인식
평가이익	150	200
기간비용		(50)
당기손익에 미친 영향	₩150	₩150

거래원가를 취득원가로 처리하든 기간비용으로 처리하든 당기손익에 미치는 영향은 동일하다. 이러한 이유로 매도와 매수가 빈번하여 회전율이 높은 FVPL금융자산 취득과 관련하여 발생하는 거래원가는 기간비용으로 인식한다.

2. 후속 측정과 제거

(1) 지분상품

지분증권은 원칙적으로 FVPL금융자산으로 분류한다. 단기매매항목이 아니라면 최초인식시점에서 FVOCI선택권을 행사하여 FVOCI금융자산으로 분류할 수 있다.

1) 후속측정

지분상품은 공정가치로 후속측정한다. FVPL금융자산에서 발생한 평가손익은 당기손익에 반영하고, FVOCI금융자산에서 발생한 평가손익은 기타포괄손익으로 인식한다. 포괄손익계산서에 인식한 기타포괄손익은 마감분개를 수행하여 재무상태표의 기타포괄손익누계액으로 분류한다.

〈예 2〉 지분증권의 후속측정

> 20×1년 중 지분증권을 ₩10,000에 취득하여 FVPL금융자산으로 분류했다. 20×1년 말과 20×2년 말의 공정가치는 각각 ₩12,000과 ₩9,000이다.

FVPL금융자산에서 발생한 평가손익은 당기손익(기타손익)에 반영하며, 시점별 회계처리는 다음과 같다.

[20×1년 말]

(차)	FVPL금융자산	2,000	(대)	금융자산평가이익	2,000

[20×2년 말]

(차)	금융자산평가손실	3,000	(대)	FVPL금융자산	3,000

FVOCI금융자산에서 발생한 평가손익은 기타포괄손익으로 인식하고, 기타포괄손익은 재무상태표의 기타포괄손익누계액으로 마감한다. 〈예 2〉에서 FVPL금융자산이 아닌 FVOCI금융자산으로 분류한다면 시점별 회계처리는 다음과 같다.

[20×1년 말]

(차)	FVOCI금융자산	2,000	(대)	금융자산평가이익 (기타포괄손익)	2,000

상기 분개를 수행하여 포괄손익계산서에 기타포괄손익으로 ₩2,000을 인식한다. 다음과 같이 마감분개를 수행하여 재무상태표에 기타포괄손익누계액으로 금융자산평가이익 ₩2,000을 인식한다.

(차)	금융자산평가이익 (기타포괄손익)	2,000	(대)	금융자산평가이익 (기타포괄손익누계액)	2,000

[20×2년 말]

(차)	금융자산평가손실 (기타포괄손익)	3,000	(대)	FVOCI금융자산	3,000

상기 분개를 수행하면 포괄손익계산서에 기타포괄손익으로 금융자산평가손실 ₩3,000을 인식한다. 아래와 같이 마감분개를 수행하여 20×2년 말 재무상태표의 기타포괄손익누계액으로 금융자산평가손실 ₩1,000[₩2,000(20×1년 말 금융자산평가이익 잔액) − ₩3,000(당기 인식한 금융자산평가손실)]을 인식한다.

(차)	금융자산평가손실 (기타포괄손익누계액)	3,000	(대)	금융자산평가손실 (기타포괄손익)	3,000

2) 제거

① FPVL금융자산

지분상품으로 분류한 FVPL금융자산을 처분하면 장부금액과 처분대가의 차이를 처분손익으로 인식한다. 처분시점에 금융자산을 공정가치로 측정하여 장부금액에서 제거할 수도 있고, 금융자산을 측정하지 않고 제거할 수도 있다.

〈예 3〉 FVPL금융자산의 처분 : 지분증권

> 20×1년 중 지분증권을 취득하여 FVPL금융자산으로 분류했다. 20×2년 말 공정가치는 ₩9,000이고, 20×3년 중 동 금융자산을 ₩8,000에 처분했다.

처분시점에 금융자산을 공정가치로 측정하지 않고 장부금액을 제거하면 회계처리는 다음과 같다.

(차)	현금	8,000	(대)	FVPL금융자산	9,000
	금융자산처분손실	1,000			

처분시점에 금융자산을 측정하여 공정가치로 평가한 후 제거하면 다음과 같이 처분손익을 인식하지 않고 금융평가손실을 인식한다.

측정	(차)	금융자산평가손실	1,000	(대)	FVPL금융자산	1,000
제거	(차)	현금	8,000	(대)	FVPL금융자산	8,000

금융자산의 측정여부에 따라 금융처분손실은 다르게 인식되나, FVPL금융자산에서 평가손익과 처분손익은 모두 당기손익에 반영되어 당기손익에 미치는 영향은 동일하므로 두 가지 방법 모두 가능하다.

② FVOCI금융자산

지분상품으로 분류한 FVOCI금융자산에서는 재무상태표의 금융자산평가손익(기타포괄손익누계액)을 당기손익(금융자산처분손익)으로 재분류(재순환)하지 않는다. 재분류조정을 허용하면 재무상태표에 계상된 기타포괄손익누계액만큼 처분이익이 증가하므로 처분시점의 당기이익이 증가한다. 이러한 선별적 처분행위(cherry picking)로 이익을 조정하는 행위를 금지하기 위해 지분증권에서 발생한 금융자산평가손익은 재분류하지 않는다.

지분상품으로 분류한 FVOCI금융자산에서 인식한 기타포괄손익은 당기손익으로 재순환할 수는 없으나, 이익잉여금으로 재분류할 수는 있다.

〈예 4〉 FVOCI금융자산의 처분 : 지분증권

20×1년 중 취득한 지분증권을 FVOCI금융자산으로 분류했다. 20×2년 말 공정가치는 ₩9,000이고, 20×2년 말 재무상태표의 기타포괄손익누계액으로 금융자산평가손실 ₩1,000이 계상되어 있다. 20×3년 중 동 금융자산을 ₩8,000에 처분했다.

처분시점에 금융자산을 공정가치로 측정한 후 제거하는데, 아래의 측정분개와 제거분개를 합하여 하나의 분개로 제시할 수도 있다. 제거시점에 측정하고 제거하는데 기타포괄손익누계액 ₩2,000[₩1,000(기초) + 1,000(당기 발생)]은 처분시점에서 당기손익으로 재순환할 수 없다.

측정	(차)	금융자산평가손실 (기타포괄손익)	1,000	(대)	FVOCI금융자산	1,000
제거	(차)	현금	8,000	(대)	FVOCI금융자산	8,000

[예제 2] FVPL금융자산 및 FVOCI금융자산(지분증권)의 후속 측정

민주회사는 정의회사가 발행한 주식 10주를 20×1년 중 주당 ₩900에 취득했는데, 거래원가 ₩100이 발생했다. 정의회사 주식의 보고기간말 공정가치는 다음과 같다.

20×1년 말 : ₩1,000 20×2년 말 : ₩980

민주회사는 상기 주식 10주를 20×3년 초 주당 ₩1,050에 매각했고, 거래원가는 발생하지 않았다.

물음

1. 지분증권을 FVPL금융자산으로 분류할 경우의 시점별 회계처리를 제시하시오.
2. 지분증권을 FVOCI금융자산으로 분류할 경우의 시점별 회계처리를 제시하시오. 단, 기타포괄손익에 대한 마감분개는 제시하지 마시오.

해답

1. FVPL금융자산으로 분류

(1) 20×1. 1. 1

(차)	FVPL금융자산	9,000	(대)	현금	9,100
	수 수 료 비 용	100			

(2) 20×1.12.31

(차)	FVPL금융자산	1,000	(대)	금융자산평가이익	1,000

(주) ₩1,000×10주(20×1년 말 FV) − 9,000(최초 인식액) = ₩1,000

부분재무제표

재무상태표			포괄손익계산서	
[비유동자산]			금융자산평가이익	1,000
FVPL금융자산	10,000		수수료비용	(100)
			당기순이익	×××

(3) 20×2.12.31

(차)	금융자산평가손실	200	(대)	FVPL금융자산	200

(주) ₩980×10주(20×2년 말 FV) − 10,000(20×1년 말 FV) = ₩200

부분재무제표

재무상태표			포괄손익계산서	
[비유동자산]			금융자산평가손실	(200)
FVPL금융자산	9,800			
			당기순이익	×××

(4) 20×3. 1. 1

(차)	현금	10,500	(대)	FVPL금융자산	9,800
				금융자산처분이익	700

2. FVOCI 금융자산으로 분류

(1) 20×1. 1. 1

(차)	FVOCI금융자산	9,100	(대)	현금	9,100

(2) 20×1.12.31

(차)	FVOCI금융자산	900	(대)	금융자산평가이익 (기타포괄손익)	900

(주) ₩1,000×10주(20×1년 말 FV) − 9,100(최초 인식액) = ₩900

부분재무제표

재무상태표				포괄손익계산서	
[비유동자산]		[자본]		당기순이익	×××
FVOCI금융자산	10,000	금융자산평가이익	900	[기타포괄손익]	
				금융자산평가이익	900

(3) 20×2.12.31

(차)	금융자산평가손실 (기타포괄손익)	200	(대)	FVOCI금융자산	200

(주) ₩980×10주(20×2년 말 FV) − 10,000(20×1년 말 FV) = ₩200

부분재무제표

재무상태표		포괄손익계산서	
[비유동자산]	[부채]	당기순이익	×××
FVOCI금융자산 9,800	[자본]	[기타포괄손익]	
	금융자산평가이익 700 (주)	금융자산평가손실	(200)

(주) ₩900(20×1년 평가이익) − 200(20×2년 평가손실) = ₩700

(4) 20×3. 1. 1

(차)	현금	10,500	(대)	FVOCI금융자산	9,800
				금융자산평가이익 (기타포괄손익)	700

〈해설〉

처분시점에 측정하지 않고 상기와 같이 회계처리할 수도 있고, 아래와 같이 공정가치로 측정한 후 제거분개를 수행할 수도 있다.

① 측정

(차)	FVOCI금융자산	700	(대)	금융자산평가이익 (기타포괄손익)	700

② 제거

(차)	현금	10,500	(대)	FVOCI금융자산	10,500

(2) 채무상품

1) 후속측정

① AC금융자산

AC금융자산은 유효이자율법을 적용하여 이자수익을 인식하고, 최초측정액에 상각액을 가감(할인차금은 가산, 할증차금은 차감)하는 상각후원가(amortized cost)로 측정한다.

AC금융자산은 계약상 현금흐름의 수취를 사업목적으로 하므로 중도 매각은 부수적인 사업의 일환이고, 금융자산과 관련된 원리금 회수가 필수적인 사업이다. 이러한 사업모형에서는 투자이익을 실현하기 위해 금융자산을 빈번하게 매도할 가능성은 낮다. AC금융자산으로 분류한 대부분의 금융자산은 만기까지 보유할 계획이므로 공정가치 변동은 정보이용자에게 유용한 정보가 아니므로 상각후원가로 측정한다. 상각후원가는 다음과 같이 계산한다.

상각후원가 = 최초 인식액(취득원가) − 원금회수액 + 할인차금 상각액 − 할증차금 상각액

[예제 3] AC금융자산(채무증권)의 후속 측정

민주회사는 정의회사가 20×1년 1월 1일 발행한 사채를 동 일자에 취득하여 AC금융자산으로 분류했다. 사채의 액면금액은 ₩1,000,000(표시이자율 연 8%, 매년 말 이자지급)이고, 사채발행일 현재 유효이자율은 10%이다. 사채 만기는 20×3년 12월 31일이고, 거래원가는 없다. 기간 3년, 10%의 연금현가계수와 현가계수는 각각 2.4869와 0.7513이다.

물음

1. AC금융자산의 최초 인식금액을 구하시오.
2. 20×1년 초부터 20×3년 말까지의 회계처리를 제시하시오. 단, 민주회사는 상기 사채를 만기시점까지 보유했다.

해답

1. AC금융자산의 최초인식금액(취득원가)

₩80,000×2.48685(이자) + ₩1,000,000×0.75131(액면금액) = ₩950,258

2. 시점별 회계처리

(1) 채무상품 장부금액 조정표

일자	유효이자	표시이자	상각액	장부금액
20×1. 1. 1				₩950,258
20×1.12.31	₩95,026	₩80,000	₩15,026	965,284
20×2.12.31	96,528	80,000	16,528	981,812
20×3.12.31	98,188	80,000	18,188	1,000,000
합계	₩289,742	₩240,000	₩49,742	

(2) 일자별 회계처리

① 20×1. 1. 1

(차)	AC금융자산	950,258	(대)	현 금	950,258

② 20×1.12.31

(차)	현 금	80,000	(대) 이자수익	95,026
	AC금융자산	15,026		

③ 20×2.12.31

(차)	현 금	80,000	(대) 이자수익	96,528
	AC금융자산	16,528		

④ 20×3.12.31

(차)	현 금	80,000	(대) 이자수익	98,188
	AC금융자산	18,188		
(차)	현 금	1,000,000	(대) AC금융자산	1,000,000

② FVOCI금융자산

FVOCI금융자산으로 분류하는 채무증권은 상각후원가로 측정한 후 공정가치로 평가하여 평가손익을 기타포괄손익으로 인식한다. 즉, AC금융자산과 동일한 방법으로 상각후원가로 평가한 후 상각후원가와 공정가치를 비교하여 누적 공정가치 변동(재무상태표상 기타포괄손익누계액)과 당기 공정가치 변동(포괄손익계산서상 기타포괄손익)을 측정한다.

[표 2] FVOCI금융자산 평가손익의 인식

구분	측정방법	내용
1단계	상각후원가	유효이자율법으로 이자수익을 인식하고 당기 상각액 계산
2단계	공정가치	당기 공정가치 변동을 기타포괄손익으로 인식

〈예 5〉 FVOCI금융자산의 평가 : 채무증권

FVOCI금융자산(채무증권)의 최초 인식액(20×1년 초)은 ₩950이고, 연도별 상각액과 공정가치는 다음과 같다.

구분	20×1년	20×2년
당기 상각액	₩15	₩17
보고기간말 공정가치	970	980

최초 인식액에 당기 상각액을 가산하면 20×1년 말 상각후원가는 ₩965이므로, 공정가치와 상각후원가의 차액 ₩5을 금융자산평가이익(기타포괄손익)으로 인식한다. 20×1년 말 회계처리는 다음과 같다.

[1단계 : 상각후원가 평가]

(차)	FVOCI금융자산	15	(대)	이자수익	15

[2단계 : 공정가치 평가]

(차)	FVOCI금융자산	5	(대)	금융자산평가이익 (기타포괄손익)	5

20×2년의 상각액 ₩17을 이자수익으로 인식하고, 공정가치 변동은 다음과 같이 파악한다. 보고기간말 공정가치에서 상각후원가를 차감하여 재무상태표에 인식해야 할 기타포괄손익누계액(누적 공정가치 변동)을 구하고, 기말 누적 공정가치 변동에서 기초 누적 공정가치 변동을 차감하여 포괄손익계산서에 인식해야 할 기타포괄손익(당기 공정가치 변동)을 구한다.

구분	20×1년 말	20×2년 말
공정가치(A)	₩970	₩980
상각후원가(B)	965	982
누적 공정가치 변동(C=A−B)	5	(2)
당기 공정가치 변동	5	(7)

[1단계 : 상각후원가 평가]

(차)	FVOCI금융자산	17	(대)	이자수익	17

[2단계 : 공정가치 평가]

20×1년 말 기타포괄손익누계액(누적 공정가치 변동)은 금융자산평가이익 ₩5이고, 20×2년 말 기타포괄손익누계액(누적 공정가치 변동)은 금융자산평가손실 ₩2이다. 20×2년 말 기타포괄손익누계액에서 20×1년 말 기타포괄손익누계액을 차감하면 당기에 인식해야 할 기타포괄손익은 ₩7이다. 또는 20×1년 말 공정가치 ₩970에 당기 상각액 ₩17을 가산한 ₩987과 20×2년 말 공정가치 ₩980의 차액으로 계산할 수도 있다.

(차)	금융자산평가손실 (기타포괄손익)	7	(대)	FVOCI금융자산	7

2) 제거

처분시점까지 자본(기타포괄손익누계액)에 누적시켜왔던 기타포괄손익을 처분손익에 반영하여 당기손익으로 인식하는 것을 '재분류조정(reclassification adjustment)' 또는 '재순환(recycle)'이라고 한다. FVOCI금융자산 중 채무증권만 금융자산평가손익(기타포괄손익누계액)을 매각시점에서 재순환할 수 있고, 지분증권에서 발생한 금융평가손익은 재분류조정을 수행하지 않는다.

〈예 6〉 FVOCI금융자산의 처분 : 채무증권

FVOCI금융자산(채무증권)의 20×1년 말 상각후원가 잔액은 ₩965이고, 공정가치는 ₩970이며, 기타포괄손익누계액(금융자산평가이익) ₩5이 계상되어 있다. 20×2년 초 금융자산을 ₩980에 매각했다.

채무증권은 처분시점에 재분류조정을 수행하여 금융자산평가이익(기타포괄손익누계액)을 다음과 같이 반영한다.

(차)	현 금	980	(대)	FVOCI금융자산	970
	금융자산평가이익(B/S)	5		금융자산처분이익	15

FVOCI금융자산으로 분류되는 채무증권은 처분손익은 다음과 같이 계산한다. 처분대가(₩980)와 상각후원가 잔액(₩965)의 차이인 ₩15을 금융자산처분이익으로 인식한다. 채권은 AC금융자산으로 분류하든 FVOCI금융자산으로 분류하든 인식하는 금융자산처분손익은 동일하다.

[FVOCI금융자산으로 분류된 채무증권 처분손익 계산]

금융자산처분이익(손실) = 처분대가 − 처분시점의 상각후원가

[예제 4] FVOCI금융자산(채무증권)의 후속 측정

민주회사는 정의회사가 20×1년 1월 1일 발행한 사채를 동 일자에 ₩950,258에 취득하여 FVOCI금융자산으로 분류했다. 액면금액은 ₩1,000,000(표시이자율 연 8%, 매년 말 이자지급)이고, 사채발행일 현재 유효이자율은 10%이다. 사채 만기는 20×3년 12월 31일이고, 거래원가는 없다. 동 사채의 20×1년 말과 20×2년 말 공정가치는 각각 ₩970,000과 ₩980,000이다.

물음

1. 20×1년 12월 31일부터 20×2년 12월 31일까지의 회계처리를 제시하시오.
2. 20×3년 1월 1일에 금융자산 전부를 ₩950,000에 매도했다. 처분시점의 회계처리를 제시하시오.

해답

(1) 채무상품 장부금액 조정표

일자	유효이자	표시이자	상각액	장부금액
20×1. 1. 1				₩950,258
20×1.12.31	₩95,026	₩80,000	₩15,026	965,284
20×2.12.31	96,528	80,000	16,528	981,812
20×3.12.31	98,188	80,000	18,188	1,000,000
합계	₩289,742	₩240,000	₩49,742	

(2) 일자별 회계처리

구분	20×1년 말	20×2년 말
공정가치(A)	₩970,000	₩980,000
상각후원가(B)	965,284	981,812
누적 공정가치 변동(C=A−B)	4,716	(1,812)
당기 공정가치 변동	4,716	(6,528)

〈해설〉

20×2년의 당기공정가치 변동은 20×2년 말 누적 공정가치 변동에서 20×1년 말 누적 공정가치 변동을 차감하여 계산한다. 동 금액이 분개의 대상이다.

• 당기 공정가치 변동 = ₩(1,812) − 4,716 = ₩(6,528)

① 20×1.12.31

〈이자수익 인식〉

(차)	현금	80,000	(대)	이자수익	95,026
	FVOCI금융자산	15,026			

〈평가손익 인식〉

(차)	FVOCI금융자산	4,716	(대)	금융자산평가이익 (기타포괄손익)	4,716

〈해설〉
20×1년 말 부분재무상태표는 다음과 같다. 자본에 계상된 금융자산평가이익 ₩4,716를 FVOCI금융자산의 공정가치인 ₩970,000에서 차감하면 20×1년 말 상각후원가인 ₩965,284와 일치한다.

부분재무상태표

[비유동자산]		[자본]	
FVOCI금융자산	970,000	금융자산평가이익	4,716

② 20×2.12.31
〈이자수익 인식〉

(차)	현금	80,000	(대)	이자수익	96,528
	FVOCI금융자산	16,528			

〈평가손익 인식〉

(차)	금융자산평가손실 (기타포괄손익)	6,528	(대)	FVOCI금융자산	6,528

〈해설〉
20×2년 말 FVOCI금융자산과 관련하여 재무상태표에 인식하는 기타포괄손익누계액은 금융자산평가손실 ₩1,812[₩4,716(20×1년 말 평가이익) − 6,528(20×2년 말 평가손실)]이다. 20×2년 말 부분재무상태표는 다음과 같다. 자본에 계상된 금융자산평가손실 ₩1,812를 FVOCI금융자산의 공정가치인 ₩980,000에 가산하면 20×2년 말 상각후원가인 ₩981,812와 일치한다.

부분재무상태표

[비유동자산]		[자본]	
FVOCI금융자산	980,000	금융자산평가손실	(1,812)

③ 20×3. 1. 1

(차)	현금	950,000	(대)	FVOCI금융자산	980,000
	금융자산처분손실	31,812		금융자산평가손실(B/S)	1,812

〈해설〉
FCOCI금융자산으로 분류하는 채권은 금융자산을 처분할 때 기타포괄손익누계액에 계상된 금융자산평가손실을 제거한다.

③ FVPL금융자산

단기간 매매차익을 얻거나 금융자산의 공정가치 변동을 성과측정치로 사용한다면 FVPL금융자산으로 분류한다. 이러한 상황에서는 공정가치 변동을 당기손익에 반영해야 회계정보이용자에게 목적적합한 정보를 제공할 수 있다. FVPL금융상품은 공정가치로 평가하고 공정가치평가손익은 당기손익으로 인식한다.

FVPL금융자산으로 분류되는 채무상품이나 대여금은 공정가치평가손익뿐만 아니라 이자수익도 인식해야 한다. AC금융자산이나 FVOCI금융자산으로 분류된 채무상품은 유효이자율법을 적용하여 이자수익을 인식하는데, FVPL금융자산에 대해서는 기준서에 명확한 규정이 없다. 유효이자율법에 따른 이자수익과 공정가치 평가에 따른 평가손익을 모두 당기손익에 반영하므로 유효이자율법에 따른 상각후원가로 평가하는 실익이 없다. 실무에서 FVPL금융자산에 대해 유효이자가 아닌 표시이자를 이자수익으로 인식하므로 본서에서도 표시이자를 이자수익으로 인식한다.

3. 금융자산의 손상

(1) 손상차손 인식대상

채무불이행이나 연체 등[1]의 사건이 발생하면 금융자산이 신용 손상되었다고 말한다. AC금융자산과 FVOCI금융자산(채무상품), 대여금, 수취채권 등 계약상 현금흐름이 발생하는 금융자산에서만 손상차손을 인식한다.

[표 3]은 손상차손 인식대상 여부를 정리한 것이다. 금융자산의 신용 손상은 미지급 또는 계약위반으로 발생하는 채무불이행(default)을 의미한다. 이러한 정의에 따르면 공정가치 변동에 따른 금융자산평가손실은 채무불이행에 해당하지 않는다.

FVPL금융자산과 FVOCI금융자산(지분상품)에 대한 손상차손은 인식하지 않는다. FVPL금융자산의 공정가치평가손익은 당기손익으로 인식하므로 손상차손을 인식해도 당기손익에 미치는 영향은 동일하기 때문이다. FVOCI금융자산으로 분류하는 지분상품은 계약상 현금흐름인 원리금이 발생하지 않고 공정가치로 자산을 측정하므로 손상차손을 인식하지 않는다.

[표 3] 손상차손 인식 대상 여부

손상차손 인식대상	손상차손 인식대상 제외
• AC금융자산 • FVOCI금융자산(채무상품) • 계약상 현금흐름이 발생하는 금융자산(대여금, 수취채권)	• FVPL금융자산 • FVOCI금융자산(지분상품)

1) 신용 손상의 예로는 ① 차입자의 재무적 어려움에 관련된 이유로 당초 차입조건의 불가피한 완화, ② 차입자의 파산 가능성이 높아지거나 재무구조조정 가능성이 높아짐, ③ 재무적 어려움으로 해당 금융자산에 대한 활성시장의 소멸, ④ 발행자나 차입자의 유의적인 재무적 어려움을 들 수 있다.

(2) 기대신용손실의 추정

K-IFRS 제1109호에서는 실제로 손상이 발생할 때 손상차손을 인식하지 않고, 미래에 발생할 수 있는 기대신용손실을 사전에 추정하여 손상차손을 인식하는 기대신용손실모형(expected credit loss model)을 채택하고 있다. 기대신용손실모형에서는 아직 발생하지 않았으나 미래전망 정보를 포함한 합리적이고 뒷받침될 수 있는 모든 정보를 고려하여 향후 발생할 것으로 예상하는 신용손실을 인식한다. 기대신용손실모형을 적용하면 신용손실을 적시에 인식할 수 있어 정보이용자에게 목적적합한 정보를 제공할 수 있다.

신용손실(credit losses)은 현금 부족액의 현재가치를 말하고, 기대신용손실(expected credit losses)은 신용손실을 개별 채무불이행 발생확률(probability of default, PD)로 가중평균한 금액이다. 현금부족액(①)을 계산하여 현재가치로 평가하여 신용손실(②)을 구한다. 신용손실을 개별 채무불이행 발생 확률로 가중평균하여 기대신용손실(③)을 구한다.

[기대신용손실의 계산]

① 현금 부족액 = 계약상 수취하기로 한 현금흐름 − 수취할 것으로 예상하는 현금흐름
② 신용손실 = 현금 부족액(①)을 최초 유효이자율로 할인한 금액
③ 기대신용손실 = 신용손실(②)×채무불이행 발생위험(채무불이행 발생확률)

기대신용손실은 금융자산에 따라 보고기간말부터 12개월까지 추정하거나 금융자산의 전체기간을 대상으로 추정한다. 최초 인식 후에 금융상품 신용위험이 유의적으로 증가하면 매 보고기간말에 전체기간 기대신용손실을 추정한다. 금융상품 신용위험이 유의적으로 증가하지 않으면 보고기간말에 12개월까지의 기간만을 대상으로 기대신용손실을 추정한다.

[표 4] 기대신용손실의 계산

구분	전체기간 기대신용손실	12개월 기대신용손실
금융상품 신용위험 수준	유의적으로 증가함	유의적으로 증가하지 않음
기대신용손실	채무불이행 발생 시 노출금액×채무불이행 발생 시 손실율×전체기간 채무불이행 발생확률	채무불이행 발생 시 노출금액×채무불이행 발생 시 손실율×12개월내 채무불이행 발생확률

〈예 7〉 기대신용손실의 계산

만기 10년, 만기상환조건인 ₩500,000인 대여금에서 채무불이행이 발생한다면 총장부금액에서 20%의 손실이 발생할 것으로 추정한다.

보고기간말에 향후 12개월 채무불이행 발생확률을 1%로 추정하였다고 하자. 12개월 기대신용손실에 해당하는 손실충당금은 ₩1,000(₩500,000×1%×20%)이다. 보고기간말에 전체기간 채무불이행 발생확률을 5%로 추정하였다고 하자. 전체기간 기대신용손실에 해당하는 손실충당금은 ₩5,000(₩500,000×5%×20%)이다.

(3) 기대신용손실의 측정

K-IFRS 제1109호에서는 손상을 적용하는 금융자산에 대해 3단계 접근법과 간편법을 제시하고 있다. 3단계 접근법에서는 신용위험 변동을 3단계(낮음, 유의적으로 증가, 손상 발생)로 구분하여 기대신용손실을 추정한다. 간편법은 과거 관측된 채무불이행률에 기초하여 미래전망적인 추정을 하는 방식으로, 전체기간을 대상으로 손실충당금을 측정한다. 기대신용손실의 측정방법은 [표 5]와 같다.

[표 5] 기대신용손실의 측정방법

구분	내용
3단계 접근법	• 유의적인 금융요소가 있는 매출채권이나 계약자산, 리스채권 • 나머지 손상 대상인 채무상품
간편법	• 유의적인 금융요소를 포함하고 있지 않은 매출채권이나 계약자산 • 유의적인 금융요소가 있는 매출채권이나 계약자산, 리스채권으로서 간편법을 회계정책으로 선택한 경우

① 3단계 접근법

금융상품을 최초로 인식한 후 3단계로 구분한 신용위험 변동에 따라 기대신용손실을 측정하고 이자수익을 인식한다. [표 6]의 1단계와 2단계에 속한 채무상품을 '신용이 손상되지 않은 금융자산'이라고 부른다. 채무상품의 전체 존속기간에 채무가 불이행될 확률이 얼마나 변동했는지를 기초로 신용위험이 증가했는지 판단한다.

채무상품 취득 후 시간이 경과해도 채무자 신용위험이 유의적으로 증가하지 않으면 1단계에서 기대신용위험을 측정한다. 채무자 신용위험이 유의적으로 증가하면 2단계로 진입하고, 채무불이행이나 연체 같은 계약 위반이 있어 신용 손상이 발생하면 3단계로 진입한다.

2단계에 진입했는데 후속기간에 채무자의 신용위험이 낮아지면 1단계로 하향 조정하여 기대신용손실을 측정한다. 이렇게 상황이 호전되면 당기 추정한 기대신용손실이 이미 인식했던 기대신용손실보다 작을 수 있다. 기대신용손실의 유리한 변동은 손상차손환입으로 인식한다.

[표 6] 기대신용손실 및 이자수익 인식

구 분	1단계	2단계	3단계
신용손상상태	신용위험이 낮음	신용위험이 유의적으로 증가	신용 손상이 발생
기대신용손실의 인식	12개월 기대신용손실	전체기간 기대신용손실	
이자수익의 인식	총액기준		순액기준

(주)
- 총액기준 : [최초인식금액 − 상환액 − 상각액]×유효이자율
- 순액기준 : [상각후원가(총장부금액 − 손실충당금)]×유효이자율

최초 인식 후 금융상품 신용위험이 유의적으로 증가했는지 매 보고기간말에 평가한다. 신용위험의 유의적인 증가를 평가할 때 기대신용손실 변동이 아닌 금융상품의 기대존속기간에 걸친 채무불이행 발생위험의 변동을 사용한다. 이러한 평가를 위해 '최초 인식일의 채무불이행 발생위험'과 '보고기간말의 금융상품에 대한 채무불이행 발생위험'을 비교한다.

〈예 8〉 신용손상상태에 따른 기대신용손실 및 이자수익의 인식

A은행은 20×1년 말 B기업에게 ₩1,000을 대출(만기 : 20×4년 말, 이자율 : 연 8%)했다. 향후 12개월 동안 채무불이행 확률은 5%이고, 전체기간의 채무불이행 확률은 10%이다. 채무불이행이 발생하면 대출금 전액을 회수하지 못한다.

20×2년 말 경제 침체로 B기업의 현금흐름에 어려움이 발생할 것으로 예측하였다. 12개월 내 채무불이행확률은 10%이고, 전체기간의 채무불이행 확률은 20%이다. 20×3년 말 B기업이 대출금을 상환할 현금이 부족하여 대출금 만기를 20×6년 말로 연장했다. 12개월 내 채무불이행확률은 20%이고, 전체기간의 채무불이행 확률은 40%이다.

〈예 8〉에서 최초 인식 후 신용위험이 유의적으로 증가했는지 판단하기 위해 채무불이행 발생위험을 비교한다. 채무불이행 확률이 최초 취득시점의 15%[5%(12개월 내 채무불이행확률) + 10%(전체기간 채무불이행 확률)]에서 20×2년 말 현재 30%[10%(12개월 내 채무불이행확률) + 20%(전체기간 채무불이행 확률)]로 변동했다. 채무불이행 발생위험이 유의적으로 증가했으므로 최초 인식 후 신용위험이 유의적으로 증가한 것으로 판단하여 전체기간 기대신용손실을 적용한다. 경기침체로 현금흐름이 어렵게 되었으므로 손상차손 ₩200[₩1,000×20%(전체기간 채무불이행 확률)]을 인식한다. 아직 2단계이므로 총장부금액에 이자율을 곱해 이자수익을 인식하므로 이자수익 ₩80(₩1,000×8%)을 인식한다.

채무불이행 확률이 최초인식일인 20×1년 말 15%에서 20×3년 말 현재 60%[20%(12개월 내 채무불이행확률) + 40%(전체기간 채무불이행 확률)]로 변동했다. 20×3년 말 유동성 위기에 직면해

신용손상이 발생하므로 '3단계'로 보고, 손상차손 ₩400[₩1,000×40%(전체기간 채무불이행 확률)]을 인식한다. 3단계에 진입했으므로 이자수익은 총장부금액에서 손실충당금을 차감한 금액에 이자율을 곱해 인식한다. 이에 따라 20×4년에 이자수익 ₩48{[₩1,000(총장부금액) − 400(손실충당금)]×8%}을 인식한다.

[예제 5] 3단계 접근법

조선은행은 20×1년 말 녹두(주)에게 ₩10,000을 대출(만기 : 20×4년 말, 이자율 : 연 6%)했다. 향후 12개월 동안 채무불이행 확률은 5%이고, 채무불이행이 발생하면 대출금 전액을 회수하지 못한다.

- 20×2년 말 경제 침체로 녹두(주)의 현금흐름에 어려움이 발생할 것으로 예측하고 있다. 전체기간의 채무불이행 확률은 35%이다.
- 20×3년 말 녹두(주)가 대출금을 상환할 현금이 부족하여 대출금 만기를 20×6년 말로 연장했다. 전체기간의 채무불이행 확률은 75%이다.

물음

1. 3단계 접근법에 따라 각 연도의 신용손상 상태를 파악하시오.
2. 20×1년 말부터 20×4년 말까지 인식할 손상차손과 이자수익을 제시하시오.

해답

1.

20×1년 말 채무불이행 확률이 5%로 신용위험이 낮은 정상상태인 '1단계'에 해당한다. 경기침체로 현금흐름이 어렵게 된 20×2년 말에 신용위험이 유의적으로 증가하므로 '2단계'에 해당한다. 20×3년 말 유동성 위기에 직면해 신용손상이 발생하므로 '3단계'에 해당한다.

2.

시점	단계	손상차손	이자수익
20×1년 말	1단계	₩10,000×5% = ₩500	₩0
20×2년 말	2단계	₩10,000×35% = ₩3,500	₩10,000×6% = ₩600
20×3년 말	3단계	₩10,000×75% = ₩7,500	₩10,000×6% = ₩600
20×4년 말	3단계	₩10,000×75% = ₩7,500	(₩10,000 − 7,500) × 6% = ₩150

〈해설〉

20×3년 말부터 제3단계에 진입했으므로 순액기준(₩10,000 − 7,500)을 기초로 20×4년 이자수익을 인식한다.

② 간편법

간편법은 해당 금융자산의 전체기간을 대상으로 손실충당금을 측정하는 방법이다. 매출채권, 계약자산, 리스채권은 간편법을 적용하여 손실충당금을 측정한다. K-IFRS 제1109호에서는 간편법 예로 금융자산 연령분석법인 충당금 설정률표(provision matrix)를 제시하고 있다. 충당금 설정률표는 과거에 매출채권의 기대존속기간에 관측된 채무불이행률에 기초하여 작성하며 미래전망적인 추정을 반영하여 조정한다.

금융자산의 손상추정 및 이자수익을 인식하는 과정을 정리하면 [그림 2]와 같다.

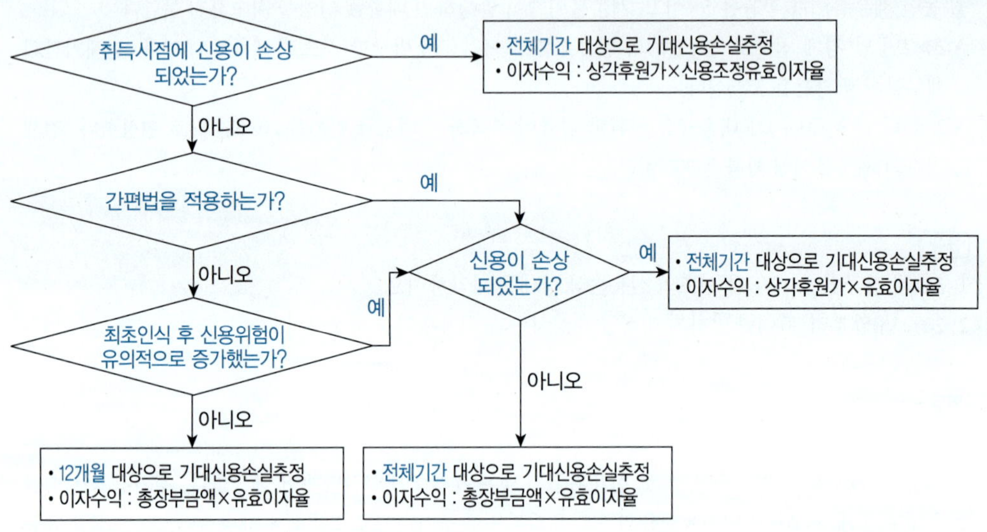

[그림 2] 금융자산의 손상추정 및 이자수익

(4) AC금융자산 손상차손 인식

① 손상차손 인식

AC금융자산은 상각후원가로 평가하므로 손상 대상이다. 신용손상에 해당하는 현금부족액의 현재가치(계약상 현금흐름과 수취할 것으로 예상하는 현금흐름의 차액을 최초인식시점의 유효이자율을 이용하여 계산한 금액)를 손실충당금으로 인식한다. 최초인식 이후에 신용위험이 유의적으로 증가하면 전체기간 기대신용손실로, 그렇지 않으면 12개월 기대신용손실로 손실충당금을 인식한다. 기대신용손실은 손실충당금에 누적시키며, 손실충당금은 해당 금융자산에서 차감한다.

손상차손 = 상각후원가 − 미래현금흐름의 현재가치(주)

(주) 최초 인식시점의 유효이자율로 할인

(차) 신용손실	×××	(대) 손실충당금	×××

신용이 손상되기 전에는 총장부금액에 유효이자율을 적용하여 이자수익을 인식한다. 유의적인 재무적 어려움 등으로 신용이 손상되면 총장부금액에서 누적손상(손실충당금)을 차감한 금액에 최초 유효이자율을 적용하여 이자수익을 인식한다.

[예제 6] AC금융자산의 손상차손

민주회사는 정의회사가 20×1년 1월 1일 발행한 사채(채무증권)를 동 일자에 ₩950,258에 취득하여 AC금융자산으로 분류했다. 취득 당시 신용은 손상되지 않았다. 사채의 액면금액은 ₩1,000,000(표시이자율 연 8%, 매년 말 이자지급)이고, 사채발행일 현재 유효이자율은 10%이다. 사채 만기는 20×3년 12월 31일이고, 거래원가는 발생하지 않았다.

민주회사가 취득한 채무상품의 장부금액 조정표는 다음과 같다.

일자	유효이자	표시이자	상각액	장부금액
20×1. 1. 1				₩950,258
20×1.12.31	₩95,026	₩80,000	₩15,026	965,284
20×2.12.31	96,528	80,000	16,528	981,812
20×3.12.31	98,188	80,000	18,188	1,000,000
합계	₩289,742	₩240,000	₩49,742	

20×1년 말 이자는 정상적으로 수취했다. 20×2년 초 민주회사는 정의회사가 유의적인 재무적 어려움으로 신용이 손상되었다고 판단했다. 정의회사가 법정관리 상태가 되어 민주회사는 앞으로 받을 이자를 포기했고, 20×2년 초 채무증권의 만기에 예상하는 원금의 회수가능액은 ₩605,000이다. 20×2년 말 채무증권 이자는 수령하지 못했다.

물음

20×1년 12월 31일부터 20×2년 12월 31일까지의 회계처리를 제시하시오.

해답

1. 20×1.12.31

(차) 현 금	80,000	(대) 이자수익	95,026
AC금융자산	15,026		

2. 20×2.12.31

(1) 20×2. 1. 1 : 손상차손 인식

(차)	손상차손	465,284	(대)	손실충당금	465,284

㈜ 손상차손 = ₩965,284(상각후원가) − 500,000(미래현금흐름의 현재가치) = ₩465,284
* 미래현금흐름의 현재가치 = ₩605,000/1.1^2 = ₩500,000

(2) 20×2. 12. 31 : 이자수익 인식

(차)	AC금융자산	50,000 ㈜	(대)	이자수익	50,000

㈜ [₩965,284(상각후원가) − 465,284(손실충당금)]×10% = ₩50,000

② 손상차손환입

후속적으로 신용이 손상된 금융자산의 신용위험이 개선되었고, 그러한 개선이 발생한 사건과 객관적으로 관련된다면 손실충당금을 감소시키고 당기이익(손상차손환입)으로 인식한다. 예를 들어, 20×1년 말에 손실충당금 ₩1,000을 인식했는데, 20×2년 말에 새롭게 추정한 기대신용손실은 ₩300이라고 하자. 손실충당금 ₩700을 감소시키고, 동 금액을 당기이익(손상차손환입)으로 인식한다.

(차)	손실충당금	700	(대)	손상차손환입	700

(5) FVOCI금융자산의 손상차손 인식

① 손상차손 인식

FVOCI금융자산 중 채무상품에 대해서만 손상차손을 인식한다. 수취할 것으로 예상하는 현금흐름의 현재가치를 할인할 때 현행시점의 유효이자율을 이용한다. AC금융자산에서는 역사적 원가로 평가하므로 최초 인식시점의 유효이자율을 이용하나, FVOCI금융자산은 공정가치로 평가하므로 평가시점의 유효이자율을 이용한다. FVOCI금융자산에서는 손상차손에 대해 손실충당금을 인식하지 않고 손상차손 인식 이전까지 재무상태표에 누적시킨 기타포괄손익누계액을 자본에서 제거하여 이를 당기손익으로 재분류한다.

〈예 8〉 FVOCI금융자산의 손상차손 인식

① 20×1년 중 채무증권을 공정가치인 ₩10,000에 취득하여 FVOCI금융자산으로 분류했다. 동 채무상품은 취득시점에서 신용이 손상되어 있지 않았다. 20×1년 말 공정가치는 ₩9,000으로 단순한 가치하락이므로 기대신용손실은 없다고 평가했다.
② 20×2년 말 공정가치는 ₩7,000으로 하락했는데, 신용위험이 유의적으로 증가하지 않았다고 보아 12개월 기대신용손실을 추정했는데 ₩1,500으로 평가되었다.

[20×1년 말 회계처리]

단순한 가치하락에 해당하므로 손상차손은 인식하지 않고 공정가치 변동에 따른 가치하락을 금융자산평가손실로 인식한다. 기타포괄손익으로 인식한 금융자산평가손실 ₩1,000은 마감분개를 통해 재무상태표의 기타포괄손익누계액으로 분류한다.

(차)	금융자산평가손실(기타포괄손익)	1,000	(대)	FVOCI금융자산	1,000

[20×2년 말 회계처리]

공정가치 ₩2,000이 하락했는데, 이 중 기대신용손실에 해당하는 ₩1,500은 손상차손으로 인식한다. 금융자산평가손실 ₩500은 마감분개를 통해 재무상태표의 기타포괄손익누계액으로 분류하므로 20×2년 말 기타포괄손익누계액 잔액은 ₩1,500이다.

(차)	금융자산평가손실(기타포괄손익)	2,000	(대)	FVOCI금융자산	2,000

(차)	손상차손(당기손익)	1,500	(대)	금융자산평가손실(기타포괄손익)	1,500

첫 번째 분개와 두 번째 분개를 합하여 다음과 같이 회계처리할 수 있다.

(차)	손상차손(당기손익)	1,500	(대)	FVOCI금융자산	2,000
	금융자산평가손실(기타포괄손익)	500			

② 손상차손환입

공정가치 상승분 중 기대신용손실 감소에 해당하는 금액은 손상차손환입(기타수익)으로 인식하고, 나머지는 기타포괄손익으로 인식한다.

〈예 9〉 FVOCI금융자산의 손상차손환입 인식

〈예 8〉에서 20×3년 말 공정가치는 ₩8,800으로 상승했고, 12개월 기대신용손실은 ₩1,200으로 평가되었다.

공정가치 변동 ₩1,800 중 기대신용손실 감소분 ₩300[₩1,500(20×1년 기대신용손실) − 1,200(20×2년 기대신용손실)]을 손상차손환입으로 인식하고, 나머지 ₩1,500은 금융자산평가이익(기타포괄손익)으로 인식한다.

[20×3년 말 회계처리]

(차)	FVOCI금융자산	1,800	(대)	금융자산평가이익(기타포괄손익)	1,800

(차)	금융자산평가이익(기타포괄손익)	300	(대)	손상차손환입(당기손익)	300

첫 번째 분개와 두 번째 분개를 합하여 다음과 같이 회계처리할 수 있다.

(차)	FVOCI금융자산	1,800	(대)	금융자산평가이익	1,500
				손 상 차 손 환 입	300

제4절 금융자산의 재분류

금융자산을 관리하는 사업모형을 변경하면 분류기준에 따라 금융자산을 재분류해야 한다. 사업모형 변경은 ① 외부나 내부 변화에 따라 기업의 고위 경영진이 결정해야 하고, ② 기업 영업에 유의적이고, ③ 외부 당사자에게 제시할 수 있어야 한다. 사업모형 변경은 사업계열의 취득, 처분, 종결과 같이 영업에 유의적인 활동을 시작하거나 중단할 때에만 발생할 것이다. 사업모형 변경은 매우 드문 경우에만 발생하므로 실무에서 금융상품의 재분류 빈도는 높지 않기 때문에 본서에서는 재분류 회계처리를 간단하게 다룬다.

1. 사업모형의 변경

(1) 사업모형 변경의 예

기업이 단기 매도를 목적으로 상업 대여금의 포트폴리오를 보유 중에 계약상 현금흐름을 수취하는 사업모형을 갖고 있는 다른 회사를 취득할 수 있다. 이제는 상업 대여금의 포트폴리오는 매도 목적뿐만 아니라 계약상 현금흐름을 수취하기 위해 보유한다.

(2) 사업모형의 변경이 아닌 예

① 특정 금융자산을 보유하는 의도의 변경
② 금융자산에 대한 특정 시장의 일시적 소멸
③ 기업 내에 서로 다른 사업모형을 갖고 있는 부문 간 금융자산의 이전

2. 재분류 회계처리

금융자산을 재분류하면 재분류일의 공정가치로 측정하는데, K-IFRS 제1109호에서는 다음과 같이 여섯 가지의 상황을 제시하고 있다.

[표 8] 금융자산의 재분류

재분류	재분류 손익 인식 및 조정
AC → FVPL	금융자산 재분류 전 상각후원가와 공정가치 차이를 당기손익으로 인식
FVPL → AC	재분류일부터 손상규정 적용
AC → FVOCI	금융자산 재분류 전 상각후원가와 공정가치 차이는 기타포괄손익으로 인식. 이자수익과 기대신용손실 측정은 조정하지 않음
FVOCI → AC	재분류 전 인식한 기타포괄손익누계액은 자본에서 제거하고 재분류일 금융자산의 공정가치에서 조정(최초부터 상각후원가로 측정했던 것처럼 재분류일에 금융자산을 측정). 이자수익과 기대신용손실 측정은 조정하지 않음
FVPL → FVOCI	채무상품은 재분류일부터 손상규정 적용
FVOCI → FVPL	재분류 전에 인식한 기타포괄손익누계액은 당기손익으로 인식

연습문제

[문 1] 진위형 문항

다음 문항을 읽고 맞는 기술이면 'o'로 표시하고, 틀린 기술이면 '×'로 표시하되 그 이유를 기재하시오.

1. 금융상품은 거래당사자 어느 한쪽에는 금융자산을 발생시키면서 다른 거래상대방에게 금융부채를 발생시키는 계약을 말한다.
2. 본원상품은 해당 상품의 가치가 시장에서 직접 결정되는 금융상품을 말한다.
3. 현금은 지폐나 동전뿐만 아니라 즉시 현금화가 가능한 통화대용증권과 요구불예금을 포함한다.
4. 타인발행수표와 선일자수표는 즉시 현금화가 가능하므로 현금으로 분류한다.
5. 현금성자산은 큰 거래비용 없이 현금으로 전환이 용이하고 가치변동 위험이 크지 않은 금융상품으로 보고기간말부터 만기가 3개월 이내에 도래하는 자산을 말한다.
6. 지분상품이란 기업 자산에서 모든 부채를 차감한 후 잔여지분을 나타내는 모든 계약을 말하며, 모든 지분상품은 금융상품으로 분류한다.
7. 매출채권은 금융자산으로 분류하나 선급금은 금융자산에 해당하지 않는다.
8. 자기지분상품을 수취할 때 수량이 변동 가능한 비파생상품은 금융자산으로 분류한다.
9. 사업모형은 현금흐름을 창출하기 위해 금융자산을 관리하는 방식을 의미하는데, 개별 상품에 대한 경영진 의도도 반영한다.
10. 계약상 현금흐름 수취목적인 사업모형으로 금융자산을 분류하기 위해서는 모든 금융상품을 만기까지 보유해야 한다.
11. 자산의 공정가치에 기초하여 의사결정하고, 투자이익을 실현하기 위해 금융자산을 관리한다면 금융자산 매도를 통해 현금흐름 실현이 목적인 사업모형에 해당한다.
12. 지분상품은 계약상 현금흐름 특성을 충족한다.
13. AC금융자산으로 분류하기 위해서는 계약상 현금흐름 수취목적인 사업모형이면서 금융자산의 현금흐름이 원리금으로만 구성되어 있어야 한다.
14. FVOCI금융자산으로 분류하기 위해서는 계약상 현금흐름 수취 및 매도목적인 사업모형이면서 금융자산 현금흐름이 원리금으로만 구성되어 있어야 한다.
15. 상각후원가나 공정가치-기타포괄손익으로 측정해야 하는 자산이라도 최초 인식시점에서 FVPL 금융상품으로 지정할 수 있다.

16. 금융자산 취득과 관련된 거래원가는 취득부대비용에 해당하므로 금융자산 취득원가에 가산한다.
17. AC금융자산으로 분류하면 유효이자율법을 적용하여 이자수익을 인식하고 공정가치 변동은 인식하지 않는다.
18. 지분상품은 공정가치로 후속측정하는데, FVPL금융자산에서 발생한 평가손익은 당기손익에 반영하고 FVOCI금융자산에서 발생한 평가손익은 기타포괄손익으로 인식한다.
19. 지분상품으로 분류한 FVPL금융자산을 처분하면 장부금액과 처분대가의 차이를 처분손익으로 인식한다.
20. 지분상품으로 분류한 FVOCI금융자산을 처분하면 기타포괄손익누계액을 처분손익을 인식할 때 반영한다.
21. 채무증권을 FVOCI금융자산으로 분류하면 이자수익과 기타포괄손익을 인식한다.
22. 채무증권으로 분류된 FVOCI금융자산에서 자본(기타포괄손익누계액)으로 누적시켜왔던 기타포괄손익은 처분손익에 반영하여 당기손익으로 인식한다.
23. 채권은 AC금융자산으로 분류하든 FVOCI금융자산으로 분류하든 인식하는 금융자산처분손익은 동일하다.
24. 단기간 매매차익을 얻거나 금융자산의 공정가치 변동을 성과측정치로 사용한다면 FVPL금융자산으로 분류한다.
25. 금융자산 중 FVPL금융자산만 손상차손을 인식하지 않는다.
26. K-IFRS에서는 금융자산의 손상 발생에 대한 객관적인 증거가 있을 때 손상을 인식한다.
27. 기대신용손실은 현금 부족액의 현재가치를 의미한다.
28. 기대신용손실은 금융자산에 따라 보고기간말부터 12개월까지 추정하거나 금융자산의 전체기간으로 추정한다.
29. 최초 인식 후에 금융상품 신용위험이 유의적으로 증가하면 매 보고기간말에 12개월까지의 기간을 대상으로 기대신용손실을 추정한다.
30. 유의적인 금융요소를 포함하고 있지 않은 매출채권이나 계약자산에 대한 기대신용손실을 추정할 때 간편법을 사용할 수 있다.
31. 간편법은 과거 관측된 채무불이행률에 기초하여 미래전망적인 추정을 하는 방식으로, 보고기간말부터 12개월까지를 대상으로 손실충당금을 측정한다.
32. 3단계법에서는 신용위험이 낮음(1단계), 신용위험이 유의적으로 증가(2단계), 신용 손상이 발생(3단계)의 3단계로 구분하여 전체기간을 대상으로 손실충당금을 측정한다.
33. 3단계법에서는 상황이 호전되어 당기 추정한 기대신용손실이 이미 인식했던 기대신용손실보다 작아지면 손상환입을 인식한다.
34. 3단계법에서 신용위험이 유의적으로 증가하는 2단계부터는 총장부금액에서 손실충당금을 차

감한 금액에 유효이자율을 곱해 이자수익을 인식한다.

35. 신용위험의 유의적인 증가를 평가할 때 기대신용손실액 변동을 사용한다.

36. 채무불이행 발생위험은 전기말과 당기말을 비교하여 평가한다.

37. 기대신용손실은 손실충당금에 누적시키며, 손실충당금은 해당 금융자산에서 차감한다.

38. 금융자산에 대한 사업모형 변경을 위해서는 외부나 내부 변화에 따라 기업의 고위 경영진이 결정해야 하고, 기업 영업에 유의적이고, 외부 당사자에게 제시할 수 있어야 한다.

39. 기업이 단기 매도를 목적으로 상업 대여금의 포트폴리오를 보유 중에 계약상 현금흐름을 수취하는 사업모형을 갖고 있는 다른 회사를 취득한다면 사업모형을 변경할 수 있다.

40. 기업 내에 서로 다른 사업모형을 갖고 있는 부문 간 금융자산 이전은 사업모형 변경에 해당하지 않는다.

해답

1. ×. 다른 거래상대방에게 금융부채나 지분상품을 발생시킨다.
2. ○
3. ○
4. ×. 선일자수표는 액면상 발행일 전에 발행되어 실제 발생일부터 액면상 발행일까지 만기가 형성된다. 수표는 만기가 없고 어음은 만기가 있는데, 선일자수표는 인위적으로 만기가 형성되므로 어음에 해당한다. 어음은 매출채권이나 미수금으로 분류한다.
5. ×. 보고기간말이 아닌 취득 당시 만기일이 3개월 이내에 도래하는 자산을 말한다.
6. ×. 유의적인 영향력이나 지배력을 행사할 수 있는 계열회사 주식을 보유하면 관계기업투자나 종속기업투자로 구분하므로 금융자산으로 분류하지 않는다.
7. ○
8. ○
9. ×. 사업모형은 개별금융상품 수준이 아닌 포트폴리오 수준을 말한다.
10. ×. 계약상 현금흐름 수취목적인 사업모형은 해당 금융상품의 존속기간에 걸쳐 계약상 현금흐름을 달성하도록 관리를 목적으로 한다. 이때 개별금융상품 수준이 아닌 포트폴리오 수준을 의미하므로 모든 금융상품을 만기까지 보유할 필요는 없다.
11. ○
12. ×. 계약상 현금흐름 특성을 충족하기 위해서는 금융자산 계약조건에 따라 원리금 지급만으로 구성되어 있는 현금흐름이 특정일에 발생해야 한다. 지분상품은 계약조건에 따라 원리금을 수령하여 현금흐름이 발생하지 않고 매각을 통해 발생하므로 계약상 현금흐름 특성을 충족시키지 못한다.
13. ○
14. ○
15. ○. 회계불일치를 제거하기 위해 FVPL금융자산으로 지정할 수 있다.
16. ×. FVPL금융자산의 취득과 관련된 거래원가는 기간비용으로 인식한다.
17. ○
18. ○
19. ○
20. ×. 기업이 처분이익이 발생하는 지분상품을 선택적으로 매각하여 이익조정할 수 있기 때문에 재분류를 허용하지 않는다.

21. ○
22. ○
23. ○
24. ○
25. ×. FVOCI금융자산으로 분류된 지분상품도 손상차손을 인식하지 않는다. 계약상 현금흐름인 원리금이 발생하지 않고 공정가치로 자산을 측정하므로 손상차손을 인식하지 않는다.
26. ×. K-IFRS 제1109호에서는 향후 발생할 것으로 예상하는 신용손실을 손상차손으로 인식하는 기대신용손실모형을 채택하고 있다.
27. ×. 기대신용손실은 현금 부족액의 현재가치인 신용손실에 개별 채무불이행 발생확률을 곱해 계산한다.
28. ○
29. ×. 최초 인식 후 금융상품 신용위험이 유의적으로 증가하면 매 보고기간말에 전체기간 신용손실을 추정한다.
30. ○
31. ×. 12개월까지가 아닌 전체기간을 대상으로 손실충당금을 측정한다.
32. ×. 신용위험이 낮은 1단계에서는 보고기간말부터 12개월까지 기대신용손실을 추정한다.
33. ○
34. ×. 신용 손상이 발생한 3단계에서만 총장부금액에서 손실충당금을 차감한 금액에 유효이자율을 곱해 이자수익을 인식한다.
35. ×. 신용위험의 유의적인 증가를 평가할 때 기대신용손실 변동이 아닌 금융상품의 기대존속기간에 걸친 채무불이행 발생위험의 변동을 사용한다.
36. ×. '최초 인식일의 채무불이행 발생위험'과 '보고기간말의 금융상품에 대한 채무불이행 발생위험'을 비교한다.
37. ○
38. ○
39. ○
40. ○

[문 2] 현금및현금성자산

다음 자료는 한국주식회사가 20×8년 말 현재 보유 중인 금융상품이다.

〈자료〉

①	당좌예금	₩125,000
②	보통예금	950,000
③	정기예금(20×8년 9월 초 가입, 만기일 20×9년 2월 말)	1,250,000
④	환매체(20×8년 11월 초 취득, 만기일 20×9년 1월 말)	500,000
⑤	상환우선주(20×8년 12월 초 취득, 만기일 20×9년 2월 말)	480,000
⑥	임원대여금(20×8년 7월 초 대여, 만기일 20×9년 6월 말)	360,000
⑦	선급금(20×8년 12월 초 지급)	240,000
⑧	선급법인세(20×9년 3월 말 수취)	110,000
⑨	대한기업에 20×8년 10월 초 대여하고 20×9년 2월 말 ₩660,000에 상당하는 대한기업이 보유 중인 한국주식회사 주식을 수령하기로 함	600,000

물음

상기 금융상품을 20×8년 말 재무상태표에 어떻게 보고해야 하는가? 아래 양식을 이용하시오.

과목	금액
Ⅰ. 유동자산	
1. 현금및현금성자산	
2. 단기금융상품	

해답

1. 현금및현금성자산
₩125,000(당좌예금) + 950,000(보통예금) + 500,000(환매체) + 480,000(상환우선주) = ₩2,055,000

2. 단기금융상품
₩1,250,000(정기예금) + 600,000(자기지분 취득 예정) + 360,000(임원대여금) = ₩2,210,000

〈해설〉

• 선급법인세는 계약상 의무가 아닌 법적 의무에 따라 발생하므로 금융상품에 해당하지 않는다.
• 선급금은 계약에 따라 발생하나 현금유입이 발생하지 않으므로 금융상품에 해당하지 않는다.

[문 3] 채무불이행 발생확률 접근법을 이용한 12개월 기대신용손실의 측정[2)]

정의기업은 10년 만기, 원리금 분할상환 조건으로 ₩1,000,000을 대출한다. 정의기업은 신용위험이 비슷한 금융상품, 차입자의 신용위험, 향후 12개월의 경제 전망에 대한 예상을 고려하여 최초 인식시점에 대출의 채무불이행 발생확률(probability of default, PD)을 향후 12개월에 0.5%로 추정한다. 정의기업은 최초 인식 후에 신용위험이 유의적으로 증가했는지를 판단할 때 12개월 PD 변동을 전체기간 PD 변동의 합리적인 근사치로 본다. 정의기업은 대출금에 채무불이행이 발생하면 총장부금액에서 25%의 손실이 발생할 것으로 판단한다(채무불이행이 발생할 경우의 손실률(LGD)은 25%).

물음

보고기간 말(대출금 지급기일 전으로 대출금 상각은 없음)에 12개월 채무불이행 발생 확률에는 변동이 없었으며, 최초 인식 후 신용위험은 유의적으로 증가하지 않았다고 정의기업은 판단한다. 기대신용손실에 해당하는 손실충당금을 측정하시오. 단, LGD는 총 장부금액 대비 현재가치 비율을 나타내므로 화폐의 시간가치는 고려하지 않는다.

해답

손실충당금 = ₩1,000,000×25%×0.5% = ₩1,250

〈해설〉

정의기업은 0.5%의 12개월 채무불이행 발생확률을 이용하여 12개월 기대신용손실에 해당하는 금액으로 손실충당금을 측정한다. 이러한 계산에는 채무불이행이 발생하지 않을 확률이 99.5%라는 것이 내재되어 있다.

2) K-IFRS 제1109호, 적용사례 8

[문 4] 당기손익-공정가치(FVPL) 지분상품

대한기업은 A주식을 매수했다. 대한기업은 A주식의 공정가치에 기초하여 의사결정하고, 투자이익을 실현하기 위해 금융자산을 관리하며, 빈번하게 금융자산 매매거래를 할 계획이다. 이러한 이유로 대한기업은 A주식을 당기손익-공정가치측정(FVPL) 금융자산으로 분류했다.

다음은 A주식과 관련된 거래내역이다.

① 20×1년 12월 29일, A주식 100주를 주당 ₩1,000에 구입했으며, 거래원가 ₩500이 발생했다. 20×1년 말 A주식의 주당 공정가치는 ₩990이었다.

② A회사는 20×2년 2월 14일, 동일자를 기준으로 주식배당 10%를 실시했다.

③ 대한기업은 20×2년 8월 21일, 보유중인 A주식 55주를 ₩920에 매각했다.

④ 20×2년 12월 31일, A주식의 주당 공정가치는 ₩1,000이었다.

⑤ 20×3년 3월 14일, A주식을 주당 ₩1,050에 전부 처분했다.

물음

1. 20×1년에 발생한 거래에 대한 회계처리를 제시하시오.
2. 20×2년에 발생한 거래에 대한 회계처리를 제시하시오.
3. 20×3년 처분시점의 회계처리를 제시하시오.

해답

1. 20×1년 회계처리

(1) 12월 29일

(차)	FVPL금융자산	100,000	(대)	현금	100,500
	수수료비용	500			

(2) 12월 31일

(차)	금융자산평가손실	1,000	(대)	FVPL금융자산	1,000

㈜ 100주×(₩990 - 1,000) = ₩1,000

2. 20×2년 회계처리

(1) 2월 14일 : 회계처리 없음

〈해설〉

주식배당으로 주주지분의 가치가 증가하지 않으므로 회계처리는 없다. 주식배당으로 주식 수가 증가하므로 주당 장부금액을 조정한다.

① 주식배당 후 주식 수 : 100주×(1 + 0.1) = 110주

② 주식배당 후 주당 장부금액 : ₩990(전기말 BV)×100주÷110주 = ₩900

(2) 8월 21일

(차)	현금	50,600 (주1)	(대)	FVPL금융자산	49,500 (주2)
				금융자산처분이익	1,100

(주1) ₩920×55주 = ₩50,600
(주2) ₩900×55주 = ₩49,500

(3) 12월 31일

(차)	FVPL금융자산	5,500 (주)	(대)	금융자산평가이익	5,500

㈜ 55주×₩1,000 − 55주×₩900

3. 20×3년 회계처리

(차)	현금	57,750 (주1)	(대)	FVPL금융자산	55,000 (주2)
				금융자산처분이익	2,750

(주1) 55주×₩1,050 = ₩57,750
(주2) 55주×₩1,000 = ₩55,000

[문 5] FVOCI금융자산(채무상품)

20×1년 초 공정물산은 C사채를 ₩93,925에 취득했다. 액면금액 ₩100,000, 액면이자율 10%, 만기는 4년(만기일 20×4년 12월 31일, 매년 말 이자지급)이다. 취득당시 C사채의 시장이자율은 12%이었다.

공정물산은 계약상 현금흐름을 수취하기 위해 금융자산을 보유하는 것이 목적인 사업모형 하에서 금융자산을 보유한다. C사채는 계약조건에 따라 특정일에 원리금 지급만으로 구성되어 있는 현금흐름이 발생한다. 이러한 조건 충족에 따라 공정물산은 C사채를 AC금융자산으로 분류했다.

(1) 20×1년 말 이자는 전액 수령했으나, 20×1년 말 C회사에 발생한 부도로 손상차손이 발생했다는 객관적인 증거가 확보되었다. C회사는 20×2년부터 20×4년까지 각 기말에 이자 ₩5,000과 20×4년 말 원금 ₩60,000을 지급하겠다고 약속했다. 20×1년 말 C사채의 시장이자율은 14%이었다.

(2) 20×2년 말 이자 ₩5,000을 수령했으며, 재무상태가 호전되어 20×3년과 20×4년의 이자 ₩7,000과 만기의 원금 ₩70,000을 지급할 수 있다고 C회사가 발표했다. 이러한 손상 회복은 손상차손 인식요건과 객관적 관련성이 있다고 판단된다. 20×2년 말 C사채의 시장이자율은 13%이었다.

(3) 현가계수 및 연금현가계수

연수	현가계수			연금현가계수		
	12%	13%	14%	12%	13%	14%
1년	0.8929	0.8850	0.8772	0.8929	0.8850	0.8772
2년	0.7972	0.7831	0.7695	1.6901	1.6681	1.6467
3년	0.7118	0.6931	0.6750	2.4018	2.3512	2.3217

물음

C사채와 관련하여 다음의 물음에 답하시오.

1. 20×1년 말과 20×2년 말에 해야 할 회계처리를 제시하시오.
2. 만약 공정물산이 C사채를 AC금융자산이 아닌 FVOIC금융자산으로 분류할 때 20×1년 말에 인식해야할 손상차손과 20×2년 말에 인식해야 할 손상차손환입을 구하시오.

해답

1. AC 금융자산

(1) 20×1년 말

(차)	AC금융자산	1,271	(대)	이자수익	11,271 (주)
	현 금	10,000			

(주) ₩93,925×12% = ₩11,271

(차)	AC금융자산손상차손	40,479	(대)	AC금융자산	40,479 ㈜

(주) (₩93,925 + 1,271) − (₩5,000×2.4018 + ₩60,000×0.7118) = ₩(40,479)

(2) 20×2년 말

(차)	FVOCI금융자산	1,566	(대)	이자수익	6,566 ㈜
	현 금	5,000			

(주) ₩54,717×12% = ₩6,566

(차)	FVOCI금융자산	11,352	(대)	FVOCI금융자산손상차손환입	11,352 ㈜

(주) (₩7,000×1.6901 + 70,000×0.7972) − (₩54,717 + ₩1,566) = ₩11,352

2. FVOCI금융자산

(1) 손상차손 : (₩93,925 + 1,271) - (₩5,000×2.3217 + 60,000×0.6750) = ₩43,087

(2) 손상차손환입 : (₩7,000×1.6681 + ₩70,000×0.7831) - (₩52,109×1.14 - 5,000) = ₩12,090

〈해설〉

- AC금융자산은 취득시점의 유효이자율을 이용하여 미래현금흐름을 할인하여 손상차손과 손상차손환입을 계산한다.
- FVOCI금융자산의 손상차손과 손상차손환입을 계산할 때는 인식시점의 유효이자율을 이용하여 미래현금흐름을 할인한다. 손상차손(20×2년 말)을 인식할 때는 미래현금흐름을 14%로 할인하고, 손상차손환입(20×3년 말)을 인식할 때는 미래현금흐름을 13%로 할인한다.

| 주요 용어 |

- 금융부채 : 거래상대방에게 현금 등 금융자산을 인도하기로 하거나 잠재적으로 불리한 조건으로 거래상대방과 금융자산이나 금융부채를 교환하기로 한 계약상 의무
- 계약상 의무 : 명확한 경제적 결과를 가지고 있고, 법적으로 집행 가능하기 때문에 당사자가 그러한 경제적 결과를 자의적으로 회피할 여지가 적은 둘 이상의 당사자 사이의 합의
- 공정가치선택권 : 회계불일치를 제거하기 위해 상각후원가측정 금융부채를 당기손익-공정가치측정 금융부채로 지정하는 것
- 신용위험 : 금융상품의 당사자 중 어느 한 편이 의무를 이행하지 않아 상대방에게 재무손실을 입힐 위험
- 자기신용위험 : 신용위험이 증가하여 금융부채평가이익이 발생하는 현상
- 할인발행 : 사채의 액면이자율이 시장이자율보다 낮아 액면금액보다 발행금액이 작게 발행되는 형태
- 의제의무 : 기업이 특정책임을 부담할 것이라고 상대방에게 표명하고, 상대방이 그러한 책임을 이행할 것이라는 정당한 기대를 가질 때 발생하는 의무
- 최선의 추정치 : 보고기간말에 의무를 이행하거나 제삼자에게 이전할 때 합리적으로 지급해야 하는 금액

제1절 부채의 의의

1. 부채의 정의

부채(liabilities)는 과거 사건에 의해 발생했으며 경제적효익을 갖는 자원이 기업으로부터 유출됨으로써 이행될 것으로 기대되는 현재의무이다. 현재의무와 미래의 약속은 구별되어야 한다. 미래에 특정 자산을 취득하겠다는 경영자의 의사결정 그 자체만으로는 현재의무가 발생하지 않는다.

기업이 거래상대방 요구에 따라 현재의무를 이행하기 위해서는 미래경제적효익을 갖는 자원을 희생해야 한다. 현재의무는 다양한 방법(현금 지급, 다른 자산의 이전, 용역제공 등)으로 이행될 수 있다.

2. 금융부채의 개념

금융부채(financial liability)란 거래상대방에게 현금 등 금융자산을 인도하거나 잠재적으로 불리한 조건으로 거래상대방과 금융자산이나 금융부채를 교환하기로 한 계약상 의무를 말한다. 금융부채는 다음의 부채를 말한다.

[금융부채의 예]

(1) 거래상대방에게 현금 등 금융자산을 인도하기로 한 계약상 의무(예 : 매입채무, 사채)
(2) 잠재적으로 불리한 조건으로 거래상대방과 금융자산이나 금융부채를 교환하기로 한 계약상 의무 (예 : 파생상품, 부채)
(3) 거래상대방에게 수량 또는 대가가 변동적인 자기지분상품으로 결제하는 비파생상품 또는 파생상품 (예 : 결제할 자기지분상품 수량이 변동가능한 계약)

(1) 거래상대방에게 현금 등 금융자산을 인도하기로 한 계약상 의무

금융부채란 거래상대방에게 확정된 현금 등의 금융자산을 인도하기로 한 계약상 의무를 말한다. 매입채무, 차입금, 사채는 계약조건에 따라 거래상대방에게 일정한 현금 등을 지급하므로 금융부채로 분류한다.

계약에 의하지 않은 부채는 금융부채로 보지 않는다. 예를 들어, 정부가 부과하는 법적 요구에 따라 발생하는 법인세와 관련된 부채(예 : 미지급법인세)가 이에 해당한다. 선수금이나 선수수익은 계약상 의무에 해당하나 현금을 수취한 대가로 거래상대방에게 재화 인도나 용역을 제공해야 할 의무이므로 거래종결 시점에서 현금유출이 없으므로 금융부채에 해당하지 않는다.

(2) 잠재적으로 불리한 조건으로 거래상대방과 금융자산 등을 교환하기로 한 계약상 의무

잠재적으로 불리한 계약상 의무가 존재하면 금융부채를 인식한다. 예를 들어, A회사가 현금 ₩100,000을 대가로 액면금액 ₩100,000인 고정금리부 국채를 6개월 후 B회사에게 인도하는 선도계약을 체결했다고 하자. A회사는 채권시장에서 현금 지급하고 국채를 매입하여 B회사에게 인도해야 한다. 계약조건에 따라 국채의 시장가격이 ₩100,000을 초과하여 상승하면 매도자(A회사)에게 불리한 계약상 의무가 존재하므로 금융부채로 인식한다.

(3) 수량 또는 대가가 변동적인 자기지분상품으로 결제하는 비파생상품 및 파생상품

인도할 자기지분상품 수량이 변동 가능한 비파생상품은 금융부채로 분류한다. 예를 들어, A기업은 1년 후에 ₩10,000에 상당하는 자기지분(A회사 주식)을 지급한다고 하자. 금액은 확정되었으나 수량은 변동할 수 있다. 1년 후 A회사 주가가 주당 ₩1,000이라면 자기지분상품으로 결제해야 하는 수량은 10주(=₩10,000÷₩1,000)이나, 주당 ₩500이라면 자기지분상품으로 결제해야 하는 수량은 20주(=₩10,000÷₩500)이다.

자기지분상품으로 결제하거나 결제할 수 있는 파생상품의 예로는 상대방의 권리 행사에 따라 기업 자신의 주식을 매입해야 하는 옵션(매도콜옵션)을 발행한 경우를 들 수 있다. 이처럼 기업 자신의 주식을 매입해야 하는 의무가 상대방의 권리 행사(콜옵션 행사) 여부에 따라 결정되는 조건부 의무가 존재하면 금융부채로 분류한다.

거래상대방에게 결제할 금액은 자기지분상품 수량에 대가를 곱해 계산한다. 자기지분상품 수량이나 대가가 변동하면 금융부채로 인식하고, 자기지분상품 수량과 대가가 모두 확정적이면 자본으로 분류한다. [표 1]과 같이 수량과 대가의 변동성 여부에 따라 네 가지 상황으로 정리할 수 있다. 결제할 자기지분상품수량과 대가가 모두 확정된 경우에만 자본으로 분류한다.

[표 1] 파생상품 또는 비파생상품의 분류

구분	결제할 자기지분상품 수량	대가	자기지분상품 분류
상황 1	변동	변동	금융부채
상황 2	변동	확정	금융부채
상황 3	확정	변동	금융부채
상황 4	확정	확정	자본

제2절 금융부채의 분류와 측정

1. 금융부채의 분류

(1) 금융부채의 분류

금융부채는 평가방법에 따라 상각후원가(AC, Amortized Cost)측정 금융부채, 당기손익-공정가치측정(FVPL, Fair Value through Profit or Loss) 금융부채, 별도 측정기준을 적용한 금융부채로 분류한다. 특정 요건을 충족하면 FVPL금융부채로 지정할 수 있다.

금융부채를 FVPL금융부채로 지정하지 않으면 대부분의 금융부채는 AC금융부채로 분류될 것이다. 금융보증계약이나 시장이자율보다 낮은 이자율로 대출하기로 한 약정은 손실충당금과 이익누계액을 차감한 금액 중 큰 금액으로 측정하는 별도의 측정기준을 적용하는 금융부채로 분류한다. 본서에서는 AC금융부채와 FVPL금융부채를 중심으로 기술한다.

금융자산에서는 사업모형이 변경되면 재분류를 할 수 있다. 금융부채는 최초인식시점 이후 AC금융부채와 FVPL금융부채 간 재분류를 허용하지 않는다.

(2) 공정가치선택권

대부분의 금융부채는 최초인식시점 이후에는 상각후원가로 측정한다. 최초인식시점에서 특정 조건을 충족하면 금융자산과 마찬가지로 공정가치선택권을 행사하여 AC금융자산을 FVPL금융부채로 지정할 수 있다. 서로 다른 기준에 따라 자산이나 부채를 측정하거나 그에 따른 손익을 인식하여 생길 수 있는 인식이나 측정의 불일치(회계불일치)를 제거하거나 줄일 수 있다면 FVPL금융부채로 지정할 수 있다.

2. 금융부채의 측정

(1) 최초 측정

금융부채는 금융상품의 계약당사자가 되는 때에 재무상태표에 인식하며 공정가치로 측정한다. 금융부채 발행과 관련된 거래원가는 FVPL금융부채에서는 당기비용으로 인식하고, AC금융부채로 분류하면 공정가치에서 거래원가를 차감한다.

〈예 1〉 AC금융부채의 거래원가

> 초인기업은 AC금융부채에 해당하는 액면금액 ₩10,000을 발행하고 현금 ₩10,000을 수령하였는데, 거래원가 ₩500을 지출했다.

금융부채는 최초인식시점에 공정가치로 인식하므로 발행금액 ₩10,000을 금융부채로 인식한다.

(차)	현금	10,000	(대)	AC금융부채	10,000

거래원가는 다음과 같이 금융부채에서 차감한다. 사채 발행으로 실제 현금유입액은 ₩9,500[₩10,000(발행금액) − 500(거래원가)]이다.

(차)	AC금융부채	500	(대)	현금	500

(2) 후속 측정

최초인식시점 이후 AC금융부채는 유효이자율법을 사용하여 상각후원가로 측정한다. FVPL금융부채는 공정가치로 평가하나, 발생하는 공정가치변동 전액을 당기손익으로 인식하지는 않는다. 자기신용위험(own credit risk)에 기인한 신용위험 변동효과(부채감소이익)는 기타포괄손익으로 인식하고, 신용위험 변동 외 공정가치변동은 당기손익으로 인식한다. 기타포괄손익으로 인식한 부분은 해당 금융부채를 제거할 때 자본 내의 다른 항목(예: 이익잉여금)으로 이전할 수 있으나 당기손익으로 이전하지 못한다(이를 '재순환(recycling)의 금지'라고 함).

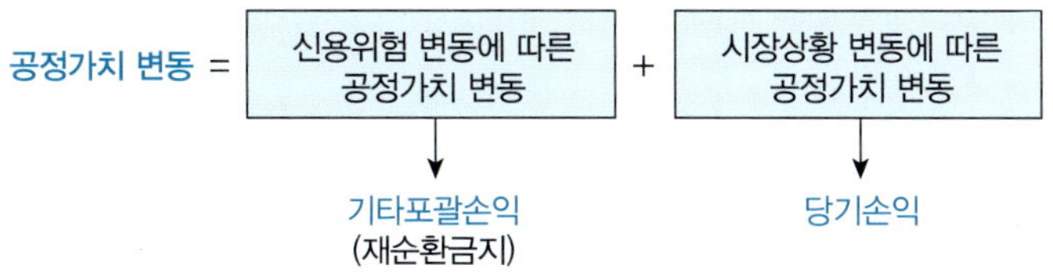

[그림 1] FVPL금융부채에서 발생하는 공정가치 변동의 인식

■ 신용위험에 따른 공정가치 변동을 기타포괄손익으로 인식하는 이유는?

신용위험은 금융상품 당사자 중 어느 한 편이 의무를 이행하지 않아 상대방에게 재무손실을 입힐 위험을 말한다. 부채의 공정가치는 미래현금흐름(이자와 원금)을 시장이자율로 할인하여 계산한다. 신용위험이 발생하면 시장이자율이 상승하므로 부채의 공정가치는 하락하여 금융부채평가이익이 발생한다. 신용위험이 증가하여 금융부채평가이익이 발생하는 이상한 현상을 방지하기 위해 자기신용위험(own credit risk)으로 발생하는 신용위험 변동효과(부채감소이익)는 기타포괄손익으로 인식한다.

신용위험 변동 외 시장상황 변동(기준금리, 다른 기업의 금융상품 가격, 환율 등)에 따른 공정가치 변동은 당기손익으로 인식한다.

〈예 2〉 공정가치 변동

금융부채를 FVPL금융부채로 지정했는데, 당기 중 금융부채의 공정가치가 ₩1,000 하락했다. 이 중 ₩160은 자기신용위험 변동으로 인한 하락에 해당한다.

신용위험 변동에 따른 공정가치 변동 ₩160은 기타포괄손익으로 인식하고, 나머지 시장상황 변동에 따른 공정가치 변동 ₩840(₩1,000 − 160)은 당기이익으로 인식한다.

(차)	FVPL금융부채	1,000	(대)	금융부채평가이익(기타포괄손익)	840
				금융부채평가이익(기타수익)	160

제3절 사채

1. 사채의 의의 및 종류

(1) 사채의 의의

사채(corporate bond)는 회사채라고도 하는데, 이자와 원금상환 등 확정채무 사항이 표시되어 있는 증권을 다수의 일반투자자에게 발행 · 판매하여 자금을 조달하는 것을 말한다. 사채발행회사는 일정기간마다 약정된 이자를 지급하고, 만기에는 원금을 상환한다.

■ 우리나라의 채권시장

우리나라 채권은 한국거래소에서 거래되는데, 도매시장과 소매시장으로 구분할 수 있다. 도매시장인 국채전문유통시장과 환매조건부채권(REPO)시장이 있고, 투자자 제한이 없는 소매시장으로는 일반채권시장과 소액채권시장이 있다. 본서에서 주로 다루는 회사채는 일반채권시장에서 거래되는데, 시장참여자 제한이 없으며 매매수량단위가 액면 1천원으로 소규모 투자도 가능하다. 일반채권시장은 주식처럼 개별경쟁매매방식으로 가격 · 시간우선의 원칙에 따라 매매가 이루어진다. 유가증권시장상장규정에 따라 발행기업은 채무증권을 한국거래소에 상장할 수 있다. 채무증권을 상장하면 기업의 경영사항과 채무증권 발행정보가 공시되어 발행기업의 대외 공신력을 제고할 수 있고, 기관투자자가 상장 채무증권을 투자편입대상으로 선정할 수 있다.

(2) 사채 발행가격의 결정 : 최초 측정시점의 회계처리

사채 발행금액은 사채의 미래현금흐름을 발행시점의 시장이자율로 할인한 현재가치로 결정된다. 시장이자율은 투자자입장에서는 채권수익률이고, 발행자입장에서는 할인율이다. 유효이자율은 현금유입의 현재가치와 현금유출의 현재가치를 일치시키는 이자율을 의미한다. 사채발행비가 존재하면 시장이자율과 유효이자율이 일치하므로, 본서에서는 시장이자율과 유효이자율을 혼용하여 사용한다.

① 할인발행

액면이자율(표시이자율)이 시장이자율보다 낮으면 사채는 할인발행된다.

〈예 3〉 할인발행

A회사는 20×1년 초 액면금액 ₩10,000(액면이자율 8%, 만기 20×3년 말)을 발행했는데, 시장이자율은 10%이다.

사채 발행가격은 다음과 같이 미래현금흐름을 발행시점의 시장이자율로 할인하여 계산한다.

$$\text{발행가격} = \frac{800}{1.1} + \frac{800}{1.1^2} + \frac{800 + 10,000}{1.1^3} = ₩9,503$$

시장에서는 10% 수익률을 요구하나 A회사는 8%를 제시하므로 투자자에게 동일한 수익률을 보장하기 위해서는 액면금액보다 낮은 금액으로 사채를 발행해야 한다. 사채 발행시점의 회계처리는 다음과 같다.

(차)	현　　　　금	9,503	(대)	사채	10,000
	사채할인발행차금	497			

사채의 액면금액과 발행금액의 차이는 사채할인발행차금(discount on bonds payables)이라고 하며, 사채의 차감계정이다. 재무상태표와 주석에 다음과 같이 표시한다.

재무상태표

	[비유동부채]	
	사채(주석 9)	9,503

주 석

9. 사채

발행일	만기일	이자율	당기말	전기말
20×1. 1. 1	20×3.12.31	8%	₩10,000	–
차감 : 사채할인발행차금			(497)	–
			₩9,503	–

사채할인발행차금의 성격을 살펴보자. A회사는 매년 말 이자 ₩800을 지급하고 만기인 20×3년 말에 원금 ₩10,000을 지급하기로 약정하고, 20×1년 초 채권자로부터 ₩9,503을 빌렸다. 이자는 빌린 돈과 갚아야 할 돈의 차액이므로 다음과 같이 표시할 수 있다.

갚아야 할 돈(A)	₩12,400	[₩800(액면이자)×3년 + ₩10,000(원금)]
빌린 돈(B)	9,503	(발행금액)
이자(A − B)	₩2,897	

A회사가 3년간 이자로 인식해야 할 금액은 ₩2,897인데, 액면이자는 ₩2,400이다. 총이자비용(₩2,897)과 액면이자(₩2,400)의 차액 ₩497이 사채할인발행차금이다. 사채할인발행차금은 선급이자 성격이므로 만기까지 상각하여 이자비용으로 인식한다.

② 액면발행

액면이자율(표시이자율)과 시장이자율이 같으면 사채는 액면발행된다.

〈예 4〉 액면발행

> A회사는 20×1년 초 액면금액 ₩10,000(액면이자율 8%, 만기 20×3년 말)을 발행했는데, 시장이자율은 8%이다.

사채 발행가격은 다음과 같이 미래현금흐름을 발행시점의 시장이자율로 할인하여 계산한다.

$$\text{발행금액} = \frac{800}{1.08} + \frac{800}{1.08^2} + \frac{800 + 10,000}{1.08^3} = ₩10,000$$

3년간 인식해야 할 총이자비용과 현금이자는 ₩2,400으로 동일한데, 사채를 액면금액으로 발행하면 발행차금은 발생하지 않는다.

갚아야 할 돈(A)	₩12,400	[₩800(액면이자)×3년 + ₩10,000(원금)]
빌린 돈(B)	10,000	(발행금액)
이자(A − B)	₩2,400	

③ 할증발행

액면이자율(표시이자율)이 시장이자율보다 높으면 사채는 할증발행된다.

〈예 5〉 할증발행

A회사는 20×1년 초 액면금액 ₩10,000(액면이자율 10%, 만기 20×3년 말)을 발행했는데, 시장이자율은 8%이다.

사채 발행가격은 다음과 같이 미래현금흐름을 발행시점의 시장이자율로 할인하여 계산한다.

$$\text{발행금액} = \frac{1,000}{1.08} + \frac{1,000}{1.08^2} + \frac{1,000 + 10,000}{1.08^3} = ₩10,515$$

시장에서는 8%의 수익률을 요구하나 A회사는 이보다 높은 10%를 제시하므로 액면금액보다 높은 금액으로 사채를 발행한다. 사채 발행시점의 회계처리는 다음과 같다.

(차)	현 금	10,515	(대)	사 채	10,00
				사채할증발행차금	515

사채의 액면금액과 발행금액의 차이를 사채할증발행차금(premium on bonds payables)이라고 하며, 사채의 부가계정이다. 재무상태표와 주석에 다음과 같이 표시한다.

재무상태표

	[비유동부채]	
	사채(주석 9)	10,515

주 석

9. 사채

발행일	만기일	이자율	당기말	전기말
20×1. 1. 1	20×3.12.31	10%	₩10,000	–
가산 : 사채할증발행차금			515	–
			₩10,515	–

사채할증발행차금 성격을 살펴보자. A회사는 매년 말 이자 ₩1,000을 지급하고 만기인 20×3년 말에 원금 ₩10,000을 지급하기로 하고, 20×1년 초 채권자로부터 ₩10,515을 빌렸다. 이자는 빌린 돈과 갚아야 할 돈의 차액이므로 다음과 같이 표시할 수 있다.

갚아야 할 돈(A)	₩13,000	[₩1,000(액면이자)×3년 + ₩10,000(원금)]
빌린 돈(B)	10,515	(발행금액)
이자(A − B)	₩2,485	

A회사가 3년간 이자로 인식해야 할 금액은 ₩2,485인데, 액면이자는 ₩3,000이다. ₩2,485(총이자비용)과 ₩3,000(액면이자)의 차액 ₩515이 사채할증발행차금에 해당한다.

(2) 사채발행비

사채발행비(bond issue costs)는 사채를 발행하는 데 직접적으로 발생한 거래비용으로 발행수수료, 사채인쇄비용, 법률비용, 공고비용 등을 말한다. 사채발행비가 발생하면 사채발행으로 유입되는 현금조달액이 감소한다. 예를 들어, 액면금액 ₩10,000(액면이자율 8%, 만기 3년)인 사채를 액면발행하면 현금 ₩10,000이 유입되나, 사채발행비 ₩497이 지출되므로 현금유입액은 ₩9,503이 되어 할인발행되는 셈이다.

2. 후속측정

상각후원가로 측정하는 금융부채는 유효이자율법을 적용하여 이자비용을 인식한다. 상각(amortization)은 사채할인(할증)발행차금을 만기까지 기간별 이자비용으로 배분하여 현금이자에 추가(차감)로 인식할 이자비용을 계산하는 과정이다.

유효이자율법에 따라 사채발행차금을 상각하면 시간 경과에 따라 사채발행차금은 감소한다. 우리나라에서 회사채는 대부분 액면발행되지만 사채발행비가 발생하므로 실제로는 할인발행된다. 본서에서는 할인발행을 중심으로 설명한다.

[예제 1] 사채-할인발행

20×1년 1월 1일, 정의회사는 액면금액 ₩1,000,000(표시이자율 연 8%, 매년 말 이자지급)인 사채를 발행했는데, 사채발행일 현재 시장이자율은 10%이다. 사채 만기는 20×3년 12월 31일이고, 거래원가는 발생하지 않았다. 기간 3년, 10%의 연금현가계수와 현가계수는 각각 2.4869와 0.7513이다.

물음

1. 사채의 발행금액을 구하시오.
2. 20×1년 1월 1일부터 20×3년 12월 31일까지 정의회사가 해야 할 회계처리를 제시하시오.

해답

1. 사채 발행금액

₩80,000×2.48685 + ₩1,000,000×0.75131 = ₩950,258

2.

(1) 상각표

일자	유효이자	표시이자	상각액	장부금액
20×1. 1. 1				₩950,258
20×1.12.31	₩95,026	₩80,000	₩15,026	965,284
20×2.12.31	96,528	80,000	16,528	981,812
20×3.12.31	98,188	80,000	18,188	1,000,000
합계		₩240,000	₩49,742	

(2) 일자별 회계처리

① 20×1. 1. 1

(차)	현 금	950,258	(대)	사채	1,000,000
	사채할인발행차금	49,742			

② 20×1.12.31

(차)	이자비용	95,026	(대)	현 금	80,000
				사채할인발행차금	15,026

③ 20×2.12.31

(차)	이자비용	96,528	(대)	현 금	80,000
				사채할인발행차금	16,528

④ 20×3.12.31

(차)	이자비용	98,188	(대)	현 금	80,000
				사채할인발행차금	18,188
(차)	현 금	1,000,000	(대)	사 채	1,000,000

〈해설〉

시장이자율이 표시이자율보다 크므로 사채는 할인발행되었다. 사채의 발행금액에 시장이자율을 곱해 유효이자를 계산하는데, 유효이자와 현금이자의 차액이 당기 상각액이다.

3. 이자지급일 사이에 발행된 사채

사채권면상 발행일에 사채가 발행되지 않고 그 이후 일자에 발행되는 사례가 빈번하다. 예를 들어, 사채권면상 발행일은 20×1년 1월 1일이나 20×1년 7월 1일에 발행되는 경우가 이에 해당한다.

(1) 권면상 발행일부터 실제 발행일까지 발생한 이자의 처리

이자지급일 사이에 발행된 사채는 권면상 발행일로부터 실제 발행일까지 이자(이를 '기간경과이자'라고 함)가 발생한다. 사채의 최초 구입자는 일정 기간에 보유한 후 다른 투자자에게 매각할 수 있다. 사채발행회사는 각 투자자가 보유한 기간을 알 수 없기 때문에 발행시점에서 기간경과이자를 최초 구입자로부터 수령하고, 이자지급시점에서는 사채에 부착된 이자표를 제시하는 사람에게 1년분 이자를 지급한다.

〈예 6〉 이자지급일 사이에 발행된 사채

사채권면에는 발행일이 20×1년 1월 1일(매년 말 이자지급, 1년분 이자 ₩1,200)인 사채가 20×1년 7월 1일에 실제로 발행(액면발행, 액면금액 ₩10,000)되었다.

투자자는 실제 발행일에 1월 1일부터 6월 30일까지 발생한 기간경과이자 ₩600과 발행금액 ₩10,000을 사채발행회사에 지급한다. 사채발행회사는 투자자로부터 받은 ₩600을 미지급이자로 기록하므로 회계처리는 다음과 같다.

(차)	현 금	10,600	(대)	사 채	10,000
				미지급이자	600

(2) 이자지급일 사이 발행한 사채의 발행금액 결정

사채 발행금액은 사채의 미래현금흐름을 실제 발행시점의 시장이자율로 할인한 현재가치로 결정된다.

〈예 7〉 발행금액의 결정

사채권면에는 발행일이 20×1년 1월 1일(매년 말 이자지급, 1년분 이자 ₩1,000, 20×3년 말 만기)인 사채가 20×1년 7월 1일에 실제로 발행(액면발행, 액면금액 ₩10,000)되었다.

실제 발행일의 시장이자율이 12%라고 가정하면 발행금액은 다음과 결정된다.

$$발행금액 = \frac{1,000}{1.12^{0.5}} + \frac{1,000}{1.12^{1.5}} + \frac{1,000 + 10,000}{1.12^{2.5}} = ?$$

상기와 같은 식을 재무용 계산기에 입력하면 정확한 발행금액을 구할 수 있으나, 실무에서 재무용 계산기는 1980년대에 보급되어 일반용 계산기로는 계산할 수 없었다. 이러한 이유로 실무에서는 근사치 추정법이 사용되었고, 본서에서도 근사치 추정법으로 설명한다. 이 방법은 권면상 발행일의 발행금액을 구한 후 실제 발행일까지의 상각액을 가산하여 실제 발행일의 발행금액을 구하는 방식이다.

> 발행금액 = 권면상 발행일의 발행금액(주) + 실제 발행일까지의 상각액
>
> (주) 실제 발행일의 시장이자율로 할인한 금액

[실제발행일의 발행금액 계산]

① 권면상 발행일의 발행금액을 구한다. 이때 권면상 발행일의 유효이자율이 아닌 실제 발행일의 유효이자율을 사용해야 한다. 12%, 3년의 현가계수와 연금현가계수는 각각 0.7513과 2.4869이다. 위에 제시된 〈예 7〉의 권면상 발행일의 발행금액을 구하면 ₩9,520(₩1,000×2,4869 + ₩10,000×0.7513)이므로, 사채할인발행차금은 ₩480이다.

② 권면상 발행일의 발행금액(①에서 계산한 금액)에 실제 발행일의 유효이자율을 곱해 발행 전 이자발생기간(권면상 발행일부터 실제 발행일)의 유효이자를 계산한다. 〈예 7〉에서 권면상 발행일부터 실제 발행일까지 발생한 유효이자는 ₩571(₩9,520×12%×6/12)이다.

③ 발행 전 이자발생기간(20×1.1.1~6.30)의 액면이자를 계산한다. 〈예 7〉에서 발행 전 이자발생기간의 액면이자는 ₩500(₩1,000×6/12)인데, 미지급이자로 처리한다.

④ ②(발행 전 이자발생기간의 유효이자)에서 ③(발행 전 이자발생기간의 액면이자)을 차감하여 동 기간의 사채할인발행차금 상각액(₩71)을 구하고, 동 금액을 권면상 발행일의 발행금액(①)에 가산하여 '실제 발행일의 발행금액'을 계산한다. ②에서 구한 유효이자(₩571)에 ③의 액면이자(₩500)를 차감하면 ₩71이다. 상각액(₩71)을 권면상 발행금액(①)에 가산하면 실제 발행일의 발행금액은 ₩9,591이다. 사채발행회사는 ₩9,591(실제 발행일의 발행금액)에 ₩500(미지급이자)을 가산한 ₩10,091을 현금으로 수령한다.

[실제 발행시점의 회계처리]

(차)	현　　　금	10,091	(대)	사　　채	10,000
	사채할인발행차금	409 (주)		미지급이자	500

(주) ₩480(권면상 발행일의 사채할인발행차금) − ₩71(1.1~6.30 상각액) = ₩409

[예제 2] 이자지급일 사이의 사채발행

정의회사는 권면상 발행일이 20×1년 1월 1일인 사채(액면금액 ₩1,000,000, 표시이자율 연 8%, 매년 말 이자지급, 만기 : 20×3년 12월 31일)를 20×1년 7월 1일에 발행했다. 사채발행일 현재 시장이자율은 10%이고, 거래원가는 발생하지 않았다. 기간 3년, 10%의 연금현가계수와 현가계수는 각각 2.4869와 0.7513이다.

물음

1. 실제 발행일의 사채 발행금액을 구하시오.
2. 20×1년 7월 1일과 20×1년 12월 31일에 정의회사가 해야 할 회계처리를 제시하시오.

해답

1. 사채 발행금액

(1) 권면상 발행일
① 발행금액 : ₩80,000×2.4869 + ₩1,000,000×0.7513 = ₩950,258
② 사채할인발행차금 : ₩1,000,000(액면금액) − 950,258(발행금액) = ₩49,742

(2) 발행 전 발생기간(1.1~6.30)의 유효이자 : ₩950,258×10%×6/12 = ₩47,513

(3) 미지급이자와 상각액 계산
① 미지급이자 : ₩80,000×6/12 = ₩40,000
② 상각액 : ₩47,513(유효이자) − 40,000(미지급이자) = ₩7,513

(4) 발행금액과 현금수령액
① 실제 발행일 발행금액 : ₩950,258(권면상 발행일 발행금액) + 7,513(상각액) = ₩957,771
② 현금수령액 : ₩957,771(발행금액) + 40,000(미지급이자) = ₩997,771
③ 사채할인발행차금 잔액 : ₩49,742(1.1의 사채할인발행차금) − 7,513(상각액) = ₩42,229

2.

(1) 상각표

일자	유효이자	표시이자	상각액	장부금액
20×1. 1. 1				₩950,258
20×1.12.31	₩95,026	₩80,000	₩15,026	965,284
20×2.12.31	96,528	80,000	16,528	981,812
20×3.12.31	98,188	80,000	18,188	1,000,000
합계		₩240,000	₩49,742	

〈해설〉
이자지급일 사이 발행된 사채도 권면상 발행일에 발행한 사채와 동일한 방식으로 상각표를 작성한다.

(2) 일자별 회계처리

① 20×1. 7. 1

(차)	현　　금	997,771	(대)	사　　채	1,000,000
	사채할인발행차금	42,229		미지급이자	40,000

② 20×1.12.31

(차)	이 자 비 용	47,513 (주1)	(대)	현　　금	80,000
	미지급이자	40,000		사채할인발행차금	7,513 (주2)

(주1) ₩95,026(상각표상 20×1년 유효이자)×6/12, 이자비용은 실제 발행일 이후 기간만 인식한다.
(주2) 대차차액. 또는 ₩15,025(상각표상 20×1년 상각액)×6/12

4. 사채상환 회계처리

(1) 만기상환

만기시점에 사채를 상환하면 상환금액과 액면금액이 일치하므로 사채상환손익은 발생하지 않는다. 예를 들어, 20×1년에 발행한 사채 ₩10,000을 만기에 상환한다면 회계처리는 다음과 같다.

(차)	사채	10,000	(대)	현금	10,000

(2) 조기상환

① 조기상환을 하는 이유

사채의 조기상환(또는 중도상환)은 만기일 이전에 사채발행회사가 채권자에게 현금을 지급하고 사채를 다시 취득하여 보관(자기사채)하거나 소각하는 것을 말한다. 높은 금리로 발행했으나 회사채 금리가 떨어지면 사채를 조기상환하여 이자비용을 절감할 수 있다. 수익성이 좋아졌거나 자산 매각으로 자금이 풍부해진 기업이 이자비용 부담을 줄이고 부채비율을 낮추기 위해 사채를 조기상환하기도 한다.

② 회계처리

회계기간 초부터 상환일까지 발생한 유효이자와 사채할인(할증)발행차금상각액을 인식하고 사채의 장부금액(액면금액에 사채할인(할증)발행차금을 차감(가산)한 금액)을 수정한다. 사채와 관련된 미지급이자와 사채발행차금 잔액을 장부에서 제거하고 사채상환이익(손실)을 인식한다.

〈예 8〉 사채의 중도상환(예제 3의 자료 참조)

> 20×1년 1월 1일, 정의회사는 사채(액면금액 ₩1,000,000, 표시이자율 연 8%, 매년 말 이자지급, 만기 : 20×3년 12월 31일)를 ₩950,258에 발행했다. 사채발행일 현재 유효이자율은 10%이다. 정의회사는 20×3년 6월 30일에 사채 전부를 ₩1,020,000(미지급이자 포함한 금액)을 지급하여 취득 · 소각했다.

상환직전인 20×2년 말 재무상태표를 작성해보자. [예제 1]의 상각표에서 20×3년 상각액은 ₩18,188이므로 동 금액이 20×2년 말 현재 사채할인발행차금 잔액이다.

재무상태표

	[비유동부채]	
	사채	₩1,000,000
	사채할인발행차금	(18,188)
	장부금액	₩981,812

중도상환 회계처리는 '이자지급일 사이에 사채발행'과 거의 유사하다. 최종 이자지급이자일부터 상환일까지 발생한 유효이자를 인식하고, 동 기간에 발생한 사채할인발행차금을 상각한다.

① 이자비용의 인식

1월 1일부터 6월 30일까지 발생한 유효이자와 상각액을 구해 다음과 같이 회계처리한다.

(차)	이자비용	49,094	(대)	미지급이자	40,000 [주1]
				사채할인발행차금	9,094 [주2]

(주1) ₩80,000(1년분 현금이자)×6/12 = ₩40,000
(주2) ₩18,188(20×2년 말 사채할인발행차금 잔액)×6/12 = ₩9,094

② 사채상환손익의 인식

사채상환 회계처리를 이해하기 위해 부분재무상태표를 작성해보자. '① 이자비용의 인식'에서 살펴보았듯이 사채할인발행차금 ₩9,094를 상각했으므로 상환시점의 사채할인발행차금 잔액은 ₩9,094(₩18,188 - 9,094)이다.

부분재무상태표

20×2년 12월 31일		20×3년 6월 30일	
사 채	₩1,000,000	사 채	₩1,000,000
사채할인발행차금	(18,188)	사채할인발행차금	(9,094)
		미지급이자	40,000

상환시점에서 사채와 사채할인발행차금, 미지급이자를 모두 제거하므로 회계처리는 다음과 같다.

(차)	미지급이자	40,000	(대)	현 금	1,020,000
	사 채	1,000,000		사채할인발행차금	9,094
				사 채 상 환 이 익	10,906 [주]

(주) 대차차액

제4절 충당부채와 우발부채

1. 충당부채

(1) 충당부채의 의의

부채는 과거사건으로 생긴 현재의무로서, 기업이 가진 경제적 효익이 있는 자원 유출을 통해 그 이행이 예상되는 의무를 말한다. 충당부채(provision)는 부채 정의를 만족하나, 지출하는 시기(timing)나 금액(amount)이 불확실한 부채를 말한다.

(2) 확정부채와 충당부채

① 확정부채와 충당부채의 구분

부채는 측정가능성에 따라 확정부채와 충당부채로 구분할 수 있다. 확정부채로 분류하기 위해서는 채권자, 이행시기 및 이행금액이 확정되어야 한다. 예를 들어, K은행으로부터 1억원을 차입하고 1년 후에 갚기로 했다고 하자. 채권자는 K은행, 이행시기는 1년 후, 이행금액은 1억원이므로 확정부채로 분류한다.

[그림 2]에서 채권자, 이행시기, 이행금액 중 하나라도 확정되지 못하면 충당부채로 분류한다. 예를 들어, 전기밥솥을 제조 · 판매하는 회사가 제품보증을 한다고 하자. 어떤 밥솥이 터질지 모르므로 채권자가 확정되어 있지 않고, 언제 터질지 모르니 이행시기가 확정되어 있지 않다. 또한 전기밥솥이 터졌을 때 물어줘야 할 손해배상액을 알 수 없으므로 이행금액도 확정되어 있지 않다.

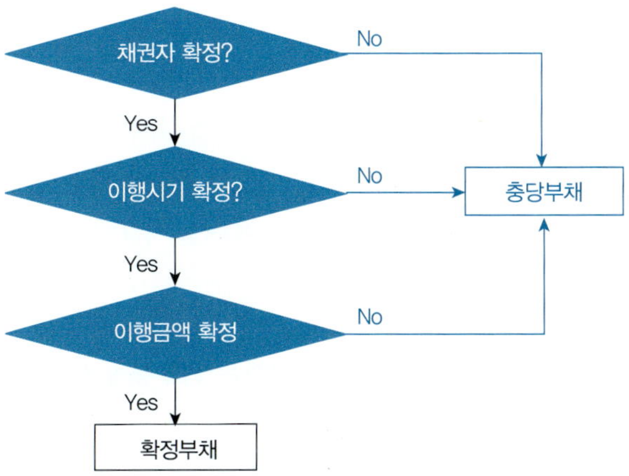

[그림 2] 확정부채와 충당부채의 구분

② 충당부채를 설정하는 이유

'충당'이란 미래에 발생할 비용이나 손실을 당기에 미리 인식하는 것을 말한다. 예를 들어, 올해 제품을 판매했는데 내년에 제품보증의무를 이행한다고 하자. 제품을 판매한 올해에 수익을 인식하고 실제 제품보증 현금지출이 발생하는 내년에 비용을 인식하면 수익 · 비용이 적절하게 대응하지 않는다. 과거 경험률을 토대로 내년에 발생할 비용을 추정하여 올해 비용으로 인식하면 수익 · 비용을 적절하게 대응시킬 수 있다. 이를 위해 추정한 보증비용에 대해 내년에 이행해야 할 의무는 충당부채로 인식한다.

③ 확정부채와 충당부채의 예

확정부채와 충당부채의 예를 살펴보면 [표 2]와 같다. 확정급여부채는 임직원이 퇴직할 때 지급해야 할 퇴직연금을 설정한 것으로, 임직원의 퇴직시기가 확정적이지 않으므로 충당부채로 분류한다. 제품보증부채는 제품보증을 위해 충당하는 부채로, 제품을 판매한 이후 제품보증에 대한 사후관리비용에 대비하기 위해 설정한다. 하자보수충당부채는 건설업에서 공사 완료 후에 하자보수로 지급될 가능성이 있는 금액을 부채로 인식한다.

[표 2] **확정부채와 충당부채의 예**

구분	예
확정부채	매입채무, 차입금, 미지급금, 미지급비용
충당부채	확정급여부채, 제품보증충당부채, 하자보수충당부채, 복구충당부채

2. 우발부채와 우발자산

(1) 우발부채

① 우발이란?

일반적으로 충당부채는 결제에 필요한 지출의 시기 또는 금액이 불확실하므로 우발적이라고 할 수 있다. K-IFRS 제1037호에서는 부채나 자산의 존재 유무를 확인할 수 없어 재무제표에 부채나 자산으로 인식하지 않는 상황에서 '우발'이라는 용어를 사용한다.

② 우발부채란?

우발부채(contingent liabilities)는 다음 중 하나에 해당하는 의무를 말한다.

> A. 과거사건으로 생겼으나, 기업이 전적으로 통제할 수는 없는 하나 이상의 불확실한 미래 사건의 발생 여부로만 존재 유무를 확인할 수 있는 잠재적 의무
> B. 과거사건으로 생겼으나, 다음 중 하나에 해당하여 인식하지 않는 현재의무
> • 해당 의무를 이행하기 위해 경제적 효익이 자원을 유출할 가능성이 높지 않은 경우
> • 해당 의무의 이행에 필요한 금액을 신뢰성 있게 측정할 수 없는 경우

우발부채는 충당부채와는 달리 부채의 정의나 인식요건을 충족하지 못한다. 현재의무가 아닌 잠재적 의무이거나 현재의무에 해당하더라도 경제적 자원의 유출가능성이 높지 않거나 유출액을 신뢰성 있게 측정할 수 없기 때문이다.

③ 우발부채의 공시

우발부채는 부채의 정의를 충족하지 못하므로 부채로 인식하지 않는다. 의무 이행을 위한 자원의 유출가능성이 희박하지 않으면 주석으로 재무적 영향의 추정 금액, 자원 유출 또는 시기와 관련된 불확실성 정도, 변제 가능성을 주석으로 공시한다.

[표 3] **충당부채와 우발부채**

구분	자원 유출이 필요할 가능성이 높은 현재 의무 존재	자원 유출 가능성이 높지 않음	자원 유출 가능성이 희박
판단	충당부채 인식	충당부채 미인식	충당부채 미인식
주석 공시	필요함	필요함	주석 공시 의무 없음

(2) 우발자산

① 우발자산이란?

과거사건으로 발생했으나, 기업이 전적으로 통제할 수 없는 하나 이상의 불확실한 미래 사건의 발생 여부로만 존재 유무를 확인할 수 있는 잠재적 자산을 말한다. 일반적으로 우발자산은 계획하지 않았거나 다른 예상하지 못한 사건으로 생기며, 그 사건은 경제적 효익의 유입 가능성을 불러온다. 기업이 제기하였으나 그 결과가 불확실한 소송을 예로 들 수 있다.

② 우발자산의 공시

우발자산은 자산의 정의를 충족하지 못하므로 자산으로 인식하지 않는다. 왜냐하면 우발자산을 자산으로 인식하면 미래에 전혀 실현될 가능성이 없는 수익을 인식하는 것이기 때문이다.

우발자산의 경제적 효익 유입 가능성이 높다면 보고기간말에 우발자산 특성을 간결하게 주석으로 공시하고, 실무적으로 적용할 수 있다면 재무적 영향의 추정치를 공시한다.

[표 4] 우발자산의 공시

구분	경제적 효익의 유입		
	거의 확실	높지만 거의 확실하지 않음	높지 않음
자산 판단	자산인식. 우발자산이 아님	자산 인식하지 않음	자산 인식하지 않음
주석 공시	–	필요함	필요 없음

3. 충당부채의 인식

(1) 충당부채의 인식조건

다음 요건을 모두 충족하면 충당부채를 인식한다.

[충당부채의 인식요건]

① 과거 사건의 결과로 현재의무(법적의무나 의제의무)가 존재한다.
② 해당 의무를 이행하기 위해 경제적 효익이 있는 자원을 유출할 가능성이 높다.
③ 해당 의무를 이행하기 위해 필요한 금액을 신뢰성 있게 추정할 수 있다.

1) 현재의무

보고기간말에 현재의무가 존재할 가능성이 존재하지 않을 가능성보다 높으면(more likely than not) 과거사건이 현재의무를 생기게 한 것으로 본다. 즉, 보고기간말에 현재의무가 존재할 가능성이 존재하지 않을 가능성보다 높고 인식기준을 충족하면 충당부채로 인식한다. 회계에서는 법적의무뿐만 아니라 의제의무도 의무의 개념에 포함하고, 법적의무나 의제의무를 생기게 하는 사건을 의무발생사건이라고 한다.

① 법적의무

법적의무는 명시적 또는 암묵적 조건에 따른 계약, 법률, 그 밖의 법적 효력에 따라 생기는 의무를 말한다.

〈예 9〉 오염된 토지 : 법률 제정이 거의 확실한 경우(K-IFRS 제1037호, 사례 2A)

석유산업을 영위하는 A기업은 오염을 일으키고 있지만 사업을 운영하는 B국의 법률에서 요구할 때에만 토지를 정화한다. 이러한 사업이 운영되는 어떤 국가에서도 오염된 토지를 정화하도록 요구하는 법률이 제정되지 않았다. A기업은 몇 년 동안 B국 토지를 오염시켰다. 20×1년 말 현재 이미 오염된 토지를 정화하도록 요구하는 법률 초안이 연말 후에 곧 제정될 것이 확실하다.

토지 정화를 요구하는 법률 제정이 거의 확실하기 때문에 의무발생사건은 토지 오염이다. 오염된 토지를 정화하기 위해 경제적 효익이 있는 자원의 유출가능성이 높은 상황이므로 토지 정화원가의 최선의 추정치를 충당부채로 인식한다.

② 의제 의무

의제의무는 다음 조건을 모두 충족하는 기업 행위에 따라 생기는 의무를 말한다.

A. 과거의 실무관행, 발표된 경영방침, 구체적이고 유효한 약속 등으로 기업이 특정책임을 부담할 것이라고 상대방에게 표명함
B. 위 A의 결과로 기업이 해당 책임을 이행할 것이라는 정당한 기대를 상대방이 갖도록 함

예를 들어, 기업은 고객이 상품에 만족하지 못하면 법적의무가 없더라도 환불해주는 방침을 갖고 있고, 이 환불방침은 널리 알려져 있다고 하자. 기업 행위로 기업이 판매한 상품을 환불해 줄 것이라는 정당한 기대를 고객이 갖게 되므로, 상품 판매는 의제의무를 발생시키는 의무발생사건이다.

〈예 10〉 오염된 토지와 의제의무(K-IFRS 제1037호, 사례 2B)

A기업은 환경 관련 법률이 없는 B국가에서 기업이 오염을 일으키는 석유사업을 운영하고 있다. A기업은 사업을 운영하면서 유발한 모든 오염을 정화한다는 환경 방침을 널리 발표했고, 발표한 방침을 준수한 사실이 있다.

A기업은 과거에 발생한 모든 오염에 대해 정화한다는 방침을 발표했고 그러한 방침을 준수했다. 이러한 기업 행위로 상대방은 A기업이 오염된 토지를 정화할 것이라는 정당한 기대를 갖게 한다. A기업은 의제의무를 부담하므로 토지 오염은 의무발생사건이 된다. 오염된 토지를 정화하기 위해서는 경제적 효익이 있는 자원의 유출가능성이 높으므로 토지 정화원가의 최선의 추정치를 충당부채로 인식한다.

2) 과거사건

현재의무가 생기게 하는 과거사건을 의무발생사건이라고 한다. 의무발생사건이 되려면 의무 이행을 법적으로 집행할 수 있거나 의제의무와 관련해서는 기업이 해당 의무를 이행할 것이라는 정당한 기대를 상대방에 갖고 있어야 한다.

① 충당부채로 인식하는 의무

기업의 미래 행위(사업행위)와 관계없이 존재하는 과거사건에서 생긴 의무만을 충당부채로 인식한다. 즉, 기업의 미래 행위로 미래 지출을 회피할 수 없어 미래에 지출을 해야 할 현재의무가 존재하면 충당부채를 인식한다.

예를 들어, 법률 규정 때문에 공장에 정화장치를 설치하는 지출이 필요하다고 하자. 공장 운영방식을 바꾸는 미래 행위로 미래 지출을 회피할 수 있다면 미래에 지출을 해야 할 현재의무는 없으므로 정화장치 설치를 위한 지출을 충당부채로 인식하지 않는다.

〈예 11〉 법 규정에 따른 매연 여과장치 설치(K-IFRS 제1037호, 사례 6)

> 새로운 법률에 따라 기업은 20×2년 6월까지 매연 여과장치를 공장에 설치해야 한다. 기업은 20×2년 말까지 매연 여과장치를 설치하지 않았다.

20×1년 말에는 법률에 따른 매연 여과장치의 설치원가나 벌금에 대한 의무발생사건이 없기 때문에 의무는 존재하지 않으므로 충당부채를 인식하지 않는다. 20×2년 말에도 매연 여과장치 설치원가에 대한 의무는 여전히 없으므로 충당부채를 인식하지 않는다. 공장에서 법률을 위반(매연 여과장치 미설치)하는 의무발생사건이 일어났기 때문에 법률에 따른 벌과금을 내야 하는 의무가 생길 수 있다. 벌과금이 부과될 가능성이 그렇지 않을 가능성보다 높다면 벌과금 추정치를 20×2년 말의 충당부채로 인식한다.

② 미래에 발생할 원가

재무제표는 미래 시점의 예상 재무상태가 아닌 보고기간말 재무상태를 표시하므로, 미래 영업에서 생길 원가내지 손실은 충당부채로 인식하지 않는다.

③ 입법 예고된 법률

입법 예고된 법률의 세부사항이 아직 확정되지 않은 경우 해당 법안대로 제정될 것이 거의 확실한 때에만 법적의무가 생긴 것으로 본다.

3) 경제적 효익이 있는 자원의 유출 가능성

부채로 인식하기 위해서는 현재의무가 존재해야 할 뿐만 아니라 해당 의무를 이행하기 위해 경제적 효익이 있는 자원의 유출 가능성이 높아야 한다. 특정 사건이 일어날 가능성이 일어나지 않을 가능성보다 높다면 자원 유출이나 그 밖의 사건이 일어날 가능성이 높다고 본다. 현재의무의 존재 가능성이 높지 않다면 우발부채로 주석 공시한다.

4. 충당부채의 측정

(1) 최선의 추정치

충당부채로 인식하는 금액은 현재의무를 보고기간말에 이행하기 위해 필요한 지출에 대한 최선의 추정치이어야 한다.

① 최선의 추정치의 의의

최선의 추정치란 보고기간말에 의무를 이행하거나 제삼자에게 이전할 때 합리적으로 지급해야 하는 금액을 말한다. 결과와 재무적 영향의 추정은 비슷한 거래에 대한 과거 경험이나 독립적인 전문가의 보고서를 고려하여 결정한다.

〈예 12〉 **소송사건(K-IFRS 제1037호, 사례 10)**

> 20×1년에 결혼식 후 10명이 사망했는데, A기업이 판매한 식품 때문에 식중독이 생겼을 가능성이 있다. A기업에 손해배상을 청구하는 법적 절차가 시작되었으나, A기업은 이의를 제기했다. 담당 변호사는 20×1년 말로 종료하는 연차 재무제표 발행승인일까지는 A기업에 책임이 있는지 밝혀지지 않을 가능성이 높다고 조언했다. 20×2년 말로 종료하는 연차 재무제표를 작성할 때 담당 변호사는 소송사건 진전에 따라 A기업이 책임질 가능성이 높다고 조언했다.

20×1년 말로 종료하는 연차 재무제표가 승인되는 시점에 사용 가능한 증거에 따르면 과거 사건의 결과로 생기는 의무는 없으므로, 충당부채로 인식하지 않는다. 유출될 가능성이 희박하지 않다면 우발부채로 공시한다. 20×2년 말 현재 변호사의 소송 전망에 따라 기업이 책임질 가능성이 높다는 사용 가능한 증거에 따라 현재의무가 존재한다. 패소로 인해 경제적 효익이 있는 자원의 유출 가능성이 높으므로 의무를 이행하기 위한 금액의 최선의 추정치를 충당부채로 인식한다.

② 기댓값을 이용한 추정

다수 항목과 관련된 충당부채를 측정할 때 해당 의무는 가능한 모든 결과에 관련된 확률을 가중평균하여 추정하는 방법을 '기댓값'이라고 한다.

[예제 3] 기댓값을 이용한 충당부채 추정

정의기업은 구입 후 첫 6개월 이내에 제조 결함이 발생하면 수선을 보증하는 조건으로 판매한다. 판매한 모든 제품에서 사소한 결함이 확인되면 1백만원의 수선비용이 발생한다. 판매한 모든 제품에서 중요한 결함이 확인되면 4백만원의 수선비용이 발생한다.

기업의 과거 경험과 미래 예상에 따르면 내년에 판매할 제품 중에서 75%는 전혀 결함이 없으나, 20%는 사소한 결함이 있고, 나머지 5%는 중요한 결함이 있을 것으로 예상한다.

물음

정의기업은 보증의무와 관련된 자원의 유출 가능성을 해당 의무 전체에 대해 평가한다. 보증의무와 관련하여 충당부채로 인식해야 할 금액을 구하시오.

해답

충당부채 : 75%×0원 + 20%×1백만원 + 5%×4백만원 = ₩400,000

(2) 위험과 불확실성

충당부채에 대한 최선의 추정치를 구할 때 관련된 여러 사건과 상황에 따르는 불가피한 위험과 불확실성을 고려한다. 불확실한 상황에서는 수익이나 자산을 과대 표시하거나 비용이나 부채를 과소 표시하지 않도록 해야 한다. 불확실성을 이유로 충당부채를 과도하게 인식하거나 부채를 의도적으로 과대 표시해서도 안 된다.

(3) 기타사항

① 현재가치

화폐의 시간가치 영향이 중요하다면 충당부채는 의무를 이행하기 위해 예상되는 지출액의 현재가치로 평가한다. 할인율은 부채의 특유한 위험과 화폐의 시간가치에 대한 현행 시장의 평가를 반영한 세전 이율이다.

② 미래 사건

현재의무를 이행하기 위해 필요한 지출 금액에 영향을 미치는 미래 사건이 일어날 것이라는 충분하고 객관적인 증거가 있다면 그 미래 사건을 고려하여 충당부채 금액을 추정한다.

③ 예상되는 자산처분

의무이행을 위해 자산을 처분할 수 있는데, 예상되는 자산처분이익은 충당부채를 측정할 때 고려하지 않는다. 예상되는 자산처분이익은 해당 자산의 처분시점에서 인식한다. 예를 들어, 차년도에 의무이행을 위해 ₩10,000의 지출이 예상되고, 기업은 관련 지출을 위해 자산을 처분한다고 하자. 차년도에 자산을 처분하면 ₩2,000의 이익이 발생할 것으로 예상한다. 당년도 말 충당부채로 ₩10,000을 인식하고 자산을 처분하는 차년도에 자산처분이익 ₩2,000을 인식한다.

5. 충당부채의 변제

(1) 변제

충당부채를 결제하기 위해 필요한 지출액 일부나 전부를 제삼자가 변제할 것으로 예상할 수 있다. 기업이 의무를 이행한다면 변제받을 것이 거의 확실할 때에만 변제금액을 자산으로 인식한다. 충당부채와 관련하여 포괄손익계산에 인식한 비용은 제삼자의 변제와 관련하여 인식한 금액과 상계 · 표시할 수 있다.

〈예 13〉 **변제**

A기업은 X은행으로부터 ₩10,000을 차입했고, 거래처인 B기업이 보증을 섰다. B기업은 보증의무에 대비하여 Y보증보험사의 보험에 가입했고, A기업이 차입금을 상환하지 못하면 보험금 ₩4,000을 수령한다. 20×1년 말 A기업은 자금사정 악화로 최종 부도처리되었고, B기업은 보증의무를 이행해야 할 것으로 예상한다.

20×1년 말 현재 B기업이 X은행으로부터 보증 의무를 이행하라는 통보를 받았다면 확정부채에 해당한다. B기업은 아직 통보를 받지 못했으므로 충당부채 ₩10,000을 인식하고, Y보증보험사가 변제할 보험금 ₩4,000(미수금)을 자산으로 인식한다. 다음과 같이 회계처리를 하며, 포괄손익계산서에 ₩6,000(채무보증손실)을 비용으로 인식한다.

(차)	채무보증손실	10,000	(대)	보증충당부채	10,000
	미 수 금	4,000		채무보증손실	4,000

(2) 변동

보고기간말마다 충당부채 잔액을 검토하고, 보고기간말 현재 최선의 추정치를 반영하여 조정한다. 의무 이행을 위해 경제적 효익이 있는 자원을 유출할 가능성이 높지 않다면 충당부채를 환입한다.

〈예 14〉 충당부채 환입

20×1년 말 A기업은 손해배상과 관련한 1심에서 패소하여 소송충당부채 ₩10,000을 인식했다. 20×3년 중 3심에서 승소하여 해당 의무를 이행할 필요가 없다는 판결을 받았다.

20×1년 말 A기업은 다음과 같이 충당부채를 인식한다.

(차)	손해배상손실	10,000	(대)	손해배상충당부채	10,000

20×3년 중 승소했으므로 관련 의무를 수행할 필요가 없다. 손해배상충당부채를 제거하고, 손해배상충당부채환입은 기타수익으로 인식한다.

(차)	손해배상충당부채	10,000	(대)	손해배상충당부채환입	10,000

(3) 인식기준과 측정기준의 적용

① 미래의 예상 영업손실

미래의 예상 영업손실은 충당부채로 인식하지 않는다. 미래의 예상 영업손실은 부채 정의에 부합하지도 않고 충당부채 인식기준도 충족하지 않는다. 미래 영업손실이 예상되면 영업과 관련된 자산이 손상되었을 가능성이 있으므로 손상검사를 수행한다.

② 손실부담계약

손실부담계약을 체결하면 관련된 현재의무를 충당부채로 인식한다. 손실부담계약이란 계약상 의무 이행에 필요한 회피불가능 원가가 계약에서 받을 것으로 예상하는 경제적 효익을 초과하는 계약을 말한다.

계약을 해지하기 위한 최소 순원가(회피불가능 원가)는 다음 중 적은 금액으로 계산하며 동 금액을 충당부채로 인식한다.

A. 계약이행에 필요한 원가
B. 계약 미이행 시 지급해야 할 보상금이나 위약금

〈예 15〉 손실부담계약(K-IFRS 제1037호, 사례 8 수정)

기업은 임차하여 공장을 운영하던 중 20×1년 12월에 새로운 공장으로 이전했다. 기존 공장에 대한 임대는 이후 4년간 계속되고 취소할 수 없어 임대료를 지급해야 하며, 공장을 다른 이용자에게 다시 임대할 수도 없다.

기존 공장에 대한 임대는 법적의무가 발생하므로 임대계약 체결은 의무발생사건이다. 회피불가능한 임대료의 최선의 추정치로 충당부채를 인식한다.

③ 구조조정

구조조정에 해당할 수 있는 사건의 예로는 일부 사업의 매각이나 폐쇄, 특정 국가 또는 지역에 소재하는 사업체를 폐쇄하거나 다른 국가 또는 지역의 이전, 경영구조 변경, 영업특성과 목적에 중대한 변화를 가져오는 근본적인 사업구조조정을 들 수 있다. 구조조정에 대한 의제의무는 다음 요건을 모두 충족한 때에만 발생한다.

[구조조정충당부채를 인식하기 위한 요건]

① 기업이 구조조정에 대한 구체적인 공식 계획을 갖고 있고, 계획을 통해 아래 내용을 모두 확인할 수 있다.
  i. 구조조정 대상이 되는 사업이나 사업의 일부
  ii. 구조조정 영향을 받는 주사업장 소재지
  iii. 해고에 대한 보상을 받는 종업원의 근무지, 역할, 대략적인 인원수
  iv. 구조조정에 필요한 지출
  v. 구조조정 계획의 실행 시기

② 기업이 구조조정 계획을 착수했거나 구조조정의 주요 내용을 공표하여 구조조정 영향을 받을 당사자는 기업이 구조조정을 실행할 것이라는 정당한 기대를 한다.

연습문제

[문 1] 진위형 문항

다음 문항을 읽고 맞는 기술이면 'ㅇ'로 표시하고, 틀린 기술이면 '×'로 표시하되 그 이유를 기재하시오.

1. 부채 정의에서 의미하는 의무는 법적의무뿐만 아니라 의제의무도 포함한다.
2. 금융부채란 거래상대방에게 확정된 현금 등의 금융자산을 인도하기로 한 계약상 의무를 말한다.
3. 정부가 부과하는 법인세와 관련된 부채(미지급법인세)는 현금유출을 수반하므로 금융부채로 인식한다.
4. 선수금이나 선수수익은 금융부채로 분류한다.
5. 잠재적으로 불리한 조건으로 거래상대방과 금융자산을 교환하기로 한 의무는 금융부채로 분류한다.
6. 인도할 자기지분상품이 수량 변동 가능하거나 대가 변동성이 있다면 금융부채로 분류한다.
7. 금융부채는 평가방법에 따라 상각후원가측정(AC) 금융부채, 당기손익-공정가치측정(FVPL) 금융부채, 별도 측정기준을 적용한 금융부채로 분류한다.
8. 최초인식시점에서만 공정가치선택권 행사로 AC금융자산을 FVPL금융자산으로 지정할 수 있다.
9. 금융부채 발행과 관련된 거래원가는 FVPL금융부채에서는 당기비용으로 인식하고, AC금융부채로 분류하면 공정가치에 가산한다.
10. FVPL금융자산에서 발생하는 공정가치변동은 당기손익으로 인식한다.
11. 사채가 액면발행되어도 사채발행비가 존재하면 사채는 할인발행된다.
12. 상각후원가로 측정하는 금융부채는 유효이자율법을 적용하여 이자비용을 인식한다.
13. 유효이자율법에 따라 사채발행차금을 상각하면 시간 경과에 따라 사채발행차금은 감소한다.
14. 이자지급일 사이에 사채를 발행하면 사채 발행금액은 권면상 발생시점의 시장이자율로 할인하여 계산한다.
15. 만기시점에 사채를 상환하면 사채상환손익은 발생하지 않는다.
16. 충당부채란 부채 정의를 만족하나, 지출하는 시기나 금액이 불확실한 부채를 말한다.
17. 채권자, 이행시기, 이행금액 중 하나라도 확정되지 않으면 충당부채로 분류한다.
18. 확정급여부채는 확정부채로 분류하나, 제품보증충당부채와 하자보수충당부채는 충당부채로 분류한다.

19. 우발부채는 충당부채와는 달리 부채 정의나 인식요건을 충족하지 못한다.
20. 자원 유출이 필요할 수는 있지만, 자원 유출 가능성이 높지 않은 잠재적 의무나 현재의무가 존재하면 충당부채를 인식하지 않으나 주석 공시는 필요하다.
21. 의제의무는 기업이 특정책임을 부담할 것이라고 상대방에게 표명하고, 이러한 결과로 기업이 해당 책임을 이행할 것이라는 정당한 기대를 상대방이 갖게 되었을 때 발생한다.
22. 미래에 발생할 영업손실은 미래현금흐름을 유출시키므로 충당부채로 인식한다.
23. 입법 예고된 법률의 세부사항이 아직 확정되지 않은 경우에는 해당 법안대로 제정될 것이 거의 확실한 때에만 법적의무가 생긴 것으로 본다.
24. 최선의 추정치란 보고기간말에 의무를 이행하거나 제삼자에게 이전할 때 합리적으로 지급해야 하는 금액을 말한다.
25. 의무이행을 위한 지출을 위해 자산을 처분해야 한다면 예상되는 자산처분이익은 충당부채를 측정할 때 차감한다.
26. 충당부채와 관련하여 포괄손익계산서에 인식한 비용은 제삼자의 변제와 관련하여 인식한 금액과 상계 · 표시할 수 있다.
27. 충당부채를 인식한 후 의무 이행을 위해 경제적 효익이 있는 자원을 유출할 가능성이 높지 않다면 충당부채를 환입하여 수익을 인식한다.
28. 손실부담계약을 체결한 후 계약을 이행하지 못하면 계약불이행에 따른 보상금이나 위약금을 충당부채로 인식한다.
29. 기업이 구조조정에 대한 구체적인 공식 계획을 갖고 있고, 기업이 구조조정의 주요 내용을 공표하여 해당 당사자가 기업이 구조조정을 실행할 것이라는 정당한 기대를 할 때 구조조정충당부채를 인식할 수 있다.

해답

1. ○
2. ○
3. ×. 계약상 의무가 아닌 법적 의무에 따라 부담하므로 비금융부채로 분류한다.
4. ×. 계약상 의무에 해당하나 현금을 수취한 대가로 재화를 인도하거나 용역을 제공하므로 비금융부채로 분류한다.
5. ○
6. ○. 이행해야 할 의무는 자기지분수량에 대가를 곱해 계산한다. 자기지분수량과 대가 모두가 확정적인 경우에만 자본으로 인식한다.
7. ○
8. ○
9. ×. AC금융자산으로 분류하면 거래원가는 공정가치에서 차감한다. 거래원가만큼 부채조달로 인한 현금유입을 감소시키기 때문이다.

10. ×. FVPL금융부채에서 발생하는 공정가치 변동은 신용위험 변동과 시장상황 변동에 기인한다. 신용위험 변동에 따른 손익은 기타포괄손익으로 인식하고, 시장상황 변동에 따른 손익은 당기손익에 반영한다.
11. ○
12. ○
13. ○
14. ×. 권면상 발행일이 아닌 실제 발행일 시장이자율로 할인하여 발행금액을 구한다.
15. ○
16. ○
17. ○
18. ×. 확정급여부채는 임직원이 퇴직할 때 지급해야 할 퇴직연금을 설정한 것으로, 임직원의 퇴직시기가 확정적이지 않으므로 충당부채로 분류한다.
19. ○
20. ○
21. ○
22. ×. 재무제표는 미래 시점의 예상상태가 아닌 보고기간말의 재무상태를 표시하므로 미래 영업에서 발생할 손실은 충당부채로 인식하지 않는다.
23. ○
24. ○
25. ×. 예상되는 자산처분이익은 충당부채를 측정하는 데 고려하지 않는다.
26. ○
27. ○
28. ×. 계약이행에 필요한 원가와 계약 미이행 시 지급해야 할 보상금(위약금) 중 작은 금액을 충당부채로 인식한다.
29. ○

[문 2] 사채

20×1년 1월 1일, 애자일(주)는 액면금액 ₩1,000,000, 액면이자율 연 8%(매년 말 이자지급)인 만기 3년인 사채를 발행했다. 발행시점의 시장이자율은 연 10%이다.

기간	기간 말 단일금액 ₩1의 현재가치		정상연금 ₩1의 현재가치	
	8%	10%	8%	10%
3	0.7938	0.7513	2.5771	2.4869

물음

1. 애자일(주)가 사채 발행으로 수취하는 금액은 얼마인가? 발생시점의 회계처리를 제시하시오.
2. 애자일(주)이 재무상태표에 공시해야 할 금액을 기재하고, 20×2년 말 유동성대체를 위한 회계처리를 제시하시오.

	20×1년 말	20×2년 말	20×3년 말
[유동부채]			
사채		②	
[비유동부채]			
사채	①		

3. 애자일(주)는 영업활동에서 발생한 자금으로 20×1년 7월 1일에 동 사채 액면금액 50%를 ₩500,000(경과이자 포함)에 조기상환했다. (1) 20×1년 7월 1일과 (2) 20×1년 12월 31일에 해야 할 회계처리를 각각 제시하시오.

해답

1.
(1) 발행금액 : ₩1,000,000×0.7513 + ₩80,000×2.4869 = ₩950,252

(2) 발행시점의 회계처리

(차)	현 금	950,252	(대)	사채	1,000,000
	사채할인발행차금	49,748			

2.
(1) 재무상태표에 공시할 금액
① ₩965,284 ② ₩981,812

〈상각표〉

일자	유효이자	표시이자	상각액	장부금액
20×1. 1. 1				₩950,258
20×1.12.31	₩95,026	₩80,000	₩15,026	965,284
20×2.12.31	96,528	80,000	16,528	981,812
20×3.12.31	98,188	80,000	18,188	1,000,000
합계		₩240,000	₩49,742	

(2) 20×2년 말 유동성대체 분개

(차)	사 채 (비 유 동 부 채)	1,000,000	(대)	사 채 (유 동 부 채)	1,000,000
	사채할인발행차금(유동)	18,188		사채할인발행차금(비유동)	18,188

〈해설〉

20×2년 말 현재 사채는 1년 이내에 상환되므로 유동부채에 해당하므로 유동성대체분개를 수행한다. 20×2년 말 비유동부채로 보고된 사채(₩1,000,000)와 사채할인발행차금(₩18,188)을 제거하고 유동부채로 보고한다.

3.

(1) 20×1년 7월 1일

① 경과이자 인식

(차)	이자비용	23,757 (주1)	(대)	미 지 급 이 자	20,000 (주2)
				사채할인발행차금	3,757 (주3)

(주1) ₩95,026(20×1년 유효이자)×6/12×50%= ₩23,757

(주2) ₩80,000×50%(상환비율)×6/12 = ₩20,000

(주3) 대차차액

② 사채상환손실 인식

(차)	사 채	500,000 (주1)	(대)	현 금	500,000
	미 지 급 이 자	20,000		사채할인발행차금	21,117 (주2)
	사채상환손실	1,117			

(주1) ₩100,000×50%(상환비율) = ₩500,000

(주2) ₩49,748(20×1년 초 사채할인발행차금, 잔액)×50%(상환비율) − 3,757(20×1년 1월 1일부터 6월 30일까지 상각액) = ₩21,117

(2) 20×1년 12월 31일

(차)	이자비용	47,513 (주1)	(대)	현 금	40,000 (주2)
				사채할인발행차금	7,513 (주3)

(주1) ₩95,026(상각표상 20×1년 유효이자)×50% = ₩47,513

(주2) ₩80,000(상각표상 표시이자)×50% = ₩40,000

(주3) ₩대차차액

[문 3] 충당부채

다음 각각의 사례는 독립적이다. 모든 기업의 회계기간은 1월 1일부터 12월 31일까지이며, 자원의 유출금액에 대해 신뢰성 있는 추정이 가능하다고 가정한다.

사례 1 : 20×1년 초 설립한 (주)생상은 판매시점부터 3년간 품질을 보증하는 조건으로 제품을 판매했다. 판매일로부터 3년 이내에 제품의 결함이 발생하면 수리 또는 교체해준다. 동종업계 자료에 따르면, 이러한 보증판매에 따라 보증청구가 있을 가능성이 매우 높다. 통상적으로 매출액의 5%에 대해 보증청구가 발생하며, 20×1년 매출액은 ₩1,000,000이다. 당기 중 매출액 ₩400,000에 대해 보증청구가 발생하여 보증수리비 ₩20,000이 발생했다.

사례 2 : (주)슈만은 20×1년 말 현재 보유중인 공장과 관련하여 화재, 폭발 또는 기타 재해에 따른 재산상 손실이나 손상에 대비한 보험에 가입하지는 않았다. 보고기간말 현재 공장의 장부금액은 ₩1,000,000이며, 공정가치는 ₩1,200,000으로 추정하고 있다.

사례 3 : 20×1년 12월 2일, (주)클라라의 이사회는 콘덴서사업부를 폐쇄하기로 결정했다. 20×1년 12월 20일 이사회는 동 사업부 폐쇄에 관한 세부계획을 승인했다. 지금까지 해당 사업부에서 생산한 제품을 구매하던 고객에게는 부서폐쇄계획과 다른 공급업체를 물색하도록 통지했으며 종업원에게도 부서폐쇄계획을 알려주었다. 관련 비용은 해고수당 ₩2,500,000, 계속 근무직원 재배치비용 ₩1,000,000, 구조조정을 완료할 때까지 예상하는 영업손실은 ₩2,000,000이다.

사례 4 : (주)꽁치는 고등어를 가공하여 생산하는 통조림업체이다. 20×0년 중 통조림을 구입하여 제공한 전사식당에서 소비자 10명이 사망했다. (주)꽁치는 20×0년 말 현재, 고객이 제소한 손해배상청구 소송의 피고로 재판 중이었다. 20×0년 12월 31일로 종료되는 회계연도의 재무제표 승인시점에 고문변호사는 회사가 법적의무를 부담할 가능성이 높다고 조언하여 ₩1,000,000을 부채로 계상했다. 20×1년 12월 31일의 재무제표를 작성할 때 전사식당의 보관 부주의로 사망사건이 발생했다는 사실이 검찰조사에서 밝혀졌다.

사례 5 : (주)케미칼은 석유화학제품제조업을 영위하는데 20×1년에 동해를 오염시켰다. 바다 오염에 대한 법적 규제는 없으나 회사는 그러한 오염된 바다를 정화시킨다는 환경정책을 대외적으로 표방하고 있다. 회사는 이전에도 이와 유사한 사건으로 오염된 바다를 정화시킨 적이 있으며, 바다오염 정화에 소요될 것으로 추정되는 비용은 ₩3,000,000이다.

사례 6 : (주)오일은 일정기간 해상에서 석유를 채굴할 수 있는 권리를 취득하는 계약을 체결했다. 이 계약에 따라 생산 종료시점에 유정굴착장치를 제거하고 해저를 원상복구해야 하며, 이를 이행하기 위한 비용은 ₩2,000,000으로 추정된다. 이러한 원상복구비 90%는 유정굴착장치를 제거하고, 해저 손상부분을 복구하는 데 지출된다. 나머지 10% 복구비는 석유 채굴로 발생하는 비용(예 : 오염제거비용)이다. 20×1년 말 현재 유정굴착장치는 완공되었으나 석유는 채굴하지 않은 상태이다.

물음

다음과 같은 양식으로 상기 사례를 20×1년 재무제표에 어떻게 공시해야 하는지 기술하라. 충당부채와 우발부채에 해당하지 않으면 "공시 없음"으로 기재하시오.

〈예〉

사례 7 : 20×1년 12월 12일, 이사회에서 한 사업부를 폐쇄하기로 결정했는데, 관련 사업부의 종업원에게 퇴직위로금 ₩1,000,000을 지급할 계획이다. 보고기간말(20×1년 12월 31일) 전에 회사는 이러한 의사결정에 영향을 받는 당사자에게 사업부 폐쇄를 알리지 않았고 이러한 결정을 수행하기 위한 어떠한 절차도 수행하지 않았다.

〈답안양식〉

구분	구분
사례 7	공시사항 없음

해답

	구분
사례 1	충당부채 : (1,000,000−400,000)×5%=₩30,000
사례 2	공시사항 없음
사례 3	충당부채 : ₩2,500,000
	공시없음
사례 5	충당부채 : ₩3,000,000
사례 6	충당부채 : ₩2,000,000×90% = ₩1,800,000

〈해설〉

• (사례 1) 20×년 중 매출액 ₩400,000에 대해 보증청구가 발생했으므로, 나머지 ₩600,000에 대해 충당부채를 설정한다.

- (사례 2) 미래에 발생한 손실은 부채 정의를 충족하지 않는다.
- (사례 3) 계속 근무직원 재배치비용과 예상영업손실은 부채 정의를 충족하지 않는다.
- (사례 4) 20×0년에는 충당부채를 인식했으나 20×1년에 법적 의무를 부담할 가능성이 없어졌으므로 충당부채를 제거하고 충당부채환입을 인식한다.
- (사례 5) 법적 의무는 없으나 의제의무에 따라 충당부채를 인식한다.
- (사례 6) 20×1년 말 현재 석유는 채굴하지 않았으므로 유정굴착장치의 제거와 해저 손상부분의 복구비만 복구충당부채로 인식한다.

복합금융상품

CHAPTER

한눈에 살펴보는 이 장의 내용

본 장에서는 복합금융상품을 다룬다. 발행자 관점에서 부채요소와 자본요소를 동시에 갖고 있는 비파생상품을 복합금융상품이라고 한다. 전환사채와 신주인수권부사채가 대표적인 복합금융상품에 해당한다. 전환사채에 부착된 전환권은 전환사채를 보통주로 전환할 수 있는 권리이다. 투자자는 주가 전망에 따라 전환권 행사 여부를 결정한다. 투자자가 전환권을 행사하면 발행회사는 부채(전환사채)를 제거하고 주식을 발행하므로 재무구조가 개선되는 효과가 있다. 신주인수권부사채에 부착된 신주인수권은 일정한 가격으로 보통주를 매입할 수 있는 권리이다. 투자자는 주가 전망에 따라 신주인수권 행사 여부를 결정한다. 투자자가 신주인수권을 행사하면 발행회사는 현금을 수령하고 보통주를 발행한다.

K-IFRS 제1032호(금융상품 : 표시)는 2007년 11월에 제정되었고, 관련되는 국제회계기준은 'IAS 32 Financial Instrument : Presentation'이다. K-IFRS 제1109호(금융상품)은 2015년 9월에 제정되어 2018년부터 시행되고 있다. 관련되는 국제회계기준은 'IFRS 9 Financial Instrument'이다.

contents

CHAPTER

복합금융상품

| 학습목표 |

1. 전환사채의 발행금액 결정과정을 설명할 수 있다. 금융부채요소 공정가치를 먼저 구한 후 금융상품 전체의 공정가치에서 이를 차감하여 지분상품요소(전환권)의 공정가치를 산출한다.
2. 전환권이 행사될 때의 회계처리를 수행할 수 있다. 전환권을 행사하면 지분상품이 발행되고 금융부채요소는 제거된다. 이때 전환손익은 인식하지 않는다.
3. 신주인수권부사채의 발행금액 결정과정을 설명할 수 있다. 금융부채요소 공정가치를 먼저 구한 후 금융상품 전체의 공정가치에서 이를 차감하여 지분상품요소(신주인수권)의 공정가치를 산출한다.
4. 신주인수권이 행사될 때의 회계처리를 수행할 수 있다. 전환사채와 달리 신주인수권이 행사되더라도 금융부채요소 중 상환할증금만 제거되고 사채부분은 제거되지 않고 만기까지 존재한다.
5. 전환사채와 신주인수권부사채의 회계처리 차이점을 설명할 수 있다. 전환사채는 전환권 행사로 보유자 지위가 채권자에서 주주로 변경되나, 신주인수권부사채는 신주인수권 행사로 보유자는 채권자와 주주의 지위를 동시에 갖는다. 이에 따라 신주인수권 행사 이후에도 만기까지 신주인수권부사채를 상각후원가로 측정해야 한다.

| 주요 용어 |

- 복합금융상품 : 발행자 관점에서 부채요소와 자본요소를 동시에 갖고 있는 비파생금융상품
- 보장수익률 : 투자자가 만기시점까지 전환권(신주인수권)을 행사하지 못하면 보장해주는 수익률
- 상환할증금 : 투자자가 전환권(신주인수권)을 만기까지 행사하지 못하면 발행회사가 사채의 보장수익률과 액면이자율의 차이금액을 만기시점에 일시에 지급하는 금액
- 전환사채 : 소유자가 일정한 조건을 충족하면 보통주로 전환할 수 있는 권리(전환권)가 부착된 사채
- 신주인수권부사채 : 사채발행시점에 정해진 가격으로 신주를 구입할 수 있는 권리가 부착된 사채
- 전환사채 유도전환 : 전환사채 조기전환 유도를 위해 더 유리한 조건을 제시하거나 추가적인 대가를 지급하는 방법으로 전환사채 조건을 변경하는 것

제1절 복합금융상품의 의의 및 측정

1. 복합금융상품의 의의

복합금융상품이란 발행자 관점에서 부채요소와 자본요소를 동시에 갖고 있는 비파생금융상품을 말한다. 복합금융상품은 형식적으로는 하나의 금융상품이지만, 실질적으로는 둘 이상의 금융상품을 복합하여 만든 것으로 부채요소와 자본요소를 모두 갖고 있다. 전환사채와 신주인수권부사채는 대표적인 복합금융상품에 해당한다. 전환사채 보유자가 전환권을 행사하면 전환사채는 발행자의 자본으로 전환된다. 신주인수권부사채 보유자가 신주인수권을 행사하면 발행자는 보통주식을 발행한다.

기업이 복합금융상품을 이용하면 장기자금을 보다 좋은 조건으로 조달을 할 수 있다. 예를 들어, 보통주로 전환할 수 있는 전환권을 부여하거나 시세보다 낮은 금액으로 주식을 구입할 수 있는 신주인수권을 부여하면 보다 낮은 이자율로 자금을 조달할 수 있다.

복합금융상품에 포함되어 있는 전환권과 신주인수권은 증권 보유자가 발행자 주식을 취득할 수 있는 권리이므로 파생상품(derivative)에 해당한다. 전환권과 신주인수권을 포함하고 있는 주계약인 사채는 파생상품이 아니므로 전환권과 신주인수권은 내재파생상품(embedded derivative)에 해당한다. K-IFRS에서는 다음 조건을 모두 충족하면 내재파생상품을 주계약과 분리하여 파생상품으로 회계처리하도록 규정하고 있다.

[파생상품으로 회계처리하기 위한 요건]

① 내재파상상품의 경제적 특성 및 위험이 주계약의 경제적 특성 및 위험과 밀접하게 관련되어 있지 않다.
② 내재파생상품과 동일한 조건을 가진 별도 금융상품이 파생상품 정의를 충족한다.
③ 내재파생상품이 내재된 복합금융상품의 공정가치 변동을 당기손익으로 인식하지 않는다.

전환사채와 신주인수권부사채는 계약상 원금과 이자를 지급해야 하는 금융부채 요소와 확정수량으로 주식을 전환할 수 있는 자본요소로 구성되어 있다. 주계약인 사채와 파생상품인 전환권과 신주인수권은 밀접한 관련이 없다. 전환권과 신주인수권은 파생상품 정의를 충족하나 공정가치 변동을 당기손익으로 인식하지 않는다. 전환권과 신주인수권은 파생상품으로 회계처리하기 위한 요건을 모두 충족하므로 주계약인 사채와 파생상품을 분리하여 회계처리한다.

2. 복합금융상품의 측정

K-IFRS 제1032호에 따르면, 발행자는 복합금융상품을 재무상태표에 부채요소와 자본요소(기타자본항목)로 분리하여 각각 공시해야 한다. 복합금융상품은 법적 형식으로는 단일 금융상품이나 실질은 금융부채와 지분상품이 동시에 존재한다. 복합금융상품을 자본과 금융부채로 분리하면 법적 형태보다는 경제적 실질에 따라 분류할 수 있다. 예를 들어, 전환사채는 다음의 [표 1]과 같이 금융부채요소와 지분상품요소로 구성된 복합금융상품이다.

[표 1] 금융부채요소와 지분상품요소

구분	내용
금융부채요소	전환권이 행사되지 않으면 이자와 원금을 지급해야 하는 계약
지분상품요소	확정수량의 발행자 보통주로 전환할 수 있는 권리를 정해진 기간에 보유자에게 부여하는 매도콜옵션

[그림 1]에서 보듯이 복합금융상품은 부채요소와 자본요소로 구분할 수 있으므로, 복합금융상품 발행회사는 투자자로부터 수령한 발행대가를 부채요소와 자본요소에 배분해야 한다.

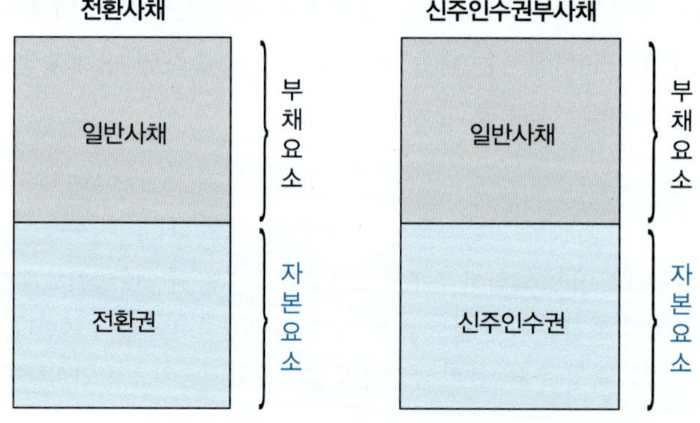

[그림 1] 복합금융상품

복합금융상품의 최초 장부금액을 부채요소와 자본요소에 배분할 때 부채요소 공정가치를 먼저 측정하여 부채로 계상한다. 금융상품 전체의 공정가치에서 부채요소 공정가치를 차감한 잔액을 자본요소에 배분한다. 예를 들어, 금융상품 전체의 공정가치는 ₩10,000이고 부채요소 공정가치는 ₩9,000이라고 하자. 자본요소 공정가치는 별도로 측정하지 않으며 금융상품 전체의 공정가치(₩10,000)에서 먼저 측정한 부채요소 공정가치(₩9,000)를 차감하여 자본요소를 인식(₩1,000)한다. 이러한 방식은 지분상품을 기업의 자산에서 모든 부채를 차감한 잔여지분으로 정의하는 것과 일관된다.

[부채 및 자본요소의 측정]

① 부채요소 현재가치 = 자본요소가 결합되지 않았을 경우의 사채 미래현금흐름을 발생시점의 시장이자율로 할인한 금액

② 자본요소의 가치 배분액 = 복합금융상품 공정가치 - 부채요소 현재가치(①)

제2절 전환사채

1. 전환사채의 의의

전환사채(convertible bonds, CB)는 소유자가 일정한 조건을 충족하면 보통주로 전환할 수 있는 권리(전환권)가 부착된 사채이다. 전환사채의 법적 형식은 사채이지만, 경제적 실질관점에서는 잠재적 주식의 성격도 지니고 있어 사채의 안정성과 주식의 수익성이 보장되는 투자수단이다.

전환사채를 발행할 때 전환가격을 제시한다. 전환가격이 ₩1,500이면 발행회사는 주당 ₩1,500으로 계산해 채권 원금만큼 신주를 발행한다. 예를 들어, 전환사채의 액면금액은 ₩300,000이고 전환가격이 ₩1,500이면 투자자는 주식 200주(=₩300,000÷₩1,500)를 발행회사에 요구할 수 있다.

투자자는 주식으로 전환하기 전까지는 이자수익을 얻을 수 있으며, 주가가 전환가격보다 높다면 전환권을 행사하여 투자수익을 얻을 수 있다. 주가가 전환가격보다 낮으면 전환권을 행사하지 않고 이자수익을 얻는다.

발행자는 주식으로 전환할 수 있는 권리를 부여하므로 일반사채보다는 낮은 금리로 전환사채를 발행할 수 있다. 투자자가 전환권을 행사하면 전환사채(부채)는 주식(자본)으로 전환되므로 재무구조가 개선된다.

2. 전환사채의 이해

(1) 보장수익률

전환사채는 보통주로 전환할 수 있는 전환권이 부여되므로 일반사채보다 높은 금액과 낮은 이자율로 발행할 수 있다. 전환사채 발행회사의 주가가 전환가격보다 낮아 만기까지 전환권을 행사할 수 없다면 투자자는 기회손실을 부담한다. 이를 위해 등장한 것이 보장수익률이다. 실무에서는 보장수익률을 만기이자율(또는 만기보장수익률)이라고 부르며, 보장수익률은 전환사채 상품성을 강화하기 위해 부과하는 조건이다.

〈예 1〉 보장수익률을 부과하는 이유

클라라회사는 20×1년 초 액면이자율 3%(매년 말 지급), 보장수익률 5%, 전환가격 ₩10,000, 액면금액 ₩1,000,000, 만기 3년인 전환사채를 액면발행했다.

주가가 전환가격에 미달하면 투자자는 전환권을 행사하지 않고 매기 말 이자(₩30,000)를 수령한다. 전환사채는 일반사채보다 액면이자율이 낮으므로 전환권을 행사하지 못하면 투자자는 손해(일반사채 이자와 전환사채 이자의 차액)를 볼 수 있어 매입을 꺼릴 수 있다.

투자자가 전환권을 만기까지 행사하지 못하면 이자율을 5%로 보장하겠다는 조건이 보장수익률이다. 예를 들어, 보장수익률이 5%라고 하자. 이는 만기시점에서 투자기간의 이자금액 합계를 연 5% 복리 수준에 맞춰준다는 의미이며, 이를 금액으로 계산한 것이 상환할증금이다. 일반적으로 전환사채 보장수익률은 전환사채 표면이자율과 일반사채 수익률 사이에서 결정된다.

(2) 상환할증금

① 상환할증금의 의미

보장수익률 5%라는 조건은 전환사채에 투자하면 연 복리 5%인 정기예금에 3년 동안 가입한 것과 동일한 수익률을 보장해 준다는 뜻이다. [그림 2]에서는 상환할증금 계산과정을 보여주고 있다. 투자자는 보유기간 중 액면이자 ₩30,000을 수령한다. 만기(20×3년 말)까지 전환권을 행사하지 못하면, 발행회사는 보장수익률과 액면이자율의 이자차액 ₩20,000을 만기에 한 번에 지급한다. 20×1년 말에 이자차액 ₩20,000을 수령했다면, 보장수익률로 금융상품에 투자하므로 만기에 ₩22,050(=₩20,000×1.05^2)을 수령할 것이다. 20×2년 말 이자차액도 동일한 방식으로 계산하면 ₩21,000(=₩20,000×1.05)이다. 이자차액의 미래가치 합계금액인 ₩63,050(₩20,000 + 21,000 + 22,050)이 상환할증금에 해당한다.

〈예 1〉의 자료를 이용하여 상환할증금을 계산해보자. 투자원금 ₩1,000,000에 연 5% 복리를 3년간 적용하면 이자 합계는 ₩157,625(=₩1,000,000×1.05^3 − 1,000,000)이다. 투자자는 액면이자율에 따라 3년 동안 이자 ₩90,000(=₩1,000,000×3%×3년)을 수령한다. 투자자가 만기까지 전환권을 행사하지 못하면 만기에 상환할증금 ₩63,050(=₩157,625 − 94,575[1])을 추가로 지급받는다.

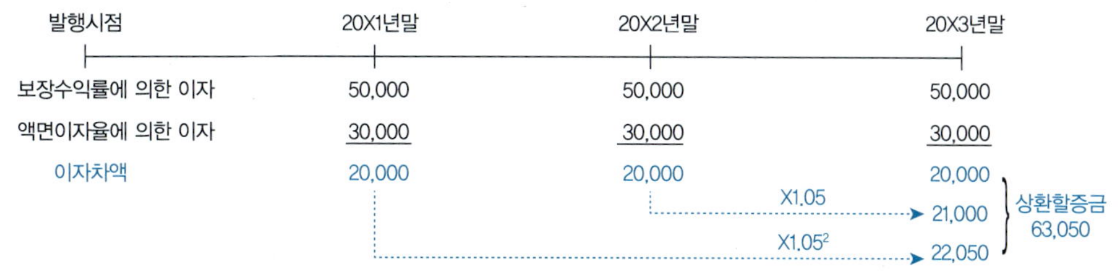

[그림 2] 상환할증금 계산

1) 투자자는 매기 말에 수령하는 액면이자 ₩30,000을 5% 복리이자 상품에 투자할 것이다. 복리를 적용하면 만기시점에 수령하는 금액은 ₩94,575(=₩30,000×1.05^2 + ₩30,000×1.05 + ₩30,000)이다.

② 상환할증금의 계산

상환할증금은 사채의 보장수익률과 액면이자율의 차이금액으로 만기시점에 한 번에 지급된다. 보장수익률과 액면이자율의 차이금액은 보장수익률로 재투자한다고 가정하며, 만기시점인 미래에 수령하므로 미래가치로 계산한다.

[상환할증금 계산]

상환할증금 = [전환사채의 액면금액×(보장수익률 - 액면이자율)]×연금미래가치계수(주)

㈜ 보장수익률을 적용한 연금의 미래가치계수

상환할증률은 상환할증금을 전환사채 액면금액으로 나누어 계산한다. 〈예 1〉에서 상환할증률은 6.305%(= $\frac{63,050}{1,000,000}$ ×100%)이다. 투자자가 전환권을 행사하지 못하면 만기에 발행회사는 액면금액에 상환할증금을 가산하여 지급하므로 만기상환액은 ₩1,063,050[=₩1,000,000×(1+0.06305)]이다. 전환권은 부분적으로 행사 가능하다. 액면금액 중 전환권 60%만 행사되면 만기시점에 행사되지 않은 부분에 대해 ₩425,220(=₩400,000×106.305%)을 지급한다.

상환할증금을 지급하지 않는 조건(액면상환조건)으로 전환사채를 발행할 수 있으나, 우리나라의 전환사채는 대부분 상환할증금 지급조건으로 발행된다. 본서에서는 상환할증금 지급조건을 중심으로 설명한다.

(3) 부채요소와 자본요소의 측정

전환사채는 전환권이 부여되므로 일반사채에 비해 발행금액이 높다. 예를 들어, 전환권이 없는 일반사채로 발행하면 ₩9,000인데, 전환권을 부착하여 ₩10,000에 발행했다고 하자. 전환사채의 발행금액(₩10,000)은 일반사채의 발행금액(₩9,000)에 전환권 가치(₩1,000)를 가산하여 결정된다.

전환사채를 발행하면 금융부채요소(사채)와 지분상품요소(전환권 대가)를 분리한다. 복합금융상품의 최초 장부금액(발행금액)을 부채요소와 자본요소로 배분할 때 부채의 공정가치를 먼저 측정한다. 지분상품요소의 공정가치는 금융상품 전체의 공정가치(발행금액)에서 부채요소의 공정가치를 차감하여 계산한다.

[지분상품요소의 공정가치 계산]

① 금융부채요소(사채) 공정가치 = 원금과 이자를 전환권이 없는 금융상품에 적용되는 시장이자율로 할인한 현재가치

② 지분상품요소(전환권)의 공정가치 = 전환사채 발행금액 − 금융부채요소 공정가치(①)

금융부채요소 공정가치는 동일한 조건하에서 유사한 신용상태와 실질적으로 동일한 현금흐름을 갖고 있지만 전환권이 없는 금융상품에 적용되는 시장이자율로 계약상 현금흐름(원금, 이자 및 상환할증금)을 할인하여 계산한다.

[예제 1] 전환사채 최초인식

클라라회사는 20×1년 초 액면이자율 3%(매년 말 지급), 보장수익률 5%, 액면금액 ₩1,000,000, 만기 3년인 전환사채를 액면발행했다. 발행시점의 시장이자율은 8%(연금현가계수 : 2.5771, 현가계수 : 0.7938)이다.

물음

1. 상환할증금을 계산하시오.
2. 전환사채 발행금액을 자본요소와 부채요소로 구분하시오.

해답

1.

상환할증금 = [전환사채의 액면금액×(보장수익률 − 액면이자율)]×연금미래가치계수

= ₩20,000×1.05^2 + ₩20,000×1.05 + ₩20,000 = ₩63,050

2.

(1) 금융부채요소 공정가치 : ₩30,000×2.5771 + (1,000,000 + 63,050)×0.7938 = ₩921,162

(2) 전환권대가(자본요소) : ₩1,000,000(전환사채 공정가치) − 921,162(금융부채요소 공정가치) = ₩78,838

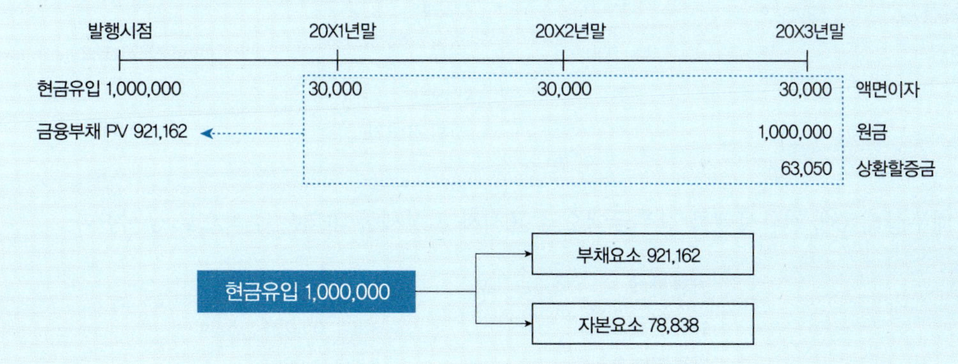

3. 전환사채의 일반적인 회계처리

(1) 발행일의 회계처리

전환사채 발행금액 중 금융부채요소와 지분상품요소에 해당하는 부분을 분리하여 각각 부채와 자본으로 인식한다. 국제회계기준에서는 계정분류에 대한 명확한 규정이 없다. 실무에서는 재무제표 주석에서 전환사채를 액면금액으로 표시하고 상환할증금을 가산하고 전환권조정을 차감하여 표시한다. 전환사채의 만기상환금액(액면금액+상환할증금)과 금융부채요소(원금, 이자 및 상환할증금) 공정가치의 차이는 전환권조정으로 처리한다. 전환권조정은 현재가치할인차금 성격으로 유효이자율법에 따라 상각한다.

국제회계기준에서는 전환권대가를 자본항목으로 인식한다고 규정하고 있을 뿐 세부적인 분류는 제시하지 않고 있다. 실무에서는 전환권대가를 자본 중 기타자본잉여금으로 분류한다. [예제 1]에서 전환사채 발행일의 회계처리는 다음과 같다.

[전환사채 발행일의 회계처리]

(차)	현 금	1,000,000	(대)	전 환 사 채	1,000,000
	전환권조정	141,888		상환할증금	63,050
				전환권대가	78,838

[예제 1]에서 전환사채 발행시점의 부분재무상태표를 작성하면 다음과 같다.

부분재무상태표

〈자산〉		〈부채〉	
현금	1,000,000	전환사채	921,162
		〈자본〉	
		전환권대가	78,838

재무상태표에 전환사채를 장부금액으로 표시하고 상세한 내역은 주석으로 공시한다.

전환사채	1,000,000
상환할증금	63,050
전환권조정	(141,888)
장부금액	921,162

(2) 보유기간 중 회계처리

K-IFRS 제1109호에서 규정하는 측정방법에 따라 당기손익-공정가치(FVPL) 측정 금융부채로

분류하지 않는다면 금융부채는 상각후원가로 측정한다. 금융부채요소 공정가치를 계산할 때 사용한 시장이자율을 곱해 전환권조정을 상각하여 장부금액을 증가시킨다.

[이자지급일의 회계처리]

(차)	이자비용	××× (주)	(대)	현 금	×××
				전환권조정	×××

㈜ 전환사채 기초장부금액×시장이자율

[예제 1]에서 발행한 전환사채의 전환권조정 상각액(유효이자 – 액면이자)을 구하기 위해 상각표를 작성하면 다음과 같다. 지분상품요소(전환권대가)는 자본에 해당하므로 최초 측정시점 이후에는 다시 측정하지 않는다. 상각표를 작성할 때 만기시점까지 전환권이 행사되지 않는다고 가정한다.

[전환사채 상각표]

연도	기초금액	유효이자(8%)	액면이자(3%)	전환권조정상각액	기말금액
20×1년 말	₩921,162	₩73,693	₩30,000	₩43,693	₩964,855
20×2년 말	964,855	77,188	30,000	47,188	1,012,043
20×3년 말	1,012,043	81,007	30,000	51,007	1,063,050

투자자가 전환권을 만기시점까지 행사하지 않으면 다음과 같이 공시한다.

	20×1년 초	20×1년 말	20×2년 말	20×3년 말
[부채]				
전환사채	1,000,000	1,000,000	1,000,000	1,000,000
상환할증금	63,050	63,050	63,050	63,050
전환권조정	(141,888)	(98,195)	(51,007)	–
장부금액	921,162	964,855	1,012,043	1,063,050
[자본]				
전환권대가	78,838	78,838	78,838	78,838

(3) 전환권 행사

① 회계처리

전환사채권자가 전환권을 행사하면 지분상품이 발행되고 금융부채요소는 제거된다. 전환사채 발행회사는 발행하는 주식의 공정가치를 고려하지 않고 전환시점의 장부금액으로 주식의 발행금액을 측정하는데, 이를 장부금액법이라고 한다.

국제회계기준에서는 장부금액법을 채택하고 있다. 타인자본과 자기자본 모두 회사 실체의 자산을 구성하는 자본으로 보기 때문이다. 전환은 타인자본에서 자기자본으로 대체되는 지분 재분류에 불과하므로 전환손익을 인식하지 않는다고 본다.

전환권을 행사해도 자본요소(전환권대가)는 계속해서 자본(기타자본잉여금)으로 유지하거나 자본의 다른 항목(주식발행초과금)으로 재분류할 수 있다. 전환권 행사로 계정과목만 바뀔 뿐 자본잉여금 총액은 변하지 않는다.

전환시점 회계처리는 아래와 같으며 '전환권대가의 대체'는 전환권대가를 주식발행초과금으로 대체할 때 수행한다.

〈전환사채 장부금액의 제거〉

(차)	전환사채	×××	(대)	전환권조정	×××
	상환할증금	×××		자본금	×××
				주식발행초과금	×××

〈전환권대가의 대체〉

(차)	전환권대가	×××	(대)	주식발행초과금	×××

회계처리를 수행하여 주식 발행금액과 주주지분 증가액을 구할 수 있으나 다음과 같이 정리할 수 있다. 전환권대가를 주식발행초과금으로 재분류해도 자본 내 다른 계정과목으로 분류되므로 주주지분은 증가하지 않는다.

[주주지분 증가액]

- 주식의 발행금액 = [전환사채 장부금액 + 전환권대가]×전환권 행사비율
- 주주지분 증가액 = 전환사채 장부금액×전환권 행사비율

② 전환 시 발행주식수의 계산

전환사채권자가 전환권을 행사하면 발행회사는 전환사채를 회수하고 전환조건(전환가격 또는 전환비율)에 따라 주식을 교부한다. 전환가격이란 전환사채권자가 전환청구기간에 발행회사 주식으로 전환 청구할 수 있는 가격을 말하며, 주식 1주와 교환되는 사채 액면으로 표시한다. 예를 들어, 발행조건에 사채의 권면총액은 ₩1,000,000이고, 전환가격 ₩10,000으로 표시되어 있다면 전환사채권자는 전환권 행사로 100주(=₩1,000,000÷₩10,000)를 수령한다.

전환비율은 전환사채 액면금액 1만원당 전환할 수 있는 주식 수로 표시한다. 전환비율과 전환가격은 전환조건을 다르게 표현한 것일 뿐 동일한 내용이다.

③ 전환권 행사 후의 회계처리

전환권이 행사되면 전환된 부분만큼 금융부채요소가 제거되므로 전환되지 않은 부분에 대해서만 이자비용을 인식한다. 상각표상 금액에 전환권 미행사비율을 곱해 계산한 금액을 이자비용으로 인식한다. 예를 들어, 상각표상 유효이자가 ₩12,000이고, 전환권 행사비율이 40%라고 하자. 상각표상 유효이자에 전환권 미행사비율(60%)을 곱해 계산한 ₩7,200을 이자비용으로 인식한다.

만기까지 전환권이 행사되지 않으면 미전환된 전환사채의 액면금액과 상환할증금을 현금으로 상환해야 하므로 다음과 같이 계산한다.

만기상환액 = [전환사채 액면금액 + 상환할증금] × (1 − 전환권 행사비율)

[예제 2] 전환사채의 후속측정

20×1년 1일 1일, 슈만회사는 다음 조건으로 전환사채를 액면발행했다. 슈만회사는 전환권이 행사될 때 전환사채와 관련하여 자본항목으로 인식한 금액을 주식 발행금액에 가산한다.

- 액면금액 : ₩2,000,000
- 만기 : 20×3년 말
- 표시이자 : 연 6%(매년 말 후급)
- 전환조건 : 전환사채 액면금액 ₩10,000당 보통주 1주(액면금액 ₩5,000)를 발행 · 교부
- 전환사채 발행시점에서 전환권이 없는 유사한 슈만회사 사채의 시장이자율 : 연 10%
- 3년, 10%의 현가계수는 0.7513, 연금현가계수는 2.4869
- 상환할증금 지급조건이 있어 전환권이 행사되지 않으면 만기에 액면금액의 106.4928%를 상환
- 20×2년 초 전환사채 40%가 전환 청구되어 주식을 발행 · 교부

물음

1. 전환사채의 발행금액을 부채요소와 자본요소로 구분하시오.
2. 전환사채와 관련된 유효이자율법 상각표를 작성하시오.
3. 일자별 회계처리를 제시하시오.

해답

1.

(1) 부채요소 : (₩2,000,000 + 129,856)×0.7513 + 120,000(표시이자)×2.4869 = ₩1,898,589

(2) 자본요소(전환권대가) : ₩2,000,000(전환사채 공정가치) − 1,898,589(부채요소 공정가치) = ₩101,411

〈해설〉

상환할증금 : ₩2,000,000×6.4928% = ₩129,856

2.

연도	기초금액	유효이자(10%)	액면이자(6%)	전환권조정상각액	기말금액
20×1년 말	₩1,898,589	₩189,859	₩120,000	₩69,859	₩1,968,448
20×2년 말	1,968,448	196,845	120,000	76,845	2,045,293
20×3년 말	2,045,293	204,563	120,000	84,563	2,129,856

3.

(1) 20×1년 초

(차)	현 금	2,000,000	(대)	전환사채	2,000,000
	전환권조정	231,267 (주)		상환할증금	129,856
				전환권대가	101,411

(주) 대차차액

(2) 20×1년 말

(차)	이자비용	189,859	(대)	현 금	120,000
				전환권조정	69,859

(3) 20×2년 초

(차)	전환사채	800,000 (주1)	(대)	자 본 금	400,000 (주2)
	상환할증금	51,942 (주3)		주식발행초과금	387,379 (주5)
				전환권조정	64,563 (주4)

(주1) ₩2,000,000×40%(전환권 행사비율) = ₩800,000
(주2) 교부주식수 : ₩800,000÷₩10,000 = 80주, 자본금 : 80주×₩5,000 = ₩400,000
(주3) ₩129,856×40% = ₩51,942
(주4) [₩76,845 + 84,563](전환권조정 미상각액)×40% = ₩64,563
(주5) 대차차액

(차)	전환권대가	40,564 (주)	(대)	주식발행초과금	40,564

(주) ₩101,411×40%

〈해설〉

전환권대가는 자본 내 다른 계정과목으로 분류되므로 자본의 변동은 없다. 전환권 행사로 증가하는 자본은 전환사채 장부금액(액면금액 + 상환할증금 − 전환권조정)에 전환비율을 곱해 계산한다.

- 전환권 행사로 증가하는 자본: ₩1,968,448(상각표의 20×2년 초 장부금액)×40% = ₩787,379

(4) 20×2년 말

(차)	이자비용	118,107 (주1)	(대)	현 금	72,000 (주2)
				전환권조정	46,107 (주3)

(주1) ₩196,845(상각표의 20×2년 유효이자)×60%(전환권 미행사비율) = ₩118,107
(주2) ₩120,000(상각표의 표시이자)×60%(전환권 미행사비율) = ₩72,000
(주3) ₩76,845(상각표의 20×2년 전환권조정상각액)×60%(전환권 미행사비율) = ₩46,147

〈해설〉
상각표의 각 금액에 전환권 미행사비율(60%)을 곱해 계산한다.

(5) 20×3년 말

① 이자비용 인식

(차)	이자비용	122,738 (주1)	(대)	현 금	72,000 (주2)
				전환권조정	50,738 (주3)

(주1) ₩204,563(상각표의 20×3년 유효이자)×60%(전환권 미행사비율) = ₩122,738
(주2) ₩120,000(상각표의 표시이자)×60%(전환권 미행사비율) = ₩72,000
(주3) ₩84,563(상각표의 20×3년 전환권조정상각액)×60%(전환권 미행사비율) = ₩50,738

② 전환사채의 상환

(차)	전환사채	1,200,000 (주1)	(대)	현 금	1,277,914
	상환할증금	77,914 (주2)			

(주1) ₩2,000,000×60%(전환권 미행사비율) = ₩1,200,000
(주2) ₩129,856×60%(전환권 미행사비율) = ₩77,914

〈해설〉
만기상환금액 : [₩2,000,000(액면금액) + 129,856(상환할증금)]×60%(전환권 미행사비율) = ₩1,277,914

4. 전환사채의 조기상환 또는 재매입

전환사채는 낮은 금리로 투자자를 쉽게 끌어 모을 수 있으나, 전환권 행사로 주식이 발행되면 물량 부담으로 주가가 떨어질 수 있다. 주가관리에 신경쓰는 기업은 물량부담을 줄이기 위해 전환사채를 만기 전에 취득해 소각하기도 한다. 회사 자금으로 전환사채를 조기 상환하면 부채 감소로 재무구조는 개선될 수 있다.

조기상환이나 재매입을 위해 지급한 대가와 거래원가는 거래 발생시점의 부채요소와 자본요소에 배분한다. 부채요소에 배분된 대가가 조기상환 또는 재매입시점의 부채요소 장부금액을 초과하는 부분은 사채상환손실(이익)로 인식한다. 지분요소에 배분된 대가는 자본으로 인식하므로 손익을 당기손익으로 인식하지 않고 자본에서 가감한다. 제거되지 않은 자본요소는 자본 내 다른 항목으로 재분류한다.

〈부채요소의 상환〉

(차)	전 환 사 채	×××	(대)	현 금	×××
	상 환 할 증 금	×××		전환권조정	×××
	사채상환손실	×××			

〈자본요소의 상환〉

(차)	전 환 권 대 가	×××	(대)	현 금	×××
	전환권매입손실(자본)	×××			

[예제 3] 전환사채의 조기상환

슈만회사는 20×2년 초 전환사채 전부를 동일자의 공정가치인 ₩2,000,000에 조기상환했다. 20×2년 초 전환사채 장부금액은 ₩1,968,448(액면금액 ₩2,000,000, 상환할증금 ₩129,856, 전환권조정 ₩161,408)이고 전환권대가는 ₩101,411이다. 전환사채의 표시이자율은 12%이고, 만기는 20×3년 말이다. 조기상환일 현재 전환권이 없는 유사한 슈만회사 사채의 시장이자율은 12%(2년의 연금현가계수 1.6901, 현가계수 0.7972)이다.

물음

조기상환시점에서 슈만회사가 해야 할 회계처리를 제시하시오.

해답

조기상환일 현재 전환사채의 장부금액 및 공정가치 구분

	장부금액	공정가치
부채요소	₩1,968,448	₩1,900,733 (주1)
자본요소	101,411	99,267 (주2)
합 계	₩2,069,859	₩2,000,000

(주1) ₩120,000(표시이자)×1.6901 + (₩2,000,000 + 129,856)×0.7972 = ₩1,900,733
(주2) ₩2,000,000(20×2년 초 공정가치) − 1,900,733(부채요소) = ₩99,267

〈해설〉

부채요소의 공정가치는 표시이자, 액면금액 및 상환할증금을 조기상환일 현재의 시장이자율로 할인하여 구한다. 자본요소의 공정가치는 조기상환일의 공정가치에서 부채요소 공정가치를 차감하여 구한다.

2.

〈부채요소 상환〉

(차)	전 환 사 채	2,000,000	(대)	현 금	1,900,733
	상환할증금	129,856		전 환 권 조 정	161,408
				사채상환이익	67,715 (주)

(주) 대차차액

〈자본요소 상환〉

(차)	전환권대가	101,411	(대)	현 금	99,267
				전환권매입이익(자본)	2,144 (주)

(주) 대차차액

5. 전환사채의 변경(유도전환)

발행자는 전환사채 조기전환을 유도하기 위해 좀 더 유리한 전환조건(예: 전환비율을 전환사채 보유자에게 유리하게 인하)을 제시하거나 특정 시점 이전에 전환하면 추가적인 대가(예: 현금지급)를 지급하는 방법으로 전환사채 조건을 변경할 수 있다. 이를 유도전환이라고 한다.

[전환조건변경손실]

전환조건변경손실 = ① 조건변경으로 전환 시 전환사채 보유자가 받을 대가의 공정가치
− ② 조건변경 전 전환 시 전환사채 보유자가 받을 대가의 공정가치

[예제 4] 전환사채의 유도전환

슈만회사는 20×1년 초 전환사채를 액면발행(₩2,000,000)했다. 전환사채 액면금액 ₩10,000당 보통주 1주로 전환하는 조건이다. 슈만회사는 20×2년 9월 1일에 전환사채의 조기전환을 유도하기 위해 전환사채 액면금액 ₩10,000당 보통주 1.2주로 전환하는 것으로 조건을 변경했다. 조건변경일 현재 슈만회사 보통주의 주당 공정가치는 ₩9,000이다.

물음

조건변경시점에서 슈만회사가 해야 할 회계처리를 제시하시오.

해답

① 조건변경 전 전환사채 전환 시 발행주식수 : (₩2,000,000÷₩10,000)×1주 = 200주
② 조건변경 후 전환사채 전환 시 발행주식수 : (₩2,000,000÷₩10,000)×1.2주 = 240주
③ 전환 시 추가 발행할 보통주의 공정가치 : (240주−200주)×₩9,000 = ₩360,000

〈회계처리〉

(차)	전환조건변경손실	360,000	(대)	자본	360,000

제3절 신주인수권부사채

1. 신주인수권부사채의 이해

(1) 신주인수권부사채

신주인수권부사채(bond with warrants, BW)는 특정 가격(사채발행시점에 정해진 가격으로 '행사가격'이라고 함)에 신주 발행을 회사에 요구할 수 있는 권리(신주인수권)가 사채에 붙어 있다.

신주인수권부사채 투자자는 기업 주가가 오르면 신주인수권을 행사하므로 시세가 아닌 미리 정해 놓은 가격(행사가격)에 주식을 살 수 있다. 예를 들어, 투자자가 A기업 주식을 주당 ₩1,000에 살 수 있는 신주인수권이 부여된 사채를 매입했다고 하자. 주가가 신주인수권 행사가격인 ₩1,000보다 낮다면 투자자는 신주인수권을 행사하지 않는다. 주가가 ₩1,500이라면 투자자는 신주인수권을 행사하여 A기업 주식을 ₩1,000에 구입 후 매각하면 시세차익 ₩500을 얻을 수 있다.

신주인수권부사채는 신주인수권의 분리 양도 가능 여부에 따라 분리형과 비분리형으로 구분된다. 상법에서는 분리형과 비분리형을 모두 인정하고 있다. 분리형은 사채권과 신주인수권을 선택적으로 분리하여 양도할 수 있다. 비분리형은 양도할 때 신주인수권과 사채를 함께 양도해야 한다. 신주인수권부사채를 발행하여 대주주가 채권자로부터 신주인수권을 저가 매수하여 지분율을 늘리는 수단으로 악용하는 사례가 많았다. 자본시장과 금융투자업에 관한 법률(이하 '자본시장법') 개정으로 2013년 9월부터 분리형 발행이 금지되었다. 공모는 다수의 일반투자자를 대상으로 자금을 조달하고 시장논리에 따라 신주인수권 가격이 결정되므로 대주주 지분율을 강화하는 방식으로 악용될 가능성이 낮다. 2015년 자본시장법 개정으로 2015년 9월부터 공모에 한해 분리형을 인정하고 있다.

K-IFRS 제1032호에서는 신주인수권부사채를 분리형과 비분리형으로 구분하지 않으므로 동일하게 회계처리한다. 최초측정시점에서 신주인수권부사채 발행자는 분리형과 비분리형을 구분하지 않고 사채발행금액을 부채요소와 자본요소로 분리하여 인식한다. 본서에서는 비분리형을 중심으로 설명한다.

(2) 전환사채와 신주인수권부사채의 차이점

전환사채는 신주인수권부사채와 많은 부분에서 유사하나, 둘 간의 중요한 차이는 "주식 전환 옵션(전환권)"인지, "신주를 살 수 있는 옵션(신주인수권)"인지에서 발생한다. 전환사채 투자자가 전환권을 행사하면 채권이 주식으로 바뀌고, 신주인수권을 행사하면 정해진 금액(행사가격)으로 현금을 지급하고 주식을 매입한다.

[그림 3]에서 보듯이 전환사채 투자자는 전환권 행사 이전까지는 채권자 지위로 이자를 수령한다. 전환권 행사 이후에는 채권자 지위를 상실하고 주주 지위로 배당을 수령할 권리를 갖는다. 신주인수권부사채 투자자는 신주인수권 행사 이전에는 채권자 지위로 이자를 수령하는데 신주인수권 행사 이후에는 채권자 지위와 주주 지위를 함께 누린다.

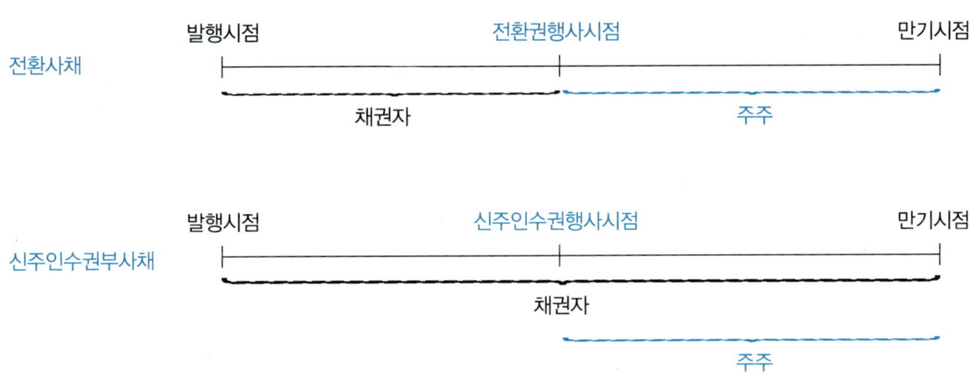

[그림 3] 전환사채와 신주인수권부사채의 비교

전환사채는 전환권 행사로 부채가 자본으로 대체되므로 사채발행회사로 유입되는 현금은 없다. 신주인수권부사채는 행사가액만큼 현금을 수령하고 주식을 교부한다.[2)]

2. 신주인주권사채의 회계처리

(1) 발행일 회계처리

신주인수권부사채를 발행하면 금융부채요소(사채)와 지분상품요소(전환권 대가)를 분리한다. 복합금융상품의 최초 장부금액을 부채요소와 자본요소로 배분할 때 부채요소의 공정가치를 먼저 측정하여 부채로 인식한다. 금융상품 전체의 공정가치에서 부채요소의 공정가치를 차감한 금액을 지분상품요소에 배분한다.

[지분요소 공정가치]

① 금융부채요소의 공정가치 = 원금과 이자를 신주인수권이 없는 금융상품에 적용되는 시장이자율로 할인한 현재가치

② 지분상품요소(신주인수권)의 공정가치 = 신주인수권부사채의 공정가치 - 금융부채요소의 공정가치

2) 상법에서는 신주인수권 행사 시 현금 납입을 원칙으로 하나 현금을 대신하여 사채로 대신하는 대용납입도 가능하다.

[신주인수권부사채의 발행]

(차)	현 금	×××	(대)	신주인수권부사채	×××
	신주인수권조정	×××		상 환 할 증 금	×××
				신주인수권대가	×××

(2) 보유기간 중 회계처리

신주인수권부사채 장부금액에 금융부채요소의 공정가치를 계산할 때 사용한 시장이자율을 곱해 신주인수권조정을 상각하여 장부금액을 증가시킨다.

[이자지급일]

(차)	이자비용	×××(주)	(대)	현 금	×××
				신주인수권조정	×××

(주) 신주인수권부사채 기초장부금액×시장이자율

(3) 신주인수권 행사

① 행사시점 회계처리

신주인수권부사채 보유자가 신주인수권을 행사하면 행사가격에 해당하는 현금을 수령하고 주식을 발행 · 교부한다. 주식의 발행금액은 다음과 같이 계산한다.

> 주식발행금액 = 현금납입액 + [신주인수권대가 + 권리행사일의 상환할증금 현재가치] × 행사비율

신주인수권부사채는 신주인수권만 분리되어 행사되므로 금융부채요소 중 일반사채는 신주인수권 행사로 소멸하지 않고 만기일에 상환된다. 전환사채와 달리 신주인수권부사채는 신주인수권이 행사되더라도 금융부채요소 중 상환할증금만 제거한다. 상환할증금 중 신주인수권이 행사된 부분은 권리행사일에 제거되고 미행사부분만 만기까지 존재한다.

〈신주인수권부사채 장부금액의 제거〉

(차)	현 금	×××	(대)	신주인수권조정	×××
	상환할증금	×××		자 본 금	×××
				주식발행초과금	×××

〈신주인수권대가의 대체〉

(차)	신주인수권대가	×××	(대)	주식발행초과금	×××

상기 분개에서 제거하는 신주인수권조정은 전환사채와 달리 행사된 부분을 전액 제거하지 않는다. 신주인수권조정은 일반사채와 상환할증금으로 구성되는데, 일반사채는 만기까지 존속하므로 상환할증금과 관련된 신주인수권조정만 제거한다. 다음의 〈예 2〉에서 신주인수권 행사시점에서 제거해야 하는 신주인수권조정 금액을 살펴보자.

〈예 2〉 신주인수권부사채의 회계처리

- 20×1년 초 브람스회사는 신주인수권부사채 ₩1,000,000에 발행했다. 만기는 20×3년 말이고, 표시이자는 연 10%로 매년 말 후급하며, 보장수익률은 연 12%(만기에 원금의 106.7488% 상환)이다. 신주인수권부사채 발행일 현재 신주인수권이 없는 유사한 슈만회사 사채의 시장이자율은 15%이다. 신주인수권 행사가액은 ₩10,000이고, 주당 액면가액은 ₩5,000이다.
- 20×3년 초 신주인수권부사채의 40%에 해당하는 신주인수권을 행사하여 주식을 발행・교부하며, 신주인수권대가를 주식발행초과금으로 대체했다. 20×3년 초 신주인수권부사채의 신주인수권조정과 상환할증금은 각각 ₩52,281과 ₩67,488이며, 신주인수권대가는 ₩69,782이다.

신주인수권조정은 현재가치할인차금에 해당하므로 미래에 지급할 명목금액과 현재가치의 차이로 구할 수 있다. 20×3년 말까지 신주인수권이 행사되지 않는다면 만기에 원금 ₩1,000,000과 이자 ₩100,000, 상환할증금 ₩67,488을 상환해야 한다. 신주인수권 행사시점은 20×3년 초이고 만기는 20×3년 말이므로 1기간 현금흐름에 해당한다. 미래에 지급할 현금흐름의 명목가치와 현재가치의 차이를 사채 부분과 상환할증금 부분으로 구분하여 신주인수권조정 잔액을 구하면 다음과 같다.

- 일반사채 : ₩1,000,000 − 956,522(= $\frac{100,000 + 1,000,000}{1.15}$) = ₩43,478
- 상환할증금 : ₩67,488 − 58,685(= $\frac{67,488}{1.15}$)= ₩8,803

20×3년 초 신주인수권조정 잔액 ₩52,281은 일반사채 ₩43,478과 상환할증금 ₩8,803으로 구분할 수 있다. 신주인수권 행사로 상환할증금 중 40%에 해당하는 부분은 지급할 필요가 없으므로 신주인수권조정 중 상환할증금 ₩3,512(₩8,803×40%) 부분을 제거한다. 신주인수권 행사로 40주(₩1,000,000×40%÷₩10,000)를 발행한다. 상환할증금(₩67,448) 중 40%에 해당하는 부분을 제거하고, 신주인수권 대가(₩69,782) 중 40%를 주식발행초과금으로 대체한다.

〈신주인수권부사채 장부금액의 제거〉

(차)	현　　금	400,000 (주1)	(대)	신주인수권조정	3,512 (주3)
	상환할증금	26,979 (주2)		자　본　금	200,000 (주4)
				주식발행초과금	223,467 (주5)

(주1) 40주×₩10,000 =₩400,000
(주2) ₩67,448(상환할증금)×40% = ₩26,979
(주3) ₩8,803(신주인수권조정 중 상환할증금 해당액)×40% = ₩3,512
(주4) 40주×₩5,000 = ₩200,000
(주5) 대차차액

〈신주인수권대가의 대체〉

(차)	신주인수권대가	27,913 (주)	(대)	주식발행초과금	27,913

(주) ₩69,782(신주인수권 대가)×40% = ₩27,913

신주인수권 행사 후 요약재무상태표를 작성하면 다음과 같다. 상환할증금, 신주인수권조정 중 상환할증금 부분과 신주인수권대가 중 신주인수권 행사비율에 해당하는 금액만큼 감소한다.

요약재무상태표

[부채]	
신주인수권부사채	₩1,000,000
상환할증금	40,493
신주인수권조정	(48,753)
[자본]	
신주인수권대가	41,869

② 신주인수권 행사 후 회계처리

신주인수권부사채에서는 일반사채(원금 및 이자)부분과 상환할증금 부분을 구분하여 상각표를 작성한다. 왜냐하면 신주인수권이 행사되어도 사채는 만기까지 존속하나, 신주인수권조정 중 상환할증금에 해당하는 부분은 소멸하기 때문이다.

[표 2] 이자비용 인식

신주인수권 행사 전 이자비용	신주인수권 행사 후 이자비용
일반사채 상각표의 이자비용 + 상환할증금 상각표의 이자비용	일반사채 상각표의 이자비용 + 상환할증금 상각표의 이자비용×미행사비율

신주인수권 행사 후에도 사채는 존속하므로 만기상환액은 다음과 같이 계산한다.

만기상환액 = 신주인수권부사채 액면금액 + 상환할증금×(1 − 신주인수권 행사비율)

[예제 5] 신주인수권부사채의 회계처리

브람스회사는 20×1년 초 다음 조건으로 신주인수권부사채를 액면발행했다. 브람스회사는 신주인수권 행사시점에서 신주인수권부사채와 관련하여 자본항목으로 인식한 금액을 주식 발행금액에 가산한다.

- 액면금액 : ₩2,000,000
- 만기 : 20×3년 12월 31일
- 표시이자 : 연 10%(매년 말 후급)
- 신주인수권부사채 발행시점에서 신주인수권이 없는 유사한 브람스회사 사채의 시장이자율은 연 10%이다. 현가계수(3년, 10%)는 0.75131이며 연금현가계수(3년, 10%)는 2.48685이다.
- 상환할증금 지급조건이 있어 신주인수권이 행사되지 않으면 만기에 액면금액의 109.74%를 상환한다.
- 행사가액 : ₩10,000(발행주식 액면금액은 ₩5,000)

물음

1. 신주인수권부사채의 발행금액을 부채요소와 자본요소로 구분하시오.
2. 신주인수권부사채와 관련된 유효이자율법 상각표를 작성하시오.
3. 일자별 필요한 회계처리를 제시하시오(20×2년 초 사채 액면금액의 60%에 해당하는 신주인수권이 행사되었다).

해답

1.

(1) 부채요소 : ₩2,000,000(액면금액)×1.0974×0.75131 + 100,000(액면이자)×2.48685 = ₩1,897,660

(2) 자본요소 : ₩2,000,000(신주인수권부사채 공정가치) − 1,897,660(부채요소 공정가치) = ₩102,340

2.

부채요소 공정가치는 상환할증금이 없는 일반사채 현재가치와 상환할증금 현재가치를 합한 금액이다. 부채요소 공정가치에서 상환할증금 현재가치를 차감하면 일반사채 현재가치를 구할 수 있다.

- 상환할증금 현재가치 : ₩2,000,000×9.74%(상환할증률)×0.75131 = ₩146,355
- 일반사채 현재가치 : ₩1,897,660(부채요소 공정가치) − 146,355 = ₩1,751,305

다음과 같이 일반사채와 상환할증금의 상각표를 다음과 같이 각각 작성한다.

(1) 일반사채 상각표

연도	기초금액	유효이자(10%)	액면이자(10%)	신주인수권조정 상각	기말금액
20×1년	₩1,751,305	₩175,131	₩100,000	₩75,131	₩1,826,436
20×2년	1,826,436	182,644	100,000	82,644	1,909,080
20×3년	1,909,080	190,920	100,000	90,920	2,000,000
합계		₩548,695	₩300,000	₩248,695	

(2) 상환할증금 상각표

연도	기초금액	유효이자(10%)	신주인수권조정 상각	기말금액
20×1년	₩146,355	₩14,636	₩14,636	₩160,991
20×2년	160,991	16,099	16,099	177,090
20×3년	177,090	17,710	17,710	194,800
합계		₩48,445	₩48,445	

3.

(1) 20×1년 초

(차)	현 금	2,000,000	(대)	신주인수권부사채	2,000,000
	신주인수권조정	297,140		상 환 할 증 금	194,800
				신주인수권대가	102,340

〈해설〉

신주인수권조정 : ₩248,695(일반사채 상각표) + 48,445(상환할증금 상각표) = ₩297,140

(2) 20×1년 말

(차)	이자비용	189,767	(대)	현 금	100,000
				신주인수권조정	89,767

〈해설〉

신주인수권조정 = ₩75,131(일반사채 상각표) + 14,636(상환할증금 상각표) = ₩89,767

(3) 20×2년 초

(차)	현 금	1,200,000 (주1)	(대)	신주인수권조정	20,285 (주2)
	상환할증금	116,880 (주3)		자 본 금	600,000 (주4)
				주식발행초과금	696,595 (주5)

(주1) 행사주식수 : ₩2,000,000×60%÷₩10,000 = 120주, 현금유입액 : 120주×₩10,000 = ₩1,200,000

(주2) (₩16,099 + 17,710)(상환할증금 상각표의 신주인수권조정 잔액)×60%(행사비율) = ₩20,285

(주3) ₩194,800×60%(행사비율) = ₩116,880

(주4) 120주×₩5,000 = ₩600,000

(주5) 대차차액

〈해설〉

신주인수권조정 중 상환할증금에 해당하는 부분만 제거한다. '해답2'의 '(2) 상환할증금 상각표'의 20×2년과 20×3의 신주인수권조정 상각액인 ₩16,099와 ₩17,710의 합계인 ₩33,809이 20×2년 초 잔액이다.

(차)	신주인수권대가	61,404 (주)	(대)	주식발행초과금	61,404

(주) ₩102,340×60%

(4) 20×2년 말

(차)	이자비용	189,048 (주1)	(대)	현　　금	100,000
				신주인수권조정	89,048 (주2)

(주1) ₩182,644 + 16,009×40%(미행사비율) = ₩189,048
(주2) ₩82,644 + 16,009×40%(미행사비율) = ₩89,048

〈해설〉

'해답 2'의 (1)일반사채 상각표의 금액은 100%, (2)상환할증금 상각표 금액의 40%(미행사비율)를 이자비용과 신주인수권조정 상각액으로 인식한다.

(5) 20×3년 말

① 이자비용 인식

(차)	이자비용	198,004 (주1)	(대)	현　　금	100,000
				신주인수권조정	98,004 (주2)

(주1) ₩190,920 + 17,710×40%(미행사비율) = ₩198,004
(주2) ₩90,920 + 17,710×40%(미행사비율) = ₩98,004

② 신주인수권부사채의 상환

(차)	신주인수권부사채	1,200,000	(대)	현　　금	1,277,920
	상 환 할 증 금	77,920 (주)			

(주) ₩194,800(상환할증금)×40%(미행사비율) = ₩77,920

연습문제

[문 1] 진위형 문항

다음 문항을 읽고 맞는 기술이면 'ㅇ'로 표시하고, 틀린 기술이면 '×'로 표시하되 그 이유를 기재하시오.

1. 복합금융상품이란 발행자 관점에서 부채요소와 자본요소를 동시에 갖고 있는 비파생금융상품을 말한다.
2. 복합금융상품의 최초 장부금액을 부채요소와 자본요소로 배분할 때 부채 및 자본요소의 공정가치 비율로 각각 배분한다.
3. 전환사채는 잠재적 주식의 성격을 지니고 있어 사채의 안정성과 주식의 수익성이 보장되는 투자수단이다.
4. 상환할증금은 사채의 보장수익률과 액면이자율의 차이금액으로 투자자가 행사하지 못하면 만기시점에 일시에 지급한다.
5. 금융부채요소 공정가치는 계약상 현금흐름을 전환사채 발행 당시의 유효이자율로 할인하여 계산한다.
6. 전환사채 발행금액 중 금융부채요소와 지분상품요소에 해당하는 부분을 분리하여 각각 부채와 자본으로 인식한다.
7. 전환권조정은 현재가치할인차금 성격으로 유효이자율법에 따라 상각한다.
8. 지분상품요소(전환권대가)는 자본에 해당하므로 최초 측정시점 이후에는 다시 측정하지 않으며, 금융부채요소는 유효이자율법에 따라 상각하여 상각후원가로 평가한다.
9. 전환사채권자가 전환권을 행사하면 지분상품이 발행되고 금융부채요소는 제거된다. 전환시점의 주식의 공정가치를 고려하여 전환손익을 인식한다.
10. 전환권을 행사하면 주식이 발행되므로 자본요소(전환권대가)는 주식발행초과금으로 대체해야 한다.
11. 전환권이 행사되면 전환되지 않은 부분에 대해서만 이자비용을 인식한다.
12. 만기까지 전환권이 행사되지 않으면 미전환된 전환사채의 액면금액과 상환할증금을 현금으로 상환해야 한다.
13. 전환사채를 조기상환하여 발생하는 사채상환손실은 당기손익으로 인식한다.
14. 전환사채 조건을 변경하는 유도전환으로 발생하는 전환조건변경손실은 조건변경으로 전환 시 전환사채 보유자가 받을 대가의 공정가치에서 조건변경 전 전환 시 전환사채 보유자가 받을 대가의 공정가치를 차감하여 계산한다.
15. 신주인수권부사채에 부착된 신주인수권이 행사되면 행사비율을 고려하여 상환할증금과 사채를 제거한다.

해답

1. ○
2. ×. 부채요소 공정가치를 먼저 측정하여 부채로 인식한 후 금융상품 전체의 공정가치에서 부채요소 공정가치를 차감한 잔액을 자본요소에 배분한다.
3. ○
4. ○
5. ×. 금융부채요소 공정가치는 동일한 조건하에서 유사한 신용상태와 실질적으로 동일한 현금흐름을 갖고 있지만 전환권이 없는 금융상품에 적용되는 시장이자율로 계약상 현금흐름을 할인한 현재가치로 계산한다.
6. ○
7. ○
8. ○
9. ×. 전환사채 발행회사는 발행하는 주식의 공정가치를 고려하지 않고 전환시점의 장부금액으로 주식의 발행금액을 측정하므로 전환손익을 인식하지 않는다.
10. ×. 전환권을 행사해도 자본요소(전환권대가)는 계속해서 자본(기타자본잉여금)으로 유지하거나 자본의 다른 항목(주식발행초과금)으로 재분류할 수 있다.
11. ○
12. ○
13. ×. 조기상환을 위해 지급한 대가를 부채요소와 자본요소로 배분하여 부채요소에서 발생하는 손실은 당기손익(사채상환손익)으로 인식하고, 자본요소에서 발생하는 손익은 자본으로 인식한다.
14. ○
15. ×. 행사비율만큼 상환할증금을 제거하나, 신주인수권 행사 이후에도 사채는 존속하므로 제거하지 않는다.

[문 2] 전환사채

20×1년 1월 1일, 파르티타(주)는 전환사채 ₩100,000(만기 3년, 액면이자율 연 7%, 매년 말 이자지급)을 액면발행했다.

(1) 발행시점에서 전환권 없는 일반사채의 시장이자율은 연 15%이다. 연금현가계수(15%, 3기간)는 2.28323이고, 현가계수(15%, 3기간)는 0.65752이다.

(2) 전환으로 발행되는 주식 1주(액면금액 : ₩500)에 대해 요구되는 사채 액면금액은 ₩1,000이다. 회사는 전환권이 행사될 때 전환권대가를 주식발행초과금으로 대체한다.

(3) 전환권이 만기까지 행사되지 않으면 만기시점에 액면금액의 116.872%(보장수익률 12%)를 상환한다.

물음

'물음 3'부터 '물음 5'까지는 서로 독립적이다.

1. 전환사채의 발행시점 회계처리를 제시하시오.
2. 투자자가 전환권을 만기시점까지 행사하지 않는다고 할 때, 전환사채와 관련하여 아래 번호에 공시해야 할 금액을 구하시오.

	20×1년 초	20×1년 말	20×2년 말	20×3년 말
[부채]				
전환사채	100,000	100,000	100,000	100,000
상환할증금	①	①	①	①
전환권조정	②	③	④	0
장부금액	⑤	⑥	⑦	⑧
[자본]				
전환권대가	⑨	⑨	⑨	⑨

3. 20×1년 말에 전환사채 100%가 전환되었다. 전환시점의 회계처리를 제시하시오.
4. 20×1년 말에 전환사채 40%가 전환되었다. (1) 전환시점, (2) 20×2년 말, (3) 20×3년 말 상환시점의 회계처리를 각각 제시하시오. 단, 20×3년 말 이자비용과 관련된 회계처리는 제시하지 마시오.
5. 20×1년 중 파르티타(주)의 주가가 크게 하락하여 전환권이 행사되지 않았다. 20×1년 12월 31일에 파르티타(주)는 전환사채의 조기전환을 유도하기 위해 전환하는 주식 1주당 현금 ₩50을 지급하기로 했다. 전환사채는 20×2년 1월 1일에 전환사채 100%가 전환되었다. (1) 20×1년 말 조건변경시점과 (2) 20×2년 초 전환권 행사시점의 회계처리를 제시하시오.

해답

1. 발행시점의 회계처리

(1) 금융부채요소의 공정가치 : ₩7,000×2.28323 + 100,000×0.65752×1.16872 = ₩92,828

(2) 전환권대가(자본요소) : ₩100,000(전환사채 발행금액) - 92,828(일반사채의 공정가치) = ₩7,172

(3) 회계처리

(차)	현 금	100,000		(대)	전 환 사 채	100,000	
	전환권조정	24,044	(주2)		상환할증금	16,872	(주1)
					전환권대가	7,172	

(주1) ₩100,000×16.872%(상환할증률) = ₩16,872

(주2) 대차차액

2.

	20×1년 초	20×1년 말	20×2년 말	20×3년 말
[부채]				
전환사채	100,000	100,000	100,000	100,000
상환할증금	① 16,872	① 16,872	① 16,872	① 16,872
전환권조정	② (24,044)	③ (17,120)	④ (9,157)	0
장부금액	⑤ 92,828	⑥ 99,752	⑦ 107,715	⑧ 116,872
[자본]				
전환권대가	⑨ 7,172	⑨ 7,172	⑨ 7,172	⑨ 7,172

[전환사채 상각표]

연도	기초금액	유효이자(15%)	액면이자(7%)	전환권조정상각액	기말금액
20×1년 말	₩92,828	₩13,924	₩7,000	₩6,924	₩99,752
20×2년 말	99,752	14,963	7,000	7,963	107,715
20×3년 말	107,715	16,157	7,000	9,157	116,872
합계		₩45,044	₩24,000	24,044	

3.

(차)	전 환사 채	100,000	(대)	전 환 권 조 정	17,120	(주1)
	상환할증금	16,872		자 본 금	50,000	(주2)
	전환권대가	7,172		주식발행초과금	56,924	(주3)

(주1) ₩7,963(20×2년 전환권조정상각액) + 9,157(20×3년 전환권조정상각액) = ₩17,120

(주2) ① 발행주식수 : ₩100,000(전환사채 액면금액) ÷ ₩1,000 = 100주

② 자본금 : 100주×₩500 = ₩50,000

(주3) 대차차액

4.

(1) 전환시점 회계처리

(차)	전환사채	40,000 (주1)	(대)	전환권조정	6,848 (주2)
	상환할증금	6,749 (주3)		자본금	20,000 (주4)
	전환권대가	2,869 (주5)		주식발행초과금	22,770 (주6)

(주1) ₩100,000×40%(전환비율) = ₩40,000
(주2) ₩17,120(20×1년 말 잔액)×40%(전환비율) = ₩6,848
(주3) ₩16,872×40%(전환비율) = ₩6,749
(주4) ① 발행주식수 : ₩100,000(전환사채 액면금액)×40%(전환비율) ÷ ₩1,000 = 40주
② 자본금 : 40주×₩500 = ₩20,000
(주5) ₩7,172(전환권대가)×40%(전환비율) = ₩2,869
(주6) 대차차액

(2) 20×2년 말 회계처리

(차)	이자비용	8,978 (주1)	(대)	현금	4,200 (주2)
				전환권조정	4,778 (주3)

(주1) ₩14,963(20×2년 유효이자)×60%(미전환비율) = ₩8,978
(주2) ₩7,000(표시이자)×60%(미전환비율) = ₩4,200
(주3) 대차차액

(3) 20×3년 말 회계처리

(차)	전환사채	60,000 (주1)	(대)	현금	70,123 (주3)
	상환할증금	10,123 (주2)			

(주1) ₩100,000(액면금액)×60%(미전환비율) = ₩60,000
(주2) ₩16,872(상환할증금)×60%(미전환비율) = ₩10,123
(주3) 대차차액 또는 ₩100,000(액면금액)×60%(미전환비율)×116.872% = ₩70,123

5.

(1) 20×1년 말 : 조건변경

(차)	조건변경손실	5,000 (주)	(대)	미지급금	5,000

(주) ₩100,000÷₩1,000×₩50(1주당 현금지급액) = ₩5,000

(2) 20×2년 초 : 전환권 행사

① 주식 교부

(차)	전환사채	100,000	(대)	전환권조정	17,120
	상환할증금	16,872		자본금	50,000
	전환권대가	7,172		주식발행초과금	56,924

〈해설〉

20×1년 말 조건변경할 때 조건변경손실을 인식했고, 교부해야 하는 주식 수에는 변동이 없으므로 '물음 3'의 해답과 동일하다.

② 현금지급

(차)	미지급금	5,000	(대)	현금	5,000

[문 3] 신주인수권부사채

인벤션(주)는 20×1년 1월 1일에 신주인수권부사채 ₩100,000(만기 3년, 액면이자율 연 7%, 매년 말 이자지급)을 액면발행했다.

(1) 발행시점에 신주인수권 없는 일반사채의 시장이자율은 연 15%이다. 연금현가(15%, 3기간)는 2.28323이고, 현가(15%, 3기간)은 0.65752이다.

(2) 신주인수권부사채 보유자는 신주인수권을 행사하여 사채 액면금액 ₩1,000당 보통주식(주당 액면금액 ₩500) 1주를 현금 ₩1,000을 지급하고 인수할 수 있다. 회사는 신주인수권 행사시점에 신주인수권대가를 주식발행초과금으로 대체한다.

(3) 신주인수권이 만기까지 행사되지 않으면 만기시점에 액면금액의 116.872%를 상환한다. 상환할증금은 보장수익률 12%로 계산한다.

물음

'물음 3'부터 '물음 5'까지는 서로 독립적이다.

1. 신주인수권부사채의 발행시점 회계처리를 제시하시오.
2. 투자자가 신주인수권을 만기시점까지 행사하지 않는다고 할 때, 신주인수권부사채와 관련하여 공시해야 할 금액을 구하시오.

	20×1년 초	20×1년 말	20×2년 말	20×3년 말
[부채]				
신주인수권부사채	₩100,000	₩100,000	₩100,000	₩100,000
상환할증금	①	①	①	①
신주인수권조정	②	③	④	0
장부금액	⑤	⑥	⑦	⑧
[자본]				
신주인수권대가	⑨	⑨	⑨	⑨

3. 20×1년 말에 신주인수권 100%가 행사되었다. (1) 행사시점, (2) 20×2년 말, (3) 20×3년 말의 회계처리를 각각 제시하시오.

해답

1. 발행시점의 회계처리

(1) 금융부채요소의 공정가치 : ₩7,000×2.28323 + 100,000×0.65752×1.16872 = ₩92,828

(2) 신주인수권대가(자본요소) : ₩100,000(전환사채 발행금액) - 92,828(일반사채의 공정가치) = ₩7,172

(3) 회계처리

(차)	현 금	100,000	(대)	신주인수권부사채	100,000
	신주인수권조정	24,044 (주2)		상 환 할 증 금	16,872 (주1)
				신주인수권대가	7,172

(주1) ₩100,000×16.872%(상환할증률) = ₩16,872
(주2) 대차차액

2.

	20×1년 초	20×1년 말	20×2년 말	20×3년 말
[부채]				
신주인수권부사채	100,000	100,000	100,000	100,000
상환할증금	① 16,872	① 16,872	① 16,872	① 16,872
신주인수권조정	② (24,044)	③ (17,120)	④ (9,157)	0
장부금액	⑤ 92,828	⑥ 99,752	⑦ 107,715	⑧ 116,872
[자본]				
신주인수권대가	⑨ 7,172	⑨ 7,172	⑨ 7,172	⑨ 7,172

[일반사채 상각표]

연도	기초금액	유효이자(15%)	액면이자(7%)	신주인수권조정상각액	기말금액
20×1년 말	₩81,734	₩12,260	₩7,000	₩5,260	₩86,992
20×2년 말	86,992	13,049	7,000	6,049	93,041
20×3년 말	93,041	13,959	7,000	6,959	100,000

[상환할증금 상각표]

연도	기초금액	유효이자(15%)	신주인수권조정상각액	기말금액
20×1년 말	₩11,094	₩1,664	₩1,664	₩12,760
20×2년 말	12,760	1,914	1,914	14,674
20×3년 말	14,674	2,198	2,198	16,872

해답

① 상환할증금 현재가치 : ₩100,000×16.872%(상환할증률)×0.65752 = ₩11,094
② 일반사채의 현재가치 : ₩92,828(금융부채요소의 공정가치) - 11,094(상환할증금 현재가치) = ₩81,734

3.

(1) 20×2년 초 : 신주인수권 행사시점

(차)	현　　　금	100,000 (주2)	(대)	신주인수권조정	4,112 (주3)
	상 환 할 증 금	16,872		자　본　금	50,000 (주1)
	신주인수권대가	7,172		주식발행초과금	69,932 (주4)

(주1) ① 발행주식수 : ₩100,000(전환사채 액면금액) ÷ ₩1,000 = 100주
　② 자본금 : 100주×₩500 = ₩50,000
(주2) 100주×₩1,000 = ₩100,000
(주3) ₩1,914(상환할증금 상각표의 20×2년 상각액) + 2,198(상환할증금 상각표의 20×3년 상각액) = ₩4,112
(주4) 대차차액

(2) 20×2년 말 회계처리

(차)	이자비용	13,049	(대)	현　　　금	7,000
				신주인수권조정	6,049

〈해설〉

신주인수권을 행사해도 사채는 만기까지 존속하므로 이자비용, 현금과 신주인수권조정은 '물음 2'의 일반사채 상각표상 20×2년의 금액으로 기록한다.

(3) 20×3년 말 회계처리

(차)	이자비용	13,959	(대)	현　　　금	7,000
				신주인수권조정	6,959

〈해설〉

'물음 2'의 일반사채 상각표상 20×3년의 금액이다.

(차)	신주인수권부사채	100,000	(대)	현금	100,000

〈해설〉

전환사채와 신주인수권부사채의 차이를 명확하게 이해할 수 있도록 동일한 자료로 [문 2]와 [문 3]을 구성하였다. 전환권행사 또는 신주인수권 행사시점과 그 이후 시점의 회계처리를 살펴보면 차이를 파악할 수 있다.

10 자본

CHAPTER

한눈에 살펴보는 이 장의 내용

본 장에서는 자본에 대해 살펴본다. 자본은 기업 자산에서 부채를 차감한 잔여지분으로 K-IFRS 제1001호에서는 납입자본과 적립금(이익잉여금, 기타자본요소)으로 구분하고 있어 다양한 분류로 세분화할 수 있다. 자본금은 증자에 따라 증가하고 감자에 따라 감소한다. 기업은 자기회사 주식가격이 낮게 평가되었을 때 자사주 매입을 하는데, 자기주식은 취득한 원가에 따라 평가하며 자본에서 차감하는 항목으로 처리한다. 포괄손익계산서의 기타포괄손익은 마감분개로 재무상태표의 기타포괄손익누계액으로 분류된다. 당기순이익을 보고하면 이익잉여금은 증가하고, 당기순손실이 발생하거나 배당을 실시하면 이익잉여금은 감소한다. 한 회계기간에 발생한 자본의 변동내용은 자본변동표에 나타난다.

자본과 관련된 국가별 법률과 제도는 상이하므로 국제회계기준에서는 자본만을 규정하는 별도 기준서는 없다.

contents

10 자본

CHAPTER

| 학습목표 |

1. 자본의 개념과 구성요소를 설명할 수 있다. 자본은 주주로부터 주식발행 대가로 조달한 자금을 의미한다. K-IFRS에서는 납입자본과 적립금(이익잉여금, 기타자본요소)으로 구분하고 있을 뿐 자본 분류에 대한 구체적인 규정은 없다.
2. 우선주 발행형태에 따른 차이를 구분할 수 있다. 누적적 우선주는 과거에 받지 못한 배당을 누적하여 배당받을 수 있고, 참가적 우선주는 남아 있는 배당에 대해 보통주와 함께 참가가 가능하다.
3. 유상증자와 무상증자의 회계처리를 수행할 수 있다. 유상증자는 액면금액을 초과하여 발행하는 할증발행과 액면금액에 미달하는 할인발행으로 구분할 수 있다. 무상증자는 자본잉여금 또는 이익준비금을 자본금으로 전입하므로 자본 및 자산총액 변동은 없다.
4. 유상감자와 무상감자의 회계처리를 수행할 수 있다. 유상감자로 감자차손이 발생하면 기존의 감자차익을 먼저 제거하고, 잔액은 자본조정으로 분류한다. 무상감자를 실시하면 자본의 세부구성항목만 변동할 뿐 자본총계 변동은 없다.
5. 자기주식의 취득 및 처분에 대한 회계처리를 수행할 수 있다. 자기주식을 취득하고 처분할 때 원가로 기록하며, 자기주식처분이익은 자본잉여금으로 분류하고 자기주식처분손실은 자본조정으로 분류한다.
6. 기타포괄손익누계액 중 재순환조정을 수행하는 항목과 그렇지 않은 항목을 구분할 수 있다. 재순환조정을 수행하는 항목은 해당 자산의 제거시점에서 당기손익으로 재순환하여 이익잉여금에 반영한다. 재순환조정을 하지 않는 항목은 제거될 때 당기순이익으로 재순환하지 않는다.
7. 이익잉여금 증감에 따른 회계처리를 수행할 수 있다. 이익잉여금은 당기순이익이 발생하면 증가하고, 당기순손실이나 배당 또는 무상증자를 실시하면 감소한다. 이익준비금 및 임의적립금의 적립은 이익잉여금 내에서의 분류 변경에 해당하므로 이익잉여금 증감을 초래하지 않는다.
8. 배당 회계처리를 수행할 수 있다. 배당선언일에 미지급배당(현금배당)과 미교부주식(주식배당)을 인식한다.
9. 자본변동표를 작성할 수 있다. 재무상태표상 자본의 기초잔액에서 출발하여 기중에 발생한 자본 변동내역을 반영하여 재무상태표상 자본의 기말잔액과 일치시킨다.

| 주요 용어 |

- 우선주 : 보통주에 우선하여 배당을 받을 권리가 부여된 주식
- 전환우선주 : 보통주로 전환할 수 있는 전환권이 부착된 주식
- 상환우선주 : 기간이 만료되면 발행회사가 이를 되사도록 한 주식
- 할증발행 : 발행금액이 액면금액을 초과하여 발행되는 형태
- 할인발행 : 발행금액이 액면금액에 미달하여 발행되는 형태
- 신주발행비 : 신주발행과 관련하여 발생하는 각종 수수료
- 자기주식 : 자기회사가 발행한 주식을 취득하여 소각하거나 재발행 목적으로 취득해 보유 중인 주식
- 재순환조정 : 기타포괄손익누계액 항목 중 해당 자산의 제거시점에 당기손익으로 재순환하여 이익잉여금에 반영하는 방식
- 법정적립금 : 법에 따라 의무적으로 적립해야 하는 금액
- 임의적립금 : 경영자 판단이나 제3자와의 계약에 따라 미처분이익잉여금에 대한 처분을 제한하기 위해 적립하는 금액
- 배당기준일 : 배당을 받기 위해 주주가 자신의 주권을 공식적으로 보유해야 하는 마지막 날
- 배당선언일 : 주주총회에서 배당이 의결된 날

제1절 자본의 개념과 구성요소

1. 자본의 개념

기업의 자금조달을 타인자본과 자기자본으로 구분할 때, 자본(equity)은 자기자본에 해당하는 부분으로 기업 소유주인 주주로부터 주식발행 대가로 조달한 자금을 의미한다. 자본은 자산에서 부채를 차감한 잔여지분(residual interest)을 말하며, 순자산(net assets)이라고도 부른다. 소유주에게 귀속되어야 할 몫을 나타내기 때문에 소유주지분(stockholder's equity)이라고도 한다.

(1) 자본거래와 손익거래

순자산은 자본거래와 손익거래로 변동된다. 자본거래는 증자, 감자, 배당 등 소유주와의 거래를 말하고, 손익거래는 기업의 영업활동에서 발생하는 거래를 의미한다. 손익거래에서 발생한 수익과 비용은 포괄손익계산서에 반영되며, 마감분개를 통해 당기순이익과 기타포괄손익은 각각 재무상태표의 이익잉여금과 기타포괄손익누계액으로 기록된다.

(2) 주식과 사채의 차이

자기자본은 주식을 발행하여 주주로부터 조달한 자금이며, 만기가 없다는 점에서 타인자본과 구분된다. 자본은 만기가 없기 때문에 주식발행회사는 주주로부터 받은 투자금을 상환할 의무가 없고, 주식보유자는 주식을 다른 사람에게 매각하여 현금화한다.

기업은 이익의 일부를 주주에게 배당금으로 지급하나, 배당 지급은 경영진 판단과 기업 성과에 따라 매년 다른 금액을 지급할 수 있고 지급하지 않을 수도 있다. 사채권자는 기업 성과와 관계없이 정해진 이자를 정해진 시기에 수령한다.

2. 자본의 구성요소

K-IFRS 제1001호에서는 납입자본과 적립금(이익잉여금, 기타자본요소)으로 구분하고 있을 뿐 자본에 대한 구체적인 규정을 제시하고 있지 않다. 자본을 자본금, 주식발행초과금, 적립금 등과 같이 다양한 분류로 세분화할 수 있다. 이는 각 국가의 상법과 거래관행에 적합한 회계처리가 가능하도록 하기 위해서이다.

K-IFRS를 적용하고 있는 우리나라에서도 기업마다 자본을 다양하게 분류하고 있다. 자본을 자본금, 주식발행초과금, 이익잉여금, 기타자본항목으로 분류하는 기업(삼성전자)도 있고, 자본을 자본금, 자본잉여금, 기타자본항목, 기타포괄손익누계액, 이익잉여금으로 구분하는 기업(현

대자동차)도 있다.

본서에서는 [표 1]과 같이 일반기업회계기준에 따라 세분화하여 설명한다.

[표 1] 자본 구조

거래	소분류 (일반기업회계기준)	세부항목
자본거래	자본금	보통주자본금, 우선주자본금
	자본잉여금	주식발행초과금, 감자차익, 자기주식처분이익, 주식선택권
	자본조정	자기주식, 주식할인발행차금, 감자차손, 자기주식처분손실, 주식선택권
손익거래	기타포괄손익누계액	재평가잉여금, FVOCI금융자산평가손익, FVPL금융부채평가손익(자기신용위험변동 효과), 해외사업장외화환산손익, 현금흐름위험회피파생상품평가손익(효과적인 부분)
	이익잉여금	법정적립금(이익준비금), 임의적립금, 미처분이익잉여금

제2절 자본금

1. 주식의 종류

주식회사는 다양한 종류의 주식을 발행하여 투자자의 다양한 선호를 충족시켜 자본을 조달한다.

(1) 보통주

보통주는 주식회사가 발행하는 주식의 대부분을 차지한다. 보통주 주주는 주식 수에 비례하여 회사경영에 참가할 권리인 의결권과 증자할 때 비례적으로 참가할 권리인 신주인수권을 부여받는다. 우선주에 비해 배당받을 가능성이 낮고 금액이 적을 수 있으나, 의결권 행사로 회사의 중요한 의사결정에 참여할 수 있다.

(2) 우선주

우선주는 의결권 행사를 제한하는 대신 보통주보다 우선적으로 배당금을 수령한다. 우선주라도 기업이 반드시 배당해야 하는 것은 아니고, 기업의 재무 · 영업 상황이 좋지 않다면 배당을 줄이거나 정지할 수 있다.

1) 누적적 우선주와 참가적 우선주

우선주는 보통주에 우선하여 배당을 받을 권리가 부여되는 기본적인 특성에 추가적으로 다음과 같은 특성이 첨부된 우선주가 있다. '누적적'과 '참가적'이 합쳐져 누적적 참가적 우선주, 누적적 비참가적 우선주, 비누적적 참가적 우선주, 비누적적 비참가적 우선주 등 다양한 형태의 우선주가 발행된다.

① 누적적 우선주

누적적 우선주는 과거에 받지 못한 배당을 당기에 배당할 때 누적하여 배당받을 수 있다. 예를 들어, 20×1년과 20×2년에 기업의 재무 상황이 좋지 않아 배당을 하지 않았다고 하자. 20×3년에 기업이 배당을 지급한다면 누적적 우선주는 과거에 받지 못했던 2년 치에 해당하는 배당금과 당기 배당금을 함께 받는다.[1] 비누적적 우선주는 당기분 배당금만 받을 수 있다.

1) 과거에 받지 못한 2년 치 배당금을 연체배당금이라고 부르기도 하나, 주주총회 결의를 통해서만 기업의 지급의무가 발생하므로 정확한 표현은 아니다.

② 참가적 우선주

우선주 배당금을 지급 후 나머지 금액을 보통주에 대한 배당으로 지급한다. 참가적 우선주는 남아 있는 배당가능액에 대해 보통주와 함께 다시 배분에 참가할 수 있는 권리가 주어진다. 예를 들어, 배당 가능한 이익이 ₩10,000인데 우선주에 ₩3,000을 배당했다고 하자. 참가적 우선주는 나머지 ₩7,000에 대해 보통주와 함께 배당에 참가할 수 있다. 완전 참가적 우선주는 보통주와 동일하게 잔여배당에 참가할 수 있고, 부분 참가적 우선주는 정해진 배당한도까지만 참가할 수 있다.

2) 전환우선주

전환우선주란 미리 약정한 비율로 우선주를 보통주로 전환할 수 있는 전환권이 부착된 주식을 말한다. 전환우선주를 보유하면 보통주에 우선하여 배당금을 받을 수 있고, 보통주로의 전환이 유리하면 전환권을 행사하여 보통주로 전환한다.

우선주 주주가 전환권을 행사하면 우선주는 소멸되고 발행회사는 보통주를 발행 · 교부한다. 전환우선주는 우선주와 보통주로 전환할 수 있는 전환권으로 구성되는데, 모두 자본에 해당하므로 전환권을 별도로 구분하지 않고 일반 우선주처럼 회계처리한다.

〈예 1〉 전환우선주 전환

아렌트상사는 20×1년 초 전환우선주 10주(주당 액면금액 ₩500)를 주당 ₩1,200에 발행했다. 20×1년 말 전환우선주 5주가 보통주 5주(주당 액면금액 ₩500)로 전환되었다.

[20×1년 초 : 발행시점]
우선주자본금과 보통주자본금은 구분하여 공시하나, 실무에서 주식발행초과금은 우선주와 보통주를 구분하지 않으므로 다음과 같이 회계처리한다.

(차)	현금	12,000	(대)	우선주자본금	5,000
				주식발행초과금	7,000

[20×1년 말 : 발행시점]
국제회계기준에서는 전환우선주의 보통주 전환에 대한 규정이 없다. 우리나라 상법에서는 전환으로 인해 신주식을 발행하면 전환 전 주식의 발행가액을 신주식의 발행가액으로 한다고 규정하고 있다. 이를 장부금액법이라고 하며, 전환손익을 인식하지 않는다. 발행시점에서 주식발행초과금을 보통주와 우선주로 구분하지 않으므로 주식발행초과금은 재분류하지 않고 다음과

같이 회계처리한다.

(차)	우선주자본금	2,500	(대)	보통주자본금	2,500

3) 상환우선주

상환우선주(callable preferred stock)는 상환권이 부여된 주식으로, 상환권을 누가 보유하는지에 따라 지분상품 또는 금융부채로 분류한다. 국제회계기준에서는 경제적 실질을 강조한다. 발행회사가 상환을 결정할 수 있다면 발행회사는 상환과 관련한 계약상 의무가 없으므로 지분상품으로 분류한다. 발행회사가 상환우선주를 의무적으로 상환해야 하거나 상환우선주 소유자가 상환청구권을 행사하면 상환우선주를 상환해야 하면 금융부채로 분류한다.

상환우선주를 금융부채로 분류하면 지급 의무가 있는 금액의 현재가치를 부채로 인식한다. 누적적 우선주는 과거에 받지 못한 배당금도 수령할 권리가 있으므로 약정배당액을 포함한 상환액을 현재가치로 계산하여 부채로 인식한다. 비누적적 우선주는 배당이 발행자 재량에 따라 결정되므로 배당을 제외한 상환액을 현재가치로 평가해 부채를 인식한다. 우선주에 대해 배당이 이루어지면 누적적 우선주에서는 이자비용으로 인식한다. 비누적적 우선주에 대한 현금배당 지급액은 이익처분에 해당하므로 이익잉여금을 감소시키고, 현재가치할인차금 상각액은 이자비용으로 인식한다.

[표 2] 금융부채로 인식하는 상환우선주의 측정

구분	누적적 우선주	비누적적 우선주
부채요소	상환액(배당 포함)의 현재가치	상환액(배당 제외)의 현재가치
배당	• 현재가치할인차금 상각액 : 이자비용 • 현금배당 : 이자비용	• 현재가치할인차금 상각액 : 이자비용 • 현금배당 : 이익처분(이익잉여금 감소)

[예제 1] 상환우선주

올가사는 20×1년 초 20×3년 말에 상환하는 조건으로 상환우선주 100주(주당 상환금액 ₩500)를 발행하여 현금 ₩50,000을 수령했다. 배당은 3년간 매년 말에 이루어지는데 약정배당액은 매년 ₩2,000이다. 상환우선주와 유사한 금융상품의 유효이자율은 10%이다. 현가요소(3기간, 10%)는 0.7513이고, 연금현가요소(3기간, 10%)는 2.4869이다.

물음

1. 누적적 우선주인 경우 20×1년 초와 20×1년 말(약정 배당금 지급)에 올가사가 해야 할 회계처리를 제시하시오.
2. 비누적적 우선주인 경우 20×1년 초와 20×1년 말(약정 배당금 지급)에 올가사가 해야 할 회계처리를 제시하시오.

해답

1. 누적적 우선주

(1) 20×1년 초

(차)	현금	42,539 (주1)	(대)	상환우선주(부채)	50,000
	현재가치할인차금	7,461 (주2)			

(주1) 상환액 현재가치(발행금액) : ₩50,000(20×3년 말 상환금액)×0.7513 + 2,000(약정배당액)×2.4869 = ₩42,539
(주2) 대차차액

(2) 20×1년 말

(차)	이자비용	4,254 (주1)	(대)	현재가치할인차금	2,254 (주2)
				현금	2,000

(주1) ₩42,539×10% = ₩4,254
(주2) ₩4,254(이자비용) − 2,000(현금배당) = ₩2,254

2. 비누적적 우선주

(1) 20×1년 초

(차)	현금	37,565 (주1)	(대)	상환우선주(부채)	50,000
	현재가치할인차금	12,435 (주2)			

(주1) 상환액 현재가치(발행금액) : ₩50,000(20×3년 말 상환금액)×0.7513 = ₩37,565
(주2) ₩50,000(부채) − 37,565(현재가치) = ₩12,435

(2) 20×1년 말

(차)	이자비용	3,757 (주)	(대)	현재가치할인차금	3,757
	미처분이익잉여금	2,000		현금	2,000

(주) ₩37,565×10% = ₩3,757

(3) 액면주식과 무액면주식

주식회사가 발행하는 주식에는 액면주식과 무액면주식이 있다. 액면주식은 회사 정관과 주권에 액면금액을 명시한 주식이고, 무액면주식은 액면금액이 명시되지 않은 주식이다. 우리나라의 대부분 기업은 액면주식 제도를 채택하고 있다.

액면주식을 할인발행하기 위해서는 주주총회 특별결의와 법원 인가 등 복잡한 절차가 필요하다. 무액면주식은 액면금액이 존재하지 않으므로 할인발행이라는 개념이 없어 액면주식처럼 복잡한 절차를 거치지 않는다. 무액면주식은 액면금액 이하로 주식이 발행되어도 자금조달이 용이한데, 2012년 4월부터 시행된 개정 상법에서 도입되었다.

무액면주식을 발행하기 위해서는 정관에 기재해야 하고, 액면주식과 무액면주식 중 하나만 발행이 가능하다. 무액면주식을 발행하면 총 발행가액 중 1/2 이상을 자본금으로 정해야 하고 나머지는 주식발행초과금으로 분류한다.

2. 자본금 증가

주식을 발행하면 자본이 증가한다. 주식을 발행하여 현금을 받으면 기업 순자산이 실질적으로 증가하므로 실질적 증가라고 한다. 자본잉여금이나 이익잉여금을 자본금으로 전입하면 순자산이 증가하지 않으므로 형식적 증자라고 한다. 유상증자(현금 및 현물증자)는 실질적 증가에 해당하고, 주식배당과 무상증자는 형식적 증자에 해당한다.

(1) 유상증자

1) 할증발행과 할인발행

① 할증발행

발행금액이 액면금액을 초과하여 발행되면 할증발행이라 하고, 발행금액이 액면금액보다 작으면 할인발행이라고 한다. 주식을 할증발행하면 액면금액에 해당하는 부분은 자본금으로 기록하고, 발행금액과 액면금액의 차이는 주식발행초과금으로 기록한다.

〈예 2〉 할증발행

> A기업은 주당 액면금액 ₩100인 보통주 10주를 주당 ₩150에 발행했다.

A기업이 주식을 할증발행하면 자본금은 발행주식 수에 주당 액면금액을 곱한 금액으로 기록하고, 발행금액과 액면금액의 차액은 주식발행초과금으로 기재한다.

(차)	현금	1,500	(대)	자 본 금	1,000
				주식발행초과금	500

주식의 발행금액을 다음과 같이 납입자본으로 표시할 수도 있다.

(차)	현금	1,500	(대)	납입자본	1,500

② 할인발행

주식을 할인발행하면 액면금액에 해당하는 부분은 자본금으로 기록하고, 발행금액과 액면금액의 차이는 주식할인발행차금으로 기록한다. 발행시점에 주식발행초과금이 존재하면 이와 상계하고, 미상계된 주식할인발행차금 잔액은 자본차감계정인 자본조정으로 분류한다.

〈예 3〉 할인발행

A기업은 20×1년 중 액면금액 ₩100인 보통주 10주를 주당 ₩90에 발행했는데 발행시점 이전에 주식발행초과금 ₩40이 있었다.

주식할인발행차금 ₩100이 발생하나 주식발행초과금 ₩40과 상계하고, 잔액 ₩60은 20×1년말 자본에서 차감(자본조정)한다.

(차)	현금	900	(대)	자본금	1,000
	주식발행초과금	40			
	주식할인발행차금	60			

2) 신주발행비

신주발행비란 신주발행과 관련한 법률비용, 증권회사 수수료, 세금 등 거래원가를 말한다. 자본거래에서 발생한 신주발행비는 비용으로 인식하지 않고 발행대금에서 차감한다. 신주 발행금액에서 신주발행비를 차감한 순액을 자본 증가로 인식한다.

〈예 4〉 신주발행비

A기업은 주당 액면금액 ₩100인 보통주 10주를 주당 ₩150에 발행했고, 신주발행 수수료 ₩20을 증권회사에게 지급했다.

증권회사가 주식발행 업무를 대행한다. 주식 발행으로 ₩1,500이 입금되면 자신이 받을 수수료(신주발행비) ₩20을 차감한 ₩1,480을 A기업에게 입금한다. 신주발행비는 할증발행인 경우에는 주식발행초과금에서 차감하고, 할인발행되면 주식할인발행차금에 가산한다.

(차)	현금	1,480 (주)	(대)	자 본 금	1,000
				주식발행초과금	480

(주) 10주×₩150(주당 발행금액) – ₩20(신주발행비) = ₩1,480

(2) 무상증자

무상증자란 무상으로 주식을 발행하는 것을 말한다. 자본잉여금 또는 이익잉여금 중 법정적립금(이익준비금)을 자본금으로 전입하므로 자본 및 자산총액은 변동하지 않는다.

〈예 5〉 무상증자

A기업은 주식발행초과금 ₩10,000을 자본전입하여 보통주 100주(주당 액면금액 ₩100)를 발행했다.

무상증자를 실시하면 다음과 같이 동일한 금액으로 자본이 증가하고 자본잉여금이 감소한다.

(차)	주식발행초과금	10,000	(대)	자본금	10,000

무상증자 전 자본금과 주식발행초과금 잔액은 각각 ₩20,000과 ₩15,000이라고 하자. 아래와 같이 무상증자는 기업에 순자산유입 없이 자본 내 계정 간 대체만 발생할 뿐 자본총계 변동은 없어 형식적 증자에 해당한다.

구분	무상증자 전	자본 변동	무상증자 후
자본금	₩20,000	₩10,000	₩30,000
주식발행초과금	15,000	(10,000)	5,000
자본총계	₩35,000	₩0	₩35,000

■ 무상증자를 하는 이유는?

무상증자를 실시하면 현금 유입이 없으므로 기업 순자산은 변동하지 않고 주식 수만 증가한다. 그런데 기업은 왜 무상증자를 할까? 무상증자를 실시하면 주식 거래량을 확대할 수 있기 때문이다. 시장에서 거래물량이 많지 않으면 주식이 평가절하될 수 있다. 일반적으로 거래량이 증가하면 주식가치는 상승하기 때문에 대표적인 주가부양정책으로 무상증자를 사용한다.

(3) 주식분할과 주식병합

주식분할은 하나의 주식을 여러 개의 주식으로 분할하는 것이다. 예를 들어, 액면금액 ₩5,000인 주식 1주를 10주로 액면분할하면 액면금액이 ₩500인 주식 10주가 된다. 주가가 너무 높게 형성되어 유통성이 떨어진다고 판단할 때 주식분할을 실시하면 주식의 유통성을 높이고 자본조달을 쉽게 할 수 있다.

주식병합은 여러 개 주식을 하나의 주식으로 병합하는 것이다. 예를 들어, 액면금액 ₩500인 주식 10주를 주식 1주로 병합하면 주당 액면금액은 ₩5,000이 된다. 주가가 너무 낮아 저가주라는 인식이 있거나 유통주식 수가 너무 많을 때 주식병합을 실시한다.

주식분할과 주식병합으로 자본금에 미치는 영향이 없기 때문에 회계처리 대상이 아니므로, 주식분할로 증가한 주식 수 또는 주식병합으로 감소한 주식 수만 비망계정(memorandum account)[2]에 기록한다.

3. 자본금 감소

감자는 기업이 자본금을 감소시키는 것으로, 순자산 감소를 초래하는 '실질적 감자'와 자본 변동 없이 명목상으로만 자본금이 감소하는 '형식적 감자'로 구분할 수 있다.

(1) 유상감자

유상감자는 주주에게 주식소각 대가로 현금을 지급하여 기업 순자산이 감소하므로 실질적 감자라고도 한다. 유상감자는 기업규모에 비해 자본금이 지나치게 많다고 판단할 때 자본금 규모를 적정하게 줄이면 기업가치를 향상시키고 주가도 높일 수 있다.

감자대가가 주식 액면금액보다 작으면 감자차익(자본잉여금)을 인식하고, 감자대가가 주식 액면금액보다 크면 감자차손(자본조정, 자본에서 차감)으로 분류한다. 감자차손과 감자차익은 상계하여 잔액만 표시한다.

〈예 6〉 유상감자

A기업은 발행주식(액면금액 주당 ₩100, 감자 전 발행주식수 600주)을 2주당 1주의 비율로 감소하기로 주주총회에서 의결(특별결의)하고 주당 ₩150을 지급했다. 유상감자 실시 전 감자차익은 ₩10,000이다.

---

2) 비망계정은 발생한 회계적 사건을 잊지 않기 위해 기록하는 계정이다.

감자 회계처리를 수행할 때 주식발행초과금은 고려하지 않고 자본금만 감소시킨다. 우리나라 상법에서 자본잉여금 감소는 자본전입(무상증자)이나 결손보전을 할 때에만 인정하고, 자본금을 감소할 때는 인정하지 않기 때문이다. 감자차손은 자본에서 차감하며 주주총회 결의에 따라 이익잉여금과 상계할 수 있다.

(차)	자 본 금	30,000 (주)	(대)	현금	45,000
	감자차익	10,000			
	감자차손	5,000			

(주) 600주×0.5(감자비율)×₩100(주당 액면금액) = ₩30,000

(2) 무상감자

무상감자는 주식소각 대가를 주주에게 지급하지 않고 감자비율만큼 주식 수가 감소하므로 형식적 감자라고도 한다. 공적자금을 투입하는 기업에게 부실경영에 대한 징벌적 수단으로 활용하기도 하고, 누적 결손금이 커지면 회계상 손실을 털어내기 위해 이용하기도 한다.

〈예 7〉 무상감자

A기업은 결손금 ₩28,000을 전보하기 위해 발행주식(액면금액 주당 ₩100, 감자 전 발행주식수 600주)을 2주당 1주의 비율로 감소시키기로 주주총회에서 의결(특별결의)했다.

감자차손 잔액이 없다면 다음과 같이 회계처리한다.

(차)	자본금	30,000 (주)	(대)	결 손 금	28,000
				감자차익(자본잉여금)	2,000

(주) 600주×0.5(감자비율)×₩100(주당 액면금액) = ₩30,000

무상감자를 실시하면 자본의 세부구성 항목만 변동할 뿐 자본총계 변동은 없다.

구분	무상감자 전	자본 변동	무상감자 후
자본금	₩60,000	₩(30,000)	₩30,000
결손금	(28,000)	28,000	0
감자차익		2,000	2,000
자본총계	₩32,000	₩0	₩32,000

제3절 자기주식

자기회사가 발행한 주식을 취득하여 소각하거나 재발행하기도 하는데, 재발행 목적으로 취득하여 보유 중인 주식을 자기주식(treasury stock)이라고 한다. 주주에게 대가를 지급하고 자기가 발행한 주식을 구입하면 납입자본을 반환하는 효과가 있다.

K-IFRS에서는 회사가 자기 자신의 일부를 소유하는 것은 타당하지 않다고 보아 자산이 아닌 자본에서 차감하는 항목으로 분류한다. 상법 규정에 따라 자기주식은 의결권이 없으며 배당금도 받지 못하고 신주를 인수할 권리도 없다.

■ 기업이 자기주식을 매입하는 이유는?

> 자기회사 주식가격이 낮게 평가되었을 때 자기주식(자사주)을 매입하여 주가 부양책으로 사용되기도 한다. 기업이 자기주식을 사들이면 시장에 유통되는 주식이 줄기 때문에 주가가 상승하기도 한다. 자기주식을 매입하면 유통주식수가 감소하므로 자본과 자산(현금)이 감소하여, 주당순이익(EPS), 총자산이익률(ROA), 자기자본이익률(ROE)이 증가할 수 있다. 회사의 본질적인 수익성을 높이는 것은 아니나, 단기적 재무성과를 좋게 보이게 할 수 있다.
>
> 상법에서는 원칙적으로 자사주 취득을 금지하고 있어 예외적인 경우(회사 합병 등)에만 허용한다. 특별법인 '자본시장과 금융투자업에 관한 법률'에 따라 상장법인은 경영권 안정과 주가안정을 목적으로 자사주를 매입할 수 있다. 자사주 매입으로 사들인 주식은 상여금이나 포상용으로 임직원에게 주는 것을 제외하고는 6개월 이내에 팔 수 없다. 자사주는 회사이름으로 직접 매입하거나 금융기관과 자기주식 신탁계약(은행의 특정금전신탁, 투신사의 자사주펀드)을 체결하여 간접적으로 취득할 수 있다.

K-IFRS에서는 자기주식 회계처리에 대한 명확한 규정이 없는데, 자기주식의 취득과 처분에 대한 각국 상법이 다르기 때문이다. 실무에서는 자기주식을 취득한 원가로 자본에서 차감하는 원가법을 사용한다.

〈예 8〉 자기주식의 취득 및 처분

> 공정기업은 20×1년 중 처음으로 자신이 발행한 주식(주당 액면금액 ₩100) 10주를 주당 ₩280에 취득했다. 4주를 주당 ₩300에, 4주를 주당 ₩250에 순차적으로 매각했고, 20×1년 말 현재 2주를 보유 중이다.

① 자기주식 취득

자기주식을 취득하고 감소시킬 때 취득한 금액(원가)으로 기록하는데, 이를 원가법(cost method)

이라고 한다. 자기주식을 여러 차례에 걸쳐 취득하면 원가흐름의 가정(선입선출법 또는 이동평균법)에 따라 자기주식 단가를 결정한다. 자기주식은 자산에 해당하지 않으므로 자본(자본조정)에서 차감한다.

(차)	자기주식	2,800	(대)	현금	2,800

② 자기주식 매각

자기주식 취득금액(₩280)보다 매각금액(₩300)이 더 크면 자기주식처분이익이 발생하는데 자본잉여금으로 분류한다.

(차)	현금	1,200 (주1)	(대)	자 기 주 식	1,120 (주2)
				자기주식처분이익	80

(주1) ₩300×4주 = ₩1,200
(주2) ₩280×4주 = ₩1,120

자기주식 취득금액(₩280)보다 매각금액(₩250)이 작으면 자기주식처분손실이 발생하는데 자본거래에서 발생한 잉여금(자기주식처분이익)과 먼저 상계한다. 자기주식처분손실은 자본(자본조정)에서 차감한다.

(차)	현 금	1,000 (주1)	(대)	자기주식	1,120 (주2)
	자기주식처분이익	80			
	자기주식처분손실	40			

(주1) ₩250×4주 = ₩1,000
(주2) ₩280×4주 = ₩1,120

③ 보고기간말 재무제표 작성

보고기간말에 보유 중인 자기주식과 자기주식처분손실은 자본에서 차감한다. 발행주식수가 100주(주당 발행금액 ₩150, 주당 액면금액 ₩100)라면 재무상태표는 아래와 같이 작성하는데, 자기주식 2주를 보유 중이므로 유통보통주식수는 98주이다.

재무상태표

[자산]	[자본]	
	자본금	₩10,000
	자본잉여금	5,000
	자본조정	(600) (주)
	자본총계	₩14,400

(주) 자본조정 : ₩40(자기주식처분손실) + 2주×₩280(자기주식 취득원가) = ₩600

④ 자기주식 소각

자기주식을 취득하여 소각하기도 하는데, 유상감자와 동일하므로 감자 회계처리를 적용한다. 상법에 따라 주식발행초과금은 결손보전과 자본전입 외의 목적으로는 사용할 수 없으므로, 자기주식의 액면금액과 취득원가 차이를 감자차익(자본잉여금) 또는 감자차손(자본조정)으로 처리한다.

〈예 8〉에서 20×1년 말 현재 자기주식 2주(주당 취득원가 ₩280, 주당 액면금액 ₩100)를 20×2년에 소각했다고 하자. 자기주식 소각 이전에 감자차익이 없다면 회계처리는 다음과 같다.

(차)	자 본 금	200 (주)	(대)	자기주식	560
	감자차손	360			

(주) ₩100×2주 = ₩200

감자차익 ₩200이 있다면 이와 상계하고 잔액 ₩160을 감자차손으로 보고한다.

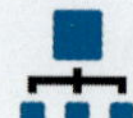

제4절 기타포괄손익누계액

1. 기타포괄손익과 기타포괄손익누계액

포괄손익(comprehensive income)은 자본거래가 아닌 거래나 사건으로 인해 일정기간에 발생한 순자산 총변동액을 말한다. 총포괄손익은 당기손익에 기타포괄손익을 가감하여 계산한다. 보고기간말에 포괄손익계산서의 당기손익은 마감분개로 재무상태표의 이익잉여금계정에 반영된다. 포괄손익계산서의 기타포괄손익(other comprehensive income)은 마감분개로 재무상태표의 기타포괄손익누계액(accumulated other comprehensive income)을 증가 또는 감소시킨다.

2. 기타포괄손익누계액의 종류

기타포괄손익누계액은 재순환조정을 수행하는 항목과 그렇지 않은 항목으로 구분할 수 있다.

[표 3] 재순환조정 수행여부

구분	재순환조정 수행	재순환조정 미수행
항목	① FVOCI(채무증권)평가손익 ② 해외사업장환산손익 ③ 현금흐름위험회피수단의 평가손익 중 효과적인 부분	① FVOCI(지분증권)평가손익 ② 자산재평가잉여금 ③ FVPL금융부채의 자기신용위험 변동효과 ④ 확정급여제도의 재측정요소(보험수리적손익 등)
후속과정	[B/S] 기타포괄손익누계액 ↓ [I/S] 당기손익 ↓ [B/S] 이익잉여금	[B/S] 기타포괄손익누계액 ↓ [B/S] 이익잉여금

(1) 재순환조정을 수행하는 항목

재순환조정을 수행하는 항목은 해당 자산을 제거하는 시점에 당기손익으로 재순환하여 이익잉여금에 반영한다.

① FVOCI금융자산(채무증권)평가손익

FVOCI금융자산으로 분류하는 채무증권을 공정가치로 평가하여 발생한 평가손익으로, 금융자산을 제거할 때 당기손익으로 재순환하여 처분손익에 반영한다. 이를 재순환조정(recycling adjustment)이라고 한다. 과거기간에 기타포괄손익으로 인식하여 기타포괄손익누계액으로 반영한 금액은 해당 자산을 제거할 때 당기손익으로 재순환되어 이익잉여금에 반영된다.

② 해외사업장환산손익

해외사업장 종속기업, 관계기업, 공동기업의 재무제표를 보고기간말에 기능통화(영업활동이 이루어지는 주된 경제환경의 통화)에서 표시통화(재무제표를 표시할 때 사용하는 통화)로 환산하는 과정이나, 연결재무제표 작성과 지분법 적용을 위한 외화표시 재무제표 환산과정에서 발생하는 차액을 해외사업장환산손익이라고 한다. 해외사업장환산손익은 해외사업장을 매각할 때 당기손익으로 재순환한다.

③ 현금흐름위험회피수단의 평가손익 중 효과적인 부분

위험회피수단이란 공정가치나 현금흐름 변동이 지정된 위험회피대상항목의 공정가치나 현금흐름 변동을 상쇄할 것으로 기대하여 지정한 파생상품 또는 비파생금융자산을 말한다. 현금흐름위험회피수단평가손익이란 미래현금흐름 변동위험을 감소시키기 위해 투자한 파생상품을 기말에 공정가치로 평가하여 발생한 평가손익이다.

현금흐름위험회피회계에서 위험회피수단손익 중 위험회피에 효과적인 부분은 기타포괄손익으로 인식하고, 비효과적인 부분은 당기손익으로 인식한다. 기타포괄손익으로 인식된 부분은 위험회피 예상거래가 당기손익에 영향을 미칠 때 당기손익으로 재순환한다.

(2) 재순환조정을 하지 않는 항목

재순환조정을 하지 않는 항목은 제거될 때 당기순이익으로 재순환하지 않는다. 해당 자산에 관련된 금액은 기타포괄손익누계액에 남겨 놓거나 이익잉여금으로 대체할 수 있다.

① FVOCI금융자산(지분증권)평가손익

FVOCI금융자산으로 분류하면 보고기간말에 공정가치로 평가하고, 장부금액과 공정가치의 차액은 기타포괄손익으로 분류한다. 해당 금융자산을 제거할 때 기타포괄손익누계액을 당기순이익으로 재순환하지 않으므로 금융자산처분손익을 계산할 때 고려하지 않는다.

② 자산재평가잉여금

유형자산이나 무형자산에 대해 재평가모형을 선택하여 공정가치로 평가하여 평가차익이 발생하면 기타포괄손익으로 인식하고 마감분개를 수행하여 재무상태표의 재평가잉여금(기타포괄손익누계액)으로 분류한다. 재평가잉여금은 자산이 제거될 때 당기순이익으로 재순환하지 않으므로 처분손익을 계산할 때 고려하지 않는다.

③ FVPL금융부채의 자기신용위험 변동효과

FVPL금융부채에서 발생하는 공정가치 변동은 자기신용위험과 시장상황에 영향을 받는다. 자기신용위험에 기인하여 발생하는 신용위험 변동효과(부채감소이익)는 기타포괄손익으로 인식하고, 시장상황에 따른 공정가치변동은 당기손익으로 인식한다. 기타포괄손익으로 인식한 부분은 해당 금융부채를 제거할 때 당기손익으로 이전하지 않는다.

④ 확정급여제도의 재측정요소(보험수리적손익 등)

확정급여채무는 현재가치로 측정하고 사외적립자산은 공정가치로 측정하는데, 공정가치 변동은 재측정요소로 분류하여 기타포괄손익으로 인식한다.

제5절 이익잉여금

1. 이익잉여금

이익잉여금은 손익거래로부터 발생한 당기순이익이 기업 내부에 유보된 것으로 유보이익이라고도 부른다. 이익잉여금의 세부 구성내역은 다음과 같다.

이익잉여금	법정적립금(이익준비금)
	임의적립금(사업확장적립금, 결손보전적립금 등)
	미처분이익잉여금

당기순이익이 발생하면 이익잉여금은 증가하고, 당기순손실이 발생하거나 배당 또는 법정적립금을 재원으로 무상증자를 실시하면 이익잉여금은 감소한다. 이익잉여금의 변동원인은 [표 4]와 같다.

[표 4] 이익잉여금 변동 원인

이익잉여금 증가 원인	이익잉여금 감소 원인
① 당기순이익 ② 재평가잉여금의 이익잉여금 대체	① 당기순손실 ② 현금배당 ③ 주식배당 ④ 무상증자 ⑤ 감자차손 등 자본조정 상계

2. 법정적립금과 임의적립금

미처분이익잉여금을 재원으로 적립금을 설정하는데, 적립금 설정으로 순자산은 변동하지 않는다. 기업은 법에 따라 법정적립금을 적립하고, 임의적립금은 기업이 임의로 적립한다. 적립금은 미처분이익잉여금을 재원으로 하기 때문에 배당을 제한하는 효과가 있다. 법정적립금을 설정하면 영구적으로 배당이 제한되고, 임의적립금을 설정하면 일시적으로 배당이 제한된다.

(1) 법정적립금

법정적립금은 법에 따라 의무적으로 적립해야 하는 금액으로 상법상 이익준비금이 대표적인 예이다. 이익준비금은 기업의 재무상태를 견고하게 하고, 채권자와 주주를 보호하기 위해 적립한다. 상법에 따라 기업은 자본금의 2분의 1이 될 때까지 현금배당액의 10% 이상을 이익준비금으로 적립해야 한다. 이익준비금은 자본전입이나 결손보전 외 목적으로는 사용할 수 없고, 이익준비금을 설정하면 영구적으로 배당이 제한된다.

〈예 9〉 이익준비금 설정

20×2년 2월 1일, 에어상사는 현금배당 ₩1,000을 지급하고 현금배당의 10%를 이익준비금으로 설정하기로 주주총회에서 결의했다. 에어상사는 2월 14일에 주주에게 배당금을 지급했다.

[20×2년 2월 1일]

(차)	미처분이익잉여금	1,100	(대)	미지급배당금	1,000
				이익준비금	100

주주총회 결의 전 미처분이익잉여금이 ₩10,000이라고 할 때, 현금배당과 이익준비금 설정이 이익잉여금에 미치는 영향을 살펴보자. 미처분이익잉여금 ₩1,100이 감소하나 이익준비금 ₩100을 설정하므로 이익잉여금 감소는 사외유출된 현금배당 ₩1,000이다. 이익준비금 설정은 이익잉여금 내의 미처분이익잉여금에서 이익준비금으로의 계정대체에 불과할 뿐 이익잉여금은 감소하지 않는다.

구분	결의 전	이익잉여금 변동	결의 후
미처분이익잉여금	₩10,000	₩(1,100)	₩8,900
이익준비금	0	100	100
이익잉여금 총계	₩10,000	₩(1,000)	₩9,000

[20×2년 2월 14일]

(차)	미지급배당금	1,000	(대)	현금	1,000

(2) 임의적립금

임의적립금은 경영자 판단이나 제3자와의 계약에 따라 다양한 목적으로 제한 없이 적립이 가능하며 처분에도 제한이 없다. 임의적립금은 미처분이익잉여금에 대한 처분을 일시적으로 제한하기 위한 목적으로 적립된다. 임의적립금은 적립금 용도가 종료되면 다른 임의적립금으로 대체되거나 미처분이익잉여금으로 이입된다.

〈예 10〉 임의적립금의 설정 및 이입

> 20×2년 2월 1일, 에어상사는 사업확장적립금 ₩10,000을 설정하기로 주주총회에서 결의했다. 20×5년 2월 14일, 에어상사는 사업확장적립금 용도가 종료되어 미처분이익잉여금으로 이입하기로 주주총회에서 결의했다.

[20×2년 2월 1일 : 적립금 적립]

사업확장적립금을 적립하면 미처분이익잉여금이 감소하므로 배당이 제한된다. 임의적립금 적립은 이익잉여금 내 미처분이익잉여금에서 입의적립금으로의 계정대체에 불과하므로 이익잉여금은 감소하지 않는다.

(차)	미처분이익잉여금	10,000	(대)	사업확장적립금	10,000

[20×5년 2월 14일 : 적립금 이입]

사업확장적립금의 적립으로 20×1년 2월 1일부터 20×5년 2월 13일까지 배당이 제한되었다. 적립금을 미처분이익잉여금으로 이입하면 배당이 가능하다.

(차)	사업확장적립금	10,000	(대)	미처분이익잉여금	10,000

3. 배당

배당(dividend)은 주주의 자본금 투자에 대한 보상으로, 지급형태에 따라 현금배당과 주식배당으로 구분할 수 있다. 이외에도 현물배당과 어음배당이 있으나 일반적인 형태는 아니므로 본서에서는 현금배당과 주식배당을 중심으로 설명한다.

(1) 배당기준일과 배당선언일

기업은 배당을 받을 주주를 결정하고 주주총회 결의로 배당금을 지급한다. 회계처리와 관련하여 중요한 의미를 갖는 배당기준일과 배당선언일을 살펴본다.

① 배당기준일

배당을 받기 위해 주주가 자신의 주권을 공식적으로 보유해야 하는 마지막 날을 배당기준일이라고 한다. 배당기준일 이후에 주식이 거래될 때 이를 '배당락(ex-dividend)'이라고 한다. 배당기준일은 배당받을 권리자를 확정하는 일자에 불과하고 회계상 사건에 해당하지 않으므로 배당지급회사와 투자자는 회계처리를 수행하지 않는다.

주식회사 주식은 자유롭게 유통되기 때문에 기업 입장에서는 배당받을 수 있는 권리행사자를 쉽게 파악할 수 없다. 이를 위해 상법에서는 주주명부폐쇄와 기준일을 규정하고 있다. 기준일에서는 특정일에 주식을 소유한 사람을 권리행사자로 정한다. 주주명부폐쇄는 주주명부 기재사항의 변경을 일정기간 정지하는 제도이다. 이 기간에는 명의개서가 불가능하며, 회사는 특정한 날을 기준일로 설정하여 그 시점에 주주명부에 기재된 사람을 권리자로 인정한다.

② 배당선언일

배당선언일은 주주총회에서 배당이 결의된 날을 말한다. 주주총회에서 배당을 결의하면 기업은 배당지급의무가 발생하므로 동 일자로 배당관련 부채(미지급배당금)를 인식한다. 상법에 따라 배당선언일로부터 1개월 이내에 배당을 지급해야 한다.

배당을 수취하는 투자자도 동 일자로 받을 권리와 금액이 확정되므로 미수배당금을 인식해야 한다. 실무에서는 대부분 편의상 배당선언일에 회계처리를 수행하지 않고 실제로 배당금 수취시점에서 배당금수익을 인식한다.

1997년 개정된 증권거래법과 1998년 말 개정된 상법에 따라 영업연도 중간에 이사회 결의로 배당할 수 있는 중간배당이 도입되었다. 주주총회에서 결의하는 결산배당에서는 현금배당과 주식배당이 가능하나, 중간배당은 이사회 결의로 현금배당만 가능하다. 중간배당에 대해서도 이익준비금을 적립해야 한다. 이익준비금 적립권한은 주주총회에 있으므로 해당 회계기간에 대한 결산보고가 있는 주주총회에서 중간 및 결산배당에 대한 이익준비금을 적립한다.

(2) 현금배당

배당선언일에 배당지급의무가 발생하고, 상법에 따라 배당액의 일정금액을 이익준비금으로 설정해야 한다.

〈예 11〉 현금배당

20×2년 7월, A기업은 이사회에서 현금배당 ₩10,000을 결의하고 즉시 지급했다. 20×3년 2월 주주총회에서 현금배당 ₩12,000을 결의(배당기준일 20×2년 말)하고, 3월에 배당금을 주주에게 지급했다. A기업은 현금 배당액의 10분의 1을 이익준비금으로 적립한다.

[20×2년 7월] 중간배당 지급

(차)	미처분이익잉여금	10,0000	(대)	현금	10,000

[20×2년 12월] 배당기준일 : 회계처리 없음

[20×3년 2월] 배당선언일

결산배당뿐만 아니라 20×2년 7월에 지급한 중간배당과 결산배당에 대한 이익준비금을 적립하고, 미지급배당금은 유동부채로 분류한다.

(차)	미처분이익잉여금	14,200	(대)	미지급배당금	12,000
				이 익 준 비 금	2,200 (주)

(주) [₩10,000(중간배당) + ₩12,000(결산배당)]×1/10

[20×3년 3월] 배당지급일

(차)	미지급배당금	12,0000	(대)	현금	12,000

(3) 주식배당

주식배당은 현금유출 없이 주주의 배당욕구를 충족시킬 수 있어 널리 이용된다. 상법에서는 주주총회 결의에 따라 주식배당을 할 수 있으며, 주식배당은 주식의 권면액(액면금액)으로 하도록 규정하고 있다. 주식배당으로 미처분이익잉여금이 자본금으로 대체되므로 자본 요소 간 재분류에 불과하고, 기업 순자산은 감소하지 않는다.

〈예 12〉 주식배당

20×2년 2월, A기업은 주주총회에서 주식배당 ₩10,000을 결의하고 즉시 주식을 발행하여 주주에게 교부했다.

주식배당을 실시하면 다음과 같이 동일한 금액의 자본이 증가(자본금)하고 감소(미처분이익잉여금)한다.

(차)	미처분이익잉여금	10,000	(대)	자본금	10,000

주식배당 전 자본금과 이익잉여금 잔액은 각각 ₩20,000과 ₩15,000이라고 하자. 주식배당을 실시하면 자본의 세부구성 항목만 변동할 뿐 자본총계 변동은 없다.

구분	주식배당 전	자본 변동	주식배당 후
자본금	₩20,000	₩10,000	₩30,000
이익잉여금	15,000	(10,000)	5,000
자본총계	₩35,00	₩0	₩35,000

주식을 교부받는 주주 입장에서도 수익으로 볼 수 없으며 단지 주식 수만 증가한다. 주식발행회사는 미처분이익잉여금을 자본금으로 대체하는 분개를 수행하나 주주는 회계처리를 수행하지 않고 증가한 주식 수만 기록한다. 예를 들어 A회사는 공정가치 ₩100,000(보유주식 수 100주, 주당 공정가치 ₩1,000)인 B회사 주식을 보유하고 있다고 하자. 보유주식 1주에 대해 1주의 주식을 배당받으면 보유주식 수를 200주로 기록하고 주당 장부금액을 ₩500[=₩100,000÷(100주 + 100주)]으로 수정한다.

제6절 자본변동표

1. 자본변동표의 의의

자본변동표(statement of changes in equity)는 한 회계기간에 발생한 자본(소유자지분)의 변동내용을 표시하는 재무보고서이다. 자본변동표는 자본 항목의 증감 원인을 자본거래와 손익거래의 항목별로 설명하므로 자본변동을 원천별로 확인할 수 있다. 정보이용자가 자본변동표를 포괄손익계산서, 재무상태표 및 현금흐름표와 함께 비교 검토하면, 자본과 관련된 계정과목에 대한 이해를 향상시킬 수 있다.

2. 자본변동표의 작성

자본변동표 양식은 기업이 자본을 분류하는 방식에 따라 달라진다. 예를 들어, 자본을 자본금, 주식발행초과금, 이익잉여금, 기타자본항목으로 분류하는 기업은 해당 분류에 따라 자본변동표를 작성한다. 본서에서는 일반기업회계기준에 따라 자본을 자본금, 자본잉여금, 자본조정, 기타포괄손익누계액, 이익잉여금으로 분류했으므로 자본변동표도 동일한 양식(표 5)으로 설명한다. 자본변동표의 기초잔액과 기말잔액은 각각 재무상태표의 기초잔액과 기말잔액과 일치한다. 자본변동표는 20×1년 말부터 20×2년 말까지의 자본변동 내역을 상세하게 보여준다.

[표 5] 자본변동표 양식

자본변동표

제31기 : 20×2년 1월 1일부터 20×2년 12월 31일까지

정의물산　　제30기 : 20×1년 1월 1일부터 20×1년 12월 31일까지　　(단위 : 원)

구 분	자본금	자본잉여금	자본조정	기타포괄손익누계액	이익잉여금	총계
20×1년 12월 31일	×××	×××	×××	×××	×××	×××
회계정책변경 누적효과					×××	×××
전기오류수정손익					×××	×××
수정 후 이월이익잉여금					×××	×××
연차배당					(×××)	×××
처분 후 이월이익잉여금					×××	×××
중간배당					(×××)	×××
유상증자	×××	×××				×××

당기순이익					×××	×××
자기주식 취득			(×××)			(×××)
재평가잉여금				×××		×××
FVOCI금융자산평가이익				×××		×××
20×2년 12월 31일	×××	×××	×××	×××	×××	×××

첫 번째 행은 기초 자본항목의 금액으로 전기말 재무상태표의 자본과 일치한다. 당기 중에 회계정책변경이나 오류수정사항이 발생하면 이들 항목을 이익잉여금에 반영하여 '수정 후 이월이익잉여금'을 표시한다. 동 금액은 수정된 전기말 재무상태표에 나타나는 이익잉여금 기말잔액과 일치한다. '수정 후 이월이익잉여금'에 전기의 이익잉여금 처분사항(예를 들어, 결산배당)을 가감하면 '처분 후 이월이익잉여금'이 산출된다. 여기에 당기 발생한 중간배당과 당기순이익을 반영하면 당기말 재무상태표의 이익잉여금 기말잔액과 일치한다.

자본변동표를 작성하는 방법을 살펴보자. 예를 들어, 20×2년 초 주주총회에서 현금배당 ₩1,000을 지급하고, 이익준비금 ₩100을 적립하기로 결의했다고 하자. 다음과 같이 회계처리를 수행한다.

(차)	미처분이익잉여금	1,100	(대)	미지급배당금	1,000
				이익준비금	100

이익잉여금은 법정적립금(이익준비금), 임의적립금 및 미처분이익잉여금으로 구성된다. 미처분이익잉여금 ₩1,100의 감소로 이익잉여금은 ₩1,100이 감소하고, 이익준비금 ₩100의 증가로 이익잉여금 ₩100이 증가한다. 이익잉여금 ₩1,000이 감소하므로 자본변동표(표 5)에서 차감하는 형식으로 기재한다. 당기 중 미처분이익잉여금에서 이익준비금과 임의적립금으로 대체된 금액은 이익잉여금 항목이므로 자본변동표에 표시되지 않는다.

[예제 2] **자본변동표 작성**

20×1년 말 현재 공정기업 자본은 자본금 ₩1,000,000(주당 액면금액 ₩500, 발행주식수 2,000주), 자본잉여금 ₩1,000,000, 이익잉여금 ₩300,000으로 구성되어 있다. 20×2년에 다음과 같은 거래가 있었다.

① 2월 14일, 주주총회에서 10%의 현금배당을 선언하고 동 일자에 배당금을 지급했다. 이익준비금은 현금배당의 20%를 적립하기로 결의했다.
② 3월 23일, 자기주식 100주를 주당 ₩900에 취득했다.
③ 7월 12일, 이사회 결의로 주당 ₩20의 현금배당을 지급했다.
④ 12월 31일, 20×2년 당기순이익 ₩130,000을 보고했다.

물음

공정기업은 자본을 자본금, 자본잉여금, 자본조정, 기타포괄손익누계액, 이익잉여금으로 구분한다. 20×2년에 해야 할 회계처리를 제시하고, 자본변동표를 작성하시오.

1. 일자별 회계처리

① 2월 14일

(차)	미처분이익잉여금(이익잉여금)	120,000	(대)	현 금	100,000
				이익준비금(이익잉여금)	20,000

(주)
- 현금배당 : ₩1,000,000(자본금)×10% = ₩100,000
- 이익준비금 설정액 : ₩100,000×20% = ₩20,000

② 3월 23일

(차)	자기주식	90,000 (주)	(대)	현금	90,000

(주) 100주×₩900 = ₩90,000

③ 7월 12일

(차)	미처분이익잉여금	38,000 (주)	(대)	현금	38,000

(주)
- 자기주식에 대해서는 배당금을 지급하지 않는다. 중간배당에 대한 이익준비금은 20×3년에 개최될 주주총회에서 적립한다.
- 중간배당 : [2,000주(발행주식수) − 100주(자기주식)]×₩20 = ₩38,000

④ 12월 31일

(차)	집합손익	130,000	(대)	미처분이익잉여금	130,000

2. 자본변동표

구 분	자본금	자본잉여금	자본조정	기타포괄 손익누계액	이익잉여금	총계
20×1년 12월 31일	1,000,000	1,000,000			300,000	2,300,000
연차배당					(100,000)	(100,000)
처분 후 이익잉여금					200,000	2,200,000
자기주식			(90,000)			(90,000)
중간배당					(38,000)	(38,000)
당기순이익					130,000	130,000
20×2년 12월 31일	1,000,000	1,000,000	(90,000)		292,000	2,202,000

연습문제

[문 1] 진위형 문항

다음 문항을 읽고 맞는 기술이면 'ㅇ'로 표시하고, 틀린 기술이면 '×'로 표시하되 그 이유를 기재하시오.

1. K-IFRS에서는 납입자본과 적립금으로 구분하고 있을 뿐 자본에 대한 구체적인 규정을 제시하지 않고 있다.
2. 누적적 우선주는 과거에 받지 못한 배당(연체배당금)을 당기에 배당할 때 누적하여 받는데, 기업은 누적적 우선주에 대한 배당금을 지급하지 않는 기간에는 약정 배당액을 부채로 인식해야 한다.
3. 모든 참가적 우선주는 보통주에 우선하여 배당금을 받은 후 잔여 배당가능액에 대해 보통주와 동일하게 배당에 참가할 수 있다.
4. 전환우선주는 우선주와 보통주로 전환할 수 있는 전환권으로 구성되는데, 전환권은 별도로 구분하여 인식한다.
5. 국제회계기준에서는 전환우선주의 보통주 전환에 대한 규정이 없어, 우리나라에서는 상법규정에 따라 전환손익을 인식하지 않는다.
6. 발행자가 의무적으로 상환해야 하거나 상환청구권이 있는 우선주는 자본으로 분류하지 않고 금융부채로 분류한다.
7. 금유부채로 인식하는 상환우선주는 배당을 제외한 상환액을 현재가치로 측정하여 부채로 인식한다.
8. 금융부채로 인식하는 비누적적 우선주에 대한 현금배당은 이자비용으로 인식한다.
9. 무액면주식을 발행하면 발행가액 중 1/2 이상을 자본금으로 정해야 하고 나머지는 주식발행초과금으로 분류한다.
10. 주식할인발행차금이 발생하면 주식발행초과금과 먼저 상계하고 잔액을 자본에서 차감한다.
11. 신주발행과 관련하여 발생하는 증권회사 수수료, 법률비용 등 거래원가는 수수료비용으로 인식한다.
12. 무상증자를 실시하면 동일한 금액으로 자본이 증가하고 자본잉여금 또는 법정적립금이 감소한다.
13. 주식분할을 실시하면 주식 수가 증가하고 주식병합을 실시하면 주식 수가 감소하는 차이는 있으나, 자본금에 미치는 영향은 없다.
14. 감자대가가 주식 액면보다 크면 감자차손을 인식하는데, 감자차익과 상계한 잔액을 자본에서 차감한다.
15. 자기주식과 자기주식처분손실은 자본에서 차감하고, 자기주식처분이익은 자본잉여금으로 분

류한다.

16. 자기주식을 취득하여 소각하면 자기주식 취득원가와 주식의 최초 발행금액을 비교하여 감자차익 또는 감자차손을 인식한다.
17. 기타포괄손익 중 FVOIC금융자산평가손익, 해외사업장환산손익, 현금흐름위험회피수단의 평가손익 중 효과적인 부분은 재순환조정을 수행한다.
18. 재순환조정을 수행하는 항목은 해당 자산을 제거하는 시점에 당기손익으로 재순환하여 이익잉여금에 반영한다.
19. 법정적립금을 설정하면 영구적으로 배당이 제한되고 임의적립금을 설정하면 일시적으로 배당이 제한된다.
20. 상법에 따라 기업은 자본금의 2분의 1이 될 때까지 현금배당액의 10%를 이익준비금으로 적립해야 한다.
21. 이익준비금을 설정하면 이익잉여금은 감소한다.
22. 임의적립금은 경영자 판단 등에 따라 다양한 목적으로 제한 없이 적립이 가능하다.
23. 배당기준일은 배당을 받을 권리자를 확정하는 일자이므로 배당지급회사와 투자자는 해당 일자에 적절한 회계처리를 수행해야 한다.
24. 중간배당을 선언하면 동 일자에 미처분이익잉여금을 감소시키고 이익준비금을 적립한다.
25. 주식배당으로 미처분이익잉여금이 자본금으로 대체되므로 자본 요소 간 재분류에 불과하고, 기업 순자산은 감소하지 않는다.
26. 주식배당을 실시하면 주식발행회사는 투자자에게 주식을 교부하고, 주식배당으로 주식을 수령하는 회사는 배당금수익을 인식한다.
27. 자본변동표는 기초 재무상태표와 기말 재무상태표의 자본의 변동 내역을 항목별로 나타낸다.
28. 자본변동표 양식은 기업이 자본을 분류하는 방식에 따라 달라진다.
29. 자본변동표를 작성할 때 당기 중 오류수정사항이 발생하면 이들 항목을 이익잉여금에 반영하여 '수정 후 이월이익잉여금'을 표시한다.
30. 현금배당을 실시하면 해당 금액만큼 자본변동표의 이익잉여금이 감소하나, 이익준비금의 설정은 자본변동표에 표시되지 않는다.

해답

1. ○
2. ×. 주주총회 결의를 통해서만 기업의 지급의무가 발생하므로 연체배당금은 부채로 인식하지 않는다.
3. ×. 완전 참가적 우선주는 보통주와 동일하게 잔여배당에 참가할 수 있고, 부분 참가적 우선주는 정해진 배당한도까지만 참가할 수 있다.

4. ×. 우선주와 전환권은 모두 자본에 해당하므로 전환권을 별도로 구분하지 않고 일반 우선주처럼 회계처리한다.
5. ○
6. ○
7. ×. 누적적 우선주는 배당을 받지 못한 경우 당기 이후에 배당금을 수령하므로, 매년 일정금액을 배당으로 받는 셈이므로 부채요소를 측정할 때 배당금을 포함한다. 비누적적 우선주에서는 부채요소를 측정할 때 배당금을 고려하지 않는다.
8. ×. 금융부채로 인식하는 비누적적 우선주와 관련한 현재가치할인차금 상각액은 이자비용으로 인식하고, 현금배당은 이익처분(이익잉여금 감소)으로 본다.
9. ○
10. ○
11. ×. 신주발행비는 자본거래에서 발생하므로 비용으로 인식하지 않고 발행대금에서 차감한다.
12. ○
13. ○
14. ○
15. ○
16. ×. 상법에서는 주식을 소각할 때 주식발행초과금을 사용할 수 없으므로 자기주식 취득원가와 자본금을 비교하여 감자차익(손)을 인식한다.
17. ×. FVOC금융자산으로 분류하는 채무증권에서 발생한 평가손익은 재순환조정을 수행하나, 지분증권에서 발생하는 평가손익은 재순환조정을 수행하지 않는다.
18. ○
19. ○
20. ×. 현금배당액의 10% 이상을 이익준비금으로 적립해야 한다.
21. ×. 이익잉여금 내의 미처분이익잉여금에서 이익준비금으로의 계정대체에 불과할 뿐 이익잉여금은 감소하지 않는다.
22. ○
23. ×. 배당기준일은 배당받을 권리자를 확정하는 일자에 불과하고 배당선언일에 배당을 지급할 의무와 배당받을 권리가 발생한다.
24. ×. 중간배당은 이사회에서 결의하나 이익준비금 설정은 주주총회 권한사항이다. 중간배당에 대한 이익준비금은 정기주주총회에서 적립한다.
25. ○
26. ×. 주식배당으로 기업의 순자산 변동이 없으므로 주식을 교부받는 주주 입장에서도 수익을 인식하지 않는다.
27. ○
28. ○
29. ○
30. ○

[문 2] 재무상태표와 자본변동표의 관계

1. 월광사(회계기간 : 1월 1일 ~ 12월 31일)는 20×1년 초 보통주식 1,000주(주당 액면금액 ₩500)를 주당 ₩800에 발행하여 설립되었다. 20×1년 당기순이익으로 ₩50,000을 보고했다.
2. 20×2년에 발생한 자본거래는 다음과 같다. 월광사는 현금배당액의 10%를 상법상 이익준비금으로 적립한다.
   (1) 2월 28일, 20×1회계연도 재무제표를 승인하기 위한 정기주주총회가 개최되었다. 현금배당으로 ₩15,000을 지급하고 주식배당으로 보통주 10주(주당 액면금액 ₩500)를 발행하고, 사업확장적립금 ₩5,000을 적립하기로 결의했다.
   (2) 3월 20일, 2월 28일 주주총회에서 결의한 현금배당을 지급하고, 보통주 10주를 발행했다.
   (3) 9월 30일, 이사회를 개최하여 중간배당으로 주당 ₩10을 지급하기로 결의하고 동일자로 현금배당을 지급했다.
   (4) 12월 31일, 20×2회계연도 당기순이익으로 ₩100,000을 보고했다.

물음

1. 20×1년 말 재무상태표에 보고해야 할 금액을 구하시오. 단, 해당 금액이 없다면 '₩0'으로 기재하시오.

자본금	자본잉여금	자본조정	기타포괄 손익누계액	이익잉여금	총계
①	②	③	④	⑤	⑥

2. 20×2년 말 재무상태표에 보고해야 할 금액을 구하시오. 해당 금액이 없다면 '₩0'으로 기재한다.

자본금	자본잉여금	자본조정	기타포괄 손익누계액	이익잉여금	총계
①	②	③	④	⑤	⑥

3. 다음 양식을 이용하여 20×2년 자본변동표를 작성하시오.

구 분	자본금	자본잉여금	자본조정	기타포괄 손익누계액	이익잉여금	총계
20×1년 12월 31일						
연차배당						
처분 후 이월이익잉여금						
중간배당						
당기순이익						
20×2년 12월 31일						

해답

1. 20×1년 말 재무상태표

자본금	자본잉여금	자본조정	기타포괄 손익누계액	이익잉여금	총계
① ₩500,000	② ₩300,000	③ ₩0	④ ₩0	⑤ ₩50,000	⑥ ₩850,000

[일자별 회계처리]

(1) 주식발행

(차)	현금	800,000	(대)	자 본 금	500,000
				주식발행초과금	300,000

(2) 당기순이익 보고

(차)	집합손익	50,000	(대)	미처분이익잉여금	50,000

〈해설〉

주식발행초과금은 자본잉여금으로 분류하고 미처분이익잉여금은 이익잉여금으로 보고한다.

2. 20×2년 말 재무상태표

자본금	자본잉여금	자본조정	기타포괄 손익누계액	이익잉여금	총계
① ₩505,000	② ₩300,000	③ ₩0	④ ₩0	⑤ ₩119,900	⑥ ₩924,900

① ₩500,000(기초) + 5,000(주식배당) = ₩505,000

② ₩300,000(기초)

⑤ ₩50,000(기초) - 15,000(현금배당) - 5,000(주식배당) - 10,100(중간배당) + 100,000(당기순이익) = ₩119,900

[일자별 회계처리]

(1) 2월 28일

(차)	미처분이익잉여금	26,500	(대)	미 지 급 배 당 금	15,000
				미교부주식배당금	5,000
				사업확장적립금	5,000
				이 익 준 비 금	1,500

〈해설〉

사업확장적립금과 이익준비금은 이익잉여금에 포함되므로 회계처리 대상이나 기말 이익잉여금 변동을 초래하지 않는다.

(2) 3월 20일

(차)	미 지 급 배 당 금	15,000	(대)	현 금	15,000
	미교부주식배당금	5,000		자본금	5,000

(3) 9월 30일

(차) 미처분이익잉여금 10,100 ㈜ (대) 현금 10,100

㈜ [1,000주(20×1년 초) + 10주(주식배당)]×₩10 = ₩10,100

〈해설〉

중간배당에 대한 이익준비금은 20×3년에 개최될 정기주주총회의 의결에 따라 적립한다.

(4) 12월 31일

(차) 집합손익 100,000 (대) 미처분이익잉여금 100,000

3. 20×2년 자본변동표

구 분	자본금	자본잉여금	자본조정	기타포괄손익누계액	이익잉여금	총계
20×1년 12월 31일	500,000	300,000	0	0	50,000	850,000
연차배당	5,000				(20,000)	(15,000)
처분 후 이월이익잉여금					30,000	835,000
중간배당					(10,100)	(10,100)
당기순이익					100,000	100,000
20×2년 12월 31일	505,000	300,000	0	0	119,900	924,900

〈해설〉

- 2월 28일의 회계처리에서 미처분이익잉여금 ₩26,500이 감소하나 사업확장적립금과 이익준비금도 이익잉여금에 해당하므로 자본변동표에서 이익잉여금 증감을 초래하지 않는다.
- 처분 후 이월이익잉여금에서 중간배당과 당기순이익을 가감하여 20×2년 말 이익잉여금 잔액을 구한다.

[문 3] 자기주식

1. 월광사(회계기간 : 1월 1일 ~ 12월 31일)는 20×1년 초 보통주식 1,000주(주당 액면금액 ₩500)를 주당 ₩800에 발행하여 설립되었다.
2. 20×2년에 발생한 자기주식거래는 다음과 같다. 자기주식은 선입선출법으로 회계처리한다.
   (1) 2월 28일, 자기주식 40주를 주당 ₩1,000에 취득했다.
   (2) 3월 20일, 자기주식 60주를 주당 ₩900에 취득했다.
   (3) 9월 30일, 30주의 자기주식을 주당 ₩950에 재발행했다.
   (4) 10월 21일, 40주의 자기주식을 주당 ₩1,100에 재발행했다.
   (5) 12월 31일, 20주의 자기주식을 소각했다.

물음

1. 자기주식과 관련된 일자별 회계처리를 제시하시오.
2. 20×2년에 발생한 거래가 부분재무상태표에 미친 영향을 파악하시오. 단, 자본조정이 음수이면 '(×××)'로 표시하시오.

재무상태표

[자산]	[자본]	
	자본금	①
	자본잉여금	②
	자본조정	③
	자본총계	④

3. 20×3년 2월 14일에 개최된 정기주주총회에서 주당 ₩20의 현금배당을 지급하기로 결의했다. 월광사는 현금배당액의 10%를 상법상 이익준비금으로 적립한다. 주주총회 결의일에 해야 할 회계처리를 제시하시오.

해답

1. 일자별 회계처리

(1) 2월 28일

(차)	자기주식	40,000 ㈜	(대)	현금	40,000

㈜ 40주×₩1,000 = ₩40,000

(2) 3월 20일

(차)	자기주식	54,000 ㈜	(대)	현금	54,000

㈜ 60주×₩900 = ₩54,000

(3) 9월 30일

(차)	현　　　　금	28,500 (주1)	(대)	자기주식	30,000 (주2)
	자기주식처분손실	1,500			

(주1) 30주×₩950 = ₩28,500
(주2) 30주×₩1,000(2/28 취득) = ₩30,000

(4) 10월 21일

(차)	현금	44,000 (주1)	(대)	자 기 주 식	37,000 (주2)
				자기주식처분손실	1,500
				자기주식처분이익	5,500

(주1) 40주×₩1,100 = ₩44,000
(주2) 10주×₩1,000(2/28 취득) + 30주×₩900(3/20 취득) = ₩37,000

(5) 12월 31일

(차)	자 본 금	10,000 (주1)	(대)	자기주식	18,000 (주2)
	감자차손	8,000			

(주1) 20주×₩500(주당 액면금액) = ₩10,000
(주2) 20주×₩900(3/20 취득) = ₩18,000

2.

재무상태표

[자산]	[자본]	
	자본금	① 490,000
	자본잉여금	② 305,500
	자본조정	③ (17,000)
	자본총계	×××

① ₩500,000(기초) − 10,000(자기주식 소각) = ₩490,000
② ₩300,000(주식발행초과금) + 5,500(자기주식처분이익) = ₩305,500
③ ₩(−)8,000(감자차손) + (−)10주×₩900(3/20 자기주식 취득) = ₩(17,000)

3.

(차)	미처분이익잉여금	21,340	(대)	미지급배당금	19,400 (주1)
				이 익 준 비 금	1,940 (주2)

(주1)
① 유통보통주식수 : 1,000주(기초) − 20주(소각) − 10주(자기주식) = 970주
② 현금배당 : 970주×₩20 = ₩19,400
(주2) ₩19,400×10% = ₩1,940

11 CHAPTER 주식기준보상

한눈에 살펴보는 이 장의 내용

주식기준보상거래란 기업이 주식기준보상약정에서 재화나 용역의 공급자에게서 재화나 용역을 받을 때 공급자에게 결제할 의무가 발생하는 거래를 말한다. 주식결제형과 현금결제형으로 구분할 수 있다. 주식결제형 주식기준보상거래는 재화나 용역을 제공받으면 그에 상당하는 자본 증가를 인식한다. 현금결제형 주식기준보상거래에서는 제공받는 재화나 용역과 그 대가로 부담하는 부채를 공정가치로 측정한다. 기업이나 거래상대방이 결제방식으로 현금 지급이나 기업의 지분상품발행을 선택할 수 있는데, 이러한 선택형 주식기준보상은 거래 실질에 따라 회계처리한다.

K-IFRS 제1102호는 2007년 11월에 제정되어 2015년 9월에 개정되었다. 관련되는 국제회계기준은 'IFRS 2 Share-based Payment'이다.

contents

CHAPTER

주식기준보상

| 학습목표 |

1. 주식결제형 주식기준보상거래에 대한 인식 및 측정 회계처리를 수행할 수 있다. 거래상대방이 종업원이 아니면 제공받는 재화나 용역의 공정가치로 직접 측정한다. 거래상대방이 종업원이면 부여한 지분상품의 공정가치를 기초로 측정하되, 시장가격을 구할 수 없다면 가치평가기법을 사용하여 측정한다.

2. 주식결제형 주식기준보상거래에서 시장조건과 비시장조건에 따른 회계처리를 수행할 수 있다. 시장조건에서는 매 결산일과 가득시점에 부여일 수량에 부여일 단위당 공정가치를 곱해 보상원가를 계산한다. 비시장조건은 매 결산일에 최근 추정치 가득될 부여일 단위당 공정가치를 곱해 보상원가를 인식하고, 가득일에는 실제 가득된 수량에 부여일 단위당 공정가치를 곱해 인식한다.

3. 주식결제형 주식보상거래에서 지분상품 조건변경이 발생했을 때 회계처리를 수행할 수 있다. 거래상대방에게 불리한 조건은 인식하지 않는다. 거래상대방에게 유리한 조건변경이 가득기간에 이루어지면 증분공정가치를 잔여기간에 나눠서 인식하고, 가득기간 후에 발생하면 증분공정가치를 즉시 인식하거나 추가 가득기간에 나눠 인식한다.

4. 현금결제형 주식기준보상거래에 대한 인식 및 측정 회계처리를 수행할 수 있다. 부여 즉시 가득되는 조건이면 대가 지급에 관한 부채를 즉시 인식하고, 특정 용역제공기간에 근무해야 하는 조건이면 용역제공기간에 종업원이 근무용역을 제공할 때 부채를 인식한다.

| 보론 |

1. 선택형 주식기준보상거래에 대한 인식 및 측정 회계처리를 수행할 수 있다. 기업이 선택권을 보유하고 있고 현금지급의무가 있다면 현금결제형으로, 그렇지 않다면 주식결제형으로 처리한다. 거래상대방이 선택권을 보유하고 있다면 부채요소와 자본요소가 복합된 복합금융상품을 부여한 것으로 본다.

| 주요 용어 |

- 주식기준보상거래 : 기업이 주식기준보상약정에서 재화나 용역의 공급자에게서 재화나 용역을 받을 때 기업이 공급자에게 결제할 의무가 발생하는 거래
- 주식결제형 주식기준보상거래 : 기업이 재화나 용역을 제공받는 대가로 자기 지분상품을 부여하는 거래
- 현금결제형 주식기준보상거래 : 기업이 재화나 용역을 제공받는 대가로 기업의 지분상품 가격에 기초한 금액만큼 현금 등을 재화나 용역 공급자에게 부담하는 거래

- 선택형 주식기준보상거래 : 기업 또는 재화나 용역 공급자가 약정에 따라 현금결제형이나 주식결제형을 선택할 수 있는 거래
- 가득조건 : 주식기준보상약정에 따라 거래상대방이 현금 또는 기업의 지분상품을 받을 권리를 얻기 위해 충족해야 하는 조건
- 시장조건 : 부여한 지분상품 공정가치를 추정할 때 가득이나 행사 가능성 여부를 좌우하는 목표주가에 가득되는 조건
- 비시장조건 : 사업부 이익, 주당이익, 매출액 증가율 등 시장과 무관한 성과지표를 달성해야 가득되는 조건
- 내재가치 : 거래상대방이 청약할 권리를 갖고 있거나 제공받을 권리를 갖고 있는 주식의 공정가치와 거래상대방이 해당 주식에 대해 지급해야 하는 가격의 차이

제1절 주식기준보상거래의 정의 및 유형

1. 의의

주식기준보상거래(share-based payment transaction)란 기업이 주식기준보상약정에서 공급자(종업원 포함)에게서 재화나 용역을 받을 때 공급자에게 결제할 의무가 발생하는 거래를 말한다. 기업은 일반적으로 재화를 구입하거나 용역을 제공받을 때 현금을 지급한다. 주식기준보상거래에서는 재화 등에 대한 대가로 지분상품을 상대방에게 부여하거나 지분상품 가격에 기초한 금액을 현금으로 지급한다.

2. 유형

K-IFRS에서는 주식기준보상거래를 결제방법에 따라 다음과 같이 구분한다.

(1) 주식결제형 주식기준보상거래

기업이 재화나 용역을 제공받는 대가로 자기 지분상품(주식이나 주식선택권 등)을 부여하는 거래를 말한다. 기업은 종업원에게 제공한 근무용역 대가로 지분상품을 부여하고, 종업원이 아닌 자에게 재화나 용역 대가로 지분상품을 부여한다. 주식결제형 주식기준보상거래에서 기업은 지분상품(자본)을 인식한다. 주식선택권(share option)은 주식매입선택권이라고 부르는데, 주식을 일정한 가격에 매수할 수 있는 권리를 말한다.

(2) 현금결제형 주식기준보상거래

기업이 재화나 용역을 제공받는 대가로 기업의 지분상품 가격에 기초한 금액만큼 현금을 재화나 용역 공급자에게 지급하는 거래를 말한다. 이 거래에서는 지급할 현금을 부채로 인식한다.

(3) 선택형 주식기준보상거래

기업이 제공받는 재화나 용역에 대한 대가의 결제방식으로, 기업 또는 재화나 용역 공급자가 약정에 따라 현금 지급(현금결제형)이나 지분상품 발행(주식결제형) 중 선택할 수 있는 거래를 말한다.

3. 기본용어

(1) 부여일

기업과 거래상대방(종업원 포함)이 주식기준보상약정에 합의한 날을 말한다. 기업은 부여일에 현금이나 자신의 지분상품 권리를 거래상대방에게 부여하며, 특정 가득조건이 있다면 조건이 충족될 때 권리를 부여한다.

(2) 가득과 가득기간

가득이란 권리 획득을 말한다. 주식기준보상약정에서 거래상대방이 현금이나 기업의 지분상품을 받을 권리는 특정 가득조건을 충족될 때 가득된다. 가득기간이란 주식기준보상약정에서 지정하는 가득조건을 충족해야 하는 기간을 말한다.

(3) 가득조건

주식기준보상을 받을 자격을 획득하는 것을 가득(vested)되었다고 한다. 가득조건이란 주식기준보상약정에 따라 거래상대방이 현금 또는 기업의 지분상품을 받을 권리를 얻기 위해 충족해야 하는 조건을 말한다. 주식기준보상거래에서 부과되는 가득조건은 일반적으로 다음의 [표 1]과 같이 분류한다. 용역제공조건(service condition)에서는 특정기간을 채우는 것만 요구된다. 비시장성과조건(non-service condition)은 주가와 무관한 성과목표를 달성하는 조건이고, 시장성과조건(market condition)은 목표주가 달성을 조건으로 한다.

[표 1] **가득조건**

가득조건		내용
용역제공조건		특정 용역제공기간을 채울 것을 요구(예: 향후 3년간 계속 근무)
성과조건	시장조건[1]	지분상품의 시장가격과 관련된 일정성과를 달성할 때까지 계속 근무하는 조건(예: 향후 3년간 주가 ₩10,000 이상)
	비시장조건	주가와 무관한 성과목표 달성. 기업의 영업이나 활동과 관련된 조건(예: 목표이익, 목표판매량)을 달성할 때까지 계속하여 근무하는 조건

가득조건인지 비가득조건인지에 따라 회계처리가 상이하다. 가득조건이 없으면 측정일에 측정한 전액을 비용으로 인식하고, 가득조건이 있으면 측정액을 가득기간에 배분하여 비용으로 인식한다.

1) 기준서에 제시하고 있는 시장은 자본시장(capital market)을 의미한다.

[그림 1]은 가득조건에 따른 분류를 나타낸 것으로, 가득조건이 없으면 비가득조건으로 본다. 특정 기간을 채우는 것 외에 추가적으로 일정 성과를 요구하면 성과조건으로 분류한다.

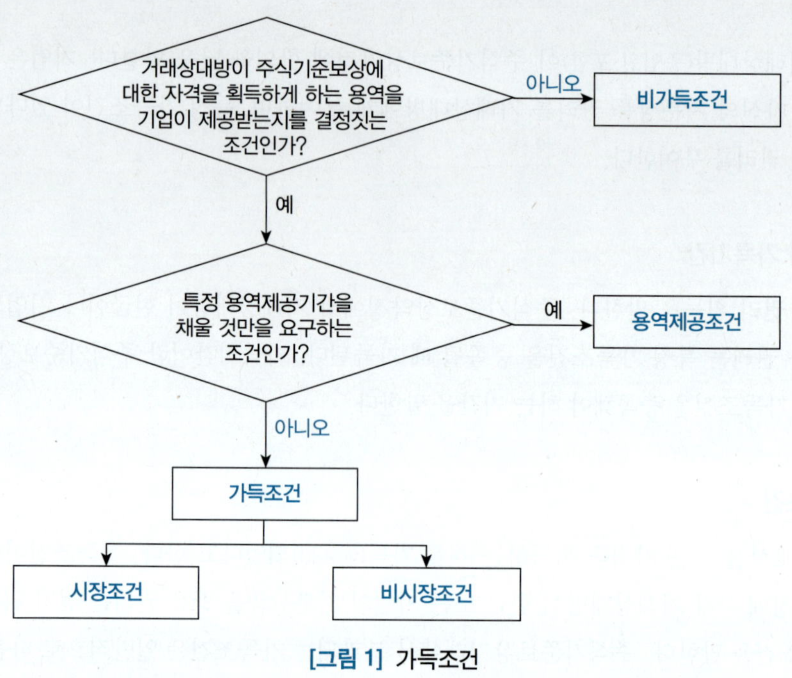

[그림 1] 가득조건

(3) 주식기준보상거래의 이해

비가득조건이면 부여일부터 주식선택권을 즉시 행사할 수 있고, 가득조건이 있으면 주식기준보상약정에 따라 특정 기간에 재화를 인도하거나 용역을 제공해야 한다. 가득조건이 부여되면 가득일 이후부터 만료일까지 권리행사가 가능하며, 거래상대방이 부여된 권리를 실제로 행사하는 시점을 행사일이라고 한다.

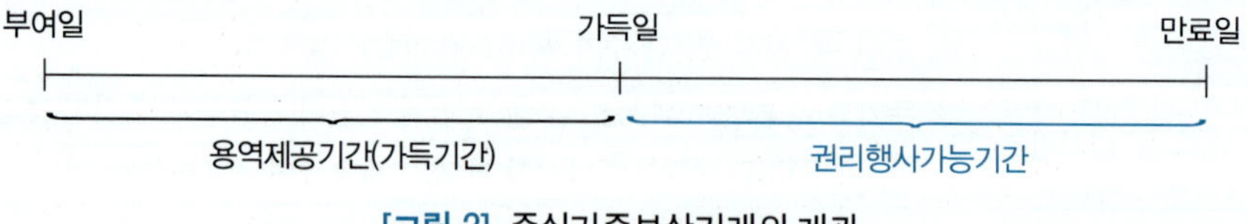

[그림 2] 주식기준보상거래의 개관

제2절 주식결제형 주식기준보상거래

1. 인식

주식결제형 주식기준보상거래로 재화나 용역을 제공받으면 그에 상당하는 자본 증가를 인식한다. 제공받은 재화나 용역이 자산 인식요건을 충족하면 자산으로 인식하고, 그렇지 못하면 당기 비용으로 인식한다.

(차)	자산 or 주식보상비용	×××	(대)	주식선택권(자본)	×××

2. 측정

주식결제형 주식기준보상거래는 [표 2]와 같이 측정하는데, 재화나 용역을 제공하는 거래상대방에 따라 회계처리가 다르다. 거래상대방으로부터 재화를 구매하고 자기회사의 주식을 발행하면 제공받은 재화의 공정가치를 알 수 있다. 종업원으로부터 제공받는 용역의 공정가치는 신뢰성 있게 측정할 수 없기 때문에 부여한 지분상품 부여일의 공정가치에 기초하여 측정한다. 부여일 이후에는 지분상품의 가치산정에 기초가 된 재화나 용역의 공정가치를 재측정하지 않으므로 지분상품 공정가치가 변해도 공정가치 변동은 인식하지 않는다.

[표 2] **주식결제형 주식기준보상거래의 측정**

거래상대방	측정방법
종업원이 아님	제공받는 재화나 용역의 공정가치로 직접 측정
종업원	① 원칙 : 부여한 지분상품의 공정가치에 기초하여 측정 ② 예외 : 시장가격을 구할 수 없다면 가치평가기법을 사용하여 지분상품의 공정가치를 추정

(1) 용역이 제공되는 거래(용역제공조건)

용역제공 대가로 기업의 지분상품을 부여하는 주식결제형 주식기준보상거래는 지분상품이 가득되는 시점에 따라 회계처리가 달라진다.

① 부여된 지분상품이 즉시 가득

지분상품이 부여 즉시 가득된다면 거래상대방은 지분상품의 무조건적인 권리를 획득하기 위해 특정기간에 용역을 제공해야 할 의무는 없다. 이때 반증이 없는 한, 지분상품 대가에 해당하는 용역을 거래상대방에게 권리부여일 이전에 이미 제공받은 것으로 본다. 권리부여시점부터 권리행사가 가능하므로 기업은 제공받은 용역 전부를 부여일에 인식하고 그에 상당하는 금액을 자본 증가로 인식한다.

(차)	주식보상비용	×××	(대)	주식선택권(자본)	×××

② 특정기간(가득기간) 용역을 제공해야 가득

거래상대방이 특정기간에 용역을 제공해야 지분상품이 가득되는 조건을 부여할 수 있다. 이때 기업은 지분상품 대가로 거래상대방으로부터 받을 용역을 미래 가득기간에 제공받는 것으로 본다. 부여시점에서 총보상원가를 측정하고 총보상원가를 가득기간에 걸쳐 배분하여 비용으로 인식한다. 예를 들어 종업원에게 3년간 근무하는 조건으로 주식선택권을 부여한다면, 주식선택권 대가에 해당하는 근무용역을 미래 가득기간인 3년에 걸쳐 제공받는다고 본다. 총보상원가는 3년 동안 비용으로 배분한다.

가득조건을 충족해야 주식선택권을 행사할 수 있으므로 용역제공조건을 충족하지 못하면 주식선택권은 소멸한다. 예를 들어, 종업원에게 3년간 용역제공조건으로 주식선택권을 부여했다고 하자. 가득일 전에 종업원이 퇴사하면 용역제공조건을 충족하지 못했으므로 종업원에게 부여한 주식선택권은 소멸한다. 매기 말에 실제 퇴사인원을 기초로 예상퇴사인원을 예측하여 가득조건을 충족할 종업원 수를 산정하여 주식선택권 예상행사율을 추정한다.

〈예 1〉 가득조건의 추정(K-IFRS 제1102호, IG 사례 1A 수정)

기업은 20×1년 초 종업원 500명에게 각각 주식선택권 100개를 부여했다. 주식선택권은 종업원이 앞으로 3년간 근무할 것을 조건으로 한다. 20×1년 초 가중평균확률에 기초하여, 기업은 종업원 중 20%가 부여일로부터 3년 이내에 퇴사하여 주식선택권을 상실할 것으로 추정했다.

① 20×1년 중 20명이 퇴사했다. 기업은 20×1년 말에 가득기간 전에 퇴사할 것으로 기대하는 종업원의 추정비율을 20%(100명)에서 15%(75명)로 수정했다.

② 20×2년에 22명이 퇴사했다. 기업은 가득기간 전에 퇴사할 것으로 기대하는 종업원의 추정비율을 15%(75명)에서 12%(60명)로 변경했다.

③ 20×3년에 15명이 퇴사했다. 20×3년 말 현재 총 57명이 퇴사하여 주식선택권을 상실했다.

〈예 1〉에서 종업원이 일정기간에 근무용역을 제공하는 조건으로 주식선택권을 부여했다. 주식선택권 부여시점에 근무용역 조건을 충족할 종업원 수를 구한 후 실제 퇴사한 종업원 수를 고려하여 매년 말에 추정치를 변경한다. 20×1년 초 500명 중 20%가 퇴사할 것으로 예측했으므로 주식선택권 부여시점에서 가득조건을 충족할 종업원 수는 420명(500명×80%)으로 추정한다. 20×1년 20명이 퇴사하여 20×2년과 20×3년에 55명[75명(20×1년 말에 추정, 3년간 총 퇴사할 것으로 예측되는 종업원수는 75명) − 20명(20×1년 중 실제 퇴직 종업원 수)]이 퇴사할 것으로 예측한다. 이러한 방식으로 20×2년 말에 가득조건을 충족할 종업원 수를 추정한다. 아래에서 대상 종업원 수(D)는 종업원 수(A)에서 실제 퇴사인원(B)과 추가 예상 퇴사인원(C)을 차감하여 구한다.

연도	종업원 수 (A)	실제 퇴사인원 (누적, B)	추가 예상 퇴사인원(C)	대상 종업원수(D)	종업원당 부여수량	가득조건 충족수량
20×1년	500명	20명	55명	425명	100개	42,500개
20×2년	500명	42명	18명	440명	100개	44,000개
20×3년	500명	57명	−	443명	100개	44,300개

[주식보상비용의 인식]

〈예 1〉에서 부여일 현재 주식선택권의 단위당 공정가치를 ₩15으로 추정했다고 하자. 보상원가는 단위당 공정가치에 가득될 지분상품 수량을 곱해 계산한다. 단위당 공정가치는 부여일 기준으로 측정하므로 부여일 이후 단위당 공정가치는 변하지 않는다. 가득되는 지분상품 수량은 가득일 이후 종업원 퇴직으로 발행할 전체 지분상품 수량이 변동([예 1]에서 42,500개 → 44,000개 → 44,300개)할 수 있다. 이러한 이유로 당기말 누적보상원가를 구한 후 전기까지 자본에 계상된 금액(전기말 누적보상원가)을 차감하여 당기보상원가를 구한다. 예를 들어, 20×2년 당기보상원가는 20×2년 누적보상원가에서 20×1년 누적보상원가를 차감하여 계산한다.

연도	누적보상원가	당기보상원가
20×1년	₩15×42,500개×1/3 = ₩212,500	₩212,500
20×2년	₩15×44,000개×2/3 = ₩440,000	227,500
20×3년	₩15×44,300개×3/3 = ₩664,500	224,500

당기보상원가는 주식보상비용 계정으로 하여 성격에 따라 제조원가, 판매비와관리비, 개발비 등으로 분류하고, 주식선택권은 자본조정(자본)으로 인식한다.

(차)	주식보상비용	××× ㈜	(대)	주식선택권(자본)	×××

[주식선택권 행사시점의 회계처리]

발행금액은 권리행사로 납입되는 금액(행사가격×행사주식수)과 자본항목에 계상되어 있던 주식선택권의 합계액이다.

(차)	현 금	××× (주1)	(대)	자 본 금	××× (주3)
	주식선택권	××× (주2)		주식발행초과금	××× (주4)

(주1) 행사가격×행사수량
(주2) 부여일의 주식선택권 공정가치×행사수량
(주3) 주당 액면금액×발행주식수
(주4) 대차차액

〈예 2〉 주식선택권의 행사

기업은 20×1년 초 종업원 500명에게 각각 주식선택권 100개를 부여했다. 각 주식선택권은 종업원이 앞으로 3년간 근무할 것을 조건으로 한다. 20×3년 말 가득조건을 충족한 주식선택권 수량은 44,300개이고, 주식선택권의 단위당 공정가치는 ₩15이고, 개당 행사가격은 ₩20이다.

20×4년 초 주식선택권 중 100개가 행사되었다고 하자. 주당 액면금액이 ₩10이면 다음과 같이 회계처리한다.

(차)	현 금	2,000 (주1)	(대)	자 본 금	1,000 (주3)
	주식선택권	1,500 (주2)		주식발행초과금	2,500 (주4)

(주1) ₩20(행사가격)×100개(행사수량) = ₩2,000
(주2) ₩15(부여일의 주식선택권 공정가치)×100개(행사수량) = ₩1,500
(주3) ₩10(주당 액면금액)×100주(발행주식수) = ₩1,000
(주4) 대차차액

회사가 신주를 발행하지 않고 보유 중인 자기주식 100주(주당 취득원가 ₩25)를 교부하면 다음과 같이 회계처리한다.

(차)	현 금	2,000 (주1)	(대)	자 기 주 식	2,500 (주3)
	주식선택권	1,500 (주2)		자기주식처분이익	1,000 (주4)

(주1) ₩20(행사가격)×100개(행사수량) = ₩2,000
(주2) ₩15(부여일의 주식선택권 공정가치)×100개(행사수량) = ₩1,500
(주3) 100주×₩25 = ₩2,500
(주4) 대차차액

[예제 1] 주식결제형 주식선택권(용역제공조건)

말러사는 20×1년 초 종업원 200명에게 각각 주식선택권 10개를 부여하고 3년간 용역제공조건을 부과했다. 부여일 현재 주식선택권의 단위당 공정가치는 ₩1,000으로 추정되었으며, 주식선택권 행사가격은 ₩6,000이다.

(1) 20×1년 중 18명이 퇴사했다. 20×1년 말 현재 향후 2년간 35명이 추가로 퇴사할 것으로 추정했다.
(2) 20×2년 중 17명이 퇴사했다. 20×2년 말 현재 향후 1년간 15명이 추가로 퇴사할 것으로 추정했다.
(3) 20×3년 중 10명이 퇴사하여 종업원 155명의 주식선택권은 가득되었다.
(4) 20×4년 초 종업원 155명이 주식선택권을 행사하여, 말러사는 주식을 발행 · 교부했다. 주식의 주당 액면금액은 ₩5,000이다.

물음

각 연도 말의 보상원가를 인식하기 위한 회계처리를 제시하시오.

해답

1. 가득조건을 충족한 수량의 추정

연도	종업원 수	실제 퇴사 인원(누적)	추가예상 퇴사인원	대상 종업원 수	종업원당 부여수량	가득조건 충족수량
20×1년	200	(18)	(35)	147	10개	1,470개
20×2년	200	(35)	(15)	150	10개	1,500개
20×3년	200	(45)		155	10개	1,550개

2. 누적보상원가와 당기보상원가

연도	누적보상원가	당기보상원가
20×1년	₩1,000×1,470개×1/3 = ₩490,000	₩490,000
20×2년	₩1,000×1,500개×2/3 = ₩1,000,000	510,000
20×3년	₩1,000×1,550개×3/3 = ₩1,550,000	550,000

3. 회계처리

(1) 20×1년 말

(차)	주식보상비용	490,000	(대)	주식선택권(자본)	490,000

(2) 20×2년 말

(차)	주식보상비용	510,000	(대)	주식선택권(자본)	510,000

(3) 20×3년 말

(차)	주식보상비용	550,000	(대)	주식선택권(자본)	550,000

(4) 20×4년 초

(차)	주식선택권	1,550,000 (주1)	(대)	자 본 금	7,750,000 (주3)
	현 금	9,300,000 (주2)		주식발행초과금	3,100,000 (주4)

(주1) ₩1,000(부여일의 주식선택권 공정가치)×155명×10개 = ₩1,550,000
(주2) ₩6,000(행사가격)×155명×10개 = ₩9,300,000
(주3) ₩5,000(주당 액면금액)×155명×10개 = ₩7,750,000
(주4) 대차차액

(2) 부여한 지분상품의 공정가치에 기초하여 측정하는 거래

1) 시장가격을 기초로 측정

종업원(또는 종업원이 아닌 거래상대방)에게서 제공받은 재화나 용역의 공정가치를 신뢰성 있게 측정할 수 없다면 부여한 지분상품의 공정가치를 기초로 측정한다. 이용할 수 있는 지분상품의 시장가격을 기초로 하되 부여조건을 고려하여 측정일 현재의 공정가치를 측정한다. 이용 가능한 시장가격이 없다면 가치평가기법을 사용하여 지분상품의 공정가치를 측정한다.

지분상품은 특정 가득조건이 충족될 것을 조건으로 부여될 수 있는데, 이러한 가득조건으로 시장조건과 비시장조건이 있다.

① 시장조건

부여한 지분상품의 공정가치를 측정할 때 가득이나 행사 가능성 여부를 좌우하는 목표 주가와 같은 시장조건을 고려한다. 부여일에 블랙-숄즈모형이나 이항모형을 이용하여 지분상품 공정가치를 측정할 때 시장조건을 달성하지 못할 가능성과 기대가득기간 추정치를 가격결정모형에 반영한다.

부여일 이후에는 기대가득기간을 수정하지 않고, 지분상품 수량도 조정하지 않는다. 부여일에 주식선택권 공정가치를 추정할 때 기대가득기간 추정치와 목표주가를 달성하지 못할 가능성을 이미 고려했다. 부여일 이후에 사용하는 가정도 일관성이 있어야 하므로 기대가득기간을 수정하지 않고 지분상품 수량도 조정하지 않는다. 예를 들어, 목표주가는 ₩15,000이고 주식선택권 공정가치를 측정할 때 이항모형을 적용한다고 하자. 이항모형에서는 주가가 ₩15,000 이상이 될 가능성과 그렇지 못할 가능성을 고려하여 주식선택권 공정가치를 측정한다. 시장조건을 충족하는지 관계없이 부여일에 추정한 예상 가득기간에 걸쳐 보상원가를 인식하고 부여일의 공정가치는 수정하지 않는다.

〈예 3〉 시장조건인 성과조건

A기업은 20×1년 초 임원에게 주식선택권을 부여했다. 임원이 재직 중에 부여일 주가보다 10% 상승하면 주식을 무상으로 발행한다. 부여일 현재 목표주가는 20×2년 말에 달성될 것으로 추정했다.

〈예 3〉에서 목표주가 달성시점이 20×2년 말이 아닌 20×3년 말로 변동되었다고 하자. 목표주가 달성시점이 변동되어도 임원이 퇴직하지 않는 한 '부여하는 지분상품 총수량'은 변하지 않고, '기대가득기간'도 수정하지 않는다. 최종적으로 목표주가를 달성하지 못해도 이미 인식한 보상원가를 환입하지도 않는다. 목표주가 달성가능성은 부여일에 주식선택권 공정가치를 추정할 때 이미 고려했기 때문이다. 시장조건이 달성되는지 관계없이 다른 가득조건을 모두 충족하면 제공받은 재화나 용역을 인식한다. 왜냐하면 기업은 재화나 용역을 제공받았기에 이에 대한 인식을 해야하기 때문이다.

[예제 2] 주식결제형 주식선택권(시장조건이 부과된 경우)

말러사는 20×1년 초 최고경영자에게 주식선택권 1,000개를 부여하고 3년간 용역제공조건을 부과했다. 부여일 현재 주가는 ₩1,200이며, 가득일인 20×3년 말 주가가 ₩1,500 이상이 되면 주식선택권이 가득된다. 주식선택권 행사가능기간은 20×4년 초부터 20×6년 말까지이다. 말러사는 주식선택권 공정가치를 부여일 현재 단위당 ₩900으로 추정했다.

물음

1. 다음 상황에서 20×1년 말, 20×2년 말, 20×3년 말에 수행해야 할 회계처리를 제시하시오.
   (1) 20×3년 말 주가는 ₩1,700
   (2) 20×3년 말 주가는 ₩1,400
2. 20×4년 초 최고경영자는 가득된 주식선택권을 모두 행사한다고 가정하고 '물음 1'의 각 상황에서의 회계처리를 제시하시오. 주식선택권 행사가격은 ₩1,000이고, 주당 액면금액은 ₩500이다.

해답

1.

주가가 목표주가인 ₩15,000 이상이든 이하이든 시장조건이 부과되면 시장조건 달성여부와 관계없이 다른 모든 가득조건(예를 들어, 용역제공조건)이 충족되면 보상원가를 인식한다. (1)과 (2)의 회계처리는 동일하다.

연도	누적보상원가	당기보상원가
20×1년	₩900×1,000개×1/3 = ₩300,000	₩300,000
20×2년	₩900×1,000개×2/3 = ₩600,000	300,000
20×3년	₩900×1,000개×3/3 = ₩900,000	300,000

① 20×1년 말, ② 20×2년 말, ③ 20×3년 말의 회계처리

(차) 주식보상비용 300,000 (대) 주식선택권(자본) 300,000

2.

(1) 주가 ₩1,700 : 최고경영자가 주식선택권을 행사할 수 있는 경우

(차) 현 금 1,000,000 (주1) (대) 자 본 금 500,000 (주3)
주식선택권(자본) 900,000 (주2) 주식발행초과금 1,400,000

(주1) ₩1,000(행사가격)×1,000주 = ₩1,000,000
(주2) 20×3년 말 누적보상원가
(주3) ₩500(액면금액)×1,000주 = ₩500,000

(2) 주가 ₩1,400 : 최고경영자가 주식선택권을 행사할 수 없는 경우

(차) 주식선택권(자본) 900,000 (대) 자본잉여금 900,000

〈해설〉

용역제공조건은 충족했으나 시장조건을 충족하지 못했으므로 주식선택권을 행사할 수 없다. 말러사는 주식선택권을 제거시키고 자본잉여금으로 대체한다.

② 비시장조건

시장조건이 아닌 가득조건(이하 '비시장조건')은 사업부 이익, 주당이익, 매출액 증가율 등 시장(capital market)과는 무관한 성과지표를 달성해야 주식선택권 또는 주식을 획득할 권리가 가득되는 조건을 말한다.

비시장조건에서는 측정기준일 현재 주식 또는 주식선택권의 공정가치를 추정할 때 기대가득기간은 고려하지 않는다. 매 보고기간말에 기대가득기간을 후속정보에 기초하여 조정한다. 예를 들어, 연평균 시장점유율 목표가 가득조건이라면 매 보고기간말에 예상하는 연평균 시장점유율 목표달성시점이 변동될 수 있다. 이를 반영하여 기대가득기간을 수정한다.

'가득될 것으로 예상하는 지분상품 수량'에 대한 최선의 추정치에 기초하여 가득기간에 제공받은 재화나 용역에 대한 금액을 인식한다. 후속적인 정보에 비추어 볼 때, 가득될 것으로 예상하는 지분상품 수량이 앞서 추정했던 지분상품 수량과 다르면 추정치를 변경한다. 가득일에는

궁극적으로 가득된 지분상품 수량과 같아지도록 추정했던 지분상품 수량을 바꾼다. 실제 결과에 따라 누적조정이 이루어진다.

〈예 4〉 지분상품 수량의 추정

매출액 연평균이 3%에서 6%사이에 증가하면 10개, 매출액 연평균이 6%이상 증가하면 20개의 주식선택권을 부여한다.

〈예 4〉에서 1차년도 말에 매출액 연평균이 5%이면, 발행할 주식수를 10개로 계산한다. 2차년도 말에 매출액 연평균이 8%이면 발행할 주식수를 20개로 조정한다.

시장조건과 비시장조건을 비교하면 [표 3]과 같다. 시장조건에서 부여일 수량과 부여일 단위당 공정가치는 변동하지 않는다. 비시장조건에서는 후속정보를 고려하여 미래에 부여할 것으로 예상하는 지분상품 수량과 미래가득기간은 비시장조건의 추정치 변동으로 수정될 수 있다.

[표 3] 시장조건과 비시장조건의 비교

구 분	매 결산일	가득일
시장조건	부여일 수량×부여일 단위당 공정가치	부여일 수량×부여일 단위당 공정가치
비시장조건	최근 추정치 가득될 수량×부여일 단위당 공정가치	실제 가득된 수량×부여일 단위당 공정가치

[예제 3] 주식결제형 주식선택권(비시장조건이 부과된 경우)

(주)오마주는 20×1년 초 영업팀 직원 100명에게 각각 주식선택권(주식결제형) 10개를 부여했다. 주식선택권 행사가격은 주당 ₩8,000이고, 행사가능기간은 20×7년 말까지이다. 주식선택권을 행사할 때 발행하는 주식의 액면금액은 주당 ₩5,000이며, 부여일 현재 주식선택권 단위당 공정가치는 ₩3,000으로 추정되었다. 이러한 권리는 다음과 같이 연평균 시장점유율에 따라 가득시점과 가득여부가 결정된다.

연평균 시장점유율	가득일
10% 이상	20×3년 말
7%이상에서 10%미만	20×4년 말
7%미만	가득되지 않음

〈배경정보〉

(1) 20×1년 말 시장점유율은 11%로 집계되었으며, 남은 기간에도 동일한 시장점유율을 유지할 것으로 예상했다. 이러한 예상은 20×2년 말까지 유효했다.

(2) 20×3년 말 시장점유율은 5%로 집계되어 연평균 시장점유율은 9%이고, 20×4년의 시장점유율은 7%로 추정했다.

(3) 20×4년 말 집계한 시장점유율은 9%이다.

퇴사자의 실제 현황과 예상내용은 다음과 같다.

(1) 20×1년에 6명이 퇴사했으며, 향후 매년 6명씩 퇴사할 것으로 예상한다.

(2) 20×2년에 6명이 퇴사했으며, 20×3년부터는 매년 5명씩 퇴사할 것으로 예상한다.

(3) 20×3년에 4명이 퇴사했으며, 20×4년에는 3명이 퇴사할 것으로 예상한다.

(4) 20×4년에 4명이 퇴사했다.

물음

각 연도 말에 인식해야 할 누적보상원가와 당기보상원가를 계산하시오.

해답

연도	누적보상원가	당기보상원가
20×1년	₩3,000×(100명 − 6 − 12)×10개×1/3 = ₩820,000	₩820,000
20×2년	₩3,000×(100명 − 6 − 6 − 5)×10개×2/3 = ₩1,660,000	840,000
20×3년	₩3,000×(100명 − 6 − 6 − 4 − 3)×10개×3/4 = ₩1,822,500	162,500
20×4년	₩3,000×(100명 − 6 − 6 − 4 − 4)×10개×4/4 = ₩2,400,000	577,500

〈해설〉

20×2년 말까지 시장점유율이 10%이상을 유지할 것으로 추정했으므로 20×3년 말에 가득된다고 가정했다. 이에 따라 보상원가를 3년간 배분했다. 20×3년 말 실제 시장점유율이 9%로 가득기간은 20×4년 말로 변경되었다. 이에 따라 20×3년 말에 미래가득기간을 수정하여 보상원가를 4년간 배분한다.

2) 지분상품의 공정가치를 신뢰성 있게 측정할 수 없는 경우 – 내재가치로 추정

지분상품의 공정가치를 측정기준일 현재 신뢰성 있게 추정할 수 없다면 재화나 용역을 제공받는 날을 기준으로 내재가치로 지분상품을 측정한다. 최초 측정일 이후 매 보고기간말과 최종 결제일에 내재가치를 재측정하고 내재가치 변동액은 당기손익으로 인식한다.

① 내재가치

거래상대방이 청약할 권리를 갖고 있거나 제공받을 권리를 갖고 있는 주식의 공정가치와 거래상대방이 해당 주식에 대해 지급해야 하는 금액의 차이를 말한다. 예를 들어, 주식선택권 행사가격은 ₩50이고, 기초가 되는 주식의 공정가치가 ₩60이라면 내재가치는 ₩10이다. 최종결제일까지 내재가치가 변동하면 이를 반영하여 수정한다. 가치평가모형에서 내재가치를 결정할 때 시간가치를 반영하지 않으므로 보정해야한다. 가득일 이후에 주식선택권이 상실되거나 만기에 소멸되면 제공받은 재화나 용역에 대해 인식한 금액을 환입한다.

② 지분상품의 수량

최종적으로 가득되거나 행사되는 지분상품 수량에 기초하여 제공받는 재화나 용역을 인식한다. 후속적인 정보에 비추어 볼 때 미래 가득될 주식선택권의 예상수량이 앞서 추정했던 수량과 다르면 추정치를 변경한다. 가득일에는 최종적으로 가득된 지분상품의 수량과 같도록 추정했던 지분상품 수량을 바꾼다.

[예제 4] 내재가치로 측정하는 주식선택권

말러사는 20×1년 초 종업원 100명에게 각각 주식선택권을 300개를 부여하고 3년의 용역제공조건을 부과했다. 주식선택권 행사가격은 ₩500이고, 주식선택권 부여일 현재 말러사 주가도 ₩500이다.

(1) 주식선택권 부여일 현재 회사는 주식선택권 공정가치를 신뢰성 있게 측정할 수 없다고 판단했다.
(2) 20×1년에 2명이 퇴사했고, 앞으로 8명이 추가로 퇴사할 것으로 추정했다.
(3) 20×2년에 5명이 퇴사했고, 앞으로 4명이 추가로 퇴사할 것으로 추정했다.
(4) 20×3년에 5명이 퇴사했다.
(5) 20×4년 말 주식선택권 중 10,000개가 행사되었다.
(6) 말러사의 연도별 주가는 다음과 같다.

20×1년 말	20×2년 말	20×3년 말	20×4년 말
₩550	₩570	₩600	₩550

물음

1. 20×1년부터 20×3년 말에 매기 인식해야 할 보상원가를 구하시오.
2. 20×4년 말 주식선택권 행사와 관련된 회계처리를 제시하시오. 말러사 주식의 주당 액면금액은 ₩500이다.

해답

1.

(1) 가득조건을 충족한 수량의 추정

연도	종업원 수	실제 퇴사 인원(누적)	예상 퇴사인원	대상 종업원 수	종업원당 부여수량	가득조건 충족수량
20×1년	100	(2)	(8)	90	300개	27,000개
20×2년	100	(7)	(4)	89	300개	26,700개
20×3년	100	(12)		88	300개	26,400개

(2) 내재가치

연도	주가(①)	행사가격(②)	내재가치(①-②)
20×1년 말	₩550	₩500	₩50
20×2년 말	570	500	70
20×3년 말	600	500	100

(3) 누적보상원가와 당기보상원가

연도	누적보상원가	당기보상원가
20×1년	₩50×27,000개×1/3 = ₩450,000	₩450,000
20×2년	₩70×26,700개×2/3 = ₩1,246,000	796,000
20×3년	₩100×26,400개×3/3 = ₩2,640,000	1,394,000

2. 회계처리

(차)	현 금	5,000,000 (주1)	(대)	자 본 금	5,000,000 (주3)
	주식선택권(자본)	1,000,000 (주2)		주식발행초과금	1,000,000

(주1) 10,000개×₩500(행사가격) = ₩5,000,000
(주2) 10,000개×₩100(20×3년 말 내재가치) = ₩1,000,000
(주3) ₩500(액면금액)×10,000주 = ₩5,000,000

3. 지분상품의 조건변경 등

(1) 조건변경

조건변경은 거래상대방에게 유리한지와 불리한지에 따라 회계처리방법이 다르다. 내재가치로 측정하는 주식선택권은 내재가치를 측정할 때 지분상품 조건을 고려하므로 조건변경을 적용하지 않는다.

[표 4] **지분상품의 조건변경**

구분		회계처리
거래상대방에게 불리한 조건 변경		조건변경을 인식하지 않음
거래상대방에게 유리한 조건 변경	가득기간 중 조건변경	증분공정가치를 잔여기간에 나눠서 인식
	가득기간 후 조건변경	증분공정가치를 즉시 인식 또는 추가 가득기간에 나눠서 인식

① 거래상대방에게 불리한 조건 변경

부여한 지분상품 조건변경이 주식기준보상약정의 총공정가치를 감소시키거나 거래상대방에게 불리하게 이루어질 수 있다. 이때 조건변경은 없는 것으로 보고 부여한 지분상품 대가로 제공받는 근무용역을 계속해서 인식한다. 종업원의 근무용역 가치는 주식선택권 부여일에 지분상품의 공정가치로 측정하는데, 조건변경 이후 제공할 용역 가치가 감소한다고 볼 수 없다. 이와 같은 이유로 거래상대방에게 불리한 조건변경은 인식하지 않는다.

② 거래상대방에게 유리한 조건 변경 : 행사가격 인하, 지분상품 수량 증가

행사가격 인하 또는 지분상품 수량을 증가시키는 조건변경은 거래상대방에게 유리할 수 있다. 행사가격을 인하하면 지분상품의 공정가치가 증가하는데, 조건변경으로 증가한 공정가치는 최초 부여시점에서 측정한 지분상품 공정가치에 가산한다. 지분상품 수량이 증가하면 추가로 부여한 지분상품 공정가치를 최초 부여시점에 측정한 지분상품 공정가치에 가산한다. 행사가격 인하 또는 지분상품 수량 증가로 인한 증분공정가치는 가득기간 중이라면 잔여기간에 걸쳐 인식하고, 가득기간 이후라면 즉시 인식하거나 추가 가득기간에 나눠 인식한다.

당기보상원가 = [Ⓐ 조건변경 전 총보상원가×경과기간/가득기간 + Ⓑ 증분공정가치×경과기간/잔여 가득기간] − 전기까지 자본계상액

(주)
Ⓐ : 부여일 최초 공정가치로 측정한 보상원가
Ⓑ : 증분가치로 측정한 연도별 추가보상원가

[예제 5] 조건변경(행사가격 인하)

말러사는 20×1년 초 최고경영자에게 주식선택권 300개를 부여하고 3년의 용역제공조건을 부과했다. 주식선택권의 단위당 행사가격은 ₩70이고 주식선택권 공정가치는 ₩90으로 추정했다.

주가가 크게 하락하여 20×2년 초 행사가격을 ₩64으로 인하했다. 행사가격 조정 전의 주식선택권 공정가치는 ₩40으로 추정했으나, 행사가격을 재조정하여 주식선택권 공정가치를 ₩46으로 추정했다.

물음

20×2년도와 20×3년도에 인식할 주식보상비용을 계산하시오.

해답

(1) 부여일의 최초 공정가치로 측정한 보상원가

연도	누적보상원가	당기보상원가
20×1년	₩90×300개×1/3 = ₩90,000	₩90,000
20×2년	₩90×300개×2/3 = ₩180,000	90,000
20×3년	₩90×300개×3/3 = ₩270,000	90,000

(2) 증분공정가치로 측정한 연도별 추가보상원가

증분공정가치 = ₩46(변경된 단위당 공정가치)−₩40(20×2년 초 단위당 공정가치) = ₩6

연도	누적보상원가	당기보상원가
20×2년	₩6×300개×1/2 = ₩900	₩900
20×3년	₩6×300개×2/2 = ₩1,800	₩900

〈해설〉

행사가격 인하로 거래상대방에게 유리하게 조건변경이 되었다. 증분공정가치(₩6)를 조건변경시점인 20×2년 초부터 잔여 가득기간에 제공받는 용역에 대한 추가비용으로 인식한다.

(3) 연도별 보상원가

연도	부여일 최초 공정가치로 측정한 보상원가(①)	증분공정가치로 측정한 연도별 추가보상원가(②)	보상원가 (①+②)
20×2년	₩90,000	₩900	₩90,900
20×3년	90,000	900	90,900

〈해설〉

가득기간 중 조건변경은 조건변경 이전에 부여한 지분상품과 조건변경시점에 측정한 증분공정가치의 두 가지 요소로 구성된다. 부여일 최초 공정가치로 측정한 보상원가에 증분공정가치로 측정한 연도별 추가보상원가를 가산하여 연도별 보상원가를 구한다.

(2) 취소 및 중도청산

부여한 지분상품이 가득기간 중 취소되거나 중도청산될 수 있다. 이때 부여한 지분상품은 즉시 가득된 것으로 보아 잔여기간에 제공받을 용역에 대해 인식할 금액을 즉시 비용으로 인식한다. 취소나 중도청산으로 종업원에게 현금을 지급하면 자기지분상품 재매입으로 보아 자본에서 차감한다. 현금지급액이 '부여된 지분상품의 재매입일 현재의 공정가치'를 초과하면 초과액은 비용으로 인식한다.

주식기준보상약정에 부채요소가 포함되어 있으면 취소일(또는 중도청산일)에 해당 부채의 공정가치를 재측정한다. 부채요소 결제에 해당하는 금액은 부채 상환으로 회계처리한다.

〈예 5〉 중도청산

> 중도청산일까지 인식한 주식선택권 잔액은 ₩300, 잔여기간에 인식할 주식보상비용은 ₩150이다. 중도청산일 현재 주식선택권의 공정가치는 ₩500이고, 종업원에게 ₩600을 지급했다.

현금지급액 ₩600을 분석하면 [그림 3]과 같다. 현금지급액은 아래와 같이 주식선택권 잔액, 공정가치 초과분, 자본항목의 순으로 구성된다.

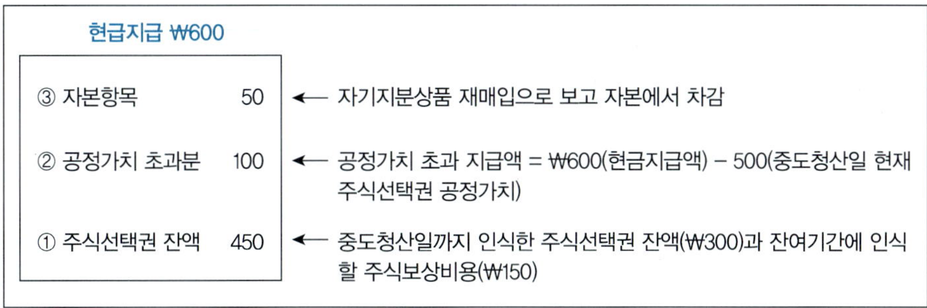

[그림 3] 중도청산 시 현금지급

주식선택권 잔액은 즉시 가득된 것으로 보아 제거하고, 공정가치 초과분은 급여를 추가로 지급한 것으로 보아 주식보상비용으로 인식한다. 현금지급액을 주식선택권 잔액과 공정가치 초과분에 배분한다. 잔액은 자기지분상품 재매입으로 보아 주식선택권청산손실(자본)로 처리한다.

(차)	주식선택권(자본조정)	450	(대)	현금	600
	주식보상비용	100			
	주식선택권청산손실(자본)	50			

[예제 6] 중도청산

말러사는 20×1년 초 종업원 100명에게 각각 주식선택권 10개를 부여하고 3년의 용역제공조건을 부과했다. 부여일 현재 주식선택권의 단위당 공정가치는 ₩900으로 추정되었다. 말러사는 20×3년 말까지 퇴사자가 없을 것으로 추정했으며, 실제 결과도 추정과 동일했다.

20×2년 말 말러사는 종업원과 합의했는데, 현금을 지급하여 주식선택권을 모두 중도청산했다.

물음

다음 각각 상황에서 20×1년 말과 20×2년 말에 해야 할 회계처리를 제시하시오.

1. (상황 1) 20×2년 말 주식선택권 공정가치는 ₩1,140, 현금 ₩840 지급
2. (상황 2) 20×2년 말 주식선택권 공정가치는 ₩1,000, 현금 ₩1,200 지급

해답

〈중도청산이 없다고 가정할 경우 보상원가〉

연도	누적보상원가	당기보상원가
20×1년	₩900×100개×10명×1/3 = ₩300,000	₩300,000
20×2년	₩900×100개×10명×2/3 = ₩600,000	300,000
20×3년	₩900×100개×10명×3/3 = ₩900,000	300,000

1.

(1) 20×1년 말

(차)	주식보상비용	300,000	(대)	주식선택권(자본조정)	300,000

(2) 20×2년 말

① 20×2년분 주식보상원가 인식

(차)	주식보상비용	300,000	(대)	주식선택권(자본조정)	300,000

② 잔여기간에 제공받을 용역에 대해 인식할 금액을 즉시 인식

(차)	주식보상비용	300,000	(대)	주식선택권(자본조정)	300,000

③ 중도청산으로 현금 지급의 회계처리

(차)	주식선택권(자본조정)	900,000	(대)	현 금	840,000
				자본잉여금	60,000

2.

(1) 20×1년 말

(차)	주식보상비용	300,000	(대)	주식선택권(자본조정)	300,000

(2) 20×2년 말

① 20×2년분 주식보상원가 인식

(차)	주식보상비용	300,000	(대)	주식선택권(자본조정)	300,000

② 잔여기간에 제공받을 용역에 대해 인식할 금액을 즉시 인식

(차)	주식보상비용	300,000	(대)	주식선택권(자본조정)	300,000

③ 중도청산으로 현금 지급의 회계처리

(차)	주식선택권(자본조정)	900,000	(대)	현 금	1,200,000
	주식보상비용	200,000 ㈜			
	자본항목	100,000			

㈜ 공정가치 초과분 = [₩1,200(현금지급액) − 1,000(공정가치)]×1,000개 = ₩200,000

〈해설〉

중도청산에서 종업원에게 지급하는 금액은 자기지분상품을 재매입한 것으로 보아 자본에서 차감한다. 중도청산일 현재 주식선택권의 공정가치를 초과하여 지급한 금액은 비용으로 인식한다.

제3절 현금결제형 주식기준보상거래

1. 보상원가의 인식 및 측정

기업이 재화나 용역을 제공하고 대가를 지분상품의 공정가치에 기초하여 결정된 금액을 현금결제하는 거래를 현금결제형 주식기준보상거래라고 하며, 대표적인 예가 주가차액보상권이다. 주가차액보상권은 종업원이 권리를 행사하면 특정기간에 상승한 주식가격을 현금으로 받을 수 있는 권리이다. 종업원은 주가차액권을 가득하기 위해 일정기간 근무용역을 제공해야 하며, 현금유출을 수반하므로 기업은 부채로 인식한다.

현금결제형 주식기준보상거래에서는 제공받는 용역과 그 대가로 부담하는 금액을 부채의 공정가치로 측정하여 용역을 제공받은 기간에 걸쳐 비용을 인식한다. 당기 보상원가(주식보상비용)는 당기 누적 보상원가에서 직전 누적 보상원가를 차감하여 계산한다. 권리행사 전에는 옵션가격결정모형에 따라 추정한 공정가치를 기준으로 측정한다. 아래 분개에서 당기말 추정 보상원가는 당기말 주가차액보상권의 공정가치에 가득예상수량을 곱해 계산한다.

[주식보상비용의 인식]

(차)	주식보상비용	××× ㈜	(대)	장기미지급비용	×××

㈜ 당기 보상원가 = 당기말 추정 보상원가×경과기간/가득기간 − 전기말 누적 보상원가
당기말 추정 보상원가 = 당기말 주가차액보상권 공정가치×가득예상수량

가득조건에 따라 [표 5]와 같이 보상원가를 인식한다.

[표 5] 가득조건에 따른 보상원가의 인식

가득조건	보상원가 인식
부여 즉시 가득	종업원에게서 이미 근무용역을 제공받은 것으로 보아 지급할 대가를 부여일에 부채로 인식
특정 용역제공기간을 근무	제공받는 근무용역과 대가로 부담하는 부채를 용역제공기간에 걸쳐 인식

주가차액보상권 가치는 변동하므로, 가득일 이후 부채가 전부 결제될 때까지 옵션가격결정모형을 이용하여 부채의 공정가치를 재측정한다. 결제일과 매 보고기간말에 부채의 공정가치를 재측정하고, 공정가치 변동은 당기손익으로 인식한다.

2. 권리 행사

주가차액보상권의 내재가치로 현금을 지급하는데, 내재가치는 주가에서 행사가격을 차감하여 계산한다. 예를 들어, 주가차액보상권의 행사가격과 주가는 각각 ₩850과 ₩1,000이라고 하자. 종업원이 권리를 행사한다면 기업은 차액 ₩150을 현금으로 지급하는데 ₩150을 주가차액보상권의 내재가치라고 한다.

주가차액보상권의 공정가치는 내재가치에 시간가치를 고려하여 결정된다. 주가차액보상권을 행사하기 전까지 주가는 상승할 가능성이 있는데 이를 시간가치라고 한다. 내재가치는 주식의 시간가치를 반영하지 못하므로 권리행사 전까지는 공정가치를 기준으로 측정하고, 권리 행사시점에는 내재가치(현금지급액)를 기준으로 회계처리한다.

주가차액보상권을 행사하면, 행사직전연도말에 계상된 장기미지급비용 장부금액과 현금지급액(내재가치)의 차액은 행사일의 주식보상비용(또는 주식보상비용환입)으로 즉시 인식한다.

[주식선택권 행사시점의 회계처리]

(차)	장기미지급비용	xxx (주1)	(대)	현 금	xxx (주3)
	주식보상비용	xxx (주2)		주식보상비용환입	xxx (주2)

(주1) 장부금액(전기말 또는 당기말 공정가치)×행사수량
(주2) 대차차액. '장기미지급비용> 현금 지급액'이면 대변에 기재, 반대의 경우 차변에 기재
(주3) 행사일의 내재가치(행사일 주가 − 행사가격)×행사수량

[예제 7] 현금결제형 주가차액보상권

거인사는 20×1년 초 종업원 300명에게 각각 현금결제형 주가차액보상권 100개를 부여하고 3년의 용역제공조건을 부과했다.

(1) 20×1년 중 20명이 퇴사했으며 추가로 30명이 퇴사할 것으로 추정했다.
(2) 20×2년 중 15명이 퇴사했으며 추가로 20명이 퇴사할 것으로 추정했다.
(3) 20×3년에 22명이 퇴사했다.
(4) 20×3년 말 100명이 주가차액보상권을 행사했으며, 20×4년 말 나머지 인원이 주가차액보상권을 행사했다.
(5) 매 회계연도 말 주가차액보상권의 공정가치와 내재가치는 다음과 같다. 내재가치는 주가차액보상권의 가득기간이 완료된 후 현금지급액이다.

연도 말	공정가치	내재가치
20×1년	₩300	
20×2년	315	
20×3년	350	₩330
20×4년	365	360

물음

매 연도 말 인식해야 할 보상원가의 회계처리를 수행하시오.

해답

1. 가득조건을 충족한 수량의 추정

연도	종업원 수	실제 퇴사 인원(누적)	예상 퇴사인원	대상 종업원 수	종업원당 부여수량	가득조건 충족수량
20×1년	300	(20)	(30)	250	100개	25,000개
20×2년	300	(35)	(20)	245	100개	24,500개
20×3년	300	(57)		243	100개	24,300개

2. 누적보상원가와 당기보상원가(권리행사분 미고려)

연도	누적보상원가	당기보상원가
20×1년	₩300(공정가치)×25,000개×1/3 = ₩2,500,000	₩2,500,000
20×2년	₩315(공정가치)×24,500개×2/3 = ₩5,145,000	2,645,000
20×3년	₩350(공정가치)×24,300개×3/3 = ₩8,505,000	3,360,000

3. 회계처리

(1) 20×1년 말

(차) 주식보상비용 2,500,000 (대) 장기미지급비용 2,500,000

(2) 20×2년 말

(차) 주식보상비용 2,645,000 (대) 장기미지급비용 2,645,000

(3) 20×3년 말

① 당기 보상비용 인식

(차) 주식보상비용 3,360,000 (대) 장기미지급비용 3,360,000

② 주가차액보상권 행사

(차)	장기미지급비용	3,500,000 (주1)	(대)	현 금	3,300,000 (주2)
				주식보상비용	200,000

(주1) 100명×100개×₩350(20×3년 말 공정가치) = ₩3,500,000
(주2) 100명×100개×₩330(20×3년 말 내재가치) = ₩3,300,000

〈해설〉

20×3년의 보상원가를 인식한 후 주가차액보상권 행사의 회계처리를 수행한다.

- 20×3년 말 재무상태표의 장기미지급비용 잔액 = ₩8,505,000 − 3,500,000(행사분) = ₩5,005,000
- 20×3년 포괄손익계산서의 주식보상비용 = ₩3,360,000 − 200,000(행사분) = ₩3,160,000

(4) 20×4년 말

① 당기 보상비용 인식

(차)	주식보상비용	214,500 (주)	(대)	장기미지급비용	214,500

㈜ [₩365(20×4년 말 공정가치) − 350(20×3년 말 공정가치)]×143명×100개 = ₩214,500

② 주가차액보상권 행사

(차)	장기미지급비용	5,219,500 (주1)	(대)	현 금	5,148,000 (주2)
				주식보상비용환입	71,500

(주1) 143명×100개×₩365(20×4년말 공정가치) = ₩5,219,500
(주2) 143명×100개×₩360(20×4년말 내재가치) = ₩5,148,000

〈해설〉

20×4년 보상원가를 인식한 후 주가차액보상권 행사의 회계처리를 수행한다.

- 20×4년 포괄손익계산서 주식보상비용: ₩214,500 − 71,500(주식보상비용환입) = ₩143,000

[보론] 선택형 주식기준보상거래

선택형 주식기준보상거래에서는 기업이나 거래상대방이 결제방식으로 기업이나 거래상대방은 현금 지급이나 지분상품발행을 선택할 수 있다.

선택형 주식기준보상은 거래의 실질에 따라 회계처리한다. 기업이 현금이나 기타자산을 지급해야 하는 부채를 부담한다면 현금결제형 주식기준보상으로 처리하고, 부채를 부담하지 않는 조건이라면 주식결제형 주식기준보상으로 회계처리한다.

1. 기업이 선택권을 보유

기업이 선택권을 보유하면 현금을 지급해야 하는 현재의무가 있는지를 결정한다. 선택형 주식기준보상은 거래 실질에 따라 회계처리한다. 기업이 현금이나 기타자산을 지급해야 하는 부채를 부담한다면 현금결제형 주식기준보상으로 처리하고, 부채를 부담하지 않는 조건이라면 주식결제형 주식기준보상으로 회계처리한다.

2. 거래상대방이 선택권을 보유

거래상대방에게 주식기준보상거래를 현금이나 지분상품발행으로 결제 받을 수 있는 선택권을 부여할 수 있다. 이때는 부채요소(거래상대방의 현금결제요구권)와 자본요소(거래상대방의 지분상품결제요구권)가 복합된 복합금융상품을 부여한 것으로 본다. 자본요소는 복합금융상품 공정가치에서 부채요소 공정가치를 차감하여 측정한다.

자본요소 = 복합금융상품 공정가치 − 부채요소 공정가치

(1) 종업원이 아닌 자와의 주식기준보상거래

종업원이 아닌 자와의 주식기관 보상거래는 복합금융상품 중 자본요소는 재화나 용역이 제공시점의 재화(또는 용역) 공정가치와 부채요소 공정가치의 차이로 측정한다.

(2) 제공받는 재화나 용역의 공정가치를 직접 측정할 수 없는 거래(종업원과의 거래 포함)

종업원과의 거래 등은 제공받는 재화나 용역의 공정가치를 직접 측정할 수 없을 수 있다. 이러한 거래는 현금이나 지분상품에 부여된 권리 조건을 고려하여 측정기준일 현재 복합금융상품의 공정가치로 측정한다.

(3) 부채요소와 자본요소의 회계처리

복합금융상품 중 부채요소는 현금결제형 주식기준보상과 같이 거래상대방에게서 재화나 용역을 제공받을 때 보상원가와 부채 증가를 인식한다. 부채는 매 보고기간말과 최종결제일까지 공정가치로 재측정한다. 자본요소는 주식결제형 주식기준보상과 같이 거래상대방에게서 재화나 용역을 제공받을 때 보상원가와 자본(자본조정) 증가를 인식한다.

(4) 최종결제시점의 회계처리

최종결제시점에 거래상대방이 현금결제방식을 선택하면 현금지급액 모두를 부채 상환으로 본다. 이때 거래상대방은 지분상품결제요구권을 상실하므로 이미 인식한 자본요소는 계속해서 자본으로 분류한다. 기업이 결제일에 현금을 지급하는 대신 지분상품을 발행하면 부채 장부금액을 발행되는 지분상품 대가로 보아 자본으로 직접 대체한다.

〈예 1〉 선택형 주식기준보상(K-IFRS 제1102호 IG 사례 13 수정)

A기업은 20×1년 초 최고경영자에게 가상주식 1,000주(주식 1,000주에 상당하는 현금지급에 대한 권리) 또는 주식 1,200주를 선택할 수 있는 권리를 부여했다. 각 권리는 최고경영자가 3년간 근무해야 하고 가득일 이후 3년간 보유해야 한다. 20×3년 말 최고경영자는 현금결제방식이나 주식결제방식을 선택할 수 있다.

A기업 주식의 주당 액면금액은 ₩10이며, 부여일 주가는 단위당 ₩50이다. 20×1년 말 주가는 ₩52이고, 20×2년 말과 20×3년 말의 주가는 각각 ₩55과 ₩60이다. A기업은 부여일 이후 3년간 배당금을 지급하지 않을 것으로 예상한다. 가득 이후 양도제한 효과를 고려할 때 주식 1,200주를 제공받는 결제방식에 따른 부여일 공정가치는 주당 ₩48으로 추정된다.

부여일인 20×1년 초 복합금융상품의 공정가치를 추정해 보자. 최고경영자는 자기 이익을 최대화하는 방식을 선택할 것이다. 다음과 같이 주식결제방식(주식 1,200주를 선택할 수 있는 권리)과 현금결제방식(주식 1,000주에 상당하는 현금지급에 대한 권리) 중 큰 금액을 복합금융상품의 공정가치로 측정한다.

복합금융상품 공정가치 = Max[① ₩57,600(=1,200주×₩48, 주식결제방식)
② ₩50,000(=1,000주×₩50, 현금결제방식)] = ₩57,600

복합금융상품 공정가치는 ₩57,600이고, 복합금융상품 내 부채요소 공정가치는 ₩50,000(현금결제방식)이므로 자본요소 공정가치는 ₩7,600(=₩57,600 − ₩50,000)이다.

A기업이 각 연도에 인식해야 할 당기보상원가를 계산하면 다음과 같다.

연도		누적보상원가	당기보상원가
20×1년	부채요소	₩52×1,000주×1/3 = ₩17,333	₩17,333
	자본요소	₩7,600×1/3 = ₩2,533	2,533
20×2년	부채요소	₩55×1,000주×2/3 = ₩36,667	19,334
	자본요소	₩7,600×2/3 = ₩5,067	2,534
20×3년	부채요소	₩60×1,000주×3/3 = ₩60,000	23,333
	자본요소	₩7,600×3/3 = ₩7,600	2,533

최고경영자가 20×4년 초에 권리를 행사했다고 하자. 현금결제방식을 선택했을 때와 주식결제방식을 선택했을 때의 회계처리는 각각 다음과 같다. 결제방식과 관계없이 권리를 행사했으므로, 20×3년 말 재무상태표에 계상한 장기미지급비용 ₩60,000과 주식선택권(자본조정) ₩7,600을 제거한다.

[현금결제방식을 선택]

(차)	장기미지급비용	60,000	(대)	현금	60,000
	주식선택권(자본조정)	7,600		기타자본잉여금	7,600

[주식결제방식을 선택]

(차)	장기미지급비용	60,000	(대)	자본금	12,000 (주)
	주식선택권(자본조정)	7,600		기타자본잉여금	55,600

(주) 1,200주×₩10(액면금액)

연습문제

[문 1] 진위형 문항

다음 문항을 읽고 맞는 기술이면 'ㅇ'로 표시하고, 틀린 기술이면 '×'로 표시하되 그 이유를 기재하시오.

1. 주식기준보상거래에서는 재화 등에 대한 대가로 지분상품을 상대방에게 부여하거나 지분상품 가격에 기초한 금액을 현금으로 지급한다.
2. 기업은 부여일에 현금이나 자신의 지분상품 권리를 거래상대방에게 부여하며, 특정 가득조건이 있다면 조건이 충족될 때 권리를 부여한다.
3. 목표판매량 또는 목표매출액 성과를 달성할 때까지 계속하여 근무하는 조건을 부여했다면, 이러한 가득조건은 시장조건으로 분류한다.
4. 가득조건이 없으면 측정일에 측정한 전액을 비용으로 인식하고, 가득조건이 있으면 측정액을 가득기간에 배분하여 비용으로 인식한다.
5. 특정 기간을 채우는 것 외에 추가적으로 일정 성과를 요구해도 용역제공조건으로 분류한다.
6. 주식결제형 주식기준보상거래에서 거래상대방으로부터 제공받는 재화나 용역의 공정가치로 측정한다.
7. 주식결제형 주식기준보상거래에서는 부여일 이후 지분상품 공정가치가 변해도 공정가치 변동을 인식하지 않는다.
8. 용역제공 대가로 기업의 지분상품을 부여하는 주식결제형 주식기준보상거래에서 지분상품이 부여 즉시 가득되면, 기업은 제공받은 용역 전부를 부여일에 인식하고 그에 상당하는 금액을 자본 증가로 인식한다.
9. 용역제공 대가로 기업의 지분상품을 부여하는 주식결제형 주식기준보상거래에서 거래상대방이 특정기간에 용역을 제공해야 부여한 지분상품이 가득되는 조건을 부여하면, 거래상대방으로부터 받을 용역을 미래 가득기간에 결쳐 비용을 인식한다.
10. 주식결제형 주식기준보상거래에서 권리행사시점의 발행금액은 납입되는 금액(행사가격×행사주식수)이다.
11. 부여한 지분상품의 공정가치에 기초하여 거래를 측정하면, 부여일 이후 기대가득기간과 지분상품 수량이 변경되면 이를 조정한다.
12. 비시장조건에서는 측정기준일 현재 주식 또는 주식선택권의 공정가치를 추정할 때 기대가득기간은 고려하지 않는다. 매 보고기간말에 기대가득기간을 후속정보에 기초하여 조정한다.

13. 내재가치란 거래상대방이 권리를 갖고 있는 주식의 공정가치와 거래상대방이 해당 주식에 대해 지급해야 하는 가격 차이를 말한다.
14. 지분상품을 내재가치로 측정하면, 최초 측정일 이후 매 보고기간말과 최종 결제일에 내재가치를 재측정하고 내재가치 변동액은 당기손익으로 인식한다.
15. 거래상대방에게 불리한 조건변경으로 지분상품의 총공정가치가 감소하면 잔여기기간에 걸쳐 인식한다.
16. 가득기간 중 거래상대방에게 유리한 조건변경으로 지분상품의 총공정가치가 증가하면, 증분공정가치를 잔여기간에 걸쳐 인식한다.
17. 부여한 지분상품이 가득기간 중 중도청산되면, 부여한 지분상품은 즉시 가득된 것으로 보아 잔여기간에 제공받을 용역에 대해 인식할 금액을 즉시 비용으로 인식한다.
18. 현금결제형 주식기준보상거래에서는 제공받는 용역과 그 대가로 부담하는 금액을 부채의 공정가치로 측정하여 용역을 제공받은 기간에 걸쳐 비용으로 인식한다.
19. 현금결제형 주식기준보상거래에서 부여일에 측정한 주가차액보상권 가치가 부여일 이후에 변동해도 공정가치 변동을 인식하지 않는다.
20. 주가차액보상권은 권리행사 전 그리고 권리행사시점에서 내재가치를 기준으로 회계처리한다.
21. 주가차액보상권을 행사하면, 행사직전연도말에 계상된 장기미지급비용 장부금액과 현금지급액의 차액을 행사일의 주식보상비용 또는 주식보상비용환입으로 즉시 인식한다.

[보론] 선택형 주식기준보상거래

1. 선택형 주식기준보상은 거래 실질에 따라 회계처리한다. 기업이 현금이나 기타자산을 지급해야 하는 부채를 부담한다면 현금결제형 주식기준보상으로 처리하고, 부채를 부담하지 않는 조건이라면 주식결제형 주식기준보상으로 회계처리한다.
2. 선택형 주식기준보상거래에서 거래상대방이 선택권을 보유하고 있다면, 기업이 현금이나 기타자산을 지급해야 하는 부채를 부담한다면 현금결제형 주식기준보상으로 처리하고, 부채를 부담하지 않는 조건이라면 주식결제형 주식기준보상으로 회계처리한다.
3. 선택형 주식기준보상거래에서 최종결제시점에 거래상대방이 현금결제방식을 선택하면 현금지급액을 부채 상환으로 회계처리하고, 이미 인식한 자본요소는 계속해서 자본으로 분류한다.

해답

1. ○
2. ○
3. ×. 주가와 무관한 성과목표를 달성하는 조건은 비시장조건으로 분류한다. 시장조건은 지분상품의 시장가격과 관련된 일정성과를 달성할 때까지 계속 근무하는 조건을 말한다.

4. ○
5. ×. 특정 기간을 채우는 것 외에 추가적으로 일정 성과를 요구하면 성과조건으로 분류한다.
6. ×. 거래상대방이 종업원이 아닌 경우에는 제공받는 재화나 용역의 공정가치로 직접 측정하나, 종업원으로부터 제공받는 용역의 공정가치는 신뢰성 있게 추정할 수 없기 때문에 부여한 지분상품 부여일의 공정가치에 기초하여 측정한다.
7. ○. 제공받는 재화나 용역의 공정가치를 재측정하지 않으므로 지분상품 공정가치가 변해도 공정가치 변동은 인식하지 않는다.
8. ○
9. ○
10. ×. 발행금액은 권리행사로 납입되는 금액(행사가격×행사주식수)과 자본항목에 계상되어 있던 주식선택권의 합계액이다.
11. ×. 부여일 이후에는 기대가득기간을 수정하지 않고, 지분상품 수량도 조정하지 않는다. 부여일에 주식선택권 공정가치를 추정할 때 기대가득기간 추정치와 목표주가를 달성하지 못할 가능성을 이미 고려했기 때문이다.
12. ○
13. ○
14. ○
15. ×. 거래상대방에게 불리한 조건변경은 없는 것으로 보고 부여한 지분상품 대가로 제공받는 근무용역을 계속해서 인식한다. 종업원의 근무용역 가치는 주식선택권 부여일에 지분상품의공정가치로 측정하는데, 조건변경 이후 제공할 용역 가치가 감소한다고 볼 수 없기 때문이다.
16. ○
17. ○
18. ○
19. ×. 가득일 이후 부채가 전부 결제될 때까지 부채의 공정가치를 재측정하여 공정가치 변동을 당기손익으로 인식한다.
20. ×. 내재가치는 주식의 시간가치를 반영하지 못하므로 권리행사 전까지는 공정가치를 기준으로 측정하고, 권리행사시점에는 내재가치(현금지급액)를 기준으로 회계처리한다.
21. ○

[보론] 선택형 주식기준보상거래

1. ○
2. ×. 부채요소(거래상대방의 현금결제요구권)와 자본요소(거래상대방의 지분상품결제요구권)가 복합된 복합금융상품을 부여한 것으로 본다. 자본요소는 복합금융상품 공정가치에서 부채요소 공정가치를 차감하여 측정한다.
3. ○

[문 2] 주식결제형

루소상사(회계기간 : 1월 1일 ~ 12월 31일)는 20×1년 초 임직원 100명에게 각각 10개의 주식선택권을 부여했다. 주식선택권을 부여받은 종업원은 부여일로부터 4년 간 근무해야 하며, 행사가격은 ₩500이다. 임직원의 근로용역에 대한 공정가치는 신뢰성 있게 추정할 수 없다.

루소상사 임직원의 퇴사 인원수에 관한 자료는 다음과 같다. 20×1년의 10명은 20×0년 말 예상으로 향후 4년간 10명이 퇴사할 것으로 예상했다는 의미이다.

연도	직전연도에 예측한 20×1년 초부터 20×4년 말까지의 누적 퇴사 인원수	실제 퇴사 인원수	
		해당연도	누적
20×1년	10명	3명	3명
20×2년	12명	4명	7명
20×3년	15명	5명	12명
20×4년	17명	4명	16명

루소상사의 주가와 부여된 주식선택권의 개당 공정가치는 다음과 같다.

연도	주가	주식선택권 개당 공정가치
20×1년 초	₩530	₩40
20×1년 말	550	60
20×2년 말	570	80

루소상사의 회계담당자인 김몽인 과장은 상기 자료를 이용하여 재무상태표에 보고해야 할 주식선택권과 손익계산서에 인식해야 할 보상원가를 다음과 같이 계산했다.

연도	재무상태표상 주식선택권	손익계산서상 보상원가
20×1년	₩40×88명×10개×1/4 = ₩8,800	₩8,800
20×2년	₩40×85명×10개×2/4 = ₩17,000	8,200
20×3년	₩40×83명×10개×3/4 = ₩24,900	7,900

물음

아래 물음은 서로 독립적이다.

1. 20×3년 말 루소상사의 주가가 ₩500으로 하락하여 주식선택권 행사가격을 ₩500에서 ₩460으로 조정했다. 이러한 행사가격 조정으로 주식선택권 공정가치도 행사가격 조정 전 ₩20에서 행사가격 조정 후 ₩30으로 변경했다. 루소상사의 20×3년 포괄손익계산서와 재무상태표에 보고해

야 할 (1) 주식보상원가와 (2) 주식선택권을 각각 계산하시오.

2. 20×3년 말 루소상사의 주가가 상승하여 주식선택권의 행사가격을 ₩500에서 ₩520으로 조정했다. 이러한 행사가격조정으로 주식선택권 공정가치도 행사가격 조정 전 ₩70에서 행사가격 조정 후 ₩50으로 변경했다. 이러한 행사가격의 조정이 루소상사의 20×3년도 포괄손익계산서와 재무상태표에 어떠한 영향을 미치는가?

해답

1.
(1) 포괄손익계산서 주식보상원가 : ₩7,900
(2) 재무상태표 주식선택권 : ₩24,900

〈해설〉
조건 변경은 20×3년 말에 발생하여 20×4년부터 영향을 미치므로 20×3년에는 영향이 없다.

2.
주식선택권의 행사가격이 상대방에게 불리하게 변경되어 주식선택권이 행사될 가능성이 낮아졌다. 이와 같이 불리한 조건변경은 인식하지 않으므로 원래 방식으로 회계처리한다.

[문 3] 현금결제형

칸트기업은 20×1년 1월 1일에 임직원 50명에게 주가차액보상권(현금결제형)을 100개씩 부여했다. 이 주가차액보상권은 3년을 근무하면 획득되며, 행사시점의 주가가 ₩600(행사가격)을 초과하면 현금으로 지급한다.

옵션가격결정모형으로 보고기간말에 측정한 주가차액보상권의 공정가치와 주가는 다음과 같다.

연도	주가차액보상권 공정가치	주가
20×1년 말	₩144	–
20×2년 말	155	–
20×3년 말	166	₩750
20×4년 말	214	800
20×5년 말	–	850

물음

1. 20×3년 말부터 20×5년 말까지의 내재가치를 각각 계산하면 얼마인가?
2. 20×3년 말까지 7명이 퇴사하여 93명이 가득조건을 충족했다. 20×3년 말 가득조건을 충족하는 즉시 13명이 주가차액보상권을 행사했고, 20×4년 말에 14명이 주가차액보상권을 행사했다. 칸트기업이 20×4년 말에 해야 할 회계처리를 제시하시오.

해답

1. 내재가치 계산

연도	공정가치	주가	행사가격	내재가치
20×1년 말	₩144	–		
20×2년 말	155	–		
20×3년 말	166	₩750	₩600	₩150
20×4년 말	214	800	600	200
20×5년 말	–	850	600	250

〈해설〉

내재가치는 주가에서 행사가격을 차감하여 계산한다.

2.

(1) 주식보상비용 인식

(차)	주식보상비용	144,000 (주)	(대)	장기미지급비용	144,000

(주) [₩214(20×4년 말 주가차액보상권 공정가치) − 166(20×3년 말 주가차액보상권 공정가치)]×[50명 − 7명(20×3년 말까지 누적퇴사인원) − 13명(20×3년 말 행사)]×100개 = ₩144,000

(2) 주가차액보상권 행사

(차)	장기미지급비용	299,600 (주1)	(대)	현 금	280,000 (주2)
				주식보상비용	19,600 (주3)

(주1) ₩214(20×4년 말 주가차액보상권 공정가치)×14명×100개 = ₩299,600

(주2) ₩200(20×4년 말 내재가치)×14명×100명 = ₩280,000

(주3) 대차차액

12 종업원급여

CHAPTER

한눈에 살펴보는 이 장의 내용

종업원급여란 종업원이 제공한 근무용역 대가 등으로 기업이 제공하는 모든 종류의 보수를 말한다. 국제회계기준에서는 종업원급여를 단기종업원급여, 퇴직급여, 기타장기종업원급여 및 해고급여로 구분하고 있다. 단기종업원급여의 대가로 종업원이 근무용역을 제공할 때 단기종업원급여를 인식한다. 퇴직급여제도는 확정기여제도나 확정급여제도로 분류된다. 기업은 확정기여제도에 대한 기여금을 그 기여금 대가로 종업원이 근무용역을 제공하는 때에 인식한다. 확정급여제도에서는 종업원의 퇴직 이후에 지급할 퇴직급여를 현재가치로 평가하여 부채로 인식하고, 사외에 적립하는 기여금은 공정가치로 평가한다.

K-IFRS 제1019호(종업원급여)는 2007년 11월에 제정되어 2015년 2월에 개정되었다. 관련되는 국제회계기준은 'IAS 19 Employee Benefit'이다.

contents

12 CHAPTER 종업원급여

| 학습목표 |

1. 종업원급여를 분류할 수 있다. 종업원급여는 근무용역대가와 해고급여로 구분하며, 근무용역대가는 현직 종업원에게 지급하는 월급과 장기장애급여로 분류한다. 퇴직종업원에게는 퇴직급여를 지급한다.

2. 단기종업원급여의 인식 및 측정 회계처리를 수행할 수 있다. 단기종업원급여는 종업원이 회계기간에 근무용역을 제공하면 대가로 지급이 예상되는 금액을 할인하지 않고 인식한다. 이익분배제도와 상여금제도와 관련된 원가는 이익분배가 아닌 당기 비용으로 인식한다.

3. 확정기여형 회계처리를 수행할 수 있다. 기업이 납부할 기여금으로 결정하고 비용으로 인식한다.

4. 확정급여형 회계처리를 수행할 수 있다. 종업원 퇴직 이후에 지급해야 할 미래 예상지급액을 현재가치로 측정하여 확정급여채무를 인식한다. 기업이 퇴직급여 지급에 사용하기 위해 외부 금융기관에 출연한 기여금은 사외적립자산으로 분류하여 공정가치로 측정한다. 확정급여채무보다 사외적립자산이 크면 순확정급여부채를 인식하고, 반대의 경우에는 순확정급여자산을 인식한다.

5. 확정급여부채의 재측정요소를 설명할 수 있다. 보험수리적 가정(임금상승률, 할인율, 퇴직률 변동)의 변동과 경험조정으로 확정급여채무 현재가치가 증감할 수 있다. 이러한 보험수리적손익은 기타포괄손익으로 인식한다.

6. 사외적립자산의 재측정요소를 설명할 수 있다. 재측정요소는 사외적립자산의 실제 투자수익률과 기대수익률이 다를 때 발생하며, 기타포괄손익으로 인식한다.

| 주요 용어 |

- 종업원급여 : 종업원이 제공한 근무용역 대가 또는 종업원을 해고하는 대가로 기업이 제공하는 모든 종류의 보수
- 단기종업원급여 : 연차 보고기간 후 12개월이 되기 전에 결제가 예상되는 종업원급여(해고급여 제외)
- 유급휴가 : 일정 조건을 갖춘 근로자가 임금을 받으면서 쉴 수 있는 휴가
- 이익분배제도 : 종업원이 특정 기간 계속 근무하는 조건으로 이익을 분배하는 제도
- 퇴직급여 : 종업원 퇴직 후에 지급하는 종업원급여
- 확정기여형 : 기업이 기금에 출연하기로 약정한 금액이 한정된 방식

- 확정급여형 : 퇴직한 종업원이 수령하는 퇴직급여가 한정된 방식
- 확정급여채무 : 종업원이 당기와 과거기간에 근무용역을 제공한 대가로 종업원 퇴직 이후 생존기간에 지급해야할 미래 예상지급액을 현재시점에서 할인한 퇴직급여 현재가치
- 사외적립자산 : 퇴직급여 지급에 사용하기 위해 외부 금융기관에 출연한 기여금
- 당기근무원가 : 종업원이 제공하는 근무용역에 따라 퇴직 후 퇴직급여 형태로 종업원에게 지급할 확정급여채무 증가액
- 이자원가 : 시간 경과에 따라 증가하는 확정급여채무
- 과거근무원가 : 제도 개정이나 축소로 발생하는 확정급여채무의 현재가치 변동액

제1절 종업원급여의 의의

종업원급여(employee benefits)란 종업원이 제공한 근무용역 대가 또는 종업원을 해고하는 대가로 기업이 지급하는 모든 종류의 보수를 말한다. 종업원급여에서 종업원은 이사와 그 밖의 경영진도 포함하는 개념이며, 종업원에는 전일제나 시간제, 정규직이나 임시직 등을 포함한다.

종업원급여는 종업원이나 그 피부양자(배우자나 자녀 등) 또는 수익자에게 제공하는 경우를 포함하며, 당사자에게 기업이 직접 지급하거나 보험회사와 같은 제3자가 지급하며 결제될 수 있다. 종업원이 근무용역을 제공하면 수익이 발생하므로 종업원급여는 수익 · 비용대응을 위해 근무용역을 제공받은 기간에 비용으로 인식한다.

국제회계기준에서는 [그림 1]과 같이 종업원급여를 단기종업원급여, 퇴직급여, 기타장기종업원 및 해고급여로 구분하고 있다.

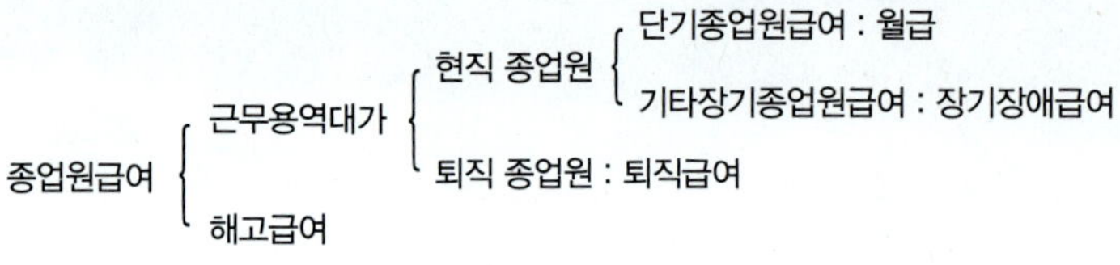

[그림 1] 종업원급여의 분류

제2절 단기종업원급여

1. 단기종업원급여의 범위

종업원이 관련 근무용역을 제공하는 연차 보고기간 후 12개월이 되기 전에 결제가 예상되는 다음의 종업원급여(해고급여 제외)를 말한다.

[종업원급여의 예]

① 임금, 사회보장분담금
② 유급연차휴가와 유급병가
③ 이익분배금, 상여금
④ 비화폐성급여(예: 의료, 주택, 자동차, 무상이나 일부 보조로 제공하는 재화 · 용역)

2. 인식과 측정

(1) 급여

종업원이 회계기간에 근무용역을 제공하면 단기종업원급여는 할인하지 않은 금액으로 인식한다. 이미 지급한 금액이 있다면 이를 차감하여 부채(미지급비용)로 인식하고, 초과지급액은 선급비용으로 인식한다.

(차)	단기종업원급여	×××	(대)	현 금	×××
	선 급 비 용	××× (주1)		미지급비용	××× (주2)

(주1) 단기종업원급여 〈 현 금
(주2) 단기종업원급여 〉 현 금

(2) 단기유급휴가

유급휴가(vocation with pay)란 일정한 조건을 갖춘 근로자가 임금을 받으면서 쉴 수 있는 휴가를 말한다. 종업원이 기업에 근무용역을 제공하지 않더라도 근무용역을 제공한 것으로 본다. 근로기준법에서는 직전연도의 근무기간 중 80% 이상을 근무한 종업원에게는 1년에 15일의 연차유급휴가를 보장하도록 규정하고 있다.

유급휴가는 당기에 사용하지 않으면 이월되어 차기 이후에 사용할 수 있는지에 따라 누적 유급휴가와 비누적 유급휴가로 구분한다.

① 누적 유급휴가

누적 유급휴가는 당기에 사용하지 않으면 이월되어 차기 이후에도 사용할 수 있는 유급휴가를 말한다. 누적 유급휴가는 미사용 유급휴가에 상응하는 현금을 받을 수 있는 자격이 있는지에 따라 구분한다. 누적 유급휴가는 가득된 누적유급휴가(현금보상권 있음)와 가득되지 않은 누적 유급휴가(현금보상권 없음)로 분류할 수 있다.

종업원은 '가득되지 않은 누적유급휴가'에 대해서도 미사용 휴가를 차기연도에 사용할 권리가 있다. 기업은 채무를 측정할 때 가득여부에 관계없이 종업원이 퇴사하기 전까지는 관련 채무를 인식한다. 이때 가득되지 않은 누적 유급휴가를 사용하지 않고 종업원이 퇴사할 가능성을 고려한다. 보고기간말 현재 미사용 유급휴가가 누적되어 기업이 지급해야 할 예상금액을 '누적 유급휴가 예상원가'로 측정한다. 당기에 미사용한 유급휴가 중 차기에 사용할 것으로 예상하는 금액을 각각 비용과 부채로 인식한다.

〈예 1〉 유급휴가

기업A는 종업원에게 1년에 15일의 유급휴가를 부여하는데 20×1년에 8일의 유급휴가를 사용했다. 종업원은 20×1년에 미사용한 유급휴가(7일)는 20×2년 말까지 사용가능하다. 유급휴가는 해당 연도에 부여된 권리를 먼저 사용하고 직전 연도에서 이월된 권리를 사용하는 것으로 본다(후입선출법).

미사용 유급휴가의 발생 여부에 따라 부채로 계상할 금액은 다르다.

(상황 1) 미사용 유급휴가가 발생하지 않음

종업원은 20×2년에 유급휴가를 10일 이내로 사용할 것으로 예상된다.

20×2년에 주어진 유급휴가 일수(15일) 중 10일을 사용하면 20×1년 미사용 유급휴가(7일)는 사용되지 않고 20×2년 말에 소멸한다. 20×1년 말 현재 비용과 부채로 인식할 금액은 없다.

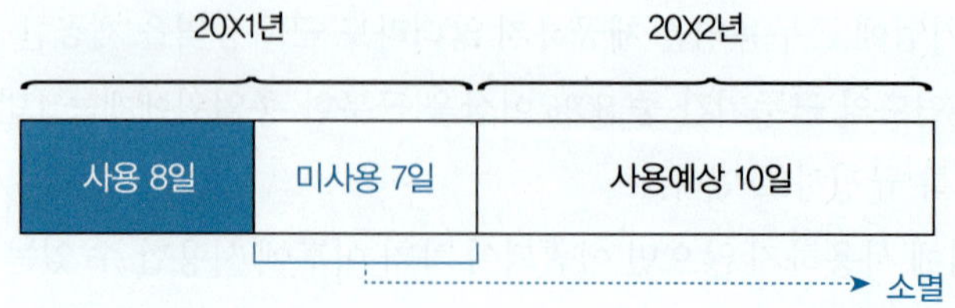

(상황 2) 미사용 유급휴가가 발생함

종업원은 20×2년에 유급휴가를 20일 사용할 것으로 예상된다.

20×2년에 유급휴가를 20일 사용할 것으로 예상되므로, 20×2년 유급휴가 15일과 20×1년에 미사용한 5일을 각각 사용할 것이다. 20×1년 미사용 유급휴가 7일 중 5일은 20×2년 중에 사용되며, 나머지 2일은 소멸한다. 20×2년에 사용할 것으로 예측되는 20×1년 미사용 유급휴가 5일을 20×1년의 비용과 부채로 계상한다.

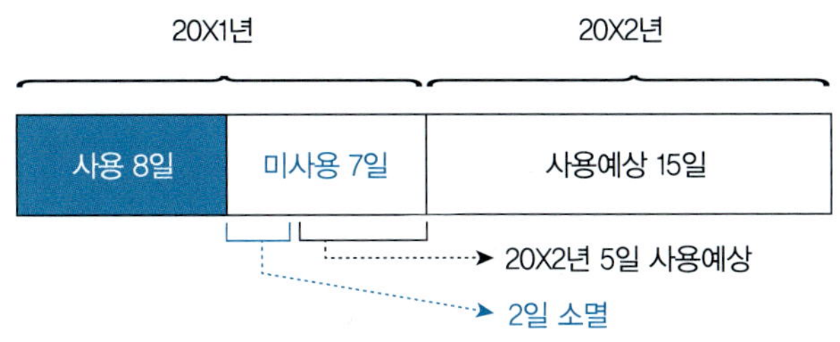

[예제 1] 누적 유급휴가의 인식

비올라회사는 종업원 100명에게 1년에 5일의 근무일수에 해당하는 유급병가를 부여하며, 미사용 유급병가는 다음 1년 동안 이월하여 사용할 수 있다. 유급병가는 해당 연도에 부여된 권리를 먼저 사용하고 직전 연도에서 이월된 권리가 사용되는 것으로 본다(후입선출법).

20×1년 말 현재 미사용 유급병가는 종업원 1명에 평균 2일이고, 경험에 비추어 볼 때 20×2년에 종업원 92명이 사용할 유급병가일수는 5일 이하, 나머지 8명이 사용할 유급병가일수는 평균 6.5일이 될 것으로 예상한다.

물음

20×1년 말에 비올라회사가 유급휴가와 관련한 회계처리를 제시하시오. 단, 미사용 유급휴가 1일당 급여 ₩1,000을 지급할 예정이다.

해답

20×2년에 부여된 유급휴가부터 먼저 사용하는 것으로 본다. 92명은 20×2년에 사용할 유급병가일수가 5일 이하이므로 20×1년에 미사용한 유급병가를 사용하지 않아 미사용분은 소멸한다. 8명은 20×2년도에 부여된 5일을 사용하고 모자란 1.5일을 20×1년에 미사용한 유급유가에서 사용할 것이다. 20×1년에 사용하지 않은 유급병가 중 다음 회계기간(20×2년)에 사용할 누적일수는 12일(92명×0일 + 8명×1.5일)이다.

(차) 급여	12,000	(대) 미지급급여	12,000 ㈜

㈜ 12일×₩1,000 = ₩12,000

② 비누적 유급휴가

비누적 유급휴가는 이월되지 않으므로 당기에 사용하지 않은 유급휴가는 소멸되어 미래 회계기간으로 이월되지 않는다. 예를 들어, 종업원에게 1년에 3일에 해당하는 병가를 부여했다고 하자. 종업원이 병가로 2일을 사용하였다면 남은 병가는 연말에 소멸한다. 비누적 휴가는 종업원이 실제로 유급휴가를 사용하기 전에는 부채와 비용을 인식하지 않는다.

[표 1] **단기유급휴가**

구분	누적 유급휴가	비누적 유급휴가
의의	미사용 시 이월되어 차기 이후 사용 가능	당기에 사용하지 않으면 소멸
비용인식	사용 전 퇴사할 가능성을 고려하여 근무기간에 비용 인식	실제 사용 시점에 비용 인식

(3) 이익분배제도 및 상여금제도

① 인식

이익분배제도는 종업원이 특정 기간에 계속 근무하는 조건으로 이익을 분배하는 제도이다. 이러한 제도에서 종업원은 특정시점까지 계속 근무하며, 기업은 종업원이 근무용역을 제공하면 지급할 금액이 증가하므로 의제의무가 발생한다. 다음을 모두 충족하면 이익분배금과 상여금의 예상원가를 인식한다.

[이익분배금의 인식요건]

- 과거 사건의 결과로 현재의 지급의무(법적의무나 의제의무)가 생긴다.
- 채무금액을 신뢰성 있게 추정할 수 있다.

② 측정

의제의무를 측정할 때 일부 종업원이 이익분배금을 받지 못하고 퇴사할 가능성을 고려한다. 예를 들어, 기업이 회계연도 당기순이익의 일정 부분을 해당 회계연도에 근무한 종업원에게 지급하는 이익분배제도를 운영한다고 하자. 해당 회계연도에 퇴사자가 없다면 이익분배금 총액은 당기순이익의 3%이나, 일부 종업원이 퇴사하여 실제 이익분배금 총액은 당기순이익의 2.5%가 될 것으로 예상한다. 이때 기업은 당기순이익의 2.5%에 상당하는 금액을 각각 부채와 비용으로 인식한다.

③ 분류

이익분배제도와 관련된 원가는 이익분배가 아닌 당기 비용으로 인식한다. 왜냐하면 기업이 부담하는 의무는 종업원이 제공하는 근무용역에서 발생하며 주주와의 거래에서 발생한 것은 아니기 때문이다.

제3절 퇴직급여

1. 퇴직급여의 의의

(1) 의의

퇴직급여(retirement benefit)란 퇴직 후에 종업원에게 지급하는 종업원급여(해고급여 제외)를 말한다. 퇴직급여제도는 기업이 종업원에게 퇴직급여를 지급하는 근거가 되는 공식 또는 비공식 약정을 의미한다.

[그림 2]는 퇴직급여 운영과정을 나타낸 것이다. 기업은 종업원으로부터 근무용역을 제공받고 이에 대한 대가로 급여를 지급한다. 종업원이 퇴직할 때 회사로부터 퇴직금을 받는데, 회사 사정이 좋지 않거나 퇴직금을 쌓아두지 못하면 종업원은 약속된 퇴직금을 수령할 수 없다. 정부에서는 종업원의 퇴직금 수령권이 확보될 수 있도록 회사 내부가 아닌 외부 금융기관에 퇴직금을 적립하도록 각종 제도를 규정하고 있다.

기업은 종업원 퇴직 후에 종업원에게 지급할 예상금액을 금융기관에 기여금으로 적립하고, 금융기관은 제공받은 자금을 주식, 채권 및 부동산 등에 투자 · 운용한다. 종업원이 퇴직하면 금융기관은 적립된 기여금에서 퇴직금을 종업원에게 직접 지급한다. 퇴직금 재원을 외부에 적립함으로써 종업원은 기업 부도 등으로 퇴직금을 받지 못할 위험은 없으며, 기업 외부에 적립

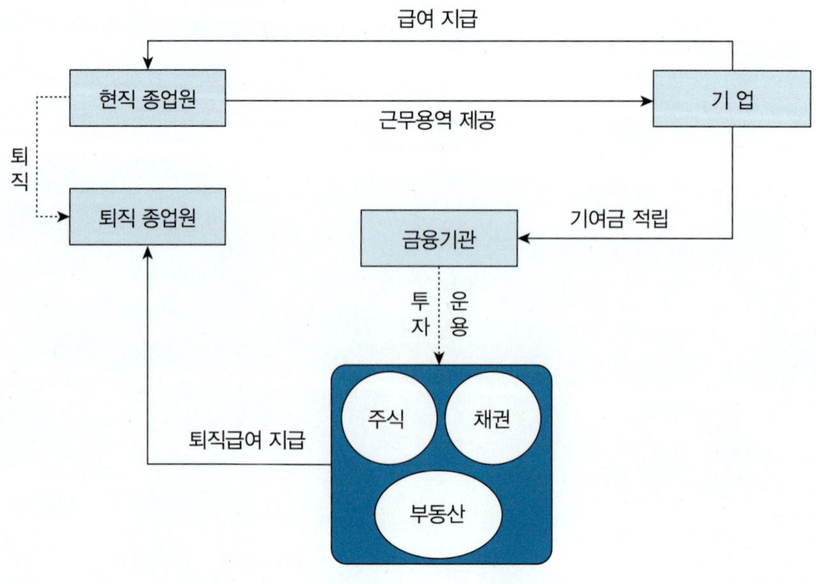

[그림 2] 퇴직급여의 운용

한 자산이므로 사외적립자산(plan assets)이라고 부른다. 사외적립자산은 퇴직급여 지급을 위해서만 사용할 수 있으며 기업은 이를 담보로 차입할 수 없다. 금융기관은 종업원이 퇴직하면 종업원에게 퇴직금을 직접 지급한다. 기업 입장에서 사외적립자산은 종업원에게 지급할 퇴직급여를 지급할 재원으로만 활용하기 때문에 사용용도가 제한된 자산이다.

과거에는 종업원은 퇴직금을 퇴직시점 또는 퇴직하기 전에 중간정산하여 일시불로 수령했다. 2005년에 근로자퇴직급여보장법을 제정하여 퇴직금을 안전하게 보호하면서 노후를 대비하기 위해 퇴직연금을 도입했다.

(2) 퇴직급여제도의 종류

퇴직급여제도는 제도의 주요 규약에서 도출되는 경제적 실질에 따라 확정기여형(DB: Defined Benefit)이나 확정급여형(DC: Defined Contribution)으로 분류한다. 확정기여형은 기업이 기금에 출연하기로 약정한 금액이 한정된 방식이며, 확정급여형은 퇴직종업원이 수령하는 퇴직급여가 한정된 형태이다. 근로자퇴직급여보장법에 따라 회사는 근로자 과반수가 가입한 노동조합이 있다면 노동조합, 근로자 과반수가 가입한 노동조합이 없다면 근로자 과반수 동의를 받아 확정급여형 또는 확정기여형을 선택할 수 있다.

〈예 2〉 퇴직급여제도 종류

기업이 출연한 기금은 ₩1,000이며, 금융기관은 기업으로부터 출연받은 기금에서 자신의 몫인 수수료를 제외한 ₩900을 주식, 채권 및 부동산에 투자한다. 이에 따라 사외적립자산의 잔액은 ₩900이다.

〈예 2〉를 통해 확정기여형과 확정급여형의 차이를 살펴보자. 사외적립자산에서 발생하는 위험을 확정기여형에서는 종업원이 부담하고, 확정급여형에서는 기업이 부담한다. 확정급여형에서는 금융기관에 맡겨 둔 사외적립자산의 투자실적이 저조하면 기업의 부담이 증가할 수 있어 확정기여형에 비해 회계처리가 상당히 복잡하다.

① 확정기여형

확정기여형에서는 금융기관 투자운용에 따른 위험을 종업원이 부담한다. 금융기관 투자실적이 양호하여 사외적립자산이 ₩1,200이면 퇴직 종업원은 ₩1,200을 수령하나, 투자실적이 저조하여 ₩800이면 퇴직 종업원은 ₩800을 수령한다. 기업은 기금출연금액이 한정되므로 추가 출연의무는 발생하지 않는다.

② 확정급여형

확정급여형에서는 금융기관 투자운용에 따른 위험을 기업이 부담한다. 종업원이 수령하는 퇴직급여는 ₩1,000으로 한정되어 있다고 하자. 금융기관 투자실적이 양호하여 사외적립자산이 ₩1,200이면 종업원은 ₩1,000을 수령하고, 나머지 ₩200은 기업 몫이 된다. 금융기관 투자실적이 저조하여 ₩800이면 종업원은 ₩1,000을 수령해야 하므로, 부족한 ₩200을 기업이 추가로 출연해야 한다.

2. 확정기여형

확정기여형에서는 보고기업이 각 기간에 부담하는 채무를 해당 기간의 기여금으로 결정한다.

(1) 인식 및 측정

기업은 확정기여형에 납부할 기여금을 비용으로 인식하는데, 납부해야할 기여금에서 이미 납부한 기여금과 현금지급액을 차감하여 잔액을 부채(미지급비용)로 인식한다. 납부한 기여금이 보고기간말 전에 제공된 근무용역에 대해 납부할 기여금을 초과하여 미래 지급액이 감소하거나 현금이 환급된다면 해당 금액을 자산(선급비용)으로 인식한다.

[예제 2] 확정기여형

첼로주식회사는 확정기여형을 채택하고 있으며 종업원 총급여액의 5%를 기여금으로 출연한다. 20×1년 말 재무상태표에 퇴직급여와 관련하여 선급비용 ₩2,000이 있고, 당기(20×2년) 총급여액은 ₩400,000이다. 첼로주식회사는 금융기관에 ₩17,000을 기여금으로 납부했다.

물음

기여금 출연과 관련한 회계처리를 제시하시오.

해답

(차)	퇴직급여	20,000 ㈜	(대)	현 금	17,000
				선 급 비 용	2,000
				미지급비용	1,000

㈜ 당기 출연할 기여금 : ₩400,000×5% = ₩20,000

(2) 공시

확정기여제도와 관련하여 비용으로 인식한 금액을 공시한다.

3. 확정급여형

(1) 개요

확정급여형은 약정한 퇴직급여를 종업원에게 지급하는 의무를 가진 퇴직급여제도이다. 기업은 임금인상률, 퇴직률, 기금운용수익률 등 연금액을 산정하는 기초사항이 변하면 그에 따른 위험을 부담하고 연금수급에 대해 최종지급책임을 진다. 가입기간 10년 이상이면 55세 이후부터 연금을 수령할 수 있으나, 종업원이 연금수급 자격을 갖추지 못했거나 일시금을 원하면 퇴직금을 일시불로 지급한다.

① 확정급여채무

확정급여채무는 종업원의 퇴직시점부터 사망시점까지 지급해야할 미래 예상지급액을 국제회계기준에서는 확정급여채무를 예측단위적립방식에 따라 측정한다. 예측단위적립방식에서는 근무기간에 추가적인 급여수급권단위가 발생한다고 가정하고, 각 급여수급권 단위를 별도로 측정하여 확정급여채무를 인식한다.

확정급여채무는 보험수리적 평가방법으로 퇴직 전 최종임금, 종업원 이직률과 사망률 등을 예측하여 측정한다. 아주 복잡한 계산과정을 거치나 종업원이 연금수급 자격을 갖추었다고 가정하면 [그림 3]과 같이 확정급여채무를 추정한다. 종업원이 연금수급 자격을 갖추면 퇴직시점부터 사망시점까지 연금을 지급받는다. 보고기간말 현재 종업원 퇴직 및 사망시점을 보험수리적 가정에 따라 추정하여 연금지급기간을 예측한다. 연금지급기간에 지급할 연금을 재무적 가정에 따라 추정한 할인율로 미래에 지급할 연금을 할인하여 계산한 현재가치를 보고기간말 현재의 확정급여채무로 인식한다.

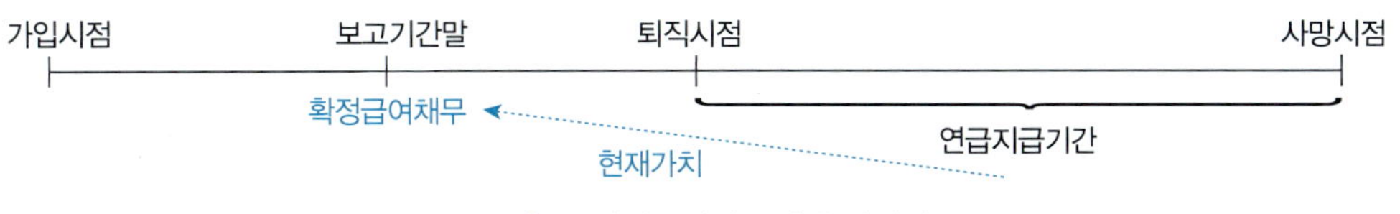

[그림 3] 확정급여채무의 추정과정

② 사외적립자산

사회적립자산은 퇴직급여 지급을 위해 외부 금융기관에 출연한 기여금을 의미한다. 금융기관이 퇴직급여기금을 운용하므로 기업이 파산해도 종업원은 안정적으로 퇴직연금을 수령할 수 있다. 금융기관은 기업으로부터 수령한 기여금을 주식, 채권 및 부동산 등에 투자 · 운용하므로 사외적립자산은 공정가치로 측정한다.

[표 2] **사외적립자산의 변동**

증가	감소
• 배당금, 이자수익, 부동산의 시장가격변동 • 기업이 출연한 기여금	• 퇴직 종업원에게 퇴직연금 지급 • 기금에 투자한 주식 가격 하락

③ 재무제표 표시

확정급여제도에서는 확정급여채무와 사외적립자산의 잔액을 비교하여 순액으로 재무상태표에 인식한다. 예를 들어, 확정급여채무와 사외적립자산이 각각 ₩10,000과 ₩9,000이라고 하자. 확정급여채무에서 사외적립자산을 차감하여 부채(순확정급여부채) ₩1,000을 인식한다. 사외적립자산은 별도 자산으로 표시하지 않고 확정급여채무에서 차감한다. 왜냐하면 사외적립자산은 퇴직연금 지급을 위해서만 사용할 수 있어 자산 성격이 희박하기 때문이다.

확정급여채무 현재가치와 사외적립자산 공정가치의 차이를 과소적립액 또는 초과적립액이라고 한다. 모든 종업원이 한 번에 퇴직하는 현상은 극히 드물기 때문에 실무에서는 대부분 지급해야 할 확정급여채무보다 사외적립자산을 적게 적립하므로 과소적립액이 발생한다. 확정급여채무 현재가치에서 사외적립자산 공정가치를 차감한 금액이 양수(+)이면 부채(순확정급여부채)로 보고한다. 음수(−)이면 초과적립한 것이므로 초과적립액 전액이 아닌 상한선 내 금액만을 자산(순확정급여자산)으로 인식한다.

[표 3] **재무제표 표시**

확정급여채무 〉 사외적립자산			확정급여채무 〈 사외적립자산		
[자산]	[부채]		[자산]		[부채]
	순확정급여부채	×××	순확정급여자산	×××	

국제회계기준에서는 확정급여제도의 회계처리를 구체적으로 제시하고 있지 않다. 연금회계에 대한 회계처리를 할 때에는 불가피하게 최종 재무제표에 표시될 계정(실질계정)과 비망계정을 함께 이용해야 한다.

(2) 당기근무원가와 이자원가

① 당기근무원가

당기근무원가는 종업원이 근무용역을 제공함에 따라 퇴직 후 퇴직급여 형태로 종업원에게 지급할 확정급여채무의 당기 증가액을 말한다. 퇴직급여는 종업원의 퇴직시점부터 지급하므로 당기근무원가는 현재가치로 측정한다. 당기근무원가를 현재가치로 할인할 때 사용하는 할인율은 보고기간 초 현재의 우량회사채 시장수익률을 참조하여 결정한다. 우량회사채를 이용할 수 없다면 국·공채 시장수익률을 사용한다.

당기근무원가는 예측단위적립방식으로 측정하는데, '근무기간에 비례하는 발생급여방식' 또는 '급여/근무연수방식'이라고 한다. 예측단위적립방식에서는 종업원이 근무용역을 제공하는 매 근무기간에 추가적인 급여수급권단위가 발생한다고 보고, 각 급여수급권 단위를 별도로 측정하여 확정급여채무를 결정한다. 당기근무원가 측정과정을 표현하면 [그림 4]와 같다. 보고기간에 지급한 급여액에 임금상승률과 퇴직시점을 추정하여 '퇴직시점 급여(①)'를 추정한다. '예상퇴직급여 총액(②)'은 퇴직시점 급여에 퇴직급여율과 근무연수를 곱해 산정한다. 예측단위적립방식으로 당기근무원가를 측정하므로 예상퇴직급여 총액을 근무기간으로 나누어 당기근무원가를 계산한다.

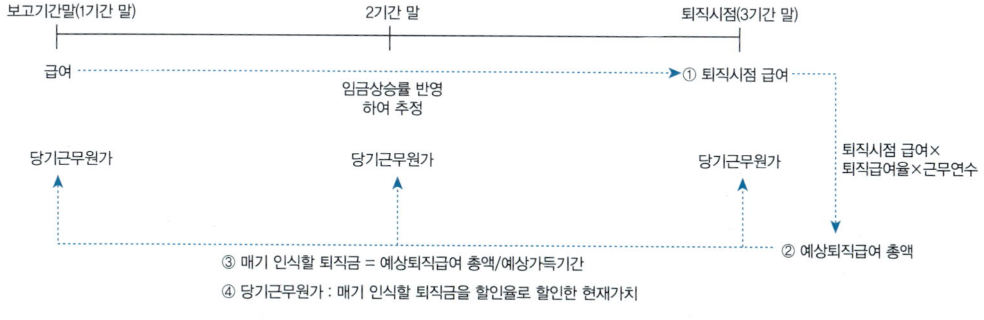

[그림 4] 당기근무원가의 추정

〈예 3〉 예측단위적립방식

> 말러기업은 20×1년 초 종업원이 퇴직한 시점에 일시불급여를 지급하고, 일시불급여는 퇴직 전 최종 임금의 일정비율에 근무연수를 곱해 산정한다. 20×1년 말 현재 종업원은 20×5년 말에 퇴직한다고 가정하는데 퇴직금은 ₩655으로 추정한다.

예측단위적립방식에 따르면, 퇴직시점에서의 예상급여를 추정하여 총 예상퇴직급여를 측정한다. 근무기간에 따라 급여수급권단위가 발생한다고 보는 예측단위적립방식에 따라 추정하므로 1년 근무하면 ₩131(=₩655÷5년)의 퇴직금을 수령할 권리가 발생한다.

20×1년 말에 말러기업이 확정급여채무로 인식해야 할 금액을 계산해 보자. 말러기업은 20×1년 말에 발생한 급여수급권을 20×5년에 지급하므로 보고기간말(20×1년 말)에 현재가치로 평가한다. 앞으로 남은 기간은 4년이고, 할인율은 10%이므로 20×1년 말 확정급여채무 ₩89($=\frac{131}{1.1^4}$)을 인식한다. 당기근무원가는 퇴직급여와 확정급여채무로 인식한다.

(차)	퇴직급여	89	(대)	확정급여채무	89

② 이자원가

확정급여채무는 현재가치로 측정하므로 시간 경과에 따라 확정급여채무에 대한 이자원가를 인식한다.

이자원가 = 확정급여채무 기초잔액 × 회계기간 초 할인율

〈예 3〉에서 20×1년 말 확정급여채무는 ₩89이므로 당기에 인식할 이자원가는 ₩9(=₩89×10%)이다. 이자원가는 퇴직급여로 인식한다.

(차)	퇴직급여	9	(대)	확정급여채무	9

[예제 2] 예측단위적립방식

말러기업은 종업원이 퇴직한 시점에 일시불급여를 지급하며, 일시불급여는 퇴직 전 최종 임금의 1%에 근무연수를 곱해 산정한다. 종업원의 20×1년 연간 임금은 ₩10,000이며 앞으로 매년 7%(복리)씩 상승하며, 종업원은 20×5년 말 퇴직할 것으로 예측한다. 연간 할인율은 10%이다. 종업원이 예상보다 일찍 또는 늦게 퇴직할 가능성을 반영하기 위해 필요한 추가 조정은 없다고 가정한다.

물음

1. 매기말 확정급여채무로 인식해야 할 금액을 제시하시오.
2. 퇴직급여를 이자원가와 당기근무원가로 구분하시오.
3. 연도별 회계처리를 제시하시오.

해답

1. 매기말 확정급여로 인식할 금액

(1) 퇴직시점의 예상급여 : ₩10,000(1차연도 급여)×1.07^4 = ₩13,108

(2) 퇴직시점의 퇴직금 : ₩13,108(퇴직시점 예상급여)×1%(퇴직급여율)×5년(근속연수) = ₩655

(3) 매년 인식할 퇴직금 : ₩655÷5년 = ₩131

(4) 연도별 확정급여채무

① 20×1년 = $\frac{131}{1.1^4}$ = ₩89

② 20×2년 = $\frac{131+131}{1.1^3}$ = ₩196

③ 20×3년 = $\frac{131+131+131}{1.1^2}$ = ₩324

④ 20×4년 = $\frac{131+131+131+131}{1.1}$ = ₩476

⑤ 20×5년 = ₩655

2. 당기근무원가와 이자원가

연도	확정급여채무	이자원가(A)	당기근무원가(B)	퇴직급여(A+B)
20×1년	89		$\frac{131}{1.1^4}$ = 89	89
20×2년	196	89×10% = 9	$\frac{131}{1.1^3}$ = 98	107
20×3년	324	196×10% = 20	$\frac{131}{1.1^2}$ = 108	128
20×4년	476	324×10% = 33	$\frac{131}{1.1}$ = 119	152
20×5년	655	476×10% = 48	131	179

〈해설〉

퇴직급여는 당기근무원가와 이자원가로 구성된다. 당기근무원가는 근무용역제공에 따라 증가하는 퇴직급여의 현재가치이다. 20×1년의 당기근무원가와 이자원가를 계산하면 다음과 같다.

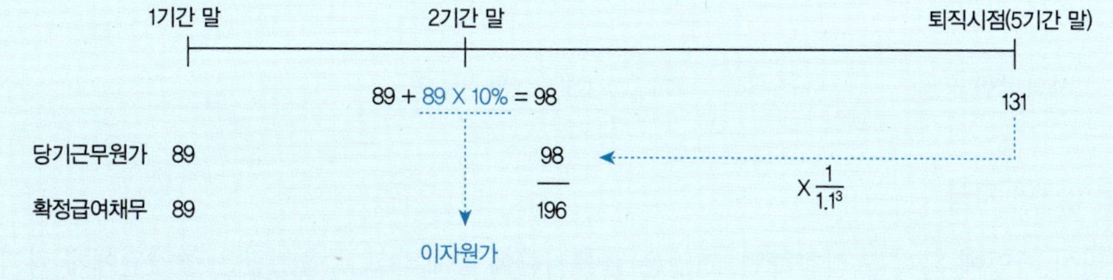

이자원가는 확정급여채무 기초잔액에 할인율을 곱해 계산한다. 퇴직급여는 이자원가와 당기근무원가를 가산하여 계산하며, 기말 확정급여채무는 기초 잔액에 퇴직급여를 가산하여 구한다.

3. 연도별 회계처리

20×1년 말	(차)	퇴직급여	89	(대)	확정급여채무	89
20×2년 말	(차)	퇴직급여	107	(대)	확정급여채무	107
20×3년 말	(차)	퇴직급여	128	(대)	확정급여채무	128
20×4년 말	(차)	퇴직급여	152	(대)	확정급여채무	152
20×5년 말	(차)	퇴직급여	179	(대)	확정급여채무	179

(3) 사외적립자산

① 사외적립자산의 출연

기업은 확정급여제도에 따라 사외적립자산 운용에 필요한 기금을 출연한다. 기금을 출연할 때 회계처리는 다음과 같다.

(차)	사외적립자산	×××	(대)	현 금	×××

② 사외적립자산의 기대수익

기대수익은 사외적립자산 기초잔액에 회계기간 초 할인율을 곱해 계산한다. 금융기관은 사외적립자산을 주식, 채권 및 부동산에 투자하여 운용한다. 주식 등에 편입된 자산은 시장위험 변동성이 크기 때문에 과거 장기간 실제수익률의 평균치를 기대수익률로 이용한다. 사외적립자산에서 실제 발생하는 수익 변동성이 큰 상황에서 실제수익을 퇴직급여에서 차감하면 퇴직급여 인식액이 회계기간별로 크게 변동할 수 있다. 이러한 이유로 사외적립자산에서 발생하는 실제수익이 아닌 기대수익을 퇴직급여에서 차감한다.

사외적립자산이 증가하면 기업이 부담해야 할 의무가 감소하므로 기대수익만큼 당기 퇴직급여를 감소시킨다.

(차)	사외적립자산	×××	(대)	퇴직급여	×××

(4) 퇴직금의 지급

종업원이 기업에 퇴직을 신청하면, 기업은 금융기관에 통보하고 금융기관은 종업원에게 퇴직금을 지급한다. 사외적립자산에서 퇴직금이 지급되므로 확정급여채무와 사외적립자산이 감소한다.

(차)	확정급여채무	×××	(대)	사외적립자산	×××

[예제 3] 확정급여제도 - 보험수리적 가정의 변동이 없는 경우

20×1년 초 설립한 바하회사는 20×1년 말에 확정급여제도를 도입했다. 확정급여채무를 계산할 때 적용하는 할인율은 연 10%이며, 20×1년 이후 보험수리적가정의 변동은 없다.

(1) 20×1년
① 당기 발생한 당기근무원가는 ₩100,000이다
② 20×1년 말 사외적립자산에 ₩90,000을 현금으로 출연했다.

(2) 20×2년
① 당기 발생한 당기근무원가는 ₩110,000이다.
② 20×2년 말 퇴직종업원이 발생하여 사외적립자산에서 ₩10,000이 지급되었다.
③ 20×2년 말 사외적립자산에 ₩80,000을 현금으로 출연했다.
④ 20×2년 말 현재 사외적립자산 공정가치는 장부금액과 동일하다.

물음

바하회사가 각 연도에 해야 할 회계처리를 제시하시오.

해답

1. 20×1년

(1) 회계처리
① 당기근무원가 인식

(차)	퇴직급여	100,000	(대)	확정급여채무	100,000

② 사외적립자산 출연

(차)	사외적립자산	90,000	(대)	현　　금	90,000

(2) 순확정부채와 퇴직급여
① 재무상태표에 표시될 순확정부채 : ₩100,000 − 90,000 = ₩10,000
② 손익계산서의 퇴직급여 : ₩100,000

2. 20×2년

(1) 회계처리
① 당기근무원가 인식

(차)	퇴직급여	110,000	(대)	확정급여채무	110,000

② 이자원가 인식

(차)	퇴직급여	10,000 ㈜	(대)	확정급여채무	10,000

㈜ ₩100,000(확정급여채무 기초잔액)×10% = ₩10,000

③ 사외적립자산의 기대수익 인식

(차)	사외적립자산	9,000 ㈜	(대)	퇴직급여	9,000

㈜ ₩90,000(사외적립자산 기초잔액)×10% = ₩9,000

④ 퇴직금의 지급

(차)	확정급여채무	10,000	(대)	사외적립자산	10,000

⑤ 사외적립자산 출연

(차)	사외적립자산	80,000	(대)	현　금	80,000

(2) 순확정부채와 퇴직급여

① 순확정부채

- 확정급여채무 : ₩100,000(기초) + 110,000(당기근무원가) + 10,000(이자원가) − 10,000(지급) = ₩210,000
- 사외적립자산 : ₩90,000(기초) + 9,000(기대수익) − 10,000(지급) + 80,000(출연) = ₩169,000
- 순확정부채 : ₩210,000 − 169,000 = ₩41,000

② 퇴직급여

₩110,000(당기근무원가) + 10,000(이자원가) − 9,000(기대수익) = ₩111,000

(5) 과거근무원가

과거근무원가란 제도 개정이나 축소로 발생하는 확정급여채무의 현재가치 변동을 말한다. 예를 들어, 제도를 개정하여 퇴직급여율을 인상하기로 했는데 변경 전에 근무했던 기간도 소급하여 적용한다고 하자. 퇴직급여율 인상으로 과거기간에 대한 확정급여채무가 증가하는데, 증가한 금액이 과거근무원가에 해당한다. 과거근무원가는 급여가 새로 생기거나 변동되어 확정급여채무 현재가치가 증가하면 정(+)의 금액이 된다. 기존 급여가 철회되거나 변동되어 확정급여채무 현재가치가 감소하면 부(−)의 금액이 된다.

[확정급여채무 증가]

(차)	퇴직급여	×××	(대)	확정급여채무	×××

[확정급여채무 감소]

(차)	확정급여채무	×××	(대)	퇴직급여	×××

〈예 4〉 과거근무원가

A기업은 종업원의 각 근무기간에 대해 퇴직 전 최종임금의 3%에 해당하는 연금을 제공한다. 20×4년 1월 1일, 20×1년 초부터 최종임금의 4%에 해당하는 연금을 지급하기로 제도를 개정했다. 제도개정으로 확정급여채무의 현재가치는 ₩5,000이 증가했다.

퇴직급여율 인상으로 과거기간에 대한 확정급여채무 ₩5,000이 증가하는데, 동 금액은 과거근무원가에 해당한다. 과거근무원가는 퇴직급여로 인식하고 확정급여채무를 증가시킨다.

(차)	퇴직급여	5,000	(대)	확정급여채무	5,000

(6) 순이자원가의 산출 및 보고

확정급여채무 현재가치에서 사외적립자산 공정가치를 차감한 금액에 할인율(우량회사채 시장수익률)을 곱해 순이자원가를 구한다. 순이자원가는 이자원가(기초 확정급여채무 현재가치×할인율)와 이자수익(기초 사외적립자산 공정가치×할인율)의 차액을 말한다. 손익계산서에는 이자원가와 이자수익을 상계하여 순액(순이자원가)으로 보고한다.

[이자원가 인식]

(차)	퇴직급여	×××	(대)	확정급여채무	×××

[이자수익 인식]

(차)	사외적립자산	×××	(대)	퇴직급여	×××

(7) 확정급여부채의 재측정요소

① 보험수리적 가정

확정급여채무를 측정할 때 보험수리적 가정(actuarial assumptions)을 적용한다. 보험수리적 가정으로는 임금상승률, 할인율, 퇴직률 변동이 있다. 임금상승률은 미래 퇴직급여를 증가시키므로 확정급여채무는 증가하고, 할인율이 상승하면 현재가치를 감소하므로 확정급여채무는 감소한다. 퇴직률 변동은 미래 시점의 기대금액을 결정하는데 임금상승률과 할인율 관계에 따라 상반되게 나타난다.

② 보험수리적손익

보험수리적 가정의 변동과 경험조정으로 확정급여채무의 현재가치가 증감할 수 있는데, 이를 보험수리적손익(actuarial gains and losses)이라고 한다. 예를 들어, 회계기간 초에 추정했던 보험수리적 가정이 실제 상황과 다르면 확정급여채무 현재가치가 변동할 수 있다. 확정급여제도의 도입 · 개정 · 축소 · 정산으로 확정급여채무의 현재가치가 변동하면 과거근무원가로 처리하므로 보험수리적손익에 해당하지 않는다.

보험수리적 가정이 회계기간 중에 변동하면 아래 산식의 좌변과 우변이 일치하지 않는다. 양변 차이가 보험수리적손익에 해당하며 기타포괄손익으로 인식한다. 좌변보다 우변이 크면 보험수리적 손실을 인식하고, 반대의 경우에는 보험수리적 이익을 인식한다.

기초확정급여채무 + 당기근무원가 + 이자원가 − 퇴직금지급 ≠ 기말확정급여채무

[보험수리적 손실의 인식]

(차)	보험수리적 손실(기타포괄손익)	×××	(대)	확정급여채무	×××

[보험수리적 이익의 인식]

(차)	확정급여채무	×××	(대)	보험수리적 이익(기타포괄손익)	×××

(8) 사외적립자산의 재측정요소

사외적립자산은 공정가치로 평가한다. 사외적립자산은 기업이 기여금을 출연하면 증가하고, 사외적립자산에서 투자이익(배당, 이자수익 등)이 발생해도 증가한다. 확정급여제도를 설계할 때 보험수리적 가정에 따라 일정한 투자수익을 획득한다는 기대수익률을 사용한다. 실제 투자수익률이 기대수익률과 다르면 아래 산식에서 좌변과 우변이 일치하지 않는다. 이러한 양변 차이를 '재측정요소'라고 하며 기타포괄손익으로 인식한다.

기초공정가치 + 사외적립자산 당기 출연금 − 퇴직금 지급 + 기대수익 ≠ 기말공정가치

〈예 5〉 재측정요소

사외적립자산 기초잔액은 ₩10,000이고 당기말에 기업은 ₩2,000을 출연하고 퇴직금 ₩3,000을 지급했다. 당기 중 사외적립자산에서 기대수익 ₩3,000이 발생할 것으로 예측했다. 사외적립자산의 기말공정가치는 ₩13,000이다.

산식에 따라 좌변을 구하면 ₩12,000[₩10,000(기초공정가치) + 2,000(출연금) − 3,000(퇴직금 지급) + 3,000(기대수익)]이다. 기말공정가치(우변)는 ₩13,000인데, 좌변과 우변의 차이인 ₩1,000이 재측정요소에 해당한다. 사외적립자산의 기말 공정가치는 ₩13,000이므로 실제수익은 ₩4,000[=₩3,000(기대수익) + 1,000(재측정요소)]이다.

[실제수익 〉 기대수익]

(차)	사외적립자산	×××	(대)	재측정요소(기타포괄손익)	×××

[실제수익 〈 기대수익]

(차)	재측정요소(기타포괄손익)	×××	(대)	사외적립자산	×××

[예제 4] 확정급여채무 – 보험수리적 가정의 변동이 있는 경우

20×1년 초 설립한 바하회사는 20×1년 말에 확정급여제도를 도입했다. 확정급여채무를 계산할 때 적용하는 할인율은 연 10%로 20×2년 말까지 변동이 없었다.

(1) 20×1년
① 당기에 발생한 당기근무원가는 ₩100,000이다
② 20×1년 말 사외적립자산에 ₩90,000을 출연했다.

(2) 20×2년
① 당기에 발생한 당기근무원가는 ₩110,000이다.
② 20×2년 말 제도개정으로 발생한 과거근무원가는 ₩3,000이다.
③ 20×2년 말 퇴직종업원이 발생하여 사외적립자산에서 ₩10,000이 지급되었다.
④ 20×2년 말 사외적립자산에 ₩80,000을 출연했다.
⑤ 20×2년 말 현재 사외적립자산의 공정가치는 ₩171,000이다.
⑥ 보험수리적 가정의 변동을 반영한 20×2년 말 확정급여채무는 ₩218,000이다.

물음

20×2년에 바하회사가 수행해야 할 회계처리를 제시하시오.

해답

(1) 당기근무원가 인식

(차)	퇴직급여	110,000	(대)	확정급여채무	110,000

(2) 이자원가 인식

(차) 퇴직급여	10,000 ㈜	(대) 확정급여채무	10,000

㈜ ₩100,000(확정급여채무 기초잔액)×10% = ₩10,000

(3) 사외적립자산의 기대수익 인식

(차) 사외적립자산	9,000 ㈜	(대) 퇴직급여	9,000

㈜ ₩90,000(사외적립자산 기초잔액)×10% = ₩9,000

(4) 퇴직금 지급

(차) 확정급여채무	10,000	(대) 사외적립자산	10,000

(5) 사외적립자산 출연

(차) 사외적립자산	80,000	(대) 현 금	80,000

(6) 과거근무원가 인식

(차) 퇴직급여	3,000	(대) 확정급여채무	3,000

(7) 사외적립자산의 재측정요소 인식

(차) 사외적립자산	2,000 ㈜	(대) 재측정요소	2,000

㈜ 90,000(기초) − 10,000(지급) + 9,000(사외적립자산 기대수익) + 80,000(출연) = ₩169,000 〈 ₩171,000(사외적립자산 20×2년 말 공정가치), ∴재측정요소 = ₩2,000

(8) 확정급여채무의 재측정요소(보험수리적손익) 인식

(차) 보험수리적손실	5,000 ㈜	(대) 확정급여채무	5,000

㈜ 100,000(기초) + 110,000(당기근무원가) + 10,000(이자원가) − 10,000(지급) + 3,000(과거근무원가) = ₩213,000 〈 ₩218,000(20×2년 말 확정급여채무), ∴보험수리적손실 = ₩5,000

(9) 자산인식상한

확정급여가 채무를 초과하여 적립되거나 보험수리적이익이 생기면 순확정급여자산이 발생할 수 있다. 순확정급여자산은 미래에 출연할 기여금이 감소시키거나 현금을 환급받는 방식으로 이용될 수 있다.

초과적립액이 발생하면 전액을 재무상태표에 순자산으로 계상하지 않고 다음 중 작은 금액을 순확정급여자산으로 인식한다. 왜냐하면 초과적립액 전액이 기업에게 경제적 효익을 제공하지는 않기 때문이다. 자산인식상한이란 제도에서 환급받거나 제도에 납부할 미래기여금을 절감하는 형태로 얻을 수 있는 경제적 효익의 현재가치를 말한다.

[순확정급여자산의 자산인식상한]

순확정급여자산 = Min[확정급여제도의 초과적립액, 자산인식상한]

㈜ 자산인식상한 = ① 환급예상액의 현재가치 + ② 미래기여금 감소액의 현재가치

초과적립액이 발생하면 사외적립자산을 운용하는 금융기관으로부터 환급받을 수 있다. 기업이 조건 없이 환급받을 수 있는 금액까지만 자산 정의를 충족하므로 '환급예상액의 현재가치'를 자산으로 인식한다. 초과적립액이 발생하면 미래에 납부해야 할 기여금을 감소시킬 수 있다. 초과적립액 중 미래기여금을 감소시키는 목적으로 사용할 수 있는 부분은 이용 가능한 경제적 효익에 해당하므로 '미래기여금 감소액의 현재가치'를 자산으로 인식한다. 자산인식상한 효과 변동은 재측정요소에 해당하며 기타포괄손익으로 인식한다.

〈예 6〉 자산인식상한

사외적립자산 공정가치는 ₩1,000이고, 확정급여채무 현재가치는 ₩900이다. 자산인식상한은 ₩80이다.

자산인식상한은 ₩80이므로 초과적립액 ₩100중 ₩80만 자산으로 인식하고, 나머지 ₩20은 재측정요소(기타포괄손익)로 인식한다. 국제회계기준에서는 재측정요소의 상대계정을 언급하고 있지 않아 적절한 비망계정을 이용해야 한다. 본서에서는 자산인식상한효과(사외적립자산 차감계정)를 이용한다. 자산인식상한효과를 고려하면 자산으로 계상되는 순확정급여자산은 ₩80이다.

(차)	재측정요소(기타포괄손익)	20	(대)	자산인식상한효과(사외적립자산 차감)	20

기타포괄손익으로 인식되는 순확정급여부채(자산)의 재측정요소는 다음 항목으로 구성된다. 아래의 모든 재측정요소는 후속기간에 당기손익으로 재분류하지 않으며, 자본 내 다른 항목으로 대체할 수 있다.

① 확정급여채무에서 발생하는 보험수리적손익

② 순확정급여부채(자산)의 순이자에 포함된 금액을 제외한 사외적립자산의 수익

③ 순확정급여부채(자산)의 순이자에 포함된 금액을 제외한 자산인식상한

[예제 5] 자산인식상한

20×1년 초 설립한 바하회사는 20×1년 말 확정급여제도를 도입했다.
- 20×1년에 발생한 당기근무원가는 ₩80,000이다.
- 20×1년 말 사외적립자산에 ₩90,000을 출연했으며, 사외적립자산 공정가치는 ₩90,000이다.
- 자산인식상한은 ₩8,000이다.

물음

20×1년의 회계처리를 제시하시오.

해답

(1) 당기근무원가 인식

(차)	퇴직급여	80,000	(대)	확정급여채무	80,000

(2) 사외적립자산 출연

(차)	사외적립자산	90,000	(대)	현 금	90,000

(3) 자산인식상한효과 인식

(차)	재측정요소(기타포괄손익)	2,000 ㈜	(대)	자산인식상한효과(사외적립자산 차감)	2,000

㈜
① 초과적립액: ₩90,000(사외적립자산) − 80,000(확정급여채무) = ₩10,000
② 재무상태표에 순확정급여자산으로 표시하는 금액 : Min[①₩10,000(초과적립액), ②₩8,000] = ₩8,000
③ 재측정요소: ₩10,000(초과적립액) − 8,000(자산인식상한) = ₩2,000

제4절 기타장기종업원급여 및 해고급여

1. 기타장기종업원급여

(1) 범위

기타장기종업원급여란 종업원이 관련 근무용역을 제공하는 보고기간말부터 12개월 이후에 모두 결제될 급여로 다음을 포함한다.

① 장기근속휴가나 안식년휴가와 같은 장기유급휴가
② 그 밖의 장기근속급여
③ 장기장애급여
④ 이익분배금과 상여금
⑤ 이연된 보상

(2) 인식과 측정

기타장기종업원급여는 확정급여제도와 달리 불확실성이 높지 않다. 기타장기종업원급여에 대한 재측정요소는 기타포괄손익으로 인식하지 않고 발생한 기간의 비용으로 인식한다.

2. 해고급여

(1) 범위

해고급여는 채무 발생사건이 근무가 아닌 해고이므로 국제회계기준에서는 다른 종업원급여와 구별하여 규정하고 있다. 해고급여는 종업원을 해고하는 기업의 결정이나 해고대가로 기업이 제안한 급여를 받아들인 종업원의 결정으로 발생한다. 기업 제안이 아닌 종업원 요청에 따른 해고나 의무 퇴직규정에 따라 생기는 종업원급여는 퇴직급여에 해당하므로 해고급여에 포함하지 않는다. '종업원 요청으로 해고할 때 지급하는 급여'와 '기업 요청으로 해고할 때 더 많이 지급하는 급여'와의 차이가 해고급여에 해당한다. 예를 들어, 종업원 요청으로 해고하면 ₩10,000을 지급하는데, 기업요청의 해고로 ₩12,000을 지급한다고 하자. ₩10,000은 퇴직급여에 해당하고, 초과 지급한 ₩2,000은 해고급여로 분류한다.

종업원 퇴사이유와 관계없이 종업원급여를 지급할 수 있다. 종업원급여는 정해진 가득조건이나 최소근무조건이 충족되면 지급시기만 불확실할 뿐 지급은 확실하다. 이러한 급여는 해고

보상금이나 해고퇴직금 등 명칭에 상관없이 해고급여가 아닌 퇴직급여로 회계처리한다.

(2) 인식과 측정

① 인식

다음 중 이른 날에 해고급여에 대한 부채와 비용을 인식한다.

- 기업이 해고급여 제안을 더는 철회할 수 없을 때
- 기업이 기업회계기준서 제1037호(충당부채와 우발부채)의 적용범위에 포함되고 해고급여 지급을 포함하는 구조조정 원가를 인식할 때

② 측정

해고급여는 종업원급여 성격에 따라 최초 인식시점에 측정하고, 후속적 변동을 측정 · 인식한다. 해고급여가 퇴직급여를 증액한다면 퇴직급여 규정을 적용한다. 그 밖의 경우에는 다음과 같이 처리한다.

[해고급여의 회계처리]

- 해고급여가 인식되는 연차 보고기간말 후 12개월이 되기 전에 해고급여가 모두 결제될 것으로 예상한다면 단기종업원급여 규정을 적용한다.
- 해고급여가 인식되는 연차 보고기간말 후 12개월이 되기 전에 해고급여가 모두 결제될 것으로 예상하지 않는다면 기타장기종업원급여 규정을 적용한다.

연습문제

[문 1] 진위형 문항

다음 문항을 읽고 맞는 기술이면 'ㅇ'로 표시하고, 틀린 기술이면 '×'로 표시하되 그 이유를 기재하시오.

1. 지급이 예상되는 단기종업원급여는 할인하지 않은 금액으로 인식한다.
2. 유급휴가를 부여하면, 종업원이 기업에 근무용역을 제공하지 않더라도 근무용역을 제공한 것으로 본다.
3. 가득되지 않은 누적유급휴가에 대해서 종업원은 미사용 휴가를 차기연도에 사용할 권리가 없으므로, 기업은 관련 채무를 인식하지 않는다.
4. 비누적휴가는 종업원이 실제로 유급휴가를 사용하기 전에는 부채나 비용으로 인식하지 않는다.
5. 이익분배제도란 종업원이 특정 기간 계속 근무하는 조건으로 이익을 분배하는 것이므로 당기비용이 아닌 이익분배로 본다.
6. 확정기여형에서는 금융기관 투자운용에 따른 위험을 기업이 부담한다.
7. 확정급여채무는 종업원이 퇴직한 시점부터 사망시점까지 지급해야 할 미래 예상지급액을 말한다.
8. 예측단위적립방식에서는 근무기간에 추가적인 급여수급단위가 발생한다고 가정하고, 확정급여채무를 결정하기 위해 각 급여수급권 단위를 별도로 측정한다.
9. 사외적립자산은 기업이 출연한 기여금뿐만 아니라 배당금, 이자수익, 부동산의 시장가격변동에 따라 증가한다.
10. 확정급여채무와 사외적립자산은 각각 자산과 부채로 분류한다.
11. 퇴직급여는 종업원의 퇴직시점에서 지급하므로 당기근무원가는 현재가치로 측정한다.
12. 당기근무원가를 현재가치로 할인할 때 사용하는 할인율은 보고기간 초 현재의 국·공채 시장수익률을 참조하여 결정한다.
13. 확정급여채무는 현재가치로 측정하므로 시간 경과에 따라 이자원가가 발생하는데, 이자원가는 퇴직급여로 분류한다.
14. 사외적립자산이 증가하면 기업이 부담해야 할 의무가 감소하므로, 사외적립자산에서 발생한 실제수익을 퇴직급여에서 차감한다.
15. 과거근무원가란 제도 개정이나 축소로 발생하는 확정급여채무의 현재가치 변동을 말하는데, 이러한 변동금액은 퇴직급여와 확정급여채무에 반영한다.
16. 임금상승률, 할인율, 퇴직률 변동이 발생하여 확정급여채무의 현재가치가 변동하는 것을 보험

수리적손익이라고 한다.

17. 사외적립자산에서 발생한 실제수익보다 기대수익이 크다면 재측정요소를 자본에 가산한다.
18. 확정급여제도에서 초과적립액이 발생하면 초과적립된 전액을 재무상태표에 순확정급여자산으로 계상한다.
19. 확정급여채무에서 발생하는 보험수리적손익은 후속기간에 당기손익으로 재분류하지 않는다.
20. 기타장기종업원급여에 대한 재측정요소는 기타포괄손익으로 인식하지 않는다.
21. 기업 제안이 아닌 종업원 요청에 따른 해고나 의무 퇴직규정에 따라 생기는 종업원급여도 해고급여로 분류한다.
22. 기업이 해고급여 제안을 더는 철회할 수 없는 날과 구조조정충당부채를 인식하는 날 중 이른 날에 해고급여에 대한 부채와 비용을 인식한다.

해답

1. ○
2. ○
3. ×. 가득되지 않은 누적유급휴가에 대해서도 미사용 휴가를 차기연도에 사용할 권리가 있다. 기업은 채무를 측정할 때 가득여부에 관계없이 종업원이 퇴사하기 전까지는 관련 채무를 인식한다.
4. ○
5. ×. 기업이 부담하는 의무는 종업원이 제공하는 근무용역에서 발생하며 주주와의 거래에서 발생한 것이 아니다. 이에 따라 이익분배가 아닌 당기 비용으로 인식한다.
6. ×. 확정기여형에서는 금융기관 투자운용에 따른 위험을 종업원이 부담한다. 확정급여형에서는 금융기관 투자운용에 따른 위험을 기업이 부담한다.
7. ×. 확정급여채무는 미래 예상지급액을 할인한 퇴직급여의 현재가치를 말한다.
8. ○
9. ○
10. ×. 사외적립자산은 퇴직연금 지급을 위해서만 사용할 수 있어 자산 성격이 희박하므로, 사외적립자산은 별도 자산으로 표시하지 않고 확정급여채무에서 차감한다.
11. ○
12. ×. 보고기간 초 현재의 국 · 공채 시장수익률이 아닌 우량회사채 시장수익률을 참조하여 결정한다.
13. ○
14. ×. 실제수익이 아닌 기대수익을 퇴직급여에서 차감한다. 사외적립자산에서 실제 발생하는 수익 변동성이 큰 상황에서 실제수익을 퇴직급여에서 차감하면 퇴직급여 인식액이 회계기간별로 크게 변동할 수 있기 때문이다.
15. ○
16. ○
17. ○
18. ×. 초과적립액이 발생하면 전액을 재무상태표에 순자산으로 계상하지 않고, 자산인식상한 내의 초과적립액만 순자산으로 인식한다.
19. ○
20. ○
21. ×. 기업이 제안한 경우에만 해고급여에 해당한다. 종업원 요청에 따른 해고 등은 퇴직급여에 해당한다.
22. ○

[문 2] 재측정요소

백두기업은 확정급여제도를 채택하고 있으며 20×1년 관련 자료는 다음과 같다.

- 20×1년 초 확정급여채무 현재가치는 ₩245,000이고, 사외적립자산의 공정가치는 ₩240,000이다. 확정급여채무의 현재가치 평가에 사용한 할인율은 12%이다.
- 당기근무원가는 ₩50,000이다. 20×1년 말에 퇴직금 ₩75,000을 사외적립자산에서 지급하고, 사외적립자산에 ₩50,400을 출연했다.
- 20×1년 말 확정급여채무 현재가치는 ₩245,400이고, 사외적립자산의 공정가치는 ₩250,000이다.

물음

1. 확정급여채무와 사외적립자산의 재측정요소를 구하시오.
2. 20×1년에 해야 할 회계처리를 제시하시오. 단, 자산인식상한은 고려하지 마시오.
3. 20×1년에 확정급여제도와 관련하여 당기손익과 기타포괄손익에 미치는 영향(계정과목과 금액)을 제시하시오. 비용에 해당하면 '(×××)'로 표시하시오.

해답

1. 재측정요소

(1) 확정급여채무

₩245,000(기초) + 50,000(당기근무원가) - 75,000(퇴직금 지급) + 245,000×12%(이자원가) = ₩249,400

〈 254,400(20×1년 말 확정급여채무 현재가치)

∴ 보험수리적 손실 = ₩5,000

(2) 사외적립자산

₩240,000(기초) + 240,000×12%(기대수익) - 75,000(퇴직금 지급) + 50,400(출연금) = ₩244,200

〈 250,000(20×1년 말 사외자산 공정가치)

∴ 재측정요소 = ₩5,800

2. 회계처리

(1) 당기근무원가 인식

(차)	퇴직급여	50,000	(대)	확정급여채무	50,000

(2) 이자원가 인식

(차)	퇴직급여	29,400 ㈜	(대)	확정급여채무	29,400

㈜ ₩245,000(확정급여채무 기초잔액)×12% = ₩29,400

(3) 사외적립자산의 기대수익 인식

(차)	사외적립자산	28,800 (주)	(대)	퇴직급여	28,800

(주) ₩240,000(사외적립자산 기초잔액)×12% = ₩28,800

(4) 퇴직금 지급

(차)	확정급여채무	75,000	(대)	사외적립자산	75,000

(5) 사외적립자산 출연

(차)	사외적립자산	50,400	(대)	현 금	50,400

(6) 사외적립자산의 재측정요소 인식

(차)	사외적립자산	5,800	(대)	재측정요소	5,800

(7) 확정급여채무의 재측정요소(보험수리적손익) 인식

(차)	보험수리적손실	5,000	(대)	확정급여채무	5,000

3. 당기손익과 기타포괄손익에 미친 영향

당 기 근 무 원 가	₩(50,000)
확정급채무의 이자원가	(29,400)
사외적립자산의 기대수익	28,800
당 기 손 익 계	₩(50,600)
사외적립자산 재측정요소	5,800
확정급여채무 재측정요소	(5,000)
기 타 포 괄 손 익 계	₩800

[문 3] 과거근무원가

백야(주)는 20×2년 초 퇴직급여규정을 변경하여 확정급여채무를 추가로 ₩200,000(현재가치)을 부담하게 되었다.

- 20×1년 말 확정급여채무의 현재가치는 ₩2,824,000이고, 사외적립자산의 공정가치는 ₩2,424,000이다. 확정급여채무의 현재가치 평가에 사용한 할인율은 10%이다.
- 당기근무원가는 ₩240,000이고, 사외적립자산의 실제수익은 ₩242,400이다.
- 20×2년 말 사외적립자산에 ₩40,000을 출연했고, 종업원이 퇴직하여 사외적립자산에서 ₩18,000이 지급되었다.
- 20×2년 말의 사외적립자산 금액은 공정가치와 일치했다.

물음

1. 20×2년 초 퇴직급여규정 변경에 대한 회계처리를 제시하시오.
2. 20×2년 손익계산서의 퇴직급여원가를 계산하시오.
3. 20×2년 말 재무상태표에 인식해야 할 순확정급여부채(자산)을 계산하시오.

해답

1. 제도변경(과거근무원가) 회계처리

(차)	퇴직급여	200,000	(대)	확정급여채무	200,000

2. 퇴직급여원가

₩240,000(당기근무원가) + 200,000(과거근무원가) + [2,824,000(기초 확정급여채무) + 200,000(과거근무원가)]× 10%(이자원가) - 2,424,000×10%(기대수익) = ₩500,000

3. 순확정급여부채

(1) 확정급여채무

₩2,824,000(기초) + 240,000(당기근무원가) + 200,000(과거근무원가) + 302,400(이자원가) - 18,000(퇴직금) = ₩3,548,400

(2) 사외적립자산

₩2,424,000(기초) + 242,400(이자수익) + 40,000(기여금) - 18,000(퇴직금) = ₩2,688,400

(3) 순확정급여부채 = ₩3,548,400(확정급여채무) - 2,688,400(사외적립자산) = ₩860,000

13 CHAPTER 주당이익

한눈에 살펴보는 이 장의 내용

주당이익은 한 기간의 보통주 1주당 이익을 나타내는 지표로 투자의사결정에서 가장 빈번하게 이용된다. 주당이익 분모인 유통보통주식수는 주주로부터 받은 자원을 의미하고, 주당이익 분자인 보통주 귀속 당기순이익은 수익성을 뜻한다. 기본주당순이익은 보통주 당기순이익을 가중평균유통보통주식수로 나눠 계산하는데, 회계기간의 경영성과에 대한 보통주 1주당 지분의 측정치를 제공한다. 희석주당이익은 현재 유통되고 있는 보통주뿐만 아니라 잠재적으로 보통주가 될 수 있는 증권까지 모두 전환(또는 행사)되거나, 조건부발행주식이 조건을 충족해 보통주가 발행된다고 가정하여 계산한 주당이익이다. 정보이용자는 기본주당이익뿐만 아니라 희석주당이익정보를 함께 제공받으면 기업 수익을 보다 정확하게 평가할 수 있다.

K-IFRS 제1033호(주당이익)은 2007년 11월에 제정되었고, 관련되는 국제회계기준은 'IAS 33 Earnings per Share'이다.

contents

13 CHAPTER 주당이익

| 학습목표 |

1. 기본주당이익을 계산할 때 보통주에 귀속되는 금액을 계산할 수 있다. 보통주 귀속 당기순손익은 당기순손익에서 자본으로 분류된 우선주에 대한 세후 우선주배당금을 차감하여 계산한다.

2. 기본주당이익을 계산할 때 보통주식수를 계산할 수 있다. 보통주 유통일수는 각 시점의 유통주식수 변동에 따라 자본금액이 변동할 가능성을 반영한다. 유상증자는 현금을 받을 권리가 발생하는 날부터 기산하고, 자기주식 취득 및 처분은 취득일 또는 처분일부터 기산한다. 무상증자 · 주식배당 · 간주무상증자 · 주식분할 · 주식병합은 기초부터 소급하여 조정한다.

3. 희석주당이익을 계산할 때 분자에서 조정되는 사항을 계산할 수 있다. 보통주 귀속 당기순손익에 희석성 잠재적보통주 배당금을 가산하고, 희석성 잠재적보통주 관련 당기 인식한 이자비용에 세효과를 반영한 금액을 가산한다.

4. 전환가정법에 따라 희석주당이익의 분모요소를 계산할 수 있다. 전환증권은 기초시점에 보통주로 전환되고, 당기 중 발행된 전환증권은 발행일에 전환된다고 가정하여 희석효과를 구한다.

5. 자기주식취득가정법에 따라 희석주당이익의 분모요소를 계산할 수 있다. 권리 행사시점에서 유입될 현금으로 발행될 주식을 회계기간의 평균 시장가격으로 취득한다고 가정하여 희석효과를 구한다. 평균 시장가격이 행사가격보다 높을 때에만 권리를 행사한다고 가정한다.

6. 희석화 여부를 판단하기 위한 6단계 접근법에 따라 희석주당이익을 계산할 수 있다. ① 모든 잠재적보통주를 파악하고, ② '증분주식 1주당 이익'을 종류별로 계산한다. ③ 잠재적보통주를 '증분주식 1주당이익'이 작은 순서대로 분류하고, ④ 당기순손익에서 발생하는 주당이익을 결정한다. ⑤ 모든 희석성 잠재적보통주를 파악하고, ⑥ 희석주당이익을 결정한다.

| 주요 용어 |

- 기본주당이익 : 보통주에 귀속되는 당기순이익을 가중평균유통보통주식수로 나눠 계산한 1주당 이익
- 희석주당이익 : 보통주의 유통주식 수를 증가시킬 수 있는 금융상품의 잠재적 효과를 고려하여 계산한 주당이익
- 잠재적 보통주 : 권리보유자가 향후 권리 행사를 통해 보통주가 되는 금융상품이나 계약
- 반희석화 : 주당희석효과가 기본주당이익보다 클 때 기본주당이익보다 희석주당순이익이 커지는 현상

- 전환가정법 : 전환증권은 기초시점에 보통주로 전환되고 당기 중 발행된 전환증권은 발행일에 전환된다고 가정하여 희석효과를 구하는 방법
- 자기주식취득가정법 : 신주인수권(옵션, 주식매입권)은 권리 행사시점에서 유입될 현금으로 발행될 주식을 회계기간의 평균시장가격으로 취득한다고 가정하여 희석효과를 구하는 방법

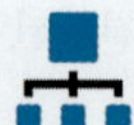

제1절 의의

1. 의의

주당이익(earning per share: EPS)은 한 기간의 보통주 1주당 이익을 나타내는 지표로, 한 기간의 영업활동성과를 나타내므로 투자의사결정에 가장 빈번하게 이용된다. 주당이익은 보통주 귀속 당기순이익을 유통보통주식수로 나누어 계산한다. 주당이익 분모는 유통보통주식수로 주주로부터 받은 자원을 의미한다. 분자인 보통주 귀속 당기순이익(당기순이익에서 우선주배당금을 차감)은 수익성을 뜻하므로, 주주로부터 받은 자원을 얼마나 효과적으로 사용했는지 나타낸다. 주당이익은 많은 정보를 분석하지 않고 경영성과를 쉽게 파악할 수 있는 효과적인 지표이다.

2. 유용성

주당이익은 정보이용자가 기업의 경영성과를 기간별로 비교하고, 동일기간의 경영성과를 다른 기업과 비교하는데 유용한 정보를 제공한다. 주당이익 정보는 이익을 결정하는 회계정책이 다를 수 있다는 한계가 있으나, 주당이익을 계산할 때 분모를 일관성 있게 결정한다면 재무보고 유용성은 높아진다.

3. 주당이익의 종류

주당이익을 계산하기 위해 사용하는 이익에 따라 주당이익 종류는 [표 1]과 같다. 보통주에 귀속되는 당기순이익을 회계기간의 가중평균유통보통주식수로 나누면 보통주 1주당 이익이 계산되는데, 이를 '기본주당이익'이라고 한다.

회사가 발행한 전환증권(예: 전환우선주, 전환사채, 주식선택권, 옵션 등)이 보통주로 전환되면 주당이익은 낮아질 수 있다. 잠재적으로 보통주를 추가로 발행할 수 있는 증권 효과를 주당이익 계산에서 제외하면 정보이용자가 오도할 수 있다. 보통주 유통주식수를 잠재적으로 증가시킬 수 있는 금융상품의 잠재적 효과를 고려하여 계산한 주당이익을 '희석주당이익'이라고 한다.

[표 1] 주당이익의 종류

기준이 되는 이익	기본주당이익	희석주당이익
계속영업이익	기본주당계속영업이익	희석주당계속영업이익
당기순손익	기본주당이익	희석주당이익

제2절 기본주당이익

1. 목적 및 계산식

기본주당이익 정보의 목적은 회계기간의 경영성과에 대한 보통주 1주당 지분의 측정치를 제공하는데 있다. 기본주당이익은 보통주에 귀속되는 특정 회계기간의 당기순손익(분자)을 그 기간에 유통된 보통주식수를 가중평균한 주식수(분모)로 나누어 계산한다.

$$\text{기본주당계속영업이익(손실)} = \frac{\text{보통주 계속영업이익(손실)}}{\text{가중평균유통보통주식수}}$$

$$\text{기본주당순이익(손실)} = \frac{\text{보통주 당기순이익(손실)}}{\text{가중평균유통보통주식수}}$$

2. 이익의 계산 : 분자요소

기본주당이익을 계산할 때 보통주에 귀속되는 금액은 당기순손익에서 자본으로 분류된 우선주에 대한 세후 우선주배당금, 우선주 상환 시 발행한 차액 및 유사한 효과를 조정한 금액이다. 보통주 귀속 당기순손익은 우선주에게 먼저 지급한 후 보통주 주주에게 귀속될 몫을 의미한다.

[기본주당이익 계산 시 분자의 조정사항]

보통주 귀속 당기순손익 = 당기순손익
(−) 비누적적 우선주(배당결의된 세후 배당금)
(−) 누적적 우선주(배당결의 여부와 관계없이 당기 세후 배당금)
(+) 할증배당우선주의 할인발행차금상각액
(−) 할증배당우선주의 할증발행차금상각액
(−) 우선주 재매입 시 우선주 장부금액을 초과한 대가
(−) 전환우선주 조기전환 시 공정가치를 초과한 대가

우선주 성격에 따라 [표 2]와 같이 보통주 귀속 당기순손익을 계산한다.

[표 2] 보통주 귀속 당기순손익의 계산

구분	당기순손익에서 조정하는 방법
비누적적 우선주	당해 회계기간과 관련하여 배당 결의된 세후 배당금을 차감
누적적 우선주	① 배당결의 여부와 관계없이 당해 회계기간과 관련한 세후배당금을 차감 ② 전기 이전의 기간과 관련하여 당기에 지급되거나 결의된 우선주 배당금(연체배당금)은 제외[1]
할증배당우선주[2]	① 할인발행차금은 유효이자율법으로 상각하여 이익잉여금에 가산. 주당이익을 계산할 때 우선주 배당금으로 처리 ② 할증발행차금은 유효이자율법으로 상각하여 이익잉여금에서 차감. 주당이익을 계산할 때 우선주 배당금으로 처리
우선주 재매입	① 기업이 공개매수 방식으로 우선주를 재매입할 때 우선주 주주에게 지급한 대가의 공정가치가 우선주 장부금액을 초과하는 부분은 우선주 주주에 대한 이익배분(배당)으로 보아 이익잉여금에서 차감. 동 금액은 보통주에 귀속되는 당기순손익을 계산할 때 차감 ② 우선주 주주에게 지급한 대가의 공정가치가 우선주 장부금액을 미달하는 부분은 우선주 주주가 자본을 납입한 것으로 보아 이익잉여금에 가산. 동 금액은 보통주에 귀속되는 당기순손익을 계산할 때 가산
전환우선주의 유도전환	처음 전환조건에 따라 발행될 보통주 공정가치를 초과하여 지급하는 보통주나 그 밖의 대가의 공정가치는 전환우선주에 대한 이익배분(배당)으로 봄. 기본주당이익을 계산할 때 보통주에 귀속되는 당기순손익에서 차감
부채로 분류되는 상환우선주	부채로 분류되는 상환우선주에 대한 배당금은 금융비용으로 처리하여 당기순손익에서 차감되었으므로 조정할 금액은 없음

[예제 1] 보통주 귀속 당기순손익의 계산

20×1년 당기순이익은 ₩2,000,000이며, 회계기간은 1월 1일부터 12월 31일까지이다. 회사는 20×1년에 다음과 같이 우선주를 발행했다.

① 비누적적 상환우선주(배당률 연 10%, 액면금액 ₩5,000) : 1,000주
상기 우선주를 부채로 분류했다.

1) 예를 들어, 1차연도에 배당을 지급하지 않고 2차연도에 배당을 선언하면 2차연도에 1차연도분과 2차연도분 배당금을 한번에 지급한다. 1차연도 배당금을 지급하지 않았다 해도 1차연도 주당이익을 계산할 때 1차연도 우선주 배당금을 당기순이익에서 차감한다. 2차연도 주당이익을 계산할 때도 2차연도 우선주 배당금만을 당기순이익에서 차감한다.

2) 할증배당우선주는 우선주를 시가보다 할인 발행한 기업에 대한 보상이다. 초기에 낮은 배당을 지급하는 우선주 또는 우선주를 시가보다 할증금액으로 매수한 투자자에 대한 보상으로 이후 기간에 시장보다 높은 배당을 지급하는 우선주를 말한다. 우선주는 의무상환조건이 없는 한 자본으로 분류되므로 유효이자율법을 적용하여 계산한 상각액은 내재된 배당금에 해당한다.

② 누적적 비상환 할증배당우선주(배당률 연 10%, 액면금액 ₩5,000) : 1,000주
상기 우선주를 자본으로 분류하였고, 20×1년 상각액은 ₩15,000이다.

③ 비누적적 비상환우선주(배당률 연 5%, 액면금액 ₩5,000) : 1,000주
상기 우선주를 자본으로 분류했다. 20×1년에 600주를 매입했으며 장부금액을 초과한 매입대가는 ₩10,000이다. 매입한 부분(600주)에 대한 배당금은 지급하지 않았고 잔여부분(400주)에 대해서는 배당을 결의했다.

④ 비누적적 전환우선주(배당률 3%, 액면금액 ₩5,000) : 500주
상기 우선주를 전환시점까지 자본으로 분류했다. 전환일은 20×1년 말이며 20×1년에 전환조건이 변경되어 공정가치 ₩5,000인 보통주 10주를 추가로 지급했다.

물음

20×1년 기본주당이익을 계산하기 위한 보통주 귀속 당기순이익을 계산하시오.

해답

보통주 귀속 당기순이익 :
₩2,000,000(당기순이익) − 1,000주×₩5,000×10%(② 당기 배당금) − ₩15,000(② 상각액) − ₩10,000(③ 장부금액 초과 매입대가) − ₩5,000×400주×5%(③ 잔여부분 배당결의) − ₩5,000×10주(④ 추가지급대가) = ₩1,325,000

〈해설〉

① 부채로 분류되는 비누적적 우선주에 대한 배당금은 이자비용으로 인식하여 이미 당기순이익에서 차감되었다. 조정할 금액은 없다.

② 누적적 비상환 할증배당우선주는 배당 결의 여부와 관계없이 당기분 배당금만 차감하며, 상각액도 보통주 귀속 당기순이익에서 차감한다.

(차)	이익잉여금	15,000	(대)	우선주주식발행차금	15,000

③ 비누적적 비상환우선주를 상환하면서 장부금액을 초과한 매입대가는 차감하며, 배당 결의된 부분을 차감한다. 전환우선주를 매입할 때 다음과 같이 회계처리한다.

(차)	우선주자본금	3,000,000	(대)	현 금	3,010,000
	이 익 잉 여 금	10,000			

④ 처음 전환조건보다 유리한 조건을 제시하거나, 추가 대가를 지급하여 조기전환을 유도하면 전환우선주에 대한 이익분배로 본다.

3. 보통주식수의 계산 : 분모요소

(1) 보통주 유통일수 계산의 기산일

기본주당이익을 계산하기 위한 보통주식수는 회계기간에 유통된 보통주식수를 가중평균한 주식수(이하 '가중평균유통보통주식수')이다. '특정회계기간의 가중평균유통보통주식수'는 각 시점의 유통주식수 변동에 따라 자본금액이 변동할 가능성을 반영한다.

가중평균유통보통주식수는 기초 유통보통주식수에 회계기간 중 취득한 자기주식수 또는 신규 발행된 보통주식수를 각각의 유통기간에 따른 가중치를 고려하여 계산한다. 유상증자로 경제적 자원이 유입되면 수익창출활동에 사용하므로 현금유입시점이 유통주식 계산을 위한 기산일이다. 자기주식을 취득하면 경제적 자원이 유출되므로 유통주식에서 차감하며, 자기주식을 처분하면 경제적 자원이 유입되므로 유통주식에 가산한다. 국제회계기준에서는 유통기간에 따른 가중치는 회계기간의 총일수에 대한 특정 보통주 유통일수의 비율로 산정하도록 규정하고 있는데, 이를 '일할계산'이라고 한다. 실무에서는 일할계산하나, 본서에서는 계산 편의를 위해 '월할'로 계산하여 유통보통주식수를 가중 평균한다. 구체적인 기산일을 요약하면 [표 3]과 같다.

[표 3] 보통주 유통일수 계산의 기산일

구분	기산일
현금납입(일반적인 유상증자)	현금을 받을 권리가 발생하는 날
자기주식 취득 및 처분	취득일 또는 처분일
채무상품 전환으로 보통주 발행	최종이자발생일의 다음날
채무 변제를 위해 보통주 발행	채무변제일

〈예 1〉 가중평균유통보통주식수의 계산

기초시점 보통주는 10,000주이며, 4월 1일 주식 1,200주를 공정가치로 발행했다.

가중평균유통보통주식수는 다음과 같이 두 가지 방법으로 계산할 수 있는데, 어떤 방법을 사용하든 가중평균유통보통주식수는 동일하게 계산된다.

(방법 1)

특정 회계사건의 발생시점부터 기말까지 건별로 가중평균유통주식수를 계산한다.

가중평균유통보통주식수 = 10,000주×12/12 + 1,200주×9/12 = 10,900주

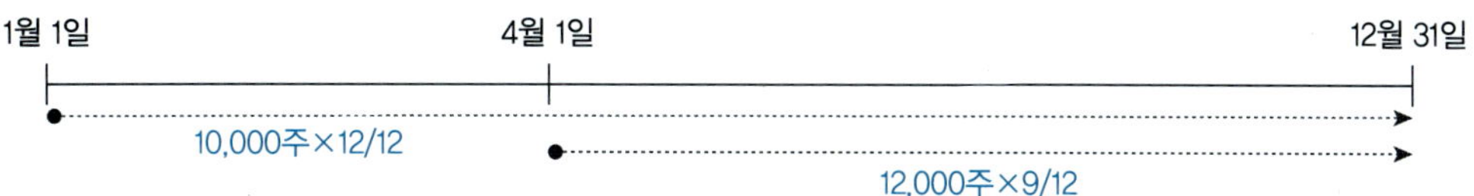

(방법 2)

특정 회계사건이 발생할 때마다 발생시점부터 다음 회계사건이 발생하는 날까지의 유통주식수를 누적하여 가중평균유통주식수를 계산한다.

가중평균유통보통주식수 = 10,000주×3/12 + 11,200주×9/12 = 10,900주

[예제 2] **가중평균유통보통주식수(K-IFRS 제1033호, 사례 2)**

시점	구분	발행주식수	자기주식 수	유통주식수
20×1년 1월 1일	기초	2,000	300	1,700
20×1년 5월 31일	유상증자	800	–	2,500
20×1년 12월 1일	자기주식 현금매입	–	250	2,250
20×1년 12월 31일	기말	2,800	550	2,250

물음

기본주당이익 계산을 위한 가중평균유통보통주식수를 계산하시오. 가중평균유통보통주식수는 월할로 계산하며, 회계기간은 1월 1일부터 12월 31일까지이다.

해답

가중평균유통보통주식수 = 1,700×5/12 + 2,500×6/12 + 2,250×1/12 = 2,146주 또는
1,700×12/12 + 800×7/12 − 250×1/12 = 2,146주

〈해설〉

유상증자로 경제적 자원이 유입되어 수익창출활동에 사용되므로 유통주식 계산을 위한 기산일은 현금유입시점이다. 자기주식을 취득하면 경제적 자원이 유출되므로 자기주식 취득일부터 유통주식에서 차감한다.

(2) 특수한 경우의 보통주식수 계산

1) 자원의 실질적 변동 없이 주식 수 변동이 있는 경우

자원의 실질적 변동 없이 보통주가 발행될 수 있고 유통보통주식수가 감소될 수도 있다. 다음 사건들은 회계기간 중에 발생해도 회계기간 초에 발생한다고 가정한다. 예를 들어, 기초시점 유통주식수가 10,000주가 있고, 4월 1일 무상증자 10%를 실시하여 1,000주를 교부했다고 하자. 무상증자로 발행한 주식은 4월 1일부터 기산하지 않고 1월 1일부터 소급하여 조정하므로 유통주식수는 11,000주(10,000×12/12 + 1,000×12/12)이다.

[기초부터 소급하여 조정하는 사건]

① 자본금전입, 무상증자, 주식배당
② 공정가치보다 낮은 금액으로 증자 시 포함되어 있는 무상증자 요소(간주무상증자)
③ 주식분할
④ 주식병합

주식 증가가 현금흐름을 수반하면 발행대금이 이익창출에 기여하므로 그 시점을 기준으로 조정한다. 주당이익은 투하된 자본단위(보통주 1주)에 대한 경영성과를 계산하기 위한 것인데, 무상증자 등은 현금유입 없이 주식 수만 증가시킨다. 기초시점으로 소급하여 조정하면 분모요소인 유통보통주식수가 증가하여 주당이익이 낮아지므로 주당이익이 과대평가되는 현상을 방지할 수 있다.

① 자본금전입, 무상증자 및 주식분할

자본금전입, 무상증자, 주식분할을 실시하면 대가를 받지 않고 기존 주주에게 보통주를 발행하므로 자본은 증가하지 않고 유통보통주식수만 증가한다. 해당 사건이 있기 전의 유통보통주식수를 비교표시되는 최초기간의 개시일에 그 사건이 일어난 것처럼 비례적으로 조정한다. 무상증자 전에 유상증자가 있었다면 납입일부터 기산하여 조정한다.

〈예 2〉 현금유입이 없는 주식 발행

기초 보통수 12,000주이다. 4월 1일에 4,000주를 유상증자를 실시하고, 7월 1일에 무상증자 10%를 실시했다.

기초주식에 대한 무상증자는 1,200주(12,000주×10%)는 기초부터 가중평균하고, 4월 1일에 유상증자로 발행한 신주에 대한 무상증자 400주(4,000주×10%)는 4월 1일부터 가중평균한다. 유통주식수는 1,500주(1,200×12/12 + 400×9/12)이다.

[예제 3] 가중평균유통주식수의 계산 : 무상증자

미완성회사의 20×1년 중 자본변동내용은 다음과 같다.

일자	변동내용	유통주식수
1월 1일	전기 이월된 보통주식수	20,000주
4월 1일	유상증자 4,000주	24,000주
6월 1일	무상증자 50%(12,000주)	36,000주
12월 1일	유상증자 1,200주	37,200주

물음

기본주당순이익 계산을 위한 가중평균유통보통주식수를 구하시오. 가중평균유통보통주식수는 월수로 계산하며, 회계기간은 1월 1일부터 12월 31일까지이다.

해답

가중평균유통주식수 = 20,000×12/12 + 4,000×9/12 + (20,000×12/12 + 4,000×9/12)×50% + 1,200×1/12 = 34,600주

〈해설〉

무상증자로 증가한 12,000주는 기초주식 20,000주에 대한 10,000주(20,000주×50%)와 4월 1일 유상증자 4,000주에 대한 2,000주(4,000주×50%)로 구성된다. 10,000주는 기초부터 가중평균하고, 유상신주에 대한 2,000주는 4월 1일부터 가중평균한다.

② 무상증자요소(간주무상증자)

일반적으로 잠재적보통주를 행사하거나 전환할 때 발행하는 보통주는 무상증자 요소를 수반하지 않는다. 왜냐하면 잠재적보통주는 공정가치를 반영하여 발행되므로 기업이 이용할 수 있는 자원이 비례적으로 변동하기 때문이다.

주주우선배정 신주발행에서는 실권주 방지를 위해 주식의 공정가치보다 낮은 금액으로 신주를 발행하므로 무상증자 요소를 수반한다. 즉, 공정가치 미만의 유상증자는 공정가치에 의한 유상증자와 무상증자가 혼합된 형태이다. 예를 들어, 공정가치 ₩10,000인데 주당 ₩8,000에 1,000주를 발행한다고 하자. 신주 발행으로 현금 ₩8,000,000이 유입되는데, 공정가치로 신주를

발행하면 800주(₩8,000,000÷₩10,000)만 발행 가능하다. 공정가치 미만의 유상증자(1,000주)는 공정가치에 의한 유상증자(800주)와 무상증자(200주)가 혼합된 형태이다. 실제로 무상증자가 없으므로 '간주무상증자'라고 부른다.

간주무상증자비율은 기초주식과 공정가치 유상증자주식에 대해 무상증자가 이루어지는 방식으로 산출한다. 간주무상증자의 대상은 기초 주식분(증자전 유통주식수)과 공정가치 유상증자 시 발행 가능한 주식이므로 두 가지를 구분하여 간주무상증자비율을 계산할 때 고려한다.

[간주무상증자비율의 계산]

i. 공정가치 유상증자 시 발행가능주식수 = $\dfrac{\text{유상증자로 유입된 현금}}{\text{권리행사 전일의 공정가치}}$

ii. 간주무상증자 주식수 = 유상증자 주식 수 − 공정가치 유상증자 시 발행가능주식수(*i*)

iii. 간주무상증자 비율 = $\dfrac{\text{간주무상증자 주식수}(ii)}{\text{증자전 유통주식수+공정가치 유상증자 시 발행가능주식수}(i)}$

[예제 4] 공정가치 미만의 유상증자

송어회사의 20×1년 중 자본변동내용은 다음과 같다. 7월 1일에 실시한 유상증자는 주주우선배정 신주발행에 해당하며, 유상증자 전일의 보통주 주당 공정가치는 ₩8,000인데 주당 ₩5,000에 주식을 발행했다.

일자	변동내용	유통주식수
1월 1일	전기 이월된 보통주식수	100,000주
7월 1일	유상증자 40,000주	140,000주

물음

기본주당순이익 계산을 위한 가중평균유통보통주식수를 구하시오. 가중평균은 월수로 계산하며, 회계기간은 1월 1일부터 12월 31일까지이다.

해답

1. 간주무상증자비율

① 공정가치 유상증자 시 발행가능주식수 = $\dfrac{40{,}000\text{주}\times ₩5{,}000(\text{현금유입액})}{₩8{,}000(\text{공정가치})} = 25{,}000\text{주}$

② 간주무상증자 주식수 = 40,000주 − 25,000주 = 15,000주

③ 간주무상증자비율 = $\dfrac{15{,}000\text{주}}{100{,}000\text{주} + 25{,}000\text{주}} = 0.12$

2. 가중평균유통주식수

100,000×12/12 + 25,000(공정가치 유상증자 시 발행가능주식수)×6/12 + (100,000×12/12 + 25,000×6/12)×0.12(간주무상증자비율) = 126,000주

〈해설〉

7월 1일에 40,000주를 유상증자했으나 유상증자 주식 수를 구할 때 공정가치 유상증자 시 발행 가능한 주식 수는 25,000주이다. 간주무상증자의 대상은 기초 주식(100,000주)과 공정가치 유상증자 시 발행 가능한 주식 수(25,000주)이다. 기초주식은 기초시점부터 무상증자효과를 고려하며, 공정가치 유상증자 시 발행 가능한 주식에 대한 무상증자효과는 실제 발행일인 7월 1일부터 고려한다.

③ 주식병합

주식병합은 자원의 실질적인 유출 없이 유통보통주식수를 감소시킨다. 해당 사건이 있기 전의 유통보통주식수를 비교표시되는 최초기간의 개시일에 그 사건이 일어난 것처럼 비례적으로 조정한다.

2) 보통주 전환금융상품

전환사채 또는 전환우선주 등의 전환금융상품은 전환으로 보통주를 발행하면 전환일부터 유통보통주식수에 반영한다.

[예제 5] 보통주 전환금융상품

그레이트회사의 20×1년 중 자본변동내용은 다음과 같다.

일자	변동내용	유통주식수
1월 1일	전기 이월된 보통주식수	10,000주
3월 1일	전환우선주 전환(1,200주)	11,200주
8월 1일	전환사채 전환(600주)	11,800주

물음

기본주당순이익 계산을 위한 가중평균유통보통주식수를 구하시오. 가중평균은 월수로 계산하며, 회계기간은 1월 1일부터 12월 31일까지이다.

해답

가중평균유통주식수 = 10,000×12/12 + 1,200×10/12 + 600×5/12 = 11,250주

제3절 희석주당이익

1. 목적 및 계산산식

(1) 목적과 주당이익의 희석화

① 목적

희석주당이익의 계산 목적은 기본주당이익의 목적(경영성과에 대한 보통주 1주당 지분의 측정치를 제공하는 것)과 동일하다. 보통주로 전환(전환증권) 또는 행사 가능한 증권(주식선택권, 주식매입권 등)을 발행하는 회사의 자본구조는 그렇지 않은 회사보다 복잡하다. 희석주당이익은 현재 유통되고 있는 보통주뿐만 아니라 잠재적으로 보통주가 될 수 있는 증권까지 모두 보통주로 전환(또는 행사)된다고 가정하여 계산된다.

희석주당이익은 잠재적보통주를 발행한 기업의 기본주당이익이 잠재적보통주로 하락할 수 있다는 일종의 위험지표 역할을 한다. 정보이용자는 기본주당이익뿐만 아니라 희석주당이익 정보를 함께 제공받으면 기업의 수익력을 보다 정확하게 평가할 수 있다.

② 주당이익의 희석화

보통주를 받을 수 있는 권리가 보유자에게 부여된 금융상품이나 계약을 발행하면 이를 '잠재적보통주'라고 한다. 잠재적보통주는 향후 권리행사를 통해 보통주가 될 수 있으며, 이로 인해 주당이익은 감소한다.

예를 들어, 보통주 귀속 당기순이익(전환우선주배당금 ₩120,000 차감 후 금액)은 ₩1,200,000이고, 가중평균유통주식수 10,000주이다. 기본주당순이익은 ₩120(₩1,200,000÷10,000주)이다. 전환우선주에 부여된 전환권이 2,000주가 있는데, 기초에 전환되었다고 가정하면 주당이익을 계산할 때 이익계산(분자요소)에서 우선주배당금을 차감하지 않는다. 전환우선주가 전환되었다고 가정하면 우선주배당금을 지급하지 않으므로 보통주 귀속 당기순이익에 우선주배당금을 가산하면 분자요소는 ₩1,320,000(₩1,200,000 + 120,000)이다. 유통주식수(분모요소) 2,000주가 증가하므로 주당이익은 ₩110(₩1,320,000÷12,000주)이다. 기본주당순이익은 ₩120이나 전환권 행사로 주당이익은 ₩110으로 감소하는 현상을 '주당이익의 희석화(diluted)'라고 한다. 이러한 전환우선주를 희석화증권이라고 하며, 희석화증권 전환을 가정하여 계산한 잠재적보통주를 '희석성 잠재적보통주'라고 한다. 이처럼 희석주당순이익은 잠재적보통주가 모두 보통주로 바뀌었다고 가정하고 계산한 가상 주당이익이다.

(2) 계산산식

희석주당이익은 특정 회계기간에 유통된 모든 희석성 잠재적보통주 영향을 고려하여 다음과 같이 계산한다.

① 조정액 : 보통주에 귀속되는 당기순손익에 희석성 잠재적보통주와 관련하여 해당 회계기간에 인식한 배당과 이자비용(법인세효과 차감)을 가산한다. 그 밖의 희석성 잠재적보통주가 보통주로 전환된다면 변경되었을 수익 또는 비용을 조정한다.

② 조정주식수 : 가중평균유통보통주식수에 모든 희석성 잠재적보통주가 보통주로 전환되었다고 가정할 때 추가적으로 유통되었을 조정주식수를 유통보통주식수에 가산한다.

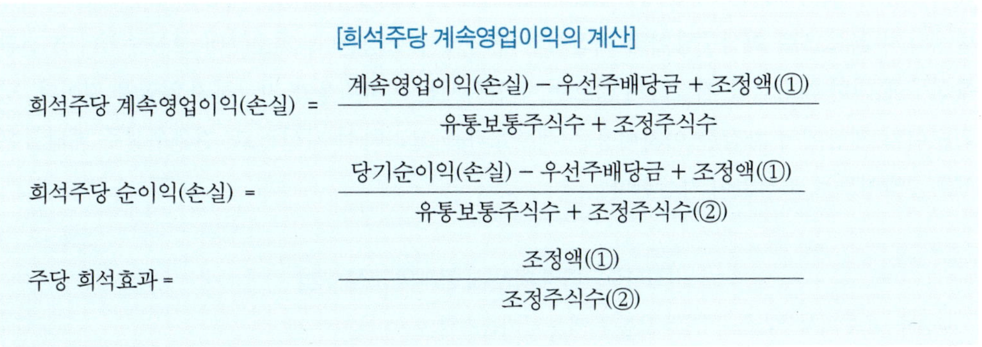

[희석주당 계속영업이익의 계산]

$$\text{희석주당 계속영업이익(손실)} = \frac{\text{계속영업이익(손실)} - \text{우선주배당금} + \text{조정액(①)}}{\text{유통보통주식수} + \text{조정주식수}}$$

$$\text{희석주당 순이익(손실)} = \frac{\text{당기순이익(손실)} - \text{우선주배당금} + \text{조정액(①)}}{\text{유통보통주식수} + \text{조정주식수(②)}}$$

$$\text{주당 희석효과} = \frac{\text{조정액(①)}}{\text{조정주식수(②)}}$$

희석주당이익이 기본주당이익보다 커지는 반희석효과(anti-dilution)가 발생할 수 있다. 예를 들어 기본주당이익은 ₩100이고, 희석주당이익은 ₩120이라고 하자. 이러한 반희석효과는 분자요소인 조정액을 분모요소인 조정주식수로 나눈 주당 희석효과가 기본주당이익보다 크기 때문에 발생한다. 희석주당순이익을 계산할 때 희석효과가 있는 잠재적보통주만 포함하며 반희석효과가 있는 잠재적보통주는 제외한다.

〈예 3〉 반희석효과

회사의 당기순이익은 ₩1,000,000이며 발행된 우선주는 없다. 기본주당이익 계산을 위해 산출된 가중평균유통보통주식수는 1,000주이다. 당기 초 전환사채를 발행했으며 전환권이 모두 행사되면 보통주 100주를 교부한다. 손익계산서에 계상된 전환사채 이자비용은 ₩150,000이고, 법인세율은 20%이다.

기본주당이익을 계산하면 ₩1,000(₩1,000,000÷1,000주)이다. 전환권이 행사되면 보통주 100주가 증가하고, 이자비용은 지급하지 않는다. 희석주당이익 분자요소를 계산할 때 전환사채 이자비용 전체를 가산하지 않고, 법인세 효과[₩150,000×(1−0.2)]를 고려하여 조정한다. 희석주당이익은 ₩1,018($\frac{1,000,000 + 150,000 \times (1 - 0.2)}{1,000주 + 100주}$)이다.

희석주당이익(₩1,018)이 기본주당이익(₩1,000)보다 크므로 반희석효과가 발생한다. 전환사채의 주당희석효과는 ₩1,200($\frac{150,000 \times (1 - 0.2)}{100주}$)으로 기본주당이익보다 크므로 반희석효과가 발생한다. 이러한 상황에서는 위험지표로서의 희석주당순이익은 의미없는 정보이므로 기본주당이익과 희석주당이익을 모두 ₩1,000으로 공시한다.

2. 이익의 계산 : 분자요소

희석주당이익을 계산할 때 잠재적 보통주는 처음부터 보통주였다면 배당금이나 관련 손익이 발생하지 않으므로 희석주당이익 계산식의 분자에서 조정한다. 기초부터 보통주였다면 전환우선주에 대한 배당금을 지급하지 않으며, 전환사채는 이자비용을 지급하지 않았을 것이다. 당기순이익 계산에서 차감한 이자비용은 세후효과를 고려하여 가산하고, 전환우선주 배당금은 세후금액이므로 조정없이 가산한다.

[희석주당이익 계산 시 분자의 조정사항]

보통주 귀속 희석당기순손익 = 보통주 귀속 당기순손익
(+) 희석성 잠재적보통주 배당금
(+) 희석성 잠재적보통주 관련 당기 인식한 이자비용×(1−법인세율)
(+) 희석성 잠재적보통주를 보통주로 전환했다면 발생하지 않았을 비용×(1−법인세율)

(1) 전환사채와 전환우선주

전환증권은 기초시점에서 보통주로 전환되었다고 가정하고 희석효과를 구하므로 전환사채 이자비용과 전환우선주 배당금을 보통주 귀속 당기순손익에 가산한다. 가산할 이자비용은 세후효과를 반영해야 하므로 이자비용에 '1−법인세율'을 곱한 금액을 분자요소(보통주 귀속 당기순손익)에 가산한다.

[예제 6] **전환사채**

콰르테회사의 20×1회계연도 당기순이익은 ₩1,000,000이고, 20×1년 초 전환사채 중 60%가 전환되어 보통주 600주를 교부했다. 전환사채 이자비용은 ₩30,000이고, 법인세율은 20%이다. 20×1년 1월 1일의 보통주는 1,000주이다.

물음

기본주당이익과 회석주당이익을 계산하시오. 가중평균은 월수로 계산하며, 회계기간은 1월 1일부터 12월 31일까지이다.

해답

1. 기본주당이익
(1) 보통주 귀속 당기순이익 : ₩1,000,000
(2) 가중평균유통주식수 : 1,000×12/12 + 600×12/12 = 10,600주
(3) 기본주당이익 : ₩1,000,000÷10,600주 = ₩94

2. 회석주당이익
(1) 회석효과 판단여부
① 주당 회석효과 : ₩30,000×(1−0.2)÷400주 = ₩60
② 회석효과 : ₩94(기본주당이익) 〉 ₩60(주당 회석효과)
∴회석효과 발생하므로 회석주당이익을 계산한다.
(2) 보통주 귀속 회석당기순이익 : ₩1,000,000 + 30,000×(1−0.2) = ₩1,024,000
(3) 가중평균유통주식수 : 10,600주 + 400×12/12 = 11,000주
(4) 기본주당이익 : ₩1,024,000÷11,000주 = ₩93

〈해설〉
20×1년 말까지 전환권이 행사되지 않은 400주는 회석주당이익을 계산할 때 기초시점부터 가산한다.

(2) 주식인수권

신주인수권부사채가 상환할증금지급조건으로 발행된 신주인수권이 행사되면 상환할증금을 지급할 의무가 없다. "상환할증금에 해당하는 이자비용×(1−법인세율)"을 보통주 귀속 당기순손익에 가산한다. 주식선택권은 보통주 귀속 당기순손익에 "주식보상비용×(1−법인세율)"을 가산한다.

3. 보통주식수의 계산 : 분모요소

(1) 전환가정법

전환증권은 기업내부에 현금이 유입되어 이미 이익창출에 기여하고 있다. 전환증권은 기초시점에 보통주로 전환되고 당기 중 발행된 전환증권은 발행일(현금유입일)에 전환된다고 가정하여 희석효과를 구한다. 이를 '전환가정법'이라고 한다. 예를 들어, 3월 1일 발행된 전환증권은 3월 1일에 보통주로 전환된다고 가정하여 가중평균유통보통주식수를 계산한다.

(2) 자기주식취득가정법

① 옵션과 주식매입권

옵션과 주식매입권은 행사가격으로 신주를 인수할 수 있는 권리가 부여되어 있는데, 본서에서는 이를 통칭하여 신주인수권이라고 부른다. 신주인수권은 권리를 행사할 때까지 현금 유입이 없으므로 '자기주식취득가정법'을 적용한다. 자기주식취득가정법은 권리 행사시점에서 유입될 현금으로 발행될 주식을 회계기간의 평균시장가격으로 자기주식을 취득한다고 가정하여 희석효과를 구한다. 기초시점(당기 중 발행은 그 발행일)에 신주인수권을 행사하고, 권리행사로 발행한 주식 중 취득하지 못한 주식은 사외유통된다고 가정한다.

투자자는 평균시장가격이 행사가격보다 높을 때만 권리를 행사한다. 옵션과 주식매입권은 회계기간의 보통주 평균시장가격이 옵션과 주식매입권 행사가격을 초과할 때만 희석효과가 있다(즉, '내가격'에 있다). 행사가격보다 평균주가가 낮으면 반희석증권에 해당하므로 희석주당이익을 계산할 때 고려하지 않는다.

- 행사가격 < 평균주가 : 원칙적으로 희석증권
- 행사가격 > 평균주가 : 반희석증권

주당순이익을 계산할 때 분모에 고려할 사항은 [표 4]와 같다.

[표 4] 주당순이익계산 시 분모에 고려할 사항

구분	기본주당이익 계산 시 유통보통주식수	희석주당이익 계산시 희석증권주식수
행사된 부분	행사주식수×(행사일부터 기말까지의 월수)/12	(행사주식수 – 자기주식구입가능수)×(기초부터 행사일까지의 월수)/12 (주) 자기주식구입가능수 : 신주인수권행사로 유입된 금액÷평균주가
행사되지 않은 부분	고려할 필요 없음	(행사주식수 – 자기주식구입가능수)×12/12 (주) 자기주식구입가능수 : 신주인수권행사로 유입된 금액÷평균주가

〈예 4〉 옵션

20×1년 1월 1일에 보통주로 전환할 수 있는 옵션 3,000개를 발행했으며 옵션의 개당 행사가격은 ₩6,000이다. 당기 중 회사의 보통주 평균시장가격은 ₩10,000이며, 20×1년 4월 1일에 옵션 1,000개가 행사되었다.

행사된 1,000개는 기본주당이익과 희석주당이익을 계산할 때 모두 고려하며, 행사되지 않은 부분은 희석주당이익 계산에서만 고려한다. 이를 그림으로 표현하면 다음과 같다.

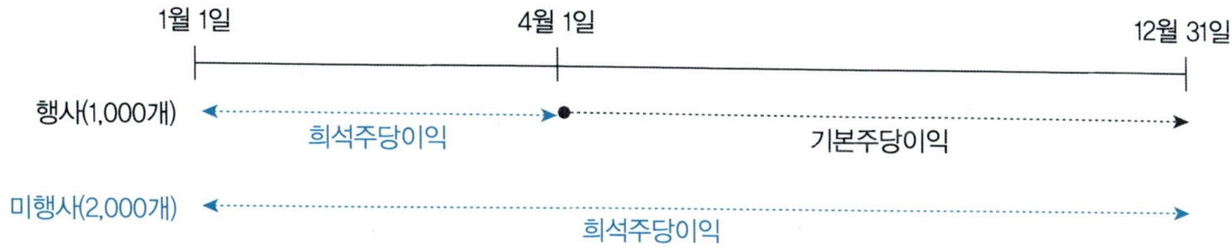

기중에 행사한 옵션은 행사일부터 유통보통주식수를 기산하므로 기본주당이익 계산을 위한 유통보통주식수는 750주(1,000주×9/12)이다. 희석주당이익을 계산할 때 기중 행사된 옵션 1,000개는 1월 1일부터 3월 31일까지 포함하며, 행사되지 않은 2,000개는 1월 1일부터 기산한다. 이 때 행사가격에 상당하는 현금이 유입되면 자기주식을 취득하고 나머지만 유통된다고 가정한다.

- 행사된 부분 : (1,000주 – ₩6,000×1,000개÷₩10,000)×3/12 = 100주
- 미행사된 부분 : (2,000주 – ₩6,000×2,000개÷₩10,000)×12/12 = 800주

② 용역제공조건의 주식선택권

아직 가득되지 않은 주식선택권은 미래 가득여부의 불확실성에도 불구하고 희석주당이익을 계산할 때 주식선택권 부여일부터 유통된다고 가정한다.

일반적인 옵션은 행사가격에 추가 대가가 포함되지 않으므로 행사가격과 보통주 평균시장가격과 비교하는 자기주식취득가정법을 적용한다. 주식선택권은 잔여가득기간에 추가적인 용역제공 등 보상원가가 발생하며 이러한 보상원가(용역의 공정가치)는 행사가격에 포함되는 추가적인 대가로 볼 수 있다. 행사가격에 용역의 공정가치를 가산하여 조정행사가격을 산정한 후 자기주식취득가정법을 적용한다. 예를 들어, 주식선택권 행사가격이 ₩1,500이고 주식선택권 1개당 종업원이 제공해야 할 용역 공정가치가 ₩120이라 하자. 당기 중 보통주 평균시장가격과 비교되는 행사가격은 ₩1,620[=₩1,500(행사가격) + 120(종업원이 제공해야 할 용역 공정가치)]이다.

〈예 5〉 주식기준보상

> 20×1년 초 종업원에게 보통주로 전환할 수 있는 주식선택권 3,000개를 부여했다. 종업원은 3년 후 1년간 주식선택권 1개당 보통주 1주를 ₩5,000에 구입할 수 있다. 주식기준보상약정에 따라 종업원이 주식선택권 1개당 제공해야 할 용역가치는 개당 ₩1,000이며, 보통주 평균시장가격은 ₩8,000이다.

유통보통주식수를 계산할 때 조정행사가격은 행사가격(₩5,000)에 개당 용역제공 공정가치(₩1,000)을 가산하므로 ₩6,000이다. 보통주식을 행사가격으로 발행하여 유입될 현금은 ₩18,000,000(₩6,000×3,000개)이므로, 유입될 현금으로 시장에서 구입 가능한 자기주식은 2,250주(₩18,000,000÷₩8,000)이다. 자기주식취득가정법에 따른 희석증권주식수는 750주(3,000주 - 2,250주)이다.

[표 5] 주당 희석효과

구분	주당 희석효과
전환사채	전환사채 이자비용×(1 - 세율) / 전환가정 시 보통주 주식수
전환우선주	전환우선주 배당금 / 전환가정 시 보통주 주식수
옵션, 주식매입권	₩0 / 발행될 주식수 - 권리행사로 유입될 자금÷주식 평균시장가격

용역제공조건 주식 선택권	$\dfrac{\text{주식보상비용}\times(1-\text{세율})}{\text{발행될 주식수}-\dfrac{\text{행사로 유입될 현금}+\text{미래 용역 공정가치}}{\text{주식의 평균시장가격}}}$
신주인수권부사채 상환할증금	$\dfrac{\text{상환할증금 상각액}\times(1-\text{세율})}{\text{발행될 주식수}-\dfrac{\text{권리행사로 유입될 자금}}{\text{주식의 평균시장가격}}}$

4. 여러 잠재적보통주가 발행된 경우

여러 종류의 잠재적보통주가 발행되면 잠재적보통주가 희석효과가 있는지 반희석효과를 판단할 때 여러 종류의 잠재적보통주를 모두 통합하여 고려하지 않고 개별적으로 고려한다. 기본주당이익을 최대한 희석할 수 있도록 희석효과가 가장 큰 잠재적보통주부터 순차적으로 고려한다. 즉, '증분주식 1주당 이익'이 가장 작은 희석성 잠재적보통주를 증분주식 1주당 이익이 상대적으로 큰 희석성 잠재적보통주보다 먼저 희석주당이익 계산에 포함시킨다. 일반적으로 [표 6]의 6단계 접근법을 사용한다.

[표 6] 희석화 여부를 판단하기 위한 접근법

단계	내용
1단계	모든 잠재적보통주를 파악한다.
2단계	'증분주식 1주당 이익'을 종류별로 계산한다.
3단계	잠재적보통주를 '증분주식 1주당이익'이 작은 순서대로 분류한다.
4단계	당기순손익에서 발생하는 주당이익을 결정한다.
5단계	모든 희석성 잠재적보통주를 파악한다.
6단계	희석주당이익을 결정한다.

[예제 7] 종합예제 - 여러 잠재적보통주가 발행된 경우

㈜라벨(회계기간 : 1.1 ~ 12.31)의 주당이익 계산을 위한 정보는 다음과 같다.

(1) 20×2년 초 발행주식은 보통주 100,000주와 전환우선주(비누적적, 비참가적) 40,000주이고, 주당액면은 모두 ₩500이다. 전환우선주는 전기에 발행한 것으로 전환비율은 1:1이고, 배당률은 액면금액의 10%이다. 20×2년 4월 1일에 우선주 30,000주의 전환권이 행사되어 보통주를 발행했다. 기말현재 전환되지 않은 우선주에 대해서만 배당을 지급하며, 기중에 전환권 행사로 보통주가 발행되면 행사일부터 보통주로 간주한다.

(2) 20×1년 7월 1일에 신주인수권부사채(이자율 연 8%, 3년 만기)가 액면상환조건으로 할인발행되었다. 신주인수권은 사채액면 ₩1,250당 보통주 1주를 교부하며, 주당 행사가격은 ₩1,000이다. 20×2년 7월 1일에 사채액면 ₩5,000,000에 상당하는 신주인수권이 행사되어 같은 날 현금이 납입되었다. 동 사채와 관련하여 20×2년도 포괄손익계산서의 이자비용은 ₩2,306,000이다.

구분	20×1.12.31	20×2.12.31
신주인수권부사채 (신주인수권 미행사)	₩15,000,000	₩10,000,000

(3) 20×2년 초 종업원에게 주식선택권 3,000개를 부여했으며, 4년 후 1년간 주식선택권 1개당 보통주 1주를 액면금액(₩500)에 구입할 수 있다. 주식기준보상약정에 따라 종업원이 주식선택권 1개당 (주)라벨에게 제공해야 할 용역의 공정가치는 부여일인 20×2년 초 현재 개당 ₩500이다. 20×2년 말 현재 모든 종업원이 가득기간말까지 근무할 것으로 예상되며, 20×2년도 포괄손익계산서의 주식보상비용은 ₩375,000이다.

(4) 20×2년 7월 1일, 전환사채의 전환권 행사로 보통주 500주가 증가했다. 전환사채는 20×1년 초 발행되었는데, 당기 중 전환된 부분은 그 중 50%에 해당하는 금액이다. 전환사채와 관련된 이자비용은 ₩1,600,000이다. 기중에 전환권 행사로 보통주가 되면 행사일부터 보통주로 간주한다.

(5) 20×2년도 포괄손익계산서의 당기순이익은 ₩8,000,000이고, 법인세율은 20%이다. 20×2년의 보통주 평균시장가격은 ₩2,000이다.

물음

1. 20×2년의 기본주당이익을 계산하시오. 가중평균유통보통주식수는 월할기준으로 계산한다.
2. 20×2년도 잠재적보통주의 주식수와 희석당기순이익을 구하기 위한 다음 표의 ①부터 ⑯까지 채우시오. 원단위 미만의 금액은 소수점 첫째자리에서 반올림하시오.

구분	보통주 당기순이익의 증가 (분자요소)	발행될 보통주식수 (분모요소)	주당 희석효과	희석화 순위
전환우선주	①	⑤	⑨	⑬
신주인수권부사채	②	⑥	⑩	⑭
주식선택권	③	⑦	⑪	⑮
전환사채	④	⑧	⑫	⑯

3. 희석주당이익을 구하시오.

해답

1.

(1) 가중평균유통보통주식수

100,000(기초)×12/12 + 30,000(전환우선주)×9/12 + 4,000(신주인수권부사채)×6/12 + 500(전환사채)×6/12 = 124,750주

(2) 보통주 당기순이익 : ₩8,000,000 − 10,000주×₩500×10% = ₩7,500,000

(3) 기본주당이익 = ₩7,500,000÷124,750주 = ₩60

2.

① 10,000주×₩500×10% = ₩500,000

② ₩0

③ ₩375,000×(1 − 0.2) = ₩300,000

④ ₩1,600,000×(1 − 0.2) = ₩1,280,000

⑤ 30,000주(전환분)×3/12 + 10,000주(미전환분)×12/12 = 17,500주

⑥ [4,000주 − 4,000주×₩1,000÷₩2,000](행사분)×6/12 + [8,000주 − 8,000주×₩1,000÷₩2,000](미행사분)×12/12 = 5,000주

(주)

(1) 행사분

- 신주인수권 행사로 발행된 주식수: ₩5,000,000÷₩1,250 = 4,000주
- 자기주식구입 가능주식수: 4,000주×₩1,000(행사가격)÷₩2,000(평균시장가격) = 2,000주

(2) 미행사분

- 신주인수권 행사 시 발행가능 주식수: ₩10,000,000÷₩1,250 = 8,000주
- 자기주식구입 가능주식수: 8,000주×₩1,000(행사가격)÷₩2,000(평균시장가격) = 4,000주

⑦ 3,000주 − 3,000주×[₩500(행사가격) + ₩500(용역의 공정가치)]÷₩2,000(평균시장가격) = 1,500주

⑧ 500주(전환분)×6/12 + 500주(미전환분)×12/12 = 750주

⑨ ₩500,000÷17,500주 = ₩29

⑩ ₩0

⑪ ₩300,000÷1,500주 = ₩200

⑫ ₩1,280,000÷750주 = ₩1,707

⑬ 2순위

⑭ 1순위

⑮ 3순위

⑯ 4순위

3.

(1) 희석화 검증

구분	분자요소	분모요소	주당이익	희석화여부
기본주당이익	₩7,500,000	124,750주	₩60	
신주인수권부사채	0	5,000주		
계	7,500,000	129,750주	58	예
전환우선주	500,000	17,500주		
계	8,000,000	147,250주	54	예
주식선택권	300,000	1,500주		
계	8,300,000	148,750주	56	아니오

(2) 희석주당이익 : ₩54

〈해설〉

- 신주인수권부사채는 액면상환조건으로 발행되어 신주인수권이 행사되어도 만기까지 이자비용은 발생하므로 희석화 검증할 때 분자요소에서 고려하지 않는다.
- 주당희석효과가 낮은 항목부터 순차적으로 가산하면서 희석화 여부를 검증한다. 주식선택권을 포함하면 반희석화 효과가 발생하므로 전환우선주까지 포함한 금액까지 희석주당이익으로 산출한다.

[보론] 소급수정

유통되는 보통주식수나 잠재적보통주식수가 자본전입, 무상증자, 주식분할로 증가했거나 주식병합으로 감소했다면, 비교표시하는 모든 기본주당이익과 희석주당이익을 소급하여 수정한다. 비교표시되는 모든 회계기간의 기본주당이익과 희석주당이익을 소급 · 수정하여 자본전입(또는 무상증자, 주식분할, 주식병합) 이전과 이후의 기간별 비교가능성을 높일 수 있다.

예를 들어, 1차연도 기본주당이익이 ₩1,000(₩10,000÷10주)이고, 2차연도 초에 1주를 2주로 주식분할했으며 2차연도 보통주 귀속 당기순이익은 ₩10,000이라고 하자. 2차연도 기본주당이익은 ₩500(₩10,000÷20주)으로 계산된다. 1차연도와 2차연도 경영성과가 동일하나 현금 유입 없이 주식 수만 증가하여 2차연도 기본주당이익은 낮게 공시되어 정보이용자가 오도할 수 있다. 1차연도 기본주당이익을 소급하여 조정하는데, 마치 주식분할이 1차연도에도 있었던 것처럼 소급하여 조정한다. 2차연도에 비교표시되는 1차연도 재무제표의 주당이익은 주식분할 효과를 반영하여 다시 계산하여 ₩500(₩10,000÷20주)으로 공시한다.

이러한 변동이 보고기간말부터 재무제표 승인일 사이에 발생했다면 당기와 표시되는 이전 기간의 주당이익을 새로운 유통보통주식수에 근거하여 재계산한다. 주당이익을 계산할 때 유통보통주식수 변동을 반영했다면 그러한 사실을 공시한다. 오류 수정과 회계정책 변경을 소급 적용하면 그 효과를 반영하여 비교표시하는 모든 기본주당이익과 희석주당이익을 수정한다.

[예제 1] 소급수정

파반느회사의 20×1년과 20×2년 중 자본변동내역은 다음과 같다.

20×1년			20×2년		
일자	변동내용	유통주식수	일자	변동내용	유통주식수
1월 1일	전기이월	20,000주	1월 1일	전기이월	36,000주
4월 1일	유상증자 4,000주	24,000주	7월 1일	유상증자 4,000주	40,000주
6월 1일	무상증자 50%, 12,000주	36,000주	10월 1일	무상증자 20%, 8,000주	48,000주

파반느회사는 잠재적보통주를 발행하지 않았으며 우선주도 없었다. 파반느회사의 20×1년과 20×2년의 당기순이익은 각각 ₩2,760,000과 ₩2,964,000이다.

물음

1. 20×1년의 기본주당이익을 계산하시오.
2. 20×2년의 기본주당이익을 계산하시오.
3. 20×1년과 20×2년 기본주당이익을 비교표시하시오.

해답

1. 20×1년

(1) 가중평균유통주식수 : 20,000×12/12+4,000×9/12 +(20,000×12/12+4,000×9/12)×0.5=34,500주

(2) 기본주당이익 : ₩2,760,000÷34,500주 = ₩80

2. 20×2년

(1) 가중평균유통주식수 : 36,000×12/12+4,000×6/12 +(36,000×12/12+4,000×6/12)×0.2=45,600주

(2) 기본주당이익 : ₩2,964,000÷45,600주 = ₩65

3. 20×2년 재무제표에 비교표시를 위한 20×1년 소급수정

(1) 가중평균유통주식수 : 30,000×12/12×1.2 + 6,000×9/12×1.2 = 41,400주

(2) 기본주당이익 : ₩2,760,000÷41,400주 = ₩67

〈해설〉

20×2년 중 실시한 무상증자(20%)를 비교표시하는 20×1년의 주당이익을 소급하여 수정한다.

연습문제

[문 1] 진위형 문항

다음 문항을 읽고 맞는 기술이면 '○'로 표시하고, 틀린 기술이면 '×'로 표시하되 그 이유를 기재하시오.

1. 보통주 귀속 당기순손익은 당기순이익에서 보통주 주주에게 귀속될 몫을 의미한다.
2. 보통주 귀속 당기순손익을 계산할 때 누적적 우선주에 대해 당기에 지급한 배당금만을 차감한다.
3. 부채로 분류되는 상환우선주에 대해 지급한 배당금은 보통주 귀속 당기순손익을 계산할 때 차감한다.
4. 일반적인 유상증자는 현금을 받은 날부터 보통주 유통일수를 기산한다.
5. 자기주식을 취득하면 보통주 유통일수는 자기주식 취득일부터 기산하고, 자기주식을 처분하면 처분일부터 기산한다.
6. 회계기간 중에 무상증자와 주식배당이 발생하면 해당일부터 유통보통주식수에 포함한다.
7. 무상증자와 주식분할을 실시하면 해당 사건이 있기 전의 유통보통주식수를 비교표시되는 최초기간의 개시일에 그 사건이 일어난 것처럼 비례적으로 조정한다.
8. 공정가치 미만의 유상증자는 공정가치 유상증자와 무상증자가 혼합되어 있는 형태이다.
9. 전환금융상품(전환사채, 전환우선주)은 전환으로 보통주를 발행하면 전환일부터 유통보통주식수에 반영한다.
10. 희석주당이익은 현재 유통되고 있는 보통주뿐만 아니라 잠재적으로 될 수 있는 증권까지 모두 보통주로 전환된다고 가정하여 계산된다.
11. 반희석효과는 분자요소인 조정액을 분모요소인 조정주식수로 나눈 주당 희석효과가 기본주당이익보다 클 때 발생한다.
12. 희석주당이익을 계산할 때, 전환권이 행사되지 않은 전환사채에 대해 지급한 이자비용을 보통주 귀속 당기순손익에 가산한다.
13. 희석주당이익을 계산할 때, 신주인수권이 행사되지 않은 신주인수권부사채에 대해 지급한 이자비용은 세후 효과를 고려하여 보통주 귀속 당기순손익에 가산한다.
14. 희석주당이익을 계산할 때 전환증권은 기초시점에 보통주로 전환되고 당기 중 발행된 전환증권은 발행일에 전환다고 가정하여 희석효과를 구한다.
15. 희석주당이익을 계산할 때 신주인수권은 권리 행사가 가능한 시점부터 신주인수권 행사로 발행한 주식을 가중평균유통보통주식수에 고려한다.

16. 희석주당이익을 계산할 때 평균시장가격이 행사가격보다 높을 때에만 고려한다.
17. 희석주당이익을 계산할 때 주식선택권은 행사가격에 용역의 공정가치를 가산하여 조정행사가격을 산정한 후 자기주식취득가정법을 적용한다.
18. 여러 종류의 잠재적보통주를 발행되면 잠재적보통주가 희석효과를 가지는지 반희석효과를 판단할 때 여러 종류의 잠재적보통주를 모두 통합하여 고려하지 않고 개별적으로 고려한다.

[보론]

1. 유통되는 보통주식수나 잠재적보통주식수가 자본전입, 무상증자, 주식분할로 증가했거나 주식병합으로 감소했다면, 비교표시하는 모든 기본주당이익과 희석주당이익을 소급하여 수정한다.

해답

1. ○
2. ×. 배당결의 여부와 관계없이 당기와 관련한 누적적 우선주의 세후배당금을 차감하며, 연체배당금(전기 이전의 기간과 관련하여 당기에 지급하거나 결의된 누적적 우선주 배당금)은 제외한다.
3. ×. 부채로 분류되는 상환우선주에 대한 배당금은 금융비용(이자비용)으로 처리하여 당기순손익에서 차감되었으므로 조정할 금액은 없다.
4. ×. 유상증자의 경우 현금을 받은 날이 아닌 현금을 받을 권리가 발생하는 날부터 보통주 유통일수를 기산한다.
5. ○
6. ×. 자원의 실질적 변동 없이 보통주가 발생되면 회계기간 초에 발생한다고 가정한다. 회계기간 중에 발생한 무상증자와 주식배당은 회계기간 초부터 유통보통주식수에 포함한다.
7. ○
8. ○
9. ○
10. ○
11. ○
12. ×. 가산할 이자비용은 세후효과를 반영해야 하므로 이자비용에 '1-법인세율'을 곱한 금액을 보통주 귀속 당기순손익에 가산한다.
13. ×. 신주인수권부사채에 대한 이자비용은 일반사채에 대한 이자비용과 상환할증금에 대한 이자비용으로 구성된다. 신주인수권이 행사되면 상환할증금을 지급할 필요가 없으므로, 상환할증금에 해당하는 이자비용에 대한 세후효과만을 가산한다.
14. ○
15. ×. 권리 행사시점에서 유입될 현금으로 발행될 주식을 회계기간의 평균시장가격으로 취득(자기주식의 취득)한다고 가정하여 희석효과를 구한다. 기초시점(당기 중 발행은 그 발행일)에 신주인수권을 행사하고, 권리행사로 발행한 주식 중 재취득하지 못한 주식은 사외유통된다고 가정한다.
16. ○
17. ○
18. ○

[보론]

1. ○

[문 2] 공정가치 미만의 유상증자

푸가(주)의 20×1년도 당기순이익은 ₩119,739이고, 자본의 변동사항은 다음과 같다.

(1) 20×1년 1월 1일, 유통보통주식수는 2,100주이고, 우선주(누적적 6%)는 400주이다. 보통주와 우선주의 주당 액면가액은 모두 ₩500이다.

(2) 20×1년 7월 1일, 주당 ₩8,000에 500주를 유상증자하고 납입기일인 7월 1일까지 유상증자대금 전액을 수령했다. 권리행사일 전(권리락 전일) 주식의 공정가치는 주당 ₩10,000이었다.

물음

20×1년 보통주 주당이익을 구하시오. 가중평균유통보통주식수는 월단위 기준으로 계산한다.

해답

1. 간주무상증자비율

① 공정가치 유상증자 시 발행가능주식수 = $\frac{500주 \times ₩8,000(현금유입액)}{₩10,000(공정가치)}$ = 400주

② 간주무상주식수 = 500주 - 400주 = 100주

③ 간주무상증자비율 = $\frac{100주}{2,1000주 + 400주}$ = 4%

2. 가중평균유통주식수

2,100×12/12 + 400(공정가치 유상증자 시 발행가능주식수)×6/12 + (2,100×12/12 + 400×6/12)×0.04(간주무상증자비율) = 2,392주

3. 보통주 기본주당이익

(₩119,739 - 400주×₩500×6%) ÷2,392주 = ₩45

[문 3] 회석주당순이익(1)

왈츠사(회계연도 : 1.1 ~ 12.31)의 20×1년 초 기초자본은 다음과 같다. 우선주는 전환우선주에 해당하며, 우선주 2주당 보통주 1주로 전환가능하다.

기초 보통주식수 : 100,000주(액면금액 ₩1,000)

기초 우선주식수 : 20,000주(액면금액 ₩1,000, 배당률 7%, 비누적적 · 비참가적)

(1) 20×1년 4월 1일, 왈츠사는 전환사채(액면금액 ₩10,000,000)를 액면발행했으며, 전환사채 액면금액 ₩10,000당 보통주 1주로 전환 가능하다. 10월 1일, 전환사채의 50%가 전환권 행사로 보통주로 전환되었다. 당기 포괄손익계산서에 계상된 전환사채 관련 이자비용은 ₩900,000이다.

(2) 전환우선주 중 10,000주가 4월 1일에 보통주로 전환되었다.

(3) 7월 1일, 신주인수권 1,000개를 발행했으며, 신주인수권 1개당 보통주 1주를 인수할 수 있다. 신주인수권의 행사가격은 개당 ₩8,000이며, 당기 보통주식의 평균시가는 ₩10,000이다. 신주인수권은 기말까지 행사되지 않았다.

(4) 왈츠사의 당기순이익은 ₩59,908,750이고, 한계세율은 20%이다. 기중에 전환권이 행사되면 전환일부터 보통주로 간주하며, 기말에 미전환된 우선주에 대해서만 배당금을 지급한다.

물음

1. 20×1년의 기본주당순이익을 계산하시오.
2. 20×1년의 희석주당순이익을 계산하시오.

해답

1. 기본주당순이익

(1) 보통주 당기순이익 : ₩59,908,750 - 10,000주(전환우선주)×₩1,000×7% = ₩59,208,750

(2) 유통주식수 : 100,000주(기초)×12/12 + 500(전환사채)×3/12 + 10,000주(전환우선주)×50%×9/12
= 103,875주

(3) 기본주당순이익 : ₩59,208,750 ÷ 103,875주 = ₩570

2. 희석주당순이익

(1) 주당효과

구분	분자요소	분모요소	주당효과	검증순서
전환사채	₩900,000×(1−0.2) = ₩720,000	625주 (주1)	₩1,152	반희석
신주인수권	−	100주 (주2)	0	1순위
전환우선주	10,000주×₩1,000×7% = ₩700,000	6,250주 (주3)	112	2순위

(주1) 500주×6/12(전환분) + 500주×9/12(미전환분) = 625주

(주2) [1,000주 − 1,000주×₩8,000(행사가격)÷₩10,000(평균시가)]×6/12 = 100주
(주3) 10,000주(전환분)×50%×3/12 + 10,000주(미전환분)×50%×12/12 = 6,250주

〈해설〉

- 전환사채는 4월 1일에 발행되었는데, 10월 1일에 전환된 500주는 4월 1일부터 9월 30일까지 6개월분을 고려한다. 미전환분은 4월 1일부터 12월 31일까지 9개월분을 고려한다.
- 전환사채의 주당효과(₩1,152)가 기본주당순이익(₩570)보다 크므로 반희석현상이 발생한다. 따라서 희석주당순이익을 계산할 때 제외한다.
- 전환우선주 전환분(10,000주)은 전환되지 않았던 1월 1일부터 3월 31일까지 희석주당이익을 계산할 때 고려하고, 미전환분(10,000주)은 기초부터 희석주당이익 계산할 때 포함한다.

(2) 희석주당순이익
(₩59,208,750 + 700,000) ÷ (103,875주 + 100주 + 6,250주) = ₩544

[문 4] 희석주당순이익(2)

20×7년 1월 1일 현재 론도(주)의 보통주와 우선주는 다음과 같다.

- 보통주 200,000주(주당 액면금액 ₩500)
- 배당률 5%의 비누적적 · 비참가적 전환우선주 40,000주(주당 액면금액 ₩500)

다음은 20×7년도에 발생한 보통주의 변동 상황이다.

일 자	주식수 변동
1월 1일	기초 유통주식수
4월 1일	전환우선주 전환으로 20,000주 발행
7월 1일	전환사채 전환으로 20,000주 발행
7월 1일	신주인수권 행사로 20,000주 발행

(1) 전환우선주는 20×6년 9월 1일에 발행된 것이며, 전환우선주 1주당 보통주 1주로 전환가능하다. 20×7년 4월 1일에 전환우선주의 절반인 20,000주가 전환되었다.

(2) 전환권이 행사된 일자부터 보통주로 보며, 기말에 남아 있는 전환우선주에 대해서만 배당금을 지급한다. 전환사채는 20×5년에 발행된 것이며, 동 전환사채 전부(100%) 20×7년 7월 1일에 전환되었다. 20×7년도 포괄손익계산서에 계상된 전환사채 이자비용은 ₩10,000,000이다. 전환권이 행사된 일자부터 보통주로본다.

(3) 행사가격 ₩1,500인 신주인수권부사채를 20×6년 4월 1일에 발행했다. 상환할증금을 지급하는 조건이며, 20×7년 7월 1일에 신주인수권의 절반(50%)이 행사되어 보통주 20,000주가 발행되었다. 신주인수권부사채에 대해 20×7년도에 인식한 이자비용은 ₩3,000,000이며, 사채상환할증금 관련 이자비용 ₩200,000이 포함되어 있다. 20×7년도 론도(주)의 보통주 주당 평균시장가격은 ₩2,000이다.

(4) 론도(주)의 20×7년도 당기순이익은 ₩100,000,000이고, 권면에 표시된 배당률에 따라 주주총회에서 배당을 실시할 것으로 예상된다. 론도(주)의 결산일은 12월말이며, 법인세율은 20%이다.

물음

1. 론도(주)의 20×7년도 기본주당순이익은 얼마인가?
2. 론도(주)의 20×7년도 희석주당순이익은 얼마인가?

해답

1. 기본주당순이익
(1) 보통주당기순이익
₩100,000,000(당기순이익) - 20,000주× ₩500× 5%(우선주배당금) = ₩99,500,000

(2) 가중평균유통보통주식수
200,000주(기초)×12/12 + 20,000주(전환우선주)×9/12 + 20,000주(전환사채)×6/12 + 20,000×6/12(신주인수권) = 235,000주

(3) 기본주당순이익: ₩99,500,000÷235,000주 = ₩423

2. 희석주당순이익
(1) 주당효과계산 및 검증순서

구분	분자	분모	주당효과	검증순서
전환우선주	20,000주×₩500×5% = ₩500,000	25,000주(주1)	₩20	1순위
전환사채	₩10,000,000×(1−0.2)=₩8,000,000	10,000주(주2)	₩800	3순위
신주인수권부사채	₩200,000×(1−0.2) = ₩160,000	7,500주(주3)	₩21	2순위

(주1) 20,000주(전환분)×3/12 + 20,000주×12/12(미전환분) = 25,000주
(주2) 20,000주×6/12 = 10,000주
(주3) ① 미행사분 : [20,000주 − 20,000주×₩1,500(행사가격)÷ ₩2,000(평균시가)]×12/12 = 5,000주
② 행 사 분 : [20,000주 − 20,000주×₩1,500(행사가격)÷ ₩2,000(평균시가)]×6/12 = 2,500주

(2) 희석주당순이익
(₩99,500,000 + 500,000 + 160,000)÷(235,000주 + 25,000주 + 7,500주) = ₩374

〈해설〉
- 기초전환우선주 40,000주 중 기중에 20,000주가 전환되었으므로 20,000주에 대해서만 배당금을 지급한다. 4월 1일 전환분은 1월 1일부터 3월 31일까지 희석주당이익 계산에, 4월 1일부터 12월 31일까지는 기본주당이익 계산에서 고려한다.
- 전환사채는 7월 1일에 전환되었으므로 1월 1일부터 6월 30일까지는 희석주당이익 계산에서 고려하고, 그 이후 기간은 기본주당이익 계산에서 고려한다.
- 신주인수권이 행사되면 사채상환할증금 관련 이자비용을 지급할 필요가 없으므로 세후 이자비율을 희석주당이익을 계산할 때 고려한다.
- 전환사채의 주당효과(₩800)가 기본주당이익(₩800)보다 크므로 반희석효과가 발생하므로 희석주당이익을 계산할 때 고려하지 않는다.

14 CHAPTER 고객과의 계약에서 생기는 수익

한눈에 살펴보는 이 장의 내용

이 장에서는 K-IFRS 제1115호(고객과의 계약에서 생기는 수익)에서 규정하고 있는 수익을 인식하기 위한 핵심원칙과 5단계법을 학습한다. 기업은 고객에게 약속한 재화나 용역에 대한 통제가 이전되고 해당 재화나 용역 대가로 받을 권리를 가질 금액을 수익으로 인식한다. 이러한 핵심원칙에 따라 5단계법을 적용하여 수익을 인식한다. 1단계에서 고객과의 계약을 식별하고, 2단계에서 계약에서의 수행의무를 식별한다. 3단계에서 거래가격을 산정하고, 4단계에서는 3단계에서 결정된 거래가격을 계약 내 수행의무에 배분한다. 마지막으로 5단계에서 각 수행의무를 충족할 때 수익을 인식한다. 기업의 수행 정도와 고객의 지급과의 관계에 따라 계약을 계약자산이나 계약부채로 재무상태표에 표시한다.

K-IFRS 제1115호(고객관의 계약에서 생기는 수익)는 2015년 11월에 제정되었고, 관련되는 국제회계기준은 "IFRS 15 Revenue from Contracts with Customers'이다.

contents

14 CHAPTER 고객과의 계약에서 생기는 수익

| 학습목표 |

1. 고객과의 계약에서 생기는 수익을 인식하기 위한 핵심원칙을 설명할 수 있다. 기업은 고객에게 약속한 재화나 용역에 대한 통제가 이전되고 해당 재화나 용역 대가로 받을 권리를 가질 금액을 수익으로 인식한다.

2. 핵심원칙에 따라 수익을 인식하기 위한 5단계법을 설명할 수 있다. "1단계: 고객과의 계약을 식별 → 2단계: 계약 내 별도의 수행의무를 식별 → 3단계: 거래가격을 산정 → 4단계: 거래가격을 계약 내 수행의무에 배분 → 5단계: 각 수행의무를 충족한 때 수익을 인식"의 5단계에 걸쳐 수익을 인식한다.

3. 계약 개시시점에서 검토해야하는 계약식별기준을 설명할 수 있다. 고객과의 계약으로 회계처리하기 위해서는 계약승인 및 의무수행 확약, 계약당사자간 권리의 식별, 지급조건의 식별, 상업적 실질, 회수가능성의 조건을 모두 충족해야 한다.

4. 같은 고객과 동시에 체결한 둘 이상의 계약을 단일 계약으로 회계처리하기 위한 조건을 설명할 수 있다. 단일 계약으로 회계처리하기 위해서는 복수계약이 일괄 협상되고, 계약간에 가격의 상호의존성이 존재하고, 복수계약이 단일 수행의무에 해당해야 한다.

5. 계약변경과 관련된 회계처리를 설명할 수 있다. 구별되는 재화나 용역이 추가되어 계약범위가 확장되고 계약가격이 조정되면 별도계약으로 처리한다. 별도계약에 해당하지 않으면 새로운 계약으로 처리하거나 계약의 일부로 회계처리한다.

6. 고객과의 계약에서 약속한 재화나 용역을 검토하여 식별하는 수행의무를 설명할 수 있다. 구별되는 재화(용역) 또는 일련의 구별되는 재화(용역)를 이전하기로 한 각 약속을 하나의 수행의무로 식별한다.

7. 수행의무에 배분된 거래가격을 수익으로 인식하기 위해 고려해야 할 요소를 설명할 수 있다. 거래가격을 산정할 때 변동대가, 변동대가 추정치의 제약, 계약에 있는 유의적인 금융요소, 비현금 대가, 고객에게 지급할 대가를 고려해야 한다.

8. 변동대가의 추정방법을 설명할 수 있다. 변동대가는 기대값과 가능성이 가장 높은 금액 중에서 기업이 받을 권리를 갖게 될 대가를 더 잘 예측할 것으로 예상하는 방법을 사용하여 추정한다. 이때 수익 중 유의적인 부분이 취소되지 않을 가능성이 매우 높은 정도까지만 거래가격에 포함한다.

9. 거래가격을 수행의무에 배분하는 방법을 설명할 수 있다. 개별 판매가격을 기초로 각 수행의무에 거래가격을 배분해야 한다. 개별 판매가격을 직접 관측할 수 없다면 시장평가조정접근법 등을 이용하여 개별 판매가격을 추정한다. 할인액은 계약상 하나 이상의 일부 수행의무에만 관련된다는 관측 가능한 증거가 있는 때를 제외하고는 계약상 수행의무에 비례하여 배분한다.

10. 수행의무를 이행할 때 수익을 인식하는 방법을 설명할 수 있다. 고객에게 약속한 재화나 용역을 고객에게 이전하여 수행의무를 이행할 때 또는 기간에 걸쳐 이행하는 대로 수익을 인식한다. 식별한 수행의무를 기간에 걸쳐 이행하는지 또는 한 시점에 이행하는지는 계약 개시시점에서 판단한다.

11. 진행률을 측정하는 방법을 설명할 수 있다. 진행률은 산출법 또는 투입법에 따라 측정한다. 산출법은 지금까지 이전된 재화나 용역이 고객에게 주는 가치를 직접 측정하여 수익을 인식하는 방법이다. 투입법에서는 수행의무를 이행하기 위해 예상되는 총 투입물 대비 수행의무를 이행하기 위한 기업의 노력 또는 투입물에 기초하여 수익을 인식한다.

12. 계약부채, 계약자산, 수취채권의 표시방법을 설명할 수 있다. 계약 당사자 중 어느 한 편이 계약을 수행했을 때, 기업의 수행 정도와 고객의 지급과의 관계에 따라 그 계약을 계약자산이나 계약부채로 재무상태표에 표시한다. 대가를 받을 무조건적인 권리는 수취채권으로 구분하여 표시한다.

| 주요 용어 |

- 계약 : 둘 이상의 당사자 사이에 집행 가능한 권리와 의무가 생기게 하는 합의
- 계약자산 : 기업이 고객에게 이전한 재화나 용역에 대해 그 대가를 받을 기업의 권리로 그 권리에 시간 경과 외 조건이 있는 자산
- 계약부채 : 기업이 고객에게서 받은 대가에 상응하여 고객에게 재화나 용역을 이전해야 하는 기업의 의무
- 고객 : 기업이 통상적인 활동의 산출물(재화나 용역)을 대가와 교환하여 획득하기로 기업과 계약한 당사자
- 수행의무 : 구별되는 재화나 용역 또는 실질적으로 서로 같고 고객에게 이전하는 방식도 같은 일련의 구별되는 재화나 용역 중 어느 하나를 고객에게 이전하기로 한 약속
- 변동대가 : 계약에서 약속한 대가에 할인, 리베이트, 환불, 공제, 가격할인, 장려금, 성과보너스, 위약금이 포함되어 대가 변동을 초래하는 것
- 수취채권 : 기업이 대가를 받을 무조건적인 권리

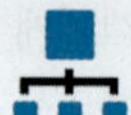

제1절 수익의 인식

1. 수익의 인식

수익은 기업이 재화나 용역을 이전하여 수행의무를 이행함으로써 자산 증가 또는 부채 감소로 생긴 순자산 변동(자본거래에 의한 변동은 제외)을 말한다. K-IFRS 제1115에서는 고객과의 계약에서 생기는 수익을 인식하기 위해 핵심원칙을 규정하고 있고, 이를 기초로 5단계법을 적용하여 수익을 인식한다.

(1) 핵심원칙

기업은 고객에게 약속한 재화나 용역에 대한 통제가 이전되고, 해당 재화나 용역의 대가로 받을 권리를 가질 금액을 수익으로 인식한다.

① 고객과 약속한 재화나 용역 이전을 나타낼 수 있을 때 수익 인식

거래나 사건을 기준으로 수익을 인식하지 않고, 기업이 '약속하고 수행할 의무'를 회계단위로 보아 수익을 인식한다. 위험과 보상의 이전이 아닌 재화나 용역의 통제가 고객에게 이전되는 시점에서 수익을 인식한다.

② 재화나 용역과 교환하여 기업이 권리를 가질 것으로 예상하는 금액을 수익으로 인식

계약서에 표시된 대가인 '권리를 가질 금액'을 수익으로 인식한다. 예를 들어, 고객에게 재화를 이전하고 10만원 받기로 계약했는데, 재화를 이전한 후 8만원만 회수 가능하다고 하자. 수익을 인식할 때 고객의 신용위험을 고려하지 않으므로 권리를 가질 금액인 10만원을 수익으로 인식하고, 회수하지 못해 입게 될 손실 2만원은 손상차손(대손상각비)으로 인식한다. 수익을 신뢰성 있게 측정할 수 없어도 수익 인식을 이연하지 않고, 재화나 용역의 통제를 이전하는 시점에서 '예상하는 금액(재화나 용역의 대가로 받을 금액)'을 수익으로 인식한다.

(2) 5단계법

K-IFRS 제1115호에서는 수익을 인식하기 위한 핵심원칙과 5단계법을 다음과 같이 제시하고 있다.

[핵심원칙]
재화나 용역의 대가로 받을 금액을 수익으로 인식

(1단계) 고객과의 계약을 식별
고객과의 계약에 해당하는지를 검토하여 계약을 식별한다. 기준서의 요건을 충족하지 않는다면 2단계를 진행하지 않는다.

↓

(2단계) 계약 내 별도의 수행의무를 식별
하나의 계약에 여러 개의 수행의무가 구별되면, 수행의무를 하나의 회계단위로 인식하여 각각의 수행의무를 식별한다.

↓

(3단계) 거래가격을 산정
계약수행으로 받을 총 거래가격을 산정한다.

↓

(4단계) 거래가격을 계약 내 수행의무에 배분
3단계'에서 결정한 거래가격을 '2단계'에서 인식한 개별 수행의무에 배분한다. 계약에서 여러 개의 수행의무가 식별되면 상대적 개별판매가격을 기준으로 각 수행의무에 거래가격을 배분한다.

↓

(5단계) 각 수행의무를 충족한 때 수익을 인식
수행의무가 기간에 걸쳐 이행되면 기간에 걸쳐 수익을 인식하고, 일시에 이행되면 일시에 수익을 인식한다.

〈예 1〉 5단계법에 따른 수익인식

정의회사는 고객에게 상품 A와 B, 용역 C를 ₩12,000에 판매하는 계약을 서면으로 체결했다. 상품 A와 B는 특정시점에 통제가 이전되고, 용역 C는 1년간 서비스를 이전한다. A, B, C의 개별판매가격은 각각 ₩5,000이다.

5단계법에 따라 수익을 인식하면 다음과 같다.

(1단계) 고객과의 계약을 식별
서면계약서가 존재한다.

↓

(2단계) 계약 내 별도의 수행의무를 식별
고객은 A, B, C로부터 각각 효익을 제공받으므로 세 개의 수행의무가 존재한다.

↓

(3단계) 거래가격을 산정
거래대가는 ₩12,000으로 고정되어 있다.

↓

(4단계) 거래가격을 계약 내 수행의무에 배분

총 개별가격은 ₩15,000(₩5,000×3개)이고 총 거래가격이 ₩12,000이므로 20%를 할인하여 판매한다. 20% 할인을 A, B, C에 동일하게 배분하므로 개별가격은 ₩4,000(₩5,000×80%)이다.

↓

(5단계) 각 수행의무를 충족한 때 수익을 인식

상품 A와 B는 통제가 이전된 때 수익을 인식하고, 용역 C는 제공되는 기간에 걸쳐 수익을 인식한다.

2. 관련 용어

(1) 계약

계약이란 둘 이상의 당사자 사이에 집행 가능한(enforceable) 권리와 의무가 생기게 하는 합의를 말한다. 계약상 권리와 의무의 집행 가능성은 법률적인 문제이다. 계약은 서면으로, 구두로, 기업의 사업관행에 따라 암묵적으로 체결할 수 있다.

(2) 계약자산과 계약부채

계약자산이란 기업이 고객에게 이전한 재화나 용역에 대해 그 대가를 받을 기업의 권리로, 그 권리에 시간 경과 외 조건(예 : 기업의 미래수행)이 있는 자산을 말한다. 계약부채란 기업이 고객에게서 이미 받은 대가(또는 지급기일이 된 대가)에 상응하여 고객에게 재화나 용역을 이전해야 하는 기업의 의무를 의미한다.

(3) 고객

기업의 산출물인 재화나 용역을 대가와 교환하여 획득하기로 기업과 계약한 당사자를 말한다. 예를 들어 A기업은 B기업과 협업약정에 따른 자산 개발에 참여하기 위해 계약했다고 하자. 계약당사자들은 활동이나 과정에서 생기는 위험과 효익을 공유한다. A기업은 기업의 통상적인 활동의 산출물을 취득하기 위한 것이 아니므로 B기업은 고객으로 보지 않는다.

(4) 수행의무

수행의무란 계약에서 다음 어느 하나를 고객에게 이전하기로 한 약속을 말한다.

① 구별되는 재화나 용역(또는 재화나 용역의 묶음)
① 실질적으로 서로 같고 고객에게 이전하는 방식도 같은 일련의 구별되는 재화나 용역

[예제 1] K-IFRS 제1115호의 적용 여부

공정오일은 전국에 소재한 주유소에게 석유를 판매한다. 공정오일이 정유탱크로부터 먼 곳에 있는 고객에게 석유를 판매하면 상당한 운송비가 발생하는데, 정의오일도 동일한 상황이다. 공정오일과 정의오일은 운송비를 절감하기 위해 서로의 석유를 교환하는 계약을 체결하였다.

물음

공정오일과 정의오일이 체결한 계약에 대해 K-IFRS 제1115호(고객과의 계약에서 생기는 수익)의 기준서를 적용할 수 있는가?

해답

고객과의 계약으로 회계처리하기 위해서는 상업적 실질이 있어야 한다. 계약의 결과로 기업의 미래 현금흐름의 위험, 시기, 금액이 변동되어야 하는데, 공정오일과 정의오일 간에 체결한 계약은 단순한 석유 교환에 불과하다. 이러한 거래는 제1115호의 적용대상이 아니다.

제2절 수익인식 5단계법

1. (1단계) 계약식별

(1) 계약식별기준

계약 개시시점에서 계약식별기준을 검토한다. 계약승인 및 의무수행이 확약된 상업적 실질이 있는 계약으로서 권리 및 지급조건이 식별되고 대가의 회수가능성이 높을 때 고객과의 계약을 식별한다. 다음 기준을 모두 충족한 때에만 고객과의 계약으로 회계처리한다.

[고객과의 계약으로 회계처리하기 위한 요건]

① 계약 당사자들이 계약(서면으로, 구두로, 그 밖의 사업 관행에 따라)을 승인하고 각자의 의무를 수행하기로 확약한다(계약승인 및 의무수행 확약).
② 이전할 재화나 용역과 관련된 각 당사자의 권리를 식별할 수 있다(계약당사자간 권리의 식별).
③ 이전할 재화나 용역의 지급조건을 식별할 수 있다(지급조건의 식별).
④ 계약에 상업적 실질이 있다. 계약의 결과로 기업의 미래 현금흐름의 위험, 시기, 금액이 변동될 것으로 예상한다(상업적 실질).
⑤ 고객에게 이전할 재화나 용역에 대해 받을 권리를 갖게 될 대가의 회수 가능성이 높다. 대가의 회수가능성이 높은지 평가할 때 지급기일에 고객이 대가(금액)를 지급할 수 있는 능력과 지급할 의도만을 고려한다(회수가능성).

(2) 계약식별기준을 충족하지 못했으나 대가를 수령한 경우

계약식별기준을 충족하지 못하나 고객으로부터 대가를 수령했다면 선수금(부채)으로 인식하고, 다음 사건 중 어느 하나가 발생하면 받은 대가를 수익으로 인식한다.

① 고객에게 재화나 용역을 이전해야 하는 의무가 남아있지 않고, 고객으로부터 약속한 대가를 모두(또는 대부분) 받았으며 그 대가는 환불하지 않는다.
② 계약이 종료되었고 고객에게서 받은 대가는 환불되지 않는다.

(3) 계약의 결합

경제적 실질이 유사한 둘 이상의 계약을 하나의 계약으로 보고 회계처리 하는 것을 '계약의 결합'이라고 한다. 다음 중 하나 이상을 충족하면 같은 고객과 동시에(또는 가까운 시기에) 체결한 둘 이상의 계약을 결합하여 단일 계약으로 회계처리 한다. 법적으로는 개별 계약이지만 경제적 실질 관점에서는 하나의 계약으로 볼 수 있기 때문이다.

[단일 계약으로 보는 경우]

① 복수의 계약을 하나의 상업적 목적으로 일괄 협상한다.
② 한 계약에서 지불하는 대가가 다른 계약의 가격이나 수행에 따라 달라진다(가격의 상호의존성).
③ 복수 계약에서 약속한 재화나 용역이 단일 수행의무에 해당한다.

2. (2단계) 수행의무 식별

수행의무는 기업이 고객에게 재화나 용역을 이전하기로 한 약속을 의미하며, 수익 인식의 회계처리를 위한 최소 단위이다. 계약 개시시점에 고객과의 계약에서 약속한 재화나 용역을 검토하여 고객에게 다음 중 어느 하나를 이전하기로 한 각 약속은 하나의 수행의무로 식별한다.

(1) 구별되는 재화나 용역(또는 재화나 용역의 묶음)
(2) 실질적으로 서로 같고 고객에게 이전하는 방식도 같은 '일련의 구별되는 재화나 용역'

(1) 구별되는 재화나 용역

고객이 효익을 얻고 있고 계약이 재화나 용역을 개별적으로 이전한다면 개별 재화나 용역을 하나의 수행의무로 본다. 고객이 효익을 얻고 있고 계약이 재화나 용역을 투입한 결합품목을 이전하는 것이라면 결합품목을 하나의 수행의무로 파악한다. 예를 들어, 건물 건설(엔지니어링, 부지 정리, 기초공사, 구조물 건설 등)은 복수의 재화나 용역을 고객에게 이전한다. 엔지니어링 등을 개별적으로 식별하기 보다는 건물 건설 전체를 묶음으로 구별해야 고객과의 약속을 충실하게 나타내며 기업의 수행 정도를 유용하게 나타낼 수 있다.

하나의 계약 내에 존재하는 여러 가지의 약속을 별도의 수행의무로 식별하기 위해서는 다음 조건을 모두 충족해야 한다. 별도의 수행의무로 식별되면 각각의 수행의무를 이행한 시점에 수익을 인식한다.

[하나의 계약에 존재하는 약속을 별도의 수행의무로 식별할 수 있는 조건]

① (효익) 고객이 재화나 용역 그 자체에서 효익을 얻거나 고객이 쉽게 구할 수 있는 다른 자원과 함께 하여 그 재화나 용역에서 효익을 얻을 수 있다.
② (계약상 구별) 고객에게 재화나 용역을 이전하기로 한 약속을 계약 내 다른 약속과 별도로 식별할 수 있다.

[예제 2] 수행의무의 식별 : 유의적인 통합용역(K-IFRS 제1115호 적용사례 10)

기업은 고객에게 병원을 건설해 주는 계약을 체결했다. 기업은 프로젝트 전체를 책임지고 있으며, 계약에서 엔지니어링, 부지 정리, 기초공사, 조달, 구조물 건설, 배관 · 배선, 장비 설치, 마무리 등을 포함한 여러 가지 약속한 재화와 용역을 식별한다.

물음

병원 건설계약과 관련된 수행의무를 어떻게 식별해야 하는가?

해답

① 고객은 병원 건물을 의료용역에 사용하여 경제적 효익을 창출할 수 있으나, ② 병원을 건설해 주는 계약 내의 다른 약속(엔지니어링 등)을 별도로 식별할 수 없다. 왜냐하면 고객이 엔지니어링 등의 용역을 쉽게 구해 효익을 얻을 수 없기 때문이다.

②의 조건을 충족하지 못하므로 약속한 재화나 용역은 구별되지 않는다. 기업은 이 계약의 모든 재화와 용역을 '단일 수행의무'로 회계처리한다.

(2) 일련의 구별되는 재화나 용역

실질적으로 서로 같고 고객에게 이전하는 방식도 같은 '일련의(series) 구별되는 재화나 용역'은 하나의 수행의무로 식별한다. 다음 기준을 모두 충족할 때 '이전하는 방식'이 같다고 본다.

[이전방식이 동일하다고 보기 위한 조건]

① 기간에 걸쳐 이행하는 수행의무의 기준을 충족하여 진행기준으로 수익을 인식한다(진행기준 수익 인식).

② 수행의무의 진행률을 같은 방법을 사용하여 측정한다(진행률 측정방법이 동일).

'(1) 구별되는 재화나 용역'의 수행의무 개념만 존재하면 의무는 별도 회계단위가 되므로 각각의 수행의무가 이전되는 시점에서 수익을 인식한다. 이렇게 각각 수익을 인식하면 실무적으로 효익 대비 작성 비용이 클 수 있다. 이러한 실무적 부담을 완화시키기 위해 '일련의 구별되는 재화나 용역'은 여러 가지의 수행의무로 인식하지 않고 하나의 수행의무로 식별하여 진행기준으로 수익을 인식한다.

〈예 2〉 하나의 수행의무로 식별하는 일련의 구별되는 재화나 용역

> 클린기업은 고객과 3년간 일주일 단위로 실질적으로 같은 청소용역을 반복적으로 제공하는 계약을 체결했다. 20×1년 1월 1일 계약서에 서명하고 업무를 시작했다.

같은 청소용역을 반복적으로 제공하므로 실질적으로 서로 같고 이전하는 방식이 같은 일련의 구별되는 용역에 해당한다. 용역이 기간에 걸쳐 고객에게 이전되고 진행률 측정에 같은 방법(시간기준 진행률)을 사용한다. 일주일 단위로 계약이 여러 가지로 구별되어도 하나의 수행의무로 식별한다.

3. (3단계) 거래가격 산정

거래가격은 고객에게 약속한 재화나 용역을 이전하고 그 대가로 기업이 받을 권리를 갖게 될 것으로 예상하는 금액이다. 거래가격은 계약상 수행의무에 배분하고 최종적으로 수익으로 인식하는 금액이다. 수행의무를 이행하거나 이행하는 대로 그 수행의무에 배분된 거래가격을 수익으로 인식한다. 예를 들어, 기업이 고객에게 재화를 인도하고 용역 제공에 대한 대가로 ₩12,000을 받는 계약을 체결했다고 하자. 재화 인도와 용역 제공은 별도의 수행의무에 해당하고, 재화 인도와 용역 제공에 배분된 거래가격은 각각 ₩8,000과 ₩4,000이다. 재화를 이전할 때 수익 ₩8,000을 인식하고, 용역을 제공한 시점에서 수익 ₩4,000을 인식한다.

거래가격을 산정할 때 (1) 변동대가, (2) 계약에 있는 유의적인 금융요소, (3) 비현금대가(대가를 현금 외의 형태로 받는 경우), (4) 고객에게 지급해야 할 대가를 고려해야 한다.

(1) 변동대가

① 변동대가의 의의

계약에서 약속한 대가에 변동금액이 포함되면, 기업은 고객에게 약속한 재화나 용역을 이전하고 대가로 받을 권리를 갖게 될 금액을 추정한다. 대가는 할인(discount), 리베이트, 환불, 공제(credits), 가격할인(price concessions), 장려금(incentives), 성과보너스, 위약금 때문에 변동될 수 있다. 대가를 받을 권리가 미래 사건의 발생 여부에 달려있다면 약속한 대가는 변동될 수 있다.

〈예 3〉 암묵적 가격할인(K-IFRS 제1115 사례 2 수정)

A기업은 고객에게 약속된 대가 ₩1,000,000에 제품을 판매한다. A기업은 새로운 지역의 고객 B에게 처음 판매하려 하는데, 이 지역은 상당한 경제적 어려움을 겪고 있다. A기업은 고객 B에게 약속된 대가 전액을 회수하지 못할 것으로 예상한다. 전체 금액을 회수하지 못할 가능성은 있지만 A기업은 그 지역 경제가 앞으로 2~3년에 걸쳐 회복할 것으로 예상하고 있다. A기업은 고객 B와의 관계가 그 지역의 다른 잠재적 고객과의 관계 구축에 도움이 된다고 판단하고 있다. A기업은 가격할인을 해주면 고객 B가 이러한 가격 제안을 받아들일 것으로 예상한다.

A기업은 대가를 지급할 고객의 능력과 의도를 고려하여, 그 지역이 경제적 어려움에 처해 있더라도 고객 B에게서 ₩400,000을 회수할 가능성이 높다고 결론을 내렸다고 하자. A기업은 고객 B와 계약을 체결하는 시점에 가격할인 ₩600,000을 암묵적으로 제공한다고 할 수 있다. A기업은 고객 B에게 약속한 재화를 이전하고 대가로 받을 권리를 갖게 될 금액인 ₩400,000을 수익으로 인식한다.

② 변동대가의 추정방법

변동대가는 '기댓값'과 '가능성이 가장 높은 금액' 중에서 기업이 받을 권리를 갖게 될 대가(금액)를 더 잘 예측할 방법을 사용하여 추정한다.

[표 1] 변동대가의 추정방법

기댓값	가능성이 가장 높은 금액
• 가능한 대가의 범위에 있는 모든 금액에 각 확률을 곱한 금액의 합 • 기업에 특성이 비슷한 계약이 많다면 기댓값은 변동대가(금액)의 적절한 추정치일 수 있음	• 가능한 대가의 범위에서 가능성이 가장 높은 단일 금액으로 추정 • 계약에서 가능한 결과치가 두 가지(예: 기업이 성과보너스를 획득하거나 획득하지 못함)만 있다면 가능성이 가장 높은 금액을 변동대가의 적절한 추정치로 볼 수 있음

③ 변동대가 추정치의 제약

변동대가는 기댓값이나 가능성이 가장 높은 금액으로 추정하므로, 추정치 전액을 수익으로 인식하면 나중에 인식한 수익 중 일부를 취소할 수 있다. 이에 따라 K-IFRS 제1115호에서는 변동대가 추정치를 제약하도록 규정하고 있다. 수익 중 유의적인 부분이 취소되지 않을 가능성이 매우 높은(highly probable) 정도까지만 거래가격에 포함한다.

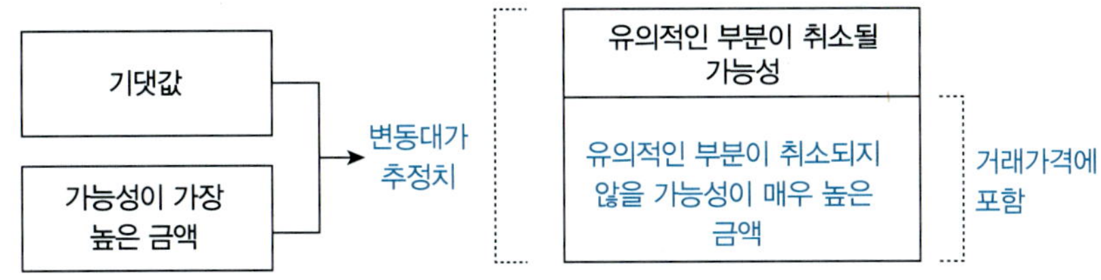

[그림 1] 변동대가 추정치의 제약

고객에게서 받은 대가 일부나 전부를 환불할 것으로 예상하면 환불예상액은 수익으로 인식하지 않고 환불부채를 인식한다. 환불부채는 기업이 받았거나 받을 대가 중 권리를 갖게 될 것으로 예상하지 않는 금액으로 측정한다. 환불부채를 결제할 때 고객으로부터 제품을 회수할 기업의 권리(예를 들어, 반품되는 상품)는 자산으로 인식하고, 이에 상응하는 매출원가를 조정한다.

〈예 4〉 반품권(K-IFRS 제1115호 사례 22 수정)

A기업은 고객들과 100건의 계약을 체결했다. 각 계약에 따르면 제품 1개당 ₩100에 판매하며, 제품에 대한 통제가 이전될 때 현금을 받는다. A기업은 고객이 사용하지 않은 제품을 30일 이내에 반품하면 전액을 환불한다. 제품 원가는 개당 ₩60이다. A기업은 권리를 갖게 될 것으로 예상하는 변동대가를 추정하기 위해 기댓값 방법을 사용하며, 97개의 제품이 반환되지 않을 것으로 추정한다. A기업은 제품의 회수원가는 중요하지 않다고 추정하고 반품된 제품은 다시 판매하여 이익을 남길 수 있다고 예상한다.

A기업은 계약에 따라 반품을 허용하고 있어 고객으로부터 받은 대가는 변동될 수 있다. A기업은 제품과 고객층의 반품 추정에 경험이 상당히 있다고 하자. 반품기간은 30일이므로 반품의 불확실성은 단기간에 해소될 것이다. 기업은 불확실성이 해소될 때(반품기간이 종료될 때) 이미 인식한 누적 수익금액(₩9,700) 중 유의적인 부분을 되돌리지 않을 가능성이 매우 높다고 결론 내릴 수 있다. A기업은 반품이 예상되는 제품 3개는 수익을 인식하지 않고, 수취한 현금은 환불부채로 인식한다.

(차)	현금	10,000	(대)	매출	9,700 (주1)
				환불부채	300 (주2)
(차)	매출원가	6,000	(대)	재고자산	6,000
	반품제품회수권	180		매출원가	180 (주3)

(주1) ₩100×97개(반품될 것으로 예상하지 않는 제품) = ₩9,700
(주2) ₩100×3개(반품될 것으로 예상하는 제품) = ₩300
(주3) ₩60×3개(환불부채를 정산할 때 고객에게서 회수할 권리가 있는 제품) = ₩180

(2) 계약에 있는 유의적인 금융요소

① 약속한 대가의 조정

거래가격을 산정할 때 고객에게 '재화나 용역을 이전하는 시점'과 '대가를 지급받는 시점' 간에 차이가 나면 유의적인 금융 효익이 고객이나 기업에 제공될 수 있다. 이러한 상황에서는 화폐의 시간가치가 미치는 영향을 반영하여 약속된 대가(금액)를 조정하여 현금판매가격을 수익으로 인식한다. 즉, 대금결제방식(현금결제 또는 할부)에 따라 수익으로 인식할 금액이 달라져서는 안 되므로 현금판매가격(현재가치)을 수익으로 인식하고, 금융효과(이자수익 또는 이자비용)는 고객과의 계약에서 생기는 수익과 구분하여 표시한다. 재화나 용역이전시점과 대가지급시점 간의 기간을 1년 이내로 예상한다면 유의적인 금융요소를 조정하지 않는 실무적 간편법을 사용할 수 있다.

고객에게 재화나 용역을 이전하는 시점과 대가를 지급받는 시점 간에 차이가 있어도 유의적인 금융요소가 없을 수 있다. 예를 들어 고객이 대가를 선급하고, 재화나 용역의 이전시점을 고객이 정할 수 있다. 이러한 상황에서는 유의적인 금융요소가 없다고 판단한다.

② 사용할 할인율

유의적인 금융요소를 반영하여 약속한 대가(금액)를 조정할 때, 계약 개시시점에 기업과 고객이 별도 금융거래를 한다면 반영하게 될 할인율(시장이자율)을 사용한다. 이 할인율은 고객이나 기업이 제공하는 담보나 보증뿐만 아니라 계약에 따라 금융을 제공받는 당사자의 신용 특성도 반영되어야 한다. 할인율은 재화나 용역의 대가를 현금으로 결제한다면 지급할 가격을 기준으로 산정할 수도 있는데, 이를 내재이자율이라고 한다.

계약 개시 후에는 이자율이나 그 밖의 상황이 달라져도(예를 들어, 고객의 신용위험 평가의 변동) 할인율은 수정하지 않는다. 왜냐하면 기업은 계약개시시점에 산정한 할인율로 거래가격을 측정하기 때문이다.

[예제 3] 선수금과 할인율 평가(K-IFRS 제1115호 사례 29 수정)

원칙기업은 20×1년 초 자산을 판매하기로 고객과 계약을 체결했는데, 20×2년 말에 자산에 대한 통제가 이전된다. 계약에 따르면, 고객은 2년이 경과한 후 자신이 자산을 통제할 때 ₩5,000을 지급하는 방법과 20×1년 초 계약에 서명할 때 ₩4,000을 지급하는 방법 중 선택할 수 있다. 고객은 계약에 서명할 때 ₩4,000을 지급하는 방법을 선택했다.

원칙기업은 시장의 일반적인 이자율뿐만 아니라 고객이 자산에 대한 대가를 지급하는 시점과 기업이 고객에게 자산을 이전하는 시점 사이의 기간 때문에, 계약에 유의적인 금융요소가 포함되어 있다고 결론을 내렸다. 원칙기업은 약속된 대가를 조정하기 위해 사용해야 할 이자율로 증분차입이자율인 6%로 결정했다.

물음

계약 개시시점(20×1년 초), 20×1년 말, 20×2년 말에 원칙기업이 해야 할 회계처리를 제시하시오.

해답

1. 20×1년 초 : 계약부채 인식

(차)	현금	4,000	(대)	계약부채	4,000

〈해설〉

20×2년 말에 자산에 대한 통제가 이전되는 시점에 수익을 인식하므로 현금수령액은 부채로 인식한다.

2. 20×1년 말 : 이자비용 인식

(차)	이자비용	240	(대)	계약부채	240 (주)

(주) ₩4,000×6% = ₩240

〈해설〉

계약시점부터 자산을 이전할 때까지 기업은 약속된 대가(금액)를 조정하여 이자비용을 인식하고 계약부채를 증액한다.

3. 20×2년 말

(1) 이자비용 인식

(차)	이자비용	254	(대)	계약부채	254 (주)

(주) (₩4,000 + 240)×6% = ₩254

(2) 자산이전에 대해 수익인식

(차)	계약부채	4,494	(대)	수익	4,494

(3) 비현금 대가

① 의의

기업은 고객과 현금 외의 형태로 대가(주식 또는 유형자산 등의 비현금 대가)를 약속하는 계약을 체결하는 거래에서는 비현금 대가를 공정가치로 측정한다. 비현금 대가의 공정가치를 합리적으로 추정할 수 없다면 고객에게 약속한 재화나 용역의 개별 판매가격을 참조하여 간접적으로 대가를 측정한다.

② 측정

비현금 대가의 공정가치는 대가의 형태(예 : 대가로 주식을 수령하면 주식가격 변동) 때문에 변동할 수 있다. 기업은 받았거나 받을 대가의 후속적인 공정가치 변동은 수익에 반영하지 않는다.

[예제 4] 비현금대가(K-IFRS 제1115호 적용사례 31 수정)

공정회사는 고객과 1년간 일주일 단위로 용역을 제공하는 계약을 체결했다. 20×1년 1월 1일에 계약서에 서명하고 즉시 업무를 시작했다. 공정회사는 실질적으로 서로 같고 이전하는 방식이 같은 일련의 구별되는 용역이 단일 수행의무라고 결론지었다. 고객은 용역 대가로 일주일 단위의 용역당 자신의 보통주(계약에 대해 총 5,720주)를 약속한다. 공정회사는 계약 조건에 따라 일주일 단위로 용역이 완료될 때 보통주를 고객으로부터 수취한다.

물음

공정회사는 수익을 어떻게 인식하고 측정해야 하는가?

해답

계약 조건은 일주일 단위로 용역이 성공적으로 완료된 때에만 보통주가 지급되므로, 기업은 매주 용역이 완료되는 대로 수행의무를 진행률로 측정한다. 기업은 거래가격을 산정하기 위해 매주 용역이 완료됨에 따라 받는 110주(5,720주÷52주)를 공정가치로 측정한다. 기업이 받았거나 받을 주식의 후속적인 공정가치 변동은 용역수익에 반영하지 않는다. 예를 들어, 1주차에 수령한 110주의 공정가치가 주당 ₩100이라면 1주차 수익으로 ₩11,000을 인식한다. 2주차에 공정가치가 주당 ₩110으로 변동해도 1주차에 인식한 수익은 변동 없이 ₩11,000이다.

(4) 고객에게 지급할 대가

① 할인, 리베이트, 환불을 위해 고객에게 대가 지급

기업은 할인, 리베이트, 환불하기 위해 고객에게 대가(예 : 쿠폰이나 상품권)를 지급하기도 하고, 고객(예 : 대형할인점)의 고객(예 : 소비자)에게 대가를 지급하기도 한다. 이렇게 고객(또는 고객의 고객)에게 지급한 대가는 거래가격(수익)에서 차감한다.

〈예 5〉 고객에게 지급할 대가(K-IFRS 제1115호 사례 32)

정의회사는 대형마트에게 1년 동안 제품을 판매하기로 계약을 체결했다. 고객(대형마트)은 1년 동안 적어도 15백만원의 제품을 사기로 약속했다. 계약에 따르면 기업은 계약 개시시점에 환불되지 않는 1.5백만원을 고객에게 지급한다. 이는 고객이 정의기업의 제품을 선반에 올리기 위해서는 변경이 필요하고, 그에 대한 보상으로 고객에게 지급하는 것이다.

정의회사는 이전하는 구별되는 재화에 대한 대가로 지급액(1.5백만원)을 고객에게 지급한 것은 아니라는 결론을 내렸다. 왜냐하면 정의회사는 고객의 선반에 대해 어떠한 권리도 통제하지 못하기 때문이다.

정의회사는 고객에게 지급하는 1.5백만원을 거래가격에서 감액한다. 정의회사는 고객에게 재화를 이전할 때, 거래가격의 10%(1.5백만원÷15백만원)씩 줄인다. 예를 들어, 고객에게 송장금액 2백만원에 해당하는 재화를 이전한다면 1.8백만원(송장금액 2백만원에서 고객에게 지급할 대가 0.2백만원 차감)을 수익으로 인식한다.

② 고객에게 지급할 대가가 고객에게서 받은 재화나 용역에 대한 지급인 경우

기업이 고객에게 지급할 대가가 고객에게서 받은 재화나 용역에 대한 지급이라면 일반적인 구매로 회계처리한다. 고객에게 지급할 대가가 고객에게서 받은 재화나 용역의 공정가치를 초과하면, 초과액은 거래가격(수익)에서 차감한다. 고객에게서 받은 재화나 용역의 공정가치를 합리적으로 추정할 수 없다면, 고객에게 지급할 대가 전액을 거래가격(수익)에서 차감한다.

[표 2] 고객에게 지급할 대가

할인, 리베이트, 환불을 위해 고객에게 대가 지급	고객에게서 받은 재화나 용역에 대한 대가
거래가격에서 차감	① 원칙 : 일반적인 구매로 회계처리 ② 고객에게 지급할 대가 > 고객에게서 받은 재화 등의 공정가치 : 초과액을 거래가격에서 차감 ③ 고객에게서 받은 재화 등의 공정가치를 추정할 수 없음 : 지급할 대가 전액을 거래가격에서 차감

〈예 6〉 고객에게 지급할 대가

롤스(주)는 노트북 1대를 정의쇼핑에 ₩100,000에 판매하기로 계약을 체결했다. 정의쇼핑은 판촉행사로 노트북을 구입한 고객에게 이동식 저장장치를 제공하고, 계약에 따라 롤스(주)는 판촉행사의 대가를 지급한다.

판촉행사로 고객에게 제공하는 이동식 저장장치의 공정가치는 ₩10,000인데, 롤스(주)는 판촉행사 대가로 정의쇼핑에게 ₩12,000을 지급했다고 하자. 초과지급액 ₩2,000은 거래가격에서 차감하므로 롤스(주)는 매출액으로 ₩98,000을 인식하고, ₩10,000(판촉행사로 제공하는 물품의 공정가치)을 비용으로 인식한다.

(차)	현 금	100,000	(대)	매출	100,000
(차)	광고비	10,000	(대)	현금	12,000
	매 출	2,000			

판촉행사로 고객에게 제공하는 이동식 저장장치의 공정가치를 합리적으로 추정할 수 없는데, 롤스(주)는 판촉행사 대가로 정의쇼핑에게 ₩10,000을 지급했다고 하자. 롤스(주)는 판촉행사 대가를 광고비로 인식하지 않고 거래가격에서 차감하여 매출액 ₩90,000을 인식한다.

(차)	현금	100,000	(대)	매출	100,000
(차)	매출	10,000	(대)	현금	10,000

4. (4단계) 거래가격을 수행의무에 배분

하나의 계약에 수행의무가 둘 이상이면 고객으로부터 받을 거래가격을 각각의 수행의무에 배분한다.

(1) 개별 판매가격에 기초한 배분

계약개시시점에 상대적 개별 판매가격에 기초하여 거래가격을 계약상 각 수행의무의 대상인 구별되는 재화나 용역의 개별 판매가격을 산정한다. 개별 판매가격에 비례하여 거래가격을 각 수행의무에 배분한다. 예를 들어, 제품 A와 B를 ₩12,000에 이전하기로 계약했다고 하자. 이때 제품 A와 B의 개별 판매가격은 각각 ₩14,000과 ₩6,000이고, 별개의 수행의무로 본다고 하자. 개별 판매가격에 비례하여 거래가격을 각 수행의무에 배분하므로 제품 A와 B에 각각 ₩8,400(₩12,000×14,000÷20,000)과 ₩3,600(₩12,000×6,000÷20,000)을 배분한다.

① 개별 판매가격 관측 가능

개별 판매가격은 기업이 고객에게 약속한 재화나 용역을 별도로 판매할 때의 가격이다. 재화나 용역의 계약상 표시가격이나 정가는 재화나 용역의 개별 판매가격일 수 있으나, 개별 판매가격으로 간주해서는 안 된다. 예를 들어, 재화의 표시가격은 ₩30,000이나 10% 할인하여 판매한다면 개별 판매가격은 ₩27,000이다.

② 개별 판매가격을 직접 관측 불가능

개별 판매가격을 직접 관측할 수 없다면 개별 판매가격을 추정한다. 개별 판매가격을 추정할 때, 합리적인 범위에서 구할 수 있는 모든 정보(시장조건, 기업 특유 요소, 고객이나 고객층에 대한 정보 포함)를 고려한다. 재화나 용역의 개별 판매가격을 적절하게 추정하는 방법으로 시장평가조정접근법, 예상원가이윤가산접근법, 잔여접근법을 사용할 수 있다.

[개별 판매가격의 추정방법]

i. 시장평가조정접근법 : 기업이 재화나 용역을 판매하는 시장을 평가하여 시장에서 고객이 재화나 용역에 대해 지급하려는 가격을 추정하는 방법이다.

ii. 예상원가이윤가산접근법 : 수행의무를 이행하기 위한 예상원가를 예측하고, 예상원가에 재화나 용역에 대한 적절한 이윤을 가산하여 개별 판매가격을 추정하는 방법이다.

iii. 잔여접근법 : 총 거래가격에서 계약에서 약속한 그 밖의 재화나 용역의 관측 가능한 개별 판매가격의 합계를 차감하여 개별 판매가격을 추정하는 방법이다. 잔여접근법은 판매가격이 매우 다양하거나 불확실한 상황에서만 사용할 수 있다. 잔여접근법에서 추정한 가격이 합리적인 범위 내에 있다면 개별 판매가격으로 인정하나, 합리적인 범위를 벗어나면 개별 판매가격으로 인정하지 않는다.

[표 3] 개별 판매가격의 산정

관측 가능	관측 불가능
별도 판매할 경우의 가격	① 시장평가조정접근법 : 비슷한 경쟁자의 가격 참조 ② 예상원가이윤가산접근법 : 예상원가에 이윤을 가산 ③ 잔여접근법 : 총 거래가격에서 관측 가능한 개별 판매가격의 합계를 차감하여 추정

(2) 할인액의 배분

계약에서 약속한 재화나 용역의 개별 판매가격 합계가 계약에서 약속한 대가를 초과하면, 고객은 재화나 용역을 묶음으로 구매해 할인받는다고 볼 수 있다. 할인액은 계약상 모든 수행의무에 비례하여 배분한다.

할인액이 일부 수행의무에만 관련된다면 해당 수행의무에만 배분한다. 할인액을 일부 수행의무에게만 배분하기 위해서는 구별되는 재화나 용역을 일반적으로 할인하여 별도로 판매하고, 별도로 판매하는 할인액이 계약의 총 할인액과 실질적으로 같아야 한다.

[예제 5] 할인액의 배분(K-IFRS 제1115호 적용사례 34)

민주회사는 제품 A, B, C를 개별 판매할 수 있으므로, 개별 판매가격을 다음과 같이 결정했다.

제품 A : ₩40, 제품 B : ₩55, 제품 C : ₩45

민주회사는 일반적으로 제품 B와 C를 함께 ₩60에 판매한다. 민주회사는 제품 A, B, C를 ₩100에 판매하기로 공정회사와 계약을 체결했다.

물음

1. 민주회사가 같은 시점에 제품 B와 C에 대한 통제를 이전한다면 수익을 어떻게 인식해야 하는가?
2. 민주회사가 서로 다른 시점에 제품 B와 C에 대한 통제를 이전한다면 수익을 어떻게 인식해야 하는가?

해답

계약에서 발생한 할인액은 ₩40(₩140−₩100)이다. 민주회사는 일반적으로 제품 B와 C를 함께 ₩60에, 제품 A를 ₩40에 판매하므로, 할인액은 제품 B와 C에서 발생했다. 제품 B와 C를 이전하는 약속에 전체 할인액을 배분해야 한다.

1. 같은 시점에 제품 B와 C의 통제를 이전
제품 B와 C를 고객에게 동시에 이전하면 단일 수행의무로 회계처리할 수 있다. 기업은 제품 B와 C를 고객에게 동시에 이전할 때 거래가격 ₩60을 배분하여 수익으로 인식할 수 있다.

2. 서로 다른 시점에 B와 C의 통제를 이전
₩60을 다음과 같이 각 제품의 판매가격에 비례하여 제품 B와 C에 배분하고, 각 제품의 통제를 이전하는 시점에 해당 금액을 수익으로 인식한다.

(1) 제품 B = ₩60× $\frac{55}{55+45}$ = ₩33

(2) 제품 C = ₩60× $\frac{45}{55+45}$ = ₩27

(3) 변동대가 배분

계약에서 약속한 변동대가가 계약 전체와 관련 있다면 모든 수행의무에 배분한다. 다음 조건을 모두 충족하면 변동금액을 일부 수행의무에만 배분한다.

[변동금액을 일부 수행의무에만 배분하는 경우]

① 변동 지급조건이 일부 수행의무와 명백하게 관련되어 있다.
② 변동대가를 일부에만 배분한 가격이 거래가격을 합리적으로 반영한다.

(4) 계약변경

계약변경이란 계약 당사자들이 승인한 계약범위나 계약가격 변동을 말한다. 계약변경도 계약 당사자들이 승인해야 하므로, 계약변경을 승인하지 않았다면 승인하기 전까지 기존 계약에 따라 회계처리한다. 계약변경과 관련된 회계처리를 요약하면 [그림 2]와 같다.

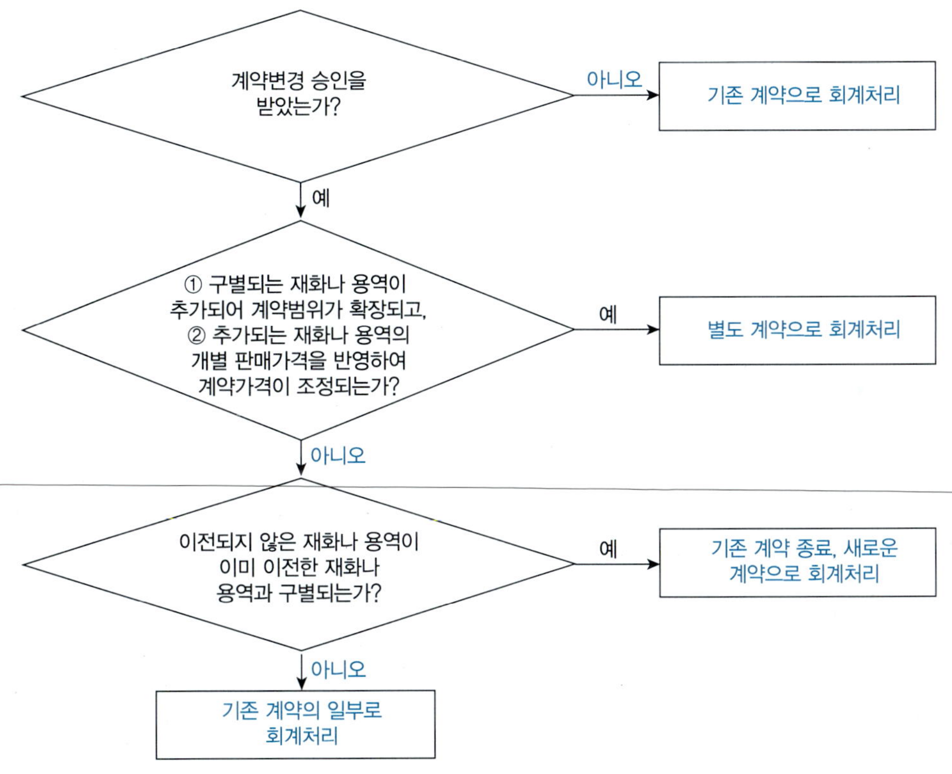

[그림 2] 계약변경 회계처리 요약

1) 별도 계약으로 회계처리

① 재화나 용역이 추가되어 계약범위가 확장되고, ② 추가로 약속한 재화나 용역의 개별 판매가격이 특정 계약 상황을 반영하여 계약가격이 조정되면 '별도 계약'으로 회계처리 한다. 이러한 계약변경은 새로운 계약의 체결과 실질적인 차이가 없기 때문이다. 기존 계약과 별도 계약

에 해당하는 부분은 각각 계약을 이행하는 시점(재화나 용역의 이전)에서 수익을 인식한다.

2) 기존 계약 종료, 새로운 계약으로 회계처리

추가되는 재화나 용역이 별도 계약에 해당하지 않는다면, 계약변경일에 아직 이전되지 않은 재화나 용역은 계약변경일이나 그 전에 이전한 재화나 용역과 구별될 수 있다. 이러한 계약변경은 기존 계약을 종료하고 새로운 계약을 체결한 것으로 본다.

"고객이 약속한 대가 중 거래가격 추정치에는 포함되었으나 아직 수익으로 인식되지 않은 금액"과 "계약변경 일부로 약속한 대가"의 합계를 계약을 이행하는 시점에서 수익으로 인식한다. 예를 들어, 기존 계약에서 미이행한 계약대가는 ₩60,000이고, 추가되는 재화의 계약대가는 ₩35,000이라고 하자. 별도 계약에 해당하지 않는다면, ₩95,000을 새로운 계약을 체결한 것으로 보아 재화를 이전하는 시점에 수익으로 인식한다.

3) 기존 계약의 일부로 회계처리

이전되지 않은 재화나 용역이 이미 이전한 재화나 용역과 구별되지 않아 계약변경일에 부분적으로 이행된 단일 수행의무의 일부를 구성할 수 있다. 이때 기존 계약의 일부인 것처럼 회계처리하는데, 계약변경이 거래가격에 미치는 영향은 계약변경일에 수익에서 조정한다. 예를 들어, 생산설비 제작계약을 이행하던 중 발주처의 설계도가 변경되어 계약을 변경하기로 했다고 하자. 이는 부분적으로 이행된 단일 수행의무의 일부에 해당하므로 기존 계약의 일부로 회계처리한다.

[예제 6] 계약변경(K-IFRS 제1115호 적용사례 5)

기업은 20×1년 초 고객에게 제품 120개를 개당 ₩100에 판매하기로 계약하고 6개월에 걸쳐 이전하기로 약속했다. 20×1년 중 기업은 제품 60개에 대한 통제를 고객에게 이전하고, 추가로 제품 30개(총 150개의 동일한 제품)를 고객에게 납품하기로 계약을 변경했다.

〈상황 1〉
추가 제품 30개의 가격은 개당 ₩95이며, 추가 제품은 계약변경 시점에 그 제품의 개별 판매가격을 반영하여 가격이 책정되었다. 고객은 추가제품에서 효익을 얻을 수 있고, 추가제품을 이전하기로 한 약속은 계약 내의 다른 약속과 구별하여 식별할 수 있다. 이러한 두 가지 요건을 모두 충족하므로 추가제품은 원래 제품과 구별된다.

〈상황 2〉

추가 제품 30개를 개당 ₩80(총 ₩2,400)에 거래하기로 합의했으나, 고객은 이전받은 제품 60개에서 사소한 결함을 발견했다. 기업은 이에 대한 보상으로 개당 ₩15씩 공제하기로 약속했다. 즉, 추가 제품 30개에 부과하는 가격에서 이미 이전한 제품에 대한 보상금액 ₩900(60개×₩15)을 공제하기로 합의했다. 계약변경에서는 추가 제품 30개의 가격을 ₩1,500(₩2,400 − ₩900), 즉 개당 ₩50으로 결정했다. 그 가격(₩1,500)은 추가 제품 30개에 대해 ₩2,400에서 ₩900을 공제하기로 합의한 가격으로 구성된다.

물음

각 상황의 계약변경을 어떻게 회계처리를 해야 하는가?

해답

〈상황 1〉

제품 30개를 추가하는 계약변경은 기존계약의 회계처리에 영향을 미치지 않는, '별도의 새로운 계약'에 해당한다. 기업은 원래 계약의 제품 120개의 통제를 이전하는 시점에 개당 ₩100씩 수익을 인식하고, 새로운 계약으로 추가된 제품 30개의 통제이전 시점에서 개당 ₩95씩의 수익을 인식한다.

〈상황 2〉

변경시점에 ₩900을 거래가격에서 차감하므로 최초에 이전한 제품 60개에 대한 수익에서 차감한다. 추가 제품 30개의 판매를 회계처리할 때 기업은 개당 ₩80의 협상가격이 추가 제품의 개별 판매가격을 반영하지 않았다고 판단했다. 이러한 계약변경은 별도계약으로 회계처리하기 위한 기준서 조건을 충족하지 못한다. 인도할 나머지 제품이 이미 이전한 제품과 구별되기 때문에 '계약변경을 원래 계약이 종료되고 새로운 계약이 체결'된 것으로 회계처리한다.

나머지 제품 각각의 수익으로 인식하는 금액은 평균 ₩93.33{[(₩100×원래 계약에서 아직 이전하지 않은 제품 60개) + (₩80×계약변경에 따라 이전할 제품 30개)] ÷ 나머지 제품 90개}이다.

5. (5단계) 수행의무 이행 시 수익 인식

기업은 고객에게 약속한 재화나 용역을 고객에게 이전하여 수행의무를 이행하는 시점(또는 기간에 걸쳐 이행하는 대로)에서 수익을 인식한다. 식별한 수행의무를 기간에 걸쳐 이행하는지 또는 한 시점에 이행하는지는 계약 개시시점에서 판단한다.

(1) 수익인식 시기 결정

1) 기간에 걸쳐 이행하는 수행의무

다음 중 하나를 충족하면 재화나 용역에 대한 통제를 기간에 걸쳐 이전하는 것으로 보아 수익을 기간에 걸쳐 인식한다.

[기간에 걸쳐 수익 인식하는 상황]

① 고객은 기업이 수행하는 대로 기업의 수행에서 제공하는 효익을 동시에 얻고 소비한다.
② 기업이 수행하여 만들어지거나 가치가 높아지는 대로 고객이 통제하는 자산(예: 재공품)을 기업이 만들거나 그 자산 가치를 높인다.
③ 기업이 수행하여 만든 자산이 기업 자체에는 대체 용도가 없고, 지금까지 수행을 완료한 부분에 대해 집행 가능한 지급청구권이 기업에 있다.

① 기업이 수행하는 대로 효익을 동시에 얻고 소비

기업이 일상적이거나 반복으로 제공하는 용역은 효익을 고객이 동시에 얻고 소비한다.

〈예 7〉 기업이 수행하는 대로 효익을 동시에 얻고 소비

A기업은 고객에게 1년 동안 매월 급여처리 용역을 제공하기로 계약을 체결했다

약속한 급여처리용역은 단일 수행의무로 회계처리한다. 고객은 각 거래가 처리될 때 각 급여거래 처리수행에서 효익을 동시에 얻고 소비하는데, 수행의무는 여러 기간에 걸쳐 이행된다. 기업이 지금까지 제공한 급여처리 용역을 다른 기업이 다시 수행할 필요가 없으므로 기업이 수행하는 대로 고객은 기업 수행에서 효익을 동시에 얻고 소비한다. A기업은 제공하는 용역을 기간에 걸쳐 수익으로 인식한다.

② 만들어지거나 가치가 높아지는 대로 고객이 통제하는 자산

'통제'의 의미는 자산을 사용하도록 지시하고 자산의 나머지 효익의 대부분을 획득할 수 있는 고객의 능력을 말한다. 예를 들면, 고객의 토지에 기업이 건설하는 계약에서 고객은 기업의 수행에서 생기는 모든 재공품을 통제한다.

③ 대체 용도가 없고, 집행 가능한 지급청구권이 있음

기업이 특정 고객에게 대단히 잘 맞춤화된 자산을 만들 때 그 자산은 대체 용도를 가질 가능성이 더 낮다. 자산의 대체 용도가 있는지 판단할 때 자산을 다른 용도로 전환하는 데에 따르는 실무상 제한과 계약상 제약을 고려한다. 다른 용도로 자산을 전환할 때 발생하는 경제적 손실이 유의적이라면 자산을 다른 용도로 전환하기 어려울 수 있다.

〈예 8〉 대체 용도가 없고, 집행 가능한 지급청구권이 있는 상황

A기업은 특수한 인공위성을 건설하기로 고객(정부기관)과 계약을 체결했다. A기업은 다양한 고객을 위해 인공위성을 건설한다. 각 인공위성의 디자인과 건설은 각 고객의 필요와 인공위성에 통합될 기술 유형에 따라 다르다.

계약 개시시점에 인공위성을 건설하는 수행의무가 기간에 걸쳐 이행하는 수행의무인지를 판단한다. 고객이 계약을 종료하면 A기업은 수행을 완료한 부분에 대해 보상받을 수 있다. A기업은 완성된 상태의 인공위성이 대체 용도가 있는지를 고려한다. A기업이 다른 고객에게 해당 인공위성을 넘기기 위해서는 디자인과 기능을 다시 작업하려면 유의적인 원가가 발생한다. 따라서 A기업은 다른 고객에게 인공위성을 쉽게 넘길 수 없으므로 대체 용도는 없다. A기업은 계약을 이행했으나 고객이 계약을 종료할 수 있다. 지금까지 수행을 완료한 부분에 대해 보상받을 권리가 있으므로, A기업은 지금까지 수행을 완료한 부분에 대한 지급청구권이 있다고 본다.

2) 한 시점에 이행하는 수행의무

기간에 걸쳐 이행하는 수행의무 기준을 충족하지 못하는 수행의무는 한 시점에 이행하는 수행의무로 회계처리한다.

[한 시점에 이행하는 수행의무로 보는 상황]

① 기업은 현재 자산에 대해 지급청구권이 있음 : 고객이 자산에 대해 지급할 현재의무가 있다면, 고객이 교환되는 자산 사용을 지시하고 자산의 나머지 효익의 대부분을 획득할 능력을 갖게 되었음을 나타낼 수 있다.

② 고객에게 자산의 법적 소유권 있음 : 법적소유권은 계약당사자 중 누가 '자산 사용을 지시하고 자산의 나머지 효익의 대부분을 획득할 능력이 있는지' 또는 '그 효익에 다른 기업이 접근하지 못하게 하는 능력이 있는지'를 나타낸다.

③ 기업이 자산의 물리적 점유를 이전 : 물리적 점유는 계약당사자 중 누가 '자산 사용을 지시하고 자산의 나 머지 효익의 대부분을 획득할 능력이 있는지' 또는 '그 효익에 다른 기업이 접근하지 못하게 하는 능

력이 있는지'를 나타낸다. 재매입약정, 위탁약정, 미인도청구약정에서는 물리적 점유는 자산에 대한 통제와 일치하지 않을 수 있다.

④ 자산 소유에 따른 유의적인 위험과 보상이 고객에게 있음 : 이는 자산 사용을 지시하고 자산의 나머지 효익의 대부분을 획득할 능력이 고객에게 있음을 나타낼 수 있다.

⑤ 고객이 자산을 인수하였음 : 이는 '자산 사용을 지시하고 자산의 나머지 효익의 대부분을 획득할 능력'이 고객에게 있음을 나타낼 수 있다.

[예제 7] **수행의무의 이행(K-IFRS 제1115호 적용사례 18 수정)**

A기업은 공동주택단지를 개발하고 있다. A기업은 건설 중인 특정 단위에 대해 고객과 구속력 있는 판매계약을 체결했다. 각 단위의 평면도와 크기는 비슷하지만, 각 단위의 그 밖의 속성(예: 공동주택단지 내에서 각 단위의 위치)은 서로 다르다.

〈상황 1〉
고객은 계약을 체결하면서 계약금을 지급하고, 계약금은 계약에 따라 단위 건설을 완료하지 못할 때에만 환불받을 수 있다. 고객은 단위를 물리적으로 점유를 하는 계약완료시점에 잔금을 지급한다. 단위가 완성되기 전에 고객이 계약을 이행하지 못하면 A기업은 계약금만 받을 권리가 있다.

〈상황 2〉
고객은 계약을 체결하면서 환불되지 않은 계약금을 지급하고, 그 단위가 건설되는 동안에 기성금을 지급할 예정이다. 계약에 따르면 A기업은 다른 고객에게 그 단위를 넘기지 못하고, 고객은 A기업이 약속을 이행하지 못할 때에만 계약을 종료할 권한이 있다. 고객이 지급기한에 기성금을 지급하지 못하면 A기업은 단위 건설을 완료한 시점에 약속한 대가 전부를 받을 권리를 갖는다. 법원은 기업이 계약상 의무를 이행했다면 고객에게 의무 수행을 요구할 권리가 기업에게 있다고 과거 비슷한 권리에 대해 판결한 사례가 있다.

물음

각 상황에서 수행의무가 한 시점에 이행되는지 또는 기간에 걸쳐 이행되는지 판단하시오.

해답

〈상황 1〉 한 시점에 이행하는 수행의무
A기업은 단위 건설을 완료할 때까지 고객이 지급한 계약금에 대해서만 권리가 있으므로, 지금까지 수행을 완료한 부분에 대해 집행 가능한 지급청구권이 없다고 판단해야 한다. A기업은 특정 시점까지 완료된 작업에 대해 지급청구권이 없기 때문에 기간에 걸쳐 이행하는 수행의무는 아니다. A기업은 해당 단위를 판매한 시점에 이행하는 수행의무로 회계처리해야 한다.

〈상황 2〉 기간에 걸쳐 이행하는 수행의무

계약에 따라 그 특정 단위를 다른 고객에게 이전하지 못하므로, 수행으로 창출한 자산(단위)은 대체 용도가 없다. A기업은 수행을 완료한 부분에 대해 지급청구권이 있다. 계약조건과 법적 관할구역 내의 실무는 수행을 완료한 부분에 대해 지급청구권을 인정하고 있다. 이에 따라 A기업은 기간에 걸쳐 이행하는 수행의무로 본다.

(2) 진행률 측정방법

기간에 걸쳐 이행하는 수행의무는 진행률을 측정하여 기간에 걸쳐 수익을 인식한다. 진행률로 측정하면 고객에게 약속한 재화나 용역에 대한 통제를 이전(기업의 수행의무 이행)하는 과정에서 기업의 수행 정도를 나타낼 수 있다.

진행률 측정방법으로는 산출법과 투입법이 있다. 진행률 측정할 때, 고객에게 통제를 이전하지 않은 재화나 용역은 진행률 측정에서 제외한다. 수행의무를 이행할 때 고객에게 통제를 이전하는 재화나 용역은 모두 진행률 측정에 포함한다.

① 산출법

산출법은 지금까지 이전된 재화나 용역이 고객에게 주는 가치를 직접 측정하여 수익을 인식하는 방법이다. 기업이 제공한 용역 시간당 고정금액을 청구할 수 있는 용역계약을 체결할 수 있다. 이와 같이 기업이 지금까지 수행한 정도에 상응하는 금액을 고객으로부터 받을 권리가 있다면, 청구권이 있는 금액을 수익으로 인식하는 실무적 간편법을 사용할 수 있다.

② 투입법

투입법은 수행의무를 이행하기 위해 예상되는 총 투입물 대비 수행의무를 이행하기 위한 기업의 노력 또는 투입물(예: 소비한 자원, 사용한 노동시간, 발생원가, 경과한 시간, 사용한 기계 시간)에 기초하여 수익을 인식하는 방법이다.

[예제 8] 수익의 인식(K-IFRS 제1115호 사례 19)

지어기업은 20×2년 11월 총 대가 ₩5,000,000에 3층 건물을 개조하고 새 엘리베이터를 설치하기로 고객과 계약했다. 엘리베이터 설치를 포함하여 약속된 개조 용역은 기간에 걸쳐 이행하는 단일 수행의무에 해당한다.

총 예상원가는 엘리베이터 원가 ₩1,500,000을 포함하여 ₩4,000,000이다. 지어기업은 발생원가에 기초한 투입법을 사용하여 진행률을 측정한다. 20×2년 12월에 현장으로 인도될 때 고객이 엘리베이터를 통제한다. 20×3년 6월에 엘리베이터가 설치되었고, 지어기업은 엘리베이터를 설계하거나 제조하는 데 관여하지 않기 때문에 엘리베이터 조달로 발생하는 이익은 없다.

물음

20×2년 12월 31일 현재 ₩500,000(엘리베이터 원가를 제외한 금액)의 원가가 발생했다. 20×2년에 지어기업이 수익으로 인식할 금액은 얼마인가?

해답

① 진행률 : $\dfrac{500,000}{4,000,000(\text{총예상원가}) - 1,500,000(\text{엘리베이터})} = 20\%$

② 수익 : [₩5,000,000(총 거래가격) − 1,500,000(엘리베이터 원가)]×20% + 1,500,000 = ₩2,200,000

③ 매출원가 : ₩500,000(개조용역 원가) + 1,500,000(엘리베이터 원가) = ₩2,000,000

④ 이익 : ₩2,200,000 − 2,000,000 = ₩200,000

〈해설〉

- ① 재화와 용역이 하나의 수행의무이며 재화가 유의적이고, ② 용역보다 먼저 엘리베이터가 고객에게 이전되고, ③ 엘리베이터가 단순 조달로 재화의 마진율이 낮다. 이러한 요건을 모두 충족하므로 재화 이전에서는 이익을 인식하지 않는다.
- 엘리베이터를 조달원가에 포함하면 기업의 수행정도를 과대평가할 수 있다. 진행률을 계산할 때 총 예상원가에서 엘리베이터 원가를 차감한다.

③ 합리적으로 진행률을 측정할 수 없는 경우

수행의무를 진행률을 합리적으로 측정할 수 있을 때에만 기간에 걸쳐 수익을 인식한다. 수행의무의 산출물을 합리적으로 측정할 수 없으나, 수행의무를 이행할 때 소요되는 원가는 회수될 것으로 예상할 수 있다. 이러한 상황에서는 수행의무의 산출물을 합리적으로 측정할 수 있을 때까지 발생원가 범위에서만 수익을 인식한다. 예를 들어, 수행의무의 산출물을 합리적으로 측정할 수 없으나 당기 발생원가는 ₩100,000이라고 하자. 수익과 원가를 각각 ₩100,000 인식하며 이익은 ₩0이다. 이는 보수주의에 따른 회계처리이다.

제3절 기타사항

1. 표시

계약 당사자 중 어느 한 편이 계약을 수행했을 때, 기업의 수행 정도와 고객의 지급과의 관계에 따라 계약자산이나 계약부채로 재무상태표에 표시한다. K-IFRS 제1115호에서는 계약자산과 계약부채라는 용어를 사용하지만 재무상태표에 다른 표현을 사용할 수 있다. 대가를 받을 무조건적인 권리인 수취채권은 계약자산과 구분 · 표시하여 재무제표이용자에게 충분한 정보를 제공해야한다.

(1) 수취채권

① 수취채권 인식

수취채권은 기업이 대가를 받을 무조건적인 권리이다. 추가적인 이행의무를 수행하지 않고 시간만 지나면 대가를 수령하면 대가를 받을 권리는 무조건적이다. 예를 들어 기업이 현재 3개월 후 수취할 수 있는 지급청구권이 있다면 미래에 환불될 수 있더라도 수취채권을 인식한다.

② 반품권이 있는 판매

기업은 고객에게 다양한 이유로 반품 권리를 부여하고 수령한 대가를 환불해주거나 다른 제품으로 교환해준다. 반품권이 있는 판매에서는 기업이 받을 권리를 갖게 될 것으로 예상하는 대가를 수익으로 인식한다. 유의적인 부분을 되돌리지 않을 가능성이 높은 정도만 수익으로 인식한다. 반품가능성을 예측하기 어렵다면 기업은 반품기간이 종료된 시점에서 수익을 인식한다.

반품권이 있는 판매에서 과거 경험 등으로 미래 반환금액을 신뢰성 있게 추정할 수 있다면, 반품예상금액을 제외한 대가를 수익으로 인식한다. 환불이 예상되는 금액은 별도의 수행의무로 보지 않고 환불부채로 설정한다.

〈예 9〉 반품조건 판매

> 20×1년 12월 18일, 푸코상사는 원가 ₩70인 상품 200개를 고객에게 ₩100에 현금판매했다. 고객은 구입 후 3주 이내에 미사용 상품은 반환할 수 있다. 푸코상사는 반환되는 제품은 재판매가 가능하며, 재판매비용은 중요하지 않다고 판단하고 있다.
>
> 20×1년 12월 21일 푸코상사의 착오로 잘못 배송한 상품 5개가 반환되었다. 20×1년 12월 31일 푸코상사는 판매한 상품 중 추가로 10개가 반환될 것으로 예측하고 있다.

[20×1년 12월 18일 : 상품 판매]

푸코상사는 제품이 인도시점에서 모든 상품을 판매한 것으로 보아 총판매가격을 매출로 인식한다.

(차)	현 금	20,000 (주1)	(대)	매 출	20,000
	매출원가	14,000 (주2)		재고자산	14,000

(주1) ₩100×200개
(주2) ₩70×200개

[20×1년 12월 21일 : 반품]

반품의 발생으로 관련 손익(매출, 매출원가)은 취소하고, 재고자산 회수를 인식한다.

(차)	매 출	500 (주1)	(대)	현 금	500
	재고자산	350 (주2)		매출원가	350

(주1) ₩100×5개
(주2) ₩70×5개

[20×1년 12월 31일 : 환불부채 인식]

보고기간말마다 반품 예상에 따라 환불부채를 인식하며 관련 손익을 조정한다. 반품이 발생하면 지급해야 할 대가는 환불부채로 인식하고, 반품될 상품의 원가를 반품제품회수권으로 인식한다.

(차)	매 출	1,000 (주1)	(대)	환불부채	1,000
	반품제품회수권	7,000 (주2)		매출원가	7,000

(주1) ₩100×10개
(주2) ₩70×10개

실제 반품이 발생하면 현금지급으로 환불부채는 제거되고, 재고자산 회수로 반품제품회수권은 소멸한다.

(2) 계약자산

계약자산은 추가적인 수행의무를 충족해야 하는 조건의 채권으로, 수행위험과 같은 다른 위험에 노출되는 자산으로 표시한다. 계약자산과 수취채권의 구별은 중요하다. 재무제표이용자에게 계약상 기업의 권리와 관련된 위험에 대한 목적적합한 정보를 제공하기 때문이다. 계약자산과 수취채권 모두 신용위험에 노출되지만, 계약자산은 추가로 수행위험에 노출되기 때문이다.

〈예 10〉 기업의 수행정도에 따라 인식하는 계약자산(K-IFRS 제1115호 사례 39)

> 기업이 고객에게 제품 A와 B를 이전하고 대가 ₩1,000을 받기로 했다. 계약에 따르면 제품 A를 먼저 인도하나, 기업은 제품 A와 B를 모두 이전해야 고객으로부터 대가를 받을 수 있다. 기업은 제품 A와 B 모두를 고객에게 이전할 때까지 대가를 받을 무조건적인 권리(수취채권)는 없다.

기업이 제품 A와 B에 대한 수행의무에 각각 ₩400과 ₩600을 배분했다고 하자. 기업은 제품에 대한 통제를 고객에게 이전할 때 다음과 같이 수익을 인식한다.

① 제품 A를 이전하는 수행의무를 이행

기업은 제품 A와 B를 모두 이전해야 고객으로부터 대가를 받을 수 있다. 제품 A에 대한 대가를 수령하기 위해서는 제품 B를 이전해야 한다. 이는 무조건적인 권리에 해당하지 않으므로 수취채권이 아닌 계약자산으로 인식하고, 제품 A의 이전에 대한 수익을 인식한다.

(차)	계약자산	400	(대)	수 익	400

② 제품 B를 이전하는 수행의무를 이행

제품 B의 이전으로 추가적인 수행의무를 이행했으므로 계약자산(제품 A에 대한 대가를 받을 권리)에서 수취채권으로 변경한다.

(차)	수취채권	600	(대)	수 익	600
(차)	수취채권	400	(대)	계약자산	400

③ 고객으로부터 ₩1,000을 수령

(차)	현금	1,000	(대)	수취채권	1,000

(3) 계약부채

기업은 지급받은 때나 지급받기로 한 때 중 이른 시기에 계약부채로 표시한다. 계약부채는 고객에게서 받은 대가(또는 지급받을 권리가 있는 대가)에 상응하여 고객에게 재화나 용역을 이전해야 하는 기업의 의무이다.

[예제 9] **수행의무의 이행(K-IFRS 제1115호 적용사례 38)**

공정기업은 20×1년 3월 31일에 고객에게 제품을 이전하는 취소 가능 계약을 20×1년 1월 1일에 체결했다. 계약에 따라 고객은 20×1년 3월 1일에 대가 ₩1,000을 미리 지급해야 한다. 고객은 3월 1일에 대가를 미리 지급했고, 공정기업은 고객에게 20×1년 3월 31일에 제품(취득원가 ₩800)을 이전했다.

물음

1. 공정기업이 고객과 체결한 계약이 취소 가능 계약이라고 할 때, 각 시점에서 수행해야 할 회계처리를 제시하시오.
2. 공정기업이 고객과 체결한 계약이 취소할 수 없는 계약이라고 할 때, 각 시점에서 수행해야 할 회계처리를 제시하시오.

해답

1.

(1) 20×1년 1월 1일

회계처리 없음

〈해설〉

고객과 체결한 계약이 취소 가능하므로 대가 지급기일 전에는 재무상태표에 총액기준으로 수취채권과 계약부채를 표시하지 않는다. 기업은 대가를 받을 무조건적인 권리가 없기 때문이다.

(2) 20×1년 3월 1일

(차)	현금	1,000	(대)	계약부채	1,000

(3) 20×1년 3월 31일

(차)	계약부채	1,000	(대)	수익(매출)	1,000
	매출원가	800		재고자산	800

2.

(1) 20×1년 1월 1일

(차)	수취채권	1,000	(대)	계약부채	1,000

〈해설〉

고객과 체결한 계약이 취소 불가능하므로 고객에게서 대가를 받을 무조건적인 수취채권을 갖는다. 이러한 수취채권에 상응하는 계약부채로 인식한다.

(2) 20×1년 3월 1일

(차)	현금	1,000	(대)	수취채권	1,000

(3) 20×1년 3월 31일

(차)	계약부채	1,000	(대)	수익(매출)	1,000
(차)	매출원가	800	(대)	재고자산	800

2. 보증서비스

재화 또는 용역에 대한 보증은 수량, 품질 또는 성능 결함을 보완하기 위해 고객에게 기업이 한 약속이다. 보증유형은 확신형 보증(assurance-type warranty)과 용역형 보증(service-type warranty)으로 구분한다. 확신형 보증에서는 판매보증충당부채를 설정하고, 용역형 보증에서는 별도의 수행의무(계약부채)로 회계처리한다.

(1) 확신형 보증

재화가 판매될 때 일반적으로 계약서에서 합의한 사항을 충족한다는 보증으로 재화판매 가격에 포함된다. 총판매대가를 재화대가로 보아 판매금액 전체를 수익으로 인식하고, 미래에 발생할 보증용역에 대한 비용을 수익을 인식한 기간에 각각 비용과 충당부채로 인식한다. 수익을 인식한 시점에 관련 비용을 인식해야 수익과 비용이 적절하게 대응될 수 있다.

〈예 11〉 확신형 보증

쌩쌩(주)는 5년의 보증서비스를 제공하는 전기차를 현금 판매했다. 전기차의 판매가격은 ₩120,000(제품원가 : ₩60,00)이고, 보증서비스는 5년간 균등하게 발생(총보증원가 : ₩15,000)한다고 가정한다. 이러한 보증서비스는 전기차의 판매가격에 포함된다.

[재화 판매시점 : 수익인식]
총판매대가를 재화대가로 보아 판매금액 전체를 수익으로 인식한다.

(차)	현 금	120,000	(대)	매 출	120,000
	매출원가	60,000		재고자산	60,000

[판매보증충당부채 인식]
판매시점에서 향후 발생할 보증용역에 대한 비용을 부채로 인식할 수도 있으나, 실무에서는 보고기간말에 판매보증충당부채를 인식한다.

(차)	판매보증비	15,000	(대)	판매보증충당부채	15,000

[보증서비스 제공시점]
보증용역이 제공되는 시점에 현금이나 재고자산 유출을 인식한다.

(차)	판매보증충당부채	×××	(대)	현금 등	×××

(2) 용역형 보증

기업은 제품에 대한 장기보증을 별도로 판매하거나, 제품과 함께 패키지로 장기보증을 판매할 수 있다. 이러한 장기보증은 재화의 판매가격에 포함하지 않고 별도로 구분하여 용역형 보증으로 처리한다. 전체대가를 제품매출과 용역매출로 구분하고 각각에 대해 수익인식기준을 적용한다. 기업이 확신형 보증과 용역형 보증을 모두 약속했으나 이를 합리적으로 구별하여 회계처리할 수 없다면, 두 가지 보증을 함께 단일 수행의무로 회계처리한다.

[표 4] **보증유형에 대한 판단**

유형	보증내용	회계처리
확신형 보증	• 고객은 보증 구매여부를 선택할 수 없으며, 제품이 합의된 규격에 부합한다는 확신에 더하여 추가용역을 제공하지 않는다.	충당부채 인식
용역형 보증	• 고객이 보증 구매여부를 선택할 수 있다. • 고객이 보증 구매여부를 선택할 수 없으나 제품이 합의된 규격에 부합한다는 확신하에 추가용역을 제공한다.	별도의 수행의무

〈예 12〉 용역형 보증

쌩쌩(주)는 5년의 보증서비스를 제공하는 전기차를 현금 판매했다. 전기차의 판매가격은 ₩120,000(제품원가 : ₩60,000)이고, 보증서비스는 5년간 균등하게 발생(총보증원가 : ₩15,000)한다고 가정한다. 보증서비스를 제공하지 않는 전기차는 ₩100,000에 판매하고 있다.

[재화 판매시점 : 수익인식]
거래금액 중 ₩20,000(=₩120,000 - 100,000)은 별도의 수행의무로 보는 보증서비스에 배분하고, 수행의무가 실제로 이루어지는 시점에 수익을 인식한다. 보증서비스에 대한 수익은 판매시점에 인식하지 않으므로 계약부채로 회계처리한다.

(차)	현 금	120,000	(대)	매 출	100,000
				계약부채	20,000
(차)	매출원가	60,000	(대)	재고자산	60,000

[보증의무 이행시점]

보증은 5년간 이루어지므로 보증에 대한 대가는 5년에 걸쳐 인식한다. 보증에 대한 수행의무가 이루어지는 시점에 계약부채를 매출로 대체한다.

(차)	계약부채	4,000 (주1)	(대)	매출	4,000
	매출원가	3,000 (주2)		현금 등	3,000

(주1) ₩20,000÷5년
(주2) ₩15,000(총 보증원가)÷5년

3. 본인 대 대리인

판매자가 본인(principal) 자격이 아닌 대리인(agent) 자격으로 재화를 판매하면 판매가액 총액을 수익으로 인식할 수 없으며, 판매수수료만을 수익으로 인식해야 한다. 예를 들어, 백화점은 직영매장과 임대매장으로 구성되는데, 매장을 임대하면 임대료를 받거나 매장에서 발생한 매출액의 일정비율을 수수료로 받는다. 임대매장에서 발생하는 매출은 백화점 매출이 아니므로 임차인으로부터 수취하는 임대료 또는 수수료만을 수익으로 인식해야 한다.

기업이 본인 자격인지 대리인 자격인지에 따라 수행의무 식별과 수익 인식 금액이 달라진다. 본인 자격으로 거래 당사자로서 역할을 수행하면, 재화나 용역 자체를 제공하는 수행의무로 보고 거래대가 총액을 수익으로 인식한다. 대리인 자격으로 거래 당사자로서 역할을 수행하면, 다른 당사자의 재화나 용역을 제공을 주선하는 수행의무로 보고 수수료를 수익으로 인식한다.

다음에 예시된 지표를 이용하여 기업이 본인인지를 판단한다.

[총액인식의 주요 지표]

① 기업이 거래 당사자로서 재화나 용역 제공에 대한 주된 책임을 부담한다. 즉 기업이 판매계약 이행에 대한 책임을 진다.
② 고객이 주문하기 전후나 인도 중 또는 반환시점에 기업이 재고위험을 부담한다.
③ 기업이 직·간접적으로 가격결정 권한을 갖는다.
④ 기업이 고객으로부터 수취할 금액에 대해 고객의 신용위험을 부담한다.

4. 고객충성제도

고객충성제도(customer loyalty program)는 고객이 재화나 용역을 구매하면, 고객에게 재화나 용역을 무료나 할인된 가격으로 거래할 선택권을 부여하는 제도이다. 이러한 선택권에는 고객 포인트(마일리지) 등의 형태가 있는데, 고객은 선택권을 행사하여 재화나 용역을 무상 또는 할인

구매하는 방법으로 보상을 받는다.

고객충성제도가 재화나 용역과 함께 패키지로 판매되면, 선택권에 대한 대가를 고객이 기업에게 미리 지급했으므로 고객충성제도를 별도의 수행의무로 본다. 기업은 고객에게 이전하는 재화(용역)와 고객 선택권의 상대적 개별 판매가격에 기초하여 거래가격을 수행의무에 배분한다. 매출시점에는 고객 선택권에 배분된 금액을 부채(이연수익)로 기록한다. 기업이 고객 선택권과 관련된 보상의무를 이행한 시점에 이연수익이 실현되었다고 보고 해당 금액을 수익으로 인식한다.

〈예 13〉 고객충성제도(K-IFRS 제1115호 적용사례 52 수정)

> 커피24는 구매고객에게 구매금액 ₩10당 고객충성포인트 1점을 부여하는 제도를 운영하고 있다. 고객은 포인트를 이용하여 커피를 구입하면 ₩1의 할인과 교환할 수 있다. 커피24의 20×1년 커피 판매액은 ₩100,000이고, 10,000포인트를 고객에게 부여했다. 커피24는 9,500포인트가 교환될 것으로 예상하고 포인트당 개별판매가격을 ₩0.95로 추정했다.

[판매시점]

커피를 판매할 때 포인트제공은 별도의 수행의무에 해당하므로, 각 수행의무에 거래가격을 상대적 개별 판매가격에 기초하여 거래가격을 수행의무에 배분한다.

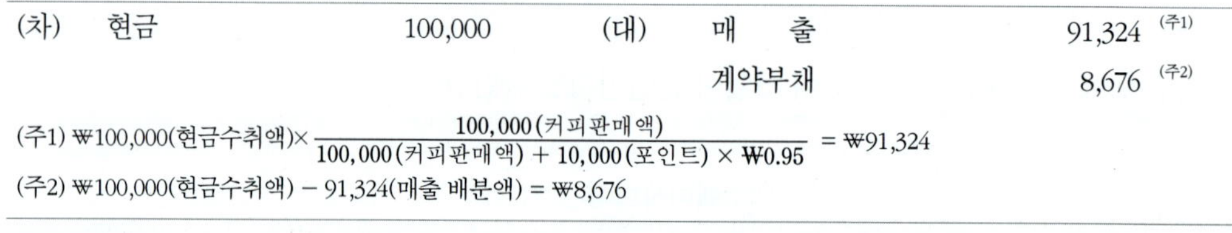

(차)	현금	100,000	(대)	매　출	91,324 (주1)
				계약부채	8,676 (주2)

(주1) ₩100,000(현금수취액)× $\frac{100,000(\text{커피판매액})}{100,000(\text{커피판매액}) + 10,000(\text{포인트}) \times ₩0.95}$ = ₩91,324

(주2) ₩100,000(현금수취액) − 91,324(매출 배분액) = ₩8,676

[교환시점]

20×1년 말 현재 4,500포인트가 교환되었고 9,500포인트가 교환될 것으로 예측한다면 교환된 부분에 대한 수익을 다음과 같이 인식한다.

(차)	계약부채	4,110	(대)	매출	4,110 (주)

(주) ₩8,676(계약부채)× $\frac{4,500(\text{포인트})}{9,500(\text{포인트})}$ = ₩4,110

연습문제

[문 1] 진위형 문항

다음 문항을 읽고 맞는 기술이면 'ㅇ'로 표시하고, 틀린 기술이면 '×'로 표시하되 그 이유를 기재하시오.

1. 국제회계기준에서는 고객과의 계약에서 생기는 수익을 인식한다.
2. 국제회계기준에서는 거래나 사건을 기준으로 수익을 인식하고, 위험과 보상의 이전이 아닌 재화나 용역의 통제가 고객에게 이전되는 시점에서 수익을 인식한다.
3. 재화나 용역을 통제를 이전하는 시점에서 수익을 신뢰성 있게 측정할 수 없으면 수익을 인식하지 않는다.
4. 국제회계기준에서 수익 인식을 위한 계약은 둘 이상의 당사자 사이에 집행 가능한 권리와 의무를 생기게 하는 합의로 서면에 따라 체결되어야 한다.
5. 계약자산이란 기업이 고객에게 이전한 재화나 용역에 대해 그 대가를 받을 기업의 권리로, 그 권리에 기업의 미래수행 등의 조건이 있는 자산을 말한다.
6. 수행의무란 구별되는 재화나 용역, 또는 실질적으로 서로 같고 고객에게 이전하는 방식도 같은 일련의 구별되는 재화나 용역을 고객에게 이전하기로 한 약속을 말한다.
7. 법적으로 개별 계약이지만 경제적 실질 관점에서 하나의 계약으로 볼 수 있다면 여러 건의 계약을 결합하여 단일계약으로 회계처리한다.
8. 고객이 효익을 얻고 있고 계약이 재화나 용역을 개별적으로 이전한다면 개별 재화나 용역을 하나의 수행의무로 본다.
9. 실질적으로 서로 같고 고객에게 이전하는 방식도 같은 일련의 구별되는 재화나 용역은 하나의 수행의무로 식별한다. 하나의 수행의무로 식별하기 위해서는 진행기준으로 수익을 인식할 수 있고, 진행률을 측정하는 방법도 동일해야 한다.
10. 거래가격은 계약상 수행의무에 배분하고, 최종적으로 수익으로 인식하는 금액이다.
11. 변동대가는 기댓값과 가능성이 가장 높은 금액 중에서 기업이 받을 권리를 갖게 될 대가를 더 잘 예측할 것으로 예상하는 방법을 사용하여 추정한다.
12. 변동대가를 추정할 때 추정치 모두를 수익으로 인식하지 않고 유의적인 부분이 취소되지 않을 가능성이 매우 높은 정도까지만 거래가격에 포함한다.
13. 고객에게서 받은 대가나 일부나 전부를 환불할 것으로 예상하면 수익을 인식한 후 실제 환불되는 시점에 매출과 매출원가를 조정한다.

14. 계약에 유의적인 금융요소가 존재한다면, 금융효과는 고객과의 계약에서 생기는 수익과 구분하여 표시한다.
15. 고객에게 재화나 용역을 이전하는 시점과 대가를 지급받는 시점 간에 차이가 발생하면, 언제나 유의적인 금융요소가 발생한다고 판단한다.
16. 재화나 용역이전시점과 대가지급시점 간의 기간을 1년 이내로 예상한다면 유의적인 금융요소를 조정하지 않는 실무적 간편법을 사용할 수 있다.
17. 유의적인 금융요소를 반영하여 약속한 대가를 조정할 때는 계약 개시시점에 기업과 고객이 별도 금융거래를 한다면 반영하게 될 할인율을 사용한다. 계약 개시 후 고객의 신용위험 평가 변동이 발생하면 할인율을 수정한다.
18. 고객과 현금 외의 형태로 대가를 수령하면 비현금 대가를 공정가치로 측정하고, 비현금대가의 후속적인 공정가치가 변동하면 이를 수익에 반영한다.
19. 기업이 할인 등을 위해 고객에게 쿠폰 등의 대가를 지급하면, 지급한 대가를 거래가격에서 차감한다.
20. 고객에게서 받은 재화나 용역에 대한 대가로 고객에게 지급할 대가가 고객에게서 받은 재화나 용역의 공정가치보다 크다면, 고객에게서 받은 재화 등의 공정가치를 거래가격으로 측정한다.
21. 수행의무가 둘 이상인 경우 고객으로부터 받을 거래가격을 개별 판매가격에 기초하여 각각의 수행의무에 배분한다. 이때 계약상 표시가격이나 정가를 개별 판매가격으로 본다.
22. 개별 판매가격을 직접적으로 관측할 수 없다면, 시장평가조정접근법, 예상원가이윤접근법, 잔여접근법을 사용할 수 있다.
23. 예상원가이윤가산접근법은 판매가격이 매우 다양하거나 불확실한 상황에서 사용할 수 있다.
24. 구별되는 재화나 용역을 보통 할인하여 별도로 판매하는데, 계약에서 약속한 재화나 용역의 개별 판매가격 합계가 계약에서 약속한 대가를 초과하면, 할인액은 계약상 모든 수행의무에 비례하여 배분한다.
25. 변동지급조건이 일부 수행의무와 명백하게 관련되어 있고, 변동대가를 일부에만 배분한 가격이 거래가격을 합리적으로 반영하고 있다면 변동금액을 일부 수행의무에만 배분한다.
26. 재화나 용역이 추가되어 계약범위가 확장되고, 추가로 약속한 재화나 용역의 개별 판매가격에 특정 계약 상황을 반영하여 계약가격이 조정되면 별도계약으로 회계처리한다.
27. 추가되는 재화나 용역이 별도 계약에 해당하지 않고 이전되지 않은 재화나 용역이 이미 이전한 재화나 용역과 구별된다면, 기존 계약의 일부로 회계처리한다.
28. 기업이 수행하는 대로 고객이 기업의 수행에서 제공하는 효익을 동시에 얻고 소비한다면, 한 시점에서 수익을 인식한다.
29. 자산 소유에 따른 유의적인 위험과 보상이 고객에게 있거나 고객이 자산을 인수했다면, 한 시

점에 이행하는 수행의무로 본다.

30. 기업이 수행한 정도에 상응하는 금액을 고객으로부터 받을 권리가 있다면, 청구권이 있는 금액을 수익으로 인식할 수 있다.

31. 합리적으로 진행률을 측정할 수 없다면 수행의무의 산출물을 합리적으로 측정할 수 있을 때까지 발생원가 범위내에서만 수익을 인식한다.

32. 대가를 받을 무조건적인 권리인 수취채권는 계약자산과 구분 · 표시해야 한다.

33. 기업이 현재 3개월 후 수취할 수 있는 지급청구권이 있는데 미래에 환불될 수 있다면 계약자산으로 인식한다.

34. 반품권이 있는 판매에서 과거 경험 등으로 미래 반환금액을 신뢰성 있게 추정할 수 있다면, 반품예상금액을 제외한 대가를 수익으로 인식하고 반품예상금액은 환불부채로 설정한다.

35. 기업은 지급받은 때나 지급받기로 한 때 중 이른 시기에 계약부채로 표시한다.

36. 확신형 보증에서는 계약부채를 인식하고, 용역형 보증에서는 판매보증충당부채를 설정한다.

37. 용역형 보증으로 보는 경우 전체대가를 제품매출과 용역매출로 구분하고 각각에 대해 수익인식기준을 적용한다.

38. 판매자가 본인 자격이 아닌 대리인 자격으로 재화를 판매하면 판매가액 총액을 수익으로 인식할 수 없다.

해답

1. ○
2. ×. 국제회계기준에서는 거래나 사건을 기준으로 수익을 인식하지 않고, 기업이 약속하고 수행할 의무를 회계단위로 보아 수익을 인식한다.
3. ×. 수익을 신뢰성 있게 측정할 수 없어도 수익 인식을 이연하지 않고, 재화나 용역의 통제를 이전하는 시점에서 '예상하는 금액'을 수익으로 인식한다.
4. ×. 계약은 서면으로, 구두로, 기업의 사업관행에 따라 암묵적으로 체결할 수 있다.
5. ○
6. ○
7. ○
8. ○
9. ○
10. ○
11. ○
12. ○
13. ×. 환불예상액에 대해서는 수익을 인식하지 않고 환불부채를 인식한다. 환불부채는 기업이 받았거나 받을 대가 중에서 권리를 갖게 될 것으로 예상하지 않는 금액으로 측정한다.
14. ○
15. ×. 고객이 대가를 선급하고, 재화나 용역의 이전시점을 고객이 정할 수 있다. 이러한 상황에서는 유의적인 금융요소가 없다고 판단한다.

16. ○
17. ×. 계약 개시 후에는 상황이 달라져도 할인율을 수정하지 않는다. 왜냐하면 기업은 계약개시시점에 산정한 할인율만을 거래가격을 측정할 때 반영하기 때문이다.
18. ×. 기업은 받았거나 받을 대가의 후속적인 공정가치 변동은 수익에 반영하지 않는다.
19. ○
20. ×. "고객에게 지급할 대가 > 고객에게서 받은 재화 등의 공정가치"인 경우 초과액을 거래가격에서 차감한다.
21. ×. 재화의 표시가격을 할인하여 판매하면 개별 판매가격은 할인한 금액을 반영한다. 따라서 계약상 표시가격이나 정가를 개별판매가격으로 간주해서는 안 된다.
22. ○
23. ×. 판매가격이 매우 다양하거나 불확실한 상황에서는 잔여접근법을 사용한다.
24. ×. 재화나 용역을 보통 할인하여 별도로 판매한다면, 할인액을 일부 수행의무에게만 배분한다.
25. ○
26. ○
27. ×. 이전되지 않은 재화나 용역이 이미 이전한 재화나 용역과 구별된다면, 기존 계약은 종료하고 새로운 계약으로 회계처리한다.
28. ×. 기업이 수행하는 대로 고객이 기업의 수행에서 제공하는 효익을 동시에 얻고 소비한다면, 기간에 걸쳐 수익을 인식한다.
29. ○
30. ○
31. ○
32. ○
33. ×. 추가적인 이행의무를 수행하지 않고 시간만 지나면 대가를 수령하므로 기업이 받을 대가는 무조건적이다. 이러한 권리는 수취채권으로 인식한다.
34. ○
35. ○
36. ×. 확신형 보증에서는 판매보증충당부채를 설정하고, 용역형 보증에서는 계약부채를 인식한다.
37. ○
38. ○

[문 2] 수행의무의 식별(1) : 구별되는 재화나 용역(K-IFRS 제1115호 적용사례 11)

소프트웨어를 개발하는 A기업은 2년 동안 소프트웨어 라이선스를 이전하고 설치용역을 수행하는 계약을 고객과 체결했다. 계약에 따르면 특정되지 않은 소프트웨어 갱신(업데이트)과 기술지원(온라인과 전화)을 제공한다.

A기업은 라이선스, 설치용역, 기술지원을 별도로 판매하는 계약을 고객과 체결했다. 설치용역은 각 이용자 유형(예 : 마케팅, 재고관리, 기술정보)에 맞춰 웹 스크린을 변경하는 것을 포함한다. 설치용역은 일상적으로 다른 기업이 수행하는데 소프트웨어를 유의적으로 변형시키지 않는다. 소프트웨어는 갱신과 기술지원이 없어도 가동된다.

물음

A기업은 상기 계약과 관련된 수행의무를 어떻게 식별해야 하는가?

해답

① 소프트웨어는 갱신과 기술지원 용역보다 먼저 인도되고 갱신과 기술지원이 없어도 가동될 수 있다. 고객은 계약개시시점에 이전되는 소프트웨어 라이선스와 함께 효익을 얻을 수 있다.
② 설치용역은 다른 공급자가 제공할 수 있으므로 소프트웨어 라이선스를 사용하거나 라이선스에서 효익을 얻는 고객 능력에 유의적으로 영향을 미치지 않는다.
③ 소프트웨어 갱신과 기술지원도 마찬가지로 소프트웨어 라이선스 이전과 별도로 식별해 낼 수 있다.

(결론)

기업은 상기 계약에서 소프트웨어 라이선스, 설치용역, 소프트웨어 갱신 및 기술지원을 구분하여 네 가지의 수행의무를 식별해야 한다.

[문 3] 수행의무의 식별(2)(K-IFRS 제1115호 사례 44 수정)

공정기업은 고객에게 제품 구매에 따른 보증을 제공한다. 공정기업은 제품이 약정된 규격에 따르고 구매한 날부터 1년 동안 약속된 대로 작동할 것이라고 보장한다. 그 계약에서는 고객에게 추가원가 없이 제품의 작동방법에 대해 20시간 훈련용역을 받을 권리도 제공한다.

물음

공정기업이 고객에게 제공한 계약상 재화와 용역이 식별될 수 있는지와 이에 따라 별도의 수행의무가 생기는지를 판단하시오.

해답

고객은 훈련용역 없이도 제품 그 자체에서 효익을 얻을 수 있고, 이미 기업에서 이전받은 제품과 함께 하여 훈련용역에서 효익을 얻을 수 있다. 이러한 이유로 제품과 훈련용역은 구별될 수 있다. 제품과 훈련용역은 상호의존도나 상호관련성이 높지 않다. 제품을 이전하기로 하는 약속과 훈련용역을 제공하기로 하는 약속은 결합 품목의 투입물이 아니므로 별도로 식별될 수 있다.

제품과 훈련용역을 각각의 수행의무로 식별하므로 두 가지 수행의무에 거래가격을 배분하고 각 수행의무를 이행할 때(또는 이행하는 대로) 수익을 인식한다.

[문 4] 수행의무의 식별(3)(K-IFRS 제1115 사례 11 C 수정)

공정기업은 장비를 판매하고 설치용역을 제공하기로 하는 계약을 고객과 체결했다. 장비는 어떠한 고객 맞춤화나 변형 없이 가동될 수 있다. 필요한 설치는 복잡하지 않고 다른 대체 용역제공자가 수행할 수도 있다.

고객은 장비를 사용하거나, 폐물가치보다 많은 금액으로 재판매하여 장비 그 자체에서 효익을 얻을 수 있거나, 쉽게 구할 수 있는 다른 자원(예: 대체 제공자에게서 구할 수 있는 설치용역)과 함께하여 효익을 얻을 수 있다. 고객은 공정기업에서 이미 획득한 다른 자원(장비)과 함께하여 설치용역에서 효익을 얻을 수도 있다.

공정기업이 고객과 체결한 계약의 세부내용은 다음과 같다.

① 기업은 장비를 인도한 다음에 설치하기로 했다. 장비와 설치용역을 하나의 결합산출물로 변환하는 방식으로 결합하기로 약속하지는 않았다.
② 기업의 설치용역은 장비를 유의적으로 고객 맞춤화하거나 유의적으로 변형하지는 않는다.
③ 고객이 장비를 통제하게 된 후 설치용역을 수행하나, 설치용역은 장비에 유의적인 영향을 미치지는 않는다.

물음

공정기업이 장비를 판매하고 설치용역을 제공하기로 한 계약에서 재화와 용역이 구별되는지 판단하시오.

해답

다음과 같은 이유로 공정기업은 장비와 설치용역으로 수행의무를 두 가지로 식별한다.

① 공정기업은 유의적인 통합용역을 제공하지 않는다. 공정기업은 후속적으로 장비를 설치하기로 하는 약속과는 별도로 장비를 이전하기로 하는 약속을 이행할 수 있다.
② 공정기업의 설치용역은 장비를 유의적으로 고객 맞춤화하거나 유의적으로 변형하지 않을 것이다.
③ 고객은 장비를 통제한 후 설치용역에서 효익을 얻을 수 있지만, 설치용역은 장비에 유의적으로 영향을 미치지 않는다. 기업이 설치용역을 제공하기로 하는 약속과는 별개로 장비를 이전하기로 하는 약속을 이행할 수 있기 때문이다. 장비와 설치용역은 각각 서로에게 유의적인 영향을 미치지 않기 때문에 상호의존도나 상호관련성이 매우 높지는 않다.

[문 5] 대가의 회수가능성(K-IFRS 제1115 사례 1 수정)

부동산개발업자인 공정기업은 ₩1,000,000에 건물을 판매하기 위해 고객과 계약을 체결했다. 고객은 그 건물에 레스토랑을 개업하려 한다. 새로운 레스토랑을 운영하려는 지역에는 다수의 레스토랑이 있어 경쟁이 치열하고, 고객은 레스토랑 산업에서 경험이 거의 없다.

고객은 계약 개시시점에 환불되지 않는 계약금 ₩50,000을 지급하고, 약속된 대가의 ₩950,000은 공정기업과 장기 금융약정을 체결했다. 고객은 레스토랑사업에서 얻는 수익으로 차입금을 상환할 예정이며, 차입금 상환에 사용할 수 있는 다른 수익이나 자산은 부족하다.

금융약정에 따르면, 고객이 채무를 이행하지 못하면 공정기업은 건물을 회수하고, 담보물 가치가 받아야 할 금액보다 적더라도 고객에게 보상을 요구할 수 없어 고객 책임은 제한된다. 기업의 건물 원가는 ₩600,000이고, 고객은 계약 개시시점에 건물을 통제할 수 있다.

물음

건물 판매 거래와 관련하여 공정기업이 수령한 ₩50,000을 어떻게 회계처리를 해야 하는가?

해답

공정기업은 다음과 같은 이유로 건물 이전에 대해 받을 권리가 있는 대가인 ₩950,000을 회수할 가능성이 높지 않다. 공정기업은 환불되지 않는 계약금 ₩50,000을 보증금 채무로 회계처리한다.

① 고객은 주로 레스토랑사업(그 사업이 속한 산업의 심한 경쟁과 고객의 경험 부족으로 유의적인 위험에 직면한 사업)에서 얻는 수익으로 차입금(유의적인 잔액)을 상환하려고 한다.
② 고객은 차입금 상환에 사용할 수 있는 다른 수익이나 자산이 부족하다.
③ 고객이 채무를 이행하지 못할 때 공정기업은 담보물 가치가 받아야 할 금액보다 적더라도 고객에게 보상을 요구할 수 없어 차입에 따른 고객 책임이 제한되어 있다.

대가를 회수할 가능성이 높다는 결론을 내리기 전까지 공정기업은 원금 및 이재의 미래 지급액뿐만 아니라 최초 보증금도 보증금 채무로 계속 회계처리한다.

[문 6] 대량 할인 장려금(K-IFRS 제1115호 적용사례 24)

정의회사는 20×1년 1월 1일에 제품을 개당 ₩100에 판매하기로 민주회사와 계약을 체결했다. 민주회사가 제품을 1년 동안 1,000개 넘게 구매하면 개당 가격을 ₩90으로 소급하여 낮추기로 계약에서 정했다. 따라서 계약상 대가는 변동될 수 있다.

(1) 20×1년 3월 31일로 종료하는 1분기에, 정의회사는 민주회사에게 제품 75개를 판매했다. 정의회사는 민주회사가 20×1년에 대량 할인을 받을 수 있는 1,000개의 임계치를 초과하여 구매하지는 않을 것으로 추정한다.

(2) 20×1년 6월 30일로 종료되는 2분기에 정의회사는 추가로 제품 500개를 민주회사에게 판매했다. 새로운 사실에 기초하여, 정의회사는 민주회사가 20×1년에 1,000개의 임계치를 초과하여 구매할 것이고, 개당 가격을 소급하여 ₩90으로 낮춰달라고 요구할 것으로 추정한다.

물음

정의회사가 20×1년 3월 31일과 6월 30일에 각각 수익으로 인식할 금액을 구하시오.

해답

1. 20×1년 3월 31일
수익으로 인식할 금액: ₩100×75개 = ₩7,500

〈해설〉
고객이 대량할인을 받을 수 있는 임계치(1,000개)를 초과하여 구매하지 않을 것으로 추정하므로 개당 ₩100을 수익으로 인식한다.

2. 20×1년 6월 30일
수익으로 인식할 금액 : ₩90×500개(2분기 매출) - (₩100 - 90)×75개 = ₩44,250

〈해설〉
거래가격의 후속 변동은 거래가격이 변동되는 기간에 수익으로 인식하거나 수익에서 차감한다. 소급하여 1분기 수익을 수정하지 않고, 변동대가 추정이 발생한 2분기에 변동대가 변동분을 반영한다.

[문 7] 진행률 산정(한국공인회계사회 연구보고서 수정)

조선업을 영위하는 공정조선은 오션해운과 선박을 건조하는 계약을 체결했다. 선박 부품 중 가장 중요한 부품 중 하나인 엔진의 구체적 사양은 고객이 지정하므로 공정조선이 엔진의 설계 및 생산에 유의적인 관여를 하지는 않는다.

공정조선은 고객이 지정한 사양대로 엔진 제작 전문 업체에 제작을 의뢰한다. 제작이 완료된 엔진은 건조 중인 선박에 이동된 후 공정조선이 설치한다. 엔진에 대한 고객의 유의적인 통제시점은 설치 용역의 수행시기보다 빠르며, 선박 건조 원가에서 엔진 원가가 차지하는 비중은 유의적이다.

물음

공정조선은 설치되지 않은 엔진 구입 원가를 진행률을 측정할 때 포함할 수 있는가?

해답

설치되지 않은 엔진 구입원가는 진척도에 비례하여 발생하는 원가가 아니므로 진행률을 계산할 때 투입법에서 제외해야 한다. 엔진 구입원가는 엔진의 통제가 고객에게 이전되는 시점에서 원가 범위까지만 수익을 인식한다.

15 CHAPTER 건설계약

한눈에 살펴보는 이 장의 내용

본 장에서는 건설사업자의 재무제표에 표시되는 건설계약 회계처리를 설명한다. 단일계약이 복수 자산의 건설을 포함하고 일정 조건을 모두 충족하면 각 자산의 건설을 독립된 건설계약으로 본다. 발주 수와 관계없이 일정 조건을 모두 충족하는 복수계약은 단일 건설계약으로 본다. 건설계약 결과를 신뢰성 있게 추정할 수 있다면 건설계약과 관련한 계약수익과 계약원가는 보고기간말 현재 계약활동의 진행률을 기준으로 인식한다. 건설계약에서 손실이 예상되면 관련 손실을 즉시 비용으로 인식한다. 건설계약의 결과를 신뢰성 있게 추정할 수 없다면 수익은 회수가능성이 높은 발생원가 범위 내에서만 인식하고 계약원가는 발생한 기간의 비용으로 인식한다.

K-IFRS 제1011호(건설계약)은 2007년 11월에 제정되었고, 관련되는 국제회계기준은 'IAS 11 Construction Contract'이다.

contents

15 CHAPTER 건설계약

| 학습목표 |

1. 계약수익의 구성요소를 설명할 수 있다. 계약수익은 수령했거나 수령할 대가의 공정가치로 측정한다. 최초계약금액에 공사변경, 보상금 및 장려금 등이 발생하면 계약수익이 증가할 수 있다.

2. 진행률을 산정하는 방법을 설명할 수 있다. 계약 성격에 따라 원가기준법, 투입량기준법, 산출량기준법으로 진행률을 측정할 수 있다.

3. 진행기준에 따라 계약수익과 계약이익을 계산할 수 있다. 총계약금액에 누적진행률을 곱한 금액에서 전기말까지 인식한 누적 계약수익을 차감하여 당기 계약수익을 계산한다. 당기 발생한 원가를 당기 계약원가로 인식한다.

4. 진행률을 원가기준으로 결정할 때 제외하는 원가를 설명할 수 있다. 차입원가와 하자보수원가는 계약원가에 포함하지만 진행률 계산에서는 제외한다.

5. 진행기준의 회계처리를 설명할 수 있다. 원가가 발생하면 미성공사계정에 집계하고 공사대금을 청구하면 진행청구액에 집계한다. 진행청구액은 미성공사계정 잔액에서 차감하는 형식으로 기재하고, 완성시점에서 미성공사계정과 모두 상계하여 제거한다. 미성공사계정은 발생한 원가뿐만 아니라 진행기준에 따라 인식한 공사손익까지 포함한다.

6. 미성공사와 진행청구액을 재무상태표에 표시하는 방법을 설명할 수 있다. 미성공사 잔액이 진행청구액 잔액보다 크면 차액을 미청구공사 과목으로 자산에 표시하고, 반대의 경우에는 차액을 초과청구공사 과목으로 하여 부채에 표시한다.

7. 손실이 예상되는 공사에서 수익을 인식하는 방법을 설명할 수 있다. 총계약원가 추정치가 총계약금액을 초과해 계약손실이 예상되면 보수주의에 따라 손실예상시점에서 계약손실 예상액을 계약원가로 인식하고 미성공사에서 차감한다.

8. 진행기준을 적용할 수 없는 상황에서 수익을 인식하는 방법을 설명할 수 있다. 건설계약 결과를 신뢰성 있게 추정할 수 없으나 발생한 계약원가의 회수가능성이 높다면 계약수익은 계약원가 범위 내에서 인식하고 계약원가는 발생한 기간에 비용으로 인식한다. 계약원가 회수가능성이 높지 않다면 계약수익은 인식하지 않고 계약원가는 발생한 기간에 비용으로 인식한다.

| 주요 용어 |

- 건설계약 : 단일 자산의 건설이나 설계, 기술 및 기능 또는 최종목적이나 용도에 있어서 밀접하게 상호 연관되거나 상호 의존적인 복수 자산의 건설을 위해 구체적으로 협의된 계약
- 정액계약 : 정액으로 하거나 산출물 단위당 가격을 정액으로 하는 건설계약
- 원가보상계약 : 원가의 일정비율이나 정액 수수료를 원가에 가산하여 보상받는 건설계약
- 공사변경 : 계약상 수행하는 공사 범위를 발주자 지시에 따라 변경하는 것
- 보상금 : 건설사업자가 계약금액에 포함되어 있지 않은 원가를 발주자 등으로부터 보상받는 금액
- 장려금 : 특성 성과기준을 충족하거나 초과하면 발주자가 건설사업자에게 지급하는 추가금액
- 계약원가 : 건설계약을 수행하는 기간에 인식할 총원가
- 진행기준 : 계약이 진행된 정도에 따라 수익을 인식하는 방법
- 완성기준 : 건설계약의 완료시점에서 수익과 비용을 인식하는 방법
- 원가기준법 : 발생한 누적계약원가를 추정총계약원가로 나눈 비율
- 투입량기준법 : 수행한 공사의 측량
- 산출량기준법 : 계약공사의 물리적 완성비율
- 미청구공사 : 공사는 진행했지만 청구하지 못한 공사미수금
- 초과청구공사 : 진행률보다 발주처의 기성고가 더 높게 측정되어 청구하지 않았지만 받은 금액

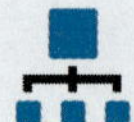

제1절 건설계약의 의의

1. 건설계약이란?

건설계약이란 단일 자산의 건설이나 설계, 기술 및 기능 또는 최종목적이나 용도가 밀접하게 상호 연관되거나 상호 의존적인 복수 자산의 건설을 위해 구체적으로 협의된 계약을 말한다. 건설계약은 교량, 건물, 댐, 파이프라인, 도로, 선박 또는 터널과 같은 단일 자산을 건설하기 위해 체결할 수 있다. 설계, 기술 및 기능 또는 최종 목적이나 용도가 밀접하게 상호 연관되거나 상호의존적인 복수자산을 대상으로 할 수도 있다. 이러한 계약의 예로 정제시설과 기타 복합 생산설비나 기계장치의 건설이 있다.

건설회사가 수행하는 건물공사는 장기간에 걸쳐 이루어지므로 계약활동의 시작일과 종료일이 다른 회계기간에 귀속된다. 건설계약의 회계처리에서 핵심사항은 계약수익과 계약원가를 건설공사가 수행되는 회계기간에 배분하는 것이다.

2. 건설계약의 형태

건설계약은 여러 형태로 이루어질 수 있지만 일반적으로 정액계약과 원가보상계약으로 구분할 수 있다. 정액계약은 정액으로 하거나 산출물 단위당 가격을 정액으로 하는 건설계약으로, 물가연동조항을 포함할 수도 있다. 원가보상계약은 원가의 일정비율이나 정액 수수료를 원가에 가산하여 보상받는 건설계약으로, 원가는 당사자 간에 인정되거나 계약서에 정의된 원가를 말한다.

제2절 계약수익과 계약원가

1. 계약수익

계약수익은 수령했거나 수령할 대가의 공정가치로 측정한다. 계약수익 측정은 미래사건의 결과와 관련된 다양한 불확실성에 영향을 받으므로, 계약수익은 기간별로 증가하거나 감소할 수 있다. 예를 들어, 공사변경, 보상금 및 장려금 등이 발생하면 계약수익은 증가할 수 있다.

계약수익의 구성요소는 [표 1]과 같은데, 수익으로 귀결될 가능성이 높고 금액을 신뢰성 있게 측정할 수 있다면 계약수익에 포함한다.

[표 1] 계약수익의 구성요소

구성요소	내용
최초계약금액	최초에 합의한 계약금액
공사변경	계약상 수행하는 공사 범위를 발주자 지시에 따라 변경하는 것. 공사변경에 따라 계약수익은 증가하거나 감소
보상금	계약금액에 포함되어 있지 않은 원가를 발주자나 다른 상대방으로부터 보상받는 금액. 예를 들어 발주자에 의해 공사가 지체되거나, 제시한 사양이나 설계에 오류가 있거나, 공사변경과 관련하여 분쟁이 있으면 보상금을 수령할 수 있음
장려금	특정 성과기준을 충족하거나 초과하면 발주자가 건설사업자에게 지급하는 추가금액. 예를 들어 공사계약을 조기에 완료하면 건설사업자는 계약에 따라 장려금을 수령할 수 있음

2. 계약원가

(1) 계약원가의 구성

계약원가는 건설계약을 수행하는 기간에 인식할 총원가로 [표 2]의 항목으로 구성된다.

[표 2] 계약원가의 구성요소

구성요소	내용
직접원가	• 특정계약에 직접 관련된 원가 • 노무원가, 재료원가, 장비 감가상각비, 운반비, 장비 임차원가, 설계와 기술지원원가, 복구 및 보증공사 추정원가, 제3자의 보상금 청구
공통원가	• 특정계약에 개별적으로 관련되지 않으나 여러 계약활동에 배분할 수 있는 원가로 체계적이고 합리적인 방법으로 배분 • 보험료, 건설간접원가, 특정계약에 직접 관련되지 않은 설계와 기술지원원가
기타원가	• 계약조건에 따라 발주자에게 청구할 수 있는 일반관리원가와 개발원가

(2) 계약체결 전 발생원가

계약원가는 계약체결일로부터 계약의 최종완료일까지의 기간에 해당 계약에 귀속될 수 있는 원가를 포함한다. 실무에서는 계약을 체결하기 위해 계약체결일 전에 수주비가 발생할 수 있다. 이와 같이 계약체결 전 발생원가는 ① 계약과 직접 관련되며, ② 개별적으로 식별이 가능하며, ③ 신뢰성 있게 측정할 수 있고, ④ 계약의 체결가능성이 높으면 계약원가에 포함한다.

실무에서는 수주에 성공하면 수주비를 선급계약원가(선급비용)로 처리하고, 수주에 실패하면 기간비용으로 인식한다.[1] 계약체결과정에서 발생한 원가를 기간비용으로 인식하면 공사계약이 후속기간에 체결되어도 계약원가에 포함하지 않는다.

1) 국제회계기준에서는 선급계약원가의 처리에 관한 언급이 없어, 진행률에 포함할 지와 언제 대체할지 이견이 있다. 일반적으로 견적서 작성비용은 선급계약원가에 해당하는데, 건설의 진행 정도를 나타내는 진행률과 관련이 없다. 이러한 이유로 진행률 계산에서 고려하지 않는 것이 타당하다. 수주비는 공사 전체와 관련되어 있으므로 공사착수시점에 한 번에 계약원가로 처리하기보다는 진행률에 따라 계약원가로 대체하는 것이 바람직하다.

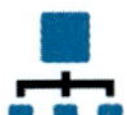

제3절 계약수익과 계약원가의 인식원칙

1. 인식기준

(1) 진행기준과 완성기준

① 진행기준

진행기준은 계약이 진행된 정도에 따라 수익을 인식하는 것으로 발생주의에 따른 방법이다. 진행기준에서는 계약금액에 진행률을 곱해 계약수익을 인식하고 실제 발생한 계약원가를 당기비용으로 인식한다. 즉, 진행기준은 진행률에 따라 비용을 먼저 인식하고 그에 따라 수익을 인식하는 방법이다. 예를 들어, 당기 진행률이 10%이면 전체 수익가득과정 중에서 10%까지 완료된 것으로 보아 계약금액에 10%를 곱해 수익으로 인식한다. 진행기준을 적용하면 경영성과를 보다 적절하게 평가할 수 있어 회계정보이용자에게 유용한 정보를 제공할 수 있다.

② 완성기준

완성기준은 건설계약이 완료되기 전에 발생한 원가는 재고자산계정으로 처리하고, 건설계약 완료시점에서 수익과 비용으로 인식하는 방법이다. 건설계약 완료시점에 한 번에 수익과 비용을 인식하므로 경영성과를 적절하게 평가할 수 없다.

(2) 국제회계기준의 인식기준

건설계약 결과를 신뢰성 있게 추정할 수 있으면 건설계약과 관련한 계약수익과 계약원가는 보고기간말 현재 계약활동의 진행률을 기준으로 수익과 비용으로 인식한다.

[표 3] 국제회계기준의 인식기준

구분	건설계약의 결과를 신뢰성 있게 추정하기 위한 조건
정액계약	① 총계약수익을 신뢰성 있게 측정할 수 있다. ② 계약과 관련된 경제적효익이 건설사업자에게 유입될 가능성이 높다. ③ 계약을 완료하는 데 필요한 계약원가와 보고기간말 현재의 계약진행률을 신뢰성 있게 측정할 수 있다. ④ 특정 계약에 귀속될 수 있는 계약원가를 명확히 식별할 수 있고 신뢰성 있게 측정할 수 있어 실제 발생한 계약원가를 이전 추정치와 비교할 수 있다.

원가보상계약	① 계약과 관련된 경제적효익이 건설사업자에게 유입될 가능성이 높다. ② 특정 계약에 귀속될 수 있는 계약원가를 명확히 식별할 수 있고 신뢰성 있게 측정할 수 있다.

K-IFRS 제1011호에서는 건설계약에 대해 원칙적으로 진행기준을 사용하여 수익을 인식하도록 규정하고 있다. K-IFRIC 제2115호에서는 부동산건설약정 중 재화판매약정으로 분류된 계약은 완성시점에서 수익을 인식하는 완성기준을 사용하도록 규정하고 있다.

2. 진행률의 산정

(1) 일반사항

1) 진행률

계약의 진행률은 다양한 방식으로 결정될 수 있다. 건설사업자는 수행한 공사를 신뢰성 있게 측정하는 방법을 사용하는데, 계약 성격에 따라 다음과 같은 방법으로 측정한다.

[진행률 측정방법]

① 원가기준법 : 발생한 누적계약원가를 추정총계약원가로 나눈 비율
② 투입량기준법 : 수행한 공사의 측량
③ 산출량기준법 : 계약 공사의 물리적 완성비율

실무에서는 원가기준법을 가장 많이 사용하는데, 진행률은 다음과 같이 누적으로 계산한다.

$$\text{누적진행률} = \frac{\text{당기말 현재 누적발생원가}}{\text{추정총계약원가}}$$

실무에서 당기말까지 발생한 공사원가를 집계한 후 완성시점까지 소요될 추가원가를 추정한다.[2] 재료비 또는 노무비 변동 등 새로운 정보를 입수하면 이를 추가원가에 반영하므로 추정총계약원가는 변동할 수 있다. 총계약원가의 변동은 회계추정 변경에 해당하므로 전진법으로 회계처리하여 과거 회계기간에 인식했던 계약수익은 수정하지 않는다. 진행률은 누적으로 계산하여 원가추정 변경을 전진적으로 반영한다.

2) 이러한 과정을 적산(積産)이라고 한다. 적산이란 건설물의 공사비를 산출하는 공사원가계산 과정으로, 공사설계도면과 시방서, 현장설명서 및 시공계획에 따라 재료비, 노무비, 경비를 산출한다.

〈예 1〉 누적진행률 계산

20×1년 초 공사를 시작했고 총계약원가는 ₩10,000으로 추정되며 20×1년에 실제 발생한 원가는 ₩2,000이다. 20×2년에 추정총계약원가는 ₩12,000으로 변경되었고, 20×2년에 실제 발생한 원가는 ₩4,000이다.

20×1년 누적진행률은 20%(= $\frac{2,000}{10,000}$)이다. 20×2년의 총계약원가 변동은 회계추정 변경에 해당하므로 20×1년 진행률은 변경하지 않고, 변경된 20×2년부터 반영한다. 20×2년 누적진행률은 50%(= $\frac{2,000 + 4,000}{12,000}$)로 계산하며, 이와 같이 추정 변경을 반영하기 위해 진행률을 누적으로 계산한다.

2) 계약수익과 계약이익의 계산

총계약금액에 누적진행률을 곱한 금액은 당기말까지 발생한 누적 계약수익이므로 전기말까지 인식한 누적 계약수익을 차감하여 당기 계약수익을 계산한다

당기 계약원가는 아래 산식으로 계산하지만, 원가기준으로 진행률을 결정할 때에는 산식을 이용하지 않고 당기 발생한 원가를 당기 계약원가로 인식한다. 아래 산식은 원가기준 외의 방법(산출량기준법 또는 투입량기준법)으로 진행률을 결정할 때 사용한다.[3)]

[당기 계약수익 계산]

① 당기 계약수익 = 총계약금액×누적진행률 – 전기말까지 인식한 누적 계약수익
② 당기 계약원가 = 추정총계약원가×누적진행률 – 전기말까지 인식한 누적 계약원가
③ 당기 계약이익 = 당기 계약수익 – 당기 계약원가

3) 당기 계약원가는 "추정총계약원가×누적진행률 – 전기말까지 인식한 누적 계약원가"로 계산한다. 누적진행률에 " $\frac{\text{당기말 현재 누적발생원가}}{\text{추종총계약원가}}$ "를 대입하면, "추정총계약원가× $\frac{\text{당기말 현재 누적발생원가}}{\text{추종총계약원가}}$ – 전기말까지 인식한 누적 계약원가"가 된다. 당기 계약원가는 당기 말 현재 누적발생원가에서 전기 말까지 인식한 누적 계약원가의 차이이므로, 동 금액이 당기 발생원가이다.

[예제 1] 진행률 – 일반적인 경우

비창회사는 20×1년 초 건물을 건설하는 계약을 체결했다. 총공사계약금은 ₩1,800이며, 공사계약 관련 자료는 다음과 같다.

	20×1년	20×2년	20×3년
누적발생원가	₩400	₩1,000	₩1,250
추가소요원가 추정액	800	250	–
물리적 완성비율(누적)	30%	70%	100%

물음

1. 수행한 공사에서 발생한 누적계약원가를 추정총계약원가로 나눈 비율로 진행률을 계산한다. 연도별 계약수익, 계약원가 및 계약이익을 구하시오.
2. 물리적 완성비율로 진행률을 계산한다. 연도별 계약수익, 계약원가 및 계약이익을 구하시오.

해답

1. 원가기준

구분	20×1년	20×2년	20×3년
누적진행률	$\frac{400}{400+800}$ = 33%	$\frac{1,000}{1,000+250}$ = 80%	100%
누적계약수익	₩1,800×33% =₩600	₩1,800×80% = ₩1,440	₩1,800
당기계약수익	₩600	₩1,440 – 600 = ₩840	₩1,800 – 1,440 = ₩360
당기계약원가	₩400	₩1,000 – 400 = ₩600	₩1,250 – 1,000 = ₩250
당기계약이익	₩200	₩240	₩110

2. 물리적 완성비율

구분	20×1년	20×2년	20×3년
누적계약수익	₩1,800×30% =₩540	₩1,800×70% = ₩1,260	₩1,800
당기계약수익	₩540	₩1,260 – 540 = ₩720	₩1,800 – 1,260 = ₩540
누적계약원가	₩1,200×30% = ₩360	₩1,250×70% = ₩875	₩1,250
당기계약원가	₩360	₩875 – 360 = ₩515	₩1,250 – 875 = ₩375
당기계약이익	₩180	₩205	₩165

〈해설〉

1. 원가기준으로 진행률을 측정하면 별도 계산 없이 당기 발생한 원가를 계약원가로 인식한다.
2. 원가기준 외의 방법으로 진행률을 측정하면 당기계약원가는 "전체 계약원가×누적진행률"에서 "전기말 누적발생원가"를 차감하여 계산한다.

(2) 기타사항

원가기준으로 진행률을 결정하면 수행한 공사를 반영하는 계약원가만 누적발생원가에 포함한다.

[진행률 계산할 때 제외하는 원가]

- 현장에 인도되었거나 계약상 사용을 위해 준비되었지만 아직 계약공사를 위해 설치, 사용 또는 적용이 되지 않은 재료원가와 같은 계약상 미래 활동과 관련된 계약원가(재료가 계약을 위해 별도로 제작된 경우는 제외)
- 하도급계약에 따라 수행될 공사에서 하도급자로부터 선급한 금액

발주자(시공주 또는 주문자)에게서 수령한 기성금과 선수금은 수행한 공사의 정도를 적절하게 반영하지 못하므로 진행률을 결정할 때 고려하지 않는다. K-IFRS 제1011호에서는 진행률을 누적발생계약원가 기준으로 결정할 때에만 수행한 공사를 반영하는 계약원가만 누적발생원가에 포함한다는 일반적인 원칙만 제시하고 있다.

① 차입원가

건설공사에 발생한 차입원가는 계약원가를 구성하지만, 진행률을 결정할 때 고려하지 않는다. 차입원가를 진행률에 포함하면 차입원가가 발생하지 않았을 때보다 진행률이 과대하게 결정될 수 있기 때문이다.

〈예 2〉 차입원가를 진행률 계산할 때 고려하지 않는 이유

총계약원가는 ₩100,000이고, 20×1년 말 현재 누적발생원가(차입원가 제외)는 ₩30,000이다. 차입원가는 20×1년에 ₩20,000이 발생했다.

당기말 현재 누적발생원가를 총계약원가로 나누어 계산하면 진행률은 30%이다. 차입원가 ₩20,000을 진행률을 계산할 때 분모와 분자에 고려하면 42%($=\frac{30,000+20,000}{100,000+20,000}$)로 계산되는데, 실제 공사의 진행 정도와는 무관하다. 차입원가는 회계기간에 발생한 부분을 계약원가로 인식하나, 진행률을 계산할 때 고려하지 않는 것이 타당하다.

② 하자보수원가

일반적으로 공사도급계약에서는 계약이행을 완료 후 하자 발생에 대비하여 건설회사에게 하자보수의무를 부담시키고 있다. K-IFRS 제1011호에는 하자보수원가에 대한 구체적인 회계처리를 규정하고 있지 않다.

투입량기준이나 산출량기준으로 진행률을 추정하면 예상되는 하자보수원가에 진행률을 곱한 금액을 계약원가에 포함시킨다. 원가기준으로 진행률을 추정할 때 반영해야할지 이견이 있다. 하자보수원가는 도급금액의 2%에서 5% 사이에서 결정되어 중요한 금액에 해당하는데 완성시점에서 한 번에 계약원가로 인식하면 경영성과를 적절하게 평가할 수 없다. 예상하자보수원가에 진행률을 곱한 금액을 계약원가로 인식하는 것이 바람직하다.

[예제 2] 진행률 - 차입원가 및 하자보수원가

비창회사는 20×1년 초 건물을 건설하는 계약을 체결했는데, 총공사계약금은 ₩1,800이다. 누적발생원가에는 차입원가와 하자보수원가가 포함되어 있지 않다. 차입원가는 누적이 아닌 당기 발생한 원가이고, 추정액과 실제 발생액은 일치했다. 하자보수원가는 ₩180이 발생할 것으로 추정했다.

	20×1년	20×2년	20×3년
누적발생원가	₩300	₩630	₩900
추가소요원가 추정액	600	270	
차입원가	40	40	40
하자보수원가			180

물음

수행한 공사에 대해 발생한 누적계약원가를 추정총계약원가로 나눈 비율로 진행률을 계산한다. 연도별 계약수익과 계약원가를 계산하시오.

해답

1. 계약수익

구 분	20×1년	20×2년	20×3년
누적진행률	$\frac{300}{300+600}$ = 33%	$\frac{630}{630+270}$ = 70%	100%
누적계약수익	₩1,800×33% =₩600	₩1,800×70% = ₩1,260	₩1,800
당기계약수익	₩600	₩1,260 − 600 = ₩660	₩1,800 − 1,260 = ₩540

2. 계약원가

구분	20×1년	20×2년	20×3년
실제발생액	₩300	₩630 − 300 = ₩330	₩900 − 630 = ₩270
차입원가	40	40	40
하자보수원가	₩180×33% = ₩60	₩180×70% − 60 = ₩66	₩180 − 126 = ₩54
계	₩400	₩436	₩364

〈해설〉
① 차입원가와 하자보수원가는 진행률을 계산할 때 고려하지 않는다.
② 차입원가는 실제 발생액을 계약원가로 인식한다.
③ 하자보수원가는 총추정액에 진행률을 곱해 계약원가에 포함시킨다.

3. 진행기준 회계처리

실무에서는 회계기간에 발생한 원가를 인식한 후 발주자에게 공사대금을 청구・회수한 후 보고기간말에 수익과 비용을 인식한다. 이러한 일반적인 흐름에 따라 회계처리를 설명한다.

(1) 회계기간 중 발생한 원가 인식

공사가 시작되면 원재료, 노무비 및 공사경비 등의 원가가 발생한다. 제조회사에서는 제품의 제조원가를 계산할 때 재공품(work in process)계정을 사용하는데, 건설회사에서는 이와 유사한 미성공사(construction in process)계정을 사용한다.[4)]

(차)	미성공사	×××	(대)	현금 등	×××

(2) 공사대금 청구 및 회수

① 공사대금 청구

건설업자는 건설기간이 장기인 계약에서는 자금조달을 위해 계약에서 합의한 내용에 따라 계약진행 중 계약금액 일부를 발주자에게 중도금 형식으로 청구한다. 국제회계기준에서는 공사대금 청구를 통해 회수 가능한 금액이 자산인식조건을 충족한다고 보아 다음과 같이 회계처리를 한다.

(차)	공사미수금(또는 매출채권)	×××	(대)	진행청구액	×××

4) 재공품은 투입된 원가로 평가하나, 미성공사는 원가 외에 이익 또는 손실을 추가로 반영한다는 점에서 차이가 있다.

진행청구액(billings on construction in process)은 임시계정으로, 미성공사계정에서 차감하는 평가계정이다. 진행청구액계정은 완성시점 전까지는 공사대금 청구로 증가하며 완성시점에서 미성공사계정과 상계하여 모두 제거된다.

② 공사대금의 회수

청구한 공사대금을 회수하면 공사미수금(또는 매출채권)을 장부에서 제거한다.

(차)	현금	×××	(대)	공사미수금(또는 매출채권)	×××

(3) 결산시점

① 미성공사와 진행청구액

진행기준에서 보고기간말에 수익을 인식하므로 결산시점에서 수익, 비용과 이익(또는 손실)을 인식하고, 계약수익과 계약원가의 차이를 미성공사로 인식한다. 즉, 당기이익이 발생하면 미성공사계정에 가산하고, 당기손실이 발생하면 미성공사계정에서 차감한다. 이와 같이 회계처리하면 미성공사계정은 발생한 원가뿐만 아니라 진행기준에 따라 인식한 공사손익까지 포함된다.

미성공사 잔액은 공사수익 누적액을 의미하며, 자산을 투입원가가 아닌 실현가능가치로 표시한다.

미성공사 잔액 = 누적발생 계약원가 + 계약이익 − 계약손실
= 계약수익 누적액

미성공사계정과 진행청구액계정은 기업의 보조부나 시산표에만 표시되는 임시계정이며, 재무상태표에는 [표 4]와 같이 표시한다.

[표 4] 미성공사와 진행청구액의 재무상태표 표시방법

상황	재무상태표 표시
미성공사 잔액 > 진행청구액 잔액	차액을 미청구공사 계정으로 자산에 표시
미성공사 잔액 <진행청구액 잔액	차액을 초과청구공사 계정으로 부채에 표시

〈예 3〉 미성공사와 진행청구액

(상황 1) 미성공사 잔액과 진행청구액 잔액은 각각 ₩12,000과 ₩10,000이다.
(상황 2) 미성공사 잔액과 진행청구액 잔액은 각각 ₩12,000과 ₩15,000이다.

(상황 1)에서 청구한 금액은 ₩10,000인데 미성공사잔액이 ₩12,000이므로 기업은 추가로 ₩2,000을 미래 기간에 청구할 수 있다. 재무상태표에 미청구공사 잔액 ₩2,000을 유동자산으로 표시한다.

(상황 2)에서 미성공사 잔액이 ₩12,000이므로 기업이 청구할 수 있는 금액은 공사수익 누적액인 ₩12,000이다. 진행청구액은 ₩15,000이므로, ₩3,000을 더 많이 청구하여 미래 기간에 이행할 의무가 있다. 초과청구공사 ₩3,000은 유동부채로 표시한다.

② 회계처리

결산시점의 회계처리를 요약하면 다음과 같다. 당기에 이익이 발생하면 계약이익을 미성공사에 가산하고, 손실이 발생하면 미성공사에서 차감한다.

[계약이익 발생]

(차)	계약원가	×××	(대)	계약수익	×××
	미성공사	×××			

[계약손실 발생]

(차)	계약원가	×××	(대)	계약수익	×××
				미성공사	×××

(4) 건설계약의 완료시점

계약 완료시점에서 마감분개를 수행하여 미성공사와 진행청구액 잔액을 모두 장부에서 제거한다.

(차)	진행청구액	×××	(대)	미성공사	×××

미성공사잔액에는 발생한 계약원가 누적액에 공사손익이 모두 포함되므로 공사완성시점의 미성공사잔액은 총계약금액과 동일하다. 진행청구액계정에 기간별 청구액이 누적되어 있으므로 공사완성시점의 진행청구액도 총계약금액과 동일하다.

[예제 3] 정액계약의 수익인식

20×1년 초 K건설은 ₩9,000에 교량을 건설하는 정액계약을 체결했다. 20×1년에 발생한 계약원가는 ₩2,000이고, 20×1년 말 총계약원가는 ₩8,000으로 추정했다.

20×2년 말 누적발생계약원가는 ₩5,740이다. 20×2년 중 발주자가 공사변경을 승인하여 계약금액 ₩200이 증가했고, 계약원가 추정액은 ₩200이 증가했다. 20×3년에 발생한 공사원가는 20×2년 말 예상했던 추정액과 일치했다.

K건설은 수행한 공사에 대해 발생한 누적계약원가를 추정계약원가로 나눈 비율로 계산하여 진행률을 결정한다. K건설이 발주자에게 청구한 금액과 회수한 금액은 다음과 같다.

구분	20×1년	20×2년	20×3년
공사대금 청구액	₩2,200	₩4,700	₩2,300
공사대금 회수액	2,100	4,500	2,600

물음

1. 진행률을 계산하고 회계처리를 제시하시오. 발생원가는 현금으로 지급했다.
2. 20×1년 말과 20×2년 말의 각 재무상태표에 표시할 미청구공사(또는 초과청구공사)금액을 구하고, 동 금액이 자산 또는 부채인지를 명시하시오.

해답

1.

(1) 진행률

구분	20×1년	20×2년	20×3년
누적진행률	$\frac{2,000}{8,000}$ = 25%	$\frac{5,740}{8,200}$ = 70%	100%
누적계약수익	₩9,000×25% =₩2,250	₩9,200×70% = ₩6,440	₩9,200
당기 계약수익	₩2,250	₩6,440 − 2,250 = ₩4,190	₩9,200 − 6,440 = ₩2,760
당기 계약원가	₩2,000	₩5,760 − 2,000 = ₩3,760	₩8,200 − 5,760 = ₩2,440
당기 계약이익	₩250	₩430	₩320

(2) 회계처리

① 20×1년

원가발생	(차)	미 성 공 사	2,000	(대)	현 금	2,000
대금청구	(차)	공사미수금	2,200	(대)	진행청구액	2,200
대금회수	(차)	현 금	2,100	(대)	공사미수금	2,100
결산시점	(차)	계 약 원 가	2,000	(대)	계 약 수 익	2,250
		미 성 공 사	250			

② 20×2년

원가발생	(차)	미 성 공 사	3,760	(대)	현 금	3,760
대금청구	(차)	공사미수금	4,700	(대)	진행청구액	4,700
대금회수	(차)	현 금	4,500	(대)	공사미수금	4,500
결산시점	(차)	계 약 원 가	3,760	(대)	계 약 수 익	4,190
		미 성 공 사	430			

③ 20×3년

원가발생	(차)	미 성 공 사	2,440	(대)	현 금	2,440
대금청구	(차)	공사미수금	2,300	(대)	진행청구액	2,300
대금회수	(차)	현 금	2,600	(대)	공사미수금	2,600
결산시점	(차)	계 약 원 가	2,440	(대)	계 약 수 익	2,760
		미 성 공 사	320			
완성시점	(차)	진행청구액	9,200	(대)	미 성 공 사	9,200

2.

	20×1년	20×2년
미성공사	₩2,250	₩6,440
진행청구액	2,200	6,900
미청구공사(자산)	50	–
초과청구공사(부채)	–	460

4. 손실이 예상되는 경우 수익인식

총계약원가 추정치가 총계약금액을 초과해 계약손실이 예상되면 보수주의에 따라 손실 발생시점이 아닌 손실 예상시점에서 계약손실 예상액을 계약원가로 인식하고 미성공사에서 차감한다. 실제 손실이 발생한 시점에 계약원가에서 차감하고 미성공사를 증가시킨다.

예를 들어, 20×1년에 공사를 시작했는데 20×1년에는 계약이익이 발생했으나 20×1년 말 추정에 따르면 전체공사에서 손실 ₩1,000이 예상된다고 하자. 동 금액을 20×1년 계약원가에 가산하여 손실을 예상한 20×1년 계약이익에 반영한다. 손실을 예상하는 시점에서 인식하므로 실제 손실이 발생하는 연도에 동 금액을 계약원가에서 차감한다.

[계약손실 예상연도]

(차)	계약원가	×××	(대)	미성공사	×××

[실제 계약손실 발생연도]

(차)	미성공사	×××	(대)	계약원가	×××

예상손실은 총계약금액에서 총원가추정액을 차감하여 계산하고, 계약원가에서 가감할 조정액을 계산한다. [조정액 계산]의 산식은 추가로 인식할 예상손실액을 구하는 과정이다. 예를 들어, 당기말 추정한 전체 공사에서 발생할 예상손실은 ₩10,000이고 전기까지 인식한 누적이익은 ₩5,000이라고 하자. 당기에 진행률에 따라 인식한 손실이 ₩6,000이면 당기말까지 누적하여 인식한 손실은 ₩1,000[=₩5,000(누적이익) − 6,000(당기손실)]이다. 추가로 ₩9,000[=₩10,000(전체 공사에서 발생할 예상손실) − 1,000(당기말 누적 인식한 손실)]을 손실로 인식해야 하는데, 동 금액이 '조정액'에 해당한다. (산식 2)처럼 간단하게 조정액을 구할 수 있다.

[조정액 계산]

(산식 1) 예상손실 = 진행률에 따른 당기손실 − 전기까지 누적이익 − 조정액
상기 식을 조정액으로 다시 정리하면 (산식 2)와 같다.

(산식 2) 조정액 = 예상손실 − 진행률에 따른 당기손실 + 전기까지 누적이익
= 예상손실 − 당기말까지 인식한 누적이익(손실)
= 예상손실×(1 − 누적진행률)

[예제 4] 예상손실의 인식

월광회사는 20×1년 초 건설계약을 ₩600,000에 체결했으며 20×3년에 완공예정이다. 진행률은 발생원가기준으로 추정하며, 연도별 공사자료는 다음과 같다.

	20×1년	20×2년	20×3년
누적발생원가	₩125,000	₩488,000	₩610,000
추가소요원가 추정액	375,000	122,000	

물음

연도별 계약수익, 계약원가, 계약이익(손실)을 계산하시오.

해답

1. 계약수익

구분	20×1년	20×2년	20×3년
누적진행률	$\frac{125,000}{125,000 + 375,000}$ = 25%	$\frac{488,000}{488,000 + 122,000}$ = 80%	100%
누적계약수익	₩600,000×25%=₩150,000	₩600,000×80%=₩480,000	₩600,000
당기계약수익	₩150,000	₩480,000 − 150,000=₩330,000	₩600,000 − 480,000=₩120,000

2. 계약원가

구분	20×1년	20×2년	20×3년
실제발생액	₩125,000	₩488,000 − 125,000=₩363,000	₩620,000 − 488,000=₩122,000
조정액		2,000 ㈜	(2,000)
계	₩125,000	₩365,000	₩120,000

㈜ 조정액(A)

진행률에 따른 20×2년 손실	₩(33,000)
전기까지 누적이익	25,000
조정액	A
누적예상손실	₩(10,000)

∴ A = ₩33,000 − 25,000 + 10,000 = ₩(2,000)

또는 [₩600,000(계약금액) − 610,000(총추정계약원가)]×(1 − 80%) = ₩(2,000)

3. 계약이익(손실)

구분	20×1년	20×2년	20×3년
계약수익	₩150,000	₩330,000	₩120,000
계약원가	(125,000)	(365,000)	(120,000)
계약이익(손실)	₩25,000	₩(35,000)	₩0

〈해설〉

조정액과 관련된 회계처리는 다음과 같다.

20×2년	(차)	계약원가	2,000	(대)	미성공사	2,000
20×3년	(차)	미성공사	2,000	(대)	계약원가	2,000

5. 진행기준을 적용할 수 없는 상황

건설계약 결과를 신뢰성 있게 추정할 수 없거나 계약원가의 회수가능성이 높지 않으면 진행기준을 적용할 수 없다. [표 5]와 같이 수익을 인식한다.

[표 5] 특수한 상황에서의 수익인식

상황	수익인식
건설계약의 결과를 신뢰성 있게 추정할 수 없으나, 발생한 계약원가의 회수가능성은 높음	① 계약수익은 계약원가 범위 내에서만 인식 ② 계약원가는 발생한 기간에 비용으로 인식
계약원가의 회수가능성이 높지 않음[5]	① 계약수익은 인식하지 않음 ② 계약원가는 발생한 기간에 비용으로 인식

상기와 같이 특수한 상황에서는 이익을 인식할 수 없다. 이는 보수주의를 반영한 회계처리로, 이익 발생이 확실해 질 때까지 이익의 인식을 연기한다.

[예제 5] 진행기준을 적용할 수 없는 상황

체르니회사는 20×1년 초 ₩10,000에 건설계약을 체결했는데, 건설계약은 20×3년 말에 완성될 예정이다. 20×1년에는 진행률을 신뢰성 있게 추정할 수 없었으나, 20×2년에는 원가기준으로 진행률을 신뢰성 있게 추정할 수 있었다.

체르니회사는 해당 건설계약에서 손실이 발생하지는 않을 것으로 확신하고 있으며, 공사 관련 정보는 다음과 같다.

	20×1년	20×2년	20×3년
누적발생원가	₩4,000	₩5,000	₩9,500
추가소요원가 추정액		3,000	

물음

1. 20×1년 발생원가의 회수가능성이 높다고 확신한다. 연도별 계약수익, 계약원가 및 계약이익(손실)을 계산하시오.
2. 20×1년 발생원가의 회수가능성이 높지 않다고 확신한다. 연도별 계약수익, 계약원가 및 계약이익(손실)을 계산하시오.

5) 발생한 계약원가의 회수가능성이 높지 않은 상황은 다음과 같다.
① 충분한 구속력이 없는 계약. 즉, 계약의 유효성이 심각하게 의심됨
② 계약이행의 완료가 계류 중인 소송이나 입법 결과에 좌우되는 계약
③ 수용되거나 몰수될 가능성이 높은 자산과 관련한 계약
④ 발주자가 의무를 이행할 수 없는 계약
⑤ 건설사업자가 계약이행을 완료할 수 없거나 계약상 의무를 이행할 수 없는 계약

해답

1.

구분	20×1년	20×2년	20×3년
누적진행률		$\frac{5,000}{5,000+3,000}$ = 62.5%	100%
누적계약수익		₩10,000×62.5% = ₩6,250	₩10,000
당기 계약수익	₩4,000	₩6,250 − 4,000 = ₩2,250	₩10,000 − 6,250 = ₩3,750
당기 계약원가	₩4,000	₩5,000 − 4,000 = ₩1,000	₩9,500 − 5,000 = ₩4,500
당기 계약이익	₩0	₩1,250	₩(750)

2.

구분	20×1년	20×2년	20×3년
누적진행률		$\frac{5,000}{5,000+3,000}$ = 62.5%	100%
누적계약수익		₩10,000×62.5% = ₩6,250	₩10,000
당기 계약수익	₩0	₩6,250 − 0 = ₩6,250	₩10,000 − 6,250 = ₩3,750
당기 계약원가	₩4,000	₩5,000 − 4,000 = ₩1,000	₩9,500 − 5,000 = ₩4,500
당기 계약이익	₩(4,000)	₩5,250	₩(750)

〈해설〉

1. 20×1년 발생한 원가는 회수가능성이 높으므로 발생원가 범위 내에서 계약수익을 인식한다. 20×2년부터는 진행률을 신뢰성 있게 추정할 수 있으므로, 회계추정 변경으로 보아 진행기준에 따라 수익과 비용을 인식한다. 공사전체기간으로 보면 계약이익 ₩500이 발생하는데, 20×3년에는 계약손실이 발생한다. 20×2년에 이익을 많이 인식했기 때문에 발생한 현상이므로 공사전체기간에서 계약손실이 발생한 상황에 해당하지 않는다.
2. 회수가능성이 높지 않은 20×1년 발생원가 ₩4,000을 즉시 비용으로 인식하고, 계약수익은 인식하지 않는다.

6. 건설계약의 분할과 병합

K-IFRS 제1011호는 계약별로 적용한다. 하나의 계약을 맺으면서 여러 종류의 공사로 진행하거나 여러 건의 계약을 맺었으나 실질적으로 하나의 공사로 진행할 수 있다. K-IFRS에서는 계약 내용의 법적 형태보다는 경제적 실질을 반영하고 기간손익 왜곡을 방지하기 위해 건설계약을 분할하거나 병합하여 계약손익을 인식하도록 규정하고 있다.

[표 5]와 같이 단일 계약이라도 계약 분할에 해당하면 각 자산의 건설을 별개의 건설계약으로

보아 자산별로 진행기준을 적용한다. 복수계약이라도 계약 병합에 해당하면 단일 건설계약으로 보아 병합하여 진행기준을 적용한다.

[표 5] 건설계약의 분할과 병합

구분	충족요건
계약 분할	① 각 자산에 대해 별개의 공사제안서가 제출된다. ② 각 자산에 대해 개별적 협상이 이루어졌으며, 건설사업자와 발주자는 자산별로 각 자산과 관련되는 계약조건을 수락하거나 거부할 수 있다. ③ 자산별로 원가와 수익의 식별이 가능하다.
계약 병합	① 복수계약이 일괄적으로 협상된다. ② 복수계약이 상호 밀접하게 연관되어 사실상 전체로서의 목표 이윤을 추구하는 단일 프로젝트의 일부이다. ③ 복수계약이 동시에 진행되거나 계속하여 순차적으로 수행된다.

[예제 6] 건설계약의 분할과 병합

변주건설회사는 20×1년 초 공사계약을 체결했는데, 20×2년 말에 완공예정이다. 진행률은 원가기준에 따라 계산하며, 총계약금액은 ₩10,000이다. 공장과 부속설비의 계약이익률은 각각 10%와 30%로 예상했다. 계약관련 정보는 다음과 같다.

	공장	부속설비	합계
추정 총공사원가	₩7,200	₩1,400	₩8,600
실제 발생원가			
20×1년	₩5,040	₩560	₩5,600
20×2년	2,160	840	3,000

물음

1. 상기 계약을 공장과 부속설비 건설로 볼 때 연도별 계약수익, 계약원가, 계약이익을 계산하시오.
2. 계약을 분할하지 않고 단일 계약으로 볼 때 연도별 계약수익, 계약원가, 계약이익을 계산하시오. 단, 진행률을 계산할 때 소수점 다섯째 자리에서 반올림하시오.

해답

1. 계약 분할

총계약금액 ₩10,000을 다음과 같이 추정 총공사원가를 "1−이익률"로 나누어 공장과 부속설비로 배분한다.

(1) 공장 계약금액 = ₩7,200÷(1− 0.1) = ₩8,000

(2) 부속설비 계약금액 = ₩1,400÷(1 − 0.3) = ₩2,000

구분	공장		부속설비	
	20×1년	20×2년	20×1년	20×2년
누적진행률	$\frac{5,040}{7,200}$ = 70%	100%	$\frac{560}{1,400}$ = 40%	100%
계약수익	₩8,000×70% = ₩5,600	₩8,000 − 5,600 = ₩2,400	₩2,000×40% = ₩800	₩2,000 − 800 = ₩1,200
계약원가	5,040	2,160	560	840
계약이익	₩560	₩240	₩240	₩360

구분	20×1년	20×1년	합계
계약수익	₩5,600 + 800 = ₩6,400	₩2,400 + 1,200 = ₩3,600	₩10,000
계약원가	₩5,040 + 560 = ₩5,600	₩2,160 + 840 = ₩3,000	₩8,600
계약이익	₩800	₩600	₩1,400

2. 계약 병합

구분	20×1년	20×1년	합계
누적진행률	$\frac{5,600}{8,600}$ = 65.12%	100%	
계약수익	₩10,000×65.12% = ₩6,512	₩10,000 − 6,512 = ₩3,488	₩10,000
계약원가	₩5,600	₩3,000	₩8,600
계약이익	₩912	₩488	₩1,400

연습문제

[문 1] 진위형 문항

다음 문항을 읽고 맞는 기술이면 'ㅇ'로 표시하고, 틀린 기술이면 '×'로 표시하되 그 이유를 기재하시오.

1. 계약수익은 수령했거나 수령할 대가의 공정가치로 측정하는데, 공사변경, 보상금 및 장려금이 발생하면 계약수익은 증가할 수 있다.
2. 건설계약은 원칙적으로 진행기준을 사용하여 수익을 인식하나, 부동산건설약정 중 재화판매약정으로 분류된 계약은 완성기준으로 수익을 인식한다.
3. 진행률을 측정할 때 사용하는 총계약원가 변동은 회계추정 변경에 해당하므로 전진법으로 회계처리하여 과거 회계기간에 인식했던 계약수익은 수정하지 않는다.
4. 회계기간 중에 발생한 공사원가는 미성공사계정에 집계한다.
5. 계약진행 중 계약금액 일부를 발주자에게 청구하면 공사미수금계정과 진행청구액계정에 각각 반영한다.
6. 진행청구액계정은 완성시점 전까지는 공사대금 청구로 증가하며 공사대금을 회수하면 감소한다.
7. 미성공사 잔액은 누적발생계약원가로 구성된다.
8. 미성공사 잔액이 진행청구액잔액보다 크다면 차액을 부채(초과청구공사)에 표시한다.
9. 계약 완료시점에서 마감분개를 수행하여 미성공사계정과 진행청구액계정 잔액을 모두 장부에서 제거한다.
10. 총계약원가 추정치가 총계약금액을 초과해 계약손실이 예상되면 발생시점에서 해당 손실을 인식한다.
11. 건설계약 결과를 신뢰성 있게 추정할 수 없고 계약원가의 회수가능성이 높지 않다면, 계약수익은 인식하지 않고 계약원가는 발생한 기간에 비용으로 인식한다.
12. 단일 계약이라도 계약 분할에 해당하면 각 자산의 건설을 별개의 건설계약으로 보아 자산별로 진행기준을 적용한다.

해답

1. ○
2. ○
3. ○
4. ○
5. ○
6. ×. 공사대금을 회수하면 공사미수금계정을 감소시킨다. 진행청구액계정은 완성시점에서 미공사계정과 상계하여 모두 제거된다.
7. ×. 미성공사잔액은 누적발생계약원가에 계약이익을 가산하고 계약손실을 차감한 금액이다.
8. ×. 차액을 미청구공사 과목으로 하여 자산에 표시한다.
9. ○
10. ×. 계약손실 발생시점이 아닌 예상시점에서 계약손실 예상액을 계약원가로 인식하고 미성공사에서 차감한다. 실제 손실이 발생한 시점에 계약원가에서 차감하고 미성공사를 증가시킨다.
11. ○
12. ○

[문 2] 재무상태표 표시(1)

(주)그리모건설은 20×5년 1월 1일에 공장 공사계약을 ₩900,000에 체결했다. 진행률은 발생원가를 기초로 산정한다.

	20×5년	20×6년	20×7년	20×8년
당기 발생원가	₩180,000	₩230,000	₩326,000	₩154,000
총예정원가	720,000	820,000	920,000	920,000
공사대금 청구 및 회수액	200,000	300,000	200,000	200,000

물음

상기 자료를 이용하여 20×6년 말과 20×7년 말의 각 재무상태표에 표시할 미청구공사(또는 초과청구공사)금액을 구하고, 동 금액이 자산 또는 부채인지를 명시하시오.

해답

1. 진행률

구분	20×5년	20×6년	20×7년
진 행 률	$\frac{180,000}{720,000}=25\%$	$\frac{410,000}{820,000}=50\%$	$\frac{736,000}{920,000}=80\%$
공사수익	₩225,000	₩225,000	₩270,000
공사손실예상액			(4,000)

〈해설〉

공사손실예상액: [₩900,000(계약금액) - 920,000(총예정원가)]×(1 - 0.8) = ₩(4,000)

2. 미청구공사와 초과청구공사

구분	20×6년	20×7년
미성공사	₩450,000	₩716,000
진행청구액	500,000	700,000
미청구공사(유동자산)	–	16,000
초과청구공사(유동부채)	50,000	–

〈해설〉

① 20×6년 미성공사 : ₩900,000×50% = ₩450,000

② 20×7년 미성공사 : ₩900,000×80% - 4,000(공사손실예상액) = ₩716,000

[문 3] 재무상태표 표시(2)

한국(주)는 건설형 공사계약으로 계약금액이 ₩350,000인 댐 건설공사를 20×5년 1월 1일에 수주했다. 계약 당시 댐 건설공사는 20×7년 말에 완성될 예정이며, 댐건설과 관련된 연도별 공사 관련 자료는 다음과 같다. 진행률은 총추정원가 대비 현재까지 발생한 누적원가 비율을 이용한다.

[공사관련 자료]

구분	20×5년	20×6년	20×7년
실제발생 누적공사원가	₩68,750	₩188,500	₩290,000
완성시까지 예상추가원가	206,250	101,500	0
연도별 공사대금청구액	105,000	157,500	110,000
연도별 공사대금회수액	100,000	140,000	50,000

물음

아래의 각 물음은 독립적이다.

1. 20×6년의 포괄손익계산서에 계상될 공사이익(또는 손실)을 계산하고, 20×6년 말 재무상태표에 표시할 미청구공사(또는 초과청구공사) 금액을 구하시오. 동 금액이 자산 또는 부채인지를 명시하시오.
2. 20×6년에 인건비 상승, 원유수입가격 상승 및 건축자재가격 인상 등으로 원가상승요인이 발생했다. 실제발생공사원가는 20×6년에 상기 표(공사관련 자료)에 제시된 실제발생 누적공사원가에 ₩56,300이 추가되며, 2007년에 예상추가원가보다 ₩13,700이 추가적으로 발생할 것으로 추정된다. 이러한 상황에서 20×6년의 포괄손익계산서에 계상될 공사이익(또는 손실)을 계산하고, 20×6년 말 재무상태표에 표시할 미청구공사(또는 초과청구공사)금액을 구하시오. 동 금액이 자산 또는 부채인지를 명시하시오.

해답

1.
(1) 공사이익
1) 누적공사진행률
① 20×5년: ₩68,750÷(68,750 + 206,250) = 25%
② 20×6년: ₩188,500÷(188,500 + 101,500) = 65%
2) 공사이익: ₩350,000×(65% − 25%) − (₩188,500 - 68,750) = ₩20,250

(2) 초과청구공사(부채)
₩227,500(미성공사) − 262,500(진행청구액) = ₩35,000

〈해설〉

손실이 발생하지 않는 공사이므로 미성공사는 공사수익 누적액(₩350,000×65%)으로 계산된다.

2.

(1) 공사이익(손실)

① 진행률: (188,500 + 56,300)÷(188,500 + 56,300 + 101,500 + 13,700) = 68%

② 공사수익: ₩350,000× (68% − 25%) = ₩150,500

③ 공사원가

실제발생원가	₩176,050
예상손실전입액[(1 − 68%)× ₩10,000]	3,200
계	₩179,250

④ 공사이익(손실): ₩150,500 − 179,250 = ₩(28,750)

(2) 초과청구공사(부채)

₩234,800(미성공사) − 262,500(진행청구액) = ₩27,700

〈해설〉

공사손실이 발생하므로 미성공사는 공사수익누적액인 ₩238,000(₩350,000×68%)에서 예상손실전입액(₩3,200)을 차감한 금액이 된다. 20×6년말 예상손실전입시점의 분개는 다음과 같다.

(차) 공사원가 3,200 (대) 미성공사 3,200

16 법인세회계

CHAPTER

한눈에 살펴보는 이 장의 내용

소득개념의 차이, 손익 인식기준의 차이 및 조세정책적 입법 차이로 회계이익과 과세소득 간에 차이가 발생한다. 회계이익을 기초로 과세소득을 계산한 후 당기법인세율을 곱해 법인세부담액이 산출된다. 법인세회계 목적은 기업회계상 법인세비용과 세무회계상 법인세부담액의 차이를 재무제표에 인식하여 당기순이익과 법인세 관련 자산 및 부채를 적정하게 측정하는데 있다. 세무조정사항은 일시적차이와 영구적차이로 구분하는데, 일시적차이가 법인세회계 대상이다. 가산할 일시적차이와 차감할 일시적차이에 소멸시점의 예정세율을 곱해 각각 이연법인세부채와 이연법인세자산을 인식한다. 차감할 일시적차이는 미래 회계기간에 과세소득에서 차감되는 형태로 소멸되므로 과세소득 발생가능성이 높을 때에만 이연법인세자산을 인식한다.

K-IFRS 제1012호(법인세)는 2007년 11월에 제정되었고, 관련되는 국제회계기준은 'IAS 12 Income Taxes'이다.

contents

16 CHAPTER 법인세회계

| 학습목표 |

1. 회계이익과 과세소득 간에 차이나는 이유를 설명할 수 있다. 회계이익은 발생주의에 따라 인식하고 과세소득은 순자산증가설에 따르는 소득개념의 차이가 있다. 회계에서 실현주의에 따라 수익을 인식하나 법인세법에서는 권리의무확정주의를 따르고 있고, 조세정책적 입법에 따른 차이로 회계이익과 과세소득 간에 차이가 발생한다.

2. 세무조정 개념을 설명할 수 있다. 회계이익에 익금산입 및 손금불산입을 가산하고, 익금불산입 및 손금산입을 차감하여 과세소득을 구한다.

3. 일시적차이와 일시적차이 이외의 차이(영구적차이)를 구분할 수 있다. 재무상태표상 자산(또는 부채)의 장부금액과 세무기준액의 차이를 일시적차이라고 한다. 세무기준액은 재무상태표의 자산에 가산할 일시적차이를 가산하고 차감할 일시적차이를 차감하여 계산한다.

4. 이연법인세자산과 이연법인세부채 개념을 설명할 수 있다. 미래경제적효익 유입보다 미래 세무상 손금으로 인정될 금액이 작으면 가산할 일시적차이에 해당하고 미래 회계기간에 법인세를 납부하게 될 의무인 이연법인세부채가 발생한다. 미래경제적효익 유입보다 미래 세무상 손금으로 인정될 금액이 크면 차감할 일시적차이에 해당하고 미래 회계기간에 법인세를 감소시킬 권리인 이연법인세자산이 발생한다.

5. 법인세비용을 계산할 수 있다. ① 당기법인세를 계산하고, ② 당기말 현재 재무상태표에 인식해야 할 이연법인세자산(부채)의 기말잔액을 계산한다. ③ 기말잔액에서 기초잔액을 차감하여 당기 변동액을 계산하고, ④ 대차평균원리로 법인세비용을 계산한다.

6. 이연법인세자산 및 부채의 인식조건을 설명할 수 있다. 모든 가산할 일시적차이에 대해서는 이연법인세부채를 인식한다. 차감할 일시적차이는 사용될 수 있는 과세소득 발생가능성이 높을 때에만 이연법인세자산을 인식한다.

7. 결손금 이월공제, 세액공제에 대한 이연법인세자산을 인식하는 회계처리를 수행할 수 있다. 미사용 세무상 결손금과 세액공제가 사용될 수 있는 미래 과세소득의 발생가능성이 높으면 이연법인세자산을 인식한다.

8. 법인세의 재무제표 표시방법을 설명할 수 있다. 일정 요건을 충족하면 당기법인세자산과 당기법인세부채를 상계할 수 있고, 이연법인세자산과 이연법인세부채를 상계할 수 있다.

[보론]

1. 법인세의 기간내 배분을 설명할 수 있다. 법인세 기간내 배분이란 법인세를 계속영업손익, 중단영업손익, 기타포괄손익, 자본 항목 등의 발생원천별로 구분하여 적용하는 것을 말한다.

| 주요 용어 |

- 순자산증가설 : 기존 순자산을 잠식하지 않고 자유로이 처분할 수 있는 순자산 증가분을 소득으로 규정하는 과세소득 개념
- 권리의무확정주의 : 익금과 손금이 확정된 날이 속하는 사업연도에 익금과 손금을 인식하는 것
- 세무조정 : 회계이익을 기초로 회계상 수익과 비용, 과세소득상 익금과 손금차이를 조정하여 과세소득을 산출하는 것
- 익금산입 : 기업회계에서 수익으로 인식하지 않지만 세무회계에서 익금으로 보는 항목
- 손금불산입 : 기업회계에서 비용으로 인식했으나 세무회계에서 손금으로 인정되지 않는 항목
- 손금산입 : 기업회계에서 비용으로 인식하지 않으나 세무회계에서 손금으로 보는 항목
- 익금불산입 : 기업회계에서 수익으로 인식하지만 세무회계에서 익금으로 인정하지 않는 항목
- 법인세비용의 기간별배분 : 법인세를 납부하는 회계기간이 아닌 수익 · 비용이 발생하는 회계기간에 법인세비용을 인식하는 것
- 일시적차이 : 과세소득과 회계이익의 차이가 일정기간이 지나면 해소되는 항목
- 가산할 일시적차이 : 자산이나 부채의 장부금액이 회수나 결제되는 미래 회계기간의 과세소득(세무상결손금)을 결정할 때 가산할 금액이 되는 일시적차이
- 차감할 일시적차이 : 자산이나 부채의 장부금액이 회수나 결제되는 미래 회계기간의 과세소득(세무상결손금)을 결정할 때 차감할 금액이 되는 일시적차이
- 영구적차이 : 과세소득과 회계이익에 차이가 발생했을 때 일정기간이 경과해도 조정되지 않는 차이
- 중간예납세액 : 회계연도개시일부터 6개월을 중간예납기간이라고 하고, 당해 회계연도에 납부해야 할 세액 일부를 납부한 금액
- 이월결손금 : 당해 사업연도 이전에 발생하여 이월된 결손금
- 소급공제 : 당기에 세무상 결손금이 발생하면 과거 납부한 법인세를 환급받을 수 있는 제도
- 세액공제 : 과세소득에 세율을 적용하여 산출한 세액에서 일정액을 공제하는 것

제1절 법인세회계의 필요성

기업은 법인세를 납부하는데, 법인세는 과세소득(taxable income)을 기초로 계산한다. 과세소득은 법인세법에 따라 결정되는데, 회계이익을 결정하는 회계기준과 다르기 때문에 차이가 발생한다.

1. 회계이익과 과세소득

(1) 회계이익과 과세소득의 차이

기업은 영업활동을 수행하여 얻은 이익에 대해 법인세를 부담한다. 과세소득이란 과세당국이 제정한 법규에 따라 납부할 법인세를 산출하는 대상이 되는 이익을 말한다. 법인세법에서 사용하는 익금과 손금은 각각 회계의 수익과 비용에 해당하는 개념이다. 다음과 같은 이유로 과세소득과 회계이익은 일치하지 않는다.

① 소득개념의 차이

회계이익은 손익거래에서 발생한 수익과 비용을 발생주의에 따라 인식한다. 과세소득은 기존의 순자산을 잠식하지 않고 자유로이 처분할 수 있는 순자산 증가분을 소득으로 보는 순자산증가설에 따라 계산된다. 예를 들어, 자기주식처분이익을 회계에서는 자본거래로 보아 수익으로 인식하지 않으나, 세법에서는 순자산 증가로 보아 과세소득으로 본다.

② 손익의 인식기준에 의한 차이

회계에서 수익은 실현주의에 따라 인식하고 비용은 수익 · 비용대응의 원칙에 따라 인식한다. 법인세법에서는 권리의무확정주의에 따라 익금과 손금이 확정된 날이 속하는 기간에 익금과 손금을 인식하여 과세소득을 계산한다. 예를 들면, 회계에서는 이자수익을 발생기준에 따라 수익을 인식하나, 법인세법에서는 이자를 실제로 수취할 권리가 확정되는 날에 익금으로 인식한다.

③ 조세정책적 입법에 의한 차이

회계이익은 다양한 정보이용자에게 객관적이며 유용한 정보의 제공을 목적으로 한다. 법인세법은 조세정책적 목적으로 입법과정에서 세법상 특전을 부여하거나 불이익을 가하기도 한다. 예를 들면, 기업회계에서 접대비는 발생액 전부를 비용으로 인식하나, 법인세법에서는 일정한도까지만 손금으로 인정한다.

(2) 세무조정

회계이익을 기초로 과세소득상 익금과 손금 차이를 조정하여 과세소득을 산출하는데, 이러한 과정을 세무조정이라고 한다. 세무조정을 거쳐 계산한 과세소득에 법인세율을 곱해 법인세부담액을 산출한다.

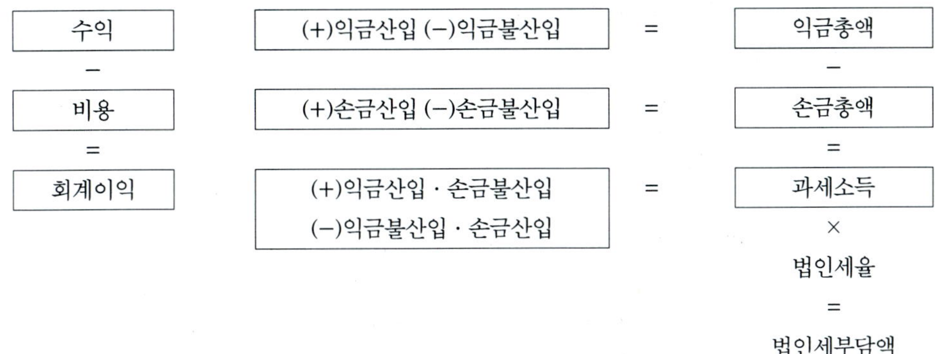

① 익금산입 및 손금불산입

익금산입은 기업회계에서 수익으로 인식하지 않지만 세무회계에서 익금으로 보는 항목이다. 세법상 익금항목을 기업이 수익으로 인식하면 세무조정이 없으나, 세법상 익금항목을 기업이 수익으로 인식하지 않으면 '익금산입'으로 세무조정한다.

손금불산입은 기업회계에서 비용으로 인식했으나 세무회계에서 손금으로 인정되지 않는 항목이다. 세법상 손금불산입항목을 기업이 비용으로 인식하면 손금불산입으로 세무조정한다.

② 손금산입 및 익금불산입

손금산입은 기업회계에서 비용으로 인식하지 않았으나, 세무회계에서 손금으로 보는 항목이다. 세법상 손금항목을 기업도 비용으로 인식하면 세무조정이 없으나, 세법상 손금항목을 기업이 비용으로 인식하지 않으면 손금산입으로 세무조정한다.

익금불산입은 기업회계에서 수익으로 인식하지만, 세무회계에서 익금으로 인정되지 않는 항목이다. 세법상 익금불산입항목을 기업이 수익으로 인식하면 익금불산입으로 세무조정한다.

[표 1] **세무조정**

기업회계	세법	세무조정
수익 인식	수익 불인정	익금불산입
수익 미인식	수익 인정	익금산입
비용 인식	비용 불인정	손금불산입
비용 미인식	비용 인정	손금산입

2. 법인세의 기간별 배분

(1) 법인세회계의 필요성

법인세회계 목적은 재무회계상 손익인식기준과 세무회계상 과세소득 산정기준의 차이 등으로 발생하는 법인세비용과 법인세부담액의 차이를 재무제표에 인식하여 당기순이익과 법인세관련 자산 및 부채를 적정하게 측정하는데 있다.

〈예 1〉 법인세회계의 필요성

회사는 20×1년 유가증권을 ₩2,000,000에 취득하여 FVPL금융자산으로 분류했다. 20×1년에 FVPL금융자산평가이익 ₩100,000이 발생하여 당기손익으로 인식했다. 20×2년에 유가증권을 ₩2,200,000에 처분하여 유가증권처분이익 ₩100,000(₩2,200,000 − 2,100,000)을 인식했다. 20×1년과 20×2년의 당기순이익은 각각 ₩500,000이고, 법인세율은 30%이다.

기업회계에서는 20×1년에 발생한 평가이익 ₩100,000을 수익으로 인식하고, 20×2년에 처분이익 ₩100,000을 인식한다. 세법에서는 권리의무확정주의에 따라 미실현손익인 평가이익에 대해서는 과세하지 않고 처분시점에서 과세한다. 세무회계에서는 20×1년에 기업회계에서 인식한 평가이익은 익금불산입항목으로 조정하고, 처분시점에서 과세하므로 20×2년에 익금산입항목으로 조정한다.

연도	회계이익	세무조정		과세소득
20×1년	₩500,000	(−) 100,000	=	₩400,000
20×2년	₩500,000	(+) 100,000	=	₩600,000

당기법인세는 과세소득에 법인세율을 곱해 계산하는데, 각 연도의 당기순이익은 다음과 같이 산출된다.

	20×1년	20×2년
회계이익(세전)	₩500,000	₩500,000
당기법인세	(120,000) (주1)	(180,000) (주2)
당기순이익	₩380,000	₩420,000

(주1) ₩400,000(과세소득)×30% = ₩120,000

(주2) ₩600,000(과세소득)×30% = ₩180,000

회계이익(세전)은 20×1년과 20×2년에 각각 ₩500,000으로 동일하지만 세무조정에 따라 당기법인세가 달라져 경영성과가 왜곡된다. 세법에서는 20×1년 발생한 금융자산평가이익 ₩100,000에 대한 법인세부담액을 인식하지 않고, 금융자산을 처분하는 20×2년에 20×1년의 금융자산평가이익 ₩100,000과 20×2년의 상승분 ₩100,000에 대한 법인세를 일시에 인식하므로 경영성과가 왜곡된다. 이러한 왜곡현상을 해소하기 위해 법인세의 기간별배분이 필요하다.

(2) 법인세의 기간별배분

〈예 1〉을 다시 살펴보자. 20×1년 금융자산의 회계상 장부금액은 ₩2,100,000이나 세무회계에서는 평가이익(₩100,000)을 익금으로 보지 않으므로 세무상 장부금액은 ₩2,000,000이다. 법인세비용은 수익·비용대응의 원칙에 따라 이미 인식된 거래와 회계사건의 결과로 인해 당기순이익이 창출되는 시점에서 인식해야 한다. 즉, 특정 회계기간에 거래나 사건의 발생으로 자산(또는 부채) 증감을 인식하여 미래 회계기간의 법인세부담액에 영향을 미치면, 해당 자산(또는 부채)이 인식되는 회계기간에 법인세가 미치는 영향을 발생주의에 따라 법인세비용으로 인식해야 한다. 법인세를 납부하는 회계기간이 아닌 수익·비용이 발생한 회계기간에 법인세비용을 인식하는 것을 '법인세비용의 기간별배분'이라고 한다. 법인세비용을 기간별로 배분하면 당기순이익은 아래와 같이 계산된다.

	20×1년	20×2년
회계이익(세전)	₩500,000	₩500,000
당기법인세	(120,000)	(180,000)
법인세배분	(30,000) (주1)	30,000 (주2)
당기순이익	₩350,000	₩350,000

(주1) ₩100,000(금융자산평가이익)×30%(법인세율) = ₩(30,000)
(주2) 20×1년 배분액을 상쇄시키기 위해 ₩30,000을 가산
∴ 20×1년과 20×2년 법인세배분액 합은 "₩(30,000) + ₩30,000 = ₩0"이 된다.

특정 연도의 과세소득 산출과정에서 가산(또는 차감)되나 차기이후 연도의 과세소득 산출과정에서 차감(또는 가산)된다. 이처럼 전체 회계기간으로 보면 서로 상쇄되어 소멸되는 세무조정사항을 일시적차이(temporary difference)라고 한다.

〈예 1〉에서 20×1년에 발생한 금융자산평가이익 ₩10,000은 익금불산입(차감)되었다가 20×2년에 동 금액이 익금산입(가산)된다. 일시적차이는 이와 같이 전체 회계기간으로 보면 서로 상쇄되어 영(₩0)이 되는 세무조정사항이다. 특정 연도에 발생한 일시적차이에 대한 법인세효과를 차기이후 기간에 배분하는 것을 법인세기간배분이라고 한다. 20×1년에 발생한 금융자산평

가이익 ₩100,000은 익금불산입되어 법인세를 ₩30,000(₩100,000×30%)을 적게 납부하나, 20×2년에 익금산입되어 법인세 ₩30,000을 더 많이 납부한다. 20×1년 말 현재 20×2년에 법인세를 납부할 의무가 있으므로 부채(이연법인세부채)로 인식하고, 20×2년에 법인세를 납부하면 이연법인세부채를 제거한다.

[이연법인세부채의 인식]

20×1년	(차)	법 인 세 비 용	30,000	(대)	이연법인세부채	30,000
20×2년	(차)	이연법인세부채	30,000	(대)	법 인 세 비 용	30,000

법인세법에서는 보고기간말로부터 3개월 이내에 법인세를 신고 · 납부하도록 규정하고 있다. 12월말 결산법인은 3월말까지 법인세를 납부해야 할 의무가 있으므로 보고기간말에 미지급법인세를 인식한다. 20×1년 말과 20×2년 말에 세법에 따라 다음연도 3월말에 납부해야 할 법인세는 다음과 같이 회계처리한다.

[미지급법인세의 인식]

20×1년	(차)	법인세비용	120,000	(대)	미지급법인세	120,000 (주)
	(주) ₩400,000(과세소득)×30% = ₩120,000					
20×2년	(차)	법인세비용	180,000	(대)	미지급법인세	180,000 (주)
	(주) ₩600,000(과세소득)×30% = ₩180,000					

'이연법인세부채 인식'과 '미지급법인세 인식'의 회계처리에 따라 20×1년과 20×2년의 법인세비용을 계산하면 각각 ₩150,000(₩120,000 + 30,000)과 ₩150,000(₩180,000 − 30,000)이다. 법인세회계를 적용하여 포괄손익계산서와 재무상태표에 반영하면 다음과 같다.

(포괄손익계산서)

	20×1년	20×2년
법인세비용차감전순이익	₩500,000	₩500,000
법인세비용	(150,000)	(150,000)
당기순이익	₩350,000	₩350,000

(재무상태표)

	20×1년	20×2년
미지급법인세	₩120,000	₩180,000
이연법인세부채	30,000	

제2절 일시적차이와 이연법인세

1. 일시적차이와 영구적차이의 개념

세무상 과세되는 과세소득과 회계이익의 차이는 일정기간이 지나면 차이가 해소되는 일시적차이와 해소되지 않는 영구적차이로 구분된다. K-IFRS에서는 영구적차이를 '일시적차이 이외의 차이'라는 용어로 부르나, 본서에서는 영구적차이라고 부른다.

(1) 일시적차이

재무상태표상 자산(또는 부채)의 장부금액과 세무기준액의 차이를 일시적차이라고 한다. 일시적차이는 일정기간이 경과하면 반드시 반대 세무조정으로 소멸하기 때문에 재무상태표의 장부금액과 세무기준액은 일시적으로 차이가 발생한다.

[표 2] **일시적차이**

가산할 일시적차이	차감할 일시적차이
자산이나 부채의 장부금액이 회수나 결제되는 미래 회계기간의 과세소득(세무상결손금)을 결정할 때 가산할 금액이 되는 일시적차이	자산이나 부채의 장부금액이 회수나 결제되는 미래 회계기간의 과세소득(세무상결손금)을 결정할 때 차감할 금액이 되는 일시적차이

재무상태표상 자산 또는 부채의 장부금액에 일시적차이를 조정하면 세무기준액은 다음과 같이 산출된다.

세무기준액 = 재무상태표의 자산 + 가산할 일시적차이 − 차감할 일시적차이

① 가산할 일시적차이

〈예 1〉에서 살펴보았듯이 20×1년에 발생한 금융자산평가이익 ₩100,000은 익금불산입으로 과세소득에서 차감되었다가 20×2년에 익금산입으로 과세소득에 가산된다. 20×1년 말에는 회계이익에서 차감(익금불산입)되었던 금액이 미래시점인 20×2년에 가산(익금산입)될 예정이므로 이를 '가산할 일시적차이'라고 한다. 세법에서는 일시적 차이가 발생하는 시점에서 '△유보[1)]'로 기록했다가 소멸시점에서 '유보'로 처리한다.

1) 세법에서 '△'은 마이너스를 의미하는데, △유보는 '마이너스 유보'라고 부른다.

연도	회계이익	세무조정		과세소득
20×1년	₩500,000	[익금불산입] (−) 100,000(△유보)	=	₩400,000
20×2년	₩500,000	[익금산입] (+) 100,000(유보)	=	₩600,000

〈예 1〉의 내용을 기초로 20×1년의 세무기준액을 구하면 다음과 같다.

> 세무기준액 = ₩1,100,000(재무상태표상 장부금액) − 100,000(가산할 일시적차이)
> = ₩1,000,000

② 차감할 일시적차이

예를 들어, 회계상 감가상각비는 ₩20,000이고 세법상 인정되는 감가상각비가 ₩15,000이라 하자. 감가상각비한도초과액 ₩5,000을 당기 비용으로 인정하지 않으므로 과세소득은 증가한다. 동 금액은 미래에 유형자산을 처분할 때 소멸하므로 일시적차이에 해당한다. 즉, 당해연도 회계이익에 가산(손금불산입)되었던 금액이 미래의 자산처분시점에서 차감(손금산입)될 예정이므로 이를 '차감할 일시적차이'라고 한다.

연도	회계이익	세무조정		과세소득
당해연도	×××	[손금불산입] (+) 5,000(유보)	=	×××
처분시점	×××	[손금산입] (−) 5,000(△유보)	=	×××

가산할 일시적차이와 차감할 일시적차이는 미래 과세소득을 결정하는 시점에서 정의하므로 다음의 [표 3]과 같이 정리할 수 있다.

[표 3] 가산할 일시적차이와 차감할 일시적차이

구분	발생연도	소멸연도
가산할 일시적차이	• 회계이익에서 차감 • 손금산입 또는 익금불산입: △유보	• 회계이익에 가산 • 손금불산입 또는 익금산입: 유보
차감할 일시적차이	• 회계이익에 가산 • 손금불산입 또는 익금산입: 유보	• 회계이익에서 차감 • 손금산입 또는 익금불산입: △유보

(2) 영구적차이

영구적차이는 일시적차이와는 달리 과세소득과 회계이익에 차이가 발생했을 때 일정기간이 경과해도 조정되지 않는 차이를 말한다. 영구적차이는 일시적차이와는 달리 특정 회계연도에만 영향을 미치며 미래 회계연도에 차이를 상쇄시키는 반대 영향은 나타나지 않는다. 예를 들어, 접대비는 기업회계에서 제한 없이 비용으로 인정받지만, 법인세법에서는 한도내 금액만을 손금으로 인정한다. 세무상 한도를 초과한 접대비(접대비한도초과액)는 미래 회계연도에도 손금으로 인정받지 못하므로 상쇄되지 않는다.

2. 일시적차이의 이연법인세 인식

(1) 이연법인세의 인식

과세소득과 회계이익의 인식기준이 일치하지 않아 발생하는 차이 중 일시적차이는 소멸시점에 법인세 효과가 실현되므로 이연법인세를 인식한다. 영구적차이는 발생연도 과세소득에만 영향을 미치며 미래 과세소득에는 영향을 미치지 않으므로 이연법인세를 인식하지 않는다. 즉, 일시적차이만 법인세회계대상이다.

(2) 장부금액과 세무기준액

장부금액과 세무기준액을 정리하면 [표 4]와 같다.

[표 4] **장부금액과 세무기준액**

구분	장부금액	세무기준액
자산	미래 회계기간에 기업으로 유입될 회수 가능한 경제적효익의 금액	자산 장부금액이 회수될 때 기업에 유입될 과세대상 경제적효익에서 세무상 차감될 금액
부채	미래 회계기간에 결제될 가능성이 높은 기업으로부터 유출되는 경제적효익의 금액	장부금액에서 미래 회계기간에 해당 부채와 관련하여 세무상 공제될 금액을 차감한 금액

① 자산의 장부금액과 세무기준액

자산의 세무기준액은 다음과 같이 계산한다.

자산의 장부금액 + 차감할 일시적차이 − 가산할 일시적차이 = 자산의 세무기준액

자산의 장부금액과 세무기준을 비교하여 [그림 1]과 같이 이연법인세자산 또는 이연법인세

부채를 인식한다.

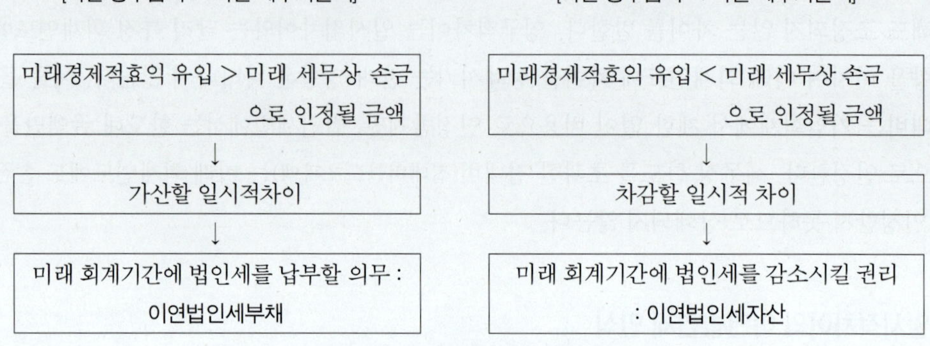

[그림 1] 이연법인세의 인식

② 부채의 장부금액과 세무기준액

부채의 세무기준액은 다음과 같이 계산한다.

부채의 장부금액 − 차감할 일시적차이 + 가산할 일시적차이 = 부채의 세무기준액

부채의 장부금액과 세무기준을 비교하여 [그림 2]와 같이 이연법인세자산 또는 이연법인세부채를 인식한다.

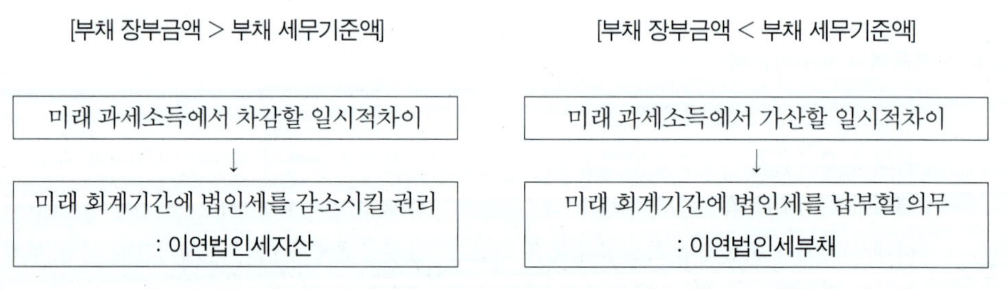

[그림 2] 이연법인세의 인식

일시적차이의 이연법인세 인식을 요약하면 [표 5]와 같다. 현재시점에서 과세소득에서 차감되는 △유보는 미래 과세소득에서 가산할 일시적차이로 조정되어 미래 법인세 부담액을 증가시킨다. 미래 경제적효익의 유출을 발생시키므로 가산할 일시적차이에 소멸시점의 법인세율을 곱한 금액을 이연법인세부채로 인식한다. 현재시점에서 과세소득에 가산되는 유보는 미래 과세소득에서 차감할 일시적차이로 조정되어 미래 법인세 부담액을 감소시킨다. 미래 경제적효익의 유출을 감소시키므로 차감할 일시적차이에 소멸시점의 법인세율을 곱한 금액을 이연법인세자산으로 인식한다.

[표 5] 일시적차이의 이연법인세 인식

구분	장부금액 VS 세무기준액	이연법인세자산 · 부채 인식
가산할 일시적차이 (현재 △유보항목)	자산의 장부금액 > 자산의 세무기준액 또는 부채의 장부금액 < 부채의 세무기준액	이연법인세부채 인식 = 가산할 일시적차이 × 법인세율
차감할 일시적차이 (현재 유보항목)	자산의 장부금액 < 자산의 세무기준액 또는 부채의 장부금액 > 부채의 세무기준액	이연법인세자산 인식 = 차감할 일시적차이 × 법인세율

[예제 1] 장부금액과 세무기준액

① 미수이자 장부금액은 ₩1,000이다. 이자수익은 세법에서 현금기준으로 과세되므로 이자수익 ₩1,000은 세법상 익금불산입항목에 해당한다.

② 당기 초 취득한 자산의 취득원가와 감가상각누계액은 각각 ₩1,500과 ₩1,000이다. 자산의 세무상 감가상각누계액은 ₩500이다. 세법상 감가상각비한도초과액 ₩500은 세법상 손금불산입항목에 해당한다.

③ 유동부채에 미지급이자 ₩1,000이 포함되어 있다. 이자비용은 현금기준으로 세무상 공제되므로 이자비용 ₩1,000은 세법상 손금불산입항목에 해당한다.

물음

상기 항목별로 세무기준액을 계산하고 이연법인세자산 또는 이연법인세부채를 계산하시오. 법인세율은 30%이고, 상기 항목은 모두 일시적차이에 해당한다.

해답

문항	세무기준액	이연법인세자산(또는 부채)
①	₩1,000(장부금액) − 1,000(익금불산입) = ₩0	이연법인세부채 : ₩1,000×30% = ₩3,000
②	₩500(장부금액) + 500(익금산입) = ₩1,000	이연법인세자산 : ₩500×30% = ₩1,500
③	₩1,000(장부금액) − 1,000(손금불산입) = ₩0	이연법인세자산 : ₩1,000×30% = ₩3,000

〈해설〉

① 미래 회계기간에 이자수익과 관련하여 현금주의로 과세되므로 당기에는 익금불산입(△유보)으로 세무조정한다. 이자를 현금으로 수령하는 시점에서 익금산입(유보)으로 세무조정한다. 미래에 납부해야 할 법인세를 증가시키므로 이연법인세부채를 인식한다.

② 장부상 감가상각누계액은 ₩1,000인데 세무상 감가상각누계액이 ₩500이므로 회계상 감가상각비 중 ₩500은 인정받지 못했다. 당기 발생한 감가상각비 중 ₩500은 손금불산입(유보)로 세무조정하고, 당기 이후에 동 금액을 손금산입(△유보)으로 세무조정한다. 미래에 납부해야 할 법인세를 감소시키므로 이연법인세자산을 인식한다.

③ 회계상 ₩1,000을 비용으로 인식했으나 세무상으로는 손금으로 인정받지 못했다. 당기에 손금불산입(유보)으로 세무조정하고, 현금 지급 시점에서 손금산입(△유보)으로 세무조정한다. 미래에 납부해야 할 법인세를 감소시키므로 이연법인세자산을 인식한다.

3. 법인세비용의 계산과정

일반적으로 과세소득과 일시적차이가 소멸하는 시점에 적용할 세율은 다르므로 다음과 같이 단계별로 법인세비용을 계산한다.

(1단계) 당기법인세 계산
(2단계) 당기말 현재 재무상태표에 계상해야 할 이연법인세자산(부채)의 기말잔액 계산
(3단계) 당기 변동액 계산[기말 잔액(2단계) − 기초 잔액]
(4단계) 대차평균원리로 법인세비용 계산

(1) 1단계 : 당기법인세 계산

세무조정을 수행하여 영구적차이와 일시적차이를 가감하여 과세소득을 다음과 같이 계산하고, 과세소득에 당기법인세율을 곱해 당기법인세를 구한다.

당기법인세 = 과세소득×당기법인세율
= [법인세비용차감전순이익 ± 영구적 차이 ± 일시적 차이]×당기법인세율

〈예 2〉 당기법인세

- 20×1년 과세소득은 ₩1,000,000이고, 당기 법인세율은 20%이다.
- 20×1년 중 중간예납으로 법인세 ₩80,000을 납부했다.

[중간예납 시 회계처리]

법인세법에서는 회계연도개시일로부터 6개월을 중간예납기간으로 하여 당해 회계연도에 납부해야 할 세액 일부를 기중에 납부하도록 규정하고 있는데, 이를 중간예납세액이라고 한다. 중

간 예납한 법인세는 납부할 때 선급법인세로 분류하고 결산시점에서 법인세비용으로 조정한다.

(차)	선급법인세	80,000	(대)	현 금	80,000

[결산시점의 회계처리]

법인세법에서는 보고기간말로부터 3개월 이내에 법인세를 신고·납부하도록 규정하고 있다. 12월말 결산법인은 다음 연도 3월 31일까지 당기법인세를 납부할 의무가 있으므로, 보고기간말에 당기법인세를 미지급법인세로 계상한다. 당기법인세는 과세소득에 당기 법인세율을 곱해 계산하므로 ₩200,000(₩1,000,000×20%)이다. 당기법인세 중 일부를 중간예납으로 ₩80,000을 미리 납부했으므로, 기말 현재 미지급법인세는 ₩120,000이다. 법인세비용은 대차평균원리로 구한다.

(차)	법인세비용	200,000	(대)	선급법인세	80,000
				미지급법인세	120,000

(2) 2단계 : 이연법인세자산(부채)의 기말잔액 계산

보고기간말 현재 재무상태표에 인식해야 할 이연법인세자산(또는 부채)의 기말잔액은 아래와 같이 계산한다. 일시적차이가 소멸되는 시점의 예정세율은 보고기간말 현재까지 확정된 세율에 기초하여 해당 자산이 회수되거나 부채가 상환되는 기간에 적용될 예정세율을 말한다. 보고기간말 이후에 세율이 변경되면 누적 일시적 차이가 전기와 동일하더라도 적용세율 변동에 따라 관련 이연법인세자산(부채)도 변동한다.

> 기말 현재 이연법인세자산(부채) = 누적 일시적차이 × 일시적차이가 소멸되는 시점의 예정세율
> (주)예정세율 : 입법화된 미래의 예정세율

〈예 3〉 이연법인세자산(부채)의 기말잔액

- 20×1년에 감가상각비 ₩100,000을 인식했으나 세법상 한도액은 ₩40,000이다. 한도초과액 ₩60,000은 20×1년 과세소득을 계산할 때 손금불산입(유보)으로 세무조정했다. 한도초과액은 20×2년부터 매년 ₩20,000씩 손금산입(△유보)될 예정이다.
- 20×1년에 미수이자 ₩30,000을 이자수익으로 인식했으나 세법에서는 이자의 현금수령시점에 익금으로 계상한다. 20×1년에 익금불산입(△유보)으로 세무조정했으며, 이자를 현금으로 수령하는 20×2년에 익금산입(유보)될 예정이다.
- 20×1년의 법인세율은 30%이며 향후 변경되지 않을 것으로 예상된다.
- 이연법인세자산의 실현가능성은 높다고 가정한다.

이연법인세자산(부채)의 기말잔액을 구하기 위해 상환스케줄을 작성한다. 상환스케줄을 작성할 때 가산할 일시적차이와 차감할 일시적차이를 구분하며, 일시적차이가 소멸하는 시점에 금액을 배분한다. 예를 들어, 20×1년에 발생한 감가상각비 한도초과 ₩60,000은 20×2년부터 20×4년까지 ₩20,000씩 소멸하므로 상환스케줄을 아래와 같이 작성한다. 20×1년의 과세소득에서 차감한 미수이자 ₩30,000은 20×2년의 과세소득에 가산되어 소멸한다.

[상환스케줄]

일시적차이	20×1년	20×2년	20×3년	20×4년
차감할 일시적차이				
감가상각비 한도초과	60,000	(20,000)	(20,000)	(20,000)
가산할 일시적차이				
미수이자	(30,000)	30,000		

차감할 일시적차이는 당기 과세소득을 증가시키나 당기 이후의 과세소득에서 차감되어 법인세를 감소시키므로 이연법인세자산에 해당한다. 가산할 일시적차이는 당기 과세소득을 감소시키나 당기 이후 과세소득에 가산되어 법인세를 증가시키므로 이연법인세부채에 해당한다. 상환스케줄을 작성한 후 차감할 일시적차이에 소멸시점의 예정세율을 곱해 이연법인세자산의 기말잔액을 구한다. 가산할 일시적차이에 소멸시점의 예정세율을 곱해 이연법인세부채의 기말잔액을 산출한다.

- 이연법인세자산 : (₩20,000 + 20,000 + 20,000)×30% = ₩18,000
- 이연법인세부채 : ₩30,000×30% = ₩9,000

〈예 3〉에서는 법인세율이 일정했으나 20×1년 말에 입법화된 법인세율이 20×2년 25%, 20×3년 20%, 20×4년 15%라고 하자. 이연법인세자산과 이연법인세부채는 일시적차이가 소멸하는 시점의 예정세율을 곱해 계산한다.

- 이연법인세자산 : ₩20,000×25% + 20,000×20% + 20,000×15% = ₩12,000
- 이연법인세부채 : ₩30,000×25% = ₩7,500

(3) 3단계 : 당기 변동액 계산

당기 변동액은 2단계에서 계산한 이면법인세자산(부채) 기말잔액에서 이연법인세자산(부채) 기초잔액을 차감하여 계산한다.

당기 변동액 = 이연법인세자산(부채) 기말잔액(2단계) − 이연법인세자산(부채) 기초잔액

(4) 4단계 : 법인세비용의 계산

3단계에서 계산한 당기 변동액이 회계처리 대상이 되는 이연법인세자산(부채)이다. 법인세비용은 1단계와 3단계에서 구한 금액을 기입한 후 대차평균원리로 구한다.

(차)	법인세비용	×××		(대)	미지급법인세	×××	(1단계)
	이연법인세자산	×××	(3단계)		이연법인세부채	×××	(3단계)

〈예 4〉 당기변동액 및 법인세비용의 계산

① 과세소득에 법인세율을 곱해 계산한 당기법인세는 ₩100,000이고, 중간예납한 법인세는 없다. 보고기간말 미지급법인세는 ₩100,000이다.
② 이연법인세자산과 이연법인세부채의 기말잔액은 각각 ₩63,000과 ₩60,000이다.
③ 이연법인세자산과 이연법인세부채의 기초잔액은 각각 ₩20,000과 ₩12,000이다.

①의 자료는 '1단계(당기법인세 계산)'에서 구하고, ②의 자료는 '2단계(이연법인세자산부채의 기말잔액 계산)'에서 산출한다. 당기변동액은 '3단계'에서 계산하는데, 다음과 같은 표를 작성하여 기말잔액에서 기초잔액을 차감하여 당기변동액을 파악한다.

[이연법인세자산(부채)의 증감]

구분	기말잔액	기초잔액	증가(감소)
이연법인세자산	₩63,000	₩20,000	₩43,000
이연법인세부채	60,000	12,000	48,000

'2단계'에서 산출한 금액을 재무상태표의 기말잔액으로 계상하고, 당기변동액이 회계처리의 대상이다. 법인세비용은 대차평균원리로 구한다.

(차)	법 인 세 비 용	105,000		(대)	미 지 급 법 인 세	100,000	(1단계)
	이연법인세자산	43,000	(3단계)		이연법인세부채	48,000	(3단계)

[예제 2] 법인세비용 계산

바그너회사의 20×1년 법인세 세무조정내역은 다음과 같다.

법인세비용차감전순이익	₩3,000,000	
세무조정항목 :		
접대비 한도초과	90,000	
금융자산평가이익	150,000	기타수익에 반영되었으며, 20×2년 처분 예정
미수이자	(200,000)	20×2년에 수령할 채권 이자
비과세이자수익	(100,000)	
감가상각비 한도초과	60,000	한도초과분은 20×2년부터 3년에 걸쳐 ₩20,000씩 균등하게 손금인정
과세소득	₩3,000,000	

〈추가자료〉

- 비과세이자수익과 접대비 한도초과를 제외한 세무조정항목은 일시적차이에 해당한다.
- 법인세율은 30%이며 향후 변경되지 않을 것으로 예상한다.
- 이연법인세자산 및 부채의 기초잔액은 없고, 이연법인세자산의 실현가능성은 높다고 가정한다.

물음

1. 20×1년 말 재무상태표에 표시될 법인세(당기법인세, 이연법인세)를 계산하시오.
2. 20×1년 포괄손익계산서에 보고해야 할 법인세비용을 계산하시오.

해답

(1) 당기법인세: ₩3,000,000(과세소득)×30% = ₩900,000

(2) 이연법인세자산(부채) 기말잔액

구분	20×1	20×2	20×3	20×4
차감할 일시적 차이				
금융자산평가이익	₩150,000	₩(150,000)		
감가상각비 한도초과	60,000	(20,000)	(20,000)	(20,000)
가산할 일시적 차이				
미수이자	(200,000)	200,000		

① 이연법인세자산 : (₩150,000 + 60,000)×30% = ₩63,000

② 이연법인세부채 : ₩200,000×30% = ₩60,000

〈해설〉

금융자산평가이익과 감가상각비 한도초과는 당기 법인세를 증가시키나 당기 이후의 법인세를 감소시키므로 이연법인세자산에 해당한다. 미수이자는 당기 법인세를 감소시키나 당기 이후의 법인세를 증가시키므로 이연법인세부채에 해당한다.

2.

법인세비용은 아래와 같이 회계처리를 수행하여 구하면 ₩897,000이다.

(차)	법인세비용	897,000	(대)	미지급법인세	900,000
	이연법인세자산	63,000		이연법인세부채	60,000

〈해설〉

이연법인세자산 및 부채의 기초잔액은 ₩0이므로 (물음 1)에서 계산한 이연법인세자산 및 부채의 기말잔액이 곧 분개대상 금액이다.

제3절 이연법인세자산의 인식조건

모든 가산할 일시적차이는 이연법인세부채로 인식한다. 차감할 일시적차이는 사용될 수 있는 과세소득의 발생가능성이 높을 때에만 이연법인세자산을 인식한다.

1. 원칙

차감할 일시적차이는 미래 회계기간에 과세소득에서 차감되어 소멸한다. 법인세납부액이 감소되는 형태의 경제적효익은 공제가 상쇄될 수 있는 과세소득을 충분히 획득할 수 있을 때에만 기업에 유입된다. 차감할 일시적차이는 사용될 수 있는 과세소득의 발생가능성이 높을 때에만 이연법인세자산을 인식한다. 이와 달리 모든 가산할 일시적차이는 한도 없이 전액을 이연법인세부채로 인식한다.

> 이연법인세자산 인식 한도 = Min [①미래과세소득+가산할 일시적차이, ②차감할 일시적차이]
> × 소멸시점의 예정세율

[예제 3] 이연법인세자산의 실현가능성

탄호이저회사는 20×1년 법인세 세무조정내역은 다음과 같다.

법인세비용차감전순이익	₩3,900,000	
세무조정항목 :		
재고자산평가충당금	50,000	20×2년에 재고자산이 판매될 예정
감가상각비 한도초과	300,000	20×3년에 손금산입으로 소멸될 예정
연구 · 인력개발준비금	(600,000)	세법상 부채이나 기업회계상 부채가 아님
과세소득	₩3,650,000	

〈추가자료〉

1. 연구 · 인력개발준비금은 20×2년부터 3년간 ₩200,000씩 익금산입되어 소멸한다.
2. 20×1년 말 법인세율은 30%이나, 20×2년 25%, 20×3년 22%, 20×4년 20%로 각각 인하하는 것이 입법화되었다.
3. 이연법인세자산 및 부채의 기초잔액은 ₩0이다.
4. 향후 법인세비용차감전순이익은 경기침체로 다음과 같이 예상된다.
   20×2년 : ₩50,000, 20×3년 : ₩50,000, 20×4년 : ₩50,000
5. 일시적차이는 20×1년 발생분 외에는 향후 발생하지 않을 것으로 예상된다.

물음

1. 20×1년 말 재무상태표에 표시될 당기법인세와 이연법인세자산 및 부채를 각각 계산하시오.
2. 20×1년 법인세와 관련된 회계처리를 수행하고, 법인세비용을 계산하시오.

해답

1.

(1) 당기법인세 : ₩3,650,000×30% = ₩1,095,000

(2) 상환스케줄

구분	20×1	20×2	20×3	20×4
① 법인세비용차감전순이익		50,000	50,000	50,000
② 가산할 일시적차이				
연구및인력개발준비금	(600,000)	200,000	200,000	200,000
계(①+②)		250,000	250,000	250,000
③ 차감할 일시적차이				
재고자산평가충당금	50,000	(50,000)		
감가상각비 한도초과	300,000		300,000	
계	350,000	(50,000)	(300,000)	
세율		25%	22%	20%

(3) 이연법인세

① 이연법인세자산 : Min[₩250,000, ₩50,000]×25% + Min[₩250,000, ₩300,000]×22% = ₩67,500

② 이연법인세부채 : ₩200,0000×25% + ₩200,000×22% + ₩200,000×20% = ₩134,000

〈해설〉

상환스케줄 표의 법인세비용차감전순이익과 가산할 일시적차이의 합계(①+②)를 한도로 이연법인세자산을 인식한다.

2.

(1) 회계처리

① 당기법인세 인식

(차)	법인세비용	1,095,000	(대)	미지급법인세	1,095,000 (주)

(주) ₩3,650,000(과세소득)×30% = ₩1,095,000

② 이연법인세 인식

(차)	이연법인세자산	67,500	(대)	이연법인세부채	134,000
	법 인 세 비 용	66,500			

(2) 손익계산서에 인식할 법인세 비용 : ₩1,095,000(①) + 66,500(②) = ₩1,161,500

2. 미사용 세무상 결손금과 세액공제 관련 이연법인세자산 인식원칙

(1) 결손금과 세액공제

[표 6]의 법인세 계산구조를 살펴보면, 이월결손금은 각사업연도소득금액에서 차감하고 세액공제는 법인세산출세액에서 차감한다.

[표 6] **법인세 계산구조**

	손익계산서상 당기순이익	
(+)	익금산입 · 손금불산입	
(−)	손금산입 · 익금불산입	
	각사업연도소득금액	
(−)	이월결손금	10년 이내에 발생한 세법상 결손금
(−)	비과세소득	
(−)	소득공제	
	법인세과세표준	
×	세율	10%(2억원 미만) ~ 25%(3,000억원 초과) 4단계 누진세율
	법인세산출세액	
(−)	공제감면세액	세액공제 및 세액감면
	총부담세액	
(−)	기납부세액	중간예납세액, 원천납부세액
	차감납부세액	

① 결손금 이월공제 및 소급공제

이월결손금은 당해 사업연도 이전에 발생하여 당해 사업연도에 이월된 결손금이다. 법인세법에서는 10년 이내에 발생한 결손금을 당기 과세소득에서 공제하도록 규정하고 있다. 예를 들어, 20×1년에 결손금 ₩10,000이 발생했고, 20×2년과 20×3년의 결손금 공제전 과세소득은 각각 ₩4,000과 ₩12,000이라고 하자. 20×1년에 발생한 결손금은 이월되어 20×2년과 20×3년의 과세소득에서 각각 ₩4,000과 ₩6,000이 공제된다.

중소기업에 해당하면, 법인세법에 따라 당기에 세무상 결손금이 발생하면 과거에 납부한 법인세를 환급받을 수 있다. 이를 소급공제(loss carryback)라고 한다. 예를 들어, 20×1년에 과세소득이 발생하여 법인세를 납부했는데, 20×2년에 세무상결손금이 발생하면 전기(20×1년)에 납부한 법인세를 환급받는다.

② 세액공제

세액공제(tax credit)란 과세소득에 세율을 적용하여 산출한 세액에서 일정액을 공제하는 것을 말한다. 특정산업의 개발, 투자 촉진 등 정책적인 목적으로 조세부담을 경감시켜주거나 납세자 부담능력이나 과세취지에 맞게 세부담 조정을 위해 세액공제 규정을 두고 있다. 예를 들어, 20×1년에 발생한 세액공제 ₩5,000 중 ₩2,000은 공제받지 못하고 이월되었다고 하자. 20×2년 법인세산출세액이 ₩18,000이라면 이월세액공제 ₩2,000을 차감하여 총부담세액을 산출한다.

■ 조세특례제한법상 세액공제의 이월공제

동법 제144조에서는 이월세액공제와 이월기간을 규정하고 있다. 중소기업투자세액공제 등 해당 과세연도에 납부할 세액이 없거나 공제받지 못한 부분에 상당하는 금액은 해당 과세연도의 다음 과세연도 개시일부터 5년 이내에 종료하는 각 과세연도에 이월하여 그 이월된 세액에서 공제받을 수 있다.

(2) 이연법인세자산의 인식

미사용 세무상 결손금과 세액공제가 사용될 수 있는 미래 과세소득의 발생가능성이 높으면, 그 범위 안에서 이월된 미사용 세무상결손금과 세액공제에 대해 이연법인세자산을 인식한다. 이월된 미사용 세무상결손금과 세액공제로 인한 이연법인세자산의 인식조건은 차감할 일시적차이로 인한 이연법인세자산의 인식조건과 동일하다. 충분한 가산할 일시적차이가 있거나 미사용 세무상결손금 또는 세액공제가 사용될 수 있는 충분한 미래 과세소득이 발생할 것이라는 설득력 있는 기타 증거가 있을 때에만 그 범위 내에서 미사용 세무상결손금과 세액공제를 이연법인세자산으로 인식한다.

결손금에 대해 이연법인세자산으로 인식할 수 있는 금액은 "미래과세소득+가산할 일시적차이"를 한도로 하여 세율을 곱해 계산한다. 이월공제되는 세액공제는 세후 금액이므로 그 자체가 이연법인세자산에 해당한다.

〈예 5〉 결손금의 이연법인세자산 인식

A기업은 20×1년 초 설립되었고, 회계이익과 과세소득은 차이가 없다. A기업은 결손금 이월공제만 가능한데, 20×1년 말 현재 이월결손금을 사용할 수 있는 만큼 장래 과세소득은 충분히 발생할 것으로 추정하고 있다. 법인세율은 20%이고, 향후 변동은 없다.

구분	20×1년	20×2년
회계이익 및 과세소득	(15,000)	40,000
법인세율	20%	20%

20×1년에 발생한 결손금 ₩15,000과 관련하여 20×1년 말 현재 이월결손금 공제를 받을 수 있는 장래 과세소득은 충분하다고 판단했다.

[20×1년 말 : 이연법인세자산 인식]

이월결손금 공제를 받을 수 있는 장래 과세소득이 충분하므로 결손금 전액에 세율을 곱해 이연법인세자산을 인식한다.

(차)	이연법인세자산	3,000	(대)	법인세수익	3,000

㈜ ₩15,000×20% = ₩3,000

[20×2년 말 : 이연법인세자산 소멸]

20×1년에 발생한 결손금 ₩15,000은 20×2년 과세소득에서 전액 공제받으므로 20×1년에 인식한 이연법인세자산은 소멸한다.

(차)	법인세비용	8,000 (주2)	(대)	미지급법인세	5,000 (주1)
				이연법인세자산	3,000

(주1) (₩40,000 − 15,000)×20% = ₩5,000
(주2) 대차차액

제4절 법인세의 재무제표 표시

1. 상계

(1) 당기법인세자산과 당기법인세부채의 상계

중간예납이나 원천징수 납부로 발생한 선급법인세를 당기법인세자산이라고 하고, 기말 현재 미납한 당기 법인세인 미지급법인세를 당기법인세부채라고 한다. 다음 조건을 모두 충족하면 당기법인세자산과 당기법인세부채를 상계한다.

[당기법인세자산과 당기법인세부채를 상계할 수 있는 조건]

① 기업이 인식된 금액에 대해 법적으로 집행가능한 상계권리를 갖고 있다.

② 기업이 순액으로 결제하거나, 자산을 실현하는 동시에 부채를 결제할 의도가 있다.

(2) 이연법인세자산과 이연법인세부채의 상계

다음 조건을 모두 충족하면 이연법인세자산과 이연법인세부채를 상계한 순액을 재무상태표에 비유동항목으로 표시한다.

[이연법인세자산과 이연법인세자산을 상계할 수 있는 조건]

① 기업이 당기법인세자산과 당기법인세부채를 상계할 수 있는 법적으로 집행 가능한 권리를 가지고 있다.

② 이연법인세자산과 이연법인세부채가 다음 각 경우에 동일한 과세당국에 의해서 부과되는 법인세와 관련되어 있다.

i. 과세대상기업이 동일하다.

ii. 과세대상기업은 다르지만 당기법인세 부채와 자산을 순액으로 결제할 의도가 있거나, 유의적인 금액의 이연법인세부채가 결제되거나 이연법인세자산이 회수될 미래의 각 회계기간마다 자산을 실현하는 동시에 부채를 결제할 의도가 있다.

2. 현재가치 할인

이연법인세자산 및 부채는 할인하지 않는다. 이연법인세자산과 부채를 신뢰성 있게 현재가치로 할인하기 위해서는 각 일시적차이의 소멸시점을 추정해야 한다. 소멸시점을 실무적으로 추정할 수 없거나 추정의 불확실성이 매우 높다. 이러한 이유로 이연법인세자산 및 부채는 할인하지 않는다.

[보론] 법인세의 기간 내 배분

1. 의의

법인세의 기간 내 배분(intraperiod tax allocation)이란 법인세를 계속영업손익, 중단영업손익, 기타포괄손익, 자본항목 등의 발생원천별로 구분하여 적용하는 것을 말한다. 계속영업손익에 대한 법인세비용은 별도로 표시하나, 중단영업손익과 자본 항목은 순액으로 표시한다. 기타포괄손익에 대한 법인세는 별도표시하거나 순액으로 표시할 수 있다.

2. 당기손익에 반영되지 않는 항목

(1) FVOCI금융자산 평가손익

기업이 보유한 지분상품을 FVOCI금융자산으로 분류하면, 공정가치로 측정하고 평가손익을 기타포괄손익으로 인식한다. 법인세법에서는 주식을 원가법으로 평가하므로, 자산 장부금액(공정가치)과 세무기준액(원가)에 차이가 발생하여 이연법인세를 인식해야 한다.

〈예 1〉 FVOCI금융자산 평가손익

A기업은 20×1년 중 지분증권을 ₩10,000에 취득했는데, FVOCI금융자산으로 분류했다. 20×1년 말 지분증권의 공정가치는 ₩12,000이고, 20×2년 초 ₩12,000에 처분했다. 법인세율은 20%이고, 향후 변동은 없다.

20×1년 말 자산 장부금액(공정가치)은 ₩12,000이고, 세무기준액(원가법)은 ₩10,000이다. 일시적차이는 ₩2,000으로, 세무기준액에 자산 장부금액을 맞추기 위해서는 자산 장부금액 ₩2,000을 감액(손금산입)해야 한다. 손금산입한 ₩2,000은 20×1년의 회계이익에서 차감하고, 20×2년에 일시적차이가 소멸하므로 '가산할 일시적차이'에 해당한다. 20×1년에 인식해야 할 이연법인세부채는 ₩400(₩2,000×20%)이다.

[20×1년 말]

① 공정가치 평가

(차)	FVOCI금융자산	2,000	(대)	금융자산평가이익(기타포괄손익)	2,000

② 이연법인세 인식

기타포괄손익 관련 법인세를 별도 표시할 수 있으나, 일반적으로 실무에서 기타포괄손익 법인세를 순액표시하므로 다음과 같이 회계처리한다. 아래 분개를 수행하면 포괄손익계산서에 인식할 금융자산평가이익은 ₩1,600(=₩2,000 − ₩400)이다.

(차)	금융자산평가이익(기타포괄손익)	400	(대)	이연법인세부채	400

[20×2년 초]

FVOCI금융자산으로 분류하는 지분증권에 대한 기타포괄손익누계액은 재분류조정을 수행하지 않는다.

(차)	FVOCI금융자산	12,000	(대)	현 금	12,000
(차)	이연법인세부채	400	(대)	법 인 세 비 용	400 (주1)
	법 인 세 비 용	400 (주1)		미지급법인세	400 (주2)

(주1) 대차차액
(주2) 20×2년 가산할 일시적차이 ₩2,000이 과세소득에 포함되므로 법인세는 증가한다.

(2) 자기주식처분이익

기업회계에서 자기주식 처분은 자본거래이므로 해당 처분손익도 자본항목으로 인식한다. 법인세법에서는 자기주식 처분으로 순자산이 증가하므로 과세소득으로 본다. 자기주식 처분거래가 미래 과세소득에 영향을 미치지 않으므로 자기주식처분손익은 영구적차이에 해당한다. 자기주식처분손익에 대한 당기법인세는 자본에 귀속시켜 자기주식처분이익(손실)에서 차감(가산)해야 한다.

〈예 2〉 자기주식처분이익

A기업은 20×1년 중 자기주식 ₩10,000에 취득했는데, 20×2년 초 ₩12,000에 처분했다. 법인세율은 20%이고, 향후 변동은 없다.

[20×1년 중]

(차)	자기주식	10,000	(대)	현금	10,000

[20×2년 초]

20×2년 과세소득에 자기주식처분이익 ₩2,000이 포함되므로 법인세 ₩400(= ₩2,000 × 20%)이 발생한다. 자기주식처분이익에 대한 법인세는 자기주식처분이익에서 차감한다.

(차)	현금	12,000	(대)	자기주식	10,000
				자기주식처분이익	2,000 [(주1)]
(차)	자기주식처분이익	400	(대)	법인세비용	400
	법인세비용	400		미지급법인세	400 [(주2)]

(주1) ₩12,000(매각금액) − 10,000(자기주식 취득원가) = ₩2,000
(주2) 20×2년 과세소득에 자기주식처분이익이 포함되므로 법인세는 증가한다.

연습문제

[문 1] 진위형 문항

다음 문항을 읽고 맞는 기술이면 'ㅇ'로 표시하고, 틀린 기술이면 '×'로 표시하되 그 이유를 기재하시오.

1. 법인세를 납부하는 회계기간이 아닌 수익·비용이 발생한 회계기간에 법인세비용을 인식하는 것을 법인세비용의 기간별배분이라고 한다.
2. 재무상태표상 자산 또는 부채의 장부금액과 세무기준액의 차이를 일시적차이라고 한다.
3. 차감할 일시적차이는 발생연도의 회계이익에 가산되었다가 소멸연도의 회계이익에서 차감된다.
4. 과세소득과 회계이익 인식기준이 일치하지 않아 발생하는 모든 차이가 법인세회계의 대상이다.
5. 가산할 일시적차이에 소멸시점의 예정세율을 곱한 금액을 이연법인세자산으로 인식한다.
6. 당기법인세는 법인세비용차감전순이익에 영구적 차이와 일시적차이를 가감하여 계산한 금액에 세율을 곱해 계산한다.
7. 이연법인세자산(또는 부채)를 계산할 때 적용하는 세율은 당기 법인세율이다.
8. 모든 가산할 일시적차이는 이연법인세부채로 인식하나, 차감할 일시적차이는 과세소득의 발생가능성이 높을 때에만 이연법인세자산으로 인식한다.
9. 미사용 세무상 결손금과 세액공제가 사용될 수 있는 미래 과세소득의 발생가능성이 높으면, 그 범위 안에서 이월된 미사용 세무상결손금과 세액공제에 대해 이연법인세자산을 인식한다.
10. 일정 조건을 충족하면 당기법인세자산과 당기법인세부채를 상계할 수 있다.
11. 일정 조건을 충족하면 이연법인세자산과 이연법인세부채를 상계한 순액을 재무상태표에 유동 또는 비유동항목으로 표시한다.
12. 이연법인세자산 및 부채는 일시적차이의 소멸시점을 추정하여 현재가치로 할인한다.

[보론]

1. 법인세의 기간 내 배분이란 법인세를 계속영업손익, 중단영업손익, 기타포괄손익, 자본항목 등의 발생원천별로 구분하여 적용하는 것을 말한다.
2. FVOCI금융자산평가손익이 발생하면 금융자산평가손익에 세율을 곱한 금액을 기타포괄손익에서 가감한다.
3. 자기주식처분손익에 대한 당기법인세는 자본에 귀속시켜 자기주식처분이익(손실)에서 차감(가산)해야 한다.

해답

1. ○
2. ○
3. ○
4. ×. 일시적차이는 소멸시점에 법인세 효과가 실현되므로 이연법인세를 인식하나, 영구적차이는 발생연도 과세소득에만 영향을 미치고 미래 과세소득에는 영향을 미치지 않으므로 이연법인세를 인식하지 않는다.
5. ×. 가산할 일시적차이에 세율을 곱한 금액을 이연법인세부채로 인식한다.
6. ○
7. ×. 당기 법인세율이 아닌 일시적차이가 소멸하는 시점의 세율이다.
8. ○
9. ○
10. ○
11. ×. 상계한 순액은 재무상태표에 비유동항목으로 표시한다.
12. ×. 일시적차이의 소멸시점을 추정하기 어려우므로 이연법인세자산 및 부채는 할인하지 않는다.

[보론]

1. ○
2. ○
3. ○

[문 2] 법인세회계(1)

성지회사는 20×1년에 영업을 시작했으며, 20×2년 법인세 계산서식에서 발췌한 자료이다.

20×2년 법인세계산서식

회계이익(세전)		₩1,500,000
익금가산항목		
전기 미수이자	30,000	
감가상각비 한도초과	50,000	
접대비 한도초과	20,000	100,000
손금가산항목		
전기 재고자산평가충당금	(60,000)	
전기 퇴직급여 한도초과	(80,000)	
FVPL금융자산	(120,000)	(260,000)
과세소득		1,340,000
세 율		× 25%
법인세부담액		₩335,000

[추가자료]

(1) 익금(손금)가산항목 중 접대비 한도초과를 제외한 나머지는 일시적차이에 해당한다.

(2) 당기말 현재 누적적 일시적차이의 소멸시기는 다음과 같다. 20×3년과 20×4년 이후의 세율은 각각 20%와 18%로 20×2년 말에 입법화되었으며, 이연법인세자산의 실현가능성은 거의 확실하다. 퇴직급여 한도초과 ₩120,000과 연구및인력개발준비금 ₩100,000은 전기로부터 이월된 금액이다.

일시적차이	20×2년 말 잔액	소멸시기
퇴직급여 한도초과	₩120,000	20×3년에 ₩60,000, 20×4년에 ₩60,000 소멸
연구및인력개발준비금	(100,000)	20×4년 이후에 전액 소멸
감가상각비 한도초과	50,000	20×3년에 ₩30,000, 20×4년에 ₩20,000 소멸
FVPL금융자산	(120,000)	20×3년에 ₩120,000 소멸

(3) 전기말 재무상태표에 이연법인세자산 ₩65,000과 이연법인세부채 ₩32,500이 보고되었다.

물음

1. 20×2년 말 재무상태표에 표시해야 할 이연법인세자산과 부채를 계산하시오. 단, 이연법인세자산과 부채는 서로 상계하지 않는다.

2. 20×2년의 포괄손익계산서에 인식해야 할 법인세비용을 계산하시오.

해답

1. 이연법인세자산 및 부채

(1) 상환스케쥴

구분	20×2년 말 잔액	20×3년	20×4년 이후	비고
차감할 일시적차이				
퇴직급여 한도초과	120,000	(60,000)	(60,000)	자산
감가상각비 한도초과	50,000	(30,000)	(20,000)	자산
가산할 일시적차이				
연구및인력개발준비금	(100,000)	–	100,000	부채
당기손익인식측정금융자산	(120,000)	120,000	–	부채
세율		20%	18%	

(2) 이연법인세자산 : (₩60,000 + 30,000)×20% + (60,000 + 20,000)×18% = ₩32,400

(3) 이연법인세부채 : ₩120,000×20% + 100,000×18% = ₩42,000

2. 법인세비용

(1) 당기 변동액의 계산

구 분	당기말 잔액	전기말 잔액	당기 변동액
이연법인세자산	₩32,400	₩65,000	₩(32,600)
이연법인세부채	42,000	32,500	9,500

(2) 법인세비용

(차)	법인세비용	377,100	(대)	미 지 급 법 인 세	335,000
				이연법인세자산	32,600
				이연법인세부채	9,500

[문 3] 법인세회계(2)

(주)월드컵의 20×6년의 법인세비용 및 이연법인세 계산과 관련된 자료는 다음과 같다.

〈관련 자료〉

(1) 20×6년도 포괄손익계산서상 법인세비용차감전순이익은 ₩350,000이며, 당기 중 발생한 세무조정사항은 다음과 같다. 대손충당금 한도초과와 당기 인식한 미수이자는 20×7년에 소멸하며, 퇴직급여 한도초과는 20×7년 이후에 소멸한다.

적요	구분	금액	일시적 차이 여부
대손충당금 한도초과	손금불산입	52,000	일시적 차이
퇴직급여 한도초과	손금불산입	78,000	
연구및인력개발준비금 설정	손금산입	15,000	
당기 인식한 미수이자	익금불산입	10,500	
전기미수이자의 당기 수령	익금산입	6,500	
접대비 한도초과	손금불산입	14,500	일시적 차이 아님
세금과공과 중 벌과금	손금불산입	5,500	
합 계	익금산입및손금불산입	156,500	
	손금산입및익금불산입	25,500	

(2) 전기말 일시적 차이의 내용은 다음과 같다. 전기미수이자는 20×6년에 소멸하며, 퇴직급여 한도초과는 20×7년 이후에 소멸한다.

적요	구분	금액
정기예금에 대한 미수이자	익금불산입	6,500
퇴직급여 한도초과	손금불산입	46,500

(3) 20×5년과 20×6년도에 적용되는 법인세율은 25%이다.

(4) 당기에 설정한 연구및인력개발준비금은 개발활동에 사용할 예정이며, 3년 후부터 1/3씩 환입할 예정이다.

(5) 이연법인세자산의 실현가능성은 거의 확실하다고 가정한다.

물음

1. 20×6년의 당기 법인세부담액을 계산하시오.
2. 20×6년 당기 포괄손익계산서에 계상될 법인세비용을 계산하시오.

3. 20×6년 말 재무상태표에 계상될 이연법인세자산 및 이연법인세부채를 계산하시오. 이연법인세 자산 및 부채는 상계하여 보고하지 않으며, 20×7년도 이후의 법인세율은 25%로 가정한다.
4. 20×7년부터는 법인세율이 20%로 인하될 것으로 입법 예고되었다고 가정할 경우 20×6년 말 재무상태표에 계상될 이연법인세자산 및 이연법인세부채를 계산하시오. 이연법인세 자산 및 부채는 상계하여 보고하지 않는다.

해답

1.
(1) 과세표준: ₩350,000 + 156,500 − 25,500 = ₩481,000
(2) 법인세부담액: ₩481,000×25% = ₩120,250

2.
(1) 상환스케줄

과 목	20×6년 말	20×7년 이후	비고
대손충당금 한도초과	52,000	(52,000)	자산
퇴직급여 한도초과	124,500 (주)	(124,500)	자산
연구및인력개발준비금 설정	(15,000)	15,000	부채
당기에 인식한 미수이자	(10,500)	10,500	부채

(주) ₩78,000(당기 발생분) + 46,500(전기 발생분) = ₩124,500

(2) 이연법인세자산(부채)
① 기말 이연법인세자산: (₩52,000 + 124,500)×25% = ₩44,125
② 기말 이연법인세부채: (₩15,000 + 10,500) ×25% = ₩6,375

(3) 당기 변동액의 계산

구분	당기말 잔액	전기말 잔액	당기 변동액
이연법인세자산	₩44,125	₩11,625	₩32,500
이연법인세부채	6,375	1,625	4,750

(주) 전기말 잔액
① 이연법인세자산: ₩46,500(퇴직급여 한도초과)×25% = ₩11,625
② 이연법인세부채: ₩6,500(미수이자)×25% = ₩1,625

(4) 법인세비용

(차)	이연법인세자산	32,500	(대)	미지급법인세	120,500
	법 인 세 비 용	92,750		이연법인세부채	4,750

∴법인세비용 = ₩92,750

3.
(1) 이연법인세자산: ₩44,125
(2) 이연법인세부채: ₩6,375

4.
(1) 기말 이연법인세자산: (₩52,000 + 124,500)×20% = ₩35,300
(2) 기말 이연법인세부채: (₩15,000 + 10,500)×20% = ₩5,100

17 CHAPTER 리스

한눈에 살펴보는 이 장의 내용

K-IFRS 제1116호(리스)는 2017년 5월에 제정되었고, 관련되는 국제회계기준은 'IFRS 16 Leases'이다. K-IFRS 제1116호는 2019년 1월 1일 이후 최초로 시작하는 회계연도부터 적용되고 있다. 종전 기준인 K-IFRS 제1017호(리스)에서는 리스이용자가 리스계약에 따라 관련 자산 및 부채를 인식하지 않고 지급하는 리스료를 비용으로 인식하는 운용리스를 인정하였다. 개정된 K-IFRS 제116호에 따르면 리스이용자는 인식 면제 규정이 적용되는 단기리스와 소액 기초자산리스를 제외하고는 자산과 부채를 인식하는 단일 회계모형을 적용한다. 리스제공자는 각 리스를 운용리스 또는 금융리스로 분류한다. 기초자산 소유에 따른 위험과 보상의 대부분을 이전하면 금융리스로 분류하고, 그렇지 않으면 운용리스로 분류한다.

contents

17 CHAPTER 리스

| 학습목표 |

1. 리스거래를 이용하는 이유를 설명할 수 있다. 리스는 취득대금을 나누어 부담하므로 자금부담이 완화될 수 있고, 필요한 기간만 계약하므로 자산 진부화에 따른 위험을 회피할 수 있고, 리스비용으로 인해 법인세 절감효과가 크다.

2. 계약 약정시점에 계약이 리스인지, 계약에 리스가 포함되어 있는지를 판단할 수 있다. 자산으로 식별하기 위해서는 자산이 계약에 특정되어야 하고 공급자가 자산을 대체할 실질적인 능력이 없어야 한다. 경제적 효익의 대부분을 얻을 권리를 고객이 갖고 있고 고객이 사용지시권을 갖고 있으면 사용통제권이 있다고 본다.

3. 리스이용자가 최초 측정시점에 해야 할 회계처리를 수행할 수 있다. 리스개시일에 지급되지 않은 리스료를 현재가치로 할인한 금액을 리스부채로 측정하고, 리스부채에 리스개설직접원가와 복구충당부채를 가산하여 사용권자산을 인식한다.

4. 리스료의 구성항목을 설명할 수 있다. 리스료는 고정리스료, 변동리스료, 잔존가치보증, 매수선택권 행사가격, 종료선택권 행사가격으로 구성된다.

5. 리스이용자의 인식면제 규정을 설명할 수 있다. 단기리스나 소액자산 리스는 자산과 부채를 인식하지 않고 리스료를 리스기간에 비용으로 인식할 수 있다.

6. 리스이용자의 사용권자산 감가상각을 계산할 수 있다. 소유권 이전을 전제(소유권 이전약정, 매수선택권 행사)로 하는 사용권자산은 내용연수 동안 감가상각하고, 그 밖의 경우에는 리스기간과 내용연수 중 짧은 기간에 걸쳐 감가상각한다.

7. 리스이용자의 리스부채 후속측정을 설명할 수 있다. 리스부채에 대한 이자를 반영하여 장부금액을 증액하고 지급한 리스료를 반영하여 장부금액을 감액한다.

8. 리스제공자의 회계처리를 설명할 수 있다. 리스제공자는 계약의 형식보다는 거래 실질에 따라 금융리스 또는 운용리스로 분류한다. 금융리스로 분류하면 금융리스채권은 기초자산의 공정가치에 리스제공자가 지출한 리스개설직접원가를 가산한 금액으로 측정한다. 운용리스로 분류하면 정액 기준 등으로 리스료를 수익으로 인식한다.

[보론]

1. 판매형리스의 회계처리를 설명할 수 있다. 기초자산의 공정가치와 리스료의 현재가치 중 작은 금액을 매출액으로 인식한다. 리스료는 시장이자율로 할인한다. 매출원가는 기초자산의 장부금액에서 무보증잔존가치의 현재가치를 차감하여 계산한다. 리스개설직접원가는 판매비로 인식한다.
2. 판매후리스의 회계처리를 설명할 수 있다. 자산 이전을 판매거래로 보면, 계속 보유하는 사용권에 관련되는 자산의 종전 장부금액에 비례하여 판매후리스에서 생기는 사용권자산을 측정한다. 자산 이전을 판매로 보지 않으면, 이전한 자산을 계속 인식한다. 이전거래는 담보부차입거래에 해당하므로 이전금액을 금융부채로 인식한다.

| 주요 용어 |

- 리스 : 리스제공자가 식별되는 자산의 사용 통제권을 리스이용자에게 일정기간 이전하고 리스이용자는 대가로 사용료를 리스제공자에게 지급하는 계약
- 고정리스료 : 리스기간의 기초자산 사용권에 대해 리스이용자가 리스제공자에게 지급하는 금액에서 변동리스료를 차감한 금액
- 변동리스료 : 리스기간에 기초자산 사용권에 대해 리스이용자가 리스제공자에게 지급하는 리스료 일부로서 시간 경과가 아닌 리스개시일 후 사실이나 상황 변화로 달라지는 부분
- 기초자산 : 리스제공자가 리스이용자에게 자산 사용권을 제공하여 리스 대상이 되는 자산
- 사용권자산 : 리스기간에 리스이용자가 기초자산을 사용할 권리를 나타내는 자산
- 단기리스 : 리스기간이 12개월 이하인 리스로 매수선택권이 있는 자산은 제외
- 무보증잔존가치 : 리스제공자가 실현할 수 있을지 확실하지 않거나 리스제공자의 특수관계자만이 보증한 기초자산의 잔존가치 부분
- 잔존가치보증 : 리스제공자와 특수관계에 있지 않은 당사자가 리스제공자에게 제공한 것으로 리스종료일에 기초자산 가치가 적어도 특정 금액이 될 것이라는 보증
- 리스이용자 : 대가와 교환하여 사용권을 일정 기간 얻게 되는 기업
- 리스제공자 : 대가와 교환하여 기초자산 사용권을 일정 기간 제공하는 기업
- 리스개설직접원가 : 리스를 체결하지 않았더라면 부담하지 않았을 리스체결의 증분원가
- 리스총투자 : 금융리스에서 리스제공자가 받게 될 리스료와 무보증잔존가치의 합계액
- 리스순투자 : 리스총투자를 리스의 내재이자율로 할인한 금액
- 리스의 내재이자율 : 리스료 및 무보증잔존가치의 현재가치 합계액을 기초자산 공정가치와 리스제공자가 부담한 리스개설직접원가의 합계액과 동일하게 하는 할인율
- 리스이용자의 증분차입이자율 : 리스이용자가 비슷한 경제적 환경에서 비슷한 기간에 걸쳐 비슷한 담보로 사용권자산과 가치가 비슷한 자산 획득에 필요한 자금을 차입한다면 지급해야 하는 이자율
- 리스 인센티브 : 리스와 관련하여 리스제공자와 리스이용자에게 지급하는 금액이나 리스원가를 리스제

공자가 보상하거나 부담하는 금액

- 선택권 리스료 : 리스를 연장하거나 종료하는 선택권의 대상 기간에 기초자산 사용권에 대해 리스이용자가 리스제공자에게 지급하는 리스료
- 전대리스 : 리스이용자가 기초자산을 제삼자에게 다시 리스하는 거래
- 실무적 간편법 : 리스이용자가 리스요소와 비리스요소를 분리하지 않고 하나의 리스요소로 회계처리하는 방식

[보론]

- 판매형리스 : 제조자 또는 판매자가 자신이 제조하거나 구입한 자산을 금융리스 형태로 판매하는 것
- 전대리스 : 리스이용자(중간리스제공자)가 기초자산 사용권을 제삼자에게 다시 리스하는 거래
- 판매후리스 : 기업이 다른 기업에게 자산을 이전하고 그 구매자에게서 자산을 다시 리스하는 것

제1절 리스 개요

1. 리스 거래의 실질

리스(lease)란 리스제공자가 식별되는 자산의 사용통제권을 일정기간 리스이용자에게 이전하고 리스이용자는 대가로 사용료를 리스제공자에게 지급하는 계약이다. 리스는 임차나 렌탈 등 다양한 용어로 사용되는데, 복사기나 생수기의 임차가 리스의 예에 해당한다.

리스제공자가 리스이용자에게 자산 사용권을 제공하는 리스대상이 되는 자산을 기초자산이라고 한다. 리스이용자는 기초자산에 대한 법적 소유권을 갖고 있지 않더라도 기초자산을 사용할 수 있는 권리를 이전받으므로 경제적 효익을 획득하고 리스료를 지출한다. 리스이용자는 거래 실질에 따라 관련된 권리와 의무를 각각 자산(사용권자산)과 부채(리스부채)로 인식한다.

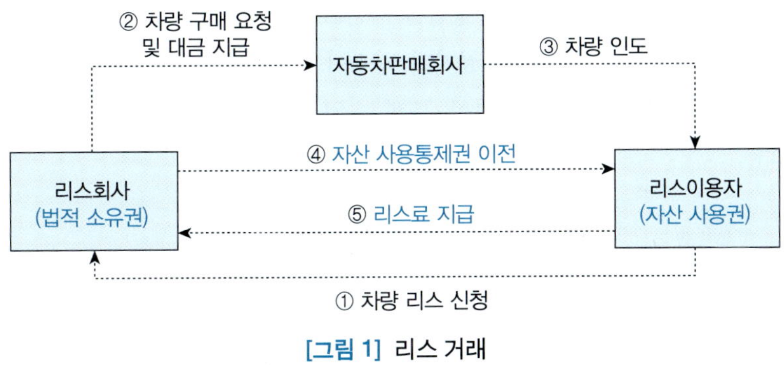

[그림 1] 리스 거래

2. 리스 거래를 하는 이유

자동차판매회사는 리스회사에게 차량을 판매하고, 리스회사는 자신의 투자수익률을 고려하여 리스료를 책정한다. 리스이용자 입장에서는 리스로 차량을 이용하면 현금지급이나 할부매입에 비해 많은 비용이 발생한다. 그럼에도 불구하고 많은 기업이 리스거래를 이용하는데 다음과 같은 이유 때문이다.

첫째, 직접금융효과가 있다. 자산을 취득하기 위해서는 일시에 자금이 필요하나, 리스는 취득대금을 나누어 부담하므로 자금 부담이 완화될 수 있다. 둘째, 리스는 필요한 기간만 계약하므로 자산 진부화에 따른 위험을 회피할 수 있다. 셋째, 자산을 직접 취득하여 비용으로 인식하는 감가상각비보다 리스비용이 더 크게 발생하므로 리스를 이용하면 법인세 절감효과가 더 크다.

3. 리스기간과 리스용어

(1) 리스기간

리스자산의 사용권을 측정할 때 리스기간을 결정해야 한다. 일반적으로 리스기간(lease term)은 계약에서 고정되지만 연장선택권이나 종료선택권이 부여되면 가변적이다. 리스기간은 리스의 해지불능기간과 연장선택권 또는 종료선택권을 고려하여 산정한다.

① 리스이용자가 리스 연장선택권을 행사할 것이 상당히 확실하면 그 선택권의 대상 기간 ② 리스이용자가 리스 종료선택권을 행사하지 않을 것이 상당히 확실하면 그 선택권의 대상 기간

리스약정일(inception date)은 리스계약일과 리스의 주요사항에 대한 계약당사자의 합의일 중 이른 날을 말한다. 리스제공자는 리스약정일을 기준으로 금융리스나 운용리스를 분류한다. 리스개시일(commencement date)은 리스제공자가 리스이용자에게 기초자산을 사용할 수 있게 하는 날이다. 리스개시일은 리스에 따른 자산, 부채, 수익 및 비용을 적절하게 인식하는 리스의 최초 인식일이다.

(2) 리스용어

① 고정리스료와 변동리스료

고정리스료(fixed payments)는 리스기간의 기초자산 사용권에 대해 리스이용자가 리스제공자에게 지급하는 금액에서 변동리스료(variable payments)를 차감한 금액을 말한다. 변동리스료는 리스기간에 기초자산 사용권에 대해 리스이용자가 리스제공자에게 지급하는 리스료의 일부로서 시간 경과가 아닌 리스개시일 후 사실이나 상황 변화(예를 들어, 매출액의 일정비율, 사용량, 시장이자율) 때문에 달라지는 부분을 의미한다.

② 기초자산과 사용권자산

기초자산(underlying assets)은 리스제공자가 리스이용자에게 자산 사용권을 제공하는, 리스 대상이 되는 자산이다. 사용권자산(right-of-use asset)은 리스기간에 리스이용자가 기초자산을 사용할 권리(기초자산 사용권)를 나타내는 자산을 의미한다.

③ 단기리스

리스이용자는 리스개시일에 리스기간이 12개월 이하인 리스를 단기리스(short-term lease)로 분류할 수 있다. 기초자산에 매수선택권이 있는 리스는 단기리스에 해당하지 않는다.

④ 보증잔존가치와 무보증잔존가치

보증잔존가치(guaranteed residual value)는 리스제공자와 특수관계에 있지 않은 당사자가 리스제공자에게 제공한, 리스종료일에 기초자산 가치가 적어도 특정 금액이 될 것이라는 보증을 의미한다. 무보증잔존가치(unguaranteed residual value)는 기초자산의 총잔존가치에서 보증잔존가치를 차감한 부분이다. 기초자산의 잔존가치 중 실현 여부가 불확실하거나 리스제공자의 특수관계자만이 보증한 부분이다.

⑤ 리스개설직접원가

리스개설직접원가(initial direct costs)는 리스를 체결하는 과정에서 리스협상 및 계약과 직접 관련하여 발생하는 증분원가(예를 들어 담보평가수수료, 리스이용자의 신용을 평가하기 위한 수수료 등)를 말한다.

⑥ 리스총투자와 리스순투자

리스총투자(gross investment in the lease)란 금융리스에서 리스제공자가 받게 될 리스료와 무보증잔존가치의 합계액을 말한다. 리스순투자(net investment in the lease)는 리스총투자를 리스의 내재이자율로 할인한 금액을 의미한다. 리스총투자와 리스순투자의 차이를 미실현금융수익(unearned finance income)이라고 한다.

[리스순투자의 측정]

리스순투자 = 리스료와 무보증잔존가치의 현재가치
= 리스총투자[(주)] − 미실현금융수익

(주) 리스총투자 = 리스제공자가 받게 될 리스료 + 무보증잔존가치

⑦ 내재이자율과 리스이용자의 증분차입이자율

내재이자율(interest rate implicit in the lease)은 리스료 및 무보증잔존가치의 현재가치 합계액을 기초자산 공정가치와 리스제공자가 부담한 리스개설직접원가의 합계액을 동일하게 하는 할인율을 말한다.

[내재이자율의 측정]

리스총투자(리스료+무보증잔존가치)의 현재가치 = 리스자산 공정가치 + 리스제공자의 리스개설직접원가

증분차입이자율(incremental borrowing rate)은 리스이용자가 유사한 리스에 대해 부담해야 할 이자율을 말한다. 증분차입이자율을 결정할 수 없다면 리스약정일에 리스이용자가 유사한 조건과 담보로 기초자산 구입에 필요한 자금을 차입한다면 지급해야 하는 이자율을 의미한다.

4. 리스의 식별

(1) 리스의 식별기준

리스란 대가와 교환하여 식별되는 자산의 사용 통제권을 일정기간 이전하는 계약이나 계약의 일부를 말한다. 리스회계처리의 대상이 되기 위해서는 거래계약이 리스계약이어야 한다. 리스계약이 되기 위해서는 리스이용자가 지급하는 대가와 교환으로 리스이용자에게 식별되는 자산의 사용통제권이 일정기간 이전되어야 한다. 계약 약정시점에 다음의 [표 1]의 내용을 평가하여 계약이 리스인지, 계약에 리스가 포함되어 있는지를 판단한다.

[표 1] 리스 식별과 판단기준

<table>
<tr><th>리스 식별</th><th colspan="2">판단 기준</th></tr>
<tr><td rowspan="2">식별되는 자산
(Ⓐ, Ⓑ 모두 충족)</td><td colspan="2">Ⓐ 자산이 계약에 분명히 특정되거나 암묵적으로 특정됨</td></tr>
<tr><td colspan="2">Ⓑ 공급자에게 자산 대체권이 없거나 자산 대체의 경제적 효익이 없음(대체원가>대체효익)</td></tr>
<tr><td rowspan="3">사용통제권
(Ⓐ, Ⓑ 모두 충족)</td><td colspan="2">Ⓐ 기초자산으로부터 발생하는 경제적 효익의 대부분을 사용기간 내내 고객이 갖고 있음</td></tr>
<tr><td rowspan="2">Ⓑ 고객이 사용 지시권을 가짐</td><td>사용기간 내내 자산 사용을 지시할 권리가 고객에게 있음</td></tr>
<tr><td>자산의 사용방법 및 목적이 미리 결정되고, 다음 중 어느 하나에 해당
• 고객이 자산을 운용할 권리를 가짐
• 고객이 해당 자산을 설계</td></tr>
</table>

① 식별되는 자산

리스계약 대상이 되는 기초자산은 분명하게 특정되고 식별되어야 한다. 자산이 식별가능하다는 것은 해당 자산이 다른 자산으로부터 분리가능하고 계약상 또는 법적 권리의무에 따라 판단할 수 있어야 한다는 의미이다. [표 1]에서 보듯이 리스계약 대상 자산이 식별되기 위해서는 자산이 계약에서 특정되어야 하고, 공급자에게 자산 대체권(대체할 실질적인 능력 또는 자산 대체의 경제적 효익)이 없어야 한다.

〈예 1〉 식별되는 자산(K-IFRS 제1116호 사례 4)

> 고객은 다판다아울렛(공급자)과 5년간 점포 A를 임대하는 계약을 체결하면 사용권을 받는다. 다판다아울렛은 고객에게 다른 점포로 옮길 것을 요구할 수 있는데, 고객에게 점포 A와 품질과 규격이 비슷한 점포를 제공해야 하며 고객의 이전원가를 지급해야 한다. 새로운 주요 세입자가 소매점 내에서 고객과 다른 세입자들을 옮기게 하는 원가를 보전할 수 있을 만큼 충분히 유리한 요율로 소매점의 넓은 면적을 차지하기로 하는 결정을 내릴 때에만, 다판다아울렛은 고객을 옮기게 하면서 경제적으로 효익을 얻을 수 있다. 계약 약정시점에서 그러한 상황이 발생할 가능성은 매우 낮다고 판단한다.

점포 A는 식별되는 자산이다. 다판다아울렛(공급자)은 점포를 대체할 실질적인 능력을 가지고 있지만, 특정 상황에서만 대체에서 경제적으로 효익을 얻을 수 있다. 공급자의 대체권은 실질적이지 않은데, 계약 약정시점에서 볼 때 그러한 상황이 발생할 가능성이 매우 낮기 때문이다.

② 사용통제권

[표 1]에서 살펴보듯이 리스이용자가 기초자산으로부터 발생하는 경제적 효익의 대부분을 사용기간 내내 갖고, 자산 사용을 지시할 권리가 있으면 리스이용자는 기초자산의 사용통제권을 갖고 있다고 본다.

〈예 2〉 리스자산의 사용통제권(K-IFRS 제1116호 사례 5 수정)

> 고객은 서울에서 부산까지 화물을 운송하기 위해 공급자와 14개월 동안 트럭 사용계약을 체결한다. 공급자는 대체권이 없다. 계약기간에는 계약에서 규정하는 화물만 이 트럭으로 운송할 수 있다. 계약에는 트럭을 운행할 수 있는 최장 거리가 정해져 있다. 고객은 계약범위에서 운행 일정의 세부사항(속도, 경로, 휴게 정차 등)을 선택할 수 있다. 고객은 정해진 일정이 완료된 후 트럭을 계속 사용할 권리가 없다. 운송할 화물, 부산에서 인수하는 시간과 장소, 부산에 배달하는 시간과 장소는 계약에 정해져 있다. 고객은 서울에서 부산까지 트럭을 운전할 책임을 진다.

트럭은 계약에 분명히 특정되어 있고, 공급자는 트럭을 대체할 권리가 없으므로 이 계약에는 식별되는 자산이 존재한다. 고객은 다음과 같은 이유로 사용기간 내내 트럭의 사용통제권을 갖고 있다.

첫째, 고객은 사용기간에 걸쳐 트럭 사용으로 생기는 경제적 효익의 대부분을 얻을 권리를 가지고, 트럭을 사용기간 내내 독점적으로 사용한다. 둘째, 고객은 트럭 사용을 지시할 권리를 가진다. 트럭의 사용 방법 및 목적(정해진 기간에 서울에서 부산까지 특정 화물을 운송하는 것)은 계약에 미리 정해져 있다. 고객은 사용기간 내내 트럭을 운용할 권리(예: 속도, 경로, 휴게 정차)를 가지므로 트럭 사용을 지시한다. 고객은 트럭 운용을 통제하여 사용기간에 생길 수 있는 트럭 사용에 관한 모든 결정을 내린다.

(2) 계약의 구성요소 분리

자산을 리스할 때 약정에 리스요소(예: 자산리스) 와 리스요소가 아닌 요소(예: 자산의 유지 · 관리. 이하 '비리스요소'라고 한다)가 혼합되어 있을 수 있다. 리스요소와 비리스요소로 분리하여 회계처리하거나 실무적 간편법으로 회계처리할 수 있다.

① 리스이용자

리스이용자는 리스요소의 상대적 개별가격(관측가능 가격, 추정)과 비리스요소의 통합 개별가격에 기초하여 계약대가를 각 리스요소에 배분한다. 관측 가능한 개별가격을 이용할 수 없으면 관측 가능한 정보를 이용하여 배분한다.

리스이용자는 실무적 간편법을 적용하여 기초자산의 분류별로 각 리스요소와 비리스요소를 분리하지 않고 하나의 리스요소로 회계처리할 수 있다. 예를 들어, 자산을 리스하는 기간에 유지 · 관리 용역을 제공하는 내용이 계약에 포함되어 있어도 자산리스와 용역제공을 하나의 리스로 간주할 수 있다.

② 리스제공자

리스제공자는 하나의 리스요소와, 하나 이상의 추가 리스요소나 비리스요소를 포함하는 계약에서 계약대가를 각 리스요소에 배분한다.

(3) 포트폴리오 적용

리스기준서에서는 개별 리스의 회계처리를 규정하고 있으나, 특성이 비슷한 개별리스를 묶어 포트폴리오에 기준서를 적용할 수 있다. 이러한 접근법은 특성이 유사한 개별리스가 많은 리스이용자의 실무적 상황을 고려한 것이다. 포트폴리오를 적용하기 위해서는 포트폴리오를 적용할 때와 포트폴리오 안에 있는 개별 리스에 적용할 때 재무제표에 미치는 영향이 중요하게 다르지 않아야 한다. 예를 들어, 자산 A, B, C에 대해 리스계약을 체결했다고 하자. 이들 자산을 하나로 회계처리하는 방법(포트폴리오 적용)과 개별 리스로 회계처리하는 방법이 재무제표에 미치는 영향이 비슷하다면 포트폴리오를 적용할 수 있다.

(4) 계약의 결합

리스계약은 개별적으로 회계처리해야 하나, 상호의존적인 계약들은 계약을 결합하여 회계처리하면 정보 유용성을 제고할 수 있다. 다음 사항 중 하나 이상을 충족하면, 같은 상대방과 동시에 또는 가까운 시기에 체결한 둘 이상의 계약을 결합하여 단일 계약으로 회계처리한다.

[단일계약으로 회계처리하기 위한 조건]

① 복수계약을 하나의 전체적인 상업적 목적으로 일괄 협상하며 그 목적을 복수계약과 함께 고려하지 않으면 이해할 수 없다.
② 한 계약에서 지급하는 대가(금액)는 다른 계약의 가격이나 수행에 따라 달라진다.
③ 복수계약에서 이전하는 기초자산 사용권은 단일 리스요소를 구성한다.

제2절 리스이용자 회계처리

국제회계기준에서는 단일 리스이용자 회계모형을 채택하고 있다. 리스이용자는 리스기간이 12개월을 초과하고 기초자산이 소액이 아닌 모든 리스에 대해 자산과 부채를 인식해야 한다. 리스이용자는 유형자산과 비슷하게 사용권자산을 측정하고, 다른 금융부채와 비슷하게 리스부채를 측정한다.

1. 최초 측정

리스이용자는 리스개시일에 지급되지 않은 리스료를 현재가치를 할인한 금액을 리스부채로 측정한다. 리스부채에 리스개설직접원가와 복구충당부채 등을 가산하여 사용권자산을 인식한다. 즉, 사용권자산을 별도로 측정하지 않고 리스부채를 측정한 후 리스개설직접원가와 복구충당부채를 가산하여 결정한다.

[리스개시일 회계처리]

(차)	사용권자산	×××	(대)	리 스 부 채	×××
				현금(리스개설직접원가)	×××
				복 구 충 당 부 채	×××

(1) 리스부채의 최초 측정

리스이용자는 리스개시일에 지급되지 않은 리스료의 현재가치를 리스부채로 인식한다. 리스제공자의 내재이자율은 리스제공자가 리스를 위해 회수해야 하는 투자수익률로 이해하자. 리스제공자는 리스계약을 실행하기 위해 기초자산을 취득하고 리스개설직접원가(리스의 협상 및 계약에 직접 관련하여 발생하는 비용)를 지출한다. 리스제공자는 이러한 투자를 통해 리스기간에 리스료를 수취하고 리스기간 종료시점에 잔존가치를 회수할 수 있다. 내재이자율은 다음과 같이 리스제공자의 현금유입 현재가치와 현금유출 현재가치를 일치시키는 이자율이다.

현금유출의 현재가치		현금유입의 현재가치
기초자산 공정가치 + 리스개설직접원가	=	리스료 현재가치 + 무보증잔존가치의 현재가치

리스이용자는 리스개시일에 지급되지 않은 리스료를 리스제공자의 내재이자율로 할인하고, 내재이자율을 쉽게 산정할 수 없다면 리스이용자의 증분차입이자율로 할인하여 리스부채를 측정한다.

기초자산 사용권과 관련하여 리스기간에 걸쳐 리스이용자가 리스제공자에게 지급하는 금액은 다음 항목으로 구성된다.

[리스료 구성]

ⓐ 고정리스료(실질적인 고정리스료 포함, 리스 인센티브는 차감)
ⓑ 지수나 요율(이율)에 따라 달라지는 변동리스료(예: 소비자물가지수나 기준금리 연동에 따른 지급액)
ⓒ 잔존가치보증에 따라 리스이용자가 지급할 것으로 예상하는 금액
ⓓ 리스이용자가 매수선택권을 행사할 것이 상당히 확실한 경우 매수선택권 행사가격
ⓔ 리스기간이 리스이용자의 종료선택권 행사를 반영하는 경우 그 리스를 종료하기 위해 부담하는 금액 (예: 리스기간 이전에 리스이용자가 위약금을 부담하면서 리스종료를 선택할 수 있는 옵션)

잔존가치보증은 리스이용자가 리스종료시점에 리스제공자에게 보증하기로 한 잔존가치이므로 자산반환을 전제로 한다. 매수선택권은 리스종료시점에 매수선택권을 행사하여 자산 소유권을 이전받는 형태이다. 이러한 이유로 하나의 리스계약에서 잔존가치보증과 매수선택권은 양립할 수 없는 조건이다.

예를 들어, 리스이용자의 종료선택권이 부여되지 않은 리스계약에서 리스기간은 3년이며, 매년 말 고정리스료를 지급하고 매수선택권 행사가 상당히 확실하다고 가정하자. 리스이용자가 리스기간에 지급해야 할 현금유출은 [그림 3]과 같다.

[그림 3] 리스이용자의 현금유출

리스이용자는 현금유출을 리스제공자의 내재이자율(r)로 할인한 현재가치를 리스부채로 인식한다.

$$리스부채 = \frac{고정리스료}{(1+r)^1} + \frac{고정리스료}{(1+r)^2} + \frac{고정리스료+매수선택권}{(1+r)^3}$$

〈예 1〉 리스부채의 최초측정

기초자산은 기계장치이며, 리스기간은 20×1년 1월 1일부터 20×3년 12월 31일까지이다. 고정리스료는 20×1년 12월 31일부터 매년 말 ₩100,000을 지급한다. 리스제공자의 내재이자율은 10%이며, 리스이용자는 매수선택권을 행사할 것이 상당히 확실하며 매수선택권의 행사가격은 ₩10,000이다. 3년, 10%의 연금현가계수와 현가계수는 각각 2.48685와 0.75131이다.

리스이용자가 리스부채로 최초 인식할 금액은 리스개시일에 지급되지 않은 리스료(고정리스료, 매수선택권)를 현재가치로 할인한 금액이다. 리스부채를 계산하면 다음과 같다.

리스부채 : ₩100,000(고정리스료)×2.48685 + ₩10,000(매수선택권)×0.75131 = ₩256,198

(2) 사용권자산의 최초 측정

리스이용자는 리스개시일에 사용권자산을 원가로 측정한다. 사용권자산 원가는 다음 항목으로 구성된다.

[사용권자산의 원가항목]

사용권자산 = 리스부채의 최초 측정금액 + 선급리스료 + 리스용자가 부담한 리스개설직접원가 + 리스조건에 따른 기초자산 해체 · 제거 · 복구원가 추정치(복구충당부채)

〈예 2〉 사용권자산의 최초측정

리스부채의 최초 측정금액은 ₩256,198이고, 리스실행일에 리스이용자가 부담해야 하는 리스개설직접원가 ₩5,000은 현금으로 지급했다.

사용권자산은 리스부채의 최초 측정금액에 리스개설직접원가를 가산하여 측정하므로 최초 측정 금액은 ₩261,198이다.

(차)	사용권자산	261,198	(대)	리스부채	256,198
				현 금	5,000

(3) 리스이용자의 리스인식 면제규정

리스이용자는 단기리스나 소액자산 리스에 대해 자산과 부채를 인식하지 않고 리스료를 리스기간에 걸쳐 정액기준 등에 따라 비용으로 인식할 수 있다. 이를 리스이용자의 리스인식 면제(recognition exemptions of leases)라고 한다.

리스인식 면제규정에 따르면, 리스이용자는 사용권자산과 리스부채를 인식하지 않고 리스료를 리스기간에 걸쳐 비용으로 인식한다. 리스료는 매기 일정한 금액인 정액으로 인식하되, 다른 체계적인 기준이 리스이용자가 얻게 되는 효익 형태를 더 잘 나타내면 그 기준을 적용한다.

(차)	비용	×××	(대)	현금	×××

① 단기리스

리스기간이 12개월 이하인 리스(매수선택권이 있는 리스는 제외)는 사용권이 관련되어 있는 기초자산 유형별로 리스 인식 면제 규정을 선택할 수 있다. 기초자산 유형은 기업 영업에서 특성과 용도가 비슷한 기초자산의 집합이다.

② 소액 기초자산리스

기초자산이 새것일 때의 가치가 소액인 리스는 리스별로 인식 면제 규정을 선택할 수 있다. K-IFRS 제1116호에서는 소액자산(low-value assets)의 예로 $5,000 이하의 자산을 제시하고 있는데, 기초자산이 리스별로 소액자산인지는 절대적 기준으로 평가한다. 이러한 평가는 리스이용자의 규모, 특성, 상황에 영향을 받지 않는다.

소액 기초자산의 예로는 태블릿, 개인 컴퓨터, 소형 사무용 가구, 전화기 등을 들 수 있다. 다음 조건을 모두 충족해야 소액 기초자산으로 본다.

[소액 기초자산으로 인식하기 위한 조건]

- 리스이용자가 기초자산 그 자체를 사용하여 효익을 얻거나 리스이용자가 쉽게 구할 수 있는 다른 자원과 함께 그 자산을 사용하여 효익을 얻을 수 있다.
- 기초자산은 다른 자산에 대한 의존도나 다른 자산과의 상호관련성이 매우 높지 않다.

2. 사용권자산의 후속 측정

리스이용자는 공정가치모형이나 재평가모형을 적용하지 않는다면 리스개시일 후에 원가모형을 적용하여 사용권자산을 측정한다. 본서에서는 원가모형을 중심으로 설명한다. 원가모형을 선택하면 리스이용자는 사용권자산이 손상되었는지를 판단하고 식별되는 손상차손을 인식해야 한다.

[표 2] 사용권자산의 후속 측정

모형	내용
원가모형	감가상각누계액, 손상차손누계액, 리스부채의 재측정을 반영
공정가치모형	투자부동산 정의를 충족하는 사용권자산에 적용
재평가모형	재평가모형을 적용하는 유형자산 분류에 관련되면 사용권자산에 선택 적용

리스이용자는 리스종료시점에 소유권 이전을 전제로 하는지에 따라 [표 3]과 같이 감가상각을 달리한다. 소유권 이전을 전제로 한 리스계약에서는 기초자산의 내용연수에 걸쳐 감가상각하고, 내용연수말 잔존가치를 고려한다. 리스종료일에 자산을 반환하는 리스계약에서는 기초자산의 내용연수와 리스기간 중 짧은 기간에 걸쳐 감가상각하고, 리스종료시점의 보증잔존가치를 고려한다.

[표 3] 사용권자산의 감가상각

구분	소유권 이전	자산 반환
상황	A. 리스기간 종료시점 이전에 리스이용자에게 기초자산 소유권을 이전 B. 사용권자산 원가에 매수선택권 행사가격 반영	A와 B 이외의 경우
감가상각기간	기초자산의 내용연수	기초자산의 내용연수와 리스기간 중 짧은 기간
감가상각비	$\frac{\text{사용권자산} - \text{내용연수말 추정잔존가치}}{\text{내용연수}}$	$\frac{\text{사용권자산} - \text{보증잔존가치}}{\min[\text{리스기간, 내용연수}]}$

〈예 3〉 사용권자산의 감가상각

(상황 1)
매수선택권을 포함한 사용권자산의 최초 측정액은 ₩1,000,000이고, 내용연수는 5년이며 내용연수 말 추정잔존가치는 ₩100,000이다. 리스기간은 3년이다.

(상황 2)
리스계약에 리스종료시점 이전에 리스이용자에게 기초자산 소유권을 이전하는 조건이 없으며 사용권자산 원가에 매수선택권 행사가 반영되지 않았다. 사용권자산의 최초 측정액은 ₩1,000,000이고, 내용연수는 5년이며 내용연수 말 추정잔존가치는 ₩100,000이다. 리스기간은 3년이고 리스종료시점에 리스이용자가 보증한 잔존가치는 ₩400,000이다.

(상황 1)은 소유권 이전을 전제로 한다. 리스이용자는 매수선택권을 행사하여 내용연수말까지 해당 자산을 사용할 것이다. 사용권자산 최초 측정액에서 내용연수말 추정잔존가치를 차감하여 내용연수 동안 감가상각비를 인식한다. 매년 인식할 감가상각비는 ₩180,000 $\left(\frac{₩1,000,000 - 100,000}{5년}\right)$이다.

(상황 2)는 소유권 이전을 전제로 하지 않으므로, 리스이용자는 리스기간말에 해당 자산을 반환할 것이다. 사용권자산 최초 측정액에서 리스기간말 보증잔존가치를 차감하여 리스기간 동안 감가상각비를 인식한다. 매년 인식할 감가상각비는 ₩200,000$\left(\frac{₩1,000,000 - 400,000}{3년}\right)$이다.

③ 보증잔존가치와 무보증잔존가치

리스기간 종료시점에 기초자산을 리스제공자에게 반환하는 조건이면 리스계약 종료시점의 잔존가치에 대한 조항을 포함할 수 있다. 잔존가치는 다음과 같이 구분할 수 있다.

> 잔존가치 = 잔존보증잔존가치(주) + 무보증잔존가치
>
> (주) 실제 잔존가치가 보증잔존가치 미만이면 차액을 리스이용자가 리스제공자에게 보상

예를 들어, 리스계약 종료시점에 실제 잔존가치와 보증잔존가치가 각각 ₩10,000과 ₩15,000이라고 하자. 리스이용자는 보증잔존가치와 실제 잔존가치의 차액인 ₩5,000을 리스제공자에게 지급해야 한다.

(2) 리스부채의 후속 측정

리스이용자는 리스개시일 후에 다음 사항을 반영하여 리스부채를 측정한다.

[리스부채 후속 측정에서 반영할 사항]

① 리스부채에 대한 이자를 반영하여 장부금액 증액
② 지급한 리스료를 반영하여 장부금액 감액
③ 재평가 또는 리스변경을 반영하거나 실질적인 고정리스료 변경을 반영하여 장부금액을 재측정

리스기간 중 각 기간의 리스부채에 대한 이자는 리스부채 잔액에 대해 일정한 기간이자율이 산출되도록 하는 금액이다. 기간이자율은 리스제공자의 내재이자율 또는 리스이용자의 증분차입이자율을 의미한다. 리스제공자의 내재이자율로 이자비용을 계산하며, 리스제공자의 내

재이자율을 알지 못하면 리스이용자의 증분차입이자율을 적용한다.

리스이용자는 리스개시일 후에 리스부채에 대한 이자와 리스부채를 측정할 때 포함하지 않은 변동리스료는 당기손익으로 인식한다.

〈예 4〉 리스부채의 후속측정

기초자산은 기계장치이며, 리스기간은 20×1년 1월 1일부터 20×3년 12월 31일까지이다. 고정리스료는 20×1년 12월 31일부터 매년 말에 ₩100,000을 지급한다. 리스제공자의 내재이자율은 10%이며, 리스이용자는 매수선택권을 행사할 것이 상당히 확실하며 매수선택권 행사가격은 ₩10,000이다. 내재이자율로 측정한 리스부채의 최초측정액은 ₩261,198이다.

리스부채의 최초측정액에서 지급한 리스료를 차감하고 이자를 반영하여 장부금액을 증액한다. 이를 위해 다음과 같이 상각표를 작성한다. 20×3년 말 잔액 ₩10,000은 매수선택권이다.

[상각표]

일자	고정리스료	이자비용	부채상환	리스부채
20×1년 초				₩256,198
20×1년 말	₩100,000	₩25,620	74,380	181,818
20×2년 말	100,000	18,182	81,818	100,000
20×3년 말	100,000	10,000	90,000	10,000

리스부채와 관련한 매년 말 회계처리를 수행하면 다음과 같다.

20×1년 말	(차)	리스부채	74,380	(대)	현금	100,000
		이자비용	25,620			
20×2년 말	(차)	리스부채	81,818	(대)	현금	100,000
		이자비용	18,182			
20×3년 말	(차)	리스부채	90,000	(대)	현금	100,000
		이자비용	10,000			

리스기간 종료시점에서 리스이용자가 매수선택권을 행사하면 다음과 같이 회계처리한다.

(차)	리스부채	10,000	(대)	현금	10,000

3. 리스이용자의 표시

(1) 재무상태표

사용권자산을 다른 자산과 구분하여 표시하거나 공시하고, 리스부채를 다른 부채와 구분하여 표시하거나 공시한다. 투자부동산 정의를 충족하는 사용권자산은 재무상태표에 투자부동산으로 표시한다.

(2) 포괄손익계산서

포괄손익계산서에서 리스부채에 대한 이자비용을 사용권자산의 감가상각비와 구분하여 표시한다.

제3절 리스제공자 회계처리

1. 리스의 분류

리스제공자는 각 리스를 운용리스 또는 금융리스로 분류한다. 기초자산 소유에 따른 위험과 보상의 대부분(substantially all)을 이전하면 금융리스로 분류하고, 그렇지 않으면 운용리스로 분류한다.

리스는 리스약정일에 분류하며, 리스변경이 있으면 분류를 다시 판단한다. 추정의 변경(예: 기초자산의 내용연수 또는 잔존가치 추정치의 변경)이나 상황 변화(예: 리스이용자의 채무불이행)가 발생하면 리스를 새로 분류하지 않는다.

(1) 금융리스로 분류되는 상황

리스가 금융리스인지 운용리스인지는 계약의 형식보다는 거래의 실질에 달려있다. 리스가 일반적으로 금융리스로 분류되는 상황의 예는 다음과 같다. 아래 상황에 해당한다고 반드시 금융리스로 분류하지는 않는다. 계약의 다른 특성을 고려해 리스자산의 소유에 따른 위험과 보상의 대부분을 이전하지 않는다는 사실이 명백하면 운용리스로 분류한다.

[금융리스로 분류되는 상황]

① (소유권 이전) 리스기간 종료시점 이전에 기초자산 소유권이 리스이용자에게 이전

② (염가의 매수선택권 부여) 리스이용자가 선택권을 행사할 수 있는 날의 공정가치보다 충분히 낮을 것으로 예상되는 가격으로 기초자산을 매수할 수 있는 선택권을 가지고 있고, 매수선택권을 행사할 것이 리스약정일 현재 상당히 확실함

③ (경제적 내용연수) 기초자산 소유권이 이전되지 않더라도 리스기간이 기초자산의 경제적 내용연수의 상당 부분을 차지하고 있음

④ (리스료 현재가치) 리스약정일 현재, 리스료의 현재가치가 기초자산 공정가치의 대부분에 해당함

⑤ (특수한 성격의 리스자산) 기초자산이 특수하여 해당 리스이용자만이 주요한 변경 없이 사용할 수 있음(범용성이 없음)

(2) 운용리스로 분류되는 상황

계약의 다른 속성들을 고려할 때 기초자산 소유에 따른 위험과 보상의 대부분을 이전하지 않는다는 사실이 분명하다면 운용리스로 분류한다.

[운용리스로 분류되는 상황]

① 리스기간 종료시점에 기초자산 소유권을 그 시점의 공정가치에 해당하는 변동 지급액으로 이전함
② 변동리스료가 있고 그 결과로 리스제공자가 기초자산의 소유에 따른 위험과 보상의 대부분을 이전하지 않음

2. 리스제공자의 금융리스

(1) 인식과 측정

① 최초 측정

리스제공자는 리스개시일에 리스자산을 재무상태표에서 제거하고 리스순투자와 동일한 금액의 수취채권(금융리스채권)을 인식한다. 금융리스채권으로 기록해야 할 금액은 리스순투자인데, 이는 리스계약에서 회수할 리스총투자의 현재가치이다. 이때 할인을 위해 이용하는 이자율은 리스제공자의 내재이자율이다.

[금융리스채권의 최초 측정]

금융리스채권 = 기초자산의 공정가치 + 리스제공자가 지출한 리스개설직접원가
= 리스순투자
= 리스총투자의 현재가치
= 리스료의 현재가치 + 무보증잔존가치의 현재가치

리스제공자는 리스순투자를 측정할 때 리스의 내재이자율을 사용한다. 리스개시일에 리스순투자의 측정치에 포함되는 리스료는 리스기간에 걸쳐 기초자산을 사용하는 권리에 대한 지급액 중 리스개시일 현재 지급받지 않은 다음 금액으로 구성된다.

[리스순투자 측정치에 포함되는 리스료]

① 고정리스료
② 지수나 요율(이율)에 따라 달라지는 변동리스료
③ 잔존가치보증에 따라 리스이용자, 리스이용자의 특수관계자, 리스제공자와 특수관계에 있지 않고 보증의무를 이행할 재무적 능력이 있는 제삼자가 리스제공자가 제공하는 잔존가치 보증
④ 리스이용자가 매수선택권을 행사할 것이 상당히 확실한 경우 매수선택권의 행사가격
⑤ 리스기간이 리스이용자의 종료선택권 행사를 반영하는 경우 리스를 종료하기 위해 부담하는 금액

〈예 5〉 고정리스료 결정

한국리스는 20×1년 말 ₩500,000(공정가치)에 취득한 기계장치를 대한회사와 리스계약을 체결하고, 20×2년 초부터 리스계약을 실행한다. 리스기간은 3년이고 대한회사는 매수선택권(₩100,000)을 행사할 것이 상당히 확실하다. 고정리스료는 매년 말 3회에 걸쳐 수령한다. 리스계약과 관련하여 한국리스가 리스개시일에 지출한 리스개설직접원가는 ₩20,000이다. 한국리스의 내재이자율은 12%이다. 12%, 3년의 현가계수와 연금현가계수는 각각 0.7118과 2.4019이다.

한국리스는 ₩520,000을 기계장치에 투자하여 수익률(내재이자율) 12%를 달성하고자 한다. 투자원금은 다음과 같이 매수선택권과 고정리스료 형태로 회수된다.

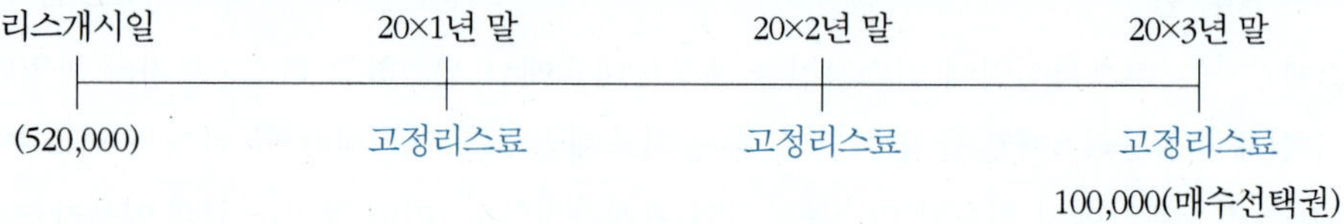

고정리스료를 P라고 하자. 다음 산식의 좌변은 현금유출의 현재가치이고, 우변은 현금유입의 현재가치이다.

[고정리스료의 산출]

₩500,000(기계장치 공정가치) + ₩20,000(리스개설직접원가) = P×2.4019 + ₩100,000(매수선택권)×0.7118

∴ P(고정리스료) = ₩186,860

금융리스채권(₩520,000)은 기초자산의 공정가치(₩500,000)에 리스제공자의 리스개설직접원가(₩20,000)를 가산하여 계산한다. 금융리스채권은 고정리스료와 매수선택권의 현재가치(₩186,860×2.4019 + ₩100,000×0.7118)로 계산할 수도 있다.

20×1년 말 (자산 취득)	(차)	리스자산	500,000	(대)	현 금	500,000
20×2년 초 (리스개시일)	(차)	금융리스채권	520,000	(대)	리스자산 현 금	500,000 20,000

② 후속 측정

리스제공자는 자산의 리스순투자 금액에 일정한 기간수익률을 반영하는 방식으로 리스기간에 걸쳐 금융수익(이자수익)을 인식한다. 리스제공자는 체계적이고 합리적인 기준으로 리스기간에 걸쳐 금융수익이 배분되도록 한다. 리스제공자는 해당 기간의 리스료를 리스총투자에 대응시켜 원금과 미실현 금융수익을 줄인다.

〈예 5〉에서 금융리스채권은 ₩520,000이고, 내재이자율은 12%이다. 후속측정을 위해 다음과 같이 상각표를 작성한다. 이자수익은 금융리스채권 기초잔액에 내재이자율을 곱해 계산하고, 고정리스료에서 이자수익을 차감하여 채권회수를 구한다.

[상각표]

일자	고정리스료	이자수익	채권회수	금융리스채권
20×2년 초				₩520,000
20×2년 말	₩186,860	₩62,400	₩124,460	395,540
20×3년 말	186,860	47,465	139,395	256,145
20×4년 말	186,860	30,715	156,145	100,000

상각표에 따라 매년 말 회계처리를 하면 다음과 같다.

20×2년 말	(차)	현 금	186,860	(대)	금융리스채권	124,460
					이 자 수 익	62,400
20×3년 말	(차)	현 금	186,860	(대)	금융리스채권	139,395
					이 자 수 익	47,465
20×4년 말	(차)	현 금	186,860	(대)	금융리스채권	156,145
					이 자 수 익	30,715

대한회사가 20×4년 말에 매수선택권을 행사하면 한국리스는 다음과 같이 회계처리한다.

(차)	현금	100,000	(대)	금융리스채권	100,000

[예제 1] 금융리스의 회계처리 – 리스제공자와 리스이용자

20×1년 초 (주)서울은 대여리스로부터 공정가치 ₩3,251,831인 기계장치를 리스하기로 계약했다. 리스기간은 20×1년 초부터 20×4년 말까지 4년간이며, 리스료는 매년 말 ₩1,000,000씩 지급한다. (주)서울은 리스기간 종료 시 리스자산을 대여리스에 반환하는 조건이며, 리스기간 종료시점의 추정잔존가치 ₩120,000 중 ₩100,000을 (주)서울이 보증한다. 리스자산의 내용연수는 5년이며, 정액법으로 감가상각한다. 리스제공자의 내재이자율은 10%이다. 10%, 4기 현가계수는 0.68301이고, 연금현가계수는 3.16987이다.

물음

1. 리스제공자가 시점별로 수행해야 할 회계처리를 제시하시오.
2. 리스이용자가 시점별로 수행해야 할 회계처리를 제시하시오.

해답

1. 리스제공자 회계처리

리스계약은 소유권이전약정이나 매수선택권 약정이 없으나 리스료의 현재가치(₩3,238,171)가 기초자산의 공정가치(₩3,251,831)의 대부분에 상당하므로 금융리스로 분류한다.

(1) 상각표

연 도	고정리스료	이자수익	채권회수	채권잔액
20×1년 초				₩3,251,831
20×1년 말	₩1,000,000	₩325,183	₩674,817	2,577,014
20×2년 말	1,000,000	257,701	742,299	1,834,715
20×3년 말	1,000,000	183,472	816,528	1,018,187
20×4년 말	1,000,000	101,813	898,187	120,000

〈해설〉

상각표의 20×4년 말 채권잔액은 리스기간 종료시점의 추정잔존가치를 나타낸다.

(2) 회계처리

20×1년 초	(차)	금융리스채권	3,251,831	(대)	리스자산	3,251,831
20×1년 말	(차)	현금	1,000,000	(대)	금융리스채권	674,817
					이 자 수 익	325,183
20×2년 말	(차)	현금	1,000,000	(대)	금융리스채권	742,299
					이 자 수 익	257,701
20×3년 말	(차)	현금	1,000,000	(대)	금융리스채권	816,528
					이 자 수 익	183,472
20×4년 말	(차)	현금	1,000,000	(대)	금융리스채권	898,187
					이 자 수 익	101,813

2. 리스이용자의 회계처리

(1) 리스부채 최초 측정액

₩1,000,000(고정리스료)×3.16987 + ₩100,000(보증잔존가치)×0.68301 = ₩3,238,171

〈해설〉

리스이용자는 매년 말 고정리스료와 리스기간 종료일에 보증잔존가치를 현재가치로 할인하여 리스부채를 인식한다. 리스제공자가 인식한 금융리스채권과 리스이용자가 인식한 리스부채의 차이금액은 무보증잔존가치(₩20,000)의 현재가치(₩13,660)에 해당한다.

(2) 상각표

연 도	고정리스료	이자비용	부채상환	리스부채
20×1년 초				₩3,238,171
20×1년 말	₩1,000,000	₩323,817	₩676,183	2,561,988
20×2년 말	1,000,000	256,199	743,801	1,818,187
20×3년 말	1,000,000	181,819	818,181	1,000,006
20×4년 말	1,000,000	99,994	900,006	100,000

〈해설〉

상각표의 20×4년 말 리스부채 잔액 ₩100,000은 보증잔존가치이다.

(3) 매년 인식할 감가상각비 : (₩3,238,171 − 100,000)÷4년 = ₩784,543

〈해설〉

해당 리스계약은 소유권이전약정이나 매수선택권이 없으므로 리스기간 종료시점에 리스이용자는 리스제공자에게 기초자산을 반환해야 한다. 리스기간에 걸쳐 감가상각비를 인식한다.

(4) 시점별 회계처리

20×1년 초	(차)	사용권자산	3,238,171	(대)	리 스 부 채	3,238,171
20×1년 말	(차)	리 스 부 채	676,183	(대)	현 금	1,000,000
		이 자 비 용	323,817			
	(차)	감가상각비	784,543	(대)	감가상각누계액	784,543
20×2년 말	(차)	리 스 부 채	743,801	(대)	현 금	1,000,000
		이 자 비 용	256,199			
	(차)	감가상각비	784,543	(대)	감가상각누계액	784,543
20×3년 말	(차)	리 스 부 채	818,181	(대)	현 금	1,000,000
		이 자 비 용	181,819			
	(차)	감가상각비	784,543	(대)	감가상각누계액	784,543
20×4년 말	(차)	리 스 부 채	900,006	(대)	현 금	1,000,000
		이 자 비 용	99,994			
	(차)	감가상각비	784,543	(대)	감가상각누계액	784,543

3. 리스제공자의 운용리스

(1) 인식과 측정

리스제공자는 정액 기준이나 다른 체계적인 기준으로 운용리스 리스료를 수익으로 인식한다. 다른 체계적인 기준이 기초자산 사용으로 생기는 효익이 감소되는 형태를 더 잘 나타낸다면 리스제공자는 그 기준을 적용한다.

리스제공자는 리스료 수익 획득 과정에서 부담하는 원가(감가상각비 포함)를 비용으로 인식한다. 리스제공자는 운용리스 체결 과정에서 부담하는 리스개설직접원가를 기초자산 장부금액에 가산하고 리스료수익과 같은 기준으로 리스기간에 걸쳐 비용으로 인식한다. 운용리스에 해당하는 감가상각 대상 기초자산의 감가상각 정책은 리스제공자가 소유한 비슷한 자산의 감가상각 정책과 일치해야 한다.

〈예 6〉 리스제공자의 운용리스

> 20×1년 말 한국리스는 리스를 위해 자동차를 ₩200,000(내용연수 5년, 잔존가치 ₩20,000)에 취득했다. 20×2년 초 한국리스는 대한상사에 3년간 리스하면서, 리스개설직접원가 ₩4,500을 지출했다. 리스료는 리스기간개시일(20×2년 초)에 ₩20,000, 20×3년 초 ₩25,000, 20×4년 초 ₩30,000을 각각 수령한다.

운용리스에 해당하고, 리스료는 정액법으로 인식한다고 하자. 한국리스는 다음과 같이 회계처리한다.

20×2년 초	(차)	운용리스자산	204,500	(대)	차량운반구	200,000
					현　금	4,500
20×2년 말	(차)	현　금	20,000	(대)	리스료수익	25,000 (주)
		미수리스료	5,000			
	(주) 리스료수익 : (₩20,000 + 25,000 + 30,000)÷3년 = ₩25,000					
	(차)	감가상각비	36,900	(대)	감가상각누계액	36,900 (주)
	(주) ① 차량운반구 감가상각비 : (₩200,000 - 20,000)÷5년 = ₩36,000 ② 리스개설직접원가 상각비 : ₩4,500÷5년 = ₩900 ∴ 감가상각비 = ① + ② = ₩36,900					

(2) 표시

리스제공자는 기초자산 특성에 따라 재무상태표에 운용리스 대상 기초자산을 표시한다.

[보론] 특수한 형태의 리스

1. 판매형리스

(1) 의의

판매형리스(sales-type lease)는 제조자 또는 판매자가 자신이 제조하거나 구입한 자산을 금융리스 형태로 판매하는 것을 말한다. 예를 들어, 자동차회사가 고객과 리스계약을 체결하고 리스종료시점에 승용차를 고객에게 이전하는 금융리스 계약을 체결할 수 있다.

판매형리스에서 리스제공자는 자산을 판매할 때 발생하는 매출손익과 리스기간에 발생하는 이자수익을 인식한다.

(2) 회계처리

① 매출액 인식

제조자 또는 판매자인 리스제공자는 일반판매에 대해 채택하고 있는 회계정책에 따라 매출손익을 인식해야 한다. 제조자 또는 판매자인 리스제공자는 고객을 유치하기 위해 인위적으로 낮은 이자율을 제시하기도 한다. 낮은 이자율을 사용하면 거래 전체 이익의 상당부분이 판매시점에서 인식되는 불합리한 결과가 초래될 수 있어 리스제공자의 내재이자율이 아닌 시장이자율로 리스료를 할인한다. 국제회계기준에서는 기초자산의 공정가치와 시장이자율로 할인한 리스료의 현재가치 중 적은 금액을 매출액으로 인식하도록 규정하고 있다.

[매출액 인식]

매출액(금융리스채권) = min[기초자산의 공정가치, 리스료의 현재가치(주)]

(주) 리스료를 시장이자율로 할인

② 매출원가 인식

매출원가는 기초자산 장부금액에서 무보증잔존가치의 현재가치를 차감한 금액으로 한다. 판매형리스에서 무보증잔존가치는 리스이용자와 무관한 금액으로 리스이용자에게 판매된 것이 아니므로, 매출액을 인식할 때 리스료를 기준으로 산정하여 무보증잔존가치를 고려하지 않는다. 이와 마찬가지로 매출원가를 산정할 때도 취득원가에서 무보증잔존가치의 현재가치를 차감한다.

[매출원가 인식]

매출원가 = 기초자산의 장부금액 − 무보증잔존가치의 현재가치(주)

(주) 무보증잔존가치는 시장이자율로 할인

③ 리스개설직접원가

제조자 또는 판매자인 리스제공자의 리스개설직접원가는 판매관리비 성격이므로 금융리스채권에 포함하지 않고, 리스개시일에 비용(판매비)으로 인식한다.

〈예 1〉 판매형리스

수입승용차를 판매하는 알파상사는 ₩600,000에 취득한 승용차를 20×1년 초 A회사에게 금융리스 거래 형식으로 판매했다. 리스실행일 현재 동 승용차의 공정가치(정상판매가격)는 ₩783,620이고, 리스기간은 20×1년 초부터 20×3년 말까지이다.

고정리스료는 매년 말 ₩300,000씩 수령한다. 리스기간 종료시점의 추정잔존가치는 ₩50,000이고 A회사는 이 중 ₩35,000을 보증했다. 리스실행일 현재의 시장이자율은 12%이고, 12%, 3년의 현가계수와 연금현가계수는 각각 0.71178과 2.40183이다.

20×1년 초 알파상사가 인식할 매출액과 매출원가를 계산해보자. 매출액은 기초자산의 공정가치와 리스료(고정리스료와 보증잔존가치)의 현재가치 중 작은 금액으로 인식한다.

매출액 : min[① ₩783,620, ② ₩300,000×2.40183 + ₩35,000×0.71178 = ₩745,461]
= ₩745,461

매출원가는 기초자산의 장부금액에서 무보증잔존가치의 현재가치를 차감하여 인식한다.

매출원가 : ₩600,000 − [(₩50,000 − 35,000)×0.71178] = ₩589,323

[리스개시일의 회계처리]

리스개시일(판매시점)에 알파상사는 다음과 같이 회계처리한다. 매출원가로 대체되지 않는 재고자산인 '무보증잔존가치의 현재가치'는 금융리스채권으로 대체한다. 무보증잔존가치의 현재가치를 금융리스채권으로 재분류하지 않고 재고자산에 남겨둘 수도 있다.

(차)	금융리스채권	745,461	(대)	매 출	745,461
(차)	매 출 원 가	589,323	(대)	재고자산	600,000
	금융리스채권	10,677 (주)			

(주) 무보증잔존가치의 현재가치(₩15,000×0.71178 = ₩10,677)에 해당하는 금액이다.

[20×1년 말 회계처리]

금융리스채권 기초잔액에 시장이자율을 곱해 이자수익을 인식하고, 현금 수취액과 이자수익의 차액은 채권회수로 인식한다.

(차)	현금	300,000	(대)	이 자 수 익	89,455 (주)
				금융리스채권	210,545

(주) ₩745,461×12% = ₩89,455

2. 전대리스 제공자

전대리스(sublease)는 [그림 1]과 같이 리스이용자(중간리스제공자)가 기초자산 사용권을 제삼자에게 다시 리스하는 거래를 말한다. 예를 들어, B는 A로부터 사무실을 임차한 리스계약을 상위리스라고 하고, B가 C에게 임대하는 리스계약을 전대리스라고 한다.

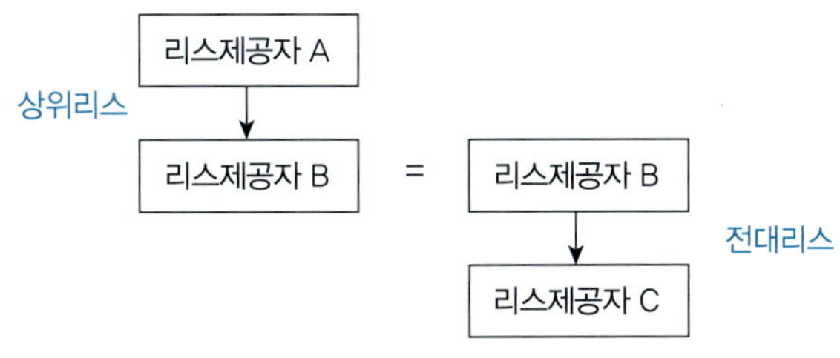

[그림 1] 전대리스

상위리스에서 리스제공자 A와 리스이용자 B가 맺은 리스계약은 유효하므로 리스이용자 B는 최초측정일에 사용권자산과 리스부채를 인식한다. 중간리스제공자의 전대리스는 기초자산이 아닌 상위 리스에서 생기는 사용권자산에 따라 금융리스 또는 운용리스로 분류한다.

전대리스가 금융리스로 분류되면 상위리스의 사용권자산의 전대리스 순투자를 금융리스채권으로 인식한다. 리스순투자를 측정할 때 내재이자율을 사용한다. 전대리스의 내재이자율을 쉽게 측정할 수 없다면, 전대리스 제공자(중간리스제공자)는 전대리스 순투자를 측정하기 위해 상위리스에서 사용된 할인율을 사용할 수 있다.

상위 리스가 인식 예외를 적용받는 단기리스이면 전대리스는 운용리스로 분류한다. 이때는 리스료 수취에 따라 운용리스료수익을 인식한다.

〈예 2〉 전대리스

20×1년 초 B사는 5년간 사무실 리스계약을 A사와 체결했다. A사의 내재이자율은 12%이고 리스개시일에 B사가 계상한 사용권자산과 리스부채는 각각 ₩1,000,000이다. B사는 사용권자산을 정액법으로 감가상각한다.

20×4년 초 B사는 C사에게 상기 사무실을 2년 간 전대리스하기로 계약했다. 전대리스 개시시점에 미래 리스료를 할인한 현재가치는 ₩45,000이다.

전대리스 개시시점에 C사로부터 받을 미래 리스료를 할인한 현재가치 ₩65,000을 금융리스채권으로 인식하고, 사용권자산의 장부금액을 제거한다. 사용권자산 잔액과 전대리스 순투자가 일치하지 않으면 전대리스손익으로 인식한다.

(차)	금융리스채권	45,000	(대)	사 용 권 자 산	40,000 (주)
				전대리스수익	5,000

㈜ ₩100,000 - 1,000,000×3/5(감가상각누계액) = ₩40,000

3. 판매후리스

(1) 의의

기업(판매자-리스이용자)이 다른 기업(구매자-리스제공자)에게 자산을 이전하고 구매자-리스제공자에게서 자산을 다시 리스하는 것을 판매후리스라고 한다. 자금이 부족한 회사가 자산을 매각하여 조달한 자금을 이용하고 해당 자산을 계속 사용하기 위해 판매후리스거래를 이용하기도 한다. 판매후리스 거래에서 발생한 이익을 경영성과에 반영하려는 목적으로도 이용한다.

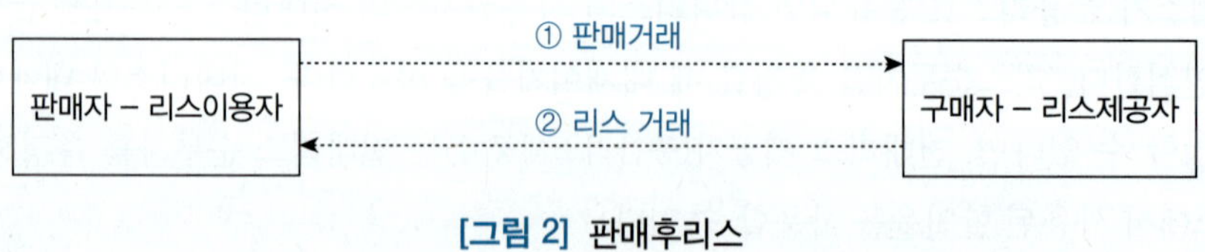

[그림 2] 판매후리스

(2) 회계처리

판매후리스는 자산 이전을 판매거래로 보는지에 따라 달라진다. 자산 이전거래가 수익인식 요건을 충족하면 리스거래로 분류하나, 판매거래가 아니면 자금차입으로 본다.

① 자산 이전을 판매로 보는 경우

판매자–리스이용자는 계속 보유하는 사용권에 관련되는 자산의 종전 장부금액에 비례하여 판매후리스에서 생기는 사용권자산을 측정한다. 판매자–리스이용자는 구매자–리스제공자에게 이전한 권리에 관련되는 차손익 금액만을 인식한다.

[사용권자산과 판매차손익의 인식]

$$\text{사용권자산} = \text{자산의 장부금액} \times \frac{\text{리스료 현재가치}}{\text{자산 공정가치}}$$

판매차손익 = 구매자 – 리스제공제에게 판매(이전)한 자산에 해당하는 차익 또는 차손

자산 판매대가의 공정가치가 그 자산의 공정가치와 같지 않거나 리스 지급액이 시장요율이 아니라면 판매금액을 공정가치로 측정하기 위해 다음과 같이 조정한다.

- 시장조건을 밑도는 부분은 리스료 선급으로 회계처리한다.
- 시장조건을 웃도는 부분은 구매자–리스제공자가 판매자–리스이용자에 제공한 추가 금융으로 회계처리한다.

〈예 3〉 판매후리스 – 자산 이전을 판매로 보는 경우

기업 A는 20×1년 초 공정가치 ₩1,000,000인 토지(장부금액 ₩800,000)를 기업 B에게 판매하고 현금을 수령했다. 자산매각거래 이후 기업 B는 기업 A와 리스계약을 체결했는데 기업 A가 기업 B에게 지급할 리스료의 현재가치는 ₩900,000이다.

[기업 A 회계처리]

(차)	현　　금	1,000,000	(대)	토　　지	800,000
	사용권자산	720,000 (주1)		리 스 부 채	900,000
				토지처분이익	20,000 (주2)

(주1) ₩800,000(처분자산 장부금액)×₩900,000(리스료 현재가치)/₩1,000,000(기초자산 공정가치) = ₩720,000

(주2) 대차차액 또는

① 기초자산 판매 후 리스하지 않을 경우 처분손익 : ₩1,000,000(공정가치) – 800,000(장부금액) = ₩200,000

② 기초자산 공정가치(₩1,000,000) 중 리스부채(₩900,000)에 해당하는 금액만큼 사용하고 나머지 가치(₩100,000)만 판매한 경우 처분손익 : ₩200,000(토지 처분이익)×(₩1,000,000 – 900,000)/₩1,000,000 = ₩20,000

[기업 B의 회계처리]

리스제공자인 기업 B는 운용리스로 분류하여 다음과 같이 회계처리한다.

(차)	선 급 리 스 자 산	1,000,000	(대)	현 금	1,000,000
(차)	건물(운용리스자산)	1,000,000	(대)	선급리스자산	1,000,000

② 자산 이전을 판매로 보지 않는 경우

판매자–리스이용자는 기초자산 통제를 구매자에게 이전하지 않았으므로 이전한 자산을 계속 인식하고, 이전거래는 담보부차입거래에 해당하므로 이전금액과 같은 금액을 금융부채로 인식한다. 구매자–리스제공자는 이전된 자산을 인식하지 않고, 담보부대여거래에 해당하므로 이전금액과 같은 금액을 금융자산을 인식한다.

〈예 3〉에서의 자산 이전을 판매로 보지 않는 거래라고 하자. 기업 A가 자산처분손익거래를 수행했다면 이를 취소하고 수령한 현금은 금융부채로 인식한다.

[기업 A의 잘못된 회계처리]

기업 A는 다음과 같이 회계처리를 수행하여 토지처분이익을 손익계산서에 인식했을 것이다.

(차)	현금	1,000,000	(대)	토 지	800,000
				토지처분이익	200,000

[올바른 회계처리]

기업 A의 잘못된 회계처리를 수정하기 위해 관련 회계처리를 취소하고, 현금수취액은 금융부채를 인식한다.

(차)	토 지	800,000	(대)	금융부채	1,000,000
	토지처분이익	200,000			

[표 1] **판매후리스의 회계처리 요약**

자산 이전	판매		판매 아님
판매자 (리스이용자 회계처리)	• (판매손익) 판매로 이전한 권리와 관련된 차손익 금액만 인식 • (사용권자산) 판매 후에도 계속 보유하는 사용권에 관련된 자산의 종전 장부금액에 비례하여 측정		• 이전된 자산을 계속 인식 • 이전대가와 같은 금액을 금융부채로 인식
	판매대가FV < 이전자산 FV	판매대가FV > 이전자산 FV	
	리스료 선급	추가 금융	
구매자 (리스제공자 회계처리)	• (자산매입) 선급리스자산으로 인식 • (리스) 리스계약에 따라 금융리스 또는 운용리스로 처리		이전대가와 같은 금액을 금융자산으로 인식

연습문제

[문 1] 진위형 문항

다음 문항을 읽고 맞는 기술이면 'ㅇ'로 표시하고, 틀린 기술이면 '×'로 표시하되 그 이유를 기재하시오.

1. 리스이용자는 기초자산에 대한 법적 소유권을 갖고 있지 않더라도 거래 실질에 따라 관련된 권리와 의무를 각각 사용권자산과 리스부채로 인식한다.
2. 리스약정일은 리스계약일과 리스의 주요사항에 대한 계약당사자의 합의일 중 이른 날을 말한다.
3. 변동리스료는 리스기간에 기초자산 사용권에 대해 리스이용자가 리스료 일부로서 시간 경과에 따라 리스개시일 후 변동되는 부분을 의미한다.
4. 리스이용자는 기초자산에 매수선택권이 있는 리스로서, 리스개시일에 리스기간이 12개월 이하인 리스는 단기리스로 분류할 수 있다.
5. 무보증잔존가치는 기초자산의 잔존가치 중 실현 여부가 불확실하거나 리스제공자의 특수관계자가 보증한 부분을 말한다.
6. 리스순투자는 금융리스에서 리스제공자가 받게 될 리스료를 리스의 내재이자율을 할인한 금액을 의미한다.
7. 내재이자율은 리스료 및 무보증잔존가치의 현재가치 합계액을 기초자산의 공정가치와 리스제공자가 부담한 리스개설직접원가의 합계액을 동일하게 하는 할인율을 말한다.
8. 리스계약이 되기 위해서는 리스이용자가 지급하는 대가와 교환으로 리스이용자에게 식별되는 자산의 사용통제권이 일정기간 이전되어야 한다.
9. 리스계약으로 식별하기 위해서는 자산은 식별될 수 있어야 하고, 리스이용자가 사용통제권을 갖고 있어야 한다.
10. 리스계약 대상이 되는 기초자산은 분명하게 특정되어 식별되어야 한다. 자산이 계약에 분명히 특정되거나 암묵적으로 특정되면 식별되는 자산으로 본다.
11. 리스이용자가 기초자산으로부터 발생하는 경제적 효익의 대부분을 사용기간 내내 갖고, 자산 사용을 지시할 권리가 있어야 한다면 리스이용자는 기초자산의 사용통제권을 갖고 있다고 본다.
12. 자산을 리스할 때 약정에 리스요소와 비리스요소가 혼합되어 있다면, 리스요소와 비요소리스로 분리하여 회계처리하거나 실무적 간편법으로 회계처리할 수 있다.

13. 리스이용자는 실무적 간편법을 적용하여 리스요소와 비리스요소를 분리하지 않고 하나의 리스요소로 회계처리할 수 있다.
14. 여러 가지의 개별리스를 하나로 처리하는 방법과 개별 리스로 회계처리하는 방법이 재무제표에 미치는 영향이 비슷하다면 포트폴리오를 적용할 수 있다.
15. 국제회계기준에서는 단일 리스이용자 회계모형을 채택하고 있어, 리스이용자는 리스기간이 12개월을 초과하고 기초자산이 소액이 아닌 모든 리스에 대해 자산과 부채를 인식해야 한다.
16. 리스이용자는 리스개시일에 지급되지 않은 리스료를 현재가치를 할인한 금액을 리스부채로 인식하고, 리스자산의 공정가치를 사용권자산으로 인식한다.
17. 리스이용자는 리스개시일에 지급되지 않은 리스료를 자신의 증분차입이자율로 할인하여 리스부채를 측정한다.
18. 리스이용자의 종료선택권이 부여되지 않고 자산반환을 전제로 하는 리스계약에서 리스료는 고정리스료, 변동리스료, 잔존가치보증으로 구성된다.
19. 리스이용자는 단기리스(매수선택권이 없음)와 소액자산 리스에 대해 자산과 부채를 인식하지 않고 리스료를 리스기간에 걸쳐 정액기준 등에 따라 비용으로 인식할 수 있다.
20. 리스기간 종료시점에 리스이용자에게 기초자산 소유권을 이전하거나 매수선택권을 부여한다면 기초자산의 내용연수와 리스기간 중 짧은 기간에 걸쳐 감가상각한다.
21. 리스이용자가 리스기간 종료시점에 기초자산을 리스제공자에게 반환하는 조건이면, 리스이용자는 보증잔존가치에 해당하는 금액을 리스제공자에게 지불해야 한다.
22. 리스이용자는 리스개시일 후에 리스부채에 대한 이자와 리스부채를 측정할 때 포함하지 않은 변동리스료는 당기손익으로 인식한다.
23. 리스제공자는 각 리스를 리스이용자와 마찬가지로 단기리스나 소액자산 리스에 해당하지 않는다면 금융리스로 분류한다.
24. 리스계약에 소유권 이전약정이 있거나 매수선택권이 부여되어 있다면, 리스제공자는 금융리스로 분류한다.
25. 리스료의 현재가치가 기초자산 공정가치의 대부분에 해당하거나 기초자산이 특수하여 해당 리스이용자만이 주요한 변경 없이 사용할 수 있다면, 리스제공자는 금융리스로 분류한다.
26. 리스제공자는 기초자산의 공정가치를 금융리스채권으로 인식한다.
27. 리스제공자는 자산의 리스순투자 금액에 일정한 기간수익률을 반영하는 방식으로 리스기간에 걸쳐 금융수익을 인식한다.
28. 리스제공자는 정액 기준이나 다른 체계적인 기준으로 운용리스의 리스료를 수익으로 인식한다.

[보론]

1. 판매형리스에서 리스제공자는 자산 판매할 때 발생하는 매출손익과 리스기간에 걸쳐 이자수익을 인식한다.
2. 판매형리스에서 리스제공자는 기초자산의 공정가치를 매출액으로 인식한다.
3. 판매형리스에서 리스제공자는 기초자산의 취득원가를 매출원가로 인식한다.
4. 중간리스제공자의 전대리스는 기초자산이 아닌 상위 리스에서 생기는 사용권자산에 따라 리스를 분류한다.
5. 판매후리스는 자산 이전거래가 수익인식요건을 충족하면 리스거래로 분류하나, 판매거래가 아니면 자금차입으로 본다.

해답

1. ○
2. ○
3. ×. 변동리스료는 시간 경과가 아닌 리스개시일 후 사실이나 상황변화 때문에 달라지는 부분을 의미한다.
4. ×. 기초자산에 매수선택권이 있는 리스는 단기리스에 해당하지 않는다.
5. ○
6. ×. 리스순투자는 리스료와 무보증잔존가치를 리스의 내재이자율을 할인한 금액을 의미한다.
7. ○
8. ○
9. ○
10. ×. 식별되는 자산이 되기 위해서는 계약에 따라 자산이 특정되어야할 뿐만 아니라 공급자에게 자산 대체권이 없어야 한다. 자산 대체권이란 대체할 실질적인 능력 또는 자산 대체의 경제적 효익을 말한다.
11. ○
12. ○
13. ○
14. ○
15. ○
16. ×. 사용권자산은 별도로 측정하지 않고 리스부채를 측정한 후 리스개설직접원가와 복구충당부채를 가산하여 결정한다.
17. ×. 리스제공자의 내재이자율로 할인하고, 내재이자율을 쉽게 산정할 수 없다면 리스이용자의 증분차입이자율로 할인하여 리스부채를 측정한다.
18. ○
19. ○. 이를 리스이용자의 리스인식 면제라고 한다.
20. ×. 소유권 이전을 전제로 하므로 기초자산의 내용연수에 걸쳐 감가상각한다.
21. ×. 실제 잔존가치가 보증잔존가치 미만이면 차액을 리스이용자가 리스제공자에게 보상한다.
22. ○
23. ×. 기초자산 소유에 따른 위험과 보상의 대부분을 이전하면 금융리스로 분류하고, 그렇지 않으면 운용리스로 분류한다.
24. ○
25. ○

26. ×. 기초자산의 공정가치에 리스제공자가 지출한 리스개설직접원가를 가산한 금액을 금융리스채권으로 인식한다.
27. ○
28. ○

[보론]

1. ○
2. ×. 기초자산의 공정가치와 리스료를 시장이자율로 할인한 현재가치 중 작은 금액을 매출액으로 인식한다.
3. ×. 기초자산 장부금액(취득원가)에서 무보증잔존가치의 현재가치를 차감한 금액을 매출원가로 인식한다.
4. ○
5. ○

[문 2] 금융리스(1) – 고정리스료를 선급하는 경우

후르트리스는 20×5년 말 ₩500,000에 취득한 기계장치를 (주)뱅글러와 리스계약(리스기간 : 20×6.1.1 ~ 20×8.12.31)을 체결하고 20×6년 초부터 리스를 실행했다.

(1) 리스종료시점에 (주)뱅글러는 ₩100,000을 지급하고 소유권을 이전받는데, 리스이용자가 보증한 잔존가치는 ₩0이다.
(2) 최초 리스료 ₩131,932는 리스개시일(20×6년 초)에 지급하고, 20×6년 초부터 3회에 걸쳐 리스료를 지급한다.
(3) 리스자산의 내용연수는 5년이며 내용연수 종료시점의 잔존가치는 없다.
(4) 기계장치와 유사한 자산에 대해 리스제공자와 리스이용자는 모두 정액법으로 감가상각한다.
(5) 리스계약과 관련하여 리스제공자가 지출한 리스개설직접원가는 ₩20,000이며, 리스이용자가 지출한 리스개설직접원가는 ₩10,000이다.
(6) 리스제공자의 내재이자율은 12%이며, 리스이용자는 리스제공자의 내재이자율을 알지 못한다. 리스이용자의 증분차입이자율은 15%이다. 관련 현가계수는 다음과 같다.

기간	12%	15%
1	0.8929	0.8696
2	0.7972	0.7561
3	0.7118	0.6575

물음

1. 리스제공자가 20×6년 초와 20×7년 초에 수행해야 할 회계처리를 각각 제시하시오.
2. 리스이용자가 20×6년 초와 20×7년 초에 수행해야 할 회계처리를 각각 제시하시오.

해답

1. 리스제공자의 회계처리

(1) 20×6년 초

(차)	금융리스채권	520,000	(대)	선급리스자산	500,000
				현 금	20,000
(차)	현 금	131,932	(대)	금융리스채권	131,932

(2) 20×6년 말

(차)	미수이자	46,568	(대)	이 자 수 익	46,568(주)

(주) (₩520,000 − 131,932)×12% = ₩46,568

(3)20×7년 초

(차)	현금	131,932	(대)	미 수 이 자	46,568
				금융리스채권	85,364 (주)

(주) 금융리스채권 회수액 = ₩131,932(현금수령액) − 46,568(미수이자) = ₩85,364

〈해설〉

소유권 이전 약정이 있으므로 리스제공자는 리스계약을 금융리스로 분류한다. 리스기간 개시일에 1회 고정리스료를 수령하므로 기초장부금액이 변동됨에 유의한다.

2. 리스이용자의 회계처리

(1) 리스부채

리스부채 : min[① 리스자산의 공정가치, ② 고정리스료 및 소유권이전 약정액의 현재가치]

: min[① ₩500,000, ② 131,932 + 131,932×(0.8696 + 0.7561) + 100,000×0.6575 = ₩412,164]

: ₩412,164

(2) 사용권자산 : ₩412,164(리스부채 공정가치) + 10,000(리스개설직접원가) = ₩422,164

(3) 회계처리

① 20×6년 초

(차)	사용권자산	422,164	(대)	리스부채	412,164
				현 금	10,000
(차)	리스부채	131,932	(대)	현 금	131,932

② 20×6년 말

(차)	이자비용	42,035 (주1)	(대)	미 지 급 이 자	42,035
(대)	감가상각비	84,433 (주2)	(대)	감가상각누계액	84,433

(주1) (₩412,164 − ₩131,932)×15% = ₩42,035

(주2) (₩422,164 − ₩0)÷5년 = ₩84,433

〈해설〉

리스이용자는 리스제공자의 내재이자율을 알지 못하므로 리스이용자의 증분차입이자율을 이용한다. 소유권이전 약정이 있으므로 내용연수에 걸쳐 감가상각한다.

③ 20×7년 초

(차)	미지급이자	42,035	(대)	현금	131,932
	리 스 부 채	89,987 (주)			

(주) 리스부채 상환액 = 현금지급액 − 미지급이자

[문 3] 금융리스(2) − 보증잔존가치와 매수선택권

하나리스는 20×0년 말 리스목적으로 기계장치를 ₩100,000에 취득했다. 기계장치의 경제적 내용연수는 8년(내용연수말 잔존가치는 ₩0)이다.

[자료]

(1) 리스일은 20×1년 1월 1일이고 20×5년 말에 리스계약이 종료하고, 리스료는 연간 ₩26,270으로 매년 말에 지급한다. 리스거래의 내재이자율은 연 15%이며 리스이용자도 이를 알고 있다. 15% 이자율에서 5기의 현가계수는 0.4972이고 정상연금현가계수 3.3522이다.

(2) 리스종료시점의 추정잔존가치는 ₩24,000이고, 투투회사가 보증한 잔존가치는 ₩8,000이다.

(3) 투투회사는 20×1년 1월 1일에 리스와 관련하여 리스개설직접원가 ₩4,000을 지출했다.

(4) 하나리스와 투투회사의 회계기간은 1월 1일부터 12월 31일까지이며, 두 회사 모두 정액법으로 감가상각한다.

물음

아래의 물음은 각각 독립적이다.

1. 상기 자료를 근거로 다음의 요구사항에 답하시오.

(1) 20×1년 초 투투회사가 행할 회계처리를 제시하시오.

(2) 20×4년 말 투투회사가 행할 회계처리를 제시하시오.

(3) 20×3년 말 하나리스의 재무상태표에 보고해야 할 금융리스채권을 구하면 얼마인가?

2. [자료]에서 투투회사가 보증한 잔존가치는 없으며 리스종료시점에 자산을 구입할 수 있는 매수선택권(₩24,000)을 부여했다고 가정한다.

(1) 투투회사가 리스개시일에 인식해야 할 리스자산의 원가를 구하고, 매년 인식해야 할 감가상각비를 계산하시오.

(2) 20×3년 말 하나리스의 재무상태표에 보고해야 할 금융리스채권을 구하면 얼마인가?

해답

1.

(1) 20×1년 초 : 투투회사의 회계처리

(차)	사용권자산	96,040	(대)	리스부채	92,040 (주)
				현　　금	4,000

(주) 금융리스부채 : Min[① ₩100,000(기초자산 공정가치), ② ₩26,270(고정리스료)×3.3522 + ₩8,000(보증잔존가치)×0.4972 = ₩92,040] = ₩92,040

〈해설〉

리스이용자가 부담하는 리스개설직접원가는 금융리스자산의 취득원가로 본다. 이러한 경우에는 리스부채와 리스자산은 일치하지 않는다.

(2) 20×4년 말 : 투투회사의 회계처리

(차)	이 자 비 용	7,314 (주1)	(대)	현 금	26,270
	리 스 부 채	18,956			
(차)	감가상각비	17,608 (주2)	(대)	감가상각누계액	17,608

(주1) ① 20×3년 말 리스부채 장부금액 : ₩26,270/1.15 +(₩26,270+₩8,000)/1.15² = ₩48,757

② 20×4년 이자비용 : ₩48,757×15% = ₩ 7,314

(주2) 감가상각비 : (₩96,040 - 8,000)÷5년 = ₩17,608

〈해설〉

① 20×4년 이자비용은 20×4년 초 리스부채 장부금액에 내재이자율을 곱해 인식한다. 상각표를 작성해서 20×4년 초 리스부채 장부금액을 구할 수 있으나, 미래현금유출(고정리스료와 보증잔존가치)을 내재이자율로 할인한 현재가치로 구할 수 있다.

[상각표]

연도	고정리스료	이자비용	부채상환	리스부채
20×1년 초				₩92,040
20×1년 말	₩26,270	₩13,806	₩12,464	79,576
20×2년 말	26,270	11,936	14,334	65,242
20×3년 말	26,270	9,786	16,484	48,758
20×4년 말	26,270	7,314	18,956	29,802
20×5년 말	26,270	4,468	21,802	₩8,000

② 리스계약이 종료되면 리스자산을 반환하므로 리스기간에 걸쳐 감가상각한다.

(3) 금융리스채권

$$\text{금융리스채권} = \frac{26{,}270(\text{고정리스료})}{1.15} + \frac{26{,}270(\text{고정리스료}) + 24{,}000(\text{잔존가치})}{1.15^2} = ₩60{,}855$$

2. 매수선택권이 부여된 경우

(1) 사용권자산과 감가상각비

① 사용권자산 : Min[① ₩100,000(기초자산 공정가치), ② ₩26,270(고정리스료)×3.3522 + 24,000(매수선택권)×0.4972] = ₩99,995≒₩100,000(단순차이 조정)

② 감가상각비 : $\frac{₩100{,}000 - 0}{8\text{년}(\text{내용연수})}$ = ₩12,500

(2) 금융리스채권

$$\text{금융리스채권} : \frac{26{,}270}{1.15} + \frac{26{,}270+24{,}000}{1.15^2} = ₩60{,}855$$

18 회계변경과 오류수정

CHAPTER

한눈에 살펴보는 이 장의 내용

본 장에서는 회계정책의 선택과 적용, 회계정책 변경, 회계추정 변경 및 오류수정의 회계처리를 살펴본다. 한국채택국제회계기준에서 거래에 대한 규정이 없다면 경영진 판단에 따라 회계정책을 개발하여 적용한다. 경영진이 판단할 때 유사한 재무회계개념체계를 사용하고 회계기준제정기구가 최근 발표한 회계기준을 우선하여 고려한다. 회계정책은 한국채택국제회계기준 또는 관련 법규 개정이 있거나, 새로운 회계정책을 적용함으로써 회계정보의 신뢰성과 목적적합성을 향상시킬 수 있을 때 변경할 수 있다. 회계정책 변경은 소급적용하므로 전기에 공시된 재무제표를 재작성한다. 회계추정 변경효과는 그 영향이 미치는 기간에 따라 전진적으로 인식한다. 전기오류는 오류 영향 또는 오류의 누적효과를 실무적으로 결정할 수 없는 경우를 제외하고는 소급하여 재무제표를 재작성한다. 오류 영향을 실무적으로 결정할 수 없다면 실무적으로 적용 가능한 가장 이른 회계기간까지 소급적용한다.

K-IFRS 제1008호(회계정책, 회계추정의 변경 및 오류)는 2007년 12월에 제정되었고, 관련되는 국제회계기준은 'IAS 8 Accounting Polices, Changes in Accounting Estimates and Errors'이다.

contents

18 CHAPTER

회계변경과 오류수정

| 학습목표 |

1. 경영진이 거래나 사건에 대해 적용할 수 있는 회계정책을 설명할 수 있다. 경영진은 거래, 기타 사건 또는 상황에 적절한 국제회계기준을 적용해야 한다. 특정 상황에 적용할 수 있는 국제회계기준이 없다면, 내용상 유사하고 관련된 회계논제를 다루는 국제회계기준 규정과 개념체계를 순차적으로 적용한다.
2. 회계정책 변경이 가능한 상황을 설명할 수 있다. 국제회계기준에서 회계정책 변경을 요구하거나 회계정책 변경을 반영한 재무제표가 신뢰성 있고 더 목적적합한 정보를 제공할 수 있다고 판단하면 회계정책을 변경할 수 있다.
3. 회계정책을 변경한 경우의 회계처리를 설명할 수 있다. 회계정책 변경은 소급적용하여 비교표시되는 재무제표를 재작성한다. 비교정보에 대해 특정기간에 미치는 회계정책 변경의 영향을 결정할 수 없다면 소급적용한 가장 이른 기간의 재무제표를 재작성하고, 과거기간 전체에 대해 새로운 회계정책 적용의 누적효과를 결정할 수 없다면 전진적으로 적용한다.
4. 회계추정을 변경한 경우의 회계처리를 설명할 수 있다. 회계추정 변경효과는 변경이 발생한 기간이나 변경이 발생한 기간과 미래기간의 당기손익에 포함하여 전진적으로 인식한다.
5. 오류가 발생한 경우의 회계처리를 설명할 수 있다. 중요한 전기오류는 발견된 이후 최초로 발행을 승인하는 재무제표에 전기오류를 소급하여 수정한다. 국제회계기준에서는 중요하지 않은 전기오류에 대한 언급은 없으나, 경영진 판단에 따라 당기손익에 반영할 수 있다.

| 주요 용어 |

- 회계정책 : 기업이 재무제표를 작성 · 표시하기 위해 적용하는 구체적인 원칙, 근거, 관습, 규칙 및 관행
- 회계정책 변경 : 재무제표 작성과 보고에 적용하던 일반적으로 인정된 회계정책을 다른 일반적으로 인정된 회계정책으로 변경하는 것
- 회계추정 변경 : 자산과 부채의 현재 상태를 평가하거나 자산과 부채와 관련된 예상되는 미래효익과 의무를 평가한 결과에 따라 조정하는 것
- 오류 : 과거기간에 재무제표를 작성할 때 신뢰할 만한 정보를 이용하지 못했거나 잘못 이용해 발생한 재무제표에의 누락이나 왜곡표시
- 자동조정 오류 : 오류가 발생한 회계기간과 그 다음 회계기간 손익에 정확히 반대 영향을 미치며 그 후에는 영향이 없는 오류

제1절 회계정책

1. 회계정책의 선택과 적용

(1) 회계정책의 선택

회계정책(accounting policies)은 기업이 재무제표를 작성 · 표시하기 위해 적용하는 구체적인 원칙, 근거, 관습, 규칙 및 관행을 말한다. 경영진은 발생한 거래나 사건이 기업에 미친 영향을 충실하게 표현하여 회계정보이용자의 의사결정에 목적적합한 회계정보를 제공할 수 있도록 회계정책을 선택해야 한다.

(2) 회계정책의 적용

경영진은 거래, 기타 사건 또는 상황에 적절한 한국채택국제회계기준을 적용해야 한다. 거래, 기타 사건 또는 상황에 대해 구체적으로 적용할 수 있는 한국채택국제기준이 없을 수 있다. 이때 경영진은 판단에 따라 회계정책을 개발 및 적용하여 회계정보를 작성할 수 있으며, 회계정보는 이용자의 경제적 의사결정 요구에 목적적합하고 신뢰할 수 있어야 한다.

특정 상황에 적용할 수 있는 K-IFRS가 없다면, 경영진은 회계정보가 보유해야 할 특성을 판단할 때 다음 사항을 순차적으로 참조하여 적용가능성을 고려한다.

(1단계) 내용상 유사하고 관련된 회계논제를 다루는 한국채택국제회계기준 규정
(2단계) 자산, 부채, 수익, 비용에 대한 '개념체계'의 정의 및 측정개념

(3) 일관성 있는 회계정책 적용

국제회계기준에서 특정 범주별로 서로 다른 회계정책을 적용하도록 규정하거나 허용하는 경우(예: 유형자산, 무형자산, 금융자산의 범주)를 제외하고는 유사한 거래, 기타 사건 및 상황에 동일한 회계정책을 선택하여 일관성 있게 적용한다. 국제회계기준에서 범주별로 서로 다른 회계정책을 적용하도록 규정하거나 허용한다면, 각 범주에 대해 선택한 회계정책을 일관성 있게 적용한다.

2. 회계정책의 변경

회계정책 변경이란 재무제표 작성과 보고에 적용하던 일반적으로 인정된 회계정책을 다른 일

반적으로 인정된 회계정책으로 변경을 말한다. 회계정책 변경의 예로는 재고자산 가격결정방법을 선입선출법에서 평균법으로 변경, 유형자산 측정을 원가모형에서 재평가모형으로 변경을 들 수 있다.

(1) 회계정책 변경이 가능한 상황

회계정책 변경은 언제나 허용되는 것은 아니며, 다음 중 하나에 해당하면 회계정책을 변경할 수 있다.

[회계정책 변경이 가능한 상황]

① 한국채택국제회계기준에서 회계정책 변경을 요구하는 경우
② 회계정책 변경을 반영한 재무제표가 거래, 기타 사건 또는 상황이 재무상태, 재무성과 또는 현금흐름에 미치는 영향에 대해 신뢰성있고 더 목적적합한 정보를 제공하는 경우

(2) 회계정책 변경에 해당하지 않는 경우

회계정책 변경에 해당하지 않으나 회계정책 변경으로 오해하는 사례가 빈번하다. 다음과 같이 실제 상황이 변화하거나 중요성이 변화하는 사례는 회계정책 변경에 해당하지 않는다.

[회계정책 변경이 아닌 사례]

① 실제 상황의 변화 : 과거에 발생한 거래와 실질이 다른 거래, 기타 사건 또는 상황에 대해 다른 회계정책을 적용하는 경우. 새로운 유형의 재고자산을 구입하여 기존의 재고자산평가방법과 다른 새로운 방법을 적용한다면 회계정책 변경에 해당하지 않는다.
② 중요성 변화 : 과거에 발생하지 않았거나 발생했어도 중요하지 않았던 거래, 기타 사건 또는 상황에 대해 새로운 회계정책을 적용하는 경우. 예를 들어, 금액이 미미하여 지출연도 비용으로 처리하다 금액이 중요해져 충당부채를 설정하기로 한다면, 회계정책 변경이 아닌 정당한 회계처리에 해당한다.

(3) 회계정책 변경의 적용

1) 소급적용

특정기간에 미치는 영향이나 누적효과를 실무적으로 결정할 수 없는 경우를 제외하고는, 회계정책 변경은 소급적용하여 과거 재무제표를 재작성한다. 회계정책 변경을 소급적용하면, 비교 표시되는 가장 이른 과거기간의 영향 받는 자본의 각 구성요소의 기초 금액과 비교 공시되는 각 과거기간의 기타 대응금액을 새로운 회계정책이 처음부터 적용된 것처럼 조정한다.

2) 소급적용의 한계

비교표시되는 하나 이상의 과거기간 비교정보에 대해 특정기간에 미치는 회계정책 변경의 영향을 실무적으로 결정할 수 없을 수 있다. 이때는 실무적으로 소급적용할 수 있는 가장 이른 회계기간의 자산 및 부채의 기초장부금액에 새로운 회계정책을 적용하고, 그에 따라 변동하는 자본 구성요소의 기초금액을 조정한다.

당기 기초시점에 과거기간 전체에 대한 새로운 회계정책 적용의 누적효과를 실무적으로 결정할 수 없을 수 있다. 이때는 실무적으로 적용할 수 있는 가장 이른 날부터 새로운 회계정책을 전진적용하여 비교정보를 재작성한다.

〈예 1〉 회계정책의 변경

A기업은 20×1년 초에 설립되었다. 설립시점부터 20×3년 말까지 재고자산 원가흐름가정으로 선입선출법을 적용했다. A기업은 20×4년 말부터 재고자산 원가흐름가정을 평균법으로 변경했다. 각 재고자산 평가방법에서 기말재고자산 금액은 다음과 같다.

구분	20×1년 말	20×2년 말	20×3년 말	20×4년 말
① 선입선출법	4,000	5,000	6,000	5,600
② 평균법	4,400	5,200	6,600	4,800
차액(① − ②)	400	200	600	(800)

회계정책 변경으로 20×4년 기초이익잉여금에 미치는 영향을 살펴보자. 실무에서는 법인세효과가 발생하나 복잡해지므로 고려하지 않는다. 오류수정에서 살펴보겠으나, 회계정책 정책 변경 전 평가방법(선입선출법)을 틀린 금액으로, 정책 변경 후 평가방법(평균법)을 올바른 금액으로 보고 그 차액을 수정한다고 이해하자. 예를 들어, 20×1년 말 기말재고자산은 ₩400 과소계상되어 있다고 볼 수 있다. 기말재고자산 과소계상은 당기순이익을 과소계상하므로 아래 표를 작성할 때 ₩400을 20×1년 당기순이익에 가산한다. 20×1년 말 기말재고자산은 20×2년에 판매되므로 20×2년 당기순이익에서 차감한다.

[회계변경 누적효과]

구분	20×1년 말	20×2년 말	20×3년 말	20×4년 기초이익잉여금
당기순이익	×××	×××	×××	×××
재고자산				

20×1년	400	(400)		
20×2년		200	(200)	
20×3년			600	600

회계변경과 관련하여 회계변경 누적효과를 인식하는 회계처리를 수행한다. 20×3년 말 기말재고자산 ₩600은 20×4년에 비용(매출원가)이 된다. 20×4년 중 회계정책을 변경했으므로 선입선출법(₩5,600)과 평균법(₩4,800)의 차액인 기말재고자산 ₩800을 감소시킨다.

회계변경 누적효과	(차) 매출원가	600	(대) 이익잉여금	600
기말재고 효과	(차) 매출원가	800	(대) 재고자산	800

전기에 다음과 같이 손익계산서와 재무상태표를 공시했다고 하자.

[20×3년 재무제표]

손익계산서	20×2년	20×3년
매출액	₩10,000	₩12,000
매출원가	(8,000)	(9,500)
매출총이익	₩2,000	₩2,500

재무상태표	20×2년	20×3년
재고자산	₩5,000	₩6,000

회계정책을 변경하면 당기 재무제표에 비교정보로 표시되는 전기 재무제표(20×3년)를 재작성한다. 20×3년 재고자산은 평균법으로 평가한 금액으로 소급하여 재작성하고, 20×3년 매출원가와 당기순이익도 평균법으로 평가한 금액으로 소급하여 재작성한다.

[20×4년 재무제표]

손익계산서	20×3년	20×4년
매출액	₩12,000	₩14,000
매출원가	(9,100)	(11,500)
매출총이익	₩2,900	₩2,500

재무상태표	20×3년	20×4년
재고자산	₩6,600	₩4,800

제2절 회계추정의 변경

회계추정 변경은 자산과 부채의 현재 상태를 평가하거나 자산과 부채와 관련된 예상되는 미래 효익과 의무를 평가한 결과에 따라 자산이나 부채의 장부금액 또는 기간별 자산의 소비액을 조정하는 것을 말한다. 회계추정 변경은 새로운 정보의 획득, 새로운 상황의 전개 등에 따라 지금까지 사용해오던 회계 추정치를 바꾸는 것이므로, 오류수정에 해당하지 않는다. 회계정책 변경과 회계추정 변경을 구분하기 어렵다면 회계추정 변경으로 본다.

1. 회계추정이 필요한 상황

사업활동에 내재된 불확실성으로 재무제표의 많은 항목은 최근 이용가능하고 신뢰성있는 정보에 기초한 추정이 필요하다. 합리적 추정의 사용은 재무제표 작성의 필수적인 과정이며 재무제표 신뢰성을 손상시키지 않는다.

[추정이 필요할 수 있는 항목]

① 대손
② 재고자산 진부화
③ 금융자산이나 금융부채의 공정가치
④ 감가상각자산의 내용연수 또는 감가상각자산에 내재된 미래경제적효익의 기대소비행태
⑤ 품질보증의무

2. 회계추정 변경의 회계처리

회계추정의 변경효과는 전진적으로 인식하므로 그 효과는 당기 및 장래 기간에 적용된다. 회계추정 변경이 자산 및 부채의 장부금액을 변경하거나 자본 구성요소에 관련될 수 있다. 이때는 회계추정을 변경한 기간에 관련 자산, 부채 또는 자본 구성요소의 장부금액을 조정하여 회계추정 변경효과를 인식한다.

[표 1] **회계정책 변경과 회계추정 변경의 비교**

구분	회계정책 변경	회계추정 변경
회계처리방법	소급법	전진법
회계변경누적효과 반영	기초이익잉여금에 반영	당기 및 미래기간에 반영
전기재무제표	비교재무제표에 수정 반영	수정하지 않음

〈예 2〉 회계추정의 변경

> A기업은 20×1년 초 기계장치를 ₩1,200,000에 취득했다. 내용연수는 10년이고, 내용연수 말 잔존가치는 ₩200,000이며, 정액법으로 감가상각한다. 20×4년 초 기계장치의 잔존내용연수는 4년으로, 잔존가치는 ₩100,000으로 추정을 변경했다.

20×1년부터 20×3년까지 매년 감가상각비 ₩100,000[(₩1,200,000 − 200,000)÷10년]을 인식했다. 20×4년 초 기계장치 장부금액은 ₩900,000[₩1,200,000(취득원가) − 300,000(감가상각누계액)]이다. 회계추정 변경은 전진법으로 처리하므로, 20×4년 초에 취득원가와 잔존가치가 각각 ₩900,000과 ₩100,000인 기계장치(내용연수: 4년)를 취득한 것처럼 감가상각비를 인식한다.

(차)	감가상각비	200,000 (주)	(대)	감가상각누계액	200,000

㈜ (₩900,000 − 100,000) ÷ 4년 = ₩200,000

제3절 오류수정

1. 오류의 정의

전기오류는 과거기간에 재무제표를 작성할 때 신뢰할 만한 정보를 이용하지 못했거나 잘못 이용해 발생한 누락이나 왜곡표시를 말한다. 이러한 오류에는 산술적 계산오류, 회계정책의 적용오류, 사실의 간과 또는 해석의 오류 및 부정의 영향을 포함한다.

실무적으로 회계추정 변경과 오류를 구분하기 어려울 때가 있다. 신뢰할 만한 정보에 기반하여 회계처리했으나 추정의 변경이 발생하면 오류에 해당하지 않는다.

2. 오류수정의 회계처리

(1) 원칙

중요한 전기오류가 발견된 이후 최초로 발행을 승인하는 비교재무제표를 재작성하여 전기오류를 소급하여 수정한다. 전기오류는 특정기간에 미치는 오류 영향이나 오류 누적효과를 실무적으로 결정할 수 없는 경우를 제외하고는 소급재작성하여 수정한다.

[비교재무제표 재작성]

① 오류가 발생한 과거기간의 재무제표 비교표시 : 재무정보를 재작성
② 오류가 비교표시되는 가장 이른 과거기간 이전에 발생 : 비교표시되는 가장 이른 과거기간의 자산, 부채 및 자본의 기초금액을 재작성

K-IFRS에서는 중요하지 않은 오류 수정에 대한 언급이 없다. 중요하지 않은 사소한 금액의 오류는 경영진 판단에 따라 당기손익에 반영할 수 있을 것이다.

(2) 소급재작성의 한계

비교표시되는 하나 이상의 과거기간 비교정보에 대해 특정기간에 미치는 오류 영향을 실무적으로 결정할 수 없는 상황도 발생한다. 이때는 실무적으로 소급재작성할 수 있는 가장 이른 회계기간의 자산, 부채 및 자본의 기초금액을 재작성한다.

당기 기초시점에 과거기간 전체에 대한 오류의 누적효과를 실무적으로 결정할 수 없을 수 있다. 이때는 실무적으로 적용할 수 있는 이른 날부터 전진적으로 오류를 수정하여 비교정보를 재작성한다.

3. 오류유형에 따른 회계처리

장부마감이라는 표현을 사용한다. 회계기간 종료 후 작성된 재무제표는 외부감사를 받은 후 이사회에서 재무제표 발행을 승인한다. 장부마감은 이사회 재무제표 발행 승인일을 의미한다. 즉, 이사회 재무제표 발행 승인일 이전이라면 '장부 마감 전'이라고 부른다. 손익계산서에만 영향을 미치는 수익계정간 또는 비용계정간 분류 오류에 대한 수정은 장부마감 여부에 따라 달라진다. 장부마감 전에 오류를 발견했다면 수정분개가 필요하다. 장부가 마감되었다면 이익잉여금계정에 반영되었기 때문에 당해 연도에 미치는 영향은 없다. 비교재무제표를 작성할 때 해당 연도 재무제표를 수정하여 보고해야 한다.

(1) 계정분류 오류

① 재무상태표 계정분류 오류

재무상태표 계정을 잘못 분류하여 발생하는 오류이다. 예를 들어, 금융기관으로부터 차입하여 현금을 수령하면 차입금으로 기록해야 하는데, 선수금으로 기록하면 재무상태표에만 영향을 미친다.

② 손익계산서에만 영향을 미치는 오류

손익계산서 계정을 잘못 분류하여 발생하는 오류이다. 예를 들어, 유형자산처분이익을 매출로 기록하거나 이자비용을 수수료비용으로 기록하여 당기순이익이나 재무상태표에는 영향을 미치지 않는 오류이다. 실무에서는 당기순이익에 미치는 영향은 없으나 기타수익으로 분류해야 할 항목을 매출로 기록하여 매출총이익과 영업이익을 높게 보고 하기 위한 목적으로 의도적인 왜곡표시를 시도하기도 한다.

(2) 자동조정 오류

오류가 발생한 회계기간과 다음 회계기간 손익에 정확히 반대 영향을 미치며 이후에는 영향이 없는 오류를 자동조정오류라고 한다. 자동조정오류는 선급비용, 선수수익, 미지급비용, 미수수익, 재고자산 오류, 매입채무나 매출채권의 기간 귀속 오류 등에서 발생할 수 있다.

① 선급비용을 당기비용으로 처리

자동차보험이나 화재보험에 가입하는데 보험회사에 1년분 보험료를 선급한다. 회계기간에 해당하는 부분만 비용(보험료)으로 인식하고, 기간이 도래하지 않은 부분은 자산(선급비용)으로 인식해야 한다. 실무에서는 보험료 지급시점에서 비용으로 인식하는 오류가 빈번하게 발생한다.

〈예 3〉 선급비용 누락

기업A(회계기간 : 1월 1일부터 12월 31일)는 20×1년 7월 초 1년분 보험료 ₩12,000을 선급하고 이를 당기비용으로 기록했다. 보험가입기간은 20×1년 7월 1일부터 20×2년 6월 30일까지이다.

회사의 회계처리와 올바른 회계처리를 파악한 후 수정분개를 수행한다. 보험료 과대계상으로 당기순이익은 과소계상되므로 손익정산표를 작성할 때 양수(당기순이익에 가산)로 기재해야 당기순이익을 올바르게 수정할 수 있다. 선급비용 과소계상은 자동조정오류에 해당하므로 다음 연도에 부호만 변경하여 동일한 금액을 기입한다. 오류를 20×2년 장부마감 후 발견했다면 해당 오류는 상쇄되므로 수정분개는 수행하지 않는다.

[손익정산표]

구분	20×1년	20×2년
보고된 당기순이익	×××	×××
보험료 과대계상	6,000	(6,000)
수정된 당기순이익	×××	×××

[20×1년 장부마감 전 수정분개]

구분						
회사의 회계처리	(차)	보 험 료	12,000	(대)	현 금	12,000
올바른 회계처리	(차)	보 험 료 선급보험료	6,000 6,000	(대)	현 금	12,000
수정분개	(차)	선급보험료	6,000	(대)	보험료	6,000
	(오류영향) ① 20×1년 비용 ₩6,000 과대계상 → 20×1년 당기순이익 ₩6,000 과소계상 ② 20×2년 비용 ₩6,000 과소계상 → 20×2년 당기순이익 ₩6,000 과대계상 ③ 20×1년 말 선급비용(자산) ₩6,000 과소계상					

[20×1년 장부마감 후 수정분개]

20×1년 장부가 마감되면 20×1년 손익계정을 수정할 수 없으므로, 전기오류수정손익(이익잉여금)으로 기록한다.

(차)	선급보험료	6,000	(대)	전기오류수정이익(기초이익잉여금)	6,000

② 선수수익(차기 수익)을 당기수익으로 처리

1년분 임대료를 임대계약 체결시점에서 수령하기도 한다. 임대료 수령시점에서 모두 수익으로 처리하는 오류가 빈번하게 발생한다. 회계기간에 해당하는 부분만 수익(임대료수익)으로 인식하고, 기간이 도래하지 않은 부분은 부채(선수수익)로 인식해야 한다.

〈예 4〉 선수수익 누락

부동산임대업을 영위하는 기업 A(회계기간 : 1월 1일부터 12월 31일)는 20×1년 7월 초 1년분 임대료 ₩12,000을 현금으로 수령하고 이를 모두 당기 임대료수익으로 기록했다. 임대기간은 20×1년 7월 1일부터 20×2년 6월 30일까지이다.

임대료수익 과대계상(선수수익 과소계상)으로 당기순이익이 과대계상되므로 손익정산표를 작성할 때 음수(당기순이익에서 차감)로 기재해야 당기순이익을 올바르게 수정할 수 있다. 임대료수익 과대계상은 자동조정오류에 해당하므로 다음 연도에 부호만 변경하여 동일한 금액을 기재한다.

[손익정산표]

구분	20×1년	20×2년
보고된 당기순이익	×××	×××
임대료수익 과대계상	(6,000)	6,000
수정된 당기순이익	×××	×××

[20×1년 장부마감 전 수정분개]

회사의 회계처리	(차)	현 금	12,000	(대)	임 대 료 수 익	12,000
올바른 회계처리	(차)	현 금	12,000	(대)	임 대 료 수 익 선수수익(부채)	6,000 6,000
수정분개	(차)	임대료수익	6,000	(대)	선수수익(부채)	6,000
	(오류영향) ④ 20×1년 수익 ₩6,000 과대계상 → 20×1년 당기순이익 ₩6,000 과대계상 ⑤ 20×2년 수익 ₩6,000 과소계상 → 20×2년 당기순이익 ₩6,000 과소계상 ⑥ 20×1년 말 선수수익(부채) ₩6,000 과소계상					

[20×1년 장부마감 후 수정분개]

20×1년 장부가 마감되면 20×1년 손익계정을 수정할 수 없으므로, 전기오류수정손익(이익잉여금)으로 기록한다.

(차)	전기오류수정손실(기초이익잉여금)	6,000	(대)	선수수익(부채)	6,000

③ 미지급비용(당기 비용)을 차기비용으로 처리

실무에서 발생주의에 따라 당기비용으로 인식해야 할 비용을 누락하고 관련 비용을 지급하는 시점에서 비용을 인식하는 오류가 빈번하게 발생한다. 회계기간에 해당하는 부분을 각각 비용과 부채로 인식한다.

〈예 5〉 미지급비용 누락

기업 A(회계기간 : 1월 1일부터 12월 31일)는 20×1년 7월 초 B은행으로부터 영업자금을 차입했다. 1년분 이자 ₩12,000을 20×2년 6월 30일에 현금으로 지급하고 이를 모두 20×2년에 이자비용으로 기록했다.

이자비용 과소계상(미지급이자 과소계상)으로 당기순이익 과대계상되므로 손익정산표를 작성할 때 음수(당기순이익에서 차감)로 기재해야 당기순이익을 올바르게 수정할 수 있다. 이자비용 과소계상은 자동조정오류에 해당하므로 다음 연도에 부호만 변경하여 동일한 금액을 기입한다.

[손익정산표]

구분	20×1년	20×2년
보고된 당기순이익	×××	×××
이자비용 과소계상	(6,000)	6,000
수정된 당기순이익	×××	×××

[20×1년 장부마감 전 수정분개]

구분	내용
회사의 회계처리	– 회계처리 없음 –
올바른 회계처리	(차) 이자비용 6,000 (대) 미지급이자(부채) 6,000
수정분개	(차) 이자비용 6,000 (대) 미지급이자(부채) 6,000 (오류영향) ⑦ 20×1년 비용 ₩6,000 과소계상 → 20×1년 당기순이익 ₩6,000 과대계상 ⑧ 20×2년 비용 ₩6,000 과대계상 → 20×2년 당기순이익 ₩6,000 과소계상 ⑨ 20×1년 말 미지급이자(부채) ₩6,000 과소계상

[20×1년 장부마감 후 수정분개]

20×1년 장부가 마감되면 20×1년 손익계정을 수정할 수 없으므로, 전기오류수정손익(이익잉여금)으로 기록한다.

(차)	전기오류수정손실(기초이익잉여금)	6,000	(대)	미지급이자(부채)	6,000

④ 기말 재고자산 오류

기말 재고자산 과대 또는 과소 계상 오류는 [표 2]와 같은 영향을 미친다. 매출원가 산식은 "기초재고자산 + 당기매입액 − 기말재고자산"이고, 당기의 기말재고자산이 차기의 기초재고자산이라는 점을 고려하면 쉽게 이해할 수 있다.

[표 2] 기말재고자산 오류

오류 유형	당기 매출원가	당기 이익	차기 매출원가	차기 이익
당기말 재고자산 과대계상	과소계상	과대계상	과대계상	과소계상
당기말 재고자산 과대계상	과대계상	과소계상	과소계상	과대계상

〈예 6〉 기말재고자산 과대계상 오류

A기업은 20×1년 말 재고자산 ₩10,000을 과대계상했다.

실무에서는 기말재고자산을 과대계상하여 당기순이익을 과대계상하는 사례가 빈번하다. 기말재고 과대계상으로 당기순이익은 과대계상되므로 손익정산표를 작성할 때 음수(당기순이익에서 차감)로 기재한다. 기말재고 과대계상은 자동조정오류에 해당하므로 다음 연도에 부호만 변경하여 동일한 금액을 기재한다.

[손익정산표]

구분	20×1년	20×2년
보고된 당기순이익	×××	×××
기말재고 과대계상	(10,000)	10,000
수정된 당기순이익	×××	×××

[20×1년 장부마감 전 수정분개]

(차)	매출원가	10,000	(대)	재고자산	10,000

(오류영향)

① 20×1년 기말재고자산 ₩10,000 과대계상 → 기말재고자산 ₩6,000 감소 조정

② 20×1년 매출원가 ₩10,000 과소계상 → 매출원가 ₩10,000 증가 조정

[20×1년 장부마감 후 수정분개]

20×1년 장부가 마감되면 20×1년 손익계정을 수정할 수 없으므로, 전기오류수정손익(이익잉여금)으로 기록한다.

(차)	전기오류수정손실(기초이익잉여금)	10,000	(대)	재고자산	10,000

(3) 비자동조정 오류

두 회계기간을 초과하여 계속적으로 영향을 미치는 오류를 비자동조정오류라고 한다. 예를 들어, 유형자산에 대한 수익적지출을 자본적지출로 처리하거나 대손충당금 과소설정이 비자동조정오류에 해당한다.

〈예 7〉 수익적지출을 자본적지출로 처리

A기업은 20×1년 초 기계장치를 ₩1,000,000에 취득했다. 기계장치의 잔존가치는 없고, 정액법으로 감가상각한다. A기업은 20×3년 7월 초 기계장치에 대한 수익적지출 ₩300,000을 자본적지출로 회계처리하고, 자본적지출에 대한 6개월분 감가상각비로 ₩30,000을 인식했다.

실무에서 흔히 발생하는 의도적인 왜곡표시에 해당한다. 수선비 과소계상으로 당기순이익이 과대계상되므로 손익정산표를 작성할 때 음수(당기순이익에서 차감)로 기록한다. 감가상각비 과대계상으로 당기순이익이 과소계상되므로 양수(당기순이익에 가산)로 기재한다.

[손익정산표]

구분	20×3년	20×4년	20×5년
보고된 당기순이익	×××	×××	×××
수선비 과소계상	(300,000)		
감가상각비 과대계상	30,000	60,000	60,000
수정된 당기순이익	×××	×××	×××

[20×3년 장부마감 전 수정분개]

회사의 회계처리	(차)	기 계 장 치	300,000	(대)	현 금	300,000
	(차)	감 가 상 각 비	30,000	(대)	감가상각누계액	30,000
올바른 회계처리	(차)	수 선 비	300,000	(대)	현 금	300,000
수정분개	(차)	감가상각누계액	30,000	(대)	감 가 상 각 비	30,000
		수 선 비	300,000		기 계 장 치	300,000

(오류영향)

① 수선비 ₩300,000 과소계상 → 당기순이익 ₩300,000 과대계상

② 감가상각비 ₩30,000 과대계상 → 당기순이익 ₩30,000 과소계상

③ 기계장치 ₩300,000 과대계상, 감가상각누계액 ₩30,000 과대계상

[20×3년 장부마감 후 수정분개]

20×3년 장부가 마감되었다면 20×1년 손익계정을 수정할 수 없으므로, 전기오류수정손익(이익잉여금)으로 기록한다.

(차)	감 가 상 각 누 계 액	30,000	(대)	기계장치	300,000
	전기오류수정손실(이익잉여금)	270,000			

연습문제

[문 1] 진위형 문항

다음 문항을 읽고 맞는 기술이면 'ㅇ'로 표시하고, 틀린 기술이면 '×'로 표시하되 그 이유를 기재하시오.

1. 특정 상황에 적용할 수 있는 한국채택국제회계기준이 없다면, 경영진은 내용상 유사한 회계논제를 다루는 한국채택국제회계기준을 먼저 참조하고, 개념체계의 정의 및 측정개념을 참조하여 적용가능성을 고려한다.
2. 한국채택국제회계기준에서 회계정책 변경을 요구하거나, 회계정책 변경을 반영한 재무제표가 신뢰성 있고 더 목적적합한 정보를 제공한다면, 회계정책을 변경할 수 있다.
3. 특정기간에 미치는 영향이나 누적효과를 실무적으로 결정할 수 없는 경우를 제외하고는, 회계정책 변경은 소급적용하여 과거 재무제표를 재작성한다.
4. 추정의 근거가 되었던 상황 변화로 추정의 수정이 필요하면, 오류수정으로 본다.
5. 회계정책의 변경과 회계추정의 변경을 구분하기 어렵다면 회계정책의 변경으로 본다.
6. 회계정책의 변경과 회계추정의 변경은 그 효과를 소급하여 인식한다.
7. 중요한 전기오류가 발견되면, 이후 최초로 발행한 승인하는 재무제표에 전기오류를 소급하여 수정한다.
8. 비교표시되는 하나 이상의 과거기간 비교정보에 대해 특정기간에 미치는 오류 영향을 결정할 수 없다면, 오류를 발견한 기간의 재무제표에 이를 반영한다.
9. 당기말 재고자산을 과대계상하면 당기 이익은 과소계상되고, 차기 이익은 과대계상된다.
10. 두 회계기간을 초과하여 계속적으로 영향을 미치는 오류를 비자동조정오류라고 한다.
11. 수선비로 처리해야 할 지출을 자산으로 인식하면, 오류발생연도의 당기순이익은 과대계상된다.

해답

1. ㅇ
2. ㅇ
3. ㅇ
4. ×. 성격상 추정의 수정은 과거기간과 연관되지 않으며 오류수정으로 보지 않는다.
5. ×. 회계정책의 변경과 회계추정의 변경을 구분하기 어렵다면 회계추정의 변경으로 본다.
6. ×. 회계정책의 변경은 소급하여 적용하나, 회계추정의 변경은 그 효과를 전진적으로 인식한다.
7. ㅇ
8. ×. 실무적으로 소급재작성할 수 있는 가장 이른 회계기간의 자산, 부채 및 자본의 기초금액을 재작성한다.
9. ×. 당기말 재고자산을 과대계상하면 당기이익은 과대계상되고, 차기 이익은 과소계상된다.
10. ㅇ
11. ㅇ

[문 2] 회계정책 변경

비제(주)는 설립일 이후 재고자산 단위원가 결정방법으로 이동평균법을 사용해 왔다. 실제 재고자산 흐름을 검토했는데, 선입선출법이 보다 신뢰성 있고 좀 더 목적적합한 정보를 제공한 것으로 판단하여 20×2년 말에 단위원가 결정방법을 선입선출법으로 변경했다. 각 방법에서의 재고자산과 매출원가는 다음과 같다.

구분	재고자산		매출원가
	20×1년 말	20×2년 말	(20×1년)
이동평균법	₩40,000	₩70,000	₩400,000
선입선출법	50,000	76,000	?
차액	(10,000)	(6,000)	

물음

1. 회계변경에 따른 회계처리를 제시하시오.
2. 포괄손익계산서에 비교정보로 공시되는 20×1년의 매출원가를 구하시오

해답

1. 회계변경 회계처리

[회계변경 누적효과]

구분	20×1년	20×2년
20×1년 말 재고자산	10,000	(10,000)
20×2년 말 재고자산		6,000

회계변경 누적효과	(차)	매출원가	10,000	(대)	이익잉여금	10,000
기말재고 효과	(차)	재고자산	6,000	(대)	매출원가	6,000

2. 20×1년 매출원가

₩400,000(이동평균법 매출원가) + 10,000(기초재고 증가) - 6,000(기말재고 증가) = ₩404,000

[문 3] 회계추정 변경

불레즈(주)는 20×1년 1월 1일에 기계장치를 ₩11,000,000에 취득했다. 취득당시 기계장치 내용연수는 5년, 잔존가치는 ₩1,000,000이고, 정액법으로 감가상각한다.

20×3년 1월 1일, 기계장치를 당초 내용연수보다 몇 년간 더 사용할 수 있다고 추정하여 내용연수 종료일을 20×9년 말로 변경했다. 내용연수 연장과 함께 감가상각방법을 연수합계법으로 변경하고, 잔존가치를 ₩0으로 추정했다.

물음

1. 불레즈(주)가 20×3년에 포괄손익계산서에 인식해야 할 감가상각비를 구하시오.
2. 불레즈(주)의 20×3년 말 재무제표에 공시해야 할 다음 금액을 구하시오.

재무상태표

	20×2년	20×3년
기계장치	①	②

주석

기계장치	₩11,000,000	₩11,000,000
감가상각누계액	(③)	(④)
장부금액	①	②

해답

1. 감가상각비

(1) 20×2년 말 장부금액 = ₩11,000,000(취득원가) - (11,000,000 - 1,000,000)×2/5 = ₩7,000,000

(2) 20×3년 감가상각비 = ₩7,000,000×7/28 = ₩1,750,000

〈해설〉

- 감가상각방법의 변경, 내용연수 및 잔존가치에 대한 추정이 모두 변경되었다. 회계추정의 변경이 발생하면 기초 장부금액을 구한 후 추정의 변경 효과를 계산한다.

2. 재무제표 공시

재무상태표

	20×2년	20×3년
기계장치	③ ₩7,000,000	④ ₩5,250,000

주석

기계장치	₩11,000,000	₩11,000,000
감가상각누계액	① (4,000,000)	② (5,750,000)
장부금액	③ ₩7,000,000	④ ₩5,250,000

① (11,000,000 - 1,000,000)×2/5 = ₩4,000,000
② ₩4,000,000(기초) + 1,750,000(감가상각비) = ₩5,750,000

[문 4] 오류수정

20×3년에 과거 회계기록을 검토 중 다음과 같은 오류를 발견하였다.

구분	20×1년	20×2년	20×3년
보고된 당기순이익	₩130,000	₩132,000	₩124,000
발견된 오류사항			
① 재고실사 오류로 인한 기말재고 과대평가	12,000	16,000	8,000
② 발생한 급여 과소계상(다음 연도에 모두 지급)	1,600	3,000	1,800
③ 유형자산 감가상각비 과소계상	5,600	5,000	4,400

물음

1.각 연도에 보고해야 할 수정 후 당기순이익을 구하시오.

2.20×3년에 수행해야 할 오류수정분개를 제시하시오. 단, 20×3년의 장부는 마감전이다.

3.20×3년에 수행해야 할 오류수정분개를 제시하시오. 단, 20×3년의 장부는 마감되었다.

해답

1. 수정 후 당기순이익

[손익정산표]

구분	20×1년	20×2년	20×3년
보고된 당기순이익	₩130,000	₩132,000	₩124,000
발견된 오류사항			
① 기말재고 과대평가			
20×1년	(12,000)	12,000	
20×2년		(16,000)	16,000
20×3년			(8,000)
② 급여 과소계상			
20×1년	(1,600)	1,600	
20×2년		(3,000)	3,000
20×3년			(1,800)
③ 감가상각비 과소계상			
20×1년	(5,600)		

20×2년		(5,000)	
20×3년			(4,400)
수정 후 당기순이익	110,800	121,600	128,800

2. 장부마감 전 수정분개

(1) 기말재고 과대평가

(차)	이익잉여금	16,000	(대)	매출원가	16,000
	매 출 원 가	8,000		재고자산	8,000

(2) 급여 과소계상

(차)	이익잉여금	3,000	(대)	급　　　여	3,000
	급　　　여	1,800		미지급급여	1,800

(3) 감가상각비 과소계상

(차)	이익잉여금	10,600	(대)	감가상각누계액	10,600
	감가상각비	4,400		감가상각누계액	4,400

3. 장부마감 후 수정분개

(1) 기말재고 과대평가

(차)	이익잉여금	8,000	(대)	재고자산	8,000

(2) 급여 과소계상

(차)	이익잉여금	1,800	(대)	미지급급여	1,800

(3) 감가상각비 과소계상

(차)	이익잉여금	15,000	(대)	감가상각누계액	15,000

19 현금흐름표

CHAPTER

한눈에 살펴보는 이 장의 내용

본 장에서는 현금흐름표 작성방법을 살펴본다. 현금흐름표는 회계기간에 발생한 현금흐름을 영업활동, 투자활동 및 재무활동으로 분류하여 보고한다. 영업활동은 기업의 주요 수익창출활동, 투자활동이나 재무활동이 아닌 기타 활동을 말한다. 영업활동은 주로 제품의 생산과 판매활동, 상품과 용역의 구매와 판매활동 및 관리활동을 포함한다. 영업활동 현금흐름은 총현금유입과 총현금유출을 주요 항목별로 구분하여 표시하는 방법(직접법) 또는 당기순손익에 당기순손익 조정항목을 가감하여 표시하는 방법(간접법)이 있다. 투자활동은 장기성 자산 및 현금성자산에 속하지 않는 기타 투자자산의 취득과 처분을 말한다. 재무활동은 기업의 납입자본과 차입금의 크기 및 구성내용에 변동을 가져오는 활동을 말한다. 투자활동 현금흐름과 재무활동 현금흐름은 총현금유입과 총현금유출을 주요 항목별로 구분하여 총액으로 표시하는 것을 원칙으로 한다.

기업회계기준서 제1007호(현금흐름표)는 2007년 11월에 제정되었고, 관련되는 국제회계기준은 'IAS 7 Statement of Cash Flows'이다.

contents

19 현금흐름표

CHAPTER

| 학습목표 |

1. 재무상태표를 기준으로 영업 · 투자 · 재무활동으로 구분할 수 있다. 대부분의 유동자산 및 부채는 영업활동에 해당하고, 비유동자산은 이연법인세자산을 제외하고는 투자활동에 해당한다. 비유동부채 중 이연법인세부채, 충당부채 및 확정급여채무는 영업활동으로 분류하고 나머지는 재무활동으로 분류한다.
2. 영업활동 현금흐름을 계산할 수 있다. 영업활동 현금흐름은 직접법과 간접법 중 하나의 방법으로 보고한다. 직접법은 총현금유입과 총현금유출을 주요 항목별로 구분하여 표시한다. 간접법은 당기순손익에 현금을 수반하지 않는 거래, 과거 또는 미래의 영업활동 현금유입이나 현금유출의 이연 또는 발생, 투자활동 현금흐름이나 재무활동 현금흐름과 관련된 손익항목 영향을 조정하여 표시한다.
3. 투자활동 현금흐름을 계산할 수 있다. 투자활동 발생주의 순이익에 투자활동관련 자산증감 및 부채증감을 가감하여 계산한다.
4. 재무활동 현금흐름을 계산할 수 있다. 재무활동관련 자본증감에 재무활동관련 자산증감 및 부채증감을 가감하여 계산한다.

| 주요 용어 |

- 현금 : 보유 현금과 요구불예금
- 현금성자산 : 유동성이 매우 높은 단기 투자자산으로서 확정된 금액의 현금으로 전환이 용이하고 가치변동 위험이 경미한 자산으로서 취득 당시 만기가 3개월 이내인 것
- 현금흐름 : 현금및현금성자산의 유입과 유출
- 영업활동 : 기업의 주요 수익창출활동, 그리고 투자활동이나 재무활동이 아닌 기타의 활동
- 직접법 : 총현금유입과 총현금유출을 주요 항목별로 구분하여 표시하는 방법
- 간접법 : 당기순손익에 현금을 수반하지 않는 거래, 과거 또는 미래의 영업활동 현금유입이나 현금유출의 이연 또는 발생, 투자활동 현금흐름이나 재무활동 현금흐름과 관련된 손익항목 영향을 조정하여 표시하는 방법
- 투자활동 : 장기성 자산 및 현금성자산에 속하지 않는 기타 투자자산의 취득과 처분
- 재무활동 : 기업의 납입자본과 차입금 크기 및 구성내용에 변동을 가져오는 활동
- 비현금거래 : 현금유입 및 유출이 없는 투자 및 재무활동 거래

제1절 현금흐름표의 목적 및 효익

1. 현금흐름표의 목적

회계정보이용자는 경제적 의사결정을 위해 현금흐름의 창출능력과 현금흐름 시기와 확실성을 평가해야 한다. 기업의 현금흐름정보는 회계정보이용자에게 현금의 창출능력과 현금흐름 사용 용도를 평가하는 데 유용한 정보를 제공한다.

현금흐름표(statement of cash flows)는 회계기간에 발생한 현금흐름을 영업활동, 투자활동 및 재무활동으로 분류하여 현금흐름 변동에 관한 정보를 제공한다.

2. 현금흐름정보의 효익

회계정보이용자가 현금흐름표를 다른 재무제표와 같이 사용하면 순자산 변화, 재무구조(유동성과 지급능력 포함), 그리고 변화하는 상황과 기회에 적응하기 위해 현금흐름의 금액과 시기를 조절하는 능력을 평가하는 데 유용한 정보를 제공받을 수 있다.

[현금흐름정보의 유용성]

① 현금흐름정보는 현금및현금성자산의 창출능력을 평가하는 데 유용하고, 서로 다른 기업의 미래현금흐름의 현재가치를 비교 · 평가하는 모형을 개발할 수 있도록 한다.
② 현금흐름정보는 동일한 거래와 사건에 대해 서로 다른 회계처리를 적용함에 따라 발생하는 영향을 제거하기 때문에 영업성과에 대한 기업 간 비교가능성을 제고한다.
③ 역사적 현금흐름 정보는 미래현금흐름의 금액, 시기 및 확실성에 대한 지표로 자주 사용된다.
④ 역사적 현금흐름 정보는 과거에 추정한 미래현금흐름 정확성을 검증하고, 수익성과 순현금흐름 간의 관계 및 물가 변동의 영향을 분석하는 데 유용하다.

3. 현금및현금성자산

현금흐름표의 현금이란 재무상태표의 현금및현금성자산을 말한다. 현금은 보유 현금과 요구불예금을 말하며, 현금성자산은 유동성이 매우 높은 단기 투자자산으로서 확정된 금액의 현금으로 전환이 용이하고 가치변동 위험이 경미한 자산을 의미한다.

현금성자산(cash equivalents)은 투자나 다른 목적이 아닌 단기 현금수요를 충족하기 위한 목적으로 보유한다. 현금성자산으로 분류하기 위해서는 확정된 금액의 현금으로 전환이 용이하고, 가치변동 위험이 경미해야 하고, 취득일로부터 만기가 3개월 이내에 도래하는 경우에만 현금성자산으로 분류한다.

4. 활동의 구분

(1) 활동별로 현금흐름을 구분하는 이유

영업활동(operating activities) 현금흐름은 기업의 주요 수익창출활동에서 발생한다. 투자활동(investing activities) 현금흐름은 미래수익과 미래현금흐름을 창출할 자원의 확보를 위해 지출된 정도를 나타내고, 재무활동(financing activities) 현금흐름은 미래현금흐름에 대한 자본 제공자의 청구권을 예측하는 데 유용하다. 이러한 이유로 각 활동에 대한 현금흐름을 구분하여 공시한다.

정상적인 기업이라면 영업활동 현금흐름에서 순현금유입이 발생한다. 성장기에 있는 기업은 재무활동에서 조달한 현금을 설비 등에 투자하므로 재무활동 현금흐름에서는 순현금유입이 발생하고 투자활동 현금흐름에서는 순현금유출이 발생한다. 실무에서 영업활동 현금흐름과 당기순이익의 차이를 이용하여 분식회계를 판단하기도 한다. 왜냐하면 영업활동 현금흐름의 계산에는 추정 개입이 적고 조작하기 어렵기 때문이다.

(2) 활동의 구분

현금흐름표에서는 활동별로 현금흐름을 분류하므로 활동 구분이 중요하다. 재무상태표계정과 손익계산서계정은 서로 연결되어 있어 재무상태표계정만 분석해도 활동을 쉽게 구분할 수 있다. 예를 들어, 재무상태표의 매출채권과 재고자산은 영업활동으로 분류하는데, 손익계산서의 매출과 매출원가로 연계된다. 본서에서는 [표 1]과 같이 재무상태표를 기준으로 활동을 구분한다.

① 유동자산

단기대여금은 투자활동 관련 계정으로 분류하고, 나머지 계정은 영업활동으로 분류한다. 기업은 단기매매목적으로 유가증권이나 대출채권을 보유할 수 있는데, 유가증권이나 대출채권은 판매 목적으로 취득한 재고자산과 유사하다. 이러한 이유로 단기매매목적으로 보유하는 유가증권(FVPL금융자산) 취득과 판매에 따른 현금흐름은 영업활동으로 분류한다.

② 비유동자산

이연법인세자산은 영업활동 관련 계정으로 분류하고, 나머지 계정은 투자활동으로 분류한다. 대여금이나 채권 보유로 이자를 수취하고, 주식 보유로 배당금을 수령한다. 이자와 배당금은 투자자산에서 발생하는 수익이므로 투자활동으로 분류할 수 있다. 반면에 이자와 배당금은 당기순손익 결정에 영향을 미치므로 영업활동 현금흐름으로 분류할 수도 있다. K-IFRS에서는 이러한 상이한 시각을 모두 받아들이고 있어, 기업은 영업활동 현금흐름이나 투자활동으로 선택

[표 1] **활동 구분**

재무상태표

[유동자산]	[유동부채]
① 원칙 : 영업활동(FVPL금융자산 포함)	① 원칙 : 영업활동
② 예외 : 단기대여금 → 투자활동	② 예외 : 단기차입금, 미지급금 → 재무활동
[비유동자산]	[비유동부채]
① 원칙 : 투자활동	① 원칙 : 재무활동
② 예외 : 이연법인세자산 → 영업활동	② 예외 : 이연법인세부채, 충당부채, 확정급여채무 → 영업활동

㈜
① 이자수익, 이자비용, 배당금수익 : 본서에서는 영업활동으로 분류
② 배당금지급 : 본서에서는 재무활동으로 분류
③ 미지급금
(자산취득) 자산을 취득할 때 지급하는 현금유출은 투자활동으로 분류

(차)	유형자산	×××	(대)	현금	×××
				미지급금	×××

(대금지급) 미지급금을 지급할 때 현금유출은 실무상 편의를 위해 재무활동으로 분류

(차)	미지급금	×××	(대)	현금	×××

할 수 있다. 매 기간 일관성 있게 분류해야 하며, 영업활동으로 분류하면 이자와 배당금 수취를 별도로 표시해야 한다. 우리나라의 대부분 기업은 이자 및 배당금 수취를 영업활동으로 분류하므로, 본서에서도 영업활동으로 분류한다.

③ 유동부채

유동부채에서 단기차입금과 미지급금은 재무활동으로 분류하고, 나머지 계정은 영업활동으로 분류한다. 전기말 유동부채로 계상된 미지급법인세는 당기에 지급되어 현금유출이 발생한다. 법인세는 현금흐름표에서 영업활동, 투자활동, 재무활동으로 분류되는 현금흐름을 발생시키는 거래에서 생긴다. 실무에서 법인세 현금흐름을 활동별로 구분하기 어렵다. 이러한 이유로 법인세 현금흐름은 재무활동과 투자활동에 명백히 관련되지 않는 한 영업활동 현금흐름으로 분류한다.

④ 비유동부채

이연법인세부채, 충당부채와 확정급여채무는 영업활동으로 분류하고, 나머지 계정은 재무활동으로 분류한다. 차입금이나 사채에서 이자 지급으로 현금유출이 발생하는데, 기업 선택에 따라

영업활동이나 재무활동으로 분류할 수 있다. 자산을 취득할 때 발생하는 미지급금은 투자활동 현금흐름으로 분류하는 것이 타당하나, 실무상 편의를 위해 미지급금을 상환할 때 재무활동 현금유출로 분류한다.

⑤ 자본

자본과 자본잉여금은 재무활동 관련 계정이고, 이익잉여금은 영업활동 관련 계정에 해당한다. 이익잉여금 감소를 초래하는 배당금 지급은 재무자원을 획득하는 비용이므로 재무활동 현금흐름으로 분류할 수 있다. 영업활동 현금흐름에서 배당금을 지급할 수 있는 기업 능력을 판단하는데 도움이 되도록 영업활동 현금흐름의 구성요소로 분류할 수도 있다. 우리나라 기업은 배당금 지급을 대부분 재무활동으로 분류하므로, 본서에서도 재무활동으로 분류한다.

제2절 영업활동 현금흐름

1. 의의

영업활동에서 발생하는 현금흐름은 기업이 외부 재무자원에 의존하지 않고 영업을 통해 차입금 상환, 영업능력 유지, 배당금 지급, 신규투자 등에 필요한 현금흐름을 창출하는 정도를 파악하기 위한 중요한 지표이다. 과거 영업현금흐름의 특정 구성요소에 대한 정보를 다른 정보와 함께 사용하여 추세분석을 수행하면 미래 영업현금흐름을 예측하는 데 유용하다.

영업활동 현금흐름은 주로 기업의 주요 수익창출활동에서 발생한다. 영업활동 현금흐름은 일반적으로 당기순손익 결정에 영향을 미치는 거래나 그 밖의 사건의 결과로 발생한다.

[영업활동 현금흐름의 예]

① 재화 판매와 용역 제공에 따른 현금유입
② 로열티, 수수료, 중개료, 기타수익에 따른 현금유입
③ 재화와 용역 구입에 따른 현금유출
④ 종업원과 관련하여 직 · 간접으로 발생하는 현금유출
⑤ 법인세 납부 또는 환급. 재무활동과 투자활동에 명백히 관련된 것은 제외
⑥ 단기매매목적으로 보유하는 계약에서 발생하는 현금유입과 현금유출

2. 직접법과 간접법

영업활동 현금흐름은 직접법(direct approach)과 간접법(indirect approach) 중 선택하여 보고된다. 직접법은 총현금유입과 총현금유출을 주요 항목별로 구분하여 표시한다. 간접법은 당기순손익에 현금을 수반하지 않는 거래, 과거 또는 미래의 영업활동 현금유입이나 현금유출의 이연 또는 발생, 투자활동 현금흐름이나 재무활동 현금흐름과 관련된 손익항목의 영향을 조정하여 표시한다.

(1) 직접법

직접법으로 표시한 현금흐름은 간접법에 의한 현금흐름에서는 파악할 수 없는 정보를 제공하며, 미래현금흐름을 추정하는 데 보다 유용한 정보를 제공한다. 직접법에서 현금유입과 현금유출은 발생주의 항목에 관련 계정과목을 조정하여 구한다.

〈예 1〉 현금유입 - 직접법

매출채권 기초잔액은 ₩0이고, 매출액(외상)은 ₩1,000,000이고, 현금 ₩800,000을 회수하여 매출채권 기말잔액은 ₩200,000이다.

매출 인식	(차)	매출채권	1,000,000	(대)	매 출	1,000,000
채권 회수	(차)	현 금	800,000	(대)	매출채권	800,000

회계처리를 수행하여 현금유입 및 유출을 파악할 수 있으나, 상당히 비효율적이다. 발생주의 수익에서 출발하여 관련 자산 · 부채를 조정하여 영업활동 현금유입을 구해보자. 매출채권(자산) 증가만큼 현금회수가 없으므로 발생주의 매출에서 차감하면 현금주의 매출을 구할 수 있다. 발생주의 수익에서 자산을 차감하여 현금유입을 구한다.

발생주의	조정항목	현금주의
₩1,000,000(매출)	− 200,000(매출채권 증가)	= ₩800,000

〈예 2〉 현금유출 - 직접법

매입채무 및 재고자산 기초잔액은 ₩0이고, 매출원가는 ₩800,000이다. 당기매입액(외상)은 ₩950,000이고, 현금 ₩750,000을 지급했다. 매입채무 및 재고자산 기말잔액은 각각 ₩200,000과 ₩150,000이다.

상품 매입	(차)	재고자산	950,000	(대)	매입채무	950,000
채무 지급	(차)	매입채무	750,000	(대)	현 금	750,000
매출원가 인식	(차)	매출원가	800,000	(대)	재고자산	800,000

발생주의 비용에서 출발하여 관련 자산 · 부채를 조정하여 영업활동 현금유출을 구해보자. 매입채무(부채) 증가만큼 현금지급이 없으므로 발생주의 매출원가에 가산하고, 재고자산(자산) 증가만큼 현금유입이 없으므로 발생주의 매출원가에서 차감한다. 발생주의 비용에서 부채 증가는 가산하고 자산 증가를 차감하여 현금유출을 구한다. 당기순이익을 계산할 때 수익에서 비용을 차감하므로 매출원가는 아래와 같이 음수로 표시한다. 이렇게 비용을 음수로 표시하면 〈예 1〉과 같이 관련 자산 감소와 부채 증가는 가산하고, 관련 자산 증가와 부채감소는 차감한다.

발생주의	조정항목	현금주의
₩(800,000)	− 150,000(재고자산 증가) + 200,000(매입채무 증가)	= (₩750,000)

[표 2]는 영업활동 현금흐름을 직접법으로 작성한 사례이다.

[표 2] 영업활동 현금흐름 : 직접법

현금흐름표

A회사	20×1년 1월 1일부터 20×1년 12월 31일까지		단위 : 원
영업활동현금흐름			
고객으로부터의 유입된 현금	×××		
공급자와 종업원에 대한 현금유출	(×××)		
영업활동으로부터 창출된 현금	×××		
이자의 지급	(×××)		
법인세의 납부	(×××)		
영업활동순현금흐름		×××	

① 고객으로부터의 유입된 현금

고객으로부터의 현금유입액(매출 등 수익활동으로부터의 현금유입액)은 손익계산서의 매출관련손익에서 출발하여 재무상태표의 매출관련 자산감소와 부채증가는 가산하고 자산증가와 부채감소는 차감하여 산출한다.

[매출 관련 계정]

구분	현금흐름효과	계정과목
손익계산서	(+) 효과	매출, 대손충당금환입, 환율변동이익(매출채권 관련)
	(−) 효과	대손상각비, 매출채권처분손실, 환율변동손실(매출채권 관련)
재무상태표	(+) 효과	매출채권 감소, 대손충당금 증가, 선수금 증가
	(−) 효과	매출채권 증가, 대손충당금 감소, 선수금 감소

〈예 3〉 고객으로부터의 유입된 현금

A기업이 보고한 20×1년 매출관련 자료는 다음과 같다.

(1) 재무상태표

구분	20×1년 말	20×2년 말	증감
매출채권	100,000	150,000	50,000
대손충당금	25,000	30,000	5,000
선 수 금	60,000	90,000	30,000

(2) 포괄손익계산서 : 매출 ₩500,000, 대손상각비 ₩10,000

고객으로부터의 유입된 현금을 구해보자. 수익항목은 가산하고 비용항목은 차감하여 손익계산서에 매출활동이 미친 영향을 먼저 구한 후 매출관련 자산 · 부채 변동을 조정(자산 감소와 부채 증가는 가산, 자산 감소와 부채 증가는 차감)한다.

관련 계정	조정	
매출	₩500,000	→ 매출활동 관련손익
대손상각비	(10,000)	
매출채권 증가	(50,000)	→ 자산 · 부채 변동 조정
대손충당금 증가	5,000	
선수금 증가	30,000	
고객으로부터의 유입된 현금	₩475,000	

② 공급자에 대한 현금유출액

공급자에 대한 현금유출액(매입으로 인한 현금유출액)은 손익계산서의 매입관련 손익에서 출발하여 매입관련 자산 · 부채 증감을 조정하여 산출한다.

[매입 관련 계정]

구분	현금흐름효과	계정과목
손익계산서	(+) 효과	환율변동이익(매입채무관련)
	(−) 효과	매출원가, 기타비용으로 인식한 재고자산평가손실 및 감모손실, 환율변동손실(매입채무관련)
재무상태표	(+) 효과	재고자산 감소, 선급금 감소, 매입채무 증가
	(−) 효과	재고자산 증가, 선급금 증가, 매입채무 감소

〈예 4〉 공급자에 대한 현금유출액

A기업이 보고한 20×1년 매입관련 자료는 다음과 같다. A기업은 재고자산평가손실을 매출원가에 가산하고, 재고자산감모손실은 기타비용으로 인식한다.

(1) 재무상태표

구분	20×1년 말	20×2년 말	증감
재고자산	75,000	110,000	35,000
선 급 금	65,000	25,000	(40,000)
매입채무	90,000	130,000	40,000

(2) 포괄손익계산서 : 매출원가 ₩350,000, 기타비용으로 인식한 재고자산감모손실 ₩5,000

공급자에 대한 현금유출액을 구해보자. 수익항목은 가산하고 비용항목은 차감하여 손익계산서에 매입활동이 미친 영향을 먼저 구한 후 매입관련 자산 · 부채 변동을 조정(자산 감소와 부채 증가는 가산, 자산 감소와 부채 증가는 차감)한다. 재고자산감모손실을 매출원가로 분류하면 별도로 조정할 필요가 없다. 매출원가는 비용이므로 음수로 기재한다.

관련 계정	조정	
매출원가	₩(350,000)	매입활동 관련손익
재고자산감모손실(기타비용)	(5,000)	
재고자산 증가	(35,000)	자산 · 부채 변동 조정
선급금 감소	40,000	
매입채무 증가	40,000	
공급자에 대한 현금유출액	₩(310,000)	

③ 종업원에 대한 현금유출액

종업원에 대한 현금유출액은 손익계산서의 종업원관련 비용에서 출발하여 종업원관련 자산 · 부채 증감을 조정(자산 감소와 부채 증가는 가산, 자산 감소와 부채 증가는 차감)한다.

[종업원 관련 계정]

구분	현금흐름효과	계정과목
손익계산서	(−) 효과	종업원급여, 퇴직급여, 복리후생비
재무상태표	(+) 효과	선급급여 감소, 미지급급여 증가, 확정급여부채 증가
	(−) 효과	선급급여 증가, 미지급급여 감소, 확정급여부채 감소

〈예 5〉 종업원에 대한 현금유출액

A기업이 보고한 20×1년 종업원관련 자료는 다음과 같다.

(1) 재무상태표

구분	20×1년 말	20×2년 말	증감
미지급급여	115,000	135,000	20,000
확정급여부채	25,000	10,000	(15,000)

(2) 포괄손익계산서 : 종업원 및 퇴직급여 ₩92,500

종업원에 대한 현금유출액을 구해보자. 손익계산서에 종업원활동이 미친 영향을 먼저 구한 후 종업원관련 자산 · 부채 변동을 조정(자산 감소와 부채 증가는 가산, 자산 감소와 부채 증가는 차감)한다.

관련 계정	조정	
종업원 및 퇴직급여	₩(92,500)	→ 종업원 관련손익
미지급급여 증가	20,000	→ 자산 · 부채 변동 조정
확정급여부채 감소	(15,000)	
종업원에 대한 현금유출액	₩(87,500)	

④ 이자의 지급

이자 지급(이자로 인한 현금유출액)은 손익계산서의 이자비용에서 출발하여 재무상태표의 이자비용관련 자산 · 부채 증감을 조정(자산 감소와 부채 증가는 가산, 자산 감소와 부채 증가는 차감)한다. 이자비용에 포함된 사채발행차금 상각액은 재무활동 관련 손익에 해당하므로 영업활동 현금흐름에서 제외하기 위해 가산한다.

[이자비용 관련 계정]

구분	현금흐름효과	계정과목
손익계산서	(+) 효과	사채발행차금 상각액
	(−) 효과	이자비용
재무상태표	(+) 효과	선급이자 감소, 미지급이자 증가
	(−) 효과	선급이자 증가, 미지급이자 감소

〈예 6〉 이자 지급

A기업이 보고한 20×1년 이자 지급 자료는 다음과 같다.

(1) 재무상태표

구분	20×1년 말	20×2년 말	증감
선급이자	35,000	40,000	5,000
미지급이자	20,000	10,000	(10,000)

(2) 포괄손익계산서 : 이자비용 ₩15,000(사채할인발행차금 상각액 ₩2,500 포함)

이자 지급을 구해보자. 손익계산서에 이자비용이 미친 영향을 먼저 구한 후 이자비용관련 자산・부채 변동을 가감한다.

관련 계정	조정	
이자비용	₩(15,000)	→ 이자비용 관련손익
사채할인발행차금 상각액	2,500	
선급이자 증가	(5,000)	→ 자산・부채 변동 조정
미지급이자 감소	(10,000)	
이자 지급	₩(27,500)	

⑤ 법인세의 납부

법인세의 납부(법인세로 인한 현금유출액)는 손익계산서의 법인세비용에서 출발하여 법인세 관련 자산・부채 증감을 조정(자산 감소와 부채 증가는 가산, 자산 감소와 부채 증가는 차감)한다.

[이자비용 관련 계정]

구분	현금흐름효과	계정과목
손익계산서	(−) 효과	법인세비용
재무상태표	(+) 효과	선급법인세 감소, 미지급법인세 증가, 이연법인세자산(부채) 감소(증가)
	(−) 효과	선급법인세 증가, 미지급법인세 감소, 이연법인세자산(부채) 증가(감소)

〈예 7〉 법인세 납부

A기업이 보고한 20×1년 법인세의 납부 자료는 다음과 같다.

(1) 재무상태표

구분	20×1년 말	20×2년 말	증감
이연법인세자산	10,000	12,500	2,500
미지급법인세	20,000	15,000	(5,000)

(2) 포괄손익계산서 : 법인세비용 ₩10,000

법인세 납부를 구해보자. 손익계산서에 법인세비용이 미친 영향을 먼저 구한 후 법인세비용 관련 자산・부채 변동을 조정(자산 감소와 부채 증가는 가산, 자산 감소와 부채 증가는 차감)한다.

관련 계정	조정	
법인세비용	₩(10,000)	→ 법인세 관련손익
이연법인세자산 증가	(2,500)	→ 자산 · 부채 변동 조정
미지급법인세 감소	(5,000)	
법인세 지급	₩(17,500)	

(2) 간접법

간접법에서는 당기순손익에 영업활동과 관련된 채권 · 채무 변동, 감가상각비 등과 같은 비현금항목, 투자활동 · 재무활동 현금흐름 영향을 조정하여 영업활동 순현금흐름을 구한다.

[표 3] 영업활동 현금흐름 : 간접법

Ⅰ. 영업활동현금흐름		
(1) 법인세비용차감전순이익	×××	영업 · 투자 · 재무활동 관련 손익 포함
(2) 현금 유출 없는 비용 등의 가산		
① 감가상각비	×××	'현금유출 없는 비용'이므로 가산
② ××자산처분손실	×××	'투자활동 손익'이므로 제외
③ 이자비용	×××	'재무활동'이므로 '(6)'에서 고려
(3) 현금 유입 없는 수익 등의 차감		
① ××자산처분이익	(×××)	'투자활동 손익'이므로 제외
② 이자수익	(×××)	'투자활동'이므로 '(6)'에서 고려
③ 배당금수익	(×××)	'투자활동'이므로 '(6)'에서 고려
(4) 영업활동관련 자산 · 부채의 변동		
① 대변증가(자산감소, 부채증가)	×××	
② 차변증가(자산증가, 부채감소)	(×××)	
(5) 영업에서 창출된 현금	×××	
(6) 이자 등과 법인세		
① 이자수취	×××	
② 배당금수취	×××	
③ 이자지급	(×××)	
④ 법인세납부	(×××)	
(7) 영업활동순현금흐름	×××	

(유의사항)

- 법인세비용차감전순이익에서 출발하므로 법인세비용을 가산하지 않음
- '(4) 영업활동관련 자산 · 부채의 변동'에서 미수이자, 선급이자, 미지급이자, 미지급법인세, 이연법인세 자산(부채)의 변동은 조정 하지 않음. '(5)'에서 직접법으로 표시함
- 재고자산평가손실 · 감모손실, 퇴직급여, 대손상각비, 환율변동손익은 '(4) 영업활동관련 자산 · 부채의 변동'에서 자동 조정되므로 (2)와 (3)에서 조정하지 않음

① 영업에서 창출된 현금

법인세비용차감전순이익에서는 영업 · 투자 · 재무활동 관련 손익이 포함되어 있으므로 투자 및 재무활동 관련손익을 제거해야 한다. 법인세비용차감전순이익에서 '(2) 현금유출 없는 비용'을 가산하고 '(3) 현금유입 없는 수익'을 차감하면 투자 및 재무활동 관련 손익이 제거되어 영업활동 관련손익만 남는다. 동 관련손익에 영업활동관련 자산 · 부채 변동을 가감하면 '(5) 영업활동에서 창출된 현금'이 산출된다.

② 현금유출 없는 비용이나 조정하지 않는 항목

재고자산평가손실 · 감모손실, 퇴직급여, 대손상각비는 현금유출 없는 비용이지만 영업활동 관련 손익에 해당한다. 재고자산평가손 및 감모손실은 재고자산 증감분석에 반영되며, 퇴직급여는 확정급여채무 증감분석에서 고려되고, 대손상각비는 매출채권 증감분석에서 조정된다. 이러한 이유로 이들 비용은 별도로 고려하지 않는다.

〈예 8〉 영업에서 창출된 현금

1. A기업의 손익계산서는 다음과 같다.

손익계산서	
매출액	₩1,000,000
매출원가	(750,000)
감가상각비	(100,000)
유형자산처분이익	25,000
법인세비용차감전순이익	₩175,000

2. 영업활동 관련 자산 · 부채는 다음과 같다.

매출채권 증가	150,000
매입채무 감소	(75,000)

영업에서 창출된 현금을 구해보자. 법인세비용차감전순이익에서 출발하여 현금유출 없는 비용인 감가상각비는 가산하고, 투자활동관련 손익인 유형자산처분이익은 차감한다. 영업활동 관련 자산 감소와 부채증가는 가산하고 자산 증가와 부채 감소는 차감한다.

[영업에서 창출된 현금]

Ⅰ. 영업활동현금흐름		
(1) 법인세비용차감전순이익	₩175,000	
(2) 현금 유출 없는 비용 등의 가산		
① 감가상각비	100,000	현금유출 없는 비용이므로 가산
(3) 현금 유입 없는 수익 등의 차감		
① 유형자산처분이익	(25,000)	투자활동 손익이므로 제거
(4) 영업활동관련 자산 · 부채의 변동		
① 매출채권 증가	(150,000)	
② 매입채무 감소	(75,000)	
(5) 영업에서 창출된 현금	₩25,000	

제3절 투자활동 및 재무활동 현금흐름

1. 투자활동 현금흐름

(1) 의의

투자활동 현금흐름은 미래수익과 미래현금흐름을 창출할 자원 확보를 위해 지출된 정도를 나타내기 때문에 현금흐름을 별도로 구분하여 공시한다. 재무상태표에 자산으로 인식되는 지출만 투자활동으로 분류한다.

투자활동은 유·무형자산, 다른 기업의 지분상품이나 채무상품 등의 취득과 처분활동, 제3자에 대한 대여 및 회수활동 등을 포함한다. 투자활동에서 발생하는 현금유입과 현금유출은 주요 항목별로 구분하여 총액으로 표시한다.

[투자활동 현금흐름의 예]

① 유형자산, 무형자산 및 기타 장기성 자산 취득에 따른 현금유출 및 현금유입
② 다른 기업의 지분상품이나 채무상품 및 공동기업 투자지분 취득(처분)에 따른 현금유출(유입)
③ 제3자에 대한 선급금 및 대여금(금융회사의 현금 선지급과 대출채권은 제외)
④ 선물계약, 선도계약, 옵션계약 및 스왑계약에 따른 현금유출(유입)

(2) 투자활동 현금흐름의 산출

영업활동 현금흐름과 마찬가지로 투자활동 현금흐름도 다음과 같이 증감분석으로 계산한다.

> 투자활동 현금흐름 = 투자활동 발생주의 순이익 + 투자활동관련 부채증가·자산감소
> − 투자활동관련 부채감소·자산증가

유형자산 취득 및 처분 거래는 투자활동 현금흐름으로 분류한다. 유형자산으로 인한 현금흐름은 손익계산서의 감가상각비, 유형자산처분손익, 유형자산손상차손에서 출발하여 유형자산 관련 자산·부채 증감을 조정하여 산출한다.

〈예 9〉 유형자산으로 인한 현금흐름

A기업은 20×1년 중 취득원가 ₩50,000(감가상각누계액 ₩15,000)인 기계장치를 ₩37,500의 현금을 받고 매각했다. 유형자산처분이익 ₩2,500과 감가상각비 ₩17,500이 발생했다.

	20×1년 초	20×1년 말	증감
기계장치	150,000	160,000	10,000
감가상각누계액	27,500	30,000	2,500

증감분석으로 유형자산으로 인한 현금흐름을 구해보자. 손익계산서의 수익과 비용을 가감한 후 관련 자산 증감을 고려하여 순현금유출을 구한다. 감가상각누계액은 평상잔액이 대변에 나타나므로 부채와 마찬가지로 동일하게 처리한다.

유형자산처분이익	₩2,500	→ 투자활동 관련손익
감가상각비	(17,500)	
기계장치 증가	(10,000)	→ 자산 · 부채 변동 조정
감가상각누계액 증가	2,500	
순현금유출	₩(22,500)	

2. 재무활동 현금흐름

(1) 의의

재무활동은 기업의 납입자본과 차입금 크기 및 구성내용에 변동을 가져오는 활동을 말한다. 재무활동은 자본과 차입금의 조달, 환급 및 상환에 관한 활동을 포함한다. 재무활동 현금흐름은 미래현금흐름에 대한 자본 제공자의 청구권을 예측하는 데 유용하므로 현금흐름을 별도로 구분 공시한다.

[재무활동 현금흐름의 예]

① 주식이나 기타 지분상품의 발행(취득이나 상환)에 따른 현금유입(유출)
② 담보 · 무담보사채 및 어음 발행과 기타 장 · 단기차입에 따른 현금유입
③ 차입금 상환에 따른 현금유출
④ 리스이용자의 금융리스부채 상환에 따른 현금유출

(2) 재무활동 현금흐름의 산출

재무활동 현금흐름도 증감분석으로 계산한다.

> 재무활동 현금흐름 = 재무활동관련 자본증감 + 재무활동관련 부채증가 · 자산감소
> − 재무활동관련 부채감소 · 자산증가

① 장기차입금과 유동성장기부채

장기차입금의 조달 · 상환 거래는 재무활동 현금흐름에 해당한다. 재무제표일로부터 1년 이내에 만기가 도래하는 장기차입금은 유동성장기부채로 재분류되므로 장기차입금과 유동성장기부채를 함께 분석해야 한다. 장기차입금에서 발생하는 이자비용은 영업활동으로 분류하므로 재무활동에서는 고려하지 않는다.

〈예 10〉 장기차입금과 유동성장기부채

다음은 A기업의 20×1년 장기차입금과 유동성장기부채이다. 장기차입금에서 중도 상환한 금액은 없으며, 환율변동손익도 발생하지 않았다.

	20×1년 초	20×1년 말	증감
장기차입금	40,000	50,000	10,000
유동성장기부채	10,000	15,000	5,000

증감분석으로 재무활동으로 인한 현금흐름을 구해보자.

장기차입금 증가	10,000
유동성장기부채 증가	5,000
순현금유입	₩15,000

T계정 분석으로 현금유입과 현금유출을 각각 구할 수 있다. 중도상환이 없다면 장기차입금에서는 차입으로 인한 현금유입만 발생한다. 유동성대체에 따라 재무제표일로부터 1년 이내에 만기가 도래하는 차입금은 유동성장기부채로 재분류한다. 유동성장기부채 기초금액은 당기에 상환되고 기말잔액은 장기차입금에서 당기에 대체된 금액이다. 장기차입금에서 차입으로 현금유입 ₩25,000이 발생하고, 유동성장기부채 상환으로 현금유출 ₩10,000이 발생하여 순현금유출은 ₩15,000이다.

유동성장기부채

기말	15,000	기초	10,000
상환	10,000	대체	15,000
계	25,000	계	25,000

장기차입금

기말	50,000	기초	40,000
대체	15,000	차입	25,000
계	65,000	계	65,000

② 유상증자와 배당

유상증자 및 감자, 배당은 재무활동으로 인한 현금흐름으로 분류한다. 자본거래는 손익계산서에 나타나지 않으므로 손익효과를 고려할 필요는 없으나, 이익잉여금을 분석할 때 당기순이익을 고려해야 한다. 자본금은 유상증자 및 감자뿐만 아니라 무상증자와 주식배당으로 증가하므로 주식발행초과금과 이익잉여금을 함께 분석한다.

〈예 11〉 유상증자와 배당

A기업의 손익계산서에 보고된 당기순이익은 ₩50,000이다. 당기에 주식발행초과금을 재원으로 무상증자 ₩10,000을 실시했고, 유상증자와 현금배당을 실시했다.

	20×1년 초	20×1년 말	증감
자본금	100,000	150,000	50,000
주식발행초과금	50,000	65,000	15,000
이익잉여금	75,000	80,000	5,000

증감분석으로 재무활동으로 인한 현금흐름을 구해보자. 이익잉여금 증가에는 영업활동 현금흐름에서 고려해야 할 당기순이익이 포함되어 있으므로 이를 제거한다.

자본금 증가	50,000
주식발행초과금 증가	15,000
이익잉여금 증가	5,000
당기순이익	(50,000)
순현금유입	₩20,000

T계정 분석으로 현금유입과 현금유출을 각각 구할 수 있다. 유상증자로 ₩65,000 [₩40,000(자본금) + 25,000(주식발행초과금)]의 현금유입이 발생하고, 현금배당으로 현금유출 ₩45,000이 발생한다. 현금유입에서 현금유출을 차감하면 순현금유입은 ₩20,000이다.

자본금

기말	150,000	기초	100,000
		무상증자	10,000
		유상증자	40,000
계	150,000	계	150,000

주식발행초과금

기말	65,000	기초	50,000
무상증자	10,000	유상증자	25,000
계	75,000	계	75,000

이익잉여금

기말	80,000	기초	75,000
현금배당	45,000	당기순이익	50,000
계	125,000	계	125,000

3. 비현금거래

현금유입 및 유출이 없는 투자 및 재무활동 거래는 자산 및 부채의 구조에 영향을 미치나, 현금흐름에는 영향을 미치지 않는다. 이러한 비현금거래는 현금흐름표에서 제외되는데, 비현금거래의 예는 다음과 같다. 비현금거래는 회계정보이용자에게 목적적합한 정보를 제공하기 위해 주석으로 공시한다.

① 주식발행을 통한 기업인수
② 무상증자, 주식배당
③ 현물출자
④ 채무의 지분전환

[예제 1] 간접법

다음 자료는 (주)마르치의 현금흐름표 작성과 관련된 자료이다.

재무상태표

	20×2년	20×1년
자산		
현금및현금성자산	₩ 460	₩ 0
매출채권(순액)	3,600	2,400
미수이자	200	0
재고자산	5,000	6,400
FVPL금융자산	2,000	1,500
유형자산(순액)	4,560	3,020
자산총계	₩15,820	₩13,320
부채		
매입채무	₩ 500	₩ 3,780
미지급이자	460	200
미지급법인세	980	2,000
장기차입금	2,580	2,080
사채(순액)	1,840	–
부채총계	₩ 6,360	₩ 8,060
자본		
납입자본	₩ 4,000	₩ 2,500
이익잉여금	5,460	2,760
자본총계	₩ 9,460	₩ 5,260
부채 및 자본총계	₩15,820	₩13,320

20×2년 포괄손익계산서

매출액	₩ 61,300
매출원가	(52,000)
매출총이익	₩ 9,300
감가상각비	(900)
판매비와 관리비	(1,320)
FVPL금융자산평가손실	(500)
이자비용	(800)
이자수익	600
배당금수익	400
외환손실	(80)
유형자산처분손실	(20)
법인세비용차감전순이익	₩ 6,680
법인세비용	(600)
당기순이익	₩ 6,080

〈추가자료〉

1. 당기에 유상증자 ₩1,000, 장기차입금으로 ₩500을 조달했다.
2. 이자비용 ₩800에는 사채할인발행차금상각과 관련된 이자비용 ₩40이 포함되어 있다.
3. 당기 3월 주주총회에서 배당을 선언했다. 주식배당 ₩500이 포함되어 있으며, 나머지 배당금은 모두 현금으로 지급했다.
4. FVPL금융자산 ₩1,000을 취득했고, 나머지 차액은 기말 공정가치와 취득원가의 차이로 발생했다.
5. 유형자산을 ₩2,500에 취득했다. 대금을 지급하기 위해 일부는 사채(액면금액 ₩2,000, 사채할인발행차금 ₩200)를 유형자산 매각자에게 직접 발행했고, 나머지 ₩700은 현금으로 지급했다.
6. 취득원가 ₩180, 감가상각누계액 ₩120인 설비자산을 매각하면서 유형자산처분손실 ₩20이 발생했다.
7. 외환손실 ₩80은 매출채권에서 발생했다.
8. 판매비와 관리비는 당기 발생된 비용으로 매출채권에 대한 대손상각비를 제외한 전액이 현금으로 지출되었다. 판매비와 관리비에 포함된 매출채권관련 대손상각비는 ₩1,000이다.
9. 당기 중 장기차입금 상환은 없으며, 이익잉여금 증감은 당기순이익과 배당으로만 이루어졌다.

물음

1. (주)마르치의 20×2년 영업활동현금흐름의 아래 빈칸 번호에 들어갈 금액을 기재하시오. 배당금수익, 이자수익 및 이자비용은 영업활동으로 분류하고 배당금지급은 재무활동으로 분류한다. (2)는 음수로 표현할 필요가 없으나, (3)의 계산결과가 양수이면 "(+)", 음수이면 "(−)"의 표시를 금액 앞에 표시하시오.

영업활동활동현금흐름	
법인세비용차감전순이익	?
가감 :	
현금의 유출이 없는 비용 등의 가산	(1)
현금의 유입이 없는 수익 등의 차감	(2)
영업활동 관련 자산.부채의 변동	(3)
영업에서 창출된 현금	?
배당금수익 현금유입액	?
이자수익 현금유입액	(4)
이자비용 현금유출액	(5)
법인세비용 현금유출액	(6)
영업활동순현금흐름	?

2. 상기 자료를 이용하여 투자활동으로 인한 현금유입액과 현금유출액을 각각 구하시오.
3. 상기 자료를 이용하여 재무활동으로 인한 현금유입액과 현금유출액을 각각 구하시오.

해답

1.

(1) ₩900(감가상각비) + 800(이자비용) + 20(유형자산처분손실) = ₩1,720

(2) ₩400(배당금수익) + 600(이자수익) = ₩1,000

(3) (−)1,200(매출채권 증가) + 1,400(재고자산 감소) − 3,280(매입채무 감소) − 500(FVPL금융자산 증가) = ₩(−)3,580

(4) ₩600(이자수익) − 200(20×2년 말 미수이자) = ₩400

(5) (−)800(이자비용) + 40(사채할인발행차금 상각액) + 260(미지급이자 증가) = ₩(−)500

(6) (−)600(법인세비용) − 1,020(미지급법인세 감소) = ₩(−)1,620

〈해설〉

- 미지급이자, 미수이자는 각각 (4)와 (5)에서 직접법으로 현금유출입을 표시하므로 (3)에서 고려하지 않는다.
- FVPL금융자산은 영업활동으로 분류되므로 (2)에서 FVPL금융자산평가손실을 고려하지 않는다.

• 법인세비용 현금유출액을 별도로 표시하므로 미지급법인세는 (3)에서 고려하지 않는다. 법인세비용 차감전순이익에서 출발하므로 (1)에서 법인세비용을 고려하지 않는다.

2.

(1) 현금유입 = [₩180 - 120](장부금액) − 20(유형자산처분손실) = ₩40

(2) 현금유출 = ₩2,500(취득원가) − [2,000(액면금액) − 200(사채할인발행차금)](사채 발행금액)
= ₩700

3.

(1) 현금유입 = ₩1,000 + 500 = ₩1,500

① 유상증자 = ₩4,000(기말 납입자본) − 2,500(기초납입자본) − 500(주식배당) = ₩1,000

② 장기차입금 차입 = ₩2,580(기말) − 2,080(기초) = ₩500

(2) 현금유출

배당금 지급 = ₩2,760(기초 이익잉여금) + 6,100(당기순이익) − 5,460(기말 이익잉여금) − 500(주식배당) = ₩2,900

연습문제

[문 1] 진위형 문항

다음 문항을 읽고 맞는 기술이면 'ㅇ'로 표시하고, 틀린 기술이면 '×'로 표시하되 그 이유를 기재하시오.

1. 현금흐름표의 현금이란 재무상태표의 현금및현금성자산을 말한다.
2. 유동자산 중 단기대여금은 투자활동 관련 계정으로 분류하고, 나머지 계정은 영업활동으로 분류한다.
3. 이자수익과 배당금은 투자자산에서 발생하는 수익이므로 투자활동 현금흐름으로 분류해야 한다.
4. 법인세 현금흐름은 재무활동과 투자활동에 명백히 관련되지 않는 한 영업활동 현금흐름으로 분류한다.
5. 배당금 지급은 재무활동 현금흐름이나 영업활동 현금흐름의 구성요소로 분류할 수 있다.
6. 영업활동 현금흐름은 일반적으로 당기순손익 결정에 영향을 미치는 거래나 그 밖의 사건의 결과로 발생한다.
7. 영업활동 현금흐름은 직접법과 간접법 중 선택하여 보고한다.
8. 간접법은 당기순손익에 현금을 수반하지 않는 거래, 과거 또는 미래의 영업활동 현금유입이나 현금유출의 이연 또는 발생, 투자활동 현금흐름이나 재무활동 현금흐름과 관련된 손익항목 영향을 조정하여 표시한다.
9. 간접법은 직접법에 비해 미래현금흐름을 추정하는 데 보다 유용한 정보를 제공한다.
10. 영업에서 창출된 현금을 구하기 위해서는 법인세비용차감전순이익에 포함된 투자 및 재무활동 관련 손익을 제거하고 영업활동 관련 자산 · 부채의 증감을 조정한다.
11. 재고자산평가손실, 퇴직급여, 대손상각비는 현금유출 없는 비용이므로 법인세비용차감전순이익에 가산해야 한다.
12. 투자활동에서 발생하는 현금유입과 현금유출은 주요 항목별로 구분하여 총액으로 표시한다.
13. 재무활동은 자본과 차입금의 조달, 환급 및 상환에 관한 활동을 포함한다.
14. 현물출자는 자산 구조에 영향을 미치나 현금흐름에 영향을 미치지 않으므로 주석으로 공시한다.

해답

1. ○
2. ○
3. ×. 국제회계기준에서는 이자수익과 배당금을 영업활동현금흐름 또는 투자활동현금흐름으로 분류할 수 있다.
4. ○
5. ○
6. ○
7. ○
8. ○
9. ×. 직접법으로 표시한 현금흐름은 간접법에 의한 현금흐름에서는 파악할 수 없는 정보를 제공하므로, 간접법에 비해 미래현금흐름을 추정하는 데 보다 유용한 정보를 제공한다.
10. ○
11. ×. 재고자산평가손실은 재고자산에 반영되며, 퇴직급여는 확정급여채무에서 고려되고, 대손상각비는 매출채권에서 조정된다. 이러한 이유로 이들 비용은 별도로 가산하지 않는다.
12. ○
13. ○
14. ○

[문 2] 간접법

다음은 (주)대한의 20×1년 12월 31일로 종료하는 회계연도의 현금흐름표를 간접법으로 작성할 때 고려할 항목이다. 각 항목은 서로 독립적이다.

〈사례 1〉
유형자산의 당기 변동내역은 다음과 같다. ㈜대한은 유형자산을 원가모형으로 평가하고 있다.

계정과목	기초	기말
건물	₩800,000	₩600,000
감가상각누계액	(300,000)	(250,000)

당기에 감가상각비 ₩100,000이 발생했으며, 장부금액 ₩200,000인 건물을 ₩270,000에 처분했다. 유형자산매매거래는 현금수수조건으로 이루어졌고, 당기에 취득한 건물은 없다.

〈사례 2〉
매출채권의 당기 변동내역은 다음과 같다.

계정과목	기초	기말
매출채권	₩300,000	₩350,000
대손충당금	30,000	35,000

당기 중 대손상각비 ₩9,000을 인식했다.

〈사례 3〉
재고자산의 당기 변동내역은 다음과 같다.

계정과목	기초	기말
재고자산	₩800,000	₩900,000
재고자산평가충당금	(20,000)	(10,000)

당기에 발생한 재고자산평가손실 ₩10,000은 매출원가에 가산했다.

〈사례 4〉
무형자산의 당기 변동내역은 다음과 같다.

계정과목	기초	기말
산업재산권	₩500,000	₩500,000

당기 중 무형자산상각비 ₩100,000이 발생했으며, 장부금액 ₩200,000인 산업재산권을 ₩290,000에 처분했다. 당기 중 모든 무형자산매매거래는 현금수수조건으로 이루어졌다.

〈사례 5〉

토지의 당기 변동내역은 다음과 같다.

계정과목	기초	기말
토지	₩200,000	₩500,000

기중에 토지 ₩200,000을 취득하고 주식을 발행하는 현물출자가 있었다. 기중 현금으로 취득한 토지의 취득가액은 ₩200,000이고, 나머지 토지 변동액은 토지를 처분한 것이다. 토지 처분으로 ₩170,000을 수령했다.

〈사례 6〉

단기차입금의 당기 변동내역은 다음과 같다.

계정과목	기초	기말
단기차입금	₩200,000	₩150,000

기초 단기차입금을 지급하는 과정에서 외환차손 ₩30,000이 발생했다.

〈사례 7〉

자기주식과 자기주식처분이익의 당기 변동내역은 다음과 같다.

계정과목	기초	기말
자기주식	₩100,000	₩150,000
자기주식처분이익	–	40,000

기초부터 보유 중이던 자기주식 ₩100,000을 기중에 처분했으며 자기주식처분이익이 ₩40,000이 발생했다. 나머지 변동은 자기주식 취득에 해당한다.

물음

간접법으로 현금흐름표를 작성할 때 상기 각각의 사례를 현금흐름표의 어디에 어떤 형태로 표시하여야 하는가? 영업, 투자 또는 재무활동 현금흐름에 가산 또는 차감 표시해야 할 금액을 아래 양식에 따라 각 항목별로 표시하시오. 표시할 금액이 없으면 ₩0으로 기재하고, 현금유입은 '(+)'로 현금유출은 '(–)'로 표시하시오.

(예시) 당기 개발비 지출액은 ₩10,000이고, 개발비 상각액은 ₩2,000이다.

사례번호	활동구분	금액
8	영업	(+)2,000
	투자	(−)10,000
	재무	₩0

해답

사례번호	활동구분	금액
1	영업	(+) 30,000
	투자	(+) 270,000
	재무	₩0

〈해설〉

영업활동 현금흐름 : ₩100,000(감가상각비) - 70,000(유형자산처분이익) = ₩30,000
투자활동 현금흐름 : ₩270,000(건물의 처분)

사례번호	활동구분	금액
2	영업	(−) 45,000
	투자	₩0
	재무	₩0

〈해설〉

영업활동 현금흐름 : (₩350,000 - 35,000) - (300,000 - 30,000) = ₩45,000
매출채권 순증가는 영업활동현금흐름에서 차감한다. 대손상각비는 매출채권 순증감을 분석할 때 반영되므로 별도로 조정하지 않는다.

사례번호	활동구분	금액
3	영업	(−) 110,000
	투자	₩0
	재무	₩0

〈해설〉

재고자산 순증가 = (₩900,000 - 10,000) - (800,000 - 20,000) = ₩110,000
재고자산 순증가는 영업활동현금흐름에서 차감하며, 재고자산평가손실은 재고자산 순증감 분석할 때 반영되므로 별도로 조정하지 않는다.

사례번호	활동구분	금액
4	영업	(+) 10,000
	투자	(−) 10,000
	재무	₩0

〈해설〉

①영업활동 현금흐름: ₩100,000(무형자산상각비) - 90,000(무형자산처분손실) = ₩10,000

② 투자활동 현금흐름: ₩290,000(처분) - 300,000(취득) = ₩(10,000)

무형자산

차변		대변	
기초	500,000	기말	500,000
취득	300,000	상각	100,000
		처분	200,000
	800,000		800,000

사례번호	활동구분	금액
5	영업	(−) 70,000
	투자	(−) 30,000
	재무	₩0

〈해설〉

- 토지처분이익 ₩70,000[₩170,000(현금수령액) - 100,000(장부금액)]은 영업활동 현금흐름을 계산할 때 차감한다.
- 토지처분으로 현금유입은 ₩170,000이고, 토지취득으로 현금유출은 ₩200,000이다. 순현금유출은 ₩30,000이다.

토지

차변		대변	
기초	200,000	기말	500,000
취득(현물출자)	200,000	처분	100,000
취득(현금)	200,000		
	600,000		600,000

사례번호	활동구분	금액
6	영업	(+) 30,000
	투자	₩0
	재무	(−) 80,000

〈해설〉

1. 외환차손 ₩30,000을 영업활동 현금흐름에 가산한다.
2. 재무활동 현금흐름

(1) 현금유입액 : ₩150,000(기말잔액이 곧 현금유입액이다)

(2) 현금유출액 : ₩200,000(기초잔액) +30,000(외환차손) = ₩230,000

∴ 순현금유출액 = ₩150,000 - 230,000 = ₩(80,000)

단기차입금을 상환할 때 회계처리는 다음과 같다.

(차)	단기차입금	200,000	(대)	현금	230,000
	외 환 차 손	30,000			

사례번호	활동구분	금액
7	영업	₩0
	투자	₩0
	재무	(−) 10,000

〈해설〉

- 자기주식처분이익은 손익계산서에 반영되지 않는 기타자본잉여금이므로, 영업활동 현금흐름에서 차감하지 않는다.

자기주식

기말	150,000	기초	100,000
처분	100,000	취득	150,000
	250,000		250,000

- 현금유입액 : ₩100,000(취득원가) + 40,000(자기주식처분이익) = ₩140,000
- 현금유출액 : ₩150,000

∴순현금유입(출) = ₩140,000 - 150,000 = ₩(10,000)

[문 3] 투자활동 및 재무활동 현금흐름

다음은 좋은사람(주)에서 당기에 발생한 현금거래이다.

〈자료〉

(1) 사채 ₩10,000을 액면으로 발행했고, 보통주를 발행하여 ₩23,000을 수령했다.

(2) 임원에게 단기대여금 ₩1,500을 대여하고, 굿인은행으로부터 장기차입금 ₩2,000을 차입했다.

(3) 지분증권을 ₩1,700에 취득하고 FVOCI금융자산으로 분류했다.

(4) 당기에 주가가 크게 하락하여 주가 방어목적으로 자기주식 ₩4,200을 취득했다.

(5) 기계장치를 처분하여 현금 ₩1,400을 수취했고, 건물 취득으로 ₩12,100을 현금으로 지급했다.

(6) 주주에게 현금배당 ₩1,800을 지급했다.

물음

1. 투자활동 현금흐름을 구하시오.
2. 재무활동 현금흐름을 구하시오.

해답

1. 투자활동 현금흐름

(−)1,500(단기대여금 대여) − 1,700(FVOCI금융자산) + 1,400(기계장치 처분) − 12,100(건물 취득) = ₩(13,900)

2. 재무활동 현금흐름

₩10,000(사채 발행) + 2,000(장기차입금 차입) + 23,000(보통주 발행) − 4,200(자기주식 취득) − 1,800(배당금 지급)
= ₩29,000

찾아보기